国家级教学成果奖
"十二五"普通高等教育本科国家级规划教材

中国人民大学会计系列教材

审计学

(第8版)

主编　宋　常

Auditing

中国人民大学出版社
· 北京 ·

总　序

中国人民大学会计系列教材（简称系列教材）自1993年推出至今，已近30年。这期间我国经济高速发展，会计制度与会计准则发生巨大变化，大学会计教育无论规模还是质量都有了长足进步。回顾近30年的发展历程，系列教材中的每一本每一版，都在努力适应会计环境和教育环境的变化，尽可能满足高校会计教学的需要。

系列教材第1版是由我国当时的重大会计改革催生的。编写时关注两个重点：一是适应我国会计制度的变化，遵循1992年颁布的“两则两制”的要求；二是教材之间尽可能避免重复。系列教材包括：《初级会计学》《财务会计学》《成本会计学》《经营决策会计学》《责任会计学》《高级会计学》《财务管理学》《审计学》《计算机会计学》。

自1997年10月起，系列教材陆续推出第2版。为适应各院校的课程开设需要，将《经营决策会计学》与《责任会计学》合并为《管理会计学》。

自2001年11月起，系列教材陆续推出第3版。根据国家修订的《会计法》、国务院颁布的《企业财务会计报告条例》、财政部修订和颁布的企业具体会计准则以及颁布的《企业会计制度》等进行修订。

自2006年7月起，系列教材陆续推出第4版。进一步修订了教材与2007年1月1日开始实施的《企业会计准则》和中国注册会计师审计准则之间的不协调之处，并将《计算机会计学》变更为《会计信息系统》。

自2009年6月起，系列教材陆续推出第5版。对《高级会计学》《财务管理学》《财务会计学》等的框架结构做了较大调整，新增《会计学（非专业用）》一书。

自2012年6月起，系列教材陆续推出第6版。针对教育部强化本科教育实务性、应用性的要求，新增“简明版”和“模拟实训”两个子系列，并为《初级会计学》和《成本会计学》配备实训资料。

自2014年4月起，系列教材陆续推出第7版。深入阐释了财政部自2014年1月先后发布或修订了多个会计准则。新增《财务报表分析》一书。为适应会计准则的变化，《财务会计学》修订加快，推出第8版。

自2017年8月起，系列教材陆续推出第8版。体现了营改增、会计准则、增值税税率变化等最新动态，其中《初级会计学》修订至第10版，《财务会计学》修订至第12版，并新增《政府与非营利组织会计》，在“简明版”中新增《会计学》《中级财务会计》。为适应数字化对教学的影响，《财务会计学》率先推出“立体化数字教材版”。

自2020年11月起，系列教材陆续推出第9版。根据《普通高等学校教材管理办法》《高等学校课程思政建设指导纲要》对教材的要求，以及数字时代线上线下教学相结合的特点，重点体现立体化数字教材、课程思政内容。此外，为了应对人工智能、大数据等技术对会计实践和教学的影响，拟新增《智能会计》。至此，形成了如下课程体系：

主教材（11本）	学习指导书（7本）	模拟实训（5本）	简明版（7本）
《会计学（非专业用）》	√		《会计学》
《初级会计学》	√	√	
《财务会计学》	√	√	《中级财务会计》
《财务管理学》	√	√	《财务管理》
《成本会计学》	√	√	《成本与管理会计》
《管理会计学》	√	√	
《审计学》			《审计学》
《会计信息系统》			《会计电算化》
《高级会计学》	√		
《财务报表分析》			
《政府与非营利组织会计》			《政府会计》
《智能会计》			

系列教材在近30年的出版历程中，以高品质荣获众多奖项，也多次入选国家级规划教材。2001年，系列教材入选由教育部评选的“经济类、管理类专业和法学专业部分主干课程推荐教材”；2003年，系列教材入选“普通高等教育‘十五’国家级规划教材”；2005年，系列教材以“精心组织，持续探索，打造跨世纪会计精品教材（教材）”荣获“第五届高等教育国家级教学成果奖二等奖”；2008年，系列教材入选“普通高等教育‘十一五’国家级规划教材”，其中《会计信息系统》被教育部确认为2008年度普通高等教育精品教材，《审计学》被教育部确认为2009年度普通高等教育精品教材，“简明版”中的《财务管理》被教育部确认为2011年度普通高等教育精品教材；2012年，系列教材入选“‘十二五’普通高等教育本科国家级规划教材”；2014年，系列教材以“以立体化教材建设支撑会计学专业教学改革（教材）”荣获“2014年国家级教学成果奖（高教类）二等奖”。

当前中国高等教育，培养什么人、怎样培养人、为谁培养人是根本问题，立德树人成效是检验高校一切工作的根本标准。具体到会计学专业，在会计准则国际趋同的大背景下，要着力培养既能立足祖国大地又有国际视野的时代新人。基于此，系列教材积极融入习近平新时代中国特色社会主义思想，深刻把握会计专业学生培养目标，积极应对数字化对教学的冲击和挑战，更加重视学生的长远发展，以及学生基本素质和能力的培养，尤其是培养学生发现问题、分析问题和解决问题的能力。

系列教材是在我国著名会计学家阎达五教授等老一辈会计学者的精心呵护下诞生，在广大兄弟院校的大力支持下逐渐成长的。我们衷心希望系列教材能够继续得到大家的认可，也诚恳地希望大家多提改进建议，以便我们在今后的修订中不断完善。

中国人民大学会计系

前　言

审计工作是一项专业特质鲜明的实践活动，审计学则是一门综合性极强的应用科学。改革开放以来，我国国家审计、内部审计和社会审计的准则规制不断健全、完善，会计准则与国际准则持续变革、趋同，我国的审计与会计工作日益规范化、国际化、信息化，经济社会对审计与会计的需求和期望也渐趋扩大、提高、多样。为了较好地适应外部环境变化和审计业务发展需要，更好地满足审计的教与学的需要，在既有理论与实践的基础上，适时总结实践活动的新经验，及时反映理论研究的新成果，不断修订、完善审计学教材十分必要。

这本《审计学》作为中国人民大学会计系列教材之一，自第一版推出以来，已历经多次修订再版，较好地满足了众多高等院校教学和社会其他各界培训之需，受到全国很多高校师生及广大读者的认可与厚爱，获得国家级优秀教学成果奖，成为普通高等教育“十一五”国家级规划教材、“十二五”普通高等教育本科国家级规划教材、教育部普通高等教育精品教材、教育部推荐教材，取得了良好的社会效益。与此同时，有些师生和其他读者，对本教材的个别内容和体例等提出了自己的宝贵意见和修改建议。在此，谨对长期以来给予本教材肯定、鼓励和厚爱，始终支持及鞭策我们的广大读者朋友，致以由衷的敬意和谢意！

本次修订是在传承以往优良作风和写作经验的基础上，根据新变化，安排新组员，基于合理分工协作完成的一次全面、细致的新编创。我们新增或完善了各章节的内容，尤其是有关完成审计工作及审计报告等内容。修订后的教材既因应了学科发展的趋势，符合课程设置的要求，满足人才培养的需要，又兼顾了同一本教材内容的前后衔接以及与其他相关教材之间的内在关联。

本教材的重新修订，全面阐述了审计的基本原理、基本理论和基本方法，深入透析了审计的业务循环、主要程序与工作成果，系统介绍了审计的职业道德、准则规范及相关业务。其特点主要有：

1. 前沿性。根据国内外审计和会计最新的发展态势、研究成果、业务实践和准则规制，对原有的结构、内容和体例进行了调整及改进，既阐述审计的理论知识和工作流程，也介绍审计的历史沿革与新近动态，从而有利于把握审计工作的内在机理、基本规律及变动趋势。

2. 国际性。借鉴国内外审计教材的编排经验，结合审计业务的客观实际，充分采用国际审计准则与国际会计准则的基本原则和核心程序，系统阐述了审计的道德规范、准则体系及技术方法，较好地体现了持续变革、趋同等效的要求，也充分反映了审计与会计工作的规范化、国际化、信息化。

3. 全面性。本教材不仅充分吸收了注册会计师审计准则的有关内容及其精髓，而且系统吸纳了国家审计准则和内部审计准则的有关内容及其精华。既较深入阐述了职业道德、风险管理、内部控制及价值增值等，又较完整介绍了业务循环审计、审计程序、审计证据和审计报告，还较全面诠释了风险导向审计新理念、经济责任审计新观念以及跟踪审计新方式等。

4. 实用性。在审计实务方面，本教材按业务循环并结合报表项目详细介绍了有关业务的审计程序和取证方法，便于实际操作时参考；同时，在每章开篇明确了学习目标，主要内容之后附有思考题、练习题及案例题，便于教学内容和计划的安排，也便于学习重点与难点的把握，有利于教和学，有助于培养学生的分析能力、判断能力和创新能力。

本教材适合作为会计、财务等经济管理类专业的本科学习教材，以及硕士研究生的研修参考教材，也适宜作为审计、会计等相关职业工作者的工作参考用书和有关资格考试的学习参考用书。它利于读者形成对审计理论与实务全面系统的认知和感悟，便于读者理解和把握审计的基本原理和主要方法，有助于读者从事审计的理论探讨与实践探索，并可用于务实精神、创新思维、职业敏感及判断能力的培养，促进审计的专业知识、理论素养及应用水平的有序转化和依次升级。

为完成此次修订，保证书稿质量，我们集结各方资源，参阅诸多文献，积聚多人心力，凝练众人才智，历经无数昼夜，通过深入研讨、实地调研、再三推敲、反复修改、调整充实、交叉复核，遂成终稿。按照本次教材修订的先后顺序，主要参与人员及具体分工如下：第1，2章由宋常执笔，第3，4章由宋常和周梦欣（哈佛大学）执笔，第5，6章由宋常和宋晨（牛津大学）执笔，第7，8章由宋常、陈关亭（清华大学）和孔玥（麻省理工学院）执笔，第9，10，11章由宋常、朱南军（北京大学）和周宇（哥伦比亚大学）执笔，第12，13章由宋常、陈宋生（北京理工大学）和陈秋（加拿大女王大学）执笔，第14章由宋常、吕兆德（北京师范大学）和王潇（约翰霍普金斯大学）执笔，第15章由宋常和徐国伟（中国人民大学）执笔。此外，赵懿清、杨华领、王睿、黄蕾、陈杰、李晓楠、张江凯、李飘、聂明谏、薛菲等参与了书稿资料的整理更新和习题案例的修订编创。经多次交叉复核，反复审阅修改，最后由宋常总纂定稿。

在书稿付梓之际，我们由衷地感激曾给予信任、指导、支持和帮助的业界同仁，感谢中国人民大学出版社工商管理分社诸位编辑为保证此书出版质量所付出的心力和辛劳！此外，在修订过程中，我们参阅了大量中外文献，诸多贤达及其成果书中虽有提及，但恐挂一漏万，谨对我们参阅过相关文献的所有作者表示敬佩和谢意！尽管我们精诚协同，心向完美，并竭尽全力为之，但因自身水平及其他主客观条件的限制，书中肯定存在不足和缺憾，甚或纰漏与错误，恳请广大读者批评指正，以便日后再行修订完善！

编者

目　录

第1章 总　论

Chapter 1

学习目标

1. 了解审计的演进历史及其启示。
2. 理解审计的含义、目标及对象。
3. 掌握审计的特征、职能、作用。
4. 理解审计在社会经济生活中的作用。

1.1 审计的产生与发展

审计是在一定的经济关系下，基于经济监督的需要而产生的。当财产所有者将其财产交付与其他人代管或者代为经营时，由于客观上存在着查错防弊、监督他人，以维护财产所有者利益的需要，因而委派或委托另一机构和人员，对他人代管或者代为经营的业绩进行审查和评价，进而在委托代管和委托经营的经济关系下，便产生了审计这项经济监督活动。

1.1.1 我国审计的产生与发展

据有关史料记载与考证，“审计”一词在我国最早出现于宋代，但审计这项经济监督工作却源远流长，自古就有。由于我国长期处于封建社会，商品经济很不发达，因而在20世纪初期以前的历代王朝，皇家审计一直居于绝对统治地位，毫无社会（民间）审计可言。在历代王朝，帝王将其财产保管和财粮赋税等财政收支大权交付给其臣属掌管，为了检查、考核官员的政绩，揭发官员的贪赃枉法行为，弹劾惩处侵犯皇家利益的枉法者，大多设有专门机构，委派官员专司财政经济监察的职责。根据《周礼》记载，早在西周时期（公元前11世纪—前771年）就出现了带有审计性质的财政经济监察工作，在周王之下设天、地、春、夏、秋、冬六官，分掌政令。其中，天官（亦称太宰或冢宰），居百官之长，掌邦国之治，并总揽财政大权。其职责之一系“岁终，则令百官府各正其治，受其会，听其致事，而诏王废置。三岁，则大计群吏之治，而诛赏之”。[①] 在天官之下设有司会官职，掌国之百物财用，为计官之长，负有“以参互考日成，以月要考月成，以岁会考岁成”[②] 之责，建立了由司会根据月要（月度财务报告）和岁会（年度财务报告）考核官员政绩的财政监察制度。周王朝除在行政系统设司会实行会计监督外，还在天官之下设小宰官职，协助大宰掌管政令，其所属宰夫一职，则负有“考其出入，而定刑赏”的职权。宰夫每于“岁终，则令群吏正岁会。月终，则令正月要。旬终，则令正日成”[③]，用以考核诸官的政绩，并根据政绩的得失给予奖惩废置。“凡失财用物辟名者，以官刑诏冢宰而诛之；其足用长财善物者，赏之。”[④] 宰夫一职虽也隶属于行政系统，而且地位不高，但其所从事的工作却具有审计的性质，可以视为我国审计工作的滥觞。根据历史文献记载，我国皇家审计从西周开始已进入萌芽时期。

秦灭六国，结束了诸侯割据的局面，建立了统一的中央集权国家。为了维护专制制度的集权统治，秦王朝十分重视政治经济的监察权。秦在中央设有御史大夫，位极尊，仅次于相。秦以御史大夫监理诸郡，并在诸郡设监察御史，负责各郡的政治经济监察工作，从而在全国形成一个自上而下的监察系统。此外，还在全国实行了自下而上定期呈报财务报告的“上计制度”。秦王朝仅15年即被汉朝取代，但在我国审计发展史上却起着奠基的作用。

汉承秦制，在中央也设有御史大夫，行使政治经济财政大权，并兼管上计之事。在《汉书·宣帝纪》中就有“御史察计簿，疑非实者，按之，使真伪毋相乱”的记载。上计制度是战国时期沿袭下来的一项制度。据《辞源》解：“战国、秦汉时，年终，地方官本人或遣吏至京上计簿，将全年人口、钱粮、盗贼、狱讼等事禀报朝廷。”意即每年年终诸郡县地方官员诣京呈报上计报告，将其所辖地区的政治经济情况向上报告。西汉时，上计制度已日臻完善，并制定了“上计律”，使之有法可依。上计制度规定，每年各郡由郡太守或上计官员主持召开上计会议，审理各县呈报的上计报告，然后诣京上计。中央由御史大夫审理各郡的上计报告，并由皇帝亲临受计，评论功过。

秦汉时期，由御史大夫自上而下进行的御史监察制度和由诸郡县自下而上进行的上计制度，形成了一个上下贯通的由中央控制全国的监察系统，使我国的审计工作开始进入发展时期。但在秦汉官制中，尚无专司审计职责的官员，也无专司审计职责的机构。

隋继南北朝后统一中国，便在中央设尚书省，置尚书令，行使宰相职权，总揽国政。尚书省下设吏部、礼部、兵部、都官、度支、工部共六部，分管全国政务。其中都官一部为司法机构，设都官尚书，掌国家法令，并兼施财政经济监察大权。都官之下设比部，为专司监察审理事务的审计监督机构。后改都官为刑部，而比部仍属其所辖。唐沿隋制，在尚书省下仍设六部，而专司勾覆审计之事的比部，仍直属于刑部。同时，在中央设御史台，专司监察、弹劾之事。遇有贪盗不法等重大案件，经比部勾覆审查后上报御史台，由御史台上奏弹劾，依照刑典加以惩处。自隋唐始，我国的皇

---

① 《周礼·天官·冢宰》。
② 《周礼·天官·司会》。
③④ 《周礼·天官·宰夫》。

家审计有了专设的独立机构，并把比部置于执行司法职能的刑部之下，从而提高了审计的地位；加之，唐时御史监察制度更趋完善，使审计工作与监察工作相结合，因而到了隋唐时期，我国的皇家审计进入了一个日臻完备的阶段。

宋王朝建国后，集地方权于中央。宋初，设吏部、度支、盐铁三司使，负主管全国钱粮、财赋等收付管理之责。在三司内设都磨勘司，“掌勾覆三部帐籍，以验出入之数”①，使审计之事置于三司之内，取消了唐时的比部。由于置审计之事于财政部门，钱粮财赋收支没有独立的机构进行审查，曾使宋初一度财计混乱，侵欺之弊，无由举发。神宗元丰三年实行改制，罢去三司，合并改称户部，由户部统掌全国财政；审计之事仍沿袭唐制，复归刑部所属比部掌管。比部设郎中和员外郎，“掌勾覆中外帐籍。凡场务、仓库出纳在官之物，皆月计、季考、岁会”②；由比部审核发现的重大案件，则提交御史台弹劾惩处。宋时除设比部行使监察审理之权外，北宋初年还曾在掌管库存财物的太府寺内设立审计司，依照规定审查其财物收付事项，实际上是太府寺内的内部审计。此外，在太宗淳化三年（公元 992 年）采用户部侵樊知古的奏议，还曾设置了专司审查各项军政支出的诸军、诸司专勾司，后于南宋时因避高宗赵构之讳而改称审计院。宋前历代王朝用“考”“比”“勾覆”等词表示审查、考核之意，到了宋时则开始使用“审计”这一用语。

自隋、唐至宋几个朝代，从审计的建制来看，都设有专门审计机构，从事审计监督，审计制度渐趋完备。此后，到了元、明、清三朝则取消了专门的审计机构。如元初撤销了比部，中央及地方报送的财务报告归由户部审核。明初，比部虽一度恢复，但不久于洪武二十年又被取消，直至清末没有再设置。明清两朝皆在户部下按行政区、分省设立清吏司，负责审查各省的财政收支。同时，改御史台为都察院，为全国的最高检察机关。明时在都察院下设都监察御史，负责监察中央财赋收支；按行政区设监察御史，分别监察各地财赋收支。清时在都察院下按吏、户、礼、兵、刑、工等设六科给事中，并按行政区分设十五道监察御史，统称为科道官，负责中央及地方官府钱粮财赋的审查工作。清末光绪年间，掀起维新运动，拟行君主立宪制，清廷曾提出单独设立审计院的拟议，并草成《审计院官职条例》二十一条，但未能施行，不久清廷就被推翻。

民国以后，我国审计开始进入一个新的时期。但我国长期处于封建社会，商品经济很不发达，加之清王朝实行闭关锁国政策，20 世纪以前的审计只有为王朝服务的皇家审计，并且缺乏完备的机构和制度。辛亥革命推翻了封建帝制，适应客观形势的变革，在民国以后我国的审计制度也有了明显的发展。1912 年（民国元年）北京政府时期，曾在国务院下设审计处，总管全国审计事务；地方设审计分处，分管各省审计事宜。同年，公布了《审计处暂行章程》和《审计条例》等法规，授权审计机关对国家岁入岁出、地方行政官署财政收支，以及国债、国家财产收支等进行审查。1914 年在袁世凯一手操纵下公布了《新约法》，改审计处为审计院，直属大总统，并于同年公布了审计法。该法规定，“国家岁出岁入之决算，每年经审计院审定后，由大总统提出报告书于立法院”。从当时的审计立法看，已初具规模，在形式上似乎也贯彻了审计独立的原则，但由于军阀割据，中央财源枯竭，地方各自为政，致使审计法规

①② 《宋史·职官志》。

无人执行，成为一纸空文。北京政府垮台后，国民党政府于1928年在国民政府下设审计院，同年公布了审计法，其中一项规定就是财政机关的支付命令必须先经审计院核准，否则国库不予付款。自此，我国的政府审计中有了事前审计的内容。以后，国民党政府根据五权分立的政体，建立了专司监督、弹劾职能的独立监察机关，并于1931年改审计院为审计部，直属监察院，从而将审计机构置于监察系统。但当时仍沿用1928年公布的审计法，到1938年才重新修订。以后又几经补充修改，审计制度日臻完备。但由于国民党政府政治腐败，贪污横行，贿赂成风，因而审计制度徒具形式，实际上没有起到应有的经济监督作用。

进入20世纪以后，我国资本主义工商业有所发展，社会（民间）审计应运而生。1929年公司法的公布以及后来有关税法和破产法的施行，也对职业会计师事业的发展起了推动的作用。自30年代以后，在一些大城市相继成立了会计师事务所，接受委托人委托办理查账等业务。但由于旧中国民族工商业受外国资本和官僚资本的压制，发展相当缓慢，因而社会（民间）审计在我国一直没有长足的进展。

新民主主义时期，在中国共产党领导下的革命根据地，曾先后建立了中华苏维埃共和国审计委员会和陕甘宁边区政府审计处，对资金物资收支的合法性和正确性实行监督，并根据战时需要制定了略具雏形的审计制度，对节约支出，保障战争的供给，维护革命纪律，树立廉洁作风，起到了应有的作用。中华人民共和国成立以后，我国没有设置独立的专门审计机构。对财政经济的监督，是由财政、银行、税务等部门通过其本身的业务来进行的。这些经济监督形式沿用至今，对严格国家财经法纪，保证国家收入，提高经济效益，都起到了积极的作用。

党的十一届三中全会以后，党和政府的工作重点转向社会主义现代化建设，并采取了一系列的方针政策。为此，我国把建立审计机关，实行审计监督，载入1982年的宪法，并于1983年在国务院下成立我国的最高审计机关——审计署，在县以上各级人民政府成立审计局。同年，我国还正式加入了“最高审计机关国际组织”（International Organization of Supreme Audit Institution，INTOSAI）。国家授予审计机关依法行使审计监督权，对国务院各部门、地方各级人民政府、财政金融机构，以及企事业等单位的财政、财务收支及其经济效益进行审计监督。不仅如此，还在部门、单位内部成立了审计机构，实行内部审计监督。之后，我国的审计立法工作不断推进，审计法规日益完善。1985年8月发布了《国务院关于审计工作的暂行规定》；同年10月发布了《审计署关于内部审计工作的若干规定》。在各级政府审计机关、各级主管部门的积极推动下，内部审计蓬勃发展，2003年5月1日审计署颁布施行了《审计署关于内部审计工作的规定》。

此外，为适应开展涉外经济和国内建设的客观需要，民间审计在我国也得以产生和发展。1986年国务院发布了《中华人民共和国注册会计师条例》，据此在我国各大中城市，相继成立了会计师事务所和审计事务所等社会（民间）审计组织，接受委托人的委托，承办会计查账验证和会计咨询服务等业务。1988年11月颁布了《中华人民共和国审计条例》；1994年1月1日《中华人民共和国注册会计师法》（以下简称《注册会计师法》）的实施，使我国的社会（民间）审计步入了法制的轨道，并得到了迅猛的发展；1995年1月1日《中华人民共和国审计法》（以下简称《审计法》）的实施，从法律上进一步确立了国家（政府）审计的地位，为其进一步发展奠定了良好的基础。2006 年 2 月颁布的《审计法》(2006 年修正),对原《审计法》做了大量修订,自 2006 年 6 月 1 日起施行。至此,我国形成了国家审计、社会审计和内部审计三位一体的审计监督体系,审计制度和审计工作进入了振兴、发展的新时期。

值得指出的是,随着社会主义市场经济体制的不断健全完善,经济社会迅猛发展,我国注册会计师行业在经济社会中的作用日益显现,各项服务能力日趋提高,行业自身的发展经历了恢复重建(1980—1991 年)、规范发展(1991—1998 年)、体制创新(1998—2004 年)、国际发展(2005 年以来)等四个阶段。

目前,无论是我国的国家审计,还是社会审计或内部审计,都已进入了法制化、规范化、国际化及常态化的发展轨道。仅就审计准则的制定与执行情况,即可窥见一斑。国家审计、社会审计及内部审计,都有其相应的审计准则体系,不仅科学合理、便于理解,而且切实可行、行之有效。随着我国改革开放的深化,审计工作将得到进一步的发展,在加强宏观控制、推动国家治理、严格财经法纪、提高经济效益、维护国家安全、保障科学发展,以及促进社会和谐等诸多方面将发挥更大的作用。

1.1.2 西方审计的产生与发展

在西方各国,随着生产力的发展和经济关系的变革,审计也经历了一个漫长的演进过程。从西方审计的历史起源和发展演进来看,政府审计早于民间审计和内部审计。

根据历史文献记载,早在奴隶制度下的古罗马、古埃及和古希腊时代,就出现了对掌管国家财物和赋税的官吏进行审查考核这一具有审计性质的经济监督工作。在历代封建王朝中,也设有审计机构和人员,对国家的财政收支进行监督。如法国在资产阶级大革命前即设有审计厅,1256 年法国国王圣路易曾下令,命其官吏将计算书送到巴黎,接受审计人员的审查。资产阶级大革命后,拿破仑一世时创建了会计法院,其任务主要是对联邦政府以及政府各部和市镇的会计资料的准确性和合理性进行审核。至今,会计法院仍是法国政府实施事后审计的最高法定机构。在前资本主义社会,基于奴隶主和封建主监督、考核其所属官员的政绩,维护统治阶级利益的需要,而出现了审计或类似审计性质的经济监督工作。但当时的审计,不论在组织机构上还是方法上,都还属于很不完善的阶段。

在资本主义时期,随着经济的发展和资产阶级国家政权组织形式的完善,政府审计也有了进一步的发展。在现代资本主义国家中,普遍建立了政府审计制度。资本主义政府审计的形成和发展,同以议会制为核心的资产阶级政权组织形式有着紧密的联系。

在现代资本主义国家中,国家的立法、行政、司法三权分别由议会(国会)、内阁(或总统)和法院掌握。在三权分立的政权组织形式下,议会为国家的最高立法机关,握有立法权,并对政府行使监督权,其中包括财政监督权。为了监督政府的财政收支,切实执行财政预算法案,以维护统治阶级的利益,西方国家的议会大多设有专门机构,由议会或国会授权,对政府及国有企事业单位的财政财务收支进行独立的审计监督。如美国在 1921 年成立的总审计局,就是隶属于国会的一个独立经济监督机构,它担负着为国会行使立法权和监督权提供审计信息和建议的重要职责。总审计长由国会提名,经参议院同意,由总统任命。总审计局和总审计长置于总统管辖之外,独立行使审计监督权限。其他国家，如加拿大的审计长公署、西班牙的审计法院等，也都是隶属于国家立法部门的独立机构，其审计结果要向议会负责，并向议会报告，在实行审计监督中也都具有独立的权限。

在西方由职业会计师进行的民间审计，随着资本主义商品经济的兴起得到了迅速的发展。相传在工业革命之前的英国，就出现了以协助企业检查账目为职业的民间查账员。据会计史记载，乔治·瓦特森（George Watsen）是苏格兰最早的一位职业会计师。1773—1805年，苏格兰的会计师从7名增加到17名。这是民间审计的开端。18世纪60年代在英国开始了工业革命，机器大工业逐步代替工场手工业而占据统治地位，从而促进了生产力的发展和经济关系的变革。由于资本主义商品经济的发展，企业生产规模的扩大，伴随着资本集中的过程，在西方出现了以发行股票筹集资金为特征的股份公司。股份公司这一企业组织形式的出现，使公司的所有权和经营权分离，持有股票而不直接从事经营管理活动的股东和未来投资者，为了维护自身的利益，十分关心企业的财务状况和经营成果。另外，由于股份公司的有限责任，也使公司的债权人对企业的偿债能力以及与此相联系的获利能力给予极大的关切。基于投资者和债权人等与公司有利害关系的集团和个人的上述需要，公司有责任对外编报真实、公允和全面的财务报表。公司编报的财务报表是否真实、公允和全面，则有必要由居于企业股东和最高管理层以外的第三者进行审查。在股份公司组织形式下，由于两权分离而形成的委托经营的经济关系，为民间审计的发展拓宽了道路。

民间审计经历了一个成长的过程。自股份公司出现以后，客观上就存在着对受托经营者实行监督的需要。在英国，早期的审计工作不是由社会上的民间会计师受托进行的，而是实行一种监事审计制度，即从股东中选出监事，作为股东的代表对公司的账目和提供的财务报表进行审查，发现会计数据不真实、不正确，或存在舞弊作伪等欺骗股东的行为的，则根据情节加以改正或处理。1844年英国的公司法，就明确作出公司会计账目必须经股东中选出的监事进行审查的规定。由于监事大多不熟悉会计业务，实行监事审计往往流于形式，收效不大。因此，在以后修订的公司法案中，又规定公司的账目也可以聘请有会计技能的会计师协助审计。这一规定无疑对发展民间审计具有推动作用。19世纪中叶以后，民间审计业务日益增多，职业会计师的队伍也随之不断扩大。为了加强人员联系，总结交流工作经验，1853年在苏格兰的爱丁堡创立了世界上第一个职业会计师的专业团体，即“爱丁堡会计师协会”（Society Accountants in Edinburgh）。随后，苏格兰和威尔士地区的各会计师协会得到了英国政府的特许，后来这些会计师协会又联合成立了“英格兰·威尔士特许会计师协会”，成为英国最大的会计专业团体。同时，随着审计实践经验的不断丰富，审计著作也于19世纪80年代之后相继问世。由于职业会计师队伍的壮大和审计业务素质的提高，又规定公司的监事必须由特许会计师协会的会计师担任，从而使职业会计师的审计从协助的地位提高到受托承办的地位，这实际上是把股东对经理人员的监督，交由社会上的职业会计师代行。至今在日本等一些国家中，监事审计仍被保留下来。可见，工业革命后英国的审计，在世界审计发展史上居于中心的地位。

美国南北战争结束后，资本主义经济得到了较快的发展。欧洲资本，特别是英国资本输入美国，起到了促进其经济发展的积极作用。到了1890年，投入美国的外国资本已经达到30亿美元。随着英国资本输入美国，英国的民间审计也进入了北美大陆。在这个时期，美国也形成了自己的职业会计师队伍，并于1887年创立了“美国公共会计师协会”，后发展为“美国注册会计师协会”（AICPA），并成为美国最大的职业会计师专业团体。初期美国的民间审计，大多采用以全部洋查为特征、以查错防弊为目的的英国式的详细审计。20世纪以后，根据美国经济形势的变化，不论在审查的目的、范围与内容上，还是在方法和程序上，都发生了很大的变化，突破了详细审计的做法，从而完善了审计工作，并促进了审计学科的发展。实际上，20世纪以后，审计的发展中心已经从英国转移到了美国。

20世纪初期，美国的短期信用发达，企业多从银行举债，以满足短期资金周转的需要，银行为了保障贷款按期收回，维护自身的利益，有必要对申请贷款企业的资产负债表进行分析，以审查判断企业有无偿债能力，进而做出应否给予贷款的决策。企业编报的资产负债表是否真实可靠，成为银行十分关注的一个问题。凡资产负债表经由居于第三者地位的职业会计师审查证明的企业，将取得银行的信任，并给予优惠的贷款条件。因此，以证明企业偿债能力为主要目的的资产负债表审计，即信用审计，在1910—1930年间流行于美国。由于它是由美国提出的，故又称为美国式审计。

1929年，资本主义经济危机的爆发，引起大批企业破产倒闭，广大的投资者遭到了严重的损失。为了维护投资者的利益，美国政府于1933年公布了《证券法》，次年成立了证券交易委员会，并公布了《证券交易法》，规定凡股票、债券上市买卖的公司，必须报送经注册会计师审查鉴证的资产负债表和损益表。从此一向不对外公开的损益表也必须接受社会的审查，并使证明企业财务状况和经营成果的财务报表审计成为带有强制性的法定审计。这项规定一直沿用至今。由于财务报表审计带有强制性，因而也促进了西方对会计原则和审计标准的研究。这不仅推动了西方审计学的发展，而且促进了西方会计学的发展。

第二次世界大战后，随着资本主义经济的发展，竞争更趋剧烈。为了在竞争中求生存，很多企业十分重视加强内部的经济监督，实行事前预防性的控制，审计也随之有了新的发展。现代审计突破了由外部审计人员进行事后查账的传统模式，在20世纪40年代逐步开展了企业的内部审计工作，同时为适应加强经济预测和事先控制的需要还开展了事前审计，做到了外部审计与内部审计并重，事后审计与事前审计并重。在审计的范围和内容上，也从财务活动扩展到各项生产经营管理活动，并注重对经营业绩和效益的审查，从而在西方出现了经营审计、管理审计，以及经济、效率、效果审计等新的概念。此外，在审计方法上，也从全面详查发展到抽样审查，并重视在审查和评价内部控制制度的基础上确定审查重点的做法。

20世纪60年代以后，科学技术有了突飞猛进的发展，新兴产业部门不断涌现，一些新技术、新方法成功地运用于经营管理，推动了人们思想观念的变革，也促进了审计技术的进步和咨询业务的发展，提高了审计人员在社会经济生活中的地位。与此同时，审计人员基于客户改进经营管理和自身业务拓展的客观需要，开发了电子数据处理系统审计和计算机辅助审计技术，并将业务领域从主要执行审计迅速扩展到管理咨询。21世纪初以来，随着美国安然公司和安达信国际会计公司事件等一批造假丑闻被揭露，美国实施了《萨班斯-奥克斯利法案》，强化对公司内部控制的要求和外部审计人员的监管，美国等发达国家及国际组织修改审计准则及相关要求，更加强调审计人员执行审计中的独立性，注重风险的识别、评估和应对，并推行（经营）风险导向审计，以充分揭露财务报表重大错报及其风险。

学习中西方审计产生和发展的历史，有助于我们进一步了解审计工作的实质和作用，对审计人员提高认识，开展审计工作具有以下几点重要的启示：首先，建立与维系受托经济责任关系是审计产生和发展的重要前提及基础；其次，实行审计监督是经济社会发展的客观需要和必然；再次，加强民主法制建设，健全完善审计规范，设立独立审计机构，配备称职审计人员，赋予审计监督权限，是顺利开展审计工作和有效实行审计监督的必备条件与前提；最后，适应本国经济发展的需要，吸收外国审计有用的经验，不断完善本国的审计监督制度，走适合本国国情的审计发展之路。

1.2 审计的含义与特征

1.2.1 审计的含义

审计是一项具有独立性的经济监督、评价和鉴证活动。它是由独立于被审计单位之外的专职机构和人员，接受委托或授权，根据国家法律、行政法规以及财政经济规章制度，运用专门的方法，按照一定的标准对被审计单位的会计记录、财务报表、其他经济资料以及它们所反映的经济活动进行审核和检查，以确定其真实性、合法性、效益性，作出客观、公正的评价，并根据审查结果出具报告书，以达到维护国家利益，维护财经纪律，维护被审计单位的合法权益，提供审计信息，促进经济效益提高和推动国家治理的目的。

20世纪六七十年代以后，审计理论有了较大的发展。1972年，美国会计学会的审计基础概念委员会（The Committee on Basic Auditing Concepts，AAA）发表了一个重要的文件，即《基础审计概念说明》(A Statement of Basic Auditing Concepts)。在这个说明中，对审计下了如下定义："所谓审计是为了查明经济活动和经济现象的表现与所制定的标准之间的一致程度，客观地收集和评定与这种表现有关的证据，并将其结果传达给有利害关系的应用者的有组织的过程。"1972年，美国审计局定义的审计是："审计一语，包括审查会计记录、财务事项和财务报表，但就总审计局的全部工作来说，它还包括以下内容：(1) 查核各项工作是否遵守有关法律和规章制度；(2) 查核各项工作是否经济和有效率；(3) 查核各项工作的结果，以便评价其是否有效地达到了预期的效果（包括立法机构规定的目标）。"1976年，美国出版的《审计理论》一书将审计定义为："所谓审计就是确定以数量表示的信息与所建立的标准之间的一致程度，而且基于报告的目的，由独立的专门审计人员就特定的经济实体的数量信息收集并评定证据的综合过程。"

从上述审计定义来看，有的把审计对象扩展为"经济活动和经济现象的表现"，有的扩展为"以数量表示的信息"，有的从审查财务事项扩展到经济、效率和效果。显然，它们都远远超出会计记录和会计行为的范围。这些情况表明，自20世纪六七十年代，审计理论有了很大的发展，审计对象也有了很大的变化。而在我国，审计对象中既有会计资料，也有其他经济资料，还包括这些资料所反映的经济活动，业已超出会计资料的范围，因而存在多种审计，如财政财务审计、经济效益审计、事前审计、事后审计等。为了更好地理解和把握审计的含义，应当了解审计与会计、审计与审计学的关系。

1.2.2 审计的特征

1. 独立性

审计的价值取决于审计的独立性，审计的独立性是保证审计工作顺利进行的必要条件。审计的原始意义就是查账，即由会计人员以外的第三者，对会计账目和财务报表进行审查，借以验证其公允性和合法性。现代审计理论中的审计关系人就是据此产生的。第一关系人，即审查主体（审计机构或人员），他们根据审计委托者的委托对被审计单位的财务状况以及有关人员履行受托经济责任情况进行验证、审查，并提出审查报告书或者证明书；第二关系人，即审查客体（被审计单位），它们对审计委托者承担的委托经济责任，须经审计机构或人员验证审查后才能确定或解除；第三关系人，即审计委托者，被审计单位对它们承担某种受托经济责任，它们之间存在一定的权责关系。审计关系必须由委托审计者、审计者和被审计者三方关系人构成，缺少任何一方，独立、客观、公正的审计将不复存在。这是由财产所有权与经营管理权相分离决定的，财产所有者对企业拥有所有权但不亲自参加经营管理，为了保护自身的利益，财产所有者迫切希望了解与自己有经济联系的经济组织的财务收支和经济状况。这就需要对负有受托经济责任的经营管理者进行审查，而这种审查只有由独立于他们之外的第三者执行，才能得到正确、公允、可靠的结果。这就是审计机构或人员的所谓超然独立性。

独立性是审计工作的灵魂。正因为审计具有独立性，才受到社会的信任，才能保证审计人员依法进行的经济监督活动客观公正，提出证实财务状况和经营成果的审计信息才更有价值，才能对被审计单位确定或解除受托经济责任提供证据，更好地发挥审计的监督作用。因此，独立性的经济监督活动是审计的属性。审计的属性，明确揭示了独立性是审计的特征，经济监督是审计的性质。为了充分体现审计的属性，在审计机构的设置和审计工作过程中必须遵循独立性原则，做到实质上独立（independence in fact，即在执行职业服务中，审计人员保持正直客观、公正无偏立场的能力）和形式上独立（independence in appearance，即在其他人眼中，审计人员保持正直客观、公正无偏立场的能力，也就是其他人对此种独立性理解的结果，由此决定着职业信任，因为要证明审计人员缺乏独立性虽非不能但绝非易事，而这种职业信任缘于社会对审计人员独立性的感知与认可，并决定着审计的价值）。具体包括：

（1）机构独立。为确保审计机构独立地行使审计监督权，对审查的事项做出客观公正的评价和鉴证，充分发挥审计的监督作用，审计机构应当独立于被审计单位之外，这样才能更有效地进行经济监督。

（2）经济独立。审计机构从事审计业务活动，必须要有一定的经济收入和经费来源，以保证其生存和发展需要。经济独立指审计机构或组织的经济来源应有一定的法律法规或制度作保证，不受被审计单位的制约。即使是民间审计组织，也规定除了正常的业务收费外，不允许与被审计单位有其他经济依附关系。

（3）精神独立。审计人员执行审计业务，必须按照审计范围、审计内容、审计程序进行独立思考，坚持客观公正、实事求是的精神，做出公允、合理的评价和结论，不受任何部门、单位和个人的干涉。

美国注册会计师协会曾指出，审计属性体现在三个方面：一是审计人员的自主性，即不受委托人的任何影响；二是精神上的独立性，即审计人员必须公正无私，不带任何偏见；三是审计人员地位的独立性，这种独立性应受到公认，为社会所接受。美国著名审计、会计学家莫兹（R. K. Mautz）和夏拉夫（H. A. Sharaf）在其合著的《审计学哲理》一书中，也从上述几个方面论述了审计的独立性。

1977年，最高审计机关国际组织在利马召开第九次代表大会，形成了《利马宣言——审计规则指南》，其中第二章的标题就是“独立性”。在这一章中，首先提到最高审计机关的独立性，强调最高审计机关必须独立于被审计单位之外，并不受外来影响，才能客观而有效地完成其工作任务；其次提到最高审计机关成员和官员的独立性应由宪法予以保证；最后提到了最高审计机关财政上的独立性。

《中华人民共和国宪法》（以下简称《宪法》）和其他法律法规也对审计的独立性作出了规定。我国于1982年第五届全国人大五次会议上通过的《宪法》中明确规定，审计机关在国务院总理领导下，依照法律规定独立行使审计监督权，不受其他行政机关、社会团体和个人的干涉。在后来经修正的《宪法》中第九十一条仍保留了此规定。《审计法》第五条也规定，审计机关依照法律规定独立行使审计监督权，不受其他行政机关、社会团体和个人的干涉。第十一条规定，审计机关履行职责所必需的经费，应当列入财政预算，由本级人民政府予以保证。第十五条规定，审计人员依法执行职务，受法律保护。任何组织和个人不得拒绝、阻碍审计人员依法执行职务，不得打击报复审计人员。审计机关负责人依照法定程序任免。审计机关负责人没有违法失职或者其他不符合任职条件的情况，不得随意撤换。地方各级审计机关负责人的任免，应当事先征求上一级审计机关的意见。我国国家审计准则规定，审计人员执行审计业务时，应当保持应有的独立性。审计人员不得参加影响审计独立性的活动，不得参与被审计单位的管理活动。审计机关组成审计组时，应当了解审计组成员可能损害审计独立性的情形，并根据具体情况采取下列措施，避免损害审计独立性：(1) 依法要求相关审计人员回避；(2) 对相关审计人员执行具体审计业务的范围作出限制；(3) 对相关审计人员的工作追加必要的复核程序；(4) 其他措施。此外，审计机关还应建立并实施审计人员交流等制度，以避免审计人员因执行审计业务长期与同一被审计单位接触可能对审计独立性造成的损害。《审计署关于内部审计工作的规定》第七条规定，内部审计人员办理审计事项，应当严格遵守内部审计职业规范，忠于职守，做到独立、客观、公正、保密。《注册会计师法》第六条也规定，注册会计师和会计师事务所依法独立、公正执行业务，受法律保护。由此可见，我国的法律法规也对审计机构、经费来源及审计人员等方面的独立性作了明确规定。

从上述情况来看，无论是我国还是其他国家，都认为审计的属性或性质是独立的经济监督（活动）。从本质上说，审计是一种经济监督；然而，经济监督的种类很多、形式多样，审计监督区别于其他经济监督的根本特征就是独立性。因此，没有独立性的经济监督活动，如财政、银行、税务、工商行政管理等部门所从事的经济监督活动，就不能称为审计。在我国的经济监督体系中，除了审计监督，任何其他种类的经济监督都需要结合自身的业务进行，其监督职能都是从其管理职能中派生出来的附带职能，是为了执行具体业务而进行的监督，只有审计监督才是由专门机构、专职人员进行的独立经济监督。不仅如此，在我国的经济监督体系中，审计成为中坚力量，占有重要位置，是任何其他形式的经济监督不可替代的，因为审计不仅是实现国家职能的重要保证，而且还可以从宏观的角度对各级政府及其财政、金融等综合管理部门的经济活动进行监督，也可以从微观的角度对各个单位及其治理层、管理层等诸多层级的经营管理行为实施检查，可以专门监督特定领域、项目中的具体经济业务，也可以普遍检查存在于生产、经营中的具体经济行为。可见，审计监督之所以能够履行诸多职责，并严格区别于其他经济监督，就是因为它具有独立性。当然，这种独立性会因审计类别的不同而有所区别，如国家（政府）审计的独立性就大一些，而内部审计的独立性就相对小一些，但它们都具有必要的独立性，包括社会（民间）审计在内的各类审计都具有国家法律法规赋予的独立性。正因为审计的独立性是由国家法律法规赋予的，所以它是相对的而不是绝对的。

2. 权威性

审计的权威性是审计监督正常发挥作用的重要保证。审计的独立性决定了审计的权威性。审计机构或人员以独立的"第三者"身份，恪守独立、客观、公正的原则，按照有关法律、法规，根据一定的准则、原则、程序对财务报表进行经济鉴证；加之，审计人员资格的取得必须通过国家统一规定的严格考试，因而他们具备较高的专业知识水平，这就保证了其所从事的审计工作具有准确性、科学性。正因为如此，审计机构或人员的审计报告具有一定的社会权威性，并被经济利益不同的各方认可与接受。各国为了保障审计的权威性，都通过有关法律赋予审计在社会经济生活中的经济监督、经济评价及经济鉴证等职能。为了保障和提高审计的权威性，一些国际性组织通过协调各国的审计制度、准则、标准，使审计成为一项世界性的专业服务，增强各国财务报表等会计信息的一致性和可比性以及审计报告等审计信息的公正性和可信性，以利于加强国际经济贸易往来，促进国际经济发展繁荣。由此可见，审计的权威性既取决于审计的独立性，也依赖于审计工作的质量。

1.3 审计的目标与对象

1.3.1 审计的目标

审计的目标是指审查和评价审计对象所要达到的目的与要求，它是指导审计工作的指南。审计目标的确定，除受审计对象的制约以外，还主要取决于审计的属性、审计的职能以及审计委托者对审计工作的要求。不同类别的审计，其目标不尽相同，如财务审计的目标与经济效益审计的目标就有所不同。审计的目标就是为了审查和评价审计对象的公允性、合法性和效益性。

1. 公允性

审查和评价用来反映被审计单位财务收支及其有关经营管理活动的财务报表和其他有关资料的公允性，是审计的一个重要目标。公允性是指通过审计以判明被审计单位的财务报表等是否在所有重大方面都公允地反映了被审计单位的财务状况、经营成果和现金流量，从中发现问题，纠错揭弊，并提出纠正的意见和建议。通常，相对于政府审计和内部审计而言，社会（民间）审计更侧重于公允性的审查。

2. **合法性**

审查和评价被审计单位的财务收支及其有关的经营管理活动的合法性，是审计的又一重要目标。合法性是指通过审计以评价被审计单位的财务收支及其有关的经营管理活动是否符合党和国家的方针政策、法律法规，是否符合会计准则的要求，揭露和查处违法乱纪行为，从而保护各方面资财的安全完整，正确处理国家、地方、企业单位、个人之间的经济利益关系，促进被审计单位和整个国民经济健康、和谐、持续发展。

3. **效益性**

审查和评价被审计单位的财务收支及其有关的经营管理活动的效益性，也是审计的重要目标。效益性是指通过审计以评价被审计单位的供、产、销等各项经营活动和人、财、物等资源利用是否经济、是否讲究效率，经营目标、重要决策、计划方案是否可行、是否讲求效果，内部控制是否建立、健全，经济活动有无经济效益；找出薄弱环节及其产生原因，并提出建设性的意见，促使其改善经营管理，提高经济效益。

1.3.2 审计的对象

审计对象是指审计监督的客体，即审计监督的内容和范围。正确认识审计的对象，有利于正确理解审计含义、合理运用审计方法和有效发挥审计职能。为此，必须明确与审计对象有关的基本问题：一是审计的主体，审计的主体是指审计机构和审计人员，即实施审计监督的执行者；二是审计的范围，审计的范围是审计客体或审计对象的外延，也就是被审计单位；三是审计的内容，审计的内容是审计客体或审计对象的内涵，即各种资料所反映的被审计单位在一定时期内的全部或部分财务收支及其有关的经营管理活动；四是审计的依据，审计依据的是形成审计证据的各种文字、数据以及电子计算机存储的信息等。

审计的对象可以概括为被审计单位的财务收支及其有关的经营管理活动，以及反映这些活动的财务报表和其他有关资料。审计对象因审计主体、业务不同而各有侧重，有关的资料是表达审计对象内容的具体形式，而用来记录经济活动的载体有多种形式，如被审计单位的会计凭证、财务报表等；此外，审计对象还应包括被审计单位的经营目标、预测和决策方案、经济活动分析资料、计划统计资料以及技术资料等。总之，财务报表和其他有关资料只是审计对象的现象，其所反映的被审计单位的财务收支及其有关的经营管理活动则是审计对象的本质。

1.4 审计的职能与作用

1.4.1 审计的职能

审计职能是指审计本身所固有的内在功能。审计有什么职能、有多少职能，这些都不是由人的主观意愿决定的，而是由社会经济条件和经济发展的客观需要决定的。审计的职能不是固定不变的，而是随着社会经济的发展而发展变化的。

从西方审计职能的理论演进来看，现代审计诞生于英国。19世纪的英国是欧洲经济最发达的国家，19世纪初期英国就有了会计师，随着经济的日益发展，会计师数量逐渐增加。19世纪中叶，英国议会先后在1844年、1855年、1862年及1870年通过了一系列的公司法，鼓励成立公司，并对审计给予强有力的支持。公司法规定，各公司的账簿和资产负债表要由审计人员审查，并将审查结果向股东报告。在公司法的积极影响下，审计业务逐步扩大，审计人员也逐渐增多。在这种情况下，客观上要求成立职业会计师组织，1853年在苏格兰成立的爱丁堡会计师协会是第一个职业会计师组织，1855年又在格拉斯哥创建了会计师协会，1870年在英格兰也陆续建立了一些会计师协会。

19世纪后期，审计的职能主要是用详细审计的方法审查会计账簿，审计的目的是保护企业财产和维护资本主义的利益。审计人员通过审查会计资料，揭发错误和弊端，并考核经营者和工作人员是否忠诚可靠。总之，这一阶段审计的职能就是查错防弊。当时的代表性著作有《审计人员及其义务和责任》以及《审计理论——审计员实务手册》，前者是由英国的皮克斯利（F. W. Pixley）所著，并于1861年出版，共发行了12版，第12版于1922年发行，而后者是由英国的狄克西（L. R. Dicksee）所著，并于1892年出版，共发行了18版，第18版于1969年发行。

进入20世纪以后，虽然美国经济有了一定的发展，但此时企业的规模还不大，资金来源主要靠银行提供的短期贷款。银行和债权人最关心的是企业的支付能力，因而非常重视资产负债表，要求资产负债表经过会计师的审查鉴证。这一期间审计的职能就是审查资产负债表的真实性和正确性，并提供审计证明。当时的代表性著作有《审计理论与实务》，是由美国的蒙哥马利（R. H. Montgomery）所编，并于1912年出版，至今业已发行了10多版。

20世纪30—40年代，由于股份公司的发展，企业规模扩大所需的大量资金主要是通过证券市场取得的，投资人最关心的是企业的收益能力。因此，这一阶段的审计职能主要是依据公认会计原则（GAAP）对企业财务报表，特别是利润表进行审查和评价，以确定财务报表的真实性和准确性。该阶段的代表性著作有《公司会计准则序说》和《会计原则的说明》，前者是由佩顿（W. A. Paton）和利特尔顿（A. C. Litteleton）合著，并于1940年出版，后者是由桑德斯（T. H. Sanders）、哈特菲尔德（H. R. Hatfield）和穆尔（W. Moore）三位教授共同完成，并于1938年出版。

第二次世界大战以后，美国的经济有了进一步的发展，企业的规模越来越大，信息科学和行为科学也有了新的发展，电子计算机的应用取得了惊人的进展。在这种情况下，所有的利害关系者都期望取得有利于决策的会计信息和审计信息。这一阶段审计的职能主要是收集审计证据，提供审计信息。该阶段的代表性著作有《审计学哲理》和《基础审计概念说明》，前者是由莫兹和夏拉夫合著，并于1961年出版，后者是由美国会计学会的审计基础概念委员会于1972年出版的。《基础审计概念说明》一书中指出，审计是传达经济信息不可缺少的部分，即强调了审计提供审计信息的职能。与此同时，还出现了内容大体相同的管理审计（民间审计系统）与绩效审计（国家审计系统），主要是审查被审计单位内部管理的各个方面，如内部控制制度、管理信息系统的状况和可信程度、各项管理工作是否有效，以及经济资源的利用是否合理等。它们的主要职能是监督、促进和提供审计信息。

综上所述，审计的职能是随着历史变迁和经济发展而不断丰富和发展的，但新职能的出现并不意味着旧职能的消失。即使在21世纪的今天，查错防弊仍然是不可忽视的审计职能。因此，我国的审计职能可以归纳如下：

1. 经济监督

经济监督是指监察和督促被审计单位的全部经济活动或其某一特定方面在规定的标准以内，在正常的轨道上进行。从审计产生与发展的历史来看，审计是一种独立的经济监督活动，履行着经济监督的职能。古代封建王朝的官厅审计，为维护王朝的统治和利益，代理皇家专司财经监督的职责，对侵犯皇室利益者予以惩处。资本主义政府审计为维护资产阶级的整体利益，代理政府专司经济监督的职责，对损害资本主义利益的行为进行严格的审查和处罚。而资本主义国家的民间审计组织，也是代理审计委托者（如股东等）通过对被审计单位财务收支的公允性和合法性的审查来实施经济监督。内部审计同样要对本单位的经济活动进行检查，依照法规或者内部标准加以评价和衡量，明辨是非，揭发违法违纪和不经济的行为，追究受托经济责任，这些都是其执行经济监督职能的具体体现。

监督职能是审计基本的、首要的职能。通过审计监督可以严肃财经纪律，维护国家和人民的利益，可以促进经济效益提高，可以从宏观上加强控制和管理。通过审计监督严肃财经纪律以维护国家利益，这本身就是参与国家治理。实际上，审计是党和国家监督体系的重要组成部分，是国家治理的基石。鉴于此，审计还应该做好以下几方面的工作：加强调查研究，掌握充分的审计信息；加强对基本建设项目的审计监督，特别是加强自筹基建资金的审计；加强对财政金融机构的审计监督；重视行业审计；加强对重点企事业单位的审计；重视大案要案的审计。

2. 经济评价

经济评价就是通过审核检查，评定被审计单位的计划、预算、决策、方案是否先进可行，经济活动是否按照既定的决策和目标进行，经济效益的高低优劣，以及内部控制系统是否健全、有效等，从而有针对性地提出意见和建议，以促进其改善经营管理，提高经济效益。

审计要对审计对象进行分析、评价。就分析而言，必须全面，既要肯定成绩，又要揭露错弊。经过全面的、实事求是的分析之后，审计人员就可以作出正确的判断和评价。就评价来说，必须有依据，要将审计对象与确定的依据进行对照。审计的依据因不同的审计类型而有所区别，但最重要的依据还是国家法律、行政法规以及财政经济规章制度，如会计法、审计法等。审计人员要对被审计单位的财务收支情况、经济效益情况和经营管理状况进行审查并加以评价。实际上，审核检查被审计单位的经济资料及其经济活动，是进行经济评价的前提。只有查明了被审计单位的客观事实，才能按照一定的标准进行对比分析，才能形成各种经济评价意见。只有这样，经济评价才能建立在真实情况的基础上，评价的结论才能客观、公正，才能被社会各界所接受。审计人员对审计对象进行评价时，必须站在客观公正的立场上，实事求是，坚持原则，秉公办事。这样才能做出符合实际的评价。

从一定意义上讲，经济评价的过程，同时也是肯定成绩和发现问题的过程。因此，审计建议是随着经济评价而产生的，属于经济评价职能的一部分，它是审计人员从经济评价出发，提出改进经济工作、提高效率的办法和途径。这是现代审计对传统审计在职能上的拓展和深化。

3. **经济鉴证**

经济鉴证是指通过对被审计单位的财务报表及有关经济资料所反映的财务收支和有关经济活动的公允性、合法性的审核检查，确定其可信赖的程度，并作出书面报告，以取得审计委托人或者其他有关方面的信任。经济鉴证是随着审计的发展而出现的一项职能，它不断受到人们重视而日益强化，并显示出在社会经济生活中的重要作用。西方不少国家的法律明文规定，企业的财务报表必须经过审计人员鉴证之后，才能获得社会的承认；在我国，上市公司的财务报表也必须经社会审计人员鉴证后，才具有法律效力。

此外，提供审计信息也是审计的一个重要职能。如同会计与统计需提供会计信息和统计信息，审计则要提供审计信息。随着经济的发展，对审计信息的需求越来越广。传统的审计只对会计记录、财务报表进行审查和评价，表明意见并提供信息；而现代审计既提供财务信息，又提供非财务信息，既提供事后的审计信息，又提供事前的审计信息，以供各方面有关人员进行决策时使用。例如，审计部门对投资项目进行可行性研究审计，从经济、技术和财务上作出分析和评价，供有关部门和人员作为决策的依据。国家审计机关综合性强，地位超然，可以选择一切专题组织力量进行审计调查。通过调查可以了解诸多情况并取得大量资料，特别是可以及时了解新情况，掌握一些带有倾向性、普遍性的问题。这些情况和问题经过分析、研究之后，就形成了审计信息，反映给领导机关，可供其进行宏观决策。

需要指出的是，不同的审计组织形式，审计职能体现出的侧重点也有所不同，国家审计和内部审计侧重于经济监督和经济评价，而社会审计更侧重于经济鉴证。当然，不管审计过程如何，不同的审计组织形式都能提供一定的审计信息，并有助于国家或相关审计机构根据被审计单位的审计结果对其进行监督和控制。

1.4.2 审计的作用

审计的作用系审计机构和人员在发挥审计职能、达成审计目标过程中所产生的社会效果。总结古今中外的审计实践，审计的作用主要有制约性作用和促进性作用。

1. **制约性作用**

审计的制约性作用主要表现为：审计机构和人员通过审核和检查，对被审计单位的财务收支及其有关的经营管理活动进行监督和鉴证，揭露贪污舞弊、弄虚作假等违法乱纪、严重损失浪费及不经济行为，依法提请追究相关单位和人员的责任，从而纠错揭弊，保证党和国家的方针、政策、法律、法规、计划和预算的贯彻实施，维护财经纪律和各项规章制度，保证会计资料及其他资料的真实、可靠，保护国家财产的安全和完整，维护社会主义市场经济秩序，巩固社会主义民主法制。一方面，审计通过审查取证，既可以揭示核算错误，进而对其纠正，提高会计工作质量，又可以揭露贪污舞弊，进而保护财产安全，堵塞漏洞，防止损失；另一方面，审计在审查取证和揭示各种违法违规行为的基础上，通过对过失人或者犯罪者的查处，提交司法、监察部门进行处理，有助于纠正或防止违法违规行为，进而维护财经法纪。鉴于此，制约性作用可以概括为：揭示错误和舞弊，维护财经法纪。

2. 促进性作用

审计的促进性作用主要在于：审计机构和人员通过审核和检查，对被审计单位的财务收支和有关的经营管理活动及其经营管理制度进行评价，既指出其合理的方面，以便继续推广，又指出其不合理的方面，并提出建议，以便纠正改进，促进被审计单位加强经营管理。不仅如此，审计机构和人员对于经济活动所实现的经济效益还进行评价，指出其潜力所在，促进被审计单位挖掘潜力，不断提高经济效益和社会效益。一方面，审计通过审查取证，评价和揭示被审计单位经营管理中存在的问题和经营管理制度上的缺陷，提出改进建议，促进被审计单位改善经营管理；另一方面，审计通过审查被审计单位的财务收支及其有关的经营管理活动的效益性，评价受托经济责任的履行情况，总结经验，指出不足，提出改进意见和建议，促进被审计单位改进生产和经营管理，提高经济效益。鉴于此，促进性作用可以概括为：改善经营管理，提高经济效益。

正确认识审计的职能，充分发挥审计的作用，具有极其重要的意义。为此，必须加强审计监督。加强审计监督，既是社会化生产经营和发展社会主义市场经济的必然要求，也是提高企业经济效益、维护国家利益和严肃财经纪律的客观需要。社会化的生产必须有统一的意志、严格的纪律及有效的管理和监督，而审计工作则是加强管理和监督不可缺少的重要方面。改革开放以来，我国市场经济的发展取得了举世瞩目的成就，目前经济发展态势总体依然良好，但也存在某些不良倾向。例如，有些企业只顾局部利益，不顾国家利益，严重违反财经纪律；有些单位和个人以改革为名损公肥私，不惜损害国家和人民的利益，为个人和小集团谋私利；有些企业采取不正当手段追求利益，降低产品质量，弄虚作假，坑害顾客；还有极少数人，大搞投机诈骗活动，危害极大。上述现象都是背离社会主义方向的。对此，除了财政、税务、银行等部门要加强监督以外，审计也要依法加强监督。

不仅如此，审计监督对经济效益的提高也具有很大的促进作用。审计可以研究、分析和评价企业的经济效益情况，找出影响经济效益的各方面因素，提出改进的建议。衡量经济效益应该坚持下列观点：价值和使用价值的统一，数量和质量的统一，速度和效益的统一，宏观经济效益和微观经济效益的统一。那种片面强调价值而不顾使用价值，片面强调数量而不顾质量，片面强调速度而不顾效益，片面强调微观经济效益而不顾宏观经济效益的观点和行为都是不正确的，甚至是有害的。利润指标是一个很重要的综合指标，在一定条件下，可以反映经济效益，但是有些情况下，它却不能体现经济效益。因此，对一个单位取得的利润必须进行分析，如果是依靠降低消耗，改进技术，提高产品质量，加强管理而取得的利润，就是单位经济效益高的重要表现；反之，如果靠弄虚作假、以次充好、降低产品质量、污染环境等不法手段而取得利润，则这种利润就是不义之财，毫无经济效益可言。审计一个单位的经济效益，要从微观入手，深入了解情况，还要从宏观着眼，分析单位的微观效益与宏观效益是否一致，是否有矛盾，如果有矛盾，微观效益要服从宏观效益。

总之，审计要为改革、发展、稳定服务，要为保障和改善民生服务。因此，要不断加强审计监督，充分揭露和坚决打击损害国家和人民利益，严重违反财经纪律的行为。只有这样，才能保证改革的继续进行，才能推动科学发展，促进社会和谐。

思考题

1. 中西方审计有何异同？学习审计演进历史有何启示？
2. 什么是审计？如何把握审计的实质和地位？
3. 审计的目标、对象、职能及作用各是什么？
4. 加强审计监督有何重要意义？需要哪些条件？
5. 如何充分发挥审计在经济社会中的重要作用？
6. 为什么说独立性是审计工作的灵魂？如何理解审计的独立性与权威性的关系？

第 2 章

Chapter 2 职业道德与审计准则

学习目标

1. 了解审计人员职业道德和业务能力要求。
2. 理解审计人员对委托单位和同业的责任。
3. 掌握审计人员的法律责任及其风险预防。
4. 了解中国和国外的审计准则结构和内容。
5. 理解中国和国外审计准则的含义和作用。
6. 掌握中国和国外审计质量控制具体内容。

2.1 职业道德

2.1.1 职业道德的含义

"大法曰道，公心为德"。德道知行，无怨无悔。道德（ethics）是一套价值标准和规范。职业道德系具有职业特征的道德准则和行为规范。审计职业道德是指具有审计职业特征的道德准则和行为规范，是职业道德在审计领域的具体体现。国内外的审计职业道德，内容繁简不一，形式多种多样，但其核心内容基本相同或相通，即实事求是、客观公正，以及与此密切相关的诚信和谨慎等。国外的审计职业团体普遍制定成文的职业道德规范，我国也颁布了一些有关审计职业道德的法规。审计职业道德之所以受到重视，是因为它是审计行业管理的重要组成部分，遵守审计职业道德是审计人员坚持依法审计、保证执业水准的决定性因素之一。保持合理的职业谨慎，严格遵守职业道德规范是审计人员树立良好形象、保持良好信誉的重要措施，也是充分发挥审计职能的必要条件。

具体来说，审计人员的职业道德是指对审计人员（如注册会计师等，下同）的职业品德、执业纪律、业务能力、工作规则及执业责任等思想方式和行为方式所作的规定和要求。通常，审计人员的行业管理组织，如中国注册会计师协会（CICPA）等负责制定其会员（即加入行业管理组织的审计人员）的职业道德要求。审计人员职业道德是用来规范审计人员的职业道德行为、提高其职业道德水准、维护社会公共利益的，它规定了职业道德的基本原则和概念框架。在审计过程中，审计人员会面临道德困境（ethical dilemma），即必须对恰当行为作出决策的情况，其在执行审计业务时必须遵循职业道德，只有恪守独立、客观、公正的原则，才能为社会各界提供符合规定要求的专业服务。因此，审计人员应当严格遵守职业道德规范，并能正确运用职业道德概念框架，有效解决职业道德问题。下面主要阐述社会审计人员的职业道德，同时兼及国家审计人员和内部审计人员的职业道德。

就社会审计来说，注册会计师应当遵守职业道德规范所规定的要求，其具体内容包括独立、客观、公正、诚信、保密、专业胜任能力和应有的关注，以及职业怀疑的态度和职业行为。

（1）独立。独立原则是对注册会计师而不是对非执业会员提出的要求，在执行审计等鉴证业务时，注册会计师必须保持独立性。中国注册会计师协会会员职业道德规定，独立性包括实质上的独立性和形式上的独立性。实质上的独立性是指注册会计师与委托单位之间必须毫无利害关系，即要求注册会计师在思想和精神状态上独立于被审计单位，以客观、公正的心态来表达审计意见。而形式上的独立性则是指注册会计师相对于第三者而言（即在第三者看来）必须是独立于委托人与被审计单位的，即要求注册会计师必须在第三者面前呈现一种独立于委托人与被审计单位的身份和形象，亦即在他人看来注册会计师是独立的。

（2）客观。客观原则要求注册会计师不应因偏见、利益冲突以及他人的不当影响而影响自己的职业判断。也就是说，注册会计师对有关事项的调查、判断和意见的表达，应当基于客观立场，实事求是，不以主观好恶或成见行事，不为他人意见所左右，不允许因成见或偏见影响其表达意见的客观性。在实际工作中，注册会计师可能会被第三方施加压力或者对被审计单位持有偏见，在这些情况下，注册会计师应当不受第三方的影响、不夹杂个人的情感，坚持从实际出发，保持自己的职业判断。

（3）公正。公正原则是指注册会计师应当刚正不阿、公平正直、不偏不倚地对待利益各方，不以牺牲一方利益为条件而使另一方受益。

（4）诚信。诚信原则要求注册会计师应当在所有的职业关系和商业关系中保持正直和诚实，秉公办事，实事求是。

（5）保密。保密原则要求注册会计师对因职业关系和商业关系而获知的信息予以保密，因为一旦这些涉密信息被泄露或者被他人利用，则可能会给被审计单位带来严重损害。除了授权的职业调查或法律调查，没有被审计单位的同意，审计机构和人员不得披露被审计单位涉密信息（confidential client information）。当然，这些涉密信息并非特免信息（privileged information），即法律不能要求职业人员提供的被审计单位资料。

（6）专业胜任能力和应有的关注。专业胜任能力是指注册会计师具有专业知识、技能和经验，能够经济、有效地完成客户的委托。除了知悉并掌握会计之外，审计人员还必须拥有收集和解释审计证据的专业能力，而这正是审计与会计的主要区别所在。作为专业的职业人员，注册会计师应当履行相应的责任，从而必须始终保持和不断提高其专业胜任能力。应有的关注要求注册会计师勤勉尽责，按照有关工作要求认真、全面、及时地完成工作任务。

（7）职业怀疑的态度和职业行为。职业怀疑的态度是指注册会计师以质疑的思维方式评价所获取审计证据的有效性，并对相互矛盾的审计证据，以及引起对文件记录或管理层和治理层提供的信息的可靠性产生怀疑的审计证据保持警觉。在计划和实施审计证据工作时，注册会计师应当保持职业怀疑态度，充分考虑可能存在导致财务报表发生重大错报的情形。职业行为原则要求注册会计师应当遵守相关法律法规，避免发生注册会计师已知悉或者应当知悉的有损职业声誉的行为。就财务报表审计而言，注册会计师应当按照审计准则的规定执行审计工作，对财务报表整体不存在重大错报获取合理保证，但审计工作不能对财务报表整体不存在重大错报提供担保。此外，注册会计师还应当履行执业中的责任，包括对委托单位和同业的责任。

作为“职业人员”，社会期望其品行水准高于社会其他大多数成员，职业人员的行为应当超出个人对自己的责任，也应超出法律、法规所要求的责任。之所以需要高水准的职业道德，是因为任何一种职业都需要为其服务质量取得“公众信任”，而由服务接受者来评价执业质量是不现实的。人们不能指望病人去评价手术的实施是否恰当，也不能期望财务报表及审计报告的使用者来评价审计的成效。如果业界确立并鼓励高水平的执业与道德标准，则社会公众对此职业的服务质量就会给予信任，也会促进职业人员提高其执业水平和服务质量。

2.1.2 业务能力的要求

除必须具备一些基本的职业道德素质外，审计人员还应该不断地提高业务水平，并遵守一定的技术守则，以具备足够的专业胜任能力。

注册会计师的业务能力主要包括：

(1) 注册会计师必须具备有关法规规定的专业教育水平和专业工作经历。

(2) 注册会计师应当按照有关教育和培训的制度规定及要求，不断接受继续教育，保持和更新专业知识，充实和发展专业技能。

(3) 注册会计师应当避免承担和从事不能胜任或不能按时完成的任务，对于需要其他专业人员协助才能完成的任务，注册会计师应考虑所委派专业人员的业务能力。

(4) 注册会计师助理人员在执行业务之前，需经过专门培训，注册会计师对于委派给助理人员的工作必须切实予以指导、监督和检查，并对其工作的结果进行检查。

注册会计师的技术守则主要包括：

(1) 注册会计师执行业务时，必须依据有关法律、法规和会计准则，遵循执业准则；对于法律、法规及执业准则中未作规定的重要事项，则应参照国际惯例处理。

(2) 注册会计师在执行审计业务过程中，发现虚假、舞弊、不实等情况，应当向委托单位明确指出，并在出具的报告中予以揭示。

(3) 注册会计师在执行审计业务过程中，发现委托单位会计账目和财务报表的数据、内容或处理方法有错误，应当提请调整或改正；对于未作调整或改正的，则应在审计报告中予以说明。

(4) 注册会计师在执行审计业务时，遇到委托单位示意作不实或不当证明、对需要检查的对象不提供必要的文件和资料或有意提供伪证的、有意阻挠检查工作正常进行等情况的，则应予以拒绝或中止审计工作，并说明理由。

(5) 注册会计师应当在完成审计程序、认真研究审计记录和有关证据的基础上，形成审计报告，并以恰当的、不令人误解的方式陈述报告意见；未经规定的审计程序、未取得必要的审计证据，不得为财务报表和其他会计资料签发报告和出具其他证明性文件。注册会计师应当对其出具的审计报告、发表的审计意见负责。

（6）对于委托单位的预测、计划等含有不确定因素的未来事项，注册会计师不得就其可实现程度作出保证。当然，不限制注册会计师以咨询的方式协助或代替委托单位从事预测、计划或可行性研究工作。

（7）注册会计师在提供专业服务时，不得代行委托单位管理职能，应避免承担管理决策的责任。

2.1.3　业务承接的要求

业务的承接是审计机构（如会计师事务所等，下同）生存和发展的源泉。在承接客户的业务之前，审计人员应当确定承接该项业务是否对其职业道德的遵循产生威胁，审计人员只应承接能够胜任的专业业务。

就注册会计师而言，其在业务承接过程中所应遵循的职业道德主要包括：

（1）注册会计师执行的各项业务，均应由会计师事务所统一接受委托，注册会计师本人及其他有关人员均不得以个人名义承接业务。

（2）会计师事务所与委托单位之间的业务委托关系，应实行双向自主选择的原则，不得以任何方式限定或干预委托单位对会计师事务所的选择或会计师事务所在业务承接上的自主权。

（3）会计师事务所不得在电台、电视台、报纸、杂志等新闻媒介上直接或间接地做诋毁同业或自我夸张、内容虚假、容易引起误会的广告，也不能向其他单位或组织散发具有上述倾向的函件。会计师事务所与注册会计师的名称、姓名、地址、电话、业务范围、开业声明、迁址之类的广告不在此列。

（4）会计师事务所不得以任何名义向帮助取得委托业务的其他单位或个人支付介绍费、佣金、手续费或回扣等，也不得向本会计师事务所帮助取得委托业务的其他会计师事务所收取介绍费、佣金、手续费或回扣等。

（5）会计师事务所不得以降低收费或不正当竞争的方式招揽业务。

（6）对应由会计师事务所从事的法定审计业务，会计师事务所不得与其他机构进行收益分成式的业务合作。会计师事务所聘请其他机构有关专业人员协助工作以及各会计师事务所之间的业务合作不在此列。

（7）注册会计师和所在会计师事务所不得允许其他单位和个人借用本人或本组织的名义承接、执行业务。

2.1.4　对委托单位和同业的责任

1. 对委托单位的责任

审计人员对委托单位主要承担下列责任：

（1）注册会计师应依据审计业务约定书的约定，按时保质地完成委托业务。

（2）注册会计师对于审计工作中取得的信息和资料应当严格保守秘密。

（3）会计师事务所在提供审计服务时，应当按照合理的标准进行收费，另有规定的除外。

2. 对同业的责任

审计机构之间应该保持良好的合作关系，顾全大局，注重品德，互相尊重，互相促进，共同推进行业发展。

就会计师事务所而言，其对同业的责任主要包括：

（1）各会计师事务所应当树立“以质量求信誉、以信誉求发展”的宗旨，互相尊重，团结合作，共同维护和增进本行业的职业道德和职业信誉。

（2）会计师事务所可以跨地区承接和执行业务，所跨地区的同业不得以任何方式进行阻挠或排斥。

（3）委托单位变更委托的会计师事务所时，后任注册会计师在接受委托之前，应与前任注册会计师联系，相互了解和介绍变更的情况和原因。

（4）委托单位变更委托后，前任注册会计师应对后任注册会计师的工作予以支持和合作，包括在后任注册会计师的工作需要时提供以前年度的审计工作底稿等资料。

2.1.5 国家审计人员的职业道德

国家审计人员的职业道德，是指审计机关和审计人员的职业品德、职业纪律、职业胜任能力和职业责任等的总称。国家审计人员应当依照法律规定的职责、权限和程序，开展审计工作，并遵守国家审计准则。

在立足我国审计工作实际情况，借鉴国际上政府审计职业道德规范内容的基础上，自2011年1月1日起施行的《中华人民共和国国家审计准则》第十五条明确了国家审计人员应当恪守的五项基本审计职业道德，并规定了国家审计人员遵守各项基本职业道德的要求。具体包括：

（1）严格依法。即审计人员应当严格依照法定的审计职责、权限和程序进行审计监督，规范审计行为。

（2）正直坦诚。即审计人员应当坚持原则，不屈从于外部压力；不歪曲事实，不隐瞒审计发现的问题；廉洁自律，不利用职权谋取私利；维护国家利益和公共利益。

（3）客观公正。即审计人员应当保持客观公正的立场和态度，以适当、充分的审计证据支持审计结论，实事求是地作出审计评价和处理审计发现的问题。

（4）勤勉尽责。即审计人员应当爱岗敬业，勤勉高效，严谨细致，认真履行审计职责，保证审计工作质量。

（5）保守秘密。即审计人员应当保守其在执行审计业务中知悉的国家秘密、商业秘密；对于执行审计业务取得的资料、形成的审计记录和掌握的相关情况，未经批准不得对外提供和披露，不得用于与审计工作无关的目的。

国家审计人员违反职业道德规范要求，由所在审计机关根据有关规定给予批评教育，也可以视情节给予一定的处分。

2.1.6 内部审计人员的职业道德

内部审计人员的职业道德，是指内部审计人员的职业品德、职业纪律、职业胜任能力和职业责任等的总称。内部审计人员应当依照法律法规规定的职责、权限和程序，开展审计工作，并遵守内部审计准则。国际内部审计师协会在其新修订的《国际内部审计专业实务框架》（IPPF，2013年）中指出，内部审计师应运用并信守以下原则，即诚信、客观、保密以及胜任（专业能力、应有的职业审慎及持续职业发展等）。

2013年8月20日，中国内部审计协会颁布了修订的《内部审计人员职业道德规范》，自2014年1月1日起施行。有关的职业道德规范要求主要包括：

（1）诚信正直。即审计人员应当诚实、守信、廉洁、正直。

（2）客观性。即审计人员应当实事求是，公正、不偏不倚地作出审计职业判断。

（3）专业胜任能力。即审计人员应当具备履行职责所需的专业知识、职业技能和实践经验，通过后续教育和职业实践等途径保持和提高专业胜任能力，保持职业谨慎，合理运用职业判断。

（4）保密。即审计人员应当履行保密义务，按照规定使用其在履行职责时所获取的信息，不得利用其信息牟取不正当利益。

内部审计人员违反职业道德规范要求，由组织根据有关规定给予批评教育，也可以视情节给予一定的处分。

2.1.7 法律责任及其风险预防

1. 法律责任

审计机构及其审计人员执行的业务，不仅涉及被审计单位的经济活动，而且涉及专业人员的经济责任和法律责任。明确审计人员的法律责任，对于依法实施审计和加强审计管理，具有十分重要的意义。

就我国的注册会计师而言，其法律责任主要包括过失责任和欺诈责任。

（1）过失责任。因过失而导致的责任即过失责任。过失是指注册会计师等专业人员在履行法定义务时未能恪尽职守，未能保持职业上应有的认真与谨慎，以致给他人造成损失。按其程度大小，过失可分为普通过失和重大过失。其中，普通过失是指注册会计师没有严格地保持职业上应有的认真与谨慎，即没有严格遵循执业准则的要求执业，以致给他人造成损失；而重大过失系注册会计师根本没有遵循执业准则要求执业而给他人造成损失。对于过失的处理，一般给予处罚或行政处分；若造成重大损失的，则应承担相应的民事责任。

（2）欺诈责任。因欺诈而导致的责任即欺诈责任。欺诈是指注册会计师为了达到欺骗他人的目的，明知道被审计单位的财务报表有重大错报却加以虚假描述，且出具无保留意见的审计报告。欺诈与过失的最根本区别就在于是否具有不良动机。对于欺诈的处理，可以视情节轻重分别给予警告、罚款、暂停其执行业务或者吊销注册会计师证书等处分；给他人造成损失的，应承担民事责任；触犯刑律的，将被依法追究刑事责任。

2. 法律责任风险的预防

对于任何一种职业来说，具体的职业责任与其社会地位是有着直接联系的。就审计人员而言，只有在其愿意承担职业责任并对因未能履行职业责任而引起的后果负责时，其社会地位和执业能力才有可能会被认可。因此，审计职业界面对日益变化的外部环境和客观存在的职业风险（法律责任风险），应该正确认识，勇于担责，积极应对。也就是说，审计机构及其审计人员应当不断增强法律意识，严格按照审计准则执业，保持职业上应有的认真与谨慎，并采取各种科学有效的防范措施，减轻或规避自己所面临的法律责任风险，尽量减少或避免诉讼的发生。

审计机构和审计人员应该考虑采取下列措施，以有效预防相关的法律责任风险：

（1）明确会计人员与审计人员的责任。会计与审计是密不可分的，但它们又是性质完全不同的两项工作，其产生基础完全不同，因此，会计人员和审计人员各自担负的责任也不尽相同。会计人员应按照一定的规范，记录、分类、整理、汇总和报告财务信息使用者所要求的各种财务信息，他们应对其所报告的财务信息负责。比如，会计人员编制的财务报表中存在的错报，就应由会计人员负责。而审计人员负责审查财务信息的处理和报告是否符合既定规范，是否真实地反映了被审计单位与财务相关的各种情况，他们对财务报表中存在的错报不负有责任。但若审计人员未按审计规范工作，导致本应发现的错报未能发现，审计人员则应担负相应的责任。可见，只有明确会计人员与审计人员双方的责任，才能使遭受经济损失者正确地选择起诉对象。

（2）严格遵守职业道德及执业规范。审计人员在执业过程中要保持独立性，要正直、客观，并具备胜任工作的能力；同时在工作中要保持认真与谨慎，必须遵循有关的执业准则、规则和法律，以避免过失和诉讼的发生。审计准则所规定的职业谨慎即要求审计人员遵循审计准则等执业规范，因此，审计人员只要切实遵照执业准则实施审计，就可以避免诉讼的发生；即便可能受到牵连，也可据此进行有效的抗辩。

（3）提供充分的职业培训和职业咨询。审计人员应定期接受职业培训，不断提高并始终保持其专业胜任能力。会计师事务所等审计机构应组织相应的讨论会和专题讲座等，并建立高效的咨询部门，为在实际工作中遇到技术问题的审计人员提供及时有力的协助。对于执业中所需的助理人员，要在聘用时把关，并进行适当的培训、监督和指导。

（4）深入了解被审计单位的基本情况。在选择委托单位时，要充分了解委托单位的基本情况，熟悉委托单位的经营状况，并判断和分析委托单位在对待顾客、职工、国家及其他方时是否具有正直的品格。就国家审计人员而言，应进行充分的审前调查，并查阅以前年度的工作底稿和审计报告。就注册会计师而言，在接受委托时须先了解被审计单位的基本情况，特别是其管理层的正直程度，可以与其前任审计人员取得联系，了解前任审计人员与该被审计单位有无法律纠纷发生，了解被审计单位更换审计人员的原因等，尽量避免与不正直的管理层及其单位有业务关系。

（5）严格约定业务内容，恪守审计准则。在接受业务委托后，要与被审计单位进行充分有效的沟通，认真签订审计业务约定书，明确界定审计业务的性质、范围及责任等，严格约定审计业务的具体内容。在具体执业过程中，要严格按照审计准则的规定执业，实施必要的审计程序，获取充分、适当的审计证据，以得出合理的审计结论。

（6）建立有效的质量控制的监督和检查制度，实施严格的审计工作质量控制。审计机构应高度重视并真正建立起切实有效的质量控制督检制度和质量严控体系，严格实施分级复核制度，以保证审计工作的质量，而不能单纯地追进度、求数量、讲规模。

（7）聘请有关专家和法律顾问，购买专业机构的职业保险。在审计过程中，应聘请熟悉有关业务和法律的专家及律师，因为审计人员在审计过程中可能会遇到陌生的业务或者涉及法律纠纷，需要聘请有关业务的外部专家支持工作，也需要同法律顾问探讨和分析各种潜在的法律风险，以努力避免诉讼纷争；一旦发生法律纷争，应及时同有关专家及法律顾问进行商洽并采取对策。此外，可考虑向有关专业保险机构投保，以最大限度地减少或避免风险损失。

2.2　审计准则

2.2.1　审计准则的含义

审计准则，也称审计标准或执业准则，是审计规范体系中的重要组成部分。它是对审计业务中一般公认的惯例加以归纳并依据审计法律法规制定的、审计人员在实施审计过程中必须遵守的行为规范，也是评价审计质量的依据，系审计法律法规内容的进一步细化，属审计实践中贯彻审计法律法规的操作性规范。

美国于 1913 年修订了宪法，此次修订既提高了会计工作的地位，又提高了对审计工作的要求。然而，此时美国并无规范的会计准则和审计标准，会计、审计工作很不统一。直到 1917 年，美国会计师协会才制定出第一个权威性公告《统一会计》，而美国审计程序委员会于 1947 年才颁布第一部审计准则，即《审计准则试行方案——公认的重要性和范围》，此后，会计、审计准则的研究和制定有了很大的进展。目前世界上大多数国家都在国家审计、内部审计及注册会计师审计等领域制定了一系列准则，对审计工作质量的改善和提高起到了积极的促进作用。实际上，审计准则的产生、发展及完善缘于审计职业界内外部两方面的要求：一是审计职业界内部为审计人员提供工作标准和指南，规范审计人员资格条件和工作方式的要求；二是审计职业界外部为审计服务使用者提供审计工作质量评价依据的要求。作为审计理论与审计实践联结的纽带和桥梁，审计准则反映了社会对审计实践的客观需求，是审计实践的提炼和升华，也是一个国家审计理论水平的重要体现。审计准则的完备成熟程度，是一个国家审计专业水平的重要标志之一，它也有利于提高审计本身的可信性。审计结论是否客观公正，能否取信于公众，归根结底在于审计人员是否按照审计准则的要求实施审计。

由此可见，审计准则是审计人员在实施审计过程中必须恪守的行为规范，其对保证执业质量、降低审计风险、提高审计工作的可信性，以及维护社会公众利益都具有重要的作用。具体来说，审计准则的含义包括：审计准则是制约审计人员的行为规范；审计准则既对审计人员的素质提出要求，也为审计工作的质量提供保证；审计准则是通过审计人员实施审计程序和提供审计报告予以体现的；审计准则系审计人员得出审计结论、发表审计意见的客观保证。制定、颁布审计准则，公开、明确审计的基本规范要求，是充分、有效地发挥审计作用的必要条件和重要保证。

作为规范审计人员执业的标准，审计准则不仅有利于保证审计工作的整体质量，而且有助于提高审计人员的执业水平，其作用主要在于：向有关利害关系人表明审计工作已经达到规定标准，审计结论是正确的、有说服力的，从而赢得社会公众的信任；审计准则中有关审计程序、审计方法、审计报告等方面的规定，有助于促使审计人员保持应有的职业谨慎，有利于保证审计工作的质量；审计准则中有关审计工作范围和审计人员的职责权限等方面的规定，有益于审计人员维护自己的合法权益；审计准则是审计理论的升华和审计实践的总结，便于开展国际审计经验的交流和借鉴。总之，审计准则的建立和完善，是审计事业发展的重要标志和强大推力。审计准则的作用已远远超出了审计业务工作的范围，客观上起到了促进整个审计事业发展的积极作用。

2.2.2 审计准则的结构

审计准则的内容广泛而复杂，为保证审计准则的科学性和实用性，应合理设计审计准则的结构。不同的审计主体、不同性质的审计业务，以及不同层次的审计行为，应有其不同的审计准则。国家审计机关、内部审计机构和社会审计组织等不同的审计主体，其服务对象和工作性质不同，相应的审计准则等规范要求也应不同。不同性质的审计业务，其工作内容和范围不同，审计人员提供的保证程度和承担的责任不同，因而也应有其不同的审计准则。在审计过程中，会有复杂多样的具体问题需要审计人员进行判断。这就要求审计人员在审计过程中，既要遵循审计的基本原则和框架，又要遵循相应的判断原则和要求，因而应有不同层次的审计准则。

据有关史料考证，审计准则的研究和制定发端于西方发达国家，始于20世纪40年代。在早期的西方国家，各个企业的会计观念相异、会计方法不同，据以加工、生成的数据资料等会计信息很不统一，难以用于横向比较和纵向分析，既无法满足企业自身决策的需要，也无法适应国内企业之间乃至企业在国际业务往来和交流合作中的要求，从而需要有统一的会计标准；加之，公司制组织的兴起和发展，客观上需要审计工作为之服务，进而也需要有统一的会计标准以利于审计工作，由此促使会计准则的研究和制定。然而，由于各个审计机构及审计人员在审计过程中实施的审计程序、运用的审计方法、从事的审计内容，以及提供的审计报告都很不统一，使得审计工作及其质量难以判断及衡量，也不利于审计机构及审计人员之间的交流与合作，从而需要有统一的审计标准，由此促使审计准则的研发和应用。早在1947年，美国就着手研究和制定审计准则，其审计准则称为《一般公认审计准则》，并成为日本、英国、澳大利亚、加拿大、德国等其他国家研究和制定本国审计准则的参考蓝本；国际会计师联合会下属的国际审计实务委员会也研究和制定了审计标准，其于1980年颁布的审计标准称为《国际审计准则》，并成为国际组织和地区组织制定审计准则的典型代表。鉴于《一般公认审计准则》和《国际审计准则》较具代表性，下面主要对此加以阐述。

1. 一般公认审计准则

美国自1947年开始研究和制定审计准则，并由AICPA于1972年正式颁布《一般公认审计准则》(GAAS)。它适用于美国民间的会计公司，以规范其执行的财务报表审计业务。1947年10月，AICPA提出了《审计准则试行方案》，该方案明确指出了审计准则与审计程序的区别，即审计准则是关于实施行为质量的衡量尺度和运用审计程序须达成的目标，而审计程序是必须执行的或必须实施的行为。此准则自发布实施后于1954年又经修订补充，最终形成了共有十条包括三部分的《一般公认审计准则》。

第一部分——一般准则，主要是对审计人员提出要求，包括：(1) 审计应由经过充分技术培训并精通审计实务的人员担任；(2) 审计人员在执行具体工作时，必须保持独立的意志和态度；(3) 执行审计工作和编制审计报告时，审计人员应保持应有的职业严谨。

第二部分——工作准则，主要是对审计行为提出要求，包括：(1) 审计工作必须妥善地进行计划安排，如有助理人员，必须予以监督和指导；(2) 适当地研究和评价现行的内部控制系统，以确定其可信赖程度，并据以决定审计程序和测试范围；(3) 通过检视、观察、查询、函证等获取充分、适当的证据，作为对财务报表发表意见的合理依据。

第三部分——报告准则，主要是对审计报告提出要求，包括：(1) 审计报告应说明财务报表是否按照一般公认会计准则编制；(2) 审计报告应说明本期使用的会计准则是否与上期一致；(3) 除非报告中另有说明，财务报表中所提供的资料应视为合理、充分的；(4) 审计报告应就整个财务报表发表意见，或断然表明不能发表意见，如属后者，应说明理由。在任何情况下，财务报表一经审计人员签署，即应在报告中明确表示审计的性质与其所负责任的程度。

为帮助审计人员更好地理解这些准则的含义和要求，美国注册会计师协会后来又根据《一般公认审计准则》陆续发布了一些《审计准则说明书》，作为对十条审计准则的进一步阐述和解释。目前，美国已发布了 100 多个《审计准则说明书》，它们和十条审计准则一起合称《一般公认审计准则》。美国的《一般公认审计准则》，除了为美国民间的会计公司所遵循外，也被其他各种审计组织所参考和效仿，对其他国家乃至国际组织研究与制定审计准则产生了重大而深远的影响。

2. 国际审计准则

随着国际商品、资金、技术、信息等交流的日益扩大，各国在经济上相互依存、互相促进，彼此竞争、合作共赢。为了使作为国际商务语言的财务报表具有可理解性和可比性，以及对财务报表发表审计意见的审计报告能够被有关国家及社会公众所理解和信任，需要在国家间协调会计、审计准则，消除隔阂与分歧，进而需要一套适用于各国的会计、审计准则。为此，国际会计准则委员会（IASC，后改为国际会计准则理事会 IASB）和国际会计师联合会（IFAC）等一些国际性组织着手研究和制定国际会计、审计准则，并形成了《国际会计准则》和《国际审计准则》。

《国际审计准则》(ISA) 适用于财务报表审计。《国际审计准则》经过必要修改也适用于对其他信息的审计和相关服务。国际审计准则包括基本准则、必要程序以及以解释性资料和其他资料的形式表述的相关指南。《国际审计准则第 120 号——国际审计准则框架》包括引言、财务报告框架、审计和相关服务框架、保证程度、审计、相关服务、审计师与财务信息的关联等内容，旨在说明与审计师可能提供服务相关的国际审计准则框架。国际审计准则对于审计的一般原则和责任、风险评估和应对、风险评估与内部控制、审计证据、利用其他人员工作、审计结论与报告、特殊领域工作等进行了规定。事实上，《国际审计准则》是在 1991 年 7 月 10 日由过去的《国际审计指南》(IAG) 易名而来的。

国际会计师联合会是世界上主要的民间审计组织，成立于 1977 年 10 月 7 日，代表澳大利亚、加拿大、法国、日本、墨西哥、荷兰、菲律宾、爱尔兰等 49 个国家的 63 个职业审计团体。该协会下设的国际审计实务委员会，自成立以来一直致力于世界范围内审计准则的协调和统一工作，它不仅代表联合会的理事会负责拟定并颁布《国际审计准则》，而且在促进国际审计准则在各国的认可与实施方面做了大量的努力。自1980年6月开始，国际会计师联合会已先后颁布了数十项《国际审计准则》文件。这些文件可分为一般准则、工作准则和报告准则三个部分。

一般准则是关于审计人员资格条件和执业行为的准则，其主要内容是：(1) 对审计人员应具备的技术条件所作的规定，包括专业知识，即审计人员从事审计工作必须具备的学历和职业培训，也包括实践经验，即要求具有一定年限的工作经验并通过专门考试，还包括工作能力，即审计人员应具备的分析、判断和表述能力；(2) 对审计人员应具备的身份条件所作的规定，主要是要求审计人员必须具备超然、独立的立场，以及在陈述与表达意见时持公正的态度等；(3) 对审计人员应具备的职业道德条件所作的规定。

工作准则是审计人员在执行财务报表审计过程中应遵守的准则，其主要内容是：(1) 对规划审计计划所作的规定，包括审计计划的可行性研究、审计的工作程序，以及审计的人员与工作分工等；(2) 对确立审计范围所作的规定，包括审计财务报表、了解和研究内部控制系统，以及确定扩大、深入检查或采用其他审计方法的时间和范围等；(3) 对获取审计证据所作的规定，包括采用各种有效的方法以获取充分适当的证据、充分考虑审计对象的重要性、风险程度及其他影响因素，以及为审计财务报表和提出公正的审计意见提供合理的依据等；(4) 对实施审计行为所作的规定，包括执行审计的必要条件、手续，以及实际执行的审计业务等。在《国际审计准则》的具体内容中，有关工作准则的说明和解释居多，这是因为工作准则涉及面较广，且执行起来弹性较大，往往需要根据不同的情况加以判断。

报告准则是审计人员编制审计报告、选择表达方式和记载必要事项的准则，其主要内容是：(1) 对审计报告应记载事项的规定；(2) 对发表审计意见的规定；(3) 对补充记载事项的规定；(4) 对审计报告报送对象及报送时间的规定。

需要指出的是，《国际审计准则》任何时候都可以应用于民间审计的审计进程中。也就是说，在对任何单位的财务会计资料进行独立的检查时，不论这个单位是否以营利为目的，不论其规模大小，也不论其法定组织形式如何，凡进行的独立检查是以发表审计意见为目的的，均适用《国际审计准则》。在适当的情况下，《国际审计准则》也可应用于审计人员的其他有关活动。

近年来，国外出现了一系列上市公司财务欺诈案，使投资者遭受重大损失，严重动摇了社会公众对审计组织和人员的信任。因此，世界银行及其他国际组织极力促使国际会计师联合会更加积极地关注公共利益，以代表国际职业界扮演监管角色，国际会计师联合会对此给予了积极的回应。它将国际审计实务委员会改组为国际审计与鉴证准则理事会（International Auditing and Assurance Standards Board，IAASB），重新修订了审计准则。新颁布的准则包括审计业务准则、审阅业务准则、其他鉴证业务准则和相关服务准则等。国际审计与鉴证准则理事会的目标主要是：(1) 针对财务报表制定审计准则和指南，使其能够在世界范围内被注册会计师、政府、证券监管者等所接受，从而加强公众对全球审计职业的信心；(2) 针对财务信息和非财务信息制定鉴证准则；(3) 发布关于审计和鉴证业务的其他文告，促使公众了解注册会计师的作用和责任。

此前，国际审计与鉴证准则理事会已将审计纳入鉴证业务（assurance engagements），并将注册会计师的业务分为鉴证业务和相关服务（related services）。鉴证业务的对象主要包括财务报表和财务信息、非财务信息、系统与过程（system and processes）、行为（behavior）等。针对财务报表的鉴证业务，有财务报表审计和审阅业务（audit and review）；针对财务信息的鉴证业务，有财务信息审核业务（examination）。上述业务提供的保证程度有所不同，审计提供的保证程度最高。相关服务针对的对象是财务信息，包括商定程序和信息编制业务（agreed-upon procedures and compilation），两者不提供鉴证意见。为了重树社会公众对注册会计师行业的信心，降低审计风险，提高审计质量，国际审计与鉴证准则理事会不断修订和起草一系列审计准则。

由此可见，尽管《一般公认审计准则》与《国际审计准则》存在一定的差异，但其结构基本相同，且其内容也都包括一般准则、工作准则及报告准则三个主要部分。它们在国际范围内产生了重大而深远的影响，对中国审计准则的研究和制定也具有重要的借鉴与参考价值。

2.2.3　中国的审计准则

相比而言，我国审计准则的研究和制定起步较晚，而政府审计准则和内部审计准则的研发与应用又晚于注册会计师审计准则。

1. 注册会计师审计准则

我国的注册会计师审计准则，其建设和发展先后经历了多个阶段：制定审计执业标准阶段（1980—1993 年）、建立审计准则体系阶段（1994—2005 年），以及与国际审计准则趋同阶段（2006 年至今）。

注册会计师审计准则，包括注册会计师鉴证业务（含审计业务、审阅业务及其他鉴证业务）准则、注册会计师相关服务准则，以及会计师事务所质量控制准则。就注册会计师审计业务准则而言，分别涉及一般原则与责任、风险评估与应对、审计证据、利用其他主体的工作、审计结论及报告，以及特殊领域等。现行的注册会计师审计准则，具体包括：

（1）鉴证业务准则。

1）审计业务准则。包括：对财务报表形成审计意见和出具审计报告；在审计报告中发表非无保留意见；在审计报告中增加强调事项段和其他事项段；在审计报告中沟通关键审计事项；就审计业务约定条款达成一致意见；审计工作底稿；与治理层的沟通；审计证据；持续经营；期后事项；书面声明；注册会计师对其他信息的责任，等等。

2）审阅业务准则，即财务报表审阅。

3）其他鉴证业务准则。包括：历史财务信息审计或审阅以外的鉴证业务；预测性财务信息的审核。

（2）相关服务准则。包括：对财务信息执行商定程序；代编财务信息。

（3）会计师事务所质量控制准则，即业务质量控制。

2. 国家审计准则

为适应我国经济发展的需要，实现国家审计工作规范化，明确审计责任，保证审计质量，防范审计风险，审计署自 1989 年起就一直着力研究、制定并不断修订完善国家审计准则。《中华人民共和国国家审计准则》（以下简称《国家审计准则》）是审计署制定的规范和指导全国审计机关和审计人员依法审计的部门规章，适用于各级审计机关和审计人员依法开展的各项审计业务，其他审计组织承办审计机关审计事项也应当遵守此准则。

我国原有的国家审计准则体系由一个国家审计基本准则、若干个通用审计准则和专业审计准则构成。其中，国家审计基本准则是规范审计机关及审计人员依法办理审计事项时应当遵循的行为规范，系衡量审计质量的基本尺度。它是承接《审计法》及其实施条例，统率各项具体审计业务规范和审计管理规范的重要审计规章，由总则、一般准则、作业准则、报告准则、审计报告处理准则、附则共6章47条组成，对于审计机关及审计人员应当具备的基本资格条件和职业要求，以及审计机关和审计人员在审计计划、实施、完成等阶段应当遵循的行为规范作出了明确规定。

近些年来，我国社会经济形势发生了深刻变化，审计工作也得到了深入发展，原有的准则和规定已不能完全适应审计工作要求，需要加以修订。为此，依照审计法及其实施条例的规定，坚持传承与创新相统一、约束与指导相结合，系统总结我国国家审计实践的特色经验，合理借鉴外国政府审计准则的有益内容，修订了我国国家审计准则，体现了较强的科学性、综合性、适用性及国际性。此次修订将原有国家审计基本准则和通用审计准则规范的内容统一纳入其中，形成一个完整单一的国家审计准则。在下一层次研究开发审计指南，进一步细化相关审计业务操作的具体要求。据此构建起由宪法、审计法及其实施条例、审计准则和审计指南等不同级次规定组成的审计法律规范体系。按照这种体系结构，《国家审计准则》正文分为七章，包括总则、审计机关和审计人员、审计计划、审计实施、审计报告、审计质量控制和责任、附则，共200条。它对执行审计业务基本程序进行系统规范，是审计机关和审计人员履行法定审计职责的行为规范，是执行审计业务的职业标准，是评价审计质量的基本尺度，适用于各级审计机关和审计人员开展的各项审计业务和专项审计调查业务，也适用于其他组织或者人员接受审计机关的委托、聘用而承办或者参加的审计业务。2010年7月8日审议通过、9月1日对外公布并于2011年1月1日起施行的《国家审计准则》，是国家审计准则体系建设史上一个重要的里程碑，对规范审计机关和审计人员执行审计业务的行为，保证审计质量，防范审计风险，发挥审计保障国家经济和社会健康运行的“免疫系统”功能有十分重大的意义。

需要指出的是，国际上对国家审计准则的研究和制定工作也非常重视，尤其是最高审计机关国际组织。1984年5月，最高审计机关国际组织下设一个专门的机构，即审计准则委员会负责制定国家审计准则。1989年，最高审计机关国际组织在柏林召开第十三届大会，通过了其审计准则委员会制定的国家审计准则。1992年在最高审计机关国际组织华盛顿大会上对国家审计准则进行了修订。1998年，最高审计机关国际组织在乌拉圭首都蒙得维的亚召开了第十六届大会，会议确定《利马宣言》仍然是制定国家审计准则的主要基础，会议还决定重新组织审计准则委员会和审计准则的框架结构，以利于其适应未来各种变化和及时更新。2001年，最高审计机关国际组织在汉城召开的第十七届大会上批准和颁布了新的国家审计准则，其目的在于为审计人员进行审计（包括计算机系统审计）时所必须遵循的程序和做法提供一个框架。它是依据《利马宣言》、《东京宣言》、最高审计机关国际组织在历次大会上通过的声明和报告，以及联合国专家小组会议就发展中国家的公共会计和审计问题提出的报告而拟定，并在广泛征求意见之后形成的。该准则由国家审计的基本要求、国家审计的一般准则、国家审计的现场工作准则和国家审计的报告准则四部分组成。现简要介绍如下：

（1）基本要求。包括：1）最高审计机关应考虑在一切重大问题上遵循最高审计机关国际组织的审计准则，并为不适用此准则的工作制定可行的准则，以确保其工作始终具有高质量；2）最高审计机关应对国家审计过程中发生的各种情况做出自己的判断；3）随着公共意识的增强，对管理公共资源的个人或单位应负公共责任的要求日益明确，因而需要确立责任程序并使其行之有效；4）国家机构内的管理部门应对财务报表和其他信息的形式及内容的正确性和充分性负责；5）有关部门应确保为按国家要求编制财务报告和揭示财务状况而颁布公认的会计准则；6）一贯使用公认的会计准则将公正地展示财务状况和经营成果；7）完善的内部控制制度的建立能使错误和舞弊风险减少到最低限度；8）立法机关的法令能使被审计单位在保持和提供全面评价被审计活动所必需的信息方面进行合作；9）所有的审计活动都应在最高审计机关的审计执业范围内进行；10）各最高审计机关应努力改进对工作有效性进行审计的技术。

（2）一般准则。一般准则描述了审计机关和审计人员必须具备的条件，从而能以适当、有效的方式完成与现场工作准则和报告准则相关的任务。包括：1）最高审计机关和审计人员必须是独立的；2）最高审计机关应避免审计人员和被审计单位之间的利害冲突；3）最高审计机关和审计人员必须具备胜任能力；4）最高审计机关和审计人员必须在遵守最高审计机关国际组织的审计准则时保持合理的谨慎；5）其他一般准则。其中，其他一般准则又包括最高审计机关应当采取的政策和措施：招聘具备适当资格的人员和培训审计人员；编写审计实施手册以及其他指导性文件和指南；支持最高审计机关内部现有的技术和经验，确认所缺乏的技术，并为完成审计任务做出妥善的技术安排，指派足够的人员参加审计，以所要求的谨慎态度为实现目标而正确地制定计划和进行监督；检查自身的内部准则和内部程序的效率和效果。

（3）现场工作准则。现场工作准则旨在为审计人员必须遵守的、有目的的、系统的以及均衡的步骤和行动确定准则或总框架。包括：1）审计人员应编制审计计划以确保经济、有效、及时、高效率和高质量地进行审计；2）在审计过程中，各级审计人员的工作以及每个审计阶段都应受到严格的监督，审计记录应由一名高级审计人员进行审查；3）确定审计程序和范围时，审计人员应当调查和评价内部控制的可靠性；4）进行常规（财务）审计时，应对现行法律和规章的遵循情况实施测试。审计人员应设计审计步骤和程序，以便为发现对财务报表质量或常规审计的结果有直接和重大影响的错误、不正当行为和非法行为提供适当的保证；5）应取得足够的、相关的和合理的证据，作为证实审计人员对被审计的组织、活动或职能机构所作的判断和结论；6）进行常规（财务）审计时，审计人员应当分析财务报表，以确定其是否符合有关公认的财务报告和披露的准则。必要时，其他各类审计也可这样做。此外，审计人员还应该认识到有发现非法行为的可能性，这类非法行为对财务报表或常规审计的结果有间接的、重大的影响。在进行绩效审计时，为了实现审计目标，必要时应对遵循现行的法律和规章的情况做出评估。审计人员应对审计做出规划，以便为发现对审计目标可能有重大影响的非法行为提供适当的保证。审计人员还应该注意到那些能说明发生非法行为的情况或会计事项，这些非法行为对审计结果也许有间接影响。合规性审计是国家审计的一个必不可少的方面。这种审计为最高审计机关规定的一个重要目标是，通过最高审计机关所具备的各种手段确保国家预算和账目的完整和正确。这将为财务报表和审计报告的其他使用者提供有关国家债务的规模和发展的保证。为了实现这一目标，最高审计机关将审查国家的账目和财务报表，其目的是确保所有的经营活动都能正常地进行和完成，并得到支付和记录。在没有违纪行为的情况下，这种审计程序的结果通常是说明国家的职责得到履行。

(4) 报告准则。报告准则旨在帮助审计人员在形成审计意见或编写审计报告时做出审慎的判断，而不是取代这些判断。包括两点：第一，每次审计结束时，审计人员都应编写一份书面意见或报告，以恰当的形式陈述审计结果。报告的内容应当易于理解，避免意义含糊和模棱两可。审计报告中的信息应当有充分和相关的证据支持，并且是独立的、客观的、公正的和建设性的。第二，审计人员所属的最高审计机关决定最终所要采取的针对审计人员已发现的欺骗性做法或严重的舞弊行为的报告行动。

3. 内部审计准则

为了加强内部审计工作，实现内部审计的制度化、规范化和职业化，明确内部审计机构和人员的责任，保障内部审计机构和人员依法行使职权，促使内部审计机构和人员按照统一的内部审计准则开展内部审计工作，保证内部审计质量，提高内部审计效率，防范审计风险，促进组织的自我完善与发展和组织目标的实现，中国内部审计协会依据《审计法》《审计署关于内部审计工作的规定》及相关法律法规制定了符合中国内部审计实际、与国际内部审计准则相衔接的中国内部审计准则。中国内部审计准则是中国内部审计工作规范体系的重要组成部分，它适用于内部审计机构和人员进行内部审计的全过程，适用于各类组织，即无论组织是否以营利为目的，也无论组织规模大小和组织形式如何，内部审计机构和人员在进行内部审计时，都应遵循内部审计准则。

中国内部审计协会（CIA）前身为中国内部审计学会，1987年12月加入国际内部审计师协会（IIA），成为其会员排名第四，并且是拥有内部审计人员最多的国家分会。2002年更名为中国内部审计协会，成为对企业、事业、行政机关和其他事业组织的内审机构进行行业自律管理的全国性社会团体组织。中国内部审计协会依据《审计法》《审计署关于内部审计工作的规定》《中国内部审计协会章程》开展工作。自成立伊始，中国内部审计协会就非常重视内部审计规范化建设工作。协会成立不久，便下设了一个由理论界、学术界及实务界权威人士组成的中国内部审计准则委员会，专司内部审计准则的调研、论证、立项、起草、修订等工作。2000年以来，中国内部审计协会及其准则委员会一直致力于研究和制定一套既符合国际惯例，又适合我国国情的内部审计准则。经过多年的不懈努力和持续改进，业已构建起中国内部审计准则体系。

中国内部审计准则体系由内部审计基本准则和内部审计人员职业道德规范、内部审计具体准则以及内部审计实务指南三个层次组成。其中，内部审计基本准则和内部审计人员职业道德规范系内部审计准则的总纲，是内部审计机构和人员进行内部审计时应当遵循的基本规范，也是制定内部审计具体准则、内部审计实务指南的基本依据。内部审计基本准则包括总则、一般准则、作业准则、报告准则、内部管理准则、附则共6章33条，适用于各类组织的内部审计机构、内部审计人员及其从事的内部审计活动，也适用于其他组织或者人员接受委托、聘用而承办或者参与的内部审计业务。内部审计具体准则是依据内部审计基本准则制定的，系内部审计机构和人员在进行内部审计时应当遵循的具体规范；而内部审计实务指南则是依据内部审计基本准则、内部审计具体准则制定的，系为内部审计机构和人员进行内部审计提供的具有可操作性的指导意见。现行的中国内部审计准则体系体现了较强的连续性及科学性、逻辑性与系统性及适用性和前瞻性，具体框架如下：

（1）内部审计基本准则和内部审计人员职业道德规范。

（2）内部审计具体准则。包括：

1）作业类具体准则：审计计划；审计通知书；审计证据；审计工作底稿；结果沟通；审计报告；后续审计；审计抽样；分析程序。

2）业务类具体准则：内部控制审计；绩效审计；信息系统审计；对舞弊行为进行检查与报告。

3）管理类具体准则：内部审计机构的管理；与董事会或者最高管理层的关系；内部审计与外部审计的协调；利用外部专家服务；人际关系；内部审计质量控制；评价外部审计工作质量。

（3）内部审计实务指南。包括：建设项目内部审计指南；物资采购审计指南；审计报告指南；高校内部审计指南；企业内部经济责任审计指南。

需要指出的是，国际上对内部审计准则的研究和制定工作也非常重视，尤其是国际内部审计师协会。这是由内部审计人员组成的国际性审计职业团体，其前身是1941年成立的美国内部审计师协会。为了提高内部审计工作的质量和效率，国际内部审计师协会于1974年成立了职业准则和责任委员会，负责制定内部审计准则。该委员会认为，内部审计准则不应机械地套用社会审计的准则，应有自己的侧重点且应包括内部审计的职责说明、内部审计职业道德准则和内部审计实务准则等三个部分，其中的内部审计实务准则是其核心和主要内容。1978年，国际内部审计师协会颁布了《内部审计实务准则》，提出了对内部审计人员开展内部审计工作的五项基本要求。1999年，为适应形势发展和环境变化的要求，国际内部审计师协会开始对原有内部审计准则进行修改和更新。1999年6月，国际内部审计师协会董事会批准了全新的内部审计职业实务框架，随后协会依据这一框架对国际内部审计准则进行了修订和完善。此修订工作具体由国际内部审计师协会的技术委员会即内部审计准则委员会负责，该委员会通过颁布内部审计准则说明书的方式不断更新和完善国际内部审计实务准则，并负责监督准则在世界范围内的有效实施。2001年10月，修订工作基本结束，较为完善的全新国际内部审计准则已于2002年开始实施。

国际内部审计师协会的《内部审计实务准则》由一般准则、工作准则及实施准则三部分构成。其中，一般准则说明了开展内部审计活动的机构及人员的特点，主要对内部审计活动的宗旨、权力和职责、独立性与客观性、专业胜任能力与应有的职业谨慎、质量保证与改进计划等进行了明确的规定。工作准则描述了内部审计活动的性质并提出了衡量内部审计活动开展的质量准绳，主要是对内部审计活动的管理、工作性质、审计业务计划、审计业务执行、审计结果报告、审计过程监测、管理层对风险的接受等进行了明确的规定。一般准则与工作准则从总体上对内部审计服务进行了说明，而实施准则是前两者在特定类型的审计活动中的具体体现，如合规性审计、舞弊调查或内部控制自我评估项目等。一般准则与工作准则只有一套，实施准则却有很多套。

2.2.4 审计质量控制与质量控制制度

无论是国家审计机关，还是内部审计机构，抑或社会审计组织，都应重视审计质量并制定质量控制制度，实施审计质量控制，以保证审计质量。因为审计质量对于审计工作是至关重要的，高质量的审计意味着审计报告提供的信息较为客观公正，审计结论具有较高的可靠性，审计报告的使用者更愿意阅读和使用，并据以作出判断和决策。

1. 审计质量控制和质量控制制度的含义

为了保证审计工作质量，提高审计工作水平，明确审计责任，审计机构必须对审计工作和审计质量进行控制。加强审计质量控制，可以降低审计风险，增强审计工作的可靠性、准确性、合理性、效果性和效率性，更好地达到审计目的。审计质量是指审计机构从事各项工作的优劣程度，有广义与狭义之分。广义的审计质量即审计工作质量，是指所有审计工作的总体质量，亦即各审计机构内部工作的有效程度，它包括审计法规制度和审计标准的制定，审计计划的实施，审计人员的选聘、培训、分工，审计档案管理等工作的合理性、有效性等。狭义的审计质量即审计项目质量，是指具体审计项目的选择、立项、准备、实施、报告、建议等一系列环节的工作效率和达到审计目的的程度，它包括审计计划的可行性，审计证据的证明力，审计意见的公正性、准确性等。

（1）审计质量控制。也称审计工作质量控制或业务质量控制，是指为确保审计行为遵循审计准则并表达恰当的审计意见，审计机构和审计人员依据审计质量控制准则或标准，对各项审计工作或具体审计项目全过程的质量进行自我约束的一项活动。它是由审计机构和审计人员共同参与的自律行为，不同于法律和其他组织对审计的制约与控制，其主体只能是专门的审计机构和审计人员而不能是其他组织和人员，其客体是审计机构和审计人员进行审计质量控制的对象，既包括审计过程中的全部工作，也包括审计机构内部的各项管理，其重点是对审计工作的整个过程、审计人员的素质及工作技能的控制，其依据是审计工作的质量准则或标准，系由审计质量控制机构根据职业自身具体情况，适应职业自律需要而建立的一种规范，有别于前已述及的审计准则和审计法规。只有加强审计质量控制，才能保证审计工作质量，提高审计工作水平，进而充分发挥审计的作用，也才能维护审计职业声誉，提高审计职业地位，不断完善与发展审计职业。

（2）质量控制制度。为了合理保证审计机构及其人员遵守法律法规、职业道德规范、业务准则（包括审计准则、审阅准则、其他鉴证业务准则和相关服务准则），以及审计机构和项目负责人根据具体情况出具恰当的报告，审计机构应当制定质量控制制度。质量控制制度包括审计机构为实现合理保证审计机构及其人员遵守法律法规、职业道德规范和业务准则的目标而制定的政策，以及为执行政策和监控政策的遵守情况而设计的必要程序。审计机构的质量控制制度应当包括针对以下要素而制定的政策和程序：对业务质量承担的领导责任、职业道德规范、客户关系和具体业务的接受与保持、人力资源、业务执行、业务工作底稿以及监控等。审计机构在制定质量控制政策和程序时，应当考虑自身规模和业务特征等因素，并将质量控制政策和程序形成书面文件传达至全体人员。

2. 质量控制制度的内容

从国外的经验来看，审计机构在制定质量控制政策和程序时，主要考虑以下几个方面：（1）独立性，即应保证审计人员保持职业道德规范所要求的独立性；（2）委派，即应保证审计工作由经过专业培训、具有专业技能的人员承担；（3）咨询，即应保证审计人员在遇到技术问题时能得到权威专家的协助；（4）监督，即应保证各项审计工作符合质量标准；（5）雇佣，即应保证审计人员能够胜任自己的工作；（6）提高，即应保证审计人员定期接受培训以掌握履行其职责应具备的知识；（7）晋升，即应保证被提升的人员能够胜任其新的职务；（8）正直性，即应保证对新老客户的管理部门的正直性有充分了解，以避免与不正直的客户打交道，接受正直的新客户且继续为正直的老客户服务；（9）检查，即应保证对质量控制其他方面的检查程序行之有效。

在我国，审计机构制定质量控制政策和程序时，应主要考虑对审计人员素质、审计执业过程和审计结果的控制。因此，质量控制制度也应主要包括这几个方面的内容。例如，《国家审计准则》第六章明确要求审计机关应当针对审计质量责任、审计职业道德、审计人力资源、审计业务执行、审计质量监控五个要素建立审计质量控制制度，并通过审计业务质量检查等方式对其建立和执行情况进行检查和评估，以加强全员全过程审计质量控制，明确审计责任。同时，从审计项目质量控制的角度，规定审计机关实行审计组（成员、主审、组长）、审计机关业务部门、审理机构、总审计师和审计机关负责人对审计业务的分级质量控制，并分别明确了其工作职责和所应承担的责任。

思考题

1. 什么是职业道德？注册会计师职业道德是什么？
2. 注册会计师的职业道德守则包括哪些基本要求？
3. 注册会计师的专业胜任能力包括哪些基本内容？
4. 注册会计师对委托单位和同业的责任各是什么？
5. 什么是注册会计师法律责任？如何有效预防其相关风险？
6. 审计准则一般包括哪几个部分？它通常有哪些具体作用？
7. 《一般公认审计准则》包括哪几个部分？它有哪些内容？
8. 《国际审计准则》由哪几个部分构成？它有哪些内容？
9. 中国注册会计师审计准则包括哪些主要内容？
10. 中国内部审计准则包括哪几个部分？它有哪些内容？
11. 中国国家审计准则包括哪几个部分？它有哪些内容？
12. 审计质量控制包括哪几个部分？它应包括哪些内容？

练习题

1. ARC审计机构接受XYZ公司委托，对该公司2016年度财务报表进行审计。ARC审计机构准备委派审计人员S和J执行审计，若存在下列情况，试判断该审计机构和审计人员S和J的独立性是否可能会受到影响，并逐一分析或说明情况。

(1) ARC审计机构的收费主要来源于XYZ公司。

(2) S的妻子是XYZ公司的一名普通销售人员。

(3) ARC审计机构租赁XYZ公司的办公楼作为办公场所。

(4) XYZ公司的董事是ARC审计机构的前高级管理人员。

(5) 审计人员J的哥哥拥有XYZ公司的少量股票。

(6) 在某项重大会计问题上，ARC审计机构与XYZ公司存在意见分歧，XYZ公司也正是因该问题与前任审计人员无法达成一致而最终变更委托的。

(7) ARC审计机构的合伙人S目前担任XYZ公司的独立董事。

(8) 审计人员J的女儿自2011年起一直担任XYZ公司的统计员。

(9) 审计人员S的外甥拥有XYZ公司的大量股票。

2. 2017年2月12日，RCP审计机构接受ALM有限责任公司的委托，对其2016年度财务报表进行审计。RCP审计机构委派审计人员C和Y及助理人员进行外勤审计工作，C和Y均为RCP审计机构的发起人，分别任审计部的正、副经理。ALM公司属于IT民营企业，其最主要的出资者为S，占有51%的股权，S任该公司董事长。审计人员X与Y共同出资设立XY公司，但审计人员Y仅拥有XY公司30%的份额。

要求：

(1) 根据审计人员职业道德规范的有关要求，判断RCP审计机构接受ALM有限责任公司的委托是否恰当，并说明理由。如果要接受委托，RCP审计机构应采取什么措施？

(2) 如果RCP审计机构接受委托，是否可以委派审计人员Y进行审计？为什么？

案例题

在2017年6月10日的某省会两家报纸上，WYE会计师事务所当天发布了一份“诚邀加盟”广告，概要如下：“WYE会计师事务所有限公司董事长王兴诚先生（中国注册会计师协会理事会理事、周正大学兼职教授），竭诚邀请本行业的精英——极泰会计集团资深注册会计师、注册资产评估师：王民、金敏、梅爱、谢杰、郭刚、李生、马娟、李琳……（以下人员省略，共22人）等加盟，共谋发展。WYE同仁向极泰精英同仁致以崇高的敬意。”落款为“WYE会计师事务所有限公司”。

要求：针对上述广告事宜，分析是否有不当之处。若有不当之处，请指出并说明原因。

第 3 章 Chapter 3 审计种类与审计方法

学习目标

1. 了解审计的各种分类及其区别。
2. 了解审计的一般方法及其特点。
3. 理解审计方法与审计目标及证据间的关系。
4. 理解审计技术方法的具体运用及应用条件。
5. 掌握现代审计方法体系及具体方法的运用。

3.1 审计种类

3.1.1 审计的基本分类

审计的基本分类是以审计的本质属性为标准进行的分类。审计的主体、内容与目的作为审计的构成要素，分别从不同角度阐明了审计的本质属性，因而审计的基本分类包括按审计主体、内容与目的所进行的分类。也就是说，基本分类中的审计类别，分别从不同角度说明了审计的本质属性。

1. 按审计主体分类

审计主体是指在审计活动中实施审计行为，履行审计职能的专职审计机构及其审计人员。审计主体贯穿着审计信息的采集、加工、生成及提供的全过程，对审计信息的质量起着决定作用。按其主体不同，审计可以分为国家审计、社会审计和内部审计。

（1）国家审计。国家审计或政府审计，是指由政府审计机关依法所进行的审计。政府审计机关对中央和地方政府各部门及其他公共机构财务报告的真实性、公允性，运用公共资源的经济性、效益性、效果性，以及提供公共服务的质量依法进行审计。政府审计机关包括按我国宪法规定的由国务院设置的审计署，由各省、自治区、直辖市、市、县等地方各级政府设置的审计厅、局和政府在地方或中央各部委设置的派出审计机关。

政府审计机关主要是依法对国务院各部门和地方各级政府的财政收支，对国家的财政金融机构和企事业组织的财务收支进行审计监督。也就是审计机关依法对公共资金、国有资产、国有资源管理、分配、使用的真实合法效益，以及领导干部履行经济责任和自然资源资产及生态保护责任情况进行独立监督活动。国家（政府）审计的主要目的是保证财政资金的依法合理使用，防止国有资产的损失浪费，维护国家财经法纪，提高财政资金使用效益，促进廉政建设，保障国民经济的健康发展。

（2）社会审计。社会审计或民间审计，又称注册会计师审计、独立审计，是指由社会审计组织依法所实施的审计。社会审计组织（如会计师事务所），经财政部门审核批准成立，接受委托可以对被审计单位的财务收支及其经济活动的真实性、合法性、效益性，进行审计查证、鉴证和咨询服务。

社会审计的特点是受托审计。社会审计组织接受各类资源财产的所有人或主管人，包括政府审计机关，国家行政机关，企业、事业单位和个人的委托或授权，依法对这些被审计单位的财务收支及其经济效益承办审计鉴证、经济案件鉴定、注册资本验证和年检、管理咨询服务等项业务。

具体来说，社会审计的业务主要包括保证业务、鉴证业务和非鉴证业务，范围十分广泛。保证业务是指为企业或个体等决策者提供的、有利于其改进信息质量或内容的独立业务，如电子业务保证、信息系统质量评估等，这类业务不属于传统意义上的审计范畴。鉴证业务是注册会计师对鉴证对象信息的可信任程度提出意见的审计业务。非鉴证业务通常包括执行商定程序、管理咨询服务、税务服务业务、会计服务业务和其他服务业务等，这类业务不属于审计范畴。

（3）内部审计。内部审计是指由本单位内部专职的审计机构或人员依法执行的审计。它是一种独立、客观的确认和咨询活动，通过运用系统、规范的方法，审查和评价组织的业务活动、内部控制和风险管理的适当性和有效性，以促进组织完善治理、增加价值和实现目标。国家机关、金融机构、企事业单位、社会团体及其他组织应该按国家规定依法设立专职的内部审计机构，这种专职的审计机构或人员应独立于财务与会计部门之外，保持自己的独立性和客观性，直接接受本单位董事会下设的审计委员会或主要负责人的领导，或直接受本单位监事会或者经理层的领导，依法对本单位及其下属单位的财务收支、经营管理活动及其经济效益进行内部审计评价。内部审计的主要目的是通过审查和评价组织的业务活动、内部控制和风险管理的适当性和有效性，以促进组织改善经营管理，提高经济效益。

2. 按审计内容和目的分类

审计主体不同，审计的内容和目的也有所不同。按其内容和目的不同，审计可以分为财政财务审计、财经法纪审计、经济效益审计和经济责任审计。

（1）财政财务审计。财政财务审计也称传统审计或常规审计，是指审计机构或人员对被审计单位的财务报表及相关资料的公允性及其反映的财政收支、财务收支的合法性所进行的审计。财政财务审计包括两个方面：一是检查会计处理、财务报表等相关资料的公允性和合法性，这是形式上的审计；二是验证被审计单位受托经济责任的履行情况，这是实质性审计。从内容上来说，财政财务审计是对国务院各部门、地方各级政府及其各部门、国有金融机构、企事业单位的财政财务收支情况进行的审计，其目的是通过审查和验证被审计单位的会计处理和财务报表等相关资料来确定或者解除被审计单位的受托经济责任。其中，财政收支审计是国家审计机关对本级各部门和下级政府的财政收支活动进行的审计；财务收支审计是审计机关对金融机构和企事业单位的财务收支活动所进行的审计。值得指出的是，近些年来，随着对组织内部控制的日益重视与加强，内部控制审计也逐渐作为一个独立的委托事项而成为一种审计形式。在审计实践中，社会审计组织接受委托在对被审计单位年度报表进行审计的同时，也对其内部控制进行审计，从而出现了所谓的“整合审计”（integrated auditing），这也是审计的一种整合程序或方法（integrated approach）。

（2）财经法纪审计。财经法纪审计是指审计机构或人员对被审计单位和个人严重侵害国家资财、严重损失浪费和其他严重损害国家经济利益等违法乱纪行为所进行的专案审计。从内容上来说，财经法纪审计主要包括审查严重侵占国家财产、严重损失浪费、贪污盗窃、行贿受贿、由于失职渎职造成严重损失的重大经济案件以及其他严重损害国家和企业利益的重大经济案件。它是我国审计监督的一种重要形式，其主要特点是根据群众揭发和会计资料所反映出来的问题，对相关单位或者当事人在经济活动中的不法行为进行立案审查，以查清事实并确定问题的性质。财经法纪审计的主要目的是保护国家财产的安全完整、维护党和国家的路线、方针和政策以及法律规章，维护企事业单位的利益，维护所有者、出资人和广大职工的合法权益。

（3）经济效益审计。经济效益审计是指审计机构或人员对被审计单位的财政收支、财务收支以及有关经济活动的经济性和效益性所实施的审计。经济效益审计不同于传统的财政财务审计，它涉及被审计单位经济活动的各个方面，包括各级政府的财政收支和管理活动、企业单位的财务收支和经营管理活动、行政事业单位的资金使用和管理活动、固定资产投资及其管理活动的经济效益情况及其影响因素、途径等。就其内容而言，主要包括两个方面：一是对被审计单位的预算、计划和预测、决策方案的效益性，以及资金使用、投资项目、资源利用等方面的效益性进行审查和分析；二是对被审计单位的预算或计划执行情况的效益性进行审查和分析，也就是对被审计单位经营管理活动的效益性进行审查和分析。它是我国审计监督与评价的一种重要形式，其主要特点是通过对被审计单位的经济活动进行审查、评价和分析，发现其薄弱环节和存在的突出问题，厉行节约，促进增收节支，寻找提高经济效益的最佳途径。经济效益审计的主要目的是促进被审计单位完善组织治理、改进经营管理，提高经营管理水平和综合经济效益。在现实经济生活中，有时将营利性组织中开展的经济效益审计也称为经营审计、管理审计或“3E”审计，而在政府及非营利组织中开展的经济效益审计称为绩效审计等。

（4）经济责任审计。经济责任审计是指审计机构或人员对国家机关、企事业单位等负责人在任职期间应负的经济责任进行监督和评价。经济责任是指主要负责人任职期间对其所在单位财政收支、财务收支的真实性、合法性和效益性，以及有关经济活动应当负有的责任，包括主管责任和直接责任。经济责任审计的对象主要包括国家行政机关、立法机关、政协机关、检察机关、国有金融机构和企业、国家事业单位和使用财政资金的其他事业单位及其他属于审计监督对象的单位负责人，即包括党政主要领导干部和国有及国有控股企业的法定代表人。就其内容而言，主要包括主要负责人在任职期间对本单位的财政收支、财务收支及有关经济活动应负的经济责任及其履行情况。经济责任审计是我国审计监督与评价的又一种重要形式，也是我国有别于其他国家所特有的一种审计类别，其主要特点和目的是通过对被审计单位主要负责人在任职期间应负的经济责任的正确认定与责任履行情况的审查评价，为组织人事部门、检察机关以及其他有关部门考核评价干部和企业负责人提供参考依据。可见，经济责任审计是审计机构或人员以促进领导干部（主要包括党政主要领导干部和国有及国有控股企业的法定代表人）推动本地区、本部门（系统）、本单位科学发展为目标，以领导干部守法、守纪、守规、尽责情况为重点，以领导干部任职期间本地区、本部门（系统）、本单位财政收支、财务收支以及有关经济活动的真实、合法和效益为基础，进行查核与评价的一项实践活动。它涉及各地区、各部门（系统）、各单位经济活动的关键领域，对国家关键经济活动领域的腐败具有威慑和治理作用，对领导干部的腐败行为具有震慑和惩防作用，有利于推动国家治理能力建设，提高国家治理水平，促进政府实施良政、国家走向善治。

3.1.2 审计的其他分类

除了上述审计的基本分类外，审计还可以按下列不同的标准作其他分类。

1. 按审计实施时间分类

按照实施审计的时间与企业经济业务发生时间的关系，审计可以分为事前审计、事中审计、事后审计和跟踪审计。

（1）事前审计。事前审计是指在被审计单位经济业务发生以前进行的审计。就其内容而言，事前审计主要包括财政预算、生产经营计划、决策方案、信贷计划和目标制定等，如固定资产更新决策方案、投资方案的可行性、财政收支计划、产品生产和加工方案等。这种审计有利于预防错弊、防患于未然，避免被审计单位出现重大的决策失误，保证单位计划和决策的可行性与合理性，保证经营活动的有效性和正确性。事前审计的主要目的，就是加强预算、计划、预测和决策的可行性、合理性和准确性。这种审计也称为预防性审计。

（2）事中审计。事中审计是指在被审计单位业务执行过程中进行的审计。例如，对一些长期的基建项目和承包合同的执行情况进行的审计。事中审计主要是通过对被审计单位的支出预算、费用标准、产品生产计划、材料消耗定额等的执行情况进行审计，从而及时地发现错误并加以纠正和控制，以保证企业的经营管理活动朝着既定的方向进行，保证经济活动的合法性、合理性和有效性。

（3）事后审计。事后审计是指在被审计单位经济业务完成以后进行的审计。事后审计的适用范围十分广泛，国家审计和社会审计大多是事后审计，内部审计也经常进行事后审计。事后审计主要是对合法性、公允性和效益性的审计，其主要目的是监督和评价被审计单位的财务收支及有关经济活动、会计资料和内部控制是否符合国家财经法规和会计制度的规定，是否符合会计准则和会计制度的要求，从而确定或解除被审计单位的受托经济责任。

（4）跟踪审计。跟踪审计是指在被审计单位经济业务（或审计事项）发生的全过程中分阶段、有重点进行的审计。跟踪审计是一种过程审计，是与事后（结果）审计相对应的，但不包括对政府等决策的审计。作为一种具有中国特色的有效审计方式，跟踪审计可以在各类型审计中有选择地运用，但它并不是一种新的审计类型。跟踪审计的总目标是通过审查项目、资金的管理使用和有关政策执行情况，促进项目和资金规范管理，提高效益，从而达到预期的效果和政策目标。具体到不同的审计项目，可根据具体项目管理或运行中存在的主要风险，确定审计目标，并根据风险将被审计项目和资金运行，划分为若干关键阶段或关键环节，分别有重点地进行审计，以便及时发现问题和督促整改，并可利用较少的审计资源，实现跟踪审计的总体目标。

审计机构进行跟踪审计，既要突出重点、量力而行，又要注重防范风险。其中，突出重点就是要对关系国计民生的特大型投资项目、特殊资源开发与环境保护事项、重大突发性公共事项、国家重大政策措施的执行进行全过程跟踪审计，即对重大工程项目和重点财政资金，抓住关键环节、关键时点和重点内容开展审计；量力而行就是要结合审计机构的专业胜任能力和实际承受能力，积极稳妥，尽力而为，掌握尺度，把握分寸，有重点、更有实效地开展审计。跟踪审计要注重防范两方面的风险：一是审计责任方面的风险。为防范这方面风险，审计机构要准确把握自身定位，做到不缺位、不错位、不越位，始终恪守独立客观的原则，尽职尽责依法审计。二是审计质量方面的风险。为防范此方面风险，审计机构要加强人力资源配备和人员培训，提高审计人员的职业道德水平和专业胜任能力，也可适当聘请并借力于外部专家，统一组织审计，加强质量控制。

按照实施审计的时间是否预先规定，审计可以分为定期审计和不定期审计。

(1) 定期审计。定期审计是指审计机构按照预先规定的时间进行的审计。例如，由社会（民间）审计机构在年终时对企业年度财务报表进行的审计等。

(2) 不定期审计。不定期审计是指审计机构根据情况需要而临时安排的审计。比如，对被审计单位贪污受贿案件进行的审计、经济合同纠纷审计等。

此外，按照所审计的报告期不同，审计也可以分为期中审计和期末审计。

(1) 期中审计。期中审计是指在被审计单位报告期内（如月、季、年）进行的审计。例如，由社会审计机构对上市公司中期报告执行的审计等。

(2) 期末审计。期末审计是指在被审计单位的会计年度结束时或结束后所进行的审计。期末审计的重点是审查和验证会计账簿金额和财务报表各项目金额的真实性、正确性和完整性。期末审计一般需要通过对财务报表和各项目余额进行分析性审查，然后逆查账簿资料和会计凭证，以获取较为充分的审计证据。在现实经济生活中，被审计单位业务量往往较大，期末审计时工作量也较大。因此，在条件允许的情况下，尽量把部分审计工作安排在期中进行，并将期末审计与期中审计结合起来，最后对被审计单位财务报表信息的真实性和公允性做出审计评价，得出合理公正的审计结论。

2. 按审计涉及范围分类

按照实施审计的范围，审计可以分为全部审计、局部审计和专项审计。

(1) 全部审计。全部审计是指对被审计单位一定期间的财政财务收支和有关经济活动及其资料进行全面的审计。全部审计的范围广泛，涉及被审计单位的各项会计资料及其反映的各项财产物资、债权债务、成本费用、收入确认、利润分配、税款缴纳、采购、生产、销售等各种经营活动。由于这种审计涉及的范围广，其优点是审查详细彻底，但工作量较大、费时费力，因而它适用于规模较小、业务较少、会计资料不多的行政机关和企事业单位或被审计单位内部控制质量较差的情况。有时，这种审计也称为全面审计。

(2) 局部审计。局部审计是指对被审计单位一定期间的财政财务收支和有关经济活动的某些方面及其资料进行部分的、有目的的、有重点的审计。如对被审计单位进行的现金审计、银行存款审计、存货审计等。另外，为查清贪污舞弊、行贿受贿等，对部分经济业务所进行的专案审计也属于局部审计。由于这种审计涉及的范围是局部的，其优点是工作量较小、时间短、消耗少，但也可能存在一些遗漏问题，因此局部审计存在一定的局限性。有时，这种审计也称为部分审计。

(3) 专项审计。专项审计是指对被审计单位某一特定项目所进行的审计。如政府审计机构执行的大型基建工程项目资金审计、支农扶贫专项资金审计、世界银行贷款项目审计等。由于这种审计针对的是特定项目与业务，其优点是范围小、针对性强，有利于及时围绕当前的中心工作和重点开展工作，便于有针对性地提出意见和建议，为宏观经济控制和决策提供重要审计信息。有时，这种审计也称为专题审计。

3. 按审计执行地点分类

按照执行审计的地点，审计可以分为就地审计和报送审计。

(1) 就地审计。就地审计是指审计机构委派审计人员到被审计单位所在地现场进行的审计。这是我国审计普遍采取的一种审计类型，也是我国审计中使用最广泛的一种方式。按照具体方式的不同，就地审计又可分为驻在审计、专程审计和巡回审计。其中，驻在审计是审计机构委派审计人员长期驻在被审计单位所进行的就地审计。专程审计是审计机构为特定目的而委派有关人员专程到被审计单位所进行的就地审计。巡回审计是审计机构委派审计人员轮流对若干被审计单位所进行的就地审计。有时，这种审计也称为实地审计。

(2) 报送审计。报送审计是指审计机构按照审计法规的规定，对被审计单位按期报送来的凭证、账簿和财务报表及有关资料进行的审计。由于这种审计依法要求被审计单位按期报送资料，一般无须到被审计单位所在地执行审计，其优点是节省人力、物力，但因不能到现场做实地观察、了解被审计单位的实际情况，所以报送审计不易从财务报表等资料中发现被审计单位的实际问题。报送审计一般适用于政府审计机关对规模较小、业务相对简单且变化不大的单位执行审计。有时，这种审计也称为送达审计。

4. 按审计主客体关系分类

按照审计主体与客体的关系，审计可以分为委托审计、授权审计和转托审计。

(1) 委托审计。委托审计是指财产所有人或经管人通过签订审计业务委托书的方式委托特定的审计机构对指定单位进行的审计。例如，上市公司的股东大会（董事会）委托社会（民间）审计机构（如会计师事务所）对上市公司一定时期经营活动情况所进行的财务报表审计，以及国家行政机关、企事业单位和个人委托社会（民间）审计组织所进行的审计查证业务。

(2) 授权审计。授权审计是指财产所有人或经管人根据法律法规的规定将对特定单位的审计监督权授予特定的审计机构，由受权的审计机构代表其对被审计单位进行的审计。政府审计和内部审计大多为授权审计。

(3) 转托审计。转托审计是指审计机构根据工作需要，将其审计范围内的审计事项转托给其他审计机构代为执行的审计。转托审计包括再委托和再授权两种。例如，政府审计机关可以再授权下级审计机关、民间审计机构，对指定的审计单位进行审计监督等。

5. 按是否有明确的法律规定分类

按照是否有明确的法律规定，审计可以分为法定审计和非法定审计。

（1）法定审计。法定审计是指按照法律、法规的规定，被审计单位一定期间的经济活动必须接受审计机构所进行的审计。例如，我国的上市公司虽可以自主选择并委托任何一家有资格的会计师事务所对其年度财务报表进行审计，但按照《中华人民共和国公司法》（以下简称《公司法》）的规定，其年度财务报表必须经中国注册会计师审计。

（2）非法定审计。非法定审计是指并无明确的法律规定，而是根据被审计单位自身的需要，要求审计机构对其进行的审计。比如，企业拟进行规模较大的投资项目，为取得银行的贷款支持，委托会计师事务所进行的鉴定审计，即属于这种审计。实际上，非法定审计是相对于法定审计而言的。

此外，也可按照被审计单位是否自愿及动机不同，将审计分为强制审计和任意审计。

（1）强制审计。强制审计是指审计机构根据法律、法规的规定对被审计单位行使审计监督权而进行的审计。也就是说，不管被审计单位是否愿意接受，这种审计都要依法进行。例如，我国政府审计机关依据《宪法》和相关法律赋予的权力对国务院各部门和地方各级政府的财政收支、国有金融机构和企事业单位的财务收支等实行强制审计。

（2）任意审计。任意审计是指被审计单位根据自身的需要，自愿（或主动）要求有资格的审计机构对其进行的审计。例如，社会（民间）审计机构（如会计师事务所）接受委托，按照委托人的要求对被审计单位的经济效益进行的审计。实际上，任意审计是相对于强制审计而言的。

由此可见，上述两种分类基本上是相通的，如法定审计也是强制审计，任意审计也是非法定审计；但又有些不同，因为两种分类的标准或标志不同。

6. 按是否预先通知被审计单位分类

按照是否预先通知被审计单位，审计可以分为预告审计和突击审计。

（1）预告审计。预告审计是指审计机构在审计实施以前，预先告知被审计单位本次审计的目的、主要内容和审计日期等而进行的审计。进行财政财务审计和经济效益审计时，大多采用预告审计，事先向被审计单位下达审计通知书或签订审计业务约定书。这种审计的优点是可以使被审计单位有充足的时间做好准备工作，以利于审计工作的顺利进行，但也给被审计单位提供了弄虚作假的机会。

（2）突击审计。突击审计是指审计机构在审计实施以前，不将审计的目的、主要内容和日期等提前告知被审计单位进行的审计。进行财经法纪审计和贪污舞弊审计时，通常采用突击审计。这种审计的优点是可以使被审计单位在事先不知情的情况下接受审计，使被审计单位或被审计者没有时间提前准备或弄虚作假、掩饰事实真相，以利于取得较好的审计效果。

7. 按审计依据的基础和使用的技术与方法分类

按照审计所依据的基础和所使用的技术与方法，审计可以分为账项基础审计、制度基础审计和风险基础审计。

（1）账项基础审计。账项基础审计也称账表导向审计，是指围绕会计凭证、会计账簿和财务报表的编制过程进行的审计，主要通过对账表上的数字进行详细审计来判断是否存在舞弊行为和技术性错误，适用于评价简单的受托经济责任。也就是说，它是在审计的技术与方法发展的初始阶段的审计，亦即查账。

（2）制度基础审计。制度基础审计也称系统导向审计，是指强调并进行内部控制系统的评价，并以被审计单位内部控制制度健全、有效的程度为基础实施的审计。具体来说，如果评价的结果是内部控制健全且有效，则在实质性阶段仅对财务报表项目的相关记录抽取一定量样本进行审计即可得出审计结论；当评价的结果是内部控制不健全或运行有效性差时，内部控制系统不可靠，则应根据具体情况扩大审计测试范围。也就是说，它是在账表导向审计的基础上发展起来的较高阶段的审计，亦即内部控制评价基础审计。

（3）风险基础审计。风险基础审计也称风险导向审计，是指重视并评价与审计相关的各种风险，并以被审计单位的风险识别与评估分析为基础执行的审计。具体来说，审计人员首先必须重视和考虑被审计单位与审计相关的环境风险、经营风险等各种风险，然后分析被审计单位报表项目可能存在的风险，运用审计风险模型，采用分析程序，结合被审计单位状况，制定与之相适应的审计计划，以提高审计工作的效率和效果。也就是说，它是在高风险环境下，审计的技术与方法发展到新的更高阶段的审计，亦即风险评估基础审计。

3.2 审计方法

3.2.1 审计的技术方法

审计方法是指审计人员检查和分析审计对象，收集审计证据，并对照审计依据，形成审计结论和意见的各种专门手段的总称，它是人们从长期的审计实践中总结和积累起来的。

审计方法是联系审计主体和审计客体的桥梁，审计人员为了实现审计目的，完成审计工作，必须选用合适的审计方法。传统审计方法以事后查账为主，而现代审计方法已经发展成为包括审计抽样、审计调查、内部控制评审等多样化的技术与方法体系。现代审计方法具有目的性、多样性、实用性、交互性等特点。

1. 审查账面资料的方法

审查账面资料的方法，是审计人员通过审查书面资料以获取审计证据的一类审计方法，系审计工作中常用的最基本方法，可按照不同的标准划分为不同的种类。

（1）按照审查的会计资料或审计取证的顺序，审查账面资料的方法可以分为顺查法和逆查法。

1）顺查法。顺查法是指按照会计核算的程序，依次对各个环节进行检查核对的方法。具体来说，顺查法主要包括以下步骤：一是审查原始凭证，审查和分析经济业务的真实性、合法性、合规性和正确性；二是审查记账凭证，分析和查明会计处理和数据计算是否正确、合理，核对证证是否相符；三是审查会计账簿，分析和查明会计账簿的记账和过账是否正确，核对账证是否相符；四是审查财务报表，分析和查明财务报表的各个项目是否正确、完整和合规，核对账表、表表是否相符。有时，这种方法也称为正查法。

顺查法的优点是审查及发现可以做到全面、系统、准确，因为顺查法审查能按照记账顺序逐一地、仔细地检查核对，通常可以准确地、无遗漏地发现和揭露出账务上的错误和弊端。但顺查法审查事无巨细、同等用力，不能抓住重点，费时费事，工作量大。因此，顺查法一般适用于规模不大、业务量不多的单位。

2）逆查法。逆查法是指按照与会计核算相反的程序依次对财务报表、会计账簿、会计凭证进行检查核对的方法。逆查法主要包括以下步骤：一是审查财务报表，分析和发现财务报表中增减变动异常或出现弊错的项目，从而为下一步审计提供线索；二是根据上一步确定的可疑项目和重点问题运用审查法和核对法追溯审查会计账簿，进行账账核对、账表核对，发现可能存在的问题；三是通过审查记账凭证和原始凭证，进行账证核对和证证核对，以确定被审计事项的事实真相。有时，这种方法也称为倒查法。

逆查法的优点是便于发现问题，有目的、有重点、有针对性地进行审计，从而节省人力和时间，提高审查效率。但逆查法审查不够全面，容易遗漏问题，并且逆查法需要依赖审计人员的判断，主观性较强，如果审计人员的经验和能力不足，审计结论会受到影响。因此，逆查法一般适用于规模较大、业务量较多的单位。

（2）按照审查的会计资料或审计证据所涉及的范围和数量，审查账面资料的方法可以分为详查法和抽查法。

1）详查法。详查法是指对被审计单位一定时期内的全部资料，特别是对重点项目的全部会计资料，包括会计凭证、会计账簿、财务报表等进行全面详细审查的一种方法，亦即审计人员在审计事项中选取全部项目进行审查的方法。详查法的特点是对被审计单位一定时期内的全部会计资料，包括会计凭证、会计账簿、财务报表等以及其所反映的财务收支及相关经济活动进行详细而全面的审查。有时，这种方法也称为精查法。

详查法的优点是审查全面而详细，能够全面地查清被审计单位的所有问题，不易疏漏，特别是对弄虚作假、营私舞弊等违法乱纪行为，因而审计风险小，审计质量高。但详查法审查费时费力，审计成本较高。详查法与顺查法的过程基本相同，其优缺点和适用范围也基本相同，一般适用于规模不大、业务量不多的单位或特定情况。具体说来，存在下列情形之一的，审计人员可以对全部项目进行审查：审计事项由少量大额项目构成的；审计事项可能存在重要问题，而选取其中部分项目进行审查无法提供适当、充分的审计证据的；符合成本效益原则的。

2）抽查法。抽查法是指从被审计单位一定时期的会计资料中选择其中一部分或者选择某一时期的会计资料进行审查的一种方法，亦即审计人员在审计事项中选取部分特定项目进行审查的方法。在审计实践中，抽查法往往又与审计抽样联系在一起。在审计事项包含的项目数量较多，需要对审计事项某一方面的总体特征作出结论时，审计人员可以进行审计抽样。审计抽样在现代审计中应用广泛，其主要特点是根据审计期间被审计对象的总体情况，结合审计目的与要求，选取具有代表性的样本，然后根据抽取样本的审查情况来推断总体或其余未抽查部分有无错误和弊端的情况。此时，这种方法也称为抽样法。

抽查法的优点是审查有重点，省时省力，成本低、效率高，往往能够取得事半功倍的效果；缺点是审计结论过分依赖审计抽样的样本，如果审计样本的选取不合理或者不具有代表性，则很可能出现以偏概全的情况，不能发现问题，作出错误的审计结论。因此，抽查法通常与逆查法紧密相连，一般适用于规模较大、业务较复杂、会计基础良好、内部控制制度健全的单位。具体说来，审计人员可以选取下列特定项目进行审查：大额或者重要项目；数量或者金额符合设定标准的项目；其他特定项目。但是，此审查结果不能用于推断整个审计事项。

（3）按照审查的技术，审查账面资料的方法可以分为审阅法、核对法、查询法、比较法、验算法和分析法。

1）审阅法。审阅法是指通过仔细审查阅读被审计单位一定期间的会计资料和其他有关资料，主要是会计凭证、会计账簿和财务报表以及计划、决策、预算方案，其中又以会计凭证、会计账簿和财务报表最为重要，以获取审计证据的一种审查翻阅的方法。审阅法广泛应用于财政财务审计。具体来说，审阅法主要包括下列内容：

第一，原始凭证的审阅。主要是审阅原始凭证的内容和格式是否符合规定，其所反映的经济业务是否合法合理。在审阅原始凭证的格式时，要注意查看凭证是否规范、是否经过工商或税务登记、是否注明制作单位和名称、编号是否连续、签发单位是否加盖公章、经手人是否签字，还要查看凭证记载的抬头、日期、数量、单价、金额、摘要栏的字迹是否清晰，有无刮擦、涂改的痕迹，计算是否正确，等等。如果有不符合规定的情况或者有涂改的痕迹，则可能存在舞弊行为。在审阅原始凭证的内容时，要注意查看原始凭证所反映的经济内容是否合法合理，是否符合单位的实际情况和用途，入账时是否经过了必需的手续，等等。

第二，记账凭证的审阅。主要是审阅记账凭证的内容和格式是否符合规定，其所反映的经济业务是否合法合理，这与审阅原始凭证类似。在审阅记账凭证时，除了要注意查看与原始凭证相同的部分外，还要着重查看记账凭证是否附有原始凭证，原始凭证与记账凭证的内容是否一致，有无制单人、复核人和主管人签字，记账内容是否符合会计原理和会计准则，账户名称与会计分录方向是否正确，账户金额是否正确，等等。

第三，会计账簿的审阅。主要是审阅明细账和日记账等会计账簿，因为总账的记录不详细、不具体，对此审阅意义不是很大，而明细账和日记账的记录详细，尤其在检查各种现金业务、各种费用以及债权债务时，通过审阅明细账和日记账更容易发现问题，从而具有重要的意义。就明细账的审阅内容而言，主要包括数字记录是否正常、记录格式是否正确、事项是否都已记录、更正记账错误是否按规定进行、记录内容是否真实，等等。其中，尤其要注意对应收账款、应付账款、费用账户等转账频繁、容易出错的项目的审阅。

第四，财务报表的审阅。主要是审阅资产负债表、利润表、现金流量表和所有者权益变动表等财务报表。在审阅财务报表时，主要查看财务报表是否按有关规定编制，有无编制人员和审核人员的签章，有关的对应关系及各项目的对应关系和勾稽关系是否正确，相关数据是否正确，报表附注说明是否正常，各项目的内容是否合理、合规、合法，等等。

第五，其他资料的审阅。除审阅上述会计资料外，还要注意审阅其他相关资料，通过审阅诸如计划方案、预算、合同等其他相关资料，以进一步获得审计证据。

2）核对法。核对法是指对会计凭证、会计账簿和财务报表等书面资料，按照其内在联系进行对照检查，通过查明证证、证账、账账、账表和账实之间是否相符，以获取审计证据的一种复核查对的方法。具体来说，核对法主要包括下列内容：

第一，证证核对。证证核对主要是核对原始凭证的数量、单价、金额和合计数是否相符，核对记账凭证与所附原始凭证是否相符，核对原始凭证的合计数与记账凭证的合计数是否相等，等等。

第二，证账核对。证账核对主要是核对记账凭证是否记入相关的日记账、明细账和总账，其中又以记账凭证与明细账之间的核对为重点，因为总账的记录不详细、不具体，对此核对意义不是很大。在审计对象规模较大、业务较复杂的情况下，证账核对通常采用抽查法，即根据审计目标从全部会计资料中选择一部分业务加以核对，当然也可根据审阅账簿记录的结果进行重点核对，还可根据其他标准确定核对的内容。

第三，账账核对。账账核对主要是按照账簿之间的对应关系或者相互关系，核对各明细账账户的余额合计与总账中的有关账户余额是否相符，核对总账各账户的期初余额、本期发生额和期末余额的计算是否正确，核对各账户的借方余额合计与贷方余额合计是否平衡，等等。

第四，账表核对。账表核对主要是核对财务报表余额与总账余额或明细账余额是否相符，核对财务报表各项目的数额计算是否正确，核对资产负债表、利润表、现金流量表和所有者权益变动表等财务报表之间的相关数字是否相符。当然，账表核对的重点是核对有关报表项目与相关的总分类账户是否相符。如果发现不符的情况，则应立即查明问题所在。

第五，账实核对。账实核对主要是核对账簿所反映的实物余额与实际结存的实物数额是否相等，也包括核对银行对账单、客户往来清单等对外账单是否与本单位有关账项相符，等等。在实物量很大的情况下，可以依据实物盘存选择其中的一部分加以核对，核对的形式有二：一是将账表带到现场，并直接与实物盘点的结果相核对；二是先盘点实物，并编制盘点表，再将盘点表与相关账簿进行核对。

核对法是审计中常用的一种方法，可以较容易地发现会计资料和相关记录中的问题，有利于正确地分析问题和有针对性地解决问题。在核对所发现的问题中，有的问题可能是一般工作的差错，有的则可能是违法乱纪行为，应依据问题的性质及其严重程度，进行相应的处理。运用核对法所获取的审计证据，通常较有说服力。为了更好地发挥核对法的优势，审计人员应认真细致、相互配合，以免遗漏和重复。为此，在进行具体的核对时，可由一人单独进行，兼看两处材料，这样不易发生遗漏，但费时费力；也可由两人合作进行，一人阅读，另一人查看，这样可以节省时间，提高核对效率。此外，为避免核对时发生重复或遗漏，可使用一些符号进行标记。

3）查询法。查询法是指审计人员根据审计过程中所发现的问题和疑点，向被审计单位内外有关人员进行调查和询问，以弄清事实真相并获取审计证据的一种查证询问的方法。

审计人员征询意见、获取证据时，可以采用面谈或书面的方式，因而查询法又有面询和函询两种方式（方法）。面询是审计人员当面向被审计单位内外有关人员了解情况，以获取审计证据的一种方式（方法）。而函询则是通过向与被审计单位有关的组织发函来调查情况，以获取审计证据的一种方式。有时，函询也称为函证。运用函询时，无论是发函还是受理函，均需在审计人员的管理或控制下进行，不能委托给被审计单位去办理。在运用查询法时，审计人员要注重查询效果，讲究方式方法，谋求被询单位和人员的真诚合作，以获取真实有用的审计证据。

4）比较法。比较法是指审计人员对被审计单位书面资料的数据与相关标准进行比较，确定差异，经过分析从中发现问题并获取审计证据的一种方法。比较法大多通过有关指标进行比较，包括绝对数指标比较和相对数指标比较。

绝对数指标之间的比较，应是同质数据之间的比较，包括本期实际数据与上期指标的比较、实际数据与计划指标的比较、本单位指标与同行业平均指标的比较，等等。相对数指标之间的比较，则是将不能直接比较的指标的绝对数换算为相对数形式，计算出比率，然后再进行比较。通过比较分析，可以判断出被审计单位的经济活动是否经济、合理和有效。总之，比较法在审计工作中运用较为广泛。通过比较发现存在的差距和问题，进一步查找原因，据以提出改进的办法。

5）验算法。验算法是指审计人员对被审计单位书面资料的有关数据进行重新计算，用来验证原计算结果是否正确的一种方法。在财务报表审计中，通常需要验算的项目很多，主要有：会计凭证、会计账簿、财务报表中有关项目中的小计、合计、总计、差额和乘积；固定资产折旧率、汇兑损益、职工福利费、有关税金的计算；有关费用成本的归集与分配计算是否正确，等等。验算法是审计中常用的一种方法，有时也称为重算法。

如果验算结果与计算结果不一致，应该以审计人员的计算结果为准。当然，这里有几个前提：一是审计人员应具备较高的专业素质和扎实的专业知识；二是计算口径一致，计算方法得当；三是验算法只能检查依据原数据计算的结果是否正确，因而要首先通过其他审计方法的检验来证明获得的数据是正确的；四是验算内容较多时，可以采取抽查法，以验算重点内容。

6）分析法。分析法是指通过对会计资料有关项目指标进行观察、比较、分解、综合和推理来发现问题、分析原因、发现本质和了解构成因素之间的相互关系，从而提出改进意见的一种方法。

分析法包括比较分析法、比率分析法、因素分析法、综合分析法、账户分析法、账龄分析法等。比较分析法是指通过对被审计单位的书面资料与某些相关资料中具有可比性的相同项目同相关标准进行比较，获得审计证据，借以检查有无异常，并从中找出疑点，确定下一步审计重点的一种方法；比率分析法是指通过对两个性质不同但相关的指标所构成的比率关系进行对比分析，从中发现疑点，以便进一步查明其原因的一种分析方法；因素分析法是指将影响某一事项的各个因素分离出来，在此基础上分析各个因素变动对该事项的影响及影响程度，以便进一步查明原因的一种分析方法；综合分析法是因素分析法的逆向过程，是将与审计事项有关的各个因素相互联系起来进行分析，以查明问题的一种方法，它对于审计人员形成审计结论具有重要的意义；账户分析法是指利用有关账户之间的对应关系，分析其发生额及余额，从中发现错误和异常，为进一步审查提供线索的一种方法；账龄分析法是指利用有关账户的账龄长短进行归类，以便为审计账目提供重点的一种方法。总之，分析法应用形式多样，在审计工作中运用也较为广泛。

2. 证实客观事物的方法

证实客观事物的方法，是审计人员搜集书面资料以外的审计证据，以证明和落实客观事物的形态、性质、存放地点、数量和价值等的一类审计方法。这类方法包括观察法、盘点法、调节法和鉴定法等。

(1) 观察法。观察法是指审计人员进驻被审计单位，亲临现场实地考察企业生产经营管理工作的进行、内部控制系统的运行等情况，以获取审计证据的一种方法。通常，观察法广泛应用于财政财务审计和经济效益审计。通过这种方法，一般可直接或间接地获取环境证据。在应用观察法时，要进行广泛的实地观察，搜集书面资料以外的审计证据。因此，审计人员应当深入基层，到被审计单位的仓库、车间、科室、工地等现场，对其内部控制制度的执行情况、财产物资的保管和利用情况、工人的劳动效率等生产经营管理情况等进行直接观察，从中发现薄弱环节和存在的问题，并搜集审计证据，查明被审计单位的经济活动是否真实、客观、公允地得到反映和记录。此外，在应用观察法时，还要与其他方法结合起来，以便更好地发挥其效果。必要时，可视具体情况和要求，对现场进行摄影或拍照，以获取审计证据。

(2) 盘点法。盘点法是指审计人员对各项财产物资进行实地盘点，以确定其品种、规格、数量和金额等的实际情况，通过比较盘点记录与实物记录，以证实有关实物账户的余额是否真实、正确，并证实账实是否相符，进而从中搜集审计证据的一种方法。有时，这种方法也称为实物盘存法。

盘点法按其组织方式，可分为直接盘点和监督盘点。直接盘点是指审计人员亲临现场组织实施，并要求被审计单位有关人员协同执行的一种盘点。这种方法常用于对库存现金、有价证券、贵重物品的盘点。当财务管理混乱或仓库发生盗窃案件时，也有必要采用这种方式。此外，对某些资产进行实物盘点时，有时采用不预先通知相关人员的突击审计，以防有关人员对弊端进行掩饰。监督盘点也称监盘，是指由被审计单位的财产经管人及其他有关人员进行实物盘点，审计人员亲临现场监督，发现疑点可要求复盘核实甚或亲自实施的一种盘点。它常用于存量较大的实物，如厂房、机器设备、大宗原材料、产成品等的盘点，且对大宗原材料、产成品等往往采用抽查方式进行盘点。

盘点法按其范围，可分为全面盘点和局部盘点。在具体实施中，盘点的范围应视财物的品种、数量和内部控制制度的强弱等具体情况而定。一般来说，对库存现金、有价证券、贵重物品等，应进行全面盘点，而对其他数量大、品种多的财物，可通过抽查进行局部盘点。

(3) 调节法。调节法是指由于审计单位报告日数据与审计日数据存在差异，或由于被审计项目存在未达账项时，通过调整有关数据，从而获得需要证实的数据的一种方法。有时，这种方法也称为数据调节法。

调节法主要用于以下两种情况：一是对银行存款实存数的调节，运用调节法编制银行存款余额调节表，对企业与银行之间的未达账项进行增减调节；二是对包括原材料、半成品、在产品、产成品等存货的检查，运用调节法以证实财产物资是否账实相符。其计算公式为：

$$\text{结存日(书面资料日期)数量}=\text{盘点日盘点数量}+\text{结存日至盘点日发出数量}-\text{结存日至盘点日收入数量}$$

例如，某企业2016年12月31日账面结存甲产品1 000件，经审阅与核对并无错弊。2017年1月1—16日期间收入18 000件，发出17 600件。1月1日期初余额和该期间收发数额均经核对、审阅和复算无误。2017年1月16日下班后，监督盘点的实存数为1 430件。对此，运用调节法计算如下：

结存日数量＝1 430＋17 600－18 000＝1 030(件)

经过上述调节计算，2016年12月31日甲产品实存数为1 030件，与账面记录的甲产品1 000件不符。对此，审计人员应要求有关人员说明原因，并进行核实。如有弄虚作假，则应进一步查明责任人员，并追究其责任。

(4) 鉴定法。鉴定法是指在分析与鉴别书面资料、财产实物和经济活动时，审计工作超过了一般审计人员的能力和知识水平，从而邀请有关专门部门或人员运用专门技术进行确定和识别的一种方法。鉴定法广泛应用于财政财务审计、财经法纪审计和经济效益审计中，它往往是在通过观察法不能取证时使用的一种方法。如对财产实物的物理性能、化学效能、真实质量、实际价值的鉴定，涉及书面资料真伪的鉴定，以及对经济活动的合理性和有效性的鉴定等。鉴定法的鉴定结论必须是具体的、客观的和准确的，并作为一种独立的审计证据，详细地记入审计工作底稿。

3. 审计调查的方法

审计调查的方法，是审计人员通过实查、观察、查询、专项调查和专案调查等，以了解情况、查明事实真相，获取审计证据的一类方法。审计调查是收集审计信息的重要方法。审计要在宏观控制方面发挥作用，就必须重视审计调查。由于实查、观察和查询前已述及，这里仅阐述专项调查和专案调查两种方法。

(1) 专项调查法。专项调查法也称为专题调查法，即专项审计调查，是指审计机关对一定期间某些带有倾向性、普遍性、宏观性的问题，从中选出若干作为专题，并集中力量进行审计调查的一种方法。《国家审计准则》第三十六条规定，对于预算管理或者国有资产管理使用等与国家财政收支有关的特定事项，符合下列情形的，可以进行专项审计调查：涉及宏观性、普遍性、政策性或者体制、机制问题的；事项跨行业、跨地区、跨单位的；事项涉及大量非财务数据的；其他适宜进行专项审计调查的。审计人员对专项审计调查的结果可以向领导反映，也可以提出相应的改进措施。

(2) 专案调查法。专案调查法是指在财经法纪中对被审计事项进行内查外调，获取审计证据的一种方法。在实际工作中，审计人员往往根据查账或群众举报提供的线索，查找和获取证据。

3.2.2 审计方法的运用

审计人员在审计工作中，为了实现审计目标，搜集到合理的审计证据，完成审计任务，必须选用一定的审计方法。一般来说，一切有利于审计人员取证的方法均可以视为审计方法，它随着审计实践的发展和人们经验的积累不断地得以丰富和发展。审计人员在选用审计方法时，应注意所选用的方法是否恰当。选用正确合理的审计方法，不仅能搜集审计证据，完成审计目标，而且能提高审计效率，收到事半功倍的效果；反之，如果采用了不合理的审计方法，则会费时费力，还可能误入歧途，导致不正确的审计结论。

1. 选用审计方法的原则和要求

审计方法的选用是否恰当，对整个审计工作的进程和审计结论的正确性有着重要的影响。因此，审计人员在选用审计方法时，应遵循以下原则：实事求是，一切从实际出发；透过现象看本质；要相互联系地看问题；要有长远观点；要有全局观念；既要凭借专门技能，又要依靠职工群众。

科学、合理地选用审计方法，对做好审计工作、提高审计效率、保证审计质量具有重要意义。因此，审计人员在选用审计方法时，应符合以下要求：审计方法的选用要适应审计的目的；审计方法的选用要适合审计方式；审计方法的选用要适合被审计单位的实际。

2. 审计方法之间的相互关系

现代审计方法日趋多样化和现代化，业已形成一个完整的审计方法体系，而每种方法都有各自的目的性和适用性，这些方法之间不是互相排斥的，而是紧密联系的，甚至相互交叉。例如，在审计实务中，采用顺查法时，局部可以采用逆查法；采用逆查法时，局部也可采用顺查法。顺查时可以详查，也可以抽查；逆查时可以抽查，也可以详查。但从方法本身特点来看，顺查法更适用采取详查法，逆查法更适合采用抽查法。审查账面资料的方法和审计调查、审计取证的方法之间也存在比较密切的关系。例如，在顺查时同时使用核对法和审阅法等，盘点法通常与调节法相结合，等等。

鉴于此，在审计工作中，审计人员要注意审计方法之间的内在联系，注意它们之间的相互关系，从而合理地选用审计方法，以提高审计工作的效率和质量。

3. 审计方法、审计目标与审计证据之间的关系

不同的审计目标，需要获取不同的审计证据，因而选用的审计方法也不相同。在选用审计方法时，要注意审计方法与审计证据、审计目标的一致性。有时，一种审计方法可用来获取多种审计证据，或者一种审计证据需要运用多种审计方法去搜集。在审计工作中，审计人员应根据成本效益原则，依据审计目标和审计项目的重要性，恰当地选用最为有效的审计方法。

思考题

1. 国家审计、社会审计与内部审计有何异同？
2. 审计的技术方法有哪些？它们各自的特点及适用条件是什么？
3. 审计人员选用审计方法时应遵循哪些原则？应注意哪些问题？
4. 账项基础审计、制度基础审计与风险基础审计有何异同？
5. 顺查法、逆查法、详查法、抽查法的特点及优缺点各是什么？
6. 什么是审计调查法？应如何发挥它在宏观控制中的重要作用？
7. 什么是经济责任审计？应如何发挥它在国家治理中的重要作用？

练习题

审计人员谷某在审计PA公司2016年度财务报表时，针对存货项目进行了以下一些工作：索取了PA公司2016年12月27日的存货盘点计划、盘点明细表和汇总表，从中选择了若干重点存货项目进行全额盘点或抽盘，并关注残次冷背等存货的实际情况，以实际盘点数量逆推计算出资产负债表日的存货数量。

要求：根据上述资料，分析并回答下列问题：

(1) 审计人员谷某审查PA公司的存货项目时，执行了哪些程序与方法？

(2) 执行这些审计程序与方法所获取的审计证据能服务于什么审计目标？

(3) 除上述审计程序与方法外，是否还有与存货等项目的审计目标相关联的其他审计程序与方法？

第 4 章

Chapter 4

审计程序与审计证据

学习目标

1. 了解审计程序的含义和内容。
2. 理解业务循环审计和报表项目审计的特点。
3. 掌握业务循环审计和报表项目审计的方法。
4. 了解审计证据的类别和作用。
5. 理解审计证据的主要特性和基本要素。
6. 掌握取证的程序及分析、鉴定证据的方法。

4.1 审计程序

审计程序有广义和狭义之分。广义的审计程序是指审计人员从事审计工作从开始到结束的步骤、内容和顺序，它主要是针对审计过程而言的，一般包括计划审计工作、实施审计工作和完成审计工作三个阶段，每个阶段都有其具体的工作内容。狭义的审计程序则是指审计人员在审计工作中为了获取审计证据所采取的审计方法及其与审计内容的结合，即审计取证的方法，这主要是针对审计证据而言的。下面主要围绕社会审计阐述广义的审计程序，至于狭义的审计程序将在下一节中阐述。

4.1.1 计划审计工作

计划审计工作阶段，即审计准备阶段，是整个审计程序的初始阶段。该阶段具体包括下列工作内容：

1. 了解被审计单位基本情况

在接受审计委托之前，社会（民间）审计机构应该首先调查和了解被审计单位的基本情况，从而决定是否接受对被审计单位进行审计的委托。社会（民间）审计机构应调查和了解被审计单位的基本情况，包括被审计单位的行业状况、被审计单位的业务性质、被审计单位所处的法律环境和监管环境、被审计单位会计政策的选择和运用、被审计单位内部控制及其评价、被审计单位的经营目标与战略、被审计单位财务业绩的评价，等等。

2. 签订审计业务约定书

在决定接受审计委托后，审计人员应就审计业务约定条款与管理层或治理层（如适用）达成一致意见，并将达成一致意见的审计业务约定条款记录于审计业务约定书或其他适当形式的书面协议中，即需签订审计业务约定书。审计业务约定书是指审计机构在接受被审计单位委托的审计项目时提交给被审计单位的正式文件，其目的在于明确接受委托项目和对委托事项的理解。审计业务约定书实际上是审计机构与被审计单位签订的在法律上生效的合同。

审计业务约定条款应包括以下主要内容：财务所表审计的目标与范围；审计人员的责任；管理层的责任；指出用于编制财务报表所适用的财务报告编制基础；提及审计人员拟出具的审计报告的预期形式和内容，以及对在特定情况下出具的审计报告可能不同于预期形式和内容的说明。当然，如果法律法规足够详细地规定了审计业务约定条款，审计人员除了记录适用的法律法规以及管理层认可并理解其责任的事实外，不必将前述事项记录于书面协议。

3. 初步了解和评价内部控制

初步了解和评价内部控制，主要包括：了解和评价被审计单位各项规章制度；业务处理程序和人员职责分工等是否合理；处理每一项经济业务的程序和手续是否科学，等等。

4. 实施风险评估

审计风险是指审计人员通过审计工作未能发现财务报表中存在重大错误而签发无保留意见审计报告的风险。审计风险由重大错报风险和检查风险组成。重大错报风险是指财务报表在审计前存在重大错报的可能性，检查风险则是指审计人员（如注册会计师，下同）通过执行预定的审计程序未能发现被审计单位财务报表上存在的某项重大错报或漏报的可能性。审计人员必须实施风险评估程序，以此作为评估财务报表层次和认定层次重大错报风险的基础。

5. 制定审计计划

审计计划是指根据审计任务和具体情况所拟定的审计工作的具体步骤。审计计划对于审计人员顺利完成审计工作和控制审计风险具有极其重要的意义，在计划审计工作时，审计人员就需要进行初步业务活动、制定总体审计业务策略和具体审计计划。审计计划一般包括被审计单位基本情况、被审计单位委托目的和要求、参与审计人员、审计风险评估、审计范围和方法等。

就国家审计而言，审计机关根据法定的审计职责和审计管辖范围，编制年度审计项目计划。编制年度审计项目计划应当服务大局，围绕政府工作中心，突出审计工作重点，合理安排审计资源，防止不必要的重复审计。编制的步骤主要包括：调查审计需求，初步选择审计项目；进行可行性研究，确定备选审计项目及其次序；评估可用审计资源，确定审计项目，编制年度计划。

通常，审计机关从下列方面调查审计需求，以初步选择审计项目：(1) 国家和地区财政收支、财务收支以及有关经济活动情况；(2) 政府工作中心；(3) 本级政府行政首长和相关领导机关对审计工作的要求；(4) 上级审计机关安排或者授权审计的事项；(5) 有关部门委托或者提请审计机关审计的事项；(6) 群众举报、公众关注的事项；（7）经分析相关数据认为应当列入审计的事项。

为确定初选审计项目的审计目标、审计范围、审计重点和其他重要事项，审计机关进行可行性研究时，宜重点调查研究下列内容：（1）与确定和实施审计项目相关的法律法规和政策；（2）管理体制、组织结构、主要业务及其开展情况；（3）财政收支、财务收支状况及结果；（4）相关的信息系统及其电子数据情况；（5）管理和监督机构的监督检查情况及结果；（6）以前年度审计情况。

为确定备选审计项目及其优先顺序，审计机关宜从下列方面对初选审计项目进行评估：（1）项目重要程度，评估在国家经济和社会发展中的重要性、政府行政首长和相关领导机关及公众关注程度、资金和资产规模等；（2）项目风险水平，评估项目规模、管理和控制状况等；（3）审计预期效果；（4）审计频率和覆盖面；（5）项目对审计资源的要求。

当然，审计机关应当将法律法规规定每年应当审计的、本级政府行政首长和相关领导机关要求审计的以及上级审计机关安排或者授权的项目作为必选审计项目，可以不进行可行性研究。

对于上级审计机关直接审计下级审计机关审计管辖范围内的重大审计事项，上级应将之列入其年度审计项目计划，并及时通知下级。上级审计机关可依法将其审计管辖范围内的审计事项，授权下级进行审计；对于上级审计机关审计管辖范围内的审计事项，下级也可提出授权申请，报有管辖权的上级审批。获得授权的审计机关应当将授权的审计事项列入其年度审计项目计划。

审计机关年度审计项目计划的内容主要包括：（1）审计项目名称；（2）审计目标，即实施审计项目预期要完成的任务和结果；（3）审计范围，即审计项目涉及的具体单位、事项和所属期间；（4）审计重点；（5）审计项目组织和实施单位；（6）审计资源。另外，采取跟踪审计方式实施的审计项目，年度审计项目计划应当列明跟踪的具体方式和要求。专项审计调查项目的年度审计项目计划应当列明专项审计调查的要求。审计机关编制年度审计项目计划可以采取文字、表格或者两者相结合的形式。

审计机关应当根据项目评估结果，确定年度审计项目计划。年度审计项目计划确定审计机关统一组织多个审计组共同实施一个审计项目或者分别实施同一类审计项目的，审计机关业务部门应当编制审计工作方案，其内容主要包括审计目标、审计范围、审计内容和重点、审计工作组织安排和审计工作要求。需要指出：年度审计项目计划和审计工作方案，均应按照审计机关规定的程序审定。

4.1.2 实施审计工作

在完成准备阶段后，审计人员应按照审计计划对被审计单位内部控制系统的建立和运行情况进行衡量和评价，对财务报表项目进行全面、细致的查核，获取充分、适当的审计证据。实施审计工作阶段也称执行审计阶段，具体包括下列工作内容：

（1）进驻和了解被审计单位。审计人员要进驻被审计单位，通过对被审计单位的进一步调查和与员工的接触深入了解被审计单位的基本情况，取得被审计单位及员工对审计工作的理解、支持和协助。

（2）检查和评价内部控制系统。在实施审计工作时，审计人员要对内部控制系统的完善与健全情况进行检查和评价，根据评价的结果和发现的问题来确定下一步审计工作的重点。一般内部控制系统的检查和评价包括检查和评价内部控制系统是否健全、被审计单位内部控制系统的运行是否有效，等等。

（3）审查财务报表项目。审查财务报表项目，主要是检查它所反映的经济活动是否合法、合理和公允。审查财务报表的主要工作包括审查复核表内数据的正确性，报表项目金额是否与对应会计账簿、凭证、实物一致，揭示财务报表重大错报问题，等等。

（4）获取审计证据。审计实施阶段的最终目的就是获取真实、有效的审计证据，它是审计人员作出判断、发表意见、出具报告的根本依据。获得审计证据的途径主要有：审查被审计单位财务报表，审查其他有关资料，审阅其他相关文件。

就国家审计而言，为增强审计实施方案的科学性和可操作性，发挥其指导作用，根据我国审计实践经验并借鉴外国政府审计有益做法，将编制审计实施方案作为项目审计实施的首要环节。

审计机关在实施项目审计前组成审计组，并依照法律法规的规定，向被审计单位送达审计通知书，其内容主要包括被审计单位名称、审计依据、审计范围、审计起始时间、审计组组长及其他成员名单和被审计单位配合审计工作的要求，同时向被审计单位告知审计组的审计纪律要求。采取跟踪审计方式的，审计通知书应当列明跟踪审计的具体方式和要求，专项审计调查项目的审计通知书则应列明专项审计调查的要求。

审计组应当根据全面审计、突出重点的基本要求，运用审计风险理论和重要性原则，调查了解被审计单位及其业务等相关情况（包括相关内部控制及其执行情况和信息系统控制情况），结合适用的标准判断被审计单位可能存在问题（即风险领域或者风险点）；审计人员运用职业判断，根据可能存在的问题的性质、数额及其发生的具体环境，判断其重要性并评估可能存在的重要问题（即重要风险领域或者重要风险点，在判断重要性时，对财政收支、财务收支合法性和效益性进行审计的项目一般不需确定量化的重要性水平即金额标准，可只对重要性作出定性判断）；在评估被审计单位存在重要问题可能性的基础上，确定审计事项和审计应对措施（包括对各审计事项的审计步骤和方法、审计时间、执行审计的人员等），形成审计实施方案。当然，实践中需要将调查了解工作贯穿审计实施过程的始终，并持续关注已作出的重要性判断和对存在重要问题可能性的评估是否恰当；对原先作出的不恰当判断和评估结果及时修正，并考虑其他相关情况的变化，调整审计事项和审计应对措施，及时调整审计实施方案。为了使审计组能够根据实际情况及时采取审计应对措施，提高审计工作效率，一般审计项目的审计实施方案应当经审计组组长审定，并及时报审计机关业务部门备案；重要审计项目的审计实施方案应当报经审计机关负责人审定。审计组调整审计实施方案中的审计目标、审计组组长、审计重点和现场审计结束时间，应当报经审计机关主要负责人批准。

审计组调查了解被审计单位及其相关情况，以便为作出包括确定职业判断适用的标准、判断可能存在的问题、判断问题的重要性和确定审计应对措施等职业判断提供基础。审计人员尤其应当调查了解被审计单位信息系统控制情况，例如一般控制（即保障信息系统正常运行的稳定性、有效性、安全性等方面的控制）和应用控制（即保障信息系统产生的数据的真实性、完整性、可靠性等方面的控制）。

如果审计人员认为某项内部控制设计合理且预期运行有效，能够防止重要问题的发生，或者仅实施实质性审查不足以为发现重要问题提供适当、充分的审计证据，则应测试相关内部控制的有效性。如果审计人员决定不依赖某项内部控制，则可对审计事项直接进行实质性审查；当被审计单位规模较小、业务比较简单时，审计人员也可对审计事项直接进行实质性审查。

如果审计人员认为仅审计电子数据不足以为发现重要问题提供适当、充分的审计证据，或者电子数据中频繁出现某类差异，则应检查相关信息系统的有效性、安全性。审计人员在检查相关信息系统时，可利用被审计单位信息系统的现有功能或者采用其他计算机技术和工具，但在检查中应避免对被审计单位相关信息系统及其电子数据造成不良影响。

对于审计机关已经下达审计工作方案的，审计组应按照审计工作方案的要求编制审计实施方案，其内容主要包括：(1) 审计目标；(2) 审计范围；(3) 审计内容、重点及审计措施，包括审计事项和审计应对措施；(4) 审计工作要求，如项目审计进度安排、审计组内部重要管理事项及职责分工等。采取跟踪审计方式的，审计实施方案应当对整个跟踪审计工作作出统筹安排，专项审计调查项目的审计实施方案则应列明专项审计调查的要求。

为了支持审计人员编制审计实施方案和审计报告，证明审计人员遵循相关法律法规和审计准则，便于对审计人员的工作实施指导、监督和检查，审计人员应当真实、完整地记录实施审计的过程、得出的结论和与审计项目有关的重要管理事项。审计记录应当使未参与该项业务的有经验的其他审计人员能够理解其执行的审计措施、获取的审计证据、作出的职业判断和得出的审计结论，包括调查了解记录、审计工作底稿和重要管理事项记录。

调查了解记录的内容主要包括对被审计单位及其相关情况的调查了解情况、对被审计单位存在重要问题可能性的评估情况和确定的审计事项及其审计应对措施，而审计工作底稿主要记录审计人员依据审计实施方案执行审计措施的活动。至于审计证据材料，则应作为调查了解记录和审计工作底稿的附件。如果一份审计证据材料对应多个审计记录，审计人员可将审计证据材料附在与其关系最密切的审计记录后面，并在其他审计记录中予以注明。

重要管理事项记录所记载的是与审计项目相关并对审计结论有重要影响的管理事项，包括：(1) 可能损害审计独立性的情形及采取的措施；(2) 所聘外部人员的相关情况；(3) 被审计单位承诺情况；(4) 征求被审计对象或者相关单位及人员意见的情况、被审计对象或者相关单位及人员反馈的意见及审计组的采纳情况；(5) 审计组对审计发现的重大问题和审计报告讨论的过程及结论；(6) 审计机关业务部门对审计报告、审计决定书等审计项目材料的复核情况和意见；(7) 审理机构对审计项目的审理情况和意见；(8) 审计机关对审计报告的审定过程和结论；(9) 审计人员未能遵守准则规定的约束性条款及其原因；(10) 因外部因素使审计任务无法完成的原因及影响；(11) 其他重要管理事项。它可以使用被审计单位承诺书、审计机关内部审批文稿、会议记录、会议纪要、审理意见书或者其他书面形式。

4.1.3　完成审计工作

完成审计工作阶段，即审计报告阶段，是整个审计程序的最后阶段，该阶段具体的工作内容包括：整理评价审计中的重大发现和审计证据，复核审计工作底稿和财务报表，编制审计报告和提出管理建议书等。

(1) 整理评价审计中的重大发现和审计证据。在完成审计工作阶段，需要对以前工作阶段的重大发现进行整理和评价。审计中的重大发现，主要涉及会计政策的选择和运用、针对特别审计目标发现的重大风险、财务报表中的重大错报等。另外，在审计实施阶段，审计人员通常会搜集到大量分散的、零星的审计证据，也需加以整理和评价。审计人员在不同阶段对重要性的判断可能是不同的，为了保证审计结论和审计报告的正确性和合理性，应该在完成审计工作阶段对这些重大发现和审计证据进行重新评价。

(2) 复核审计工作底稿和财务报表。在审计临近结束时，审计人员需要对财务报表总体的合理性进行复核和分析，目的是确定经审计后的财务报表整体是否与被审计单位的理解一致、是否具有合理性。在运用分析程序进行总体复核时，审计人员应当重新考虑全部或部分交易、余额等是否恰当，之前的审计程序是否充分。审核工作底稿是审计人员在审计工作中汇总、分析、整理与审计问题有关的资料所形成的书面资料，其在编制过程中存在一定程度的主观性和片面性，因而需要对审计工作底稿进行复核，这也是对审计结果实施最后的质量控制，以确认审计工作已达到审计机构的质量控制标准。

(3) 编制审计报告，提出管理建议书。审计报告是审计人员完成审计任务，向被审计单位提出审计情况，形成审计意见的书面文件。外部审计机构出具的审计报告具有法律效力，因而需对审计报告的正确性和公允性进行复核。审计工作及其审计发现的目的在于解决和改进发现的问题。审计人员通过对被审计单位的审核与检查，发现其内部控制及其他方面存在的问题，应该就此向被审计单位的管理层提出改进的意见和建议，形成管理建议书。当然，这种意见和建议并不具有强制性，仅供被审计单位的管理层参考。

(4) 建立审计档案。审计机构应当对审计工作底稿进行分类整理，形成审计档案。一般来说，根据审计资料的使用期限长短和作用大小，可将审计工作底稿归类为永久性档案和当期档案分档保管。对于保管期限届满的审计档案，审计机构必须履行必要的手续后方可销毁。为了确保审计档案的安全完整，审计机构应当制定审计档案保管和保密制度，对审计档案妥善管理，并对其中所涉及的商业秘密及其有关内容予以保密。审计工作底稿等审计档案为审计机构所拥有，如果有关人员确因工作需要要求查阅审计档案，则审计机构必须履行严格的借阅手续。

在审计实践中，除了上述工作内容外，国家审计和内部审计还需进行后续跟踪。就国家审计而言，对审计结果进行后续跟踪，对于维护审计决定的严肃性，实现审计工作的目的，增强审计机关的权威性，具有极其重要的意义。因此，审计机关应当对被审计单位采纳审计建议和执行审计决定的情况进行后续跟踪，其重点和范围一般仅限于审计决定中所涉及的内容。如果发现被审计单位超过 90 日仍未执行审计决定，则审计机关应当报告人民政府或者提请有关主管部门在法定的职权范围内依法作出处理，或者向人民法院提出强制执行的申请。当然，如果在后续跟踪过程中，发现审计报告和审计决定有不当之处，审计机关应进行复查予以纠正，并重新作出审计决定。这种针对审计决定落实情况和审计建议采纳情况进行的审计，就是后续审计。它应在年初列入审计项目计划，按照审计项目执行程序进行，同其他审计项目一样，也需按照要求提交审计报告。就内部审计来说，后续跟踪是在审计报告正式提交后，内部审计机构对被审计单位是否及时采取有效的纠正措施，是否达到了预期的效果进行审查和评价。

需要指出的是，社会审计与国家审计、内部审计，其审计主体不同，所处地位相异，履行职能有别，担负的社会责任也不尽一致，由此决定了其审计程序各具特点，在不同阶段有不同的要求。比如，由于社会审计系受托有偿审计，因此通常不编制年度审计项目计划，而国家审计和内部审计一般编制年度审计项目计划。又如，由于社会审计和内部审计不具有行政处理处罚权，它们在出具审计报告后，不作出审计处理处罚的决定，但国家审计往往会作出审计处理处罚的决定。同时还应明确的是，尽管社会审计与国家审计、内部审计各具特点，在审计程序的不同阶段因其要求不同而有一些不同的工作内容，但其广义的审计程序大体一致，狭义的审计程序也基本相同。

4.1.4 业务循环审计与报表项目审计

1. 业务循环审计

业务循环审计是指根据业务循环原理，了解、审查和评价被审计单位内部控制及其执行情况，按照业务循环次序进行交易和账户余额的实质性程序，从而对其财务报表的合法性、公允性进行的审计。企业的业务循环，系处理各类经济业务的工作流程及其先后次序，通常包括销售与收款循环、生产与存货循环、采购与付款循环、投资与筹资循环等。当然，由于各被审计单位的业务性质和规模不同，其业务循环的划分也不尽相同；即使是对同一被审计单位，不同审计人员也可能采取不同的划分方法。在划分具体的业务循环时，审计人员应注意各业务循环之间的联系。在审计实务中，审计人员采用业务循环审计的目的，是确保审计工作质量，提高审计工作效率。按业务循环组织实施审计，称为“循环法”（cycle approach）。

2. 报表项目审计

报表项目审计即财务报表审计，是指审计人员依法接受委托，依照审计准则的规定，对被审计单位的财务报表按照报表项目次序，实施必要的审计程序，获取充分、适当的审计证据，并对财务报表发表审计意见的审计。这里的财务报表主要是指资产负债表、利润表、现金流量表、所有者权益变动表等。按报表项目组织实施审计，称为“账户法”（account approach）。

（1）报表项目审计的意义。在市场经济条件下，企业的所有权与经营权分离，出现了受托经营与管理，为了反映受托者经济责任的履行情况，必须揭示委托者的财务状况、经营成果及现金流量情况。委托者的财务情况，是通过管理层加工、生成和报送的财务报表等资料来反映的。为了做出正确的经济决策，取信于各方面利害关系人，管理层编制的财务报表就需要由独立的、具有专门学识和经验的、受过专业训练的，并具有足够的分析、判断能力及正直品德的人士进行审查，判断和确定报表是否公允地反映了被审计单位的真实情况，揭示其公允性和合法性。根据我国有关法律法规的规定，并参照国际上通行的做法，公司年度财务报表应当委托社会审计机构进行审计并发表审计意见；财务报表只有经过审计，才能连同审计报告一并对外报送。实际上，财务报表审计已经成为我国社会审计机构的一项法定业务，其对于企业的债权人、投资者、管理层和财政、税务、银行等部门都具有重要的意义。

（2）报表项目审计的范围。审计人员对财务报表的审计主要是依据审计准则的要求进行的，因而审计的范围也主要是由审计准则决定的。根据审计准则和会计准则的规定，财务报表的审计范围包括被审计单位的资产负债表、利润表、现金流量表、所有者权益变动表及相关资料，还包括形成上述财务报表的基础资料，即相关的账簿和凭证等。此外，财务报表审计的审计范围还受到国家有关法律法规的影响，不同的法律法规的规定也会造成报表项目审计范围存在一定差异；而不同的审计业务约定书有其不同的审计约定事项，也会使审计范围有所不同。总之，财务报表的审计范围，应当根据审计准则、会计准则以及其他有关法律法规的规定和审计业务约定书来加以具体确定。财务报表的审计项目是指为实现财务报表审计目标，审计人员根据审计准则和职业判断实施恰当的审计程序的总和。一般来说，财务报表审计的范围应限于约定的报告期内的有关事项，具体包括记载和反映被审计单位在约定的报告期内的财务状况、经营成果及现金流量状况的财务报表、会计账簿、会计凭证等财务资料，以及有关计划、预算、经济合同等其他资料。不仅如此，与被审计单位的财务报表有关、影响审计人员作出专业判断的所有方面，都有可能影响审计人员发表审计意见，因而这些方面也应属于财务报表的审计范围。

（3）报表项目审计的原则。按照审计准则的规定对财务报表发表恰当的审计意见是审计人员的责任，即审计责任；在被审计单位治理层的监督下，按照适用的会计准则和相关会计制度的规定编制财务报表是被审计单位管理层和治理层的责任，即会计责任。财务报表审计不能减轻被审计单位管理层和治理层的责任。审计责任与会计责任之间不能相互代替、减轻或免除。在执行财务报表审计业务中，审计人员应当遵循以下主要原则：第一，审计人员应当遵循相关的职业道德规范，恪守独立、客观、公正的原则，保持专业胜任能力和应有的关注，并对执行过程中获知的信息保密。第二，审计人员应当保持职业怀疑态度，在计划和实施审计工作时，充分考虑可能存在导致财务报表发生重大错报的情形。职业怀疑态度是指审计人员以质疑的方式评价所获取的审计证据的有效性，并对相互矛盾的审计证据以及引起对文件记录或管理层和治理层提供的信息的可靠性产生怀疑的审计证据保持警觉。第三，审计人员应当遵守审计机构质量控制准则，并按照审计准则的规定与要求执业。

3. 业务循环审计与报表项目审计的关系

报表项目审计与被审计单位的账户体系和财务报表格式相吻合，因而操作起来比较简单，但人为地将联系紧密的相关账户分割开来，容易造成整个审计工作的脱节和重复，审计效率较低。相比而言，业务循环审计比较符合被审计单位内部流程和内部控制的设计状况，有利于加深审计人员对被审计单位经济业务的理解，也有利于将特定业务循环所涉及的财务报表项目分配给一个或数个审计人员，便于审计人员之间合理分工，能够提高审计工作的效率和效果。

当然，财务报表项目和业务循环环节有一定的相关性，因而业务循环审计也离不开对财务报表项目的审计。按照财务报表项目和业务循环环节的相关程度，可以建立起业务循环与所涉及的主要财务报表项目之间的对应关系，主要内容如下：

（1）销售与收款循环。该循环涉及的资产负债表项目主要有应收票据、应收账款、坏账准备、预收账款等；其所涉及的利润表项目主要有营业收入、税金及附加和销售费用等。

（2）生产与存货循环。该循环涉及的资产负债表项目有材料采购、原材料、包装物、低值易耗品、材料成本差异、自制半成品、库存商品、商品进销差价、委托加工物资、存货跌价准备、委托代销商品、分期收款发出商品、生产成本、制造费用、劳务成本、应付职工薪酬；其所涉及的利润表项目通常为营业成本。

（3）采购与付款循环。该循环涉及的资产负债表项目主要有预付账款、固定资产、累计折旧、固定资产减值准备、固定资产清理、工程物资、在建工程、无形资产、开发支出、商誉、长期待摊费用、应付票据、应付账款等；其所涉及的利润表项目通常为管理费用。

（4）投资与筹资循环。该循环涉及的资产负债表项目主要有交易性金融资产、应收股利、应收利息、应收补贴款、可供出售金融资产、持有至到期投资、长期股权投资、投资性房地产、长期债权投资、递延所得税资产、交易性金融负债、短期借款、应付股利、应付利息、预计负债、长期借款、应付债券、长期应付款、专项应付款、递延所得税负债、实收资本（或股本）、资本公积、盈余公积、未分配利润等；其所涉及的利润表项目主要有资产减值损失、公允价值变动收益、财务费用、投资收益、补贴收入、营业外收入、营业外支出、所得税费用等。

总之，组织实施财务报表审计，大致有账户法和循环法两种。在账户法下，对财务报表的每个项目（账户）余额单独进行实质性审计。在循环法下，先将财务报表所反映企业的经济业务分成若干业务循环（即把紧密联系的交易种类和账户余额归入同一业务循环），再按业务循环（针对这些交易和账户）组织实施控制测试和实质性审计。账户法一般适用于审计会计业务简单或内部控制无效的被审计单位，而循环法则通常适用于审计会计业务众多且内部控制有效的被审计单位。一般来说，对企业的内部控制进行控制测试，通常采用循环法。对企业的交易和账户余额的实质性程序，既可采用账户法也可采用循环法，但由于控制测试通常按循环法实施，为避免实质性程序与控制测试的脱节与重复，本教材提倡采用循环法，并主张将企业的交易和账户余额划分为前述的若干业务循环。各业务循环之间存在着一定的联系，与所涉及的财务报表项目之间也有着一定的对应关系。货币资金与上述多个业务循环均密切相关，且货币资金及其内部控制又有别于其他业务循环及其他报表项目。因此，对于货币资金审计，理论上通常单独予以阐述，实务中也重点组织实施。

4.2　审计证据

审计证据系审计人员在执行审计业务过程中，用以证明被审事项的事实真相、得出审计结论和形成审计意见而使用的信息，亦即审计人员获取的能够为审计结论提供合理基础的全部事实，包括审计人员调查了解被审计单位及其相关情况和对确定的审计事项进行审查所获取的证据。收集和评价审计证据是审计人员得出审计结论、支撑审计意见的基础。审计人员应当依照法定权限和程序获取充分、适当的审计证据，以得出合理的审计结论，作为形成审计意见的基础。

4.2.1 审计证据的含义

审计证据是指审计人员为了得出审计结论、形成审计意见而使用的所有信息，包括构成财务报表基础的会计记录所含有的信息和从其他来源渠道获取的信息。会计记录是指对初始会计分录形成的记录和支持性记录。例如，支票、电子资金转账记录、发票和合同；总分类账、明细分类账、会计分录以及对财务报表予以调整但未在账簿中反映的其他分录；支持成本分配、计算、调节和披露的手工计算表和电子数据表。依据会计记录编制财务报表是被审计单位管理层的责任，审计人员应当测试会计记录以获取审计证据。在审计过程中，将会计记录作为审计证据时，其来源和被审计单位内部控制的相关强度（对内部生成的证据而言）都会影响审计人员对这些证据的信赖程度，同时，由于会计记录中含有的信息本身并不足以提供充分的审计证据作为对财务报表发表审计意见的基础，因此，审计人员还应当获取用作审计证据的其他信息，它对于识别重大错报有时也很重要。可用作审计证据的其他信息主要包括：审计人员从被审计单位内部或外部获取的会计记录以外的信息，如被审计单位的会议记录、内部控制手册、询证函的回函、分析师的报告、与竞争者的比较数据等；通过询问、观察和检查等审计程序获取的信息，如通过检查存货获取存货存在性的证据等；自身编制或获取的可以通过合理推断得出结论的信息，如审计人员编制的各种计算表、分析表等。如果不同来源、不同性质的审计证据，其所反映的结果具有一致性，则可以佐证会计记录中记录的信息；如果出现不一致的情况，并且这种不一致可能是重大的，审计人员应当扩大审计程序的范围，直至不一致的问题得到解决，并针对账户余额或各类交易获得必要保证。

4.2.2 审计证据的种类

为了更好地理解和把握审计证据，可按照不同的标准或标志，对审计证据作不同的分类。

首先，按照审计证据的形式不同，审计证据可以分为实物证据、书面证据、口头证据、电子证据和环境证据。

（1）实物证据。实物证据是指通过实际观察或盘点所取得的，用以证实实物资产的真实性和完整性的证据，即审计人员所获取的各种实物形式的证据。实物证据通常是证明实物资产是否存在的最有说服力的证据，但实物证据并不能完全证明被审计单位对实物资产拥有所有权，而且实物证据有时还无法支持对某些资产的价值情况作出判断。

（2）书面证据。书面证据是审计人员所获取的各种书面形式的证据。它包括与审计有关的各种原始凭证、会计记录、各种会议记录和文件、各种合同、通知书、报告书及函件等。书面证据是审计证据的主要组成部分，也是审计工作中搜集最多、运用最广泛的一类证据。

（3）口头证据。口头证据是指被审计单位的有关人员对审计人员的提问进行口头答复所形成的证据。口头证据一般可能会带有个人成见和片面观点，可靠性较差，证明力较小，这类证据本身并不足以证明事情的真相，往往需要得到其他相应证据的支持，但有利于发掘线索，具有一定的旁证作用。口头证据需要及时记录，必要时还应获得被询问者的签名确认。

(4) 电子证据。电子证据是指审计人员采集被审计单位电子数据所形成的证据。它包括与信息系统控制相关的配置参数、反映交易记录的电子数据等。对于电子证据，审计人员应当记录获取的过程，即记录电子数据的采集和处理过程。在被审计单位对日常交易采用高度自动化处理的情况下，电子证据的充分性和适当性通常取决于自动化信息系统相关控制的有效性。

(5) 环境证据。环境证据是指对被审计单位产生影响的各种环境因素所形成的证据。环境证据有助于审计人员在了解被审计单位及其经济活动所处环境的基础上，合理地制定审计策略和审计计划，提高审计质量和审计效率。它包括有关内部控制情况、被审计单位管理人员的素质，以及各种管理条件和管理水平等。这些不同类别的审计证据，与具体的审计目标也有着一定的关系。

其次，按照审计证据的证明力不同，审计证据可分为基本证据和辅助证据。

(1) 基本证据。基本证据是指对审计人员形成审计意见、作出审计结论具有直接影响作用，能够用来直接证实被审计事项的重要证据。它具有较强的证明力，是审计证据的主要部分，因而也称主证。例如，实物证据和书面证据都属于基本证据。审计人员只有在具备基本证据的前提下，才能提出审计意见，作出审计结论。

(2) 辅助证据。辅助证据是指对基本证据起辅助证明作用的证据。它是用来从旁证明被审计事项的真实性和可靠性的证据，因而也称旁证（或佐证）。通常，附在记账凭证后面的各种原始凭证，都是编制记账凭证的辅助依据，而记账凭证是证明账簿记录真实准确的基本依据。

最后，按照审计证据的来源不同，审计证据可分为外部证据、内部证据和分析推理证据。

(1) 外部证据。外部证据是由被审计单位以外的组织机构或人员编制和提供的书面证据。这类证据一般具有较强的证明力。例如，直接递交给审计人员的外部证据、为被审计单位持有并提交审计人员的外部证据，以及审计人员自己编制的各种计算表、分析表等。

(2) 内部证据。内部证据是由被审计单位内部机构或人员编制和提供的书面证据。一般而言，内部证据不如外部证据可靠，但如果内部证据在外部流转，并得到其他单位或个人的承认，则具有较强的可靠性；如果被审计单位内部控制较为健全，其内部证据的可靠程度也是较高的。

(3) 分析推理证据。分析推理证据是指审计人员在事实基础上进行分析推理所取得的证据。这类证据的可靠性，往往取决于审计人员的执业经验和职业判断能力。

4.2.3 审计证据的特性

审计人员应当保持职业怀疑态度，运用职业判断，评价审计证据的特性。

1. 充分性

审计证据的充分性，是用来衡量审计证据数量的特性。审计人员在评估存在重要问题的可能性和审计质量的基础上，决定应当获取审计证据的数量，而这主要与审计人员确定的样本量有关。通常，对某个审计项目实施某一选定的审计程序，从较多样本中获得的证据要比从较少样本中获得的证据更为充分。

审计人员需要获取审计证据的数量，受其对重大错报风险评估的影响，并受审计证据质量的影响。错报风险越大，需要的审计证据可能越多。具体来说，在可接受的审计风险水平一定的情况下，重大错报风险越大，审计人员就应实施越多的测试工作，将检查风险降至可接受水平，以将审计风险控制在可接受的低水平范围内。

无论是为了评价审计证据的充分性，还是需要保证审计证据的充分性，审计人员都必须关注样本的代表性。客观恰当的审计意见必须建立在一定数量的审计证据基础上，但并不意味着审计证据越多越好。为了使所执行的审计富有效率，审计人员往往将审计证据的需要量范围降到一个最低限度，这就要求所选用审计证据的样本项目必须具有一定的代表性。

审计人员在判断证据是否充分时，应当考虑下列主要因素：

（1）审计风险。审计风险是由重大错报风险（即固有风险与控制风险）和检查风险组成。审计人员对重大错报风险的估计水平与所需证据的数量成正向关系，即重大错报风险的估计水平越高，所需搜集证据的数量就越多。

（2）具体审计项目的重要程度。通常，审计项目越重要，需要审计证据的数量就越多，因为审计人员需有足够多的证据来证明其审计结论的可靠性。

（3）审计人员的经验。审计过程中所需证据的数量也取决于审计人员（包括业务助理人员）的经验，拥有丰富经验的审计人员会选取更具代表性的样本，从而在选取的数量上要求更少。

（4）审计过程中是否发现错误或舞弊。如果在审计过程中发现错误或舞弊现象，说明审计过程可靠性下降，审计质量值得怀疑。因此，为了保证最后结果的准确，通常要增加证据的数量。

（5）审计证据的类型与获取途径。审计证据的类型与获取途径很大程度上决定了审计证据的质量，而审计证据的质量又影响着审计人员所需获取审计证据的数量。一般来说，可靠而稳定的证据获取，通常更具有说服力和证明力。

审计证据充分性是审计证据证明力的充分要求，不具备充分性的审计证据往往是肤浅的、软弱无力的，即所谓的孤立无证或孤证不立。审计人员只有获取充分的审计证据，才有可能支持其审计结论。审计证据充分性的要求，就是要求审计人员依法获取并形成合乎内在逻辑的证据链，实质上是要求其根据所获取证据足以对被审计对象作出一定程度保证的结论。

2. 适当性

审计证据的适当性，是用来衡量审计证据质量的特性。此即审计证据在支持各类交易、账户余额、列报（包括披露，下同）的相关认定或发现其中存在错报方面具有的相关性和可靠性，亦即其在支持审计意见所依据的结论方面具有的相关性与可靠性。审计证据的适当性会影响其充分性。一般而言，审计证据的相关与可靠程度越高，则所需审计证据的数量就可减少。相关性和可靠性是审计证据适当性的核心内容，只有相关且可靠的审计证据才是有质量的审计证据。

（1）相关性。审计证据的相关性是指审计证据与审计事项及其具体审计目标之间的相关程度。审计证据要有证明力，就必须与审计事项及其具体审计目标之间具有实质性联系。因此，审计证据是否相关，应当结合审计事项及其具体审计目标来考虑。在分析和确定审计证据的相关性时，审计人员应当考虑：特定的审计程序可能只为某些认定提供相关的审计证据，而与其他认定无关；针对同一项认定可以从不同来源获取审计证据或获取不同形式的审计证据；只与特定认定相关的审计证据并不能替代与其他认定相关的审计证据。

（2）可靠性。审计证据的可靠性是指审计证据的真实、可信程度。审计证据的可靠性受其来源和性质的影响，并取决于获取审计证据的具体环境。审计人员在考虑审计证据的可靠性时，通常会依据下列惯例或原则作出判断：

第一，从被审计单位外部获取的审计证据比从内部等其他来源获取的审计证据更可靠。从外部独立来源获取的审计证据往往是由完全独立于被审计单位以外的机构或人员所编制并提供，并且未经被审计单位的有关人员之手，从而减少了伪造、更改凭证或业务记录的可能性，因而其证明力相对较强。但是，从其他来源获取的审计证据，由于证据提供者与被审计单位可能存在经济或行政上的关系等原因，其可靠性往往会受到质疑。

第二，直接获取的审计证据比间接获取或推论得出的审计证据更可靠。通常，审计人员通过直接考察得到的证据比询问被审计单位主管人员或相关业务负责人得到的证据更加可靠。这是因为直接获取的证据避免了被涂改及伪造等的可能性，证据的可信程度较高。此外，正直诚信的审计人员依法合理地通过理性专业的推论所得出的审计证据，由于恰当运用了职业判断而较为客观真实，可信程度也较间接证据更高。

第三，相关控制有效时内部生成的审计证据比内部控制薄弱时内部生成的审计证据更可靠。如果被审计单位的内部控制健全且在日常经济活动中得到一贯的执行，会计记录的可信程度将会增加；如果被审计单位的内部控制薄弱、缺失或无效，被审计单位内部凭证记录等审计证据的可靠性就大为降低。

第四，原件形式的审计证据比复制件形式的审计证据更可靠。即从原件获取的审计证据比从复印、传真或通过拍摄、数字化或其他方式转化成电子形式的文件获取的审计证据更可靠。未被涂改或伪造的原件一般是真实有效的审计证据，采用这些原件可以提高证据的可信程度。

第五，以文件记录形式（包括纸质、电子或其他介质）存在的审计证据比口头形式的审计证据更可靠。口头证据仅仅提供一些重要线索，可用于进一步调查确认，但其本身并不足以证明事实的真相，其真实性未能得到确认和证明。因此，口头证据往往需要得到其他相应证据的支持，才能够作为得出审计结论的依据。

通常情况下，审计人员以函证方式直接从被函证者获取的审计证据，比被审计单位内部生成的审计证据更可靠。通过函证等方式从独立来源获取的相互印证的信息，可以提高审计人员从会计记录或管理层书面声明中获取的审计证据的保证水平。

审计人员应当根据实际情况选择上述不同的惯例或原则，以判断审计证据的可靠性。如果不同来源和不同形式的审计证据不一致（不能相互印证）或对审计证据的可靠性存有疑虑，审计人员应当确定需要修改或追加哪些审计程序予以解决，并考虑存在的情形对审计其他方面的影响。

在审计实践中，有的审计人员基于执业经验和职业敏感，根据企业经营状况（EBS）、管理层经营陈述（MBR）和管理信息媒介（MII）之间的关系，发现并总结出如图4-1所示的EMM“三角证据”图，其对实际工作具有一定的参考价值。图4-1中的EBS，MBR与MII之间是互为条件、互相制约、相互佐证的。它们可以支持甚或放大每一种证据的可信性与有用性，增强审计证据的证明力和说服力，如果三方证据来源传递的信号互相一致，那么审计人员的判断就更具可信性与说服力；如果三方证据来源传递的信号彼此矛盾，那么审计人员即可发现潜在的错报风险，据此考虑获取额外审计证据的性质和范围，从而确保或提高审计质量。

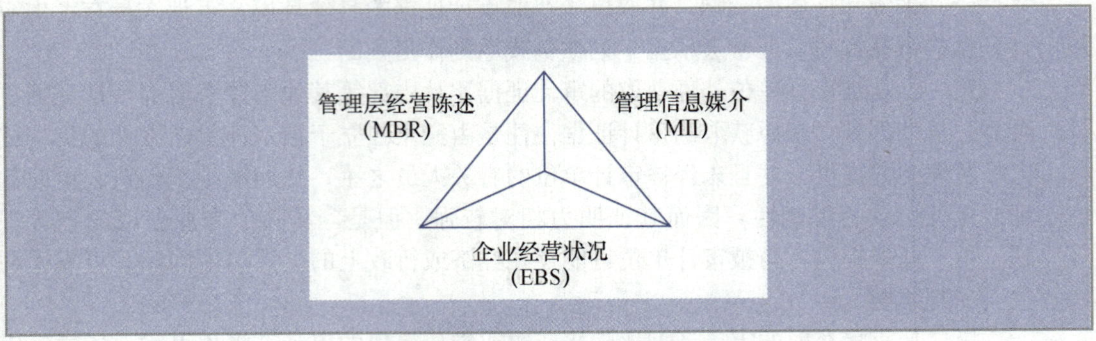

图 4-1 EMM“三角证据”图

在具体评价审计证据的过程中，审计人员必须善于把握轻重、分清主次，确定最适合取证的审计证据。此外，审计人员还应当注意可能出现的重大例外情况。

需要指出的是，审计人员应当考虑和评价文件记录的真伪。虽然审计工作通常不涉及鉴定文件记录的真伪，审计人员也不是鉴定文件记录真伪的专家，但审计人员应当考虑用作审计证据的信息的可靠性，并考虑与这些信息生成及维护相关的控制的有效性。在审计过程中，如果识别出的情况使其认为文件记录可能是伪造的或文件记录中的某些条款已发生变动，审计人员应当作进一步的调查，包括直接向第三方询证，或考虑利用专家的工作以评价文件记录的真伪。另外，如果在实施审计程序时使用被审计单位生成的信息，审计人员还应当就这些信息的准确性和完整性获取审计证据。

总之，充分性和适当性是审计证据的两个重要特性，只有充分且适当的审计证据链才是有证明力的。审计证据的适当性会影响审计证据的充分性。审计人员需要获取的审计证据的数量也受到审计证据质量的影响，审计证据质量越高，需要的审计证据数量可能越少。但如果审计证据的质量存在缺陷，那么审计人员仅靠获取更多的审计证据可能无法弥补其质量上的缺陷。进而言之，如果审计人员获取的证据不可靠，那么证据的数量再多也难以起到证明作用。有鉴于此，指向客观事实真相、符合内在专业逻辑的证据链和具有质量保证、经得起实践、时间及历史检验的证明力，是审计工作的生命。因此，在审计实践中，审计人员应当高度重视并持续评价审计证据的充分性和适当性。

需要特别指出的是，推测认定的证据，不能被视为十分可靠的证据，更不能作为基本证据或主要证据。如果审计人员不具备知法守法依法审计精神、无私正直诚信道德品质、理性审慎专业胜任能力，甚至抱有偏见偏向偏好偏执，肆意预设动因目标，任意割裂客观事实，执意选择裁剪证据，随意滥用推测认定，故意歪曲事实真相，那么获取或形成的所谓证据就不符合内在逻辑，也不可能指向事实真相，无法形成完整严密的证据链，进而缺乏可靠性、公信度及证明力，据以得出的审计结论与意见就是主观虚构的臆断妄论，因逻辑混乱、事实不清、证据不足而难以成立，经不起专业推敲与业界检视，更经不起时间检验及历史考验。

4.2.4　获取审计证据时对认定的运用

审计人员应当详细运用有关各类交易、账户余额、列报的认定，作为评估重大错报风险以及设计与实施进一步审计程序的基础。认定是指被审计单位管理层对其财务报表各组成要素的确认、计量、列报作出的明确或隐含的表达。

1. 对各类交易和事项运用的认定

审计人员应当运用有关各类交易的认定，其对所审期间的各类交易和事项运用的认定通常分为以下类别：

（1）发生。即认定记录的交易和事项业已发生，且与被审计单位有关。

（2）完整性。即认定所有应当记录的交易和事项均已记录。

（3）准确性。即认定与交易和事项有关的金额及其他数据业已恰当记录。

（4）截止。即认定交易和事项业已记录于正确的会计期间。

（5）分类。即认定交易和事项业已记录于恰当的账户。

2. 对账户余额运用的认定

审计人员应当运用有关账户余额的认定，其对期末账户余额运用的认定通常分为以下类别：

（1）存在。即认定记录的资产、负债和所有者权益是存在的。

（2）权利和义务。即认定记录的资产由被审计单位拥有或控制，记录的负债是被审计单位应当履行的偿还义务。

（3）完整性。即认定所有应当记录的资产、负债和所有者权益均已记录。

（4）计价和分摊。即认定资产、负债和所有者权益以恰当的金额包括在财务报表中，与之相关的计价或分摊调整业已恰当记录。

3. 对列报运用的认定

审计人员应当运用有关列报的认定，其对列报运用的认定通常分为以下类别：

（1）发生以及权利和义务。即认定披露的交易、事项和其他情况业已发生，且与被审计单位有关。

（2）完整性。即认定所有应当包括在财务报表中的披露均已包括。

（3）分类和可理解性。即认定财务信息已被恰当地列报和描述，且披露内容表述清楚。

（4）准确性和计价。即认定财务信息和其他信息业已公允披露，且金额恰当。

4.2.5　获取审计证据的审计程序

审计人员应当通过实施一定的审计程序，获取充分、适当的审计证据，得出合理的审计结论，作为形成审计意见的基础。这也是狭义的审计程序。

1. 风险评估程序

审计人员应当实施风险评估程序，以此作为评估财务报表层次和认定层次的重大错报风险的基础。当然，风险评估程序本身并不足以为发表审计意见提供充分、适当的审计证据，审计人员还应当实施进一步审计程序，包括实施控制测试（必要时或决定测试时）和实质性程序。

2. 控制测试

当存在以下情形之一时，审计人员应对内部控制进行测试：在评估认定层次的重大错报风险时，预期控制的运行是有效的，审计人员应实施控制测试，以支持评估结果；仅实施实质性程序不足以提供认定层次充分、适当的审计证据，审计人员则应实施控制测试，以获取内部控制运行有效性的审计证据。

3. 实质性程序

实质性程序包括对各类交易和事项、账户余额、列报的细节测试以及实质性分析程序。审计人员应当计划和实施实质性程序，以应对评估的重大错报风险。审计人员对重大错报风险的评估是一种判断，并且由于内部控制存在固有局限性，无论评估的重大错报风险结果如何，审计人员都应当针对所有重大的各类交易、账户余额、列报实施实质性程序，以获取充分、适当的审计证据。

实际上，风险评估程序、控制测试及实质性程序之间存在着一定的关系。首先，风险评估程序是评估财务报表层次和认定层次重大错报风险的基础。由于风险评估程序本身不足以为发表审计意见提供充分、适当的审计证据，因而审计人员还应当实施进一步程序（包括实施控制测试和实质性程序）。其次，控制测试是可选择的。在评估认定层次的重大错报风险时，预期控制的运行是有效的，审计人员应当实施控制测试，以支持评估结果；仅实施实质性程序不足以提供认定层次充分、适当的审计证据的，审计人员应当实施控制测试，以获取内部控制运行有效性的审计证据。最后，无论评估的重大错报风险结果如何，审计人员都应当针对所有重大的各类交易和事项、账户余额、列报实施实质性程序，以获取充分、适当的审计证据。

在实施风险评估程序、控制测试或实质性程序时，审计人员可根据需要单独或者综合运用下列审计程序，以获取充分、适当的审计证据。也就是说，获取审计证据的审计程序，其类型主要包括：

（1）检查记录或文件。检查记录或文件是指审计人员对被审计单位内部或外部生成的，以纸质、电子或其他介质形式存在的文件、资料进行审查。审计人员检查记录或文件，其目的是对财务报表所包含或应包含的信息进行验证。

检查记录或文件可提供可靠程度不同的审计证据，审计证据的可靠性取决于记录或文件的来源和性质。通常，外部记录或文件比内部记录或文件更为可靠，因为外部凭证经被审计单位的客户出具，又经被审计单位认可，表明交易双方对凭证上记录的信息和条款达成一致意见。此外，某些编制过程谨慎，由律师或其他有资格的专家进行复核的外部凭证也具有较高的可靠性。

（2）检查有形资产。检查有形资产是指审计人员对被审计单位的实物等有形资产进行审查。检查有形资产这种重要程序，主要适用于存货和现金，也适用于有价证券、应收票据和固定资产等。对于存货项目而言，审计人员在检查前，可先对客户实施的存货盘点进行观察。

检查有形资产可为其存在性提供可靠的审计证据，但不一定能够为权利和义务或计价认定提供可靠的审计证据。

（3）观察。观察是指审计人员查看相关人员正在从事的活动或执行的程序。观察提供的审计证据仅限于观察发生的时点，并且在相关人员已知被观察时，相关人员从事活动或执行程序可能与日常的做法不同，从而会影响审计人员对真实情况的了解。因此，审计人员有必要获取其他类型的佐证证据。

（4）询问。询问是指审计人员以书面或口头方式，向被审计单位内部或外部的有关人员或知情人员了解关于审计事项的信息以获取财务信息和非财务信息，并对答复进行评价的过程。有关人员或知情人员对询问的答复可能为审计人员提供尚未获悉的信息或佐证证据，也可能提供与已获悉信息存在重大差异的信息；审计人员应当根据询问结果考虑修改审计程序或实施追加的审计程序。

当然，询问本身不足以发现认定层次存在的重大错报，也不足以测试内部控制运行的有效性，审计人员还应当实施其他审计程序以获取充分、适当的审计证据。

（5）函证。函证是指审计人员为了获取影响财务报表或相关披露认定的项目的信息，通过直接来自第三方对有关信息和现存状况的声明，获取和评价审计证据的过程。例如，对银行存款或应收账款余额的函证。函证获取的审计证据可靠性较高，因而函证这种程序备受重视，经常使用。

在国家审计中，向与审计事项有关的第三方进行的调查取证，称为“外部调查”。

（6）重新计算。重新计算是指审计人员以人工方式或使用信息技术，对记录或文件中的数据计算的正确性进行核对。重新计算通常包括计算销售发票和存货的总金额，加总日记账和明细账，检查折旧费用和预付费用的计算，检查应纳税额的计算等。

（7）重新执行。重新执行也称重新操作，是指审计人员以人工方式或使用信息技术，重新独立执行作为被审计单位内部控制组成部分的程序或控制，即对有关业务程序或者控制活动独立进行重新操作验证。例如，审计人员利用被审计单位的银行存款日记账和银行对账单，重新编制银行存款余额调节表，并与被审计单位编制的银行存款余额调节表进行比较。

（8）分析程序。分析程序是指审计人员通过研究财务数据之间、财务数据与非财务数据之间的可能存在的合理关系，对相关信息作出评价，并关注异常波动和差异，即识别出与其他相关信息不一致或与预期数据严重偏离的波动和关系。

需要指出的是，审计人员应当考虑会计数据和其他相关信息及其某些特点可能对审计程序的性质和时间的影响。审计程序的性质和时间可能受会计数据和其他相关信息的生成和存储方式的影响，审计人员应当提请被审计单位保存某些信息以供查阅，或在可获得该信息的期间执行审计程序。此外，某些会计数据和其他信息只能以电子形式存在，或只能在某一时点或某一期间得到，审计人员应当考虑这些特点对审计程序的性质和时间的影响。当然，对于以电子形式存在的信息，审计人员可以通过使用信息技术实施某些审计程序。前述有关取证的审计程序及其类型，即狭义审计程序的内容。

此外，如果需要利用所聘请外部人员的专业咨询和专业鉴定作为审计证据，审计人员应当对其依据的样本是否符合审计项目的具体情况、使用的方法是否适当和合理，以及专业咨询、专业鉴定是否与其他审计证据相符等作出判断。如果需要使用有关监管机构、中介机构、内部审计机构等业已形成的工作结果作为审计证据，审计人员应当对该工作结果是否与审计目标相关、是否可靠，以及是否与其他审计证据相符等作出判断。为确保对重要问题查深查透，审计人员宜围绕认定问题所依据的标准、事实、影响和原因等四方面获取审计证据。其中，标准即判断被审计单位是否存在问题的依据，事实是客观存在和发生的情况，而事实与标准之间的差异构成审计发现的问题，影响指问题产生的后果，原因是问题产生的条件。

4.2.6 审计证据的鉴定

审计人员通过一定来源渠道取得审计证据后，需要对已有的审计证据进行评价鉴定，依据一定原则筛选出适宜的审计证据，并加以分析利用，以得出合理的审计结论。

1. 真实性

审计证据的真实性是鉴定审计证据的重要标准。审计证据的真实性要求包括：

（1）审计证据必须是对经济活动客观真实的描写。

（2）审计证据的时间、地点、事实、当事人等都必须准确无误。

（3）审计证据所描述的经济活动变化的环境、条件、因果关系必须真实可靠。

（4）审计证据中的各种数字、计量单位必须准确、合理。

（5）审计证据的语言必须明晰、简洁、易懂。

2. 重要性

审计证据的重要性与审计证据影响审计结论的程度有关。不同审计证据的作用大小不同，其对审计结论的解释作用也不同。重要的审计证据能够影响审计人员得出审计结论，不重要的审计证据则不会影响审计人员得出审计结论，这是审计人员决定审计证据取舍与否的标准，也是判断审计证据质量高低的尺度。因此，在审计实务中，审计人员必须在以下几方面加以考虑：

（1）在确定重要性水平时，有涉及舞弊和违法行为、可能引起履行合同义务、影响收益趋势、不期望出现的现象所收集的审计证据，不管其金额多小，都是重要性的审计证据，因为这些审计证据的存在可以在某种程度上说明企业是否存在不合理或者违法经营的现象，其财务状况是否得到真实反映。

（2）在建议划分调整的不符事项和未调整不符事项时，应按上述情况考虑审计证据的重要性。

（3）在考虑审计报告类型时应从相对金额的大小、是否具备可计量性、项目的性质，以及项目范围受限制的牵涉面考虑审计证据的重要性。

审计证据的重要性是相对的，没有明确的划分标准。鉴定审计证据是否重要，需要视审计事项是否足以影响被审计单位财务报表使用者的判断而定。

3. 充分性

审计证据的充分性或足够性，是指审计证据的数量足以支持审计人员的审计意见，它是审计人员形成审计意见所需审计证据的最低数量要求。究竟需要多少审计证据在很大程度上取决于审计人员的主观判断和准备承担的风险。在很多情况下，量多质低的审计证据和量少质高的审计证据所起的作用基本相同。审计人员应当掌握的标准是：必须获取充分的审计证据去满足一位明智的人所可能提出的一切合理的疑问。也就是说，审计证据的数据要达到能够“胜过合理的怀疑”的程度，此时可认为审计证据是足够的、充分的。

审计人员判断审计证据是否充分、适当，应当考虑审计风险、具体审计项目的重要性、审计人员及其业务助理人员的审计经验、审计过程中是否发现错误或舞弊、审计证据的类型与获取途径等主要因素。此外，还须考虑经济因素、抽样总体规模与特征等因素。

4. 经济性

从严格意义上说，为了证实审计结论，审计人员应该取得有足够说服力的审计证据。但在审计实务中，审计人员又不得不考虑获取审计证据的成本与审计证据的效用（即获取信息的有用性）之间的关系，此即审计证据的经济性。需要指出的是，在获取可靠的审计证据时，审计人员可以运用成本效益原则，如果获取最理想的审计证据需花费高昂的审计成本，则审计人员可转而搜集质量稍逊的其他证据代替，只要它仍能满足审计目的的要求。获取审计证据之后，审计人员通过筛选获得最适宜的审计证据以支持其得出的审计结论。这种有效经济的方法，可以保证审计人员的工作效率和工作成本。但必须注意的是，对于重要的审计项目，审计人员不应以审计成本的高低或获取审计证据的难易程度为由减少必要的（或不可替代的）审计程序。此时，审计人员若无法取得充分、适当的审计证据，则应视情况考虑所发表审计意见的类型（如保留意见或无法表示意见）。

此外，审计人员还应当考虑审计证据的可信性和证明力。在采集、加工、鉴定审计证据的过程中，审计人员应当保持职业怀疑，既不应完全相信也不应完全不相信现有的证据。因审计证据的来源不同，其可信性也有所不同，只有在证据的来源可靠且证据本身也可靠的情况下，证据才具有可信性。一般来说，以书面文件为形式的书面证据，比经由对有关人员口头询问而得来的口头证据可靠；来自独立的第三方的审计证据，其所提供的可信性保证程度要比从被审计单位内部获得的证据大得多；已获独立的第三方确认的内部证据比未获独立的第三方确认的内部证据可靠；来自经过审计人员实地检查、观察、复核、调查等的第一手审计证据比间接取得的审计证据可信度要大；来自内部控制健全有效情况下的审计证据，其可信度要比来自内部控制薄弱、缺失或无效情况下的审计证据更大；不同来源或不同形式的审计证据能够相互印证时，审计证据较具可靠性，更具说服力，反之，不同来源或不同形式的审计证据不一致时，审计人员应当追加必要的审计程序；作为审计证据的原本文件比复制件更为可信；越及时的证据越可靠；客观证据比主观证据可靠。

审计证据的种类是多种多样的，不同种类审计证据的证明力也不一样。即使是同一种类审计证据，也会由于搜集证据的目的及采集证据时的环境不同，其证明力有所不同。具有专业胜任能力的审计人员应该知悉的是，对于具体的审计事项，各种审计证据是否具有证明力及其强弱。一般来说，被审计单位对审计证据的支配力越小，其证明力就越强；反之，对审计证据的支配力越大，其证明力就越弱。审计人员应该主要着力于证明力强的审计证据，还应该对不同强弱的审计证据加以综合，既要考虑到作为审计证据的条件和取得的难易程度，又要考虑到审计事项的真实性、重要性及可信性，鉴定并选取真正具有证明力的审计证据。

思考题

1. 什么是审计程序？包括哪几个阶段？
2. 审计程序中的每一个阶段包括哪些工作？

3. 用以取证的审计程序有哪些？各有什么特点？

4. 审计证据有哪些种类？审计证据的作用是什么？

5. 审计证据有哪些特性？如何鉴定和选取审计证据？

6. 为什么孤证难立？为什么说证据链及其证明力是审计工作的生命？

7. 业务循环审计和报表项目审计各有什么特点？它们之间有何关联？其接合部是什么？

练习题

1. 阐述审计证据种类与具体审计目标的关系，并根据下表做出相对应的判断与选择。

证据种类	审计目标								
	总体合理性	真实性	完整性	所有权	估价	截止	机械准确性	披露	分类
实物证据									
书面证据									
口头证据									
电子证据									
环境证据									

2. 分析下列提法是否正确，并说明依据或理由。

(1) 从被审计单位外部获取的审计证据比从内部获取的审计证据更可靠。

(2) 直接获取的审计证据比间接获取的审计证据更可靠。

(3) 内部控制薄弱、缺失或无效情况下形成的审计证据比内部控制健全有效情况下形成的审计证据更可靠。

(4) 原件形式的审计证据比复制件形式的审计证据更可靠。

(5) 文件或记录形式的审计证据比口头形式的审计证据更可靠。

案例题

某集团公司审计部对集团公司上年度财务报表进行审计。该集团公司情况如下：

该集团公司所处煤炭行业销售情况基本供不应求，其应收款项主要为本地各个电厂的滚动结算形成，无其他欠款。对于固定资产，该集团公司规定单位价值在2 000元以上的为固定资产，并且对于低值易耗品采用一次性摊销法，因此有些单位价值看起来较大、在其他单位作为固定资产的资产都被作为当期费用列支（如电视机、空调），由此便形成了大量的账外资产，其销售业务基本通过应收票据（银行承兑）和预收账款进行核算。该集团的存货来源包括自己生产和从外部购进两部分，前者由销售公司（隶属于集团的独立核算非法人单位）销售，后者由配售公司（具体情况不熟悉）销售；各个单位购买固定资产需要每年向集团申请计划，并由集团公司拨付资金进行购买，各个单位收到拨款在“其他应收款”（负数）反映。另外，本年度集团公司盘盈了41辆车，也反映了该集团公司资产管理存在的问题。该集团公司将一些职能部门划分出去，形成了较多的独立核算的非法人单位；另外，集团公司为了加强管理而设置的网络系统（包括软件和计算机、打印机等实物资产），在“固定资产”科目中进行核算。

经审计发现，该集团公司财务报表存在以下主要问题：在资产负债表中，负数现象特别严重；在利润表中，该集团公司的主业是煤炭销售，将宾馆、办公用品等销售归入了其他业务，并以其他业务利润进行核算；在集团公司汇总的财务报表中，将其他业务利润进行了分解并还原，作为主营业务成本、主营业务收入等进行核算。

要求：根据上述资料，分析并回答：

(1) 针对该集团公司的情况，进行财务报表项目审计时，你认为审计人员应当如何确定审计重点？

(2) 针对该集团公司财务报表所存在的问题，你认为应该如何解决？

第5章 Chapter 5 审计工作底稿

学习目标

1. 了解审计工作底稿的含义、范围和分类。
2. 理解审计工作底稿的作用和内容。
3. 掌握审计工作底稿的归档和复核。

审计工作底稿系审计人员在执行审计业务过程中，将其所采用的方法、步骤，搜集的相关证据和得出的审计结论，按照一定的格式编制的用以记录和证明审计工作的档案性原始文件。审计工作底稿是审计证据的载体，也是形成审计报告的基础。因此，审计人员应当按照有关规定及时正确地编制审计工作底稿，审计机构也应当按照有关要求对审计工作底稿实施适当的控制程序，以确保审计质量。

5.1 概　述

5.1.1 审计工作底稿的含义

审计工作底稿是指审计人员对制定的审计计划、实施的审计程序、获取的相关审计证据，以及得出的审计结论作出的记录。也就是说，审计工作底稿是审计人员在审计过程中形成的审计工作记录和获取的资料。审计工作底稿主要记录审计人员依据审计实施方案执行审计措施的活动，审计人员对每一审计事项均应编制一份甚至多份审计工作底稿，而不是仅对审计发现的问题编制审计工作底稿。它形成于审计过程并反映整个审计过程，可作为审计过程和结果的书面证明，是最终形成审计结论的依据。

审计工作底稿可以以纸质、电子或其他存储介质形式存在。一般来说，审计工作底稿包括总体审计策略、具体审计计划、分析表、问题备忘录、重大事项概要、询证函回函、管理层声明书、核对表、有关重大事项的往来信件（包括电子邮件），以及对被审计单位文件记录的摘要或复印件等。

5.1.2 编制审计工作底稿的目的

审计人员应当及时编制审计工作底稿，在符合审计准则要求的情况下，审计工作底稿能够实现以下两个主要目的：

（1）提供证据，作为审计人员得出实现总体目标结论的基础。审计工作底稿是审计人员形成审计结论、发表审计意见的直接依据。及时编制审计工作底稿有助于提高审计工作的质量，便于在出具审计报告之前，对取得的审计证据和得出的审计结论进行有效复核和评价，通过提供充分、适当的记录，作为出具审计报告的基础。

（2）提供证据，证明审计人员按照审计准则和相关法律法规的规定计划和执行了审计工作。在审计机构（如会计师事务所，下同）因执业质量而涉及诉讼或有关监管机构进行执业质量检查时，审计工作底稿能够提供证据，证明会计师事务所及其审计人员是否按照审计准则的规定执行了审计工作。

此外，审计工作底稿还可以实现以下目的：（1）有助于项目组计划和执行审计工作；（2）有助于负责督导的项目组成员按照相关规定履行指导、监督与复核审计工作的责任；（3）便于项目组说明其执行审计工作的情况；（4）保留对未来审计工作持续产生重大影响的事项的记录；（5）便于审计机构按照质量控制准则的规定，实施质量控制复核与检查；（6）便于监管机构和行业协会根据相关法律法规或其他相关要求，对审计机构实施执业质量检查。

必须指出：编制的审计工作底稿应当使得未曾接触该项审计工作的有经验的专业人士清楚了解：（1）实施审计程序的性质、时间安排和范围；（2）实施审计程序的结果和获取的审计证据；（3）审计中遇到的重大事项和得出的结论，以及在得出结论时作出的重大职业判断。所谓有经验的专业人士，是指审计机构内外部的具有审计实务经验，并且对相关方面有合理了解的人士，诸如审计过程、审计准则和相关法律法规的规定、被审计单位所处的经营环境、与被审计单位所处行业相关的会计和审计问题等。

5.1.3　编制审计工作底稿的作用

编制审计工作底稿，对审计人员执行审计任务，明确审计人员的责任，保证审计报告的质量都具有十分重要的作用，主要表现在以下几个方面。

1. 它联系并贯穿于整个审计工作过程

审计人员从接受审计任务，确定审计对象，到提出审计报告要经历一个较长的过程。这一过程实际上就是搜集审计证据，编制审计工作底稿，进而作出审计结论的过程。审计人员在审计过程中，都要依照审计准则和相关法规规定的程序搜集审计证据，审计证据的搜集过程也是审计工作底稿的编制和整理过程。通过审计工作底稿的编制，把已经搜集到的数目众多但不系统、没有重点的各种证据资料，完整无缺地、系统地和有重点地加以归类整理，经过审计人员恰当的判断和推理，逐项验证审计结果，从而使审计结论建立在充分、适当的审计证据基础之上。

审计工作经常由多个审计人员进行，他们之间是分工协作的关系。审计工作在不同阶段有不同的测试程序和实现目标。审计工作底稿可以把不同人员的、不同阶段的审计结果有机地联系起来，使得各项工作都围绕对财务报表发表审计意见这一总体目标来进行。因此，执行审计业务时编制的审计工作底稿，其实是联系整个审计过程，完成审计任务的重要组成部分。

2. 它是形成审计结论并发表审计意见的直接依据

审计工作底稿是审计人员最终提供的审计报告中记载事项的直接来源和依据，审计工作底稿既是将审计人员的工作过程和审计报告联系起来的纽带，也是被审计单位的会计记录和审计报告之间的桥梁。审计报告记载着审计人员对被审计单位的财务报表及其反映的财务状况所做的审计结论和审计意见，不论是审计结论还是审计意见，都必须以充分、适当的审计证据为依据，而这些审计证据均须由审计工作底稿来提供。

审计报告的综合性和概括性的特征，决定了在审计报告中所揭示的问题与陈述的意见不可能非常详细具体，这就需要借助审计工作底稿加以补充说明。审计工作底稿不仅可以佐证和解释审计报告所记载的事项，而且有利于审计人员编制工作报告。审计报告中所需的资料全部来自审计工作底稿，如果没有审计工作底稿，就难以编制出审计报告。

3. 它是评价或考核审计人员专业能力与工作业绩的主要依据

审计责任通常是审计人员对审计报告所负的真实性和合法性责任。通过对审计底稿的复核和检验，可以评价审计人员的业务能力和工作业绩。工作底稿是审计人员进行日常工作的体现，审计工作底稿的水平和质量在某种程度上反映了审计人员是否严格按照规定执行审计业务，书面的审计工作底稿是审计组织负责人对审计人员工作业绩作出客观评价的依据，通过审查审计人员在编制审计工作底稿时采取的步骤、发现的问题以及对问题的看法，可以合理、正确地评估其专业能力和工作水平。

如果审计人员严格按照审计准则执行审计业务，据实发表意见，并把这些情况记录于审计工作底稿，那么在任何时候依据审计工作底稿进行评价都有利于解脱或减除审计人员的责任。审计人员专业能力的强弱和工作业绩的好坏，主要表现在其选择何种程序、有无科学的计划、专业判断是否恰当等方面。这些方面都可以通过评价审计工作底稿来加以衡量。

4. 它为审计质量的控制与检查提供了可能

前已述及，审计人员应当按照有关规定及时正确地编制审计工作底稿。审计机构应当根据业务质量控制准则的有关规定，对审计工作底稿实施适当的控制程序，以满足以下要求：安全保管审计工作底稿并予以保密；保证审计工作底稿的完整性；便于对审计工作底稿的使用和检索；按照规定的期限保存审计工作底稿。这些规定与要求都有利于确保或提高审计质量。

审计质量控制通常是由审计机构为确保审计质量符合审计准则的要求而制定和运用的控制政策和程序，主要包括指导和监督审计人员选择实施审计程序，编制审计工作底稿，并对审计工作底稿进行复核。审计人员执行审计业务，必须拟订审计计划，测试与评价内部控制，有序办理审计手续并充分地指导和监督助理人员，而这些只有通过正确编制的审计工作底稿才能得以完成。因此，审计工作底稿既可以作为审计质量控制的对象，又可以作为审计质量控制的依据。审计质量检查通常是由审计人员协会或其他有关单位组织进行，其核心工作就是对审计工作底稿规范程度的检查。可见，检查人员可以根据审计工作底稿对审计的质量进行控制和检查，以促进整体审计工作质量的提高。

5. **它对未来的审计业务具有备查参考价值**

在审计工作底稿中，既记录着审计人员所采用的具体方法和步骤，也收集了被审计单位的诸如股权结构、职工编制、内部控制状况等重要资料。因此，审计工作底稿能提供永久性的历史记录，包括有关采用过的审计程序和方法的记录，以备查考。这些程序和方法不仅对同一性质的审计事项具有参考价值，而且为特定审计事项进行再次审计时提供具体指南，便于掌握审计重点，提高审计效率。通常，被审计单位对审计机构的业务委托具有一定的连续性，因此，对被审计单位年度财务报表审计所形成的审计工作底稿，能够为以后各期计划和实施审计工作提供重要的参考。

5.1.4 审计工作底稿的分类

根据审计工作底稿的性质和作用，审计工作底稿可分为三类，即综合类、业务类及备查类。

1. **综合类**

综合类审计工作底稿是指审计人员在计划审计工作和完成审计工作阶段，为规划、控制和总结整个审计工作，并发表审计意见所形成的工作底稿。它主要包括审计业务约定书、审计计划、审计报告未定稿、审计总结及审计调整分录汇总表等综合性的审计工作记录。这类工作底稿反映了整个审计工作过程，属于总体性的工作底稿，可以体现审计意见和结论。一般来说，这类工作底稿的编制大都比较规范，事后也不需要作大的修改、补充。

2. **业务类**

业务类审计工作底稿是指审计人员在实施审计工作阶段，执行具体审计程序时编制和取得的工作底稿。它主要包括审计人员在执行预备调查、控制测试等审计程序时所形成的工作底稿，可以反映出审计人员执行审计计划的具体情况和实施过程。一般来说，这类工作底稿是在外勤工作现场编制的，事后往往还需要补充和修改。

3. **备查类**

备查类审计工作底稿是指审计人员在审计过程中形成的，对审计工作仅具有备查作用的工作底稿。它主要包括与审计约定事项有关的重要法律性文件、重要会议记录与纪要、重要经济合同与协议、企业营业执照、公司章程等原始资料的副本或复印件等。这类工作底稿通常具有备查性质，之所以被单独作为备查类，不是因为它不重要，而是因为若将之放在上述两类工作底稿中，其数量太多且有些资料的相关性也较差。

5.2 审计工作底稿的内容与格式

5.2.1 审计工作底稿的主要内容

前已述及，审计工作底稿通常包括总体审计策略、具体审计计划、分析表、问题备忘录、重大事项概要、询证函回函、管理层声明书、核对表、有关重大事项的往来信件（包括电子邮件），以及对被审计单位文件记录的摘要或复印件等，通常还包括业务约定书、管理建议书、项目组内部或项目组与被审计单位举行的会议记录、与其他人士（如其他审计人员、律师、专家等）的沟通文件及错报汇总表等，但通常不包括已被取代的审计工作底稿的草稿或财务报表的草稿、对不全面或初步思考的记录、存在印刷错误或其他错误而作废的文本，以及重复的文件记录等。

一般情况下，分析表主要是指对被审计单位财务信息执行分析程序的记录。例如，记录对被审计单位当年各月收入与上一年度的同期数据进行比较的情况、记录对差异的分析等。

问题备忘录一般是指对某一事项或问题的概要的汇总记录。在问题备忘录中，审计人员通常记录该事项或问题的基本情况、执行的审计程序或具体审计步骤，以及得出的审计结论。例如，有关存货监盘程序、审计过程中发现问题的备忘录等。

核对表通常是指会计师事务所等审计机构内部使用的、为便于核对某些特定审计工作或程序的完成情况的表格。例如，特定项目审计程序核对表、审计工作完成情况核对表等。核对表通常以列举的方式列出审计过程中审计人员应当进行的审计工作或程序以及特别需要提醒注意的问题，并在适当情况下索引至其他审计工作底稿，便于审计人员核对是否已按照审计准则的规定进行审计。

通常，审计工作底稿的内容，主要包括下列基本要素。

1. 标题

每份审计工作底稿应当包括被审计单位名称、审计项目名称，以及资产负债表日或审计工作底稿覆盖的会计期间（与交易相关）。

（1）被审计单位名称。即审计对象的占有方。当然，有时某些个别项目（如司法鉴定项目）的委托方和审计对象不一致。若被审计单位为下属公司，则应同时写明下属公司的名称。项目可以填写简称，或以统一的审计标识代替。

（2）审计项目名称。即填写审计业务类型，如“2016年年度报表审计”“职工薪酬专项审计”等。项目名称的填写，应尽量简练、清晰。有的还须填写审计事项名称。

（3）审计项目时点或期间。即明确审计范围在时间上的截止点或时间跨度。对此，应结合审计的具体项目区别对待，如资产负债类项目应填截止时点，损益类项目应填时间跨度。

2. 审计过程记录

审计工作底稿记录的审计过程主要包括：实施审计的主要步骤和方法；取得的审计证据的名称和来源；审计认定的事实摘要等。

在记录审计过程时，应特别注意记录以下几个方面：

（1）测试的具体项目或事项的识别特征。识别特征是指被测试的项目或事项表现出的征象或标志，它因审计程序的性质和所测试的项目或事项不同而不同。对某一个具体项目或事项而言，其识别特征通常具有唯一性，这种特性可以使其他人员根据识别特征在总体中识别该项目或事项并重新执行该测试。在记录已实施审计程序的性质、时间安排和范围时，审计人员应当记录测试的具体项目或事项的识别特征，以实现多种目的。对于需要选取或复核既定总体内一定金额以下的所有项目的审计程序，审计人员可能会以实施审计程序的范围作为识别特征；对于需要系统化抽样的审计程序，审计人员可能会通过记录样本的来源、抽样的起点及抽样间隔来识别已选取的样本；对于需要询问被审计单位中特定人员的审计程序，审计人员可能会以询问的时间、被询问人的姓名及职位作为识别特征；对于观察程序，审计人员可能会以观察的对象或观察过程、观察的地点和时间作为识别特征。

（2）重大事项。审计人员应当根据具体情况判断某一事项是否属于重大事项。重大事项通常包括：引起特别风险的事项；实施审计程序的结果，该结果表明财务信息可能存在重大错报，或需要修正以前对重大错报风险的评估和针对这些风险拟采取的应对措施；导致审计人员难以实施必要审计程序的情形；导致出具非标准审计报告的事项。审计人员应当记录与管理层、治理层和其他人员对重大事项的讨论，包括所讨论的重大事项的性质以及讨论的时间、地点和参加人员。

（3）针对重大事项如何处理不一致的情况。如果识别出的信息与针对某重大事项得出的最终结论不一致，审计人员应当记录如何处理该不一致的情况。这些情况包括但不限于审计人员针对该信息执行的审计程序、项目组成员对某事项的职业判断不同而向专业技术部门的咨询情况，以及项目组成员和被咨询人员不同意见的解决情况。记录如何处理该不一致的情况，有助于审计人员关注这些不一致，并对此执行必要的审计程序以恰当地解决这些不一致。但是，对如何处理该不一致的记录要求并不意味着审计人员需要保留不正确的或被取代的资料。此外，对于职业判断的差异，如果初步的判断意见是基于不完整的资料或数据，则审计人员也无须保留这些初步的判断意见。

3. 审计结论记录

审计工作底稿记录的结论主要包括得出的审计结论及其相关标准。审计人员恰当地记录审计结论非常重要。审计人员需要根据所实施的审计程序及获取的审计证据得出结论，并以此作为对财务报表形成审计意见的基础。在记录审计结论时，审计人员应当注意审计工作底稿中记录的审计程序和审计证据是否足以支持所得出的审计结论。审计结论是审计人员经过必要的审计程序后做出的专业判断，它直接支持最终的审计意见，因此，审计结论的表述应当清晰、简明，不能含糊其词。

4. 审计标识及其说明

审计标识及其说明是审计人员用以表达各种审计含义的书面符号。适当运用审计标识可以缩短工作时间，提高工作效率，同时应说明其确切含义，并在审计过程中保持其前后一致和不同标识的唯一性，但也应防止过度使用，以免审计工作底稿晦涩难懂。审计工作底稿中可使用各种审计标识，但应说明其含义，并保持前后一致。在实务中，审计人员也可以依据实际情况运用更多的审计标识。审计人员可以单独或合并使用常用符号、英文缩写、简称等形式表达各种含义，并将这些标识及其完整的含义详细记录于审计标识一览表内，以供检查、复核者正常阅读。

5. 索引号及编号

审计工作底稿通常需要注明索引号及顺序编号，相关审计工作底稿之间需要保持清晰的勾稽关系。为了汇总及便于交叉索引和复核，每个审计机构都会规定其审计工作底稿归档流程。因此，每张表或记录都应有一个索引号，以说明其在审计工作底稿中的具体位置。审计工作底稿中每张表所包含的信息都应当与另一张表中的相关信息进行交叉索引，利用计算机编制工作底稿时，可以采用电子索引和链接。在具体实务中，审计人员可以按照所记录的审计工作的内容层次进行编号。相互引用编号时，需要在审计工作底稿中交叉注明索引号。

6. **编制者姓名及编制日期**

在审计工作底稿编制完成后，编制者应在工作底稿上签名并注明编制日期，以明确工作底稿编制者的责任。

7. **复核者姓名及复核日期和范围**

审计工作的复核人员在需要项目质量控制复核的情况下，还需要注明项目质量控制复核人员及复核的日期。通常，需要在每一份审计工作底稿上都注明审计工作的执行人员和复核人员、完成该项审计工作的日期以及完成复核的日期。编制者和复核者在签名和注明日期时，二者姓名均可采用简签格式，并记录于审计标识一览表内。值得注意的是，对于复核者来说，在履行必要的复核程序后，除了签名之外，还应将相应的复核意见、复核中发现的问题及处理意见书面记录下来，以利于编制者修正或明确审计责任及其划分。

8. **其他应说明事项**

5.2.2 审计工作底稿的基本格式

审计工作底稿的格式通常由审计工作基本要素的全部或者部分组合而成。审计工作底稿应有规范的格式，但不同的被审计单位、不同性质的审计项目和审计事项，对工作底稿的格式又有其不同的要求，因而审计工作底稿的格式必须有一定的弹性。在审计实务中，应用的审计工作底稿格式主要有两类，即通用格式和专用格式。

1. **通用格式**

通用格式的审计工作底稿是指有固定格式但没有具体用途的工作底稿。实际上，通用格式工作底稿就是印有审计工作底稿的标题、审计过程记录、审计结论、审计标识及其说明、索引号及编号、编制者姓名及编制日期、复核者姓名及复核日期、其他应说明事项等要素的空白工作底稿表（如表5-1所示）。审计人员可以根据审计事项的特点、被审计单位的实际情况，直接记录于空白表上，或自己在空白表上画成所需的表格后填写。

表5-1 **审计工作底稿的通用格式**

审计工作底稿

被审计单位名称： 编制人：
审计项目名称： 复核人：
实施审计期间或截止日期： 共 页 第 页

审计过程记录	审计结论或审计查出问题摘要及其依据	复核意见

2. **专用格式**

专用格式的审计工作底稿是指根据具体审计事项的特点而专门设计的工作底稿（如表5-2所示）。例如，业务循环内部控制测试记录表、科目审定表、财产物资监盘表、现金监盘表、银行存款余额调节表及询证函等。

表 5－2　审计工作底稿的专用格式

审计工作底稿

被审计单位：　编制：　日期：　索引号：
报表截止日：　复核：　日期：
项目：股本检查情况表

日期	凭证编号	业务内容	明细科目	对方科目	金额		核对内容								备注
					借方	贷方	1	2	3	4					
核对内容说明：原始凭证内容完整；有授权批准；记账凭证同原始凭证一致；账务处理正确。															
其他情况说明：															

通用格式工作底稿与专用格式工作底稿，各有其优缺点。专用格式工作底稿是根据具体审计事项的特点设计的，比较实用，并且所需填写的文字大都事先印好，使用方便，效率较高；但这种专用格式工作底稿是按照常规程序设计的，内容比较完整，因而当被审计单位的业务具有特殊性时，专用格式工作底稿就不太适用，或者当业务量不大时，专用格式工作底稿往往只有其中的一小部分能够使用，从而显得不太适用。相反，通用格式工作底稿具有较大的灵活性，可以根据需要编制；但自行设计的格式往往不如预先设计的清晰，且制表填写的工作量也较大。当然，编制审计工作底稿的目的是要把审计过程和结果完整地记录下来，因而在实际工作中，只要能达到目的，哪种格式都可以使用，审计人员可以根据具体情况加以选用。

5.2.3　审计标识及工作底稿索引号

在审计实务中，审计人员可运用一些常用的符号，以作审计标识和工作底稿索引号，如表 5－3 所示。

表 5－3　审计标识及工作底稿索引号

××会计师事务所
被审计单位：
项目：审计标识及工作底稿索引号　编制：　××　日期：　××年××月××日　索引号：
财务报表截止日/期间：××年××月××日　复核：　××　日期：　××年××月××日　页次：

一、审计标识说明

符号	代表已查核程序
∧	直加相符
∠	横加相符
G	与总账核对一致
S	与明细账核对一致
β	核对上期工作底稿或报告相符
V_0	核对发票（vouching）相符
T	与原始凭证核对相符

续前表

符号	代表已查核程序
T/B	与试算平衡表核对一致
R	核对小规模营利事业收据（receipts）相符
d_0	核对外来证明文件（销货折让证明、邮局邮购证明等）（documents，outer）相符
d	核对内部证明文件相符（如经手人、证明车资、伙食费、薪资印领清册等）
δ	核对合同、协议相符（如购屋契约、借款合约等）
√	与银行对账单核对相符
∮	与银行日记账核对相符
C	已发函询证（confirm）
CB	经函证相符（confirming balance）
RD	回函不符（reporting difference）
RP	原函证退回（returned by post office）
NR	无回函（no reply）
⊗	经调节后相符
φ	盘点（count）（如盘点存货、有价证券等）相符
$\bar{S}$	存货目测估计相符
※	附注（说明事实或性质等）
P/C	由客户自编之表或其他底稿（prepared by client）
S/S	期后查核已冲销

二、工作底稿索引说明

符号	代表工作底稿内容	符号	代表工作底稿内容
TB	试算平衡表		
BS	资产负债表		
PL	利润表		
SE	所有者权益变动表		
CF	现金流量表		
FN	财务报表附注汇总表		
AJE	调整分录		
RJE	重分类分录		

三、使用说明

上述审计标识与索引号仅列示了常用符号，审计人员也可自编审计标识，但应在底稿中对此予以说明。

5.3 审计工作底稿的归档与复核

5.3.1 审计工作底稿的归档

审计人员应当在审计报告日后及时将审计工作底稿归整为审计档案。审计档案是指一个或多个文件夹或其他存储介质，以实物或电子形式存储构成某项具体业务的审计工作底稿的记录。在出具审计报告前，审计人员应完成所有必要的审计程序，取得充分、适当的审计证据并得出合理的审计结论。实际上，在审计报告日后将审计工作底稿归整为最终审计档案是一项事务性的工作，此项工作不涉及实施新的审计程序或得出新的结论。

前已提及，审计工作底稿通常不包括已被取代的审计工作底稿的草稿或财务报表的草稿、对不全面或初步思考的记录、存在印刷错误或其他错误而作废的文本，以及重复的文件记录等。因此，有些会计师事务所等审计机构在归整审计档案时，根据审计实务中对审计档案使用的时间，将审计档案分为永久性档案和当期档案。其中，永久性档案是指那些记录内容相对稳定，具有长期使用价值，并对以后审计工作具有重要影响和直接作用的审计档案；而当期档案则是指那些记录内容常有变化，主要供当期和下期审计使用的审计档案。

审计人员应当按照会计师事务所等审计机构质量控制政策和程序的规定，及时将审计工作底稿归整为最终审计档案。审计工作底稿的归档期限为审计报告日后60天内。如果审计人员未能完成审计业务，审计工作底稿的归档期限为审计业务中止后的60天内。

如果针对客户的同一财务信息执行不同的委托业务，出具两个或多个不同的报告，会计师事务所等审计机构应当将其视为不同的业务，根据会计师事务所等审计机构内部制定的政策和程序，在规定的归档期限内分别将审计工作底稿归整为最终审计档案。如果延迟归档，则可能导致审计档案不完整。当然，只有当审计项目组执行连续审计业务即后续财务年度的审计时，才可能发现上期"已完成的审计档案"是不完整的。

会计师事务所等审计机构应当自审计报告日起，对审计工作底稿至少保存10年。如果审计人员未能完成审计业务，会计师事务所等审计机构应当自审计业务中止日起，对审计工作底稿至少保存10年。值得指出的是，对于连续审计业务，当期归整的永久性档案虽然包括了以前年度获取的资料（甚至可能是10年以前的资料），但由于其作为本期档案的一部分，并作为支持审计结论的基础，因而审计人员对于这些对当期有效的档案，应视为当期取得并保存10年。如果这些资料在某个审计期间被替换，被替换资料可以从被替换的年度起至少保存10年。在完成最终审计档案的归整工作后，审计人员不得在规定的保存期限届满前删除或废弃任何性质的审计工作底稿。

需要指出的是，在完成最终审计档案归整工作后，如果审计人员发现有必要修改现有的或增加新的审计工作底稿，无论其性质如何，审计人员应当记录修改或增加审计工作底稿的理由、时间和人员，以及复核的时间和人员。

5.3.2　审计工作底稿的复核

审计工作底稿复核制度是会计师事务所等审计机构对项目质量控制制度的重要组成部分。通过复核审计工作底稿，可以减少或消除人为的审计误差，及时发现和解决问题，保证审计计划的顺利执行，并协调审计进度，提高审计效率，便于上级管理人员对审计项目的质量监控和对审计人员工作业绩的考核评价。

复核审计工作底稿时，审计人员不仅需要关注其所引用的有关资料是否翔实可靠、所获取的审计证据是否充分适当，还需要关注审计判断是否有理有据，以及最终得出的审计结论是否合理恰当。这要求审计人员在审计工作底稿复核过程中做好复核记录，因为复核记录是审计工作底稿的要素之一，同时还要规范其签名和复核日期，书面表述复核意见，同时督促工作底稿编制人及时修改、完善审计工作底稿。

现行的三级复核制度是会计师事务所等审计机构制定的对审计工作底稿进行逐级复核的一种复核制度，它包括第一级复核、第二级复核以及第三级复核。其中，第一级复核通常也称详细复核，系一种较为全面细致的复核，是由项目经理对下属审计人员形成的工作底稿进行的复核；第二级复核亦称一般复核，是由部门经理对工作底稿中重要会计账项的审计、重要审计程序的执行及审计调整事项等进行的复核；第三级复核又叫重点复核，是由质量控制部负责人（或主任会计师）对审计过程中的重大会计审计问题、重大审计调整事项及重要的审计工作底稿进行的复核。重点复核是对前两级复核的再监督，也是对整个审计工作的计划、进度和质量的重点把握。

思考题

1. 什么是审计工作底稿？编制审计工作底稿的目的是什么？
2. 审计工作底稿有哪几种类别？其具体用途分别是什么？
3. 审计工作底稿包括哪些基本要素？其具体功能是什么？
4. 审计工作底稿中的重大事项是什么？它包括哪些内容？
5. 审计人员在归档和复核审计工作底稿时应注意哪些事项？

练习题

1. 分析通用格式工作底稿和专用格式工作底稿的主要区别，并判断具备下列性质或特点的工作底稿分别属于哪一种工作底稿。

(1) 有固定格式但没有具体用途；
(2) 根据具体审计事项的特点设计；
(3) 需要填写的文字都已事先印好；
(4) 使用效率较高；
(5) 按照常规程序设计；
(6) 内容比较完整；
(7) 当业务量不大时较为适用；
(8) 具有较大灵活性，可以根据需要编制。

2. 试结合三级复核制度，填写完成下列表格：

名称	别称	复核人	复核内容
第一级		项目负责人	
第二级	一般复核		
第三级			重大事项

案例题

某省注册会计师协会在审计质量年度抽查中发现，会计师事务所业务质量存在问题较多，其中K会计师事务所在审计工作底稿中存在问题较为集中、典型，主要有：

(1) 某电影公司审计项目。某电影公司资产总额760多万元，下设16个放映站(既有统一核算的放映站，又有实行承包制的放映站)，财务收支错综复杂。在K会计师事务所的审计计划中，有关审计的范围、目标、重点和步骤仅用一句话表述，即“审计2016年度财务收支是否真实、合法”。

(2) 某房地产开发公司审计项目。在K会计师事务所的审计计划中，提出“要审查存货、开发成本和负债的真实性”，但在其工作底稿中却找不到有关存货盘存、应付款项询证函以及能够替代的证据记录，连应付账款的账龄情况都没有分析记录。

(3) 某纺织厂审计项目。在现金盘点表中，反映的现金短缺为4 500元，而被审计单位的出纳员、财会负责人均未签字，也无被审计单位的公章，在审计人员签字处仅有一个“王”字。

(4) 某酒店审计项目。审计档案中有该项目的审计工作底稿，却无审计业务约定书。

(5) 五个单位的年度财务报表审计项目。五个单位共计8份无保留意见审计报告及其相应的审计记录，签字注册会计师均为李××、赵××，工作底稿记录时间前后共有6天。

要求：根据上述资料，分析并回答下列问题：

(1) 本案例中，K会计师事务所的审计工作底稿存在哪些问题？请结合审计工作底稿的相关要求，对此进行分析评价并给出依据。

(2) 针对本案例中K会计师事务所审计工作底稿存在的问题，详细阐述其可能会给审计结论带来的具体影响。

第6章 Chapter 6 计划审计工作

学习目标

1. 了解计划审计工作的意义和主要内容。
2. 了解制定总体审计策略需考虑的主要因素。
3. 理解总体审计策略和具体审计计划的主要内容。
4. 理解重要性、审计风险及其相互关系。
5. 掌握财务报表层次重要性水平的判断与确定。
6. 掌握错报影响的评价方法和审计风险的评估方法。
7. 掌握各类交易、账户余额、列报认定层次重要性水平的确定。

计划审计工作是整个审计业务过程中一个重要的准备阶段，其对审计人员能否顺利有效地完成审计工作并控制审计风险具有重要的影响。对于审计人员而言，合理的计划审计工作，不仅有助于关注重点领域、及时发现并纠正问题及合理组织审计工作，以使审计业务以有效的方式得到执行，而且有助于对项目组成员进行恰当的分工和指导、监督，并复核其工作，还有助于协调其他审计人员和专家的工作。对于任何一家审计机构或任何一个审计项目来说，不论其规模大小或业务繁简，计划审计工作都是极其重要的。计划审计工作并非审计业务的一个孤立阶段，而是一个持续的、不断修正的过程，贯穿整个审计业务的始终。审计人员通常在前一期审计工作结束后即着手本期的计划审计工作，直至本期审计工作结束。计划审计工作包括针对审计业务制定总体审计策略和具体审计计划，以将审计风险降至可接受的水平。

6.1 初步业务活动

6.1.1 初步业务活动的意义

在本期审计业务开始时，审计人员开展初步业务活动具有重要的意义。它有助于确保在计划审计工作时达到以下要求：审计人员已具备执行业务所需要的独立性和专业胜任能力；不存在因管理层诚信问题而影响审计人员保持该项业务意愿的情况；确保与被审计单位不存在对业务约定条款的误解。

6.1.2 初步业务活动的内容

在本期审计业务开始时，审计人员应当开展的初步业务活动包括：针对保持客户关系和具体审计业务实施相应的质量控制程序；评价遵守职业道德守则的情况，包括评价独立性；就业务约定条款与被审计单位达成一致意见。

审计人员针对保持客户关系和具体审计业务实施相应的质量控制程序，并根据实施相应程序的结果作出适当的决策，是其控制审计风险的重要环节。由于在审计工作中情况会发生变化，审计人员对这项初步业务活动的考虑，应当贯穿审计业务的全过程。审计人员开展评价遵守包括独立性在内的职业道德规范的情况，也是一项重要的初步业务活动。基于和前项活动同样的考虑，这项活动也应当贯穿审计业务的全过程。通过以下工作就执行审计工作的基础达成一致意见后，审计人员方可承接或保持审计业务：(1) 确定审计的前提条件存在；(2) 确认审计人员和管理层已就审计业务约定条款达成一致意见。审计的前提条件，是指管理层在编制财务报表时采用可接受的财务报告编制基础，以及管理层对审计人员执行审计工作的前提的认同。审计人员应当就业务约定条款与被审计单位达成一致意见，并签订审计业务约定书或其他适当形式的书面协议，以避免双方对审计业务的理解产生分歧，即消除可能存在或出现误解业务约定条款的情形。

6.1.3 签订审计业务约定书的考虑

审计业务约定书是指审计机构与被审计单位签订的，用以记录和确认审计业务的委托与受托关系、审计目标和范围、双方的责任以及报告的格式等事项的书面协议。审计机构承接任何审计业务，都应与被审计单位签订审计业务约定书。

审计业务约定书的具体内容和格式可能因被审计单位的不同而不同，但应当包括以下主要内容：财务报表审计的目标与范围；审计人员的责任；管理层的责任；指出用于编制财务报表所适用的财务报告编制基础；提及审计报告的预期形式和内容，以及对在特定情况下出具的审计报告可能不同于预期形式和内容的说明等。

如果情况需要，审计人员还应当考虑在审计业务约定书中列明以下内容：在某些方面对利用其他审计人员和专家工作的安排；与审计涉及的内部审计人员和被审计单位其他员工工作的协调；预期向被审计单位提交的其他函件或报告；与治理层整体直接沟通；在首次接受审计委托时，对与前任审计人员沟通的安排；审计人员与被审计单位之间需要达成进一步协议的事项。

在进行集团审计时，如果负责集团财务报表审计的审计人员同时负责组成部分财务报表的审计，则应当考虑以下因素：决定是否与各个组成部分单独签订审计业务约定书；组成部分审计人员的委托人；是否对组成部分单独出具审计报告；法律法规的规定；母公司、总公司或总部拥有组成部分的所有权份额；组成部分管理层的独立程度。

在连续审计时，审计人员应当根据具体情况评估是否需要修改审计业务约定条款，以及是否需要提醒被审计单位注意现有的条款。当然，审计人员也可以与被审计单位签订长期审计业务约定书，但如果出现以下情况，则应当考虑重新签订审计业务约定书：有迹象表明被审计单位误解审计目标和范围；需要修改约定条款或增加特别条款；高级管理人员、董事会或所有权结构近期发生变动；被审计单位业务的性质或规模发生重大变化；法律法规的规定；管理层编制财务报表采用的会计准则和相关会计制度发生变化。

在完成审计业务前，如果被审计单位或委托人要求将审计业务变更为保证程度较低的业务，审计人员应当确定是否存在合理理由予以变更。以下原因可能导致被审计单位要求变更业务：情况变化对审计服务的需求产生影响；对原来要求的审计业务的性质存在误解；审计范围存在限制。前两项通常被认为是变更业务的合理理由，但如果有迹象表明该变更要求与错误的、不完整的或者不能令人满意的信息有关，则审计人员不应认为该变更是合理的。如果没有合理理由，审计人员不应同意变更。如果审计人员不同意变更，而被审计单位又不允许继续执行原审计业务，审计人员应当解除审计业务约定，并确定是否有约定义务或其他义务向治理层、所有者或监管机构等报告该事项。

6.2 总体审计策略与具体审计计划

6.2.1 总体审计策略

审计人员应当为审计工作制定总体审计策略。总体审计策略是对审计的预期活动范围、实施方式和审计资源调配所作的规划，用以确定审计的范围、时间和方向，并指导具体审计计划的制定。

1. 制定总体审计策略时的考虑

审计人员在制定总体审计策略时，应当考虑下列事项：

（1）确定审计业务的特征，包括被审计单位的经营背景、组织结构、财务管理、人事政策、管理层情况、采用的会计准则和相关会计制度、特定行业的报告要求以及被审计单位组成部分的分布等，以界定审计范围。

（2）明确审计业务的报告目标，以计划审计的时间安排和所需沟通的性质，包括提交审计报告的时间要求，预期与管理层和治理层沟通的重要日期等。

（3）考虑影响审计业务的重要因素，以确定项目组工作方向，包括确定适当的重要性水平，初步识别可能存在较高的重大错报风险的领域、重要的组成部分和账户余额，评价是否需要针对内部控制的有效性获取审计证据，识别被审计单位、所处行业、财务报告要求及其他相关方面的重大变化等。

（4）考虑初步业务活动的结果，以及被审计单位提供其他服务时所获得的经验。

（5）针对总体审计策略中所识别的不同事项，制定具体审计计划，并考虑通过有效利用审计资源以实现审计目标。

需要指出的是，不同的被审计单位和审计业务，其规模大小与业务复杂程度可能会不同，因此，审计人员所制定的相应总体审计策略的详略程度也会有所不同，但其包括的主要内容应当基本一致。

2. 总体审计策略的主要内容

审计人员应当在总体审计策略中清楚地说明下列内容，并根据实施风险评估程序的结果对此予以调整：

（1）重要会计问题和重点审计领域，这主要是由审计人员根据被审计单位业务的复杂程度、账户的重要性和对重大错报风险的评价，结合以往的审计经验加以确定。

（2）向具体审计领域调配的资源，包括向高风险领域分派有适当经验的项目组成员，就复杂的问题利用专家工作等。

（3）向具体审计领域分配资源的数量，包括安排到重要存货存放地观察存货盘点的项目组成员的数量，对其他审计人员工作的复核范围，对高风险领域安排的审计时间预算等。

（4）何时调配这些资源，包括是在期中审计阶段还是在关键的截止日期调配资源等。

（5）如何管理、指导、监督这些资源的利用，包括预期何时召开项目组预备会和总结会，预期项目负责人和经理如何进行复核，是否需要实施项目质量控制复核等。

需要指出的是，在编制总体审计策略时，时间预算是一项十分重要的内容。时间预算是审计人员针对执行审计程序的每一步骤或每一环节所需要的人员和工作时间所作的规划。它既是衡量审计工作进度的尺度，又是判断审计工作效率的依据，还是合理确定审计收费的依据。当然，时间预算并非一成不变。在执行审计业务的过程中，因有时会出现新问题或环境发生变化而影响原有的时间预算，进而需要重新规划并修改时间预算。对此，审计人员应当及时通知被审计单位，并取得被审计单位的理解。如因被审计单位会计资料不完整或发生特殊情况而无法在时间预算内完成审计工作，为保证审计质量，审计人员也不得随意缩短或省略审计程序以适应时间预算。

6.2.2 具体审计计划

审计人员应当为审计工作制定具体审计计划。具体审计计划是指审计人员为获取充分、适当的审计证据，依据总体审计策略，就拟实施审计程序的性质、时间和范围等事项所作出的安排与说明。

具体审计计划比总体审计策略更加详细，其内容包括为获取充分、适当的审计证据以将审计风险降至可接受的低水平，项目组成员拟实施的审计程序的性质、时间和范围。具体审计计划包括下列内容：

（1）按照有关审计准则的规定，为了足够识别和评估财务报表重大错报风险，审计人员计划实施的风险评估程序的性质、时间和范围。

（2）按照有关审计准则的规定，针对评估的认定层次的重大错报风险，审计人员计划实施的进一步审计程序的性质、时间和范围。

（3）根据审计准则的相关规定，审计人员针对审计业务需要实施的其他审计程序。

需要指出的是，审计计划所包括的总体审计策略和具体审计计划，分属两个层次，两者之间具有紧密的内在联系，相互支持、互相影响，其中一项的决定可能会影响甚至改变另一项的决定。比如，审计人员在了解被审计单位及其环境的过程中，注意到被审计单位主要业务的处理依赖复杂的自动化信息系统，计算机信息系统的可靠性和有效性对被审计单位的经营管理、财务报告等具有重大影响。对此，审计人员可能会在具体审计计划中安排特定的审计程序，并相应调整总体审计策略的内容，作出利用信息风险管理专家进行工作的决定。

此外，审计人员还应当就对项目组成员工作的指导、监督与复核的性质、时间和范围制定计划。一般来说，对项目组成员工作的指导、监督与复核的性质、时间和范围主要取决于以下因素：被审计单位的规模和复杂程度；审计领域；重大错报风险；执行审计工作的项目组成员的素质和专业胜任能力。审计人员应在评估重大错报风险的基础上，计划对项目组成员工作的指导、监督与复核的性质、时间和范围。当评估的重大错报风险增加时，审计人员应扩大指导与监督的范围，增强指导与监督的及时性，执行更详细的复核工作；在计划复核的性质、时间和范围时，还应考虑单个项目组成员的素质和专业胜任能力。

6.2.3 计划的更改与记录

1. 审计过程中对计划的更改

前已述及，计划审计工作是一个持续的、不断修正的过程，贯穿整个审计业务的始终。缘于未预期事项、条件的变化或在实施审计程序中获取的审计证据等，审计人员有时需要对总体审计策略和具体审计计划作出必要的更新和修改。通常，这些更新和修改所涉及的大都是比较重要的事项。比如，对重要性水平的更新与修改，对某类交易、账户余额和列报的重大错报风险的评估及进一步审计程序的更新和修改等。如果更新和修改了审计计划，审计工作也应当随之修正。比如，如果在制定审计计划时，审计人员基于对商品销售交易的相关控制的设计和执行获取的审计证据，认定相关控制的设计合理并得到执行，因此未将其评价为高风险领域且拟执行控制测试；但在执行控制测试时获得的审计证据与审计计划阶段获得的审计证据相矛盾，审计人员认为该类交易的控制没有得到有效执行，此时，审计人员可能需要修正对该类交易的风险评估，并基于修正的评估风险修改原定的计划审计方案。

2. 对计划审计工作的记录

审计人员应当记录总体审计策略和具体审计计划，包括在审计工作过程中作出的任何重大修改。至于记录的形式和范围，审计人员可以综合考虑被审计单位的规模和复杂程度、重要性、具体审计业务的情况以及其他审计工作记录的范围等事项加以决定。审计人员对总体审计策略的记录，应当包括为恰当地计划审计工作和向项目组传达重大事项而作出的关键决策。审计人员对具体审计计划的记录，应当能够反映计划实施的风险评估程序的性质、时间和范围，以及针对评估的重大错报风险计划实施的进一步审计程序的性质、时间和范围。审计人员可以使用标准的审计程序表或审计工作完成核对表，但应当视具体审计业务的情况而作相应适当的修改。对总体审计策略和具体审计计划作出的重大更改及其理由，以及对导致此类更改的事项、条件或审计程序结果采取的应对措施，审计人员也应当予以记录。

6.3 重要性与审计风险

审计人员在执行审计业务时，应当考虑重要性、审计风险及其相互关系。

6.3.1 重要性

重要性是一个非常重要的概念。重要性及其确定和运用，贯穿整个审计过程，体现在审计人员执行的审计业务中。审计人员在执行财务报表审计时，应当运用重要性原则；审计人员在执行其他鉴证业务时，也应当参照重要性原则处理，除非其他法规和准则有特定要求。在了解被审计单位基本情况和执行分析程序后，审计人员应当对审计工作做出规划。在计划审计工作时，审计人员应当考虑重要性并对重要性进行适当的评估。

1. 重要性的含义

重要性取决于在具体环境下对错报金额和性质的判断。如果一项错报单独或连同其他错报可能影响财务报表使用者依据财务报表作出的经济决策，则该项错报是重大的。具体地说，为了正确理解重要性概念，必须明确以下两点：

(1) 重要性是针对财务报表而言的，并且应从财务报表使用者的角度考虑。判断和确定一项业务重要与否，应视其在财务报表中的错报对财务报表使用者所作决策的影响程度而定。如果一项业务在财务报表中的错报足以影响或改变财务报表使用者的判断和决策，那么该项业务就是重要的，否则就是不重要的。这里将财务报表使用者视为一个群体来考虑其对共同性财务信息的需求，而没有虑及财务报表中的错报对（个别）特定使用者可能产生的影响，因为各个特定使用者的需求可能不尽相同。在经济生活中，具有一定理解能力并能够理性地作出判断和决策的财务报表使用者，需要利用被审计单位财务报表所提供的信息作出各种经济决策，因而被审计单位财务报表所提供的信息应当是相关的可靠的，足以影响或改变财务报表使用者的判断和决策的财务报表中的错报无疑是重大而重要的，但重要性并非财务信息的主要质量特征。

(2) 重要性离不开具体的环境。审计人员判断和确定重要性时，应当结合具体的环境。不同企业面临的外部环境和具有的内在条件不同，不同的财务报表使用者有着不同的信息需求，判断和确定重要性的标准也不同，因而在这种意义上重要性是相对的。不同企业的重要性不同，同一企业在不同时期的重要性也不同。比如，某一金额对甲企业的财务报表而言是重要的，但对乙企业的财务报表来说可能并不重要；又如，对丙企业而言，重要性也会随时间的不同而有所不同。

由于影响重要性的因素很多，不同的审计人员在确定同一被审计单位财务报表层次和认定层次的重要性水平时，对影响重要性的诸因素的判断存在差异，因此得出的结果可能不同。正因如此，审计人员应当运用职业判断确定重要性。在审计过程中，审计人员对重要性作出恰当的判断，既有利于提高审计效率，又有利于保证审计质量。比如，不断变化的经济社会环境与日趋复杂的企业客观实际，使审计人员往往难以进行详细审计，大都实施抽样审计。审计人员为作出抽样决策，自然会涉及重要性问题，并且对未查部分正确与否需要承担一定的风险，其风险大小与重要性的判断有关。因此，对重要性的判断是否恰当，直接影响着审计效率和审计质量。

鉴于此，审计人员应当基于职业判断合理运用重要性原则。如果重要性原则运用不当，就可能导致审计成本过大，浪费时间和人力；或审计风险过大，得出错误的审计结论，甚至陷入诉讼纷争。在审计过程中，审计人员在以下两种主要情形下应当考虑重要性原则并合理运用：一是在确定审计程序的性质、时间和范围时，重要性被视为审计所允许的可能或潜在的未发现错报的限度，也就是审计人员在实施审计程序以检查财务报表的错报时所允许的误差范围；二是在评价错报的影响时，重要性被视为某一错报或汇总的错报是否影响到财务报表使用者判断和决策的标志。

2. 重要性水平的确定

审计人员在运用重要性原则时，应当确定重要性水平，从而应当考虑错报的金额和性质，并考虑财务报表层次和各类交易、账户余额、列报认定层次的重要性。

（1）对错报的金额和性质的考虑。重要性受到错报的数量或者性质的影响，或者受到两者的共同影响。也就是说，重要性具有数量和质量两个方面的特征。一般而言，金额大的错报比金额小的错报更重要；在有些情况下，某项金额的错报从数量上看并不重要，但从其性质上考虑，则可能是重要的。对于某些财务报表列报与披露的错报，有时难以从数量上判断是否重要，而应从性质上考虑其是否重要。比如，涉及舞弊与违法行为的错报、影响收益变动趋势的错报、可能引起履行合同义务的错报，以及不期望出现的错报等。

需要指出的是，一笔较小金额的错报通常在数量上和性质上都是不重要的。但财务报表作为一个整体，较小金额的错报累计结果可能会对财务报表产生重大影响。对此，审计人员应当予以充分的关注。

（2）对财务报表层次和各类交易、账户余额、列报认定层次重要性的考虑。审计人员执行审计业务，是为了对被审计单位财务报表的合法性、公允性发表审计意见，而财务报表所提供的信息主要来源于各个账户、各类交易。因此，审计人员必须考虑财务报表层次的重要性，又必须通过验证各个账户、各类交易进而考虑各类交易、账户余额、列报认定层次的重要性，以得出财务报表是否合法、公允的整体性结论。

3. 重要性与审计风险的关系

在整个审计业务过程中，审计人员应当考虑重要性、审计风险及其相互关系。

（1）审计人员应当考虑重要性与审计风险的关系。审计风险的高低往往取决于审计人员对重要性的判断和确定，如果审计人员确定的重要性水平较低，审计风险就会增加。因此，审计人员必须通过实施有关审计程序以降低审计风险。

（2）重要性与审计风险之间存在反向关系。也就是说，审计人员判断和确定的重要性水平越高，审计风险越低；反之，审计人员判断和确定的重要性水平越低，审计风险越高。所谓重要性水平的高低，是指审计人员从财务报表使用者的角度判断和确定的金额的大小。比如，6 000元的重要性水平高于3 000元的重要性水平。如果重要性水平是6 000元，则意味着低于6 000元的错报不会影响到财务报表使用者的判断和决策，审计人员只需通过实施有关审计程序查出高于6 000元的错报；如果重要性水平是3 000元，则意味着低于3 000元的错报不会影响到财务报表使用者的判断和决策，但金额在3 000～6 000元之间的错报仍然会影响到财务报表使用者的判断和决策，审计人员需通过实施有关审计程序查出金额在3 000～6 000元之间的错报。显然，重要性水平为6 000元时的审计风险低于重要性水平为3 000元时的审计风险。可见，重要性水平越高，审计风险越低；反之，重要性水平越低，审计风险越高。当然，审计人员也不能通过不合理地人为调高重要性水平来降低审计风险，因为重要性水平是依据一定的判断标准确定的，而不是由主观期望的审计风险水平决定的。

（3）审计人员应当恰当运用职业判断，以合理确定重要性水平。鉴于重要性与审计风险之间存在反向关系，上例中原本6 000元的错报才会影响到财务报表使用者的判断和决策，审计人员若将重要性水平确定为3 000元，则将扩大审计程序的范围或追加审计程序，实际上浪费了不必要的时间和人力，降低审计效率；相反，原本

3 000 元的错报就会影响到财务报表使用者的判断和决策，审计人员若将重要性水平确定为 6 000 元，则会缩小应当实施的审计程序的范围或减少审计程序，有可能会得出错误的结论，增加审计风险。可见，重要性水平偏高或偏低，对审计工作都是不利的。因此，审计人员应当保持应有的职业谨慎，恰当运用职业判断，合理确定重要性水平，有效控制审计风险，从而保证审计的效果、效率。

（4）审计人员在整个审计业务过程中应当考虑重要性和审计风险。在计划审计工作时，审计人员应当考虑导致财务报表发生重大错报的原因。审计人员应当在了解被审计单位及其环境的基础上确定重要性，即为财务报表层次确定一个可接受的重要性水平，以发现在金额上重大的错报，并随着审计过程的推进，评价对重要性的判断是否仍然合理；同时，审计人员还应当评估各类交易、账户余额以及列报认定层次的重要性，以便确定进一步审计程序的性质、时间和范围，将审计风险降至可接受的低水平。在确定审计程序后，如果审计人员决定接受更低的重要性水平，审计风险将增加。对此，审计人员应当通过修改计划实施的实质性程序的性质、时间和范围来降低检查风险，或在可能的情况下，通过扩大控制测试范围或实施追加的控制测试来降低评估的重大错报风险，并支持降低后的重大错报风险水平。在评价审计程序结果时，审计人员确定的重要性和审计风险，可能与计划审计工作时评估的重要性和审计风险存在差异。对此，审计人员应当重新确定重要性和审计风险，并考虑实施的审计程序是否充分。在确定审计意见类型时，审计人员也应当考虑重要性水平。

4. 在计划审计工作时对重要性的考虑

审计人员在计划审计工作时，应当综合考虑有关因素以初步判断重要性水平，进而确定所需审计证据的数量。在编制审计计划时，审计人员应当对审计重要性与审计风险进行初步判断和恰当评估。重要性是影响审计证据充分性的一个重要因素，因此，审计人员在计划审计工作时应根据初步判断和恰当评估所确定的审计重要性水平，合理确定所需要的审计证据，进而决定拟实施审计程序的性质、时间和范围。前已述及，重要性水平与审计证据之间呈反向关系。也就是说，重要性水平越低，应当获取的审计证据越多。通常，审计项目越重要，所需搜集的审计证据越多。

（1）审计人员应当考虑的主要因素。为了初步判断并合理确定重要性水平，审计人员应结合以往的审计经验，综合考虑以下因素：有关法规的规定或要求；被审计单位的经营规模和业务性质；内部控制与审计风险的评估结果；财务报表各项目的性质、金额、波动幅度及相互关系等。

如果以往审计中所确定和运用的重要性水平较为恰当，则可作为本期确定重要性水平的重要依据。在企业管理层有权自由处理会计事项的情况下，审计人员应当更加慎重地确定重要性水平。被审计单位的经营规模不同，其重要性水平也有所不同。规模较大的企业，其重要性水平绝对值通常比规模较小的企业大，但其相对值一般比规模较小的企业小。企业所处行业的性质对重要性水平也有一定的影响，因为不同行业企业的会计核算，其工作组织形式及会计核算规范都存在一定的差异。被审计单位的内部控制状况与审计风险水平，影响着审计人员所确定的重要性水平。如果内部控制较为健全有效，可信赖程度高，则重要性水平可定得高一些，以节约审计成本，提高审计效率。由于重要性与审计风险之间存在反向关系，如果审计风险评估为高水平，则意味着重要性水平较低，应获取较多的审计证据，以降低审计风险。

财务报表各项目的性质及其相互关系，也影响着审计人员所确定的重要性水平。由于财务报表各项目的性质和重要程度存在差别，财务报表使用者对此关注的程度和审计人员由此确定的重要性水平也有所差别。一般来说，财务报表使用者更为关注流动性较高的项目，审计人员对此也从严确定重要性水平。此外，财务报表各项目之间是相互联系的，财务报表各项目的金额、波动幅度及相互关系有可能成为影响财务报表使用者判断和决策的重要信息，因此，审计人员在确定重要性水平时也应当予以考虑。

（2）财务报表层次重要性水平的确定。审计人员应恰当选用判断基础，并采用适当的计算方法，以合理确定重要性水平。通常，可用以确定重要性水平的判断基础包括资产总额、净资产、营业收入、净利润等，审计人员对此应恰当选用。比如，当被审计单位净利润波动幅度较大时，不应将当年的净利润作为重要性水平的判断基础，而应选择近年的平均利润。又如，在被审计单位净利润接近于零的情况下，不应将净利润作为重要性水平的判断基础。再如，如果被审计单位属于劳动密集型企业，则不应将资产总额或净资产作为重要性水平的判断基础。通常，可用以确定重要性水平的计算方法有固定比率法和变动比率法等。所谓固定比率法，是指在选定判断基础后，乘以一个固定比率（百分比），以确定财务报表层次的重要性水平的一种方法。在以往的审计实务中，针对不同类型的被审计单位分别其不同的财务报表项目，审计人员常用不同的固定比率来判断和确定重要性水平：对于企业等营利性组织，资产总额选用0.5%～1%（资产总额较小时用1%，较大时用0.5%），净资产选用0.5%～1%（净资产额较小时用1%，较大时用0.5%），营业收入选用0.5%～1%（营业收入较小时用1%，较大时用0.5%），净利润选用5%～10%（净利润较小时用10%，较大时用5%）；对于非营利组织，选用费用总额或总收入的0.5%；对于共同基金公司，选用净资产的0.5%。审计人员在执行具体审计业务时，根据具体情况判断可能会采用比上述固定比率（百分比）更高或更低的固定比率（百分比）。此外，审计人员在确定重要性水平时，无须考虑与具体项目计量相关的固有不确定性。比如，如果财务报表中含有高度不确定的大额估计，审计人员不会由此而确定另一个重要性水平，以区别于财务报表中不含有该大额估计的重要性水平。所谓变动比率法，是指在选定判断基础后，乘以一个变动比率（百分比），以确定财务报表层次的重要性水平的一种方法。规模越大的企业，允许错报的金额比率就越小。在以往的审计实务中，一般是取资产总额与营业收入两者中较大者并设定一个变动百分比，进而确定重要性水平。

对被审计单位的每一张财务报表，审计人员都应确定一个重要性水平。由于财务报表之间是彼此关联的，并且许多审计程序经常涉及两个以上的报表，比如，用以确定赊销是否正确地记录在适当期间的审计程序，既为资产负债表上的应收账款项目提供审计证据，又为利润表上的营业收入项目提供审计证据。因此，在计划审计工作时，应当运用被认为对任何一张财务报表都重要的最小错报总体水平。也就是说，如果同一期间各财务报表的重要性水平不同，审计人员应当取其中的最低者作为财务报表层次的重要性水平。

通常，审计人员在资产负债表日之前就对重要性水平作出初步判断和确定，而此时还无法取得年末财务报表的数据。审计人员应当根据现有财务报表或上年度财务报表，结合被审计单位经营环境和经营情况变动对现有财务报表或上年度财务报表的影响，进行推算或作出必要的修正，以得出年末财务报表的数据，并据以确定财务报表层次的重要性水平。

（3）各类交易、账户余额、列报认定层次重要性水平的确定。各类交易、账户余额、列报认定层次的重要性水平，是在将不会导致财务报表存在重大错报的情况下，审计人员以对财务报表层次重要性水平的初步评估为基础而对各类交易、账户余额、列报所确定的可接受的最大错报，也称为“可容忍错报”。审计人员可将此前确定的财务报表层次的重要性水平，分配至各类交易或各个账户（通常为资产负债表账户），也可单独确定各类交易或各个账户的重要性水平。在确定各类交易或各个账户的重要性水平时，审计人员应当考虑各类交易或各个账户的性质和错报的可能性，以及各类交易或各个账户重要性水平与财务报表层次重要性水平的关系。对于重要的交易或账户，审计人员应当从严确定重要性水平；对于出现错报可能性较大的交易或账户，宜将重要性水平确定得高一些。如果将财务报表层次的重要性水平分配至各类交易或各个账户，则各类交易或各个账户的重要性水平之和应当等于财务报表层次的重要性水平。

审计人员若不将财务报表层次的重要性水平分配至各类交易或各个账户，则可根据各类交易或各个账户的性质及错报的可能性，将其重要性水平分别确定为财务报表层次重要性水平的一定的百分比或比率（如20%～50%或1/6～1/3)。审计过程中，若发现某类交易或某个账户的错报超过这一水平，应建议被审计单位予以调整；同时，编制和分析调整事项汇总表，若发现未调整的错报超过财务报表层次的重要性水平，也应建议被审计单位予以调整。显然，能否合理确定财务报表层次的重要性水平及其一定的百分比或比率，决定着各类交易、账户余额、列报认定层次重要性水平确定的合理性。因此，审计人员应当具备足够的专业胜任能力，恰当地运用其职业判断和执业经验，合理确定重要性水平。

5. 在评价审计程序结果时对重要性的考虑

在评价审计程序结果时，审计人员所判断和确定的重要性水平，可能与计划审计工作中初步判断和确定的重要性水平不同，这可能是因为环境的变化或审计人员对被审计单位了解程度的加深，或者可能是因为审计人员有意确定一个较低的重要性水平，因为低于评价审计程序结果时的重要性水平，可以减少未被发现的错报的可能性。如果评价审计程序结果时所运用的重要性水平大大低于计划审计工作时确定的重要性水平，审计人员应当重新考虑所实施的审计程序是否充分。原来较高的重要性水平意味着较低的审计风险，审计人员所需实施的审计程序和取得的审计证据相对较少；而评价审计程序结果时所运用的重要性水平比原来有所降低，则审计风险会增加，从而需要实施更多的审计程序，取得更多的审计证据。

（1）尚未更正错报的汇总数。在评价审计程序结果时，审计人员应当汇总尚未更正的错报，以便与财务报表层次的重要性水平相比较。尚未更正错报的汇总数，既包括审计人员在审计过程中已识别的具体错报（含在以前期间审计中已识别但尚未更正错报的净影响额），又包括审计人员对不能明确识别的其他错报的最佳估计数，即推断误差（如通过审计抽样或分析程序所估计的尚未更正的错报）。此外，在进行尚未更正错报的汇总时，审计人员还应当考虑期后事项和或有事项是否已进行了适当处理。

（2）错报的影响评价与处理。对于尚未更正错报的汇总数，审计人员应当评估其是否重大。如果认为尚未更正错报的汇总数可能是重大的，即尚未更正错报的汇总数可能超过财务报表层次的重要性水平，审计人员应当考虑通过扩大审计程序的范围或要求被审计单位管理层调整财务报表，以降低审计风险。即审计人员通过扩大审计程序的范围，以进一步确认尚未更正错报的汇总数是否重要；或要求被审计单位管理层调整财务报表，以使尚未更正错报的汇总数低于重要性水平。

需要指出的是，在形成审计结论时，审计人员应当使用整体重要性水平和为了特定交易类别、账户余额、列报而确定的较低金额的重要性水平，以评价已识别的错报对被审计单位财务报表和审计人员拟发表审计意见类型的影响。在审计实践中，审计人员应当要求被审计单位管理层就已识别的错报调整财务报表。也就是说，除非认为错报明显不重大，否则审计人员应当要求被审计单位管理层更正所有已知的错报；如果错报未予更正，审计人员应当就此与被审计单位治理层直接沟通，讨论未能更正错报的原因及其影响（包括对未来财务报表可能产生的影响），并再次提请予以更正。

如果被审计单位管理层拒绝调整财务报表，并且扩大审计程序范围的结果不能使审计人员认为尚未更正错报的汇总数不重大，即尚未更正错报的汇总数仍超过财务报表层次的重要性水平，审计人员应当考虑出具非无保留意见的审计报告。这意味着当被审计单位管理层拒绝调整财务报表，或仅部分调整财务报表而使尚未更正错报的汇总数并未得到实质性的减少时，或者当审计人员扩大审计程序的范围后，尚未更正错报的汇总数仍然超过财务报表层次的重要性水平时，审计人员就应当考虑其拟发表的审计意见的类型。比如，如果尚未更正错报的汇总数可能影响到某个财务报表使用者的决策，但财务报表的反映整体上是公允的，审计人员应当考虑发表保留意见，即出具保留意见的审计报告；再如，如果尚未更正错报的汇总数可能影响到大多数甚至全部财务报表使用者的决策，审计人员应当考虑发表否定意见，即出具否定意见的审计报告。

如果已识别但尚未更正错报的汇总数接近财务报表层次的重要性水平，审计人员应当考虑该汇总数连同尚未发现的错报是否可能超过财务报表层次的重要性水平，并考虑通过实施追加的审计程序，或要求被审计单位管理层就已识别但尚未更正的全部错报调整财务报表，以降低审计风险。如果识别出由于舞弊或错误而导致的重大错报（material or profound misstatement），审计人员应当按照审计准则的有关规定，考虑与管理层和治理层沟通，并采取相应的应对措施，以降低由舞弊或错误所导致的财务报表层次的重大错报风险。

6.3.2 审计风险

前已述及，在执行审计业务时，审计人员应当考虑重要性、审计风险及其相互关系。在确定可接受的审计风险水平时，审计人员需要考虑审计机构对审计风险的态度偏好、审计失败对审计机构可能造成的损失大小等因素。由于审计业务是一种保证程度较高的鉴证业务，审计人员可接受的审计风险水平应当足够低，以便能够合理保证所审计的财务报表不含有重大错报。审计人员应当恰当运用职业判断，通过合理计划审计工作和有效实施审计程序，获取充分、适当的审计证据，以将审计风险降至可接受的水平。

1. 审计风险的含义

审计风险是指被审计单位财务报表存在重大错报，审计人员却未能发现并发表不恰当审计意见的可能性。审计风险取决于重大错报风险和检查风险。审计人员应当运用职业判断，实施必要的审计程序，评估财务报表层次的重大错报风险，根据评估结果确定总体应对措施，并设计和实施针对认定层次重大错报风险的进一步审计程序，以控制检查风险。在现行的审计理论与实践中，审计风险、重大错报风险及检查风险之间的关系，可用下列公式表示：

审计风险＝重大错报风险×检查风险

重大错报风险是指被审计单位财务报表在审计前存在重大错报的可能性。实际上，重大错报风险包括固有风险和控制风险。其中，固有风险是指假定不存在相关内部控制，被审计单位某一账户或交易类别单独或连同其他账户、交易类别产生重大错报的可能性；而控制风险是指某一账户或交易类别单独或连同其他账户、交易类别产生错报，而未能被内部控制防止、发现或纠正的可能性。需要明确的是，固有风险和控制风险两者客观地交织在一起，故将它们合并称为"重大错报风险"，但这并不意味着审计人员不可以单独对固有风险或控制风险进行评估。它们之间的关系，可用下列公式表示：

重大错报风险＝固有风险×控制风险

检查风险是指被审计单位某一账户或交易类别单独或连同其他账户、交易类别产生错报，而未能被实质性程序发现的可能性。检查风险取决于审计程序设计的合理性和实施的有效性。审计人员应当合理设计审计程序的性质、时间和范围，并有效实施审计程序，以控制检查风险。

在以往的审计理论与实践中，各种风险之间的关系，通常用下列公式表示：

审计风险＝固有风险×控制风险×检查风险

审计人员应当考虑已识别但尚未更正的单独或累计的错报是否对被审计单位财务报表整体产生重大影响。审计人员应当关注被审计单位财务报表的重大错报，但没有责任发现对财务报表整体不产生重大影响的错报。在设计审计程序以确定财务报表整体是否存在重大错报时，审计人员应当分别从财务报表层次和各类交易、账户余额、列报认定层次考虑重大错报风险。一般来说，财务报表层次的重大错报风险通常与被审计单位的控制环境有关，并与财务报表整体存在广泛联系，可能影响多项认定，但难以界定某类交易、账户余额、列报的具体认定。

审计人员应当评估财务报表层次的重大错报风险，并根据评估结果确定总体应对措施，包括向项目组强调在搜集和评价审计证据过程中保持职业怀疑态度的必要性、分派更有经验或具有特殊技能的审计人员、利用专家的工作或提供更多的督导、在选择进一步审计程序时应注意使某些程序不被管理层预见或事先了解，以及对拟实施审计程序的性质、时间和范围作出总体修改等。审计人员应当评估认定层次的重大错报风险，并根据既定的审计风险水平和评估的认定层次重大错报风险，确定可接受的检查风险水平。在审计风险水平既定的情况下，可接受的检查风险水平与认定层次的重大错报风险的评估结果呈反向关系。评估的重大错报风险越高，可接受的检查风险越低；相反，评估的重大错报风险越低，可接受的检查风险越高。审计人员应当获取认定层次充分、适当的审计证据，以便在完成审计工作时，能够以可接受的低审计风险对财务报表整体发表审计意见。

2. 重大错报风险的识别与评估

审计人员应当识别和评估被审计单位财务报表层次和各类交易、账户余额、列报认定层次的重大错报风险。在识别和评估重大错报风险时，审计人员应当实施下列审计程序：

（1）在了解被审计单位及其环境时识别风险，并考虑各类交易、账户余额、列报。

（2）将识别的风险与认定层次可能发生错报的领域相联系。

（3）考虑识别的风险是否重大。

（4）考虑识别的风险导致财务报表发生重大错报的可能性。

审计人员应当利用实施风险评估程序获取的信息，包括在评价控制设计和确定其是否得到执行时获取的审计证据，作为支持风险评估结果的审计证据。审计人员应当根据风险评估结果，确定实施进一步审计程序的性质、时间和范围。

下列事项和情况可能表明被审计单位存在重大错报风险，审计人员应当予以关注：

（1）在经济不稳定的国家或地区、高度波动的市场，以及严厉、复杂的监管环境中开展业务。

（2）行业环境发生剧变、融资能力受到限制，以及供应链发生变化。

（3）持续经营和资产流动性出现问题，包括重要客户流失。

（4）开发新产品或提供新服务、进入新的业务领域，以及开辟新的经营场所。

（5）发生重大的非常规交易、关联方交易、收购、重组或其他非经常性事项，以及拟出售分支机构或业务分部。

（6）运用表外融资、特殊目的实体及其他复杂的融资协议，以及复杂的联营或合资。

（7）内部控制薄弱、关键人员变动，以及缺乏具备胜任能力的会计人员。

（8）信息技术战略与经营战略不协调、信息技术环境发生变化，以及安装与财务报告有关的新的重大信息技术系统。

（9）以往存在重大错报、本期期末出现重大会计调整，以及按照管理层特定意图记录的交易。

（10）应用新颁布的会计准则或相关会计制度、会计计量过程复杂，以及事项或交易在计量时存在重大不确定性。

（11）存在未决诉讼、产生或有负债，以及经营活动或财务报告受到监管机构的调查。

审计人员应当确定其所识别的重大错报风险，是与特定的某类交易、账户余额、列报的认定相关，还是与财务报表整体广泛相关，进而影响多项认定。财务报表层次的重大错报风险很可能源于薄弱的控制环境，而薄弱的控制环境带来的风险可能对财务报表产生广泛影响，难以限于某类交易、账户余额、列报。对此，审计人员应当采取总体应对措施。在评估重大错报风险时，审计人员应当将其所了解的控制与特定认定相联系，因为控制与认定直接或间接相关，关系越间接，控制对防止或发现并纠正认定错报的效果越小。审计人员可能识别出有助于防止或发现并纠正特定认定发生重大错报的控制。在确定这些控制是否能够实现上述目标时，审计人员应当综合考虑控制活动和其他要素。

3. 对特别风险的考虑

审计人员应当运用职业判断，确定其所识别的风险中的特别风险，即需要特别考虑的重大错报风险。作为风险评估的一部分，审计人员应当在考虑识别出的控制对相关风险的抵消效果前，根据风险的性质、潜在错报的重要程度以及发生的可能性，判断风险是否属于特别风险。通常，特别风险既与重大的非常规交易（即由于金额或性质异常而不经常发生的交易）有关，又与判断事项有关。对于特别风险，审计人员应当评价相关控制的设计情况，并确定其是否已经得到执行。

（1）风险性质的确定。在确定风险的性质时，审计人员应当考虑该风险：是否属于舞弊风险；是否与近期经济环境、会计处理方法和其他方面的重大变化有关；是否涉及重大的关联方交易，交易的复杂程度，以及财务信息计量的主观程度，尤其是对不确定事项的计量存在较大区间；是否涉及异常或超出正常经营过程的重大交易。

（2）与重大非常规交易相关的特别风险。与重大非常规交易相关的特别风险可能导致更高的重大错报风险，这是因为非常规交易具有以下特征：管理层更多地介入会计处理；数据收集和处理涉及更多的人工成分；复杂的计算或会计处理方法；非常规交易的性质可能使被审计单位难以有效控制其所产生的特别风险。

（3）与重大判断事项相关的特别风险。与重大判断事项相关的特别风险可能导致更高的重大错报风险，这是因为：对涉及会计估计、收入确认等方面的会计准则存在不同的理解；所要求的判断可能是主观和复杂的，或需要对未来事项作出假设。

由于与重大非常规交易或判断事项相关的风险很少受到日常控制的约束，审计人员应当了解被审计单位是否针对该特别风险设计和实施了控制。如果被审计单位管理层未能实施控制以恰当应对特别风险，审计人员应当认为内部控制存在重大缺陷，并考虑其对风险评估的影响。

需要指出的是，审计人员对认定层次重大错报风险的评估应以获取的审计证据为基础，并可能随着不断获取审计证据而作出相应的变化。如果通过实施进一步审计程序获取的审计证据与初始评估获取的审计证据相矛盾，审计人员应当修正风险评估结果，并相应修改原计划实施的进一步审计程序。如果认为仅通过实质性程序获取的审计证据无法将认定层次的重大错报风险降至可接受的最低水平，审计人员应当评价被审计单位针对这些风险设计的控制，并确定其执行情况。在被审计单位对日常交易采用高度自动化处理的情况下，审计证据可能仅以电子形式存在，其充分性和适当性通常取决于自动化信息系统相关控制的有效性，审计人员应当考虑仅通过实施实质性程序不能获取充分、适当审计证据的可能性。如果认为仅通过实施实质性程序不能获取充分、适当的审计证据，审计人员应当考虑所依赖的相关控制的有效性。

4. 进一步审计程序的性质、时间和范围

审计人员评估的财务报表层次重大错报风险以及采取的总体应对措施，对拟实施进一步审计程序的总体方案具有重大影响。进一步审计程序是指审计人员针对评估的各类交易、账户余额、列报认定层次重大错报风险实施的审计程序（控制测试和实质性程序），包括审计程序的性质、时间和范围。拟实施进一步审计程序的总体方案既包括以实质性程序为主的实质性方案，又包括将控制测试与实质性程序结合使用的综合性方案。审计人员设计和实施的进一步审计程序的性质、时间和范围，应当与评估的认定层次的重大错报风险具有明确的对应关系。

（1）审计程序的性质。审计程序的性质是指审计程序的目的和类型，其目的包括通过控制测试以确定内部控制运行的有效性与通过实质性程序以发现认定层次的重大错报，其类型则包括检查、观察、函证、重新计算、重新执行和分析程序。不同的审计程序应对特定认定错报风险的效力是不同的，审计人员应当根据认定层次重大错报风险的评估结果选择审计程序，并在确定拟实施的审计程序时考虑评估的认定层次的重大错报风险的原因（包括考虑各类交易、账户余额、列报的具体特征以及内部控制）。

（2）审计程序的时间。审计程序的时间是指审计人员综合考虑控制环境、能得到相关信息的时间以及错报风险的性质等因素而确定实施审计程序的时间，或审计证据适用的期间或时点（如期中或期末）。当重大错报风险较高时，审计人员应当考虑在期末或接近期末实施实质性程序；或采用不通知的方式，或在被审计单位管理层不能预见的时间实施审计程序。如果被审计单位在期末或接近期末发生了重大交易，或重大交易在期末尚未完成，审计人员应当考虑交易的发生或截止等认定可能存在的重大错报风险，并在期末或期末以后检查此类交易；而某些程序（诸如对财务报表编制过程中所作会计调整的检查、将财务报表与会计记录核对等）也只能在期末或接近期末实施。在期中实施审计程序，可能有助于审计人员在工作之初就识别出重大事项，并在被审计单位管理层的协助下及时加以解决，或对此制定有效的总体方案；但在此种情况下，审计人员还应当针对剩余期间获取审计证据。

（3）审计程序的范围。审计程序的范围是指审计人员综合考虑确定的重要性水平、评估的重大错报风险以及计划获取的保证程度等因素而确定并实施的审计程序的数量，包括抽取的样本量、对某项控制活动的观察等。随着重大错报风险的增加，审计人员应当考虑扩大审计程序的范围，该审计程序应与特定风险相关，以使扩大审计程序的范围有效。通常，审计人员使用恰当的抽样方法可以得出有效的结论；但如果从总体中选取的样本量过小、选择的抽样方法对特定目标不适当或未对发现的例外事项进行恰当的追查，审计人员依据样本得出的结论可能与对总体实施同样的审计程序得出的结论不同。如果综合运用不同的审计程序，审计人员还应当考虑测试的范围是否适当。

必须明确的是，在应对评估的风险时，审计人员合理确定审计程序的性质最重要。

5. 检查风险的评估及其影响

前已述及，在既定的审计风险水平下，被审计单位重大错报风险的水平直接影响甚至决定着审计人员可接受的检查风险水平。可接受的检查风险水平与认定层次重大错报风险的评估结果存在反向关系。也就是说，评估的重大错报风险水平越高，审计人员可接受的检查风险水平越低；反之，评估的重大错报风险水平越低，审计人员可接受的检查风险水平越高。比如，审计人员针对某一认定将可接受的审计风险水平设定为5%，实施风险评估程序后将重大错报风险评估为25%，则可接受的检查风险为20%；据此可接受的检查风险（20%），审计人员设计和实施进一步审计程序，而审计计划在很大程度上就是确定审计程序的性质、时间和范围。在审计实践中，审计人员有时也选用“高”“中”“低”等文字来描述风险水平。

无论认定层次的重大错报风险的评估结果如何和选择何种方案，审计人员都应当对所有重大的各类交易、账户余额、列报设计和实施实质性程序，而审计人员对拟实施实质性程序的性质、时间和范围的确定，又主要取决于根据重大错报风险水平所确定的可接受的检查风险水平。一般来说，重大错报风险的水平越高，审计人员就应实施越详细的实质性程序。比如，针对存货和产品销售成本项目，除实施分析程序外，审计人员还应对其余额（金额）进行细节测试，以将检查风险降至可接受的水平。可见，可接受的检查风险水平影响实质性程序的性质、时间和范围的确定。具体来说，当可接受的检查风险水平为高时，则主要实施分析程序和交易测试，通常进行期中审计，可选取较小样本，只需较少证据；当可接受的检查风险水平为中时，则结合运用分析程序、交易测试以及余额测试，进行期中、期末及期末以后审计，宜选取适中样本，所需证据适量；当可接受的检查风险水平为低时，则主要实施余额测试，进行期末审计和期末以后审计，应选取较大样本，需要较多证据。

检查风险除了影响审计人员所实施的实质性程序的性质、时间和范围外，还影响审计人员所发表审计意见的类型。比如，在实施实质性程序后，若仍认为与某一重要的交易、账户余额、列报认定有关的检查风险不能降至可接受的水平，审计人员就应当考虑发表保留意见或无法表示意见等非无保留意见审计报告，因为如果不能将重要的交易、账户余额、列报的检查风险降至可接受的水平，审计人员将难以确定有多少重大错报无法通过实质性程序予以发现，进而难以确定财务报表的部分或全部认定是否合法、公允，也就无法得出财务报表整体是否合法、公允的结论。

思考题

1. 什么是计划审计工作？计划审计工作有何意义？
2. 为什么要开展初步业务活动？它包括哪些主要内容？
3. 审计人员在签订审计业务约定书时应考虑哪些问题？
4. 什么是总体审计策略？它包括哪些主要内容？
5. 审计人员在制定总体审计策略时应考虑哪些事项？
6. 什么是具体审计计划？它包括哪些主要内容？
7. 具体审计计划与总体审计策略有何联系？
8. 审计人员如何考虑审计过程中对计划的更改？
9. 审计人员应当记录计划审计工作中的哪些内容？
10. 审计人员如何合理确定两个层次的重要性水平？
11. 审计人员为什么要运用职业判断确定重要性？
12. 审计人员在计划审计工作时对重要性应如何考虑？
13. 审计人员在评价审计程序结果时对重要性应如何考虑？
14. 什么是重大错报风险？如何识别和评估重大错报风险？
15. 什么是检查风险？如何评估检查风险及其影响？
16. 审计人员如何正确理解和处理重大错报风险与检查风险的关系？
17. 审计人员如何确定针对财务报表层次重大错报风险的总体应对措施？
18. 审计人员如何确定针对认定层次重大错报风险的进一步审计程序？
19. 如何正确理解重要性、审计风险与审计证据之间的关系？
20. 如何正确理解认定、审计程序与审计证据之间的关系？

练习题

1. 审计人员接受委托对SC公司2016年度财务报表进行审计。该公司资产总额为56 000万元，各个资产项目构成如下表所示，审计人员初步判断财务报表层次的重要性水平为资产总额的1%，即560万元，亦即总资产账户可以容忍的错报为560万元。审计人员将这一重要性水平在各个资产账户中按1%的比例分配如下：

重要性水平的分配

单位：万元

项目	金额	各账户分配的重要性水平
库存现金	2 800	28
应收账款	8 400	84
存货	16 800	168
固定资产	28 000	280
总资产	56 000	560

要求：根据上述有关资料，分析并指出表中分配存在的问题及其原因，并代审计人员重新将财务报表层次的重要性水平分配至各个资产账户。

2. 审计人员接受委托对SJ公司2016年度财务报表进行审计。在计划审计工作时，审计人员设定的审计风险期望水平和评估的重大错报风险水平如下表所示。

风险	情况				
	(1)	(2)	(3)	(4)	(5)
审计风险	1%	1%	5%	5%	10%
重大错报风险	25%	40%	10%	50%	10%
检查风险					
审计证据					

要求：根据上述有关资料，分析并回答上述各种情况下的检查风险水平与所需审计证据的数量。

案例题

某审计机构接受委托并指定一个项目组对JY公司2016年度财务报表进行审计。根据项目组内部分工，审计人员江某负责审计JY公司的销售交易及相关账户，江某就销售交易完整性认定制定审计计划，并实施了有关审计程序，具体情况如下：

1. 为识别和评估可能存在的错报风险，江某通过了解被审计单位及其环境，发现的主要情况有：

(1) 被审计单位主要业务为矿产勘探和开采；

(2) 公司重要管理人员的变动比较频繁；

(3) 公司流动资金严重不足；

(4) 公司很有希望实现管理层确定的年收入增长40%的目标；

(5) 公司会计人员经常加班加点，十分疲惫。

2. 为了解内部控制运行的有效性，江某实施了控制测试，发现该公司有货物运送凭证但没有销售发票，现金、银行存款的控制运行无效。

3. 为查明销售交易的完整性认定，江某分析了可能存在潜在的错报、必要的控制以及可能的测试，并制定了相应的控制测试方案，如下表所示。

潜在的错报	必要的控制	可能的测试
(1) 运送的货物可能没有开单	运送与开单应分工负责 运送凭证应预先编号并说明用途 每张运送凭证都应有对应的销售发票	观察责任分工情况 审查预先编号的凭证 审查运送凭证与对应的销售发票
(2) 已开单的销售可能没有记账	销售发票应预先编号 销售发票按编号顺序记账	审查预先编号的销售发票 审查记录销售的有关账簿
(3) 已开单的销售可能没有记入应收账款分类账	各类账户应分工负责 应收账款每日过账数额与每日销售汇总的检查应独立进行	观察责任分工情况 审查独立检查情况 重新执行独立检查

4. 为进行控制测试，江某制定了有关销售交易完整性认定的测试方案。

工作底稿索引号	销售交易完整性认定——控制测试	执行	
		审计人员	日期
	(1) 核查主营业务收入明细账与销售发票编号的一致性 (2) 查找应收账款每日过账数额与每日销售汇总进行独立检查的证据 (3) 观察、询问执行独立检查人员 (4) 重新执行独立检查 (5) 观察运送与开单、记录与过账的责任分工 (6) 审核运送凭证与对应的销售发票		

5. 江某通过实施控制测试收集了相应的审计证据，针对交易完整性认定的风险进行了评价，并将评价过程记录如下：

客户：JY公司 20××年×月×日 风险评价——销售交易认定	 编制人：×× 日期：20××年×月×日 复核人：×× 日期：20××年×月×日
一、(略) 二、完整性 有关销售交易完整性的控制，主要与计算机打印各自独立的销售订单、装运单、包装单和销售发票有关。20××年9月3日和4日，同应收账款管理员和发运人员进行了讨论，了解到从发出订单到发运货物通常需要两周时间，但很少有一张不对应运单或包装单存留在不对应凭证的报告中，即使有，时间也很少超过两天。通过抽查几天内不对应凭证的报告（见审计工作底稿×—1—4）发现装运单或包装单在外流通的时间最长为两天，从而佐证了询问的结果。此外，还从中选出若干笔交易，追查至所依据的凭证，没有发现“例外”情况。 根据对证据事项的审查，同时考虑对应收账款管理员、发运人员的询问证据以及其他证据，可将风险评价为低于最高水平。 ……	

要求：根据上述情况，分析和讨论下列问题：

(1) 江某通过了解JY公司及其环境，可能会发现哪种风险？它对于财务报表认定有何影响？

(2) 江某对内部控制了解到的情况，可能会影响财务报表的哪些认定？JY公司可能存在哪些错报风险？

(3) 有关JY公司销售交易完整性的认定，会影响哪些账户余额的认定？

(4) 江某应如何编制此项业务的具体审计计划？

第7章 Chapter 7 内部控制

学习目标

1. 了解内部控制整体框架及其构成要素。
2. 理解内部控制的主要内容与基本形式。
3. 了解内部控制的重要性与固有局限性。
4. 掌握内部控制的描述方法及应用条件。
5. 掌握内部控制自我评估方法及其应用。
6. 了解为了解内部控制所需考虑的因素。
7. 掌握内部控制的测试、评价以及审计。
8. 理解内部控制基本规范以及应用规范。

7.1 概　述

7.1.1 内部控制的历史演进

现代意义上的内部控制，是在长期的经营实践中，随着企业对内加强管理，对外满足社会需要，而逐步产生并发展起来的自我检查、调整及制约系统。内部控制的产生与发展，促使审计工作由全面详细的审计发展成为以测试为基础的制度基础审计以及以风险评估为基础的审计。这种以内部控制评价和风险评估为基础的审计，既能提高审计效率，又能保证审计质量，从而有别于以经济业务检查为基础的审计，并成为传统审计转变为现代审计的一个重要标志。因此，现代审计与内部控制及风险管理之间存在着密切的联系。

内部控制是管理现代化的必然产物。它是在内部牵制的基础上，由企业管理人员在经营管理实践中创造并经理论总结而逐步完善起来的。在漫长的历史演进中，内部控制大体经历了萌芽、发展及成熟等不同阶段。

最初的内部牵制实践，可以追溯到公元前 3 600 年前的美索不达米亚文明时期。据文献推测，在法老统治的古埃及，就存在着内部牵制的思想与举措。据史料稽考，在古罗马时代，便存在着利用内部牵制来审查有无记账差错或舞弊行为，进而达到控制财产收支目的的思想。到我国西周时期，内部牵制制度已基本形成。周王朝统治者为了防止掌管财物的官吏贪污盗窃或弄虚作假，对其实施了严密的分工牵制和交互考核等方法，并达到了“一毫财赋之出入，数人耳目之通焉”的程度。在内部牵制方面，古代世界几乎没有别的国家可以和中国周代相比。15世纪末，借贷复式记账法在意大利的出现，标志着内部牵制趋于成熟。纵观这一历史时期的内部牵制，可以发现它基本是以查错防弊为目的，以职务分离和账目核对为手段，以钱、账、物等为主要控制对象，其主要特点是以任何个人或部门不能单独控制任何一项或一部分业务权力的方式进行组织上的责任分工，每项业务通过正常发挥其他个人或部门的作用和功能进行交互检查或控制。在现代内部控制理论中，内部牵制仍然占有相当重要的地位，并成为现代的内部控制中有关组织控制、职务分离控制的雏形。

随着资本主义经济的发展，社会化大生产程度日益提高，企业内部分工不断细化，企业之间竞争逐渐加剧，企业内外要求加强管理的呼声渐趋高涨，从而使得与手工工场相适应并局限于会计事项的内部牵制难以满足日益复杂的工业化生产需要。于是，以科学管理为先导，进行管理尝试与创新的实践活动日益推进和展开，并促使以职务分工和账户核对为主要内容的内部牵制逐渐发展成为由组织结构、职务分离、业务程序、处理手续等构成的内部控制系统。第二次世界大战后，资本主义经济进一步发展，促使内部控制从对单项经济活动进行独立控制为主向对全部经济活动进行系统控制为主演变，进而形成了包括内部审计在内的涵盖范围更广、运行机制更为有效的严密的控制系统。在这一时期，审计人员也在不断改进审计方法的探索中，逐渐认识到内部控制及其对审计工作的重要性。于是，他们从开展审计业务的实际需要出发，将内部控制从企业管理活动中抽象出来，进行专门的研究与评价，逐渐把在管理实践中产生与发展的内部控制通过理性思考上升为理论加以提出并不断深化。“内部控制”一词最早见诸文字，是作为审计术语出现在1936年美国注册会计师协会（AICPA）的前身所发布的《注册会计师对财务报表的审查》文告中的。文告指出，注册会计师在制定审计程序时，应考虑的一个重要因素是审查企业的内部牵制和控制，企业的会计制度和内部控制越好，财务报表需测试的范围则越小。

值得指出的是，内部控制的发展，还与审计人员法律责任的不断加强及其对审计风险的日益关注有着密切的联系。不断发生的诉讼案件和有关法规的颁布实施，进一步强化了审计人员的法律责任，促使其更加关注审计风险，并使内部控制的研究与评价成为一项法定的审计步骤，甚至将企业内部控制是否健全、有效成为能否接受委托审计的重要前提条件；与此同时，也促使企业注重自身内部控制的建设。

在较长时期的讨论与研究中，“内部控制”一词不断得到修正，并在划分为会计控制与管理控制的基础上得以进一步的界定。然而，至1980年3月，有的学者又认为这种划分不妥当，并将其描绘为“把美玉击成了碎片”，且声称在这块美玉完全修复以前不可能有一个对管理人员有用、为管理人员所理解的内部控制定义。1988年4月，美国注册会计师协会在其发布的题为《财务报表审计对内部控制结构的考虑》的《审计准则公告第55号》（SAS No. 55）中，首次使用“内部控制结构”一词，取代了原有的“内部控制”概念。该公告指出，“企业的内部控制结构包括为合理保证企业特定目标的实现而建立的各种政策和程序”，并且明确了内部控制结构的内容。这种定义不再区分会计控制与管理控制，并将内部控制环境纳入了内部控制范畴。与前述有关内部控制的定义相比，它表明了 20 世纪 70 年代以后内部控制实务操作的新动向，即基于防止与揭发舞弊的需要而更加关注和强化内部控制，也反映了审计理论在内部控制方面的研究重点已从一般定义向具体内容深化，即内部控制整体框架的形成。

总体考察现代内部控制的演变历史，可以发现促进内部控制发展的动因主要有两个：一是企业内部管理的压力；二是外部审计开展的推动。另外，实行内部控制有其积极作用，即利于保护企业财产的完整性，合理保证财务报告的可靠性，以及有力配合外部审计的有效性。

7.1.2　内部控制的整体框架

美国等西方国家始终重视内部控制，在理论上不断研究并在实践上持续探索。特别是，1978 年成立的以科恩（M. F. Cohen）为会长的审计责任委员会即科恩委员会，把对财务报告的公允性表示意见和构成舞弊视为审计的同等重要的目的。经该委员会的努力，美国注册会计师协会对会计师事务所制定了质量管理的政策与程序．采用同业互查（peer review）的方式加强监管并使之制度化，还设立了公共监管机构（Public Oversight Board，POB）以实施对美国注册会计师协会内部审计业务的审查以及对 POB 状况的了解和监督。该委员会认为，内部控制的调查与评价是审计的重要方面，内部控制对防止和揭发舞弊来说是至关重要的。但应注意并认真对待的是，内部控制在对经营者舞弊的防止和揭发方面效果不佳。

1985 年 6 月，美国注册会计师协会会同美国会计学会（AAA）、全国会计师协会（NAA，后改名为管理会计师协会，IMA）、内部审计师协会（IIA）、财务经理人协会（FEI）成立了以崔德威（J. C. Treadway）为会长的崔德威委员会，其目的在于对防止和揭发舞弊财务报告的措施提出建议，并强调经营者对财务报告的责任。为监督其建议的实施，该委员会还设立了监管执行委员会和后援委员会（Committee of Sponsoring Organizations of the Treadway Commission，COSO）。COSO 在《审计准则公告第 55 号》发布后进行了近 4 年的研究，于 1992 年 9 月公布了由概念、框架、对外部关系者的报告及内部控制的评价手段等四部分构成的研究报告，即《内部控制整体框架》。COSO 认定内部控制是为了达到业务的有效性和效率性、财务报告的可靠性以及相关的法律和规章的遵从性等三个方面的目的，旨在提供合理的保证，而由单位的董事会、经营者及其他成员实施的一种过程。

COSO 认为内部控制的构成要素应该来源于管理层经营企业的方式，并与管理过程相结合，包括控制环境、风险评估过程、控制活动、信息系统与沟通、对控制的监督。其中，控制环境包括治理职能和管理职能，以及治理层和管理层对内部控制及其重要性的态度、认识和措施。风险评估过程包括识别与财务报告相关的经营风险，以及针对这些风险所采取的措施。控制活动是指有助于确保管理层的指令得以执行的政策和程序，包括与授权、业绩评价、信息处理、实物控制及职责分离等相关的活动。信息系统与沟通是指与财务报告相关的信息系统和沟通，前者包括用以生成、记录、处理和报告交易、事项和情况，对相关资产、负债和所有者权益履行经营管理责任的程序和记录，后者包括使员工了解各自在与财务报告有关的内部控制方面的角色和职责、员工之间的工作联系，以及向适当级别的管理层报告例外事项的方式。对控制的监督是指被审计单位评价内部控制在一段时间内运行有效性的过程，该过程包括及时评价控制的设计和运行，以及根据情况的变化采取必要的纠正措施。显然，这五项要素是紧密联系的。控制环境是其他控制要素的基础，控制环境的适宜性是内部控制有效性的重要条件。不仅如此，内部控制的有效性在相当大程度上还依赖于风险评估过程的恰当性、信息系统的可靠性、沟通的及时性，以及对控制的监督的效率性与适当性。在规划控制活动时，必须对企业可能面临的风险进行认真细致的了解与评估，而风险评估和控制活动需要利用企业的可靠信息并进行有效沟通，为保障内部控制运行效果和执行质量就必须对内部控制改革、运行及改进活动持续进行评价，即对控制进行监督。它们互相影响，互相支持，并形成一个有机的整体。COSO对内部控制的认定，是以所有的利害关系人对内部控制的认知与理解具有共同的基础为前提的，十分重视各个层次的人的关系，非常强调包括经营者在内的人的极端重要性，从而使其内部控制比《审计准则公告第55号》在内涵界定与构成要素方面都更为丰富而广泛，有了明显的进步。

COSO于2004年4月发布了《企业风险管理框架》。该框架较1992年发布的《内部控制整体框架》增加了一个观念即"风险组合观"，一个目标即"战略目标"，两个概念即"风险偏好"与"风险容忍度"，三个要素即"目标制定"、"事项识别"及"风险反应"。企业管理层需要选择发展战略，将战略与其经营、报告等相联系以制定各种目标，并且使之与企业的风险偏好相一致，在企业内部层层分解目标，分别责任，分步落实。由于各种不确定性因素的存在，而企业管理层又难以确切地知晓哪些具体事项会发生、何时发生以及发生的结果或后果，企业管理层就需要对这些事项加以识别。对于具体或特定事项发生的可能性与影响，企业管理层需要从战略和目标的角度进行分析，评估企业的固有风险和剩余风险，并视具体情况作出规避风险、减少风险、共担风险和接受风险等不同类别的风险反应，以避免、减少或接受风险的发生及其影响。可见，《企业风险管理框架》更加关注不确定性和风险，进一步强化了风险意识，将企业管理的重心由内部控制转向了风险管理。

7.1.3 内部控制的概念

从上述内部控制的历史沿革可以看出，现代内部控制概念凝聚着世界上古往今来的管理工作经验。但是，作为社会和历史的产物，它总是与特定的社会历史条件相联系，并受到企业性质、管理制度及经营实践等诸多因素的影响，同时，也受到人们的认识水平的限制。因此，世界各国从各自的管理和审计实践出发，先后对内部控制提出了不同的观点和意见。前文已经详细述及了美国在不同时期对内部控制的界定，为了便于鉴别分析，下面再简要介绍其他主要国家和组织关于内部控制的几个典型论述。

1970年，日本会计研究学会所属的审计特别委员会在《财务报表审计中的内部控制研究》报告中指出："内部控制就是经营者为维护资产的完整性，确保会计记录的正确性与可靠性，以及对经济活动进行综合的计划、协调和评定而制定的制度、组织、方法和手段的总称。"

1976年，加拿大特许会计师协会在《审计推荐书草案》中指出："内部控制由组织体制的设计和企业管理人员制定的所有协调制度所组成，就其实用方面而言，是为取得确定的管理目标，促进企业的业务有秩序和有效率地进行，保证资产的安全、会计记录的可靠和及时地提供准确的财务资料。”

1981年，国际会计师联合会在《国际会计指南》中指出：“内部控制包括组织体制的设计和经济实体所采用的方法与程序，就其实用方面而言，是为了达到既定的管理目标而有秩序和有效率地进行经营活动。”

1984年，最高审计机关国际组织在维也纳召开第二次学术讨论会，对内部控制进行了专题研究，最终形成的文件中指出：“内部控制是指单位为了维护资产的安全，检查财务资料的准确性与可靠性，提高经营效率，鼓励执行既定的政策和达到预定的计划、目的和目标，而在内部正式通过的计划、协调方法和程序。”几经实践验证和理论研究，1986年4月最高审计机关国际组织在第十二届国际审计会议上发表的总声明，对内部控制作出了权威性解释：“内部控制作为完整的财务和其他控制体系，包括组织结构、方法和程序以及内部审计。它是由管理当局根据总目标而建立的，目的在于帮助企业的经营活动合法化，具有经济性、效率性和效果性，保证管理决策的贯彻，维护资产和资源的安全，保证会计记录的准确与完整，并提供及时、可靠的财务和管理信息。”

1995年，国际内部审计师协会在《内部审计标准说明》中指出：“内部控制是指在一个组织内部设计的管理控制程序，为实现资料的可靠性和完整性，对政策、计划、程序、法律和规定的遵守，对资产的保护、经济有效地使用资源，以及完成所制定的经营或计划的任务和目标等提供合理的保证。”

由此可见，基于企业管理的需要而产生，并存在于企业生产经营活动之中的内部控制，是企业内部管理的一个重要组成部分。这就决定了建立健全内部控制是被审计单位管理层的责任（即会计责任）。审计人员之所以关心、研究与评价内部控制，只是出于审计工作的需要，即为了在保证执业质量的前提下提高审计工作的效率，最终是为了确定在哪些方面可以信赖被审计单位的内部控制，在哪些方面不应信赖被审计单位的内部控制，而应当实施详细的实质性程序，以便将审计风险降至可接受的水平，使审计工作符合质量要求，但其并不承担设计和实施内部控制的职责和义务。

被审计单位管理层建立健全内部控制，主要是为了实现以下管理目标：保证业务活动的有效进行；保护资产的安全与完整；防止、发现并纠正错误与舞弊；保证财务报告的真实、合法、完整。与财务报告相关的内部控制，其设计和运行一般应当能够实现以下目标：

(1) 保证业务活动依照适当的授权进行。一般来说，内部控制较为健全的被审计单位，都为业务活动的批准、执行、复核、评价作出了统一规定，并分别赋予不同级次人员以相应的职责和权力。除非经过批准，否则，任何业务活动的开展都不得逾越这些规定。换言之，如果逾越有关规定，则必须获得有资格授权人的批准。唯有如此，有关业务活动所派生的数据资料才能正常地进入与财务报告相关的信息系统。

(2) 保证所有交易和事项以正确的金额，在恰当的会计期间及时记录于适当的账户，使财务报表的编制符合会计准则的相关要求。

(3) 保证对资产和记录的接触、处理均经过适当的授权。只有经过适当的授权，才能接触、处理资产，目的是确保资产的安全与完整，防止资产被挪用和盗窃。同样，记录（包括业务记录与会计记录）作为一种控制手段，如果未经授权便可接触、处理，就会弱化控制，易于篡改、删除，可能会导致舞弊。

（4）保证账面资产与实存资产定期核对相符。建立这种定期核对制度，实行内部牵制，既有利于核实会计记录的准确性，也有利于核实实物资产的完整性。更为重要的是，当两者不一致时，有利于管理层及时采取措施，确保账实相符。

根据上述有关内部控制的典型界定，结合相关内部控制一般应当实现的目标，可以认定内部控制存在于一定的管理制度中，或者虽未形成制度却存在于一定的管理活动中。然而，内部控制本身并不是一种单独的管理制度或者管理活动，也不是所有管理制度或者管理活动的综合体，当然也不只是一种管理手段、方法或所有管理手段与方法的总和。其实质是针对既定的控制目标，与特定的控制环境相联系，由存在于管理制度或者管理活动中的具有调整、检查、制约作用的政策与程序等因素，有机地联系在一起而形成的集合。根据系统论观点，按照控制论解释，这种由同类因素依一定标准形成的集合，可以归结为"控制系统"。

鉴于此，内部控制的概念可表述为：内部控制是指被审计单位为了合理保证财务报告的可靠性、经营的效率和效果以及对法律法规的遵守，由治理层、管理层和其他人员设计和执行的政策和程序。具体来说，它是被审计单位为了保证业务活动的有效进行，保护资产的安全和完整，防止、发现并纠正错误与舞弊，保证财务报告的真实、合法、完整而制定和实施的政策与程序。内部控制主要包括控制环境、风险评估过程、控制活动、信息系统与沟通，以及对控制的监督等。

需要指出的是，内部控制并不仅限于企业等营利性组织，同样也存在于政府及非营利组织中。这里及后文主要以企业等营利性组织为对象研究和阐述内部控制，但有关的原理及评价方法同样适用于政府及非营利组织。

7.2 内部控制的内容与形式

7.2.1 内部控制的主要内容

内部控制的内容，归根结底是由内部控制的基本要素构成的。企业类型、业务规模等方面的不同，导致内部控制的具体内容也不尽相同。概括起来，健全、完善的内部控制，其内容主要包括下列几个方面。

1. 组织架构

组织架构攸关企业内部的机构设置及其责任与权力的分配方式，是指企业按照国家有关法律法规、股东（大）会决议和企业章程，结合本企业实际，明确股东（大）会、董事会、监事会、经理层和企业内部各层级机构设置、职责权限、人员编制、工作程序和相关要求的制度安排。合理的组织架构既是社会化大生产的需要，也是实行科学管理的前提，它不仅有利于彼此配合及协调，提高工作效率，而且便于进行相互检查和制约，防止并纠正各种错误与舞弊。因此，设置组织架构，主要应按照相互牵制、相互协调的原则，结合企业规模、业务特点等具体情况，设置职能部门并进行业务分工，以使每一项业务的全部处理过程或过程中的重要环节，不是由一个部门单独处理，而是由两个或以上的部门在相互协调、相互制约的基础上共同完成；同时，对各部门的职权和责任应明确加以规定，既要避免权力重叠，也要防止权力落空或出现权力真空，而应使每项业务处理的各个环节都有相应的机构负责。此外，企业还应制定组织结构图、业务流程图、岗（职）位说明书和权限指引等内部管理制度或相关文件，使员工了解和掌握组织架构设计及权责分配情况，以便正确履行其职责。企业至少应关注组织架构设计与运行中的以下风险：治理结构形同虚设，缺乏科学决策、良性运行机制和执行力，可能导致企业经营失败，难以实现发展战略；内部机构设计不科学，权责分配不合理，可能导致机构重叠、职能交叉或缺失、推诿扯皮，运行效率低下。另外，企业应当定期对组织架构设计与运行的效率和效果进行全面评估，发现组织架构设计与运行中存在缺陷的，应当进行优化调整。在调整企业组织架构时，应当充分听取董事、监事、高级管理人员和其他员工的意见，按照规定的权限和程序进行决策审批。

2. 岗位责任

岗位责任是指企业在合理的组织结构基础上，依照程式定位，将各部门的业务活动再划分为若干具体的工作岗位，并赋予其相应的任务、权限和责任，权限与责任相对应，以使每个岗位既有适当的权限以便于开展工作，又有相应的责任以利于完成任务，并定期进行检查，做到“事事有人管，人人有专责，办事有标准，工作有检查”，使各级人员都能在其位、谋其政，并对各项经济业务实施有效的控制。实际上，岗位责任是组织结构的具体化。因此，岗位责任的设置也应贯彻相互牵制的原则，既要对不相容职务实行分离，以使不同的岗位之间形成一种相互检查、相互制约的关系，又要对个别人员的职务进行定期轮换，以增加对每项职务的全面复核。实践证明，实行岗位责任是一种行之有效的控制措施，有利于防止、发现、纠正错误和舞弊，并增强内部控制的功能。

3. 业务流程

业务流程是指企业在明确岗位责任的基础上，为保证生产经营业务活动顺利进行而规定的业务处理步骤与生产工艺环节的秩序。例如，对采购材料到达所实施的由验货、点数、开单、入库、记账等环节组成的验收业务程序；又如，对差旅费报销事项所规定的由部门领导审批、财务主管审核、会计人员制证、出纳人员报销和分管会计记账等步骤组成的报销业务流程。设计并遵守明确合理的业务流程，既能保证以最快的速度、最少的消耗完成各项业务活动，又能避免和防止业务活动中可能出现的错误与舞弊。因此，每个企业都应根据其组织结构与岗位责任的情况，结合自身的业务特点，明确合理地设计业务流程，并使之得到严格遵守。

4. 处理手续

处理手续是指企业在业务活动处理过程中，体现在业务程序各个环节上的具体措施和例行规定。例如，在由订货、验收、入库、付款、记录组成的材料采购流程中，就验收这个环节而言，需要办理核对订货合同，检查进货数量、品种、规格、质量和价格，开具验收单和质量证明单，并由经办人签章等手续。无疑，这些手续对保证验收环节的正确性和可靠性，起着极其重要的作用。

5. 业务记录

业务记录是指企业为反映和控制各项生产经营业务而以文字形式对生产经营业务活动的发生、进展和结束的全过程所进行的记载，包括业务活动的批准与接收记录、生产调度单、会计信息载体等。如果没有恰当的记录，就无法反映各项业务活动的情况，也就不可能对其进行有效的控制。例如，没有存货及其收发记录，就难以保证存货的安全完整；没有业务活动发生的批准与授权记录，也难以证实业务活动的合规合法。可见，准确、及时、系统、完整的业务记录（包括会计记录）是有效实施内部控制的必要条件。因此，企业应根据控制要求和管理需要，设计、保持和提供恰当的业务记录。

6. 检查标准

检查标准是指企业为检查经营管理活动并保证检查活动有据可依所制定的各项标准、尺度等。企业的检查标准，一般见之于按部门、产品或工艺所制定的成文规章，如材料到货验收标准、材料消耗定额标准、产品质量检验标准等。它们既是生产经营活动需要达到的要求，也是检查验收活动应当遵循的依据。

7. 人员素质

人员素质是指企业根据经营管理的要求对各岗位人员在素质方面所做的具体规定和要求。其内容主要包括两个方面：一是人员知识水平、业务技能的规定；二是人员思想品德、道德修养的要求。人员素质是决定内部控制效果的重要因素。即使内部控制设计健全，如果人员条件较差，也会因之失去作用；相反，内部控制即便设计不尽完善，如果人员条件较好，也可能会因之产生良好的效果。所以，企业不仅要对人员本身的素质与条件提出较高的要求，而且应对人员录用、培训、调整、选拔等规定明确条件。为提高人员素质，企业应加强人力资源建设，充分发挥人力资源对实现企业发展战略的重要作用。人力资源是指企业组织生产经营活动而录（任）用的各种人员，包括董事、监事、高级管理人员和全体员工。企业人力资源管理至少应当关注以下风险：人力资源缺乏或过剩、结构不合理、开发机制不健全，可能导致企业发展战略难以实现；人力资源激励约束制度不合理、关键岗位人员管理不完善，可能导致人才流失、经营效率低下或关键技术、商业秘密和国家机密泄露；人力资源退出机制不当，可能导致法律诉讼或企业声誉受损。因此，企业应当重视人力资源建设，根据发展战略，结合人力资源现状和未来需求预测，建立人力资源发展目标，制定人力资源总体规划和能力框架体系，优化人力资源整体布局，明确人力资源的引进、开发、使用、培养、考核、激励、退出等管理要求，实现人力资源的合理配置，全面提升企业核心竞争力。另外，企业应当定期对年度人力资源计划执行情况进行评估，总结人力资源管理经验，分析存在的主要缺陷和不足，完善人力资源政策，促进企业整体团队充满生机和活力。

8. 社会责任

企业应当重视并履行一定的社会责任，切实做到经济效益与社会效益、短期利益与长远利益、自身发展与社会发展相互协调，实现企业与员工、企业与社会、企业与环境的健康和谐发展。社会责任是指企业在经营发展过程中应当履行的社会职责和义务，主要包括安全生产、产品质量（含服务，下同）、环境保护、资源节约、促进就业、员工权益保护等。企业至少应当关注在履行社会责任方面的以下风险：安全生产措施不到位，责任不落实，可能导致企业发生安全事故；产品质量低劣，侵害消费者利益，可能导致企业巨额赔偿、形象受损，甚至破产；环境保护投入不足，资源耗费大，造成环境污染或资源枯竭，可能导致企业巨额赔偿、缺乏发展后劲，甚至停业；

促进就业和员工权益保护不够，可能导致员工积极性受挫，影响企业发展和社会稳定。

9. 企业文化

企业应当重视并加强企业文化建设，发挥企业文化在企业发展中的重要作用。企业文化是指企业在生产经营实践中逐步形成的、为整体团队所认同并遵守的价值观、经营理念和企业精神，以及在此基础上形成的行为规范的总称。加强企业文化建设，至少应关注以下风险：缺乏积极向上的企业文化，可能导致员工丧失对企业的信心和认同感，使企业缺乏凝聚力和竞争力；缺乏开拓创新、团队协作和风险意识，可能导致企业发展目标难以实现，影响可持续发展；缺乏诚实守信的经营理念，可能导致舞弊事件的发生，造成企业损失，影响企业信誉；忽视企业间的文化差异和理念冲突，可能导致并购重组失败。此外，企业应重视企业文化的评估及其结果，建立评估制度，明确评估的内容、程序和方法，落实评估责任制，避免企业文化建设流于形式。重视企业文化评估，就应重点关注董事、监事、经理和其他高级管理人员在企业文化建设中的责任履行情况、全体员工对企业核心价值观的认同感、企业经营管理行为与企业文化的一致性、企业品牌的社会影响力、参与企业并购重组各方文化的融合度，以及员工对企业未来发展的信心；重视企业文化的评估结果，巩固和发扬文化建设成果，针对评估过程中发现的问题，研究影响企业文化建设的不利因素，分析深层次的原因，及时采取措施加以改进。

10. 内部审计

内部审计作为企业为监督、评价和鉴证财务信息及经营管理活动而专门设立的旨在增加企业价值的独立的职能机构，其工作是由被审计单位内部机构或人员，对其内部控制的有效性、财务信息的真实性和完整性以及经营活动的效率性和效果性等独立开展的一种监督和评价活动，通常包括：监督内部控制；检查财务信息和经营信息；评价经营活动的效率和效果；评价对法律法规、其他外部要求，以及管理层政策、指示和其他内部要求的遵守情况。内部审计的范围和目标往往因被审计单位的规模、组织结构及管理层需求的不同而存在很大的差异。企业内部审计机构既不从事经营管理活动，也不负责对日常业务活动进行直接控制，而是依其特殊地位并借助其职能，代表管理层对企业日常的生产经营活动及各部门的控制功能发挥或履行情况进行监督与评价，以保证企业的各项内部控制措施得以有效实施，并通过检查和评价内部控制来督促企业各业务部门不断地改进和完善内部控制。可见，内部审计也具有控制的功能，它既要检查和评价其他各项内部控制的质量与效果，是对内部控制的再控制，同时其本身又作为整个内部控制系统的重要组成部分，是内部控制中的特殊要素。因此，企业应充分认识到内部审计在内部控制中的特殊地位和作用，并通过强化内部审计进一步加强和完善企业的内部控制，使之与其他各项内部控制共同合理保证实现企业内部控制的各项目标。

7.2.2　内部控制的基本形式

内部控制的形式，是指内部控制诸要素按照不同的标志所组合成的集合体，也即按照不同标准划分内部控制而形成的各种分类形态。

在实际工作中，内部控制并非有关要素的简单加总或组合，而是诸要素按照一定目标结合而成的控制系统。该控制系统是由若干相对独立的子控制系统组成的，这些子控制系统是根据各种业务的具体控制目标而形成的。从形式的角度来分析和研究内部控制，可以更准确地揭示不同形式内部控制的特征和功能，进而便于更好地设计和评价内部控制。

1. 按控制内容的不同，内部控制可分为环境控制和业务控制

（1）环境控制。环境控制也称基础控制，是指对企业生产经营活动赖以进行的内部环境所实施的总体控制，如组织控制、人员控制、业务记录及内部审计等。

（2）业务控制。业务控制也称应用控制，是指直接对企业生产经营业务活动所实施的具体控制，如业务处理程序中的批准与授权、审核与复核，以及为保证资产与记录安全而采用的限制接近等。

环境控制是实施业务控制的前提，业务控制则是环境控制的深化。健全有效的环境控制可以为业务控制的有效运转提供良好的基础与条件，但是，良好的环境控制并不必然导致有效的业务控制。正确认识两者之间的关系，有利于审计人员提高内部控制评价的效率。在了解和评价内部控制时，审计人员应首先检查环境控制，以确定其能否为业务控制提供充分发挥作用的条件，从而决定是否需要进一步评价业务控制。如果环境控制健全有效，业务控制就有可能充分发挥作用，审计人员即可进一步检查和评价业务控制；反之，环境控制不健全或存在重大缺陷，业务控制就无法有效运转，审计人员无须进一步检查业务控制即可断定内部控制不健全有效或存在缺陷。这样，审计人员即可减少审计测试的盲目性，避免无效劳动，从而提高内部控制评价的效率。

2. 按控制目的的不同，内部控制可分为会计控制和管理控制

（1）会计控制。会计控制是指为保护财产物资的安全完整、会计信息的正确真实以及财务活动的合法有效而制定和实施的有关会计业务及相关业务的政策与程序。例如，现金、银行存款内部控制；记账程序内部控制；会计凭证保管、整理、归档内部控制等。

（2）管理控制。管理控制是指为保证经营决策及方针政策正确、有效地贯彻执行以及经营目标的实现，促进经济活动的经济性、效率性和效果性而制定和实施的有关业务管理方面的政策与程序。例如，人事内部控制；新产品研究开发内部控制；材料供应、产品生产、商品销售内部控制等。

会计控制与管理控制并非相互排斥、互不相容，有些控制措施既可以用于会计控制，也可以用于管理控制。例如，按产品分类的销售记录和成本记录既是保证产品销售资料完整性的会计控制，也可以为制定企业产品价格提供管理控制依据。按照控制的目的对内部控制进行分类，有利于审计人员在不同类型的审计活动中，对内部控制给予不同的关注。例如，在财务审计中，审计人员应着重评价会计控制，不必将重点置于管理控制。同样，在经济效益审计中，审计人员应着重关注管理控制，而不必全面评价会计控制。可见，这种分类说明了内部控制中不同内容与不同审计目的的关系，使得审计人员有可能只对与审计目的有关的内部控制进行了解与评价，进而合理限定测评的范围，有利于提高审计工作效率。

3. 按控制对象的不同，内部控制可分为财产物资控制、会计资料控制、财务收支控制、经营决策控制、经济效益控制和经营目标控制

（1）财产物资控制。财产物资控制是指企业单位为保护财产物资的安全性和完整性所采取的各项控制。例如，材料验收控制，存货定期盘点制度等。

（2）会计资料控制。会计资料控制是指企业单位为保证会计资料的真实性、合法性及完整性所采取的各项控制。例如，成本计算规程控制，账证、账账、账表和账实核对制度等。

（3）财务收支控制。财务收支控制是指企业单位为保证财务收支的合理性、合法性所采取的各项控制。例如，对财务收支事项的审批、核对和记录等。

（4）经营决策控制。经营决策控制是指企业单位为保证经营决策及方针政策的正确实施和有效执行所采取的各项控制。例如，定期总结生产经营情况，实行股东会议审议制度等。

（5）经济效益控制。经济效益控制是指企业单位为保证经济活动的合法性和效益性所采取的各项控制。例如，基建工程控制，生产定额制度等。

（6）经营目标控制。经营目标控制是指企业单位为保证经营目标的实现所采取的各项控制。例如，目标利润控制，分解落实经营目标并实行定期检查制度等。

4. 按控制方式的不同，内部控制可分为预防式控制和察觉式控制

（1）预防式控制。预防式控制是指企业单位为防止错误和舞弊的发生，或尽量减少其发生的机会所采取的控制。例如，出纳与会计必须由两个人分别承担，银行支票的开具与掌管印章必须相互分离等。

（2）察觉式控制。察觉式控制是指企业单位为及时查明业已发生的错误和舞弊，或尽量增大发现并纠正错误和舞弊的机会所采取的控制。例如，定期进行账账核对与实物盘点，以发现记账错误和货物短缺等。

5. 按控制地位的不同，内部控制可分为主导性控制和补偿性控制

（1）主导性控制。主导性控制是指企业单位为实现某项控制目标而首先实施的控制。在正常情况下，它能够防止错误和舞弊的发生，但在其存在缺陷或不能正常运行时，必须以其他控制进行弥补。例如，对于保证业务记录的完整性而言，凭证连续编号就是主导性控制。

（2）补偿性控制。补偿性控制是指企业单位为弥补主导性控制的缺陷而实施的控制。例如，在凭证没有连续编号的情况下，进行证证、账证、账账之间的严格核对，可以避免重大业务事项的遗漏，从而仍可以基本保证业务记录的完整性。因此，与凭证连续编号相比，核对则是保证业务记录完整性的一项补偿性控制。

这种分类是就某种可能发生的错误和舞弊或某项控制目标而言的，因此，这种分类的结果也是相对的。比如，核对相对于业务记录的完整性来说是补偿性控制，但其相对于业务记录的准确性而言则是主导性控制。区分主导性控制与补偿性控制，有助于审计人员准确、全面地了解和评价内部控制。在评价内部控制时，如果主导性控制健全有效，则表明内部控制系统能够发挥作用；否则，就应分析是否存在相对的补偿性控制及其在多大程度上能够弥补主导性控制的缺陷，从而全面、准确地了解和评价内部控制的健全性与有效性。

此外，内部控制还可以根据其他标志进行划分并表现为不同的形态。在实际工作中，各种类型或形式的内部控制大多是交叉存在的，并且不同的类别形态总有相应的具体内容。因此，审计人员应根据需要进行分类，并结合内部控制的具体内容，以便恰当、合理地评价内部控制。

7.2.3 与审计相关的内部控制

从审计的角度考虑，审计人员必须从整体上把握内部控制的内容与形式，又应当重点考虑被审计单位的某项控制，是否能够以及如何防止或发现并纠正各类交易、账户余额、列报存在的重大错报。对于那些通常采用非正式和简单的内部控制以实现其目标的小型被审计单位，审计人员应当综合考虑其内部控制要素能否实现其目标。

在审计实践中，审计人员应当了解与审计相关的内部控制，以便识别潜在错报的类型，考虑导致重大错报风险的因素，以及设计和实施进一步审计程序的性质、时间和范围。也就是说，审计人员应当重点关注并考虑被审计单位为实现财务报告可靠性目标设计和实施的内部控制（即财务报告内部控制，亦即与审计相关的内部控制）。

如果在设计和实施进一步审计程序时，审计人员准备利用被审计单位内部生成的信息，则应当考虑用以保证此信息完整性与准确性的控制可能与审计相关；如果用以保证经营效率、效果的控制以及对法律法规遵守的控制与实施审计程序时评价或使用的数据相关，则应当考虑这些控制可能与审计相关；用以保护资产的内部控制可能包括与实现财务报告可靠性和经营效率、效果目标相关的控制，审计人员在了解保护资产的内部控制各项要素时，可以只考虑其中与财务报告可靠性目标相关的控制。

此外，审计人员应当根据法律法规和监管要求，结合被审计单位的性质与规模、经营的多样性和复杂性以及作为内部控制组成部分的系统的性质和复杂性，且虑及其确定的重要性水平，合理运用职业判断，恰当考虑一项控制单独或连同其他控制是否与评估重大错报风险以及针对评估的风险设计和实施进一步审计程序有关。

7.3 内部控制的重要性与局限性

7.3.1 内部控制的重要性

内部控制的重要性，主要表现在内部控制的作用上，即指内部控制在实际工作中对企业组织经济活动及外部社会经济活动所产生的影响和效果。

1. 内部控制对被审计单位及其管理层的重要性

正确认识内部控制的重要性，对于企业加强和完善其经营管理、维护财产物资的安全完整、提高经济效益等都具有十分重要的现实意义。具体来说，内部控制对被审计单位及其管理层的重要性，主要表现在以下几个方面：

（1）保证国家的方针、政策和财经法规在企业内部的贯彻执行。贯彻执行国家的方针、政策和财经法规，是企业进行合法经营的先决条件。为此，企业必须采取相应的措施和手段予以保证，而内部控制则是这些措施与手段的集中体现。

（2）保证企业内部经营决策和规章制度的正确落实。企业的内部控制体现在各项经营决策及规章制度之中。内部控制通过对各项生产经营活动的监督检查，可以揭示企业内部经营决策以及各项规章制度的实施情况，并及时纠正和制止偏离企业内部经营决策和规章制度的行为，使其在生产经营活动中得到正确落实。

（3）保证会计资料的真实性和正确性。保证会计资料的真实性与正确性，是内部控制的一项重要目标，而健全有效的内部控制，有利于会计资料真实正确地反映企业生产经营活动的实际情况，并及时发现和纠正各种错误和舞弊，从而保证会计资料的真实性和正确性。

（4）保证财务活动的合法性和有效性。保证财务活动的合法性与有效性，是内部控制的又一项重要目标，而健全有效的审批、审核等一系列措施与手段，可以对企业财务活动进行全面有力的控制，防止、发现和纠正各种错误与舞弊行为，督促企业内部各部门及有关人员遵守法纪，保证财务活动的合法、有效。

（5）维护财产物资的安全性和完整性。健全完善的内部控制，能够科学有效地监督和制约财产物资的采购、计量、验收、入库、记录、保管、领用、退库、报废等各个环节，确保财产物资的安全完整，避免、纠正和制止各种损失浪费行为。

（6）保证各项经营活动的正常、有效进行。通过设置合理的组织结构和权责岗位，设计科学的业务系统与运行机制，可以为各项经营活动的正常进行提供必要的条件；通过对经营活动的正常性监督检查，可以及时发现并纠正影响企业业务系统和运行机制正常运转的各种因素，也可以发现经营活动偏离预期目标的情况，并为企业管理层进行科学决策提供可靠依据，以改进经营管理，提高经济效益，实现经营目标，增强企业市场竞争力。

2. 内部控制对审计机构及其审计人员的重要性

审计机构及其审计人员同样需要关注、重视、了解与评价内部控制，因为内部控制与审计机构及其审计人员、被审计单位及其管理层各自的工作目标都是密切相关的。内部控制对审计机构及其审计人员的重要性，主要表现在以下几个方面：

（1）了解与评价内部控制，有利于审计机构及其审计人员设计恰当的审计程序，编制合理的审计计划，利用合适的内部审计，以提高审计工作效率。

（2）了解与评价内部控制，有利于审计机构及其审计人员确定对审计计划和审计程序的执行与实施程度，以保证审计测试质量。

（3）了解与评价内部控制，有利于审计机构及其审计人员均衡审计工作，保持应有的职业谨慎，合理运用专业判断，以降低审计风险至可接受的水平。

7.3.2　内部控制的局限性

无论被审计单位管理层如何设计和执行内部控制，内部控制都会因其固有的限制而存在一定的局限性。一般而言，内部控制的局限性主要表现在下列几个方面。

1. 内部控制的设计和运行受制于成本小于效益原则

成本小于效益，是任何企业在从事经营活动时都应遵循的原则，被审计单位及其管理层设计和运行其内部控制也不例外。若单纯从内部控制的角度分析，控制环节和控制措施越严密，控制的效果就越好，但是，控制环节和控制措施越严密，相应的控制成本就越高，同时也会影响企业经营活动的效率。因此，被审计单位管理层在设计和运行内部控制时，自然要权衡控制成本与控制效率、控制效果。当实施对某项业务控制的成本大于其控制的效率与效果时，就不会设置相应的控制环节或控制措施，这样某些错误或舞弊的发生就可能得不到控制。因此，没有任何一种内部控制是完美无缺的。

2. 内部控制一般仅针对常规业务活动而设计

针对经常且重复发生的业务所设计的内部控制，通常都具有相对的稳定性。因此，如果出现不经常发生或未预计到的经济业务，原有的内部控制就可能不适用，但临时采取的特殊控制又可能因不及时从而影响内部控制的作用。换言之，一般仅针对常规业务活动而设计的内部控制，可能不适合特殊的、非常规的业务活动。

3. 内部控制即便设计完善，也可能因执行人员的粗心大意、精力分散、判断失误以及对指令的误解而失效

内部控制作为企业管理的重要组成部分，无疑要按照企业管理层的意图来设计与执行。如果决策人员或具体操作人员出了问题，那么贯彻企业管理层意图的内部控制，甚至设计完善的内部控制也会失去应有的控制效能。

4. 内部控制可能因有关人员相互勾结、内外串通而失效

在实际工作中，如果处于不相容职务上的有关人员相互串通、互相勾结（例如，执行不相容职务的会计和出纳相互勾结、采购人员与供货单位互相串通等），就可能导致舞弊现象发生，从而使内部控制丧失查错防弊的能力，也就难以发挥内部控制应有的作用。

5. 内部控制可能因执行人员滥用职权或屈从于外部压力而失效

内部控制因执行人员滥用职权或屈从于外部压力而失效的情况，往往是存在的甚或不时出现。例如，政企不分、行政干预可能导致股份制企业的董事会、监事会丧失控制职能；高级负责人可能置企业内部的规章制度于不顾，将自己的行为凌驾于内部控制之上，而使内部控制对其失效。

6. 内部控制可能因经营环境、业务性质的改变而削弱或失效

内部控制一般是针对特定的经营环境和业务性质而设计的，并具有相对的稳定性，因此，内部控制的改变通常会滞后于经营环境与业务性质的变迁和变化。当经营环境、业务性质变动较大后，原有的内部控制可能不再适用，而新的内部控制尚未产生，这种情况下的内部控制就会削弱或失效。

鉴于此，被审计单位管理层设计和执行的内部控制，只能对财务报告的可靠性提供合理的保证，因为内部控制存在着固有的局限性，即在决策时人为判断可能出现错误和由于人为失误而导致内部控制失效，或者内部控制可能由于两个或更多的人员进行串通或管理层凌驾于内部控制之上而被规避，尤其在小型被审计单位，往往因其拥有的员工较少限制了职责分离的程度，业主凌驾于内部控制之上的可能性较大。因此，审计人员在确定内部控制的有效性及可信赖程度时，应当保持应有的职业谨慎，充分关注内部控制的固有限制，着重考虑一些关键领域是否存在有效的内部控制。

7.4 了解内部控制

企业的内部控制体现在各项规章制度中，如资金管理制度、成本管理制度、质量管理制度、设备管理制度等。因此，对企业内部控制的了解应先从查阅企业的规章制度入手，然后调查其执行情况。企业的规章制度往往很多而且复杂，审计人员不应该也没有必要对所有规章制度都进行查阅，而应根据不同类型的审计，查阅必要的规章制度。基于审计工作的需要，为了解内部控制，可以从两方面入手：一是通过查阅有关的规章制度是否符合内部控制的原则要求，了解每一控制要素的政策和程序的设计；二是通过各种调查方法掌握内部控制的执行情况，了解有关政策和程序的运行情况，因为制度规定得再好，如果不执行，也起不到应有的控制作用。

在编制审计计划时，审计人员就应当了解被审计单位内部控制的设计和运行情况。此时，审计人员既不需要确定被审计单位内部控制的有效性，也不需要寻找内部控制在运行中的缺陷。在确定了解内部控制所应实施审计程序的性质、时间和范围时，审计人员应当考虑以下主要因素：被审计单位的经营规模及业务复杂程度；被审计单位的数据处理系统类型及复杂程度；审计的重要性，审计人员对此评估需要运用其专业判断；相关内部控制的类型；相关内部控制的记录方式等。审计人员既可以利用以往的审计经验，又可以实施一定的审计程序，还可以研究内部控制要素，对内部控制进行了解。

7.4.1　利用以往的审计经验，初步了解内部控制

审计人员应当合理利用以往的审计经验，恰当进行专业判断，以初步了解内部控制。在实际工作中，影响审计人员判断决策的因素很多，主要包括：对被审计单位所属行业的了解；以往审计取得的对被审计单位情况的了解；被审计单位经营和会计制度的复杂性；对重要性的初步评估等。但须注意的是，过去有效的内部控制，现在可能不再适用。因此，对于内部控制的了解，除利用以往的审计经验外，通常还可以实施其他的审计程序。

7.4.2　实施一定的审计程序，深入了解内部控制

审计人员应当评价控制的设计，并确定其是否得到执行，以深入了解内部控制。评价控制的设计是指考虑一项控制单独或连同其他控制是否能够有效防止或发现并纠正重大错报。控制得到执行是指某项控制存在且被审计单位正在使用。设计不当的控制可能表明内部控制存在重大缺陷，审计人员在确定是否考虑控制得到执行时，应当首先考虑控制的设计。

为获取有关控制设计和执行的审计证据，以了解被审计单位的内部控制，审计人员通常实施下列风险评估程序：

1. 询问被审计单位的人员

询问被审计单位相关人员，往往是审计人员了解内部控制的一种有效程序。当然，询问本身并不足以评价控制的设计以及确定其是否得到执行，审计人员应当将询问与其他风险评估程序结合使用。例如，通过询问被审计单位的有关人员，并查阅相关内部控制文件，再将两者进行核对，以检查文件规定与有关人员的理解是否一致。

2. 观察特定控制的运用

通过观察被审计单位的业务活动和内部控制的运行情况，审计人员有时可以了解业务授权、文件记录等内部控制的执行是否与制度规定相吻合。

3. 检查文件和报告

通过检查诸如组织结构图、职务说明书、工薪记录表、内部审计报告及以前年度的审计工作底稿等内部控制生成的文件和记录，审计人员可以增强其对被审计单位内

部控制的感性认识与直观印象。

4. **追踪交易在财务报告信息系统中的处理过程**

审计人员可以选择若干具有代表性的交易和事项，执行穿行测试。穿行测试也称全程测试、了解性测试或穿行实验，是指在每一类交易循环中选择一项或若干项业务进行测试，以验证内部控制的实际运行是否与审计工作底稿上所描述的内部控制一致。例如，为了复查购货循环的内部控制，审计人员可选择一笔或若干笔购货业务，对包括请购、订货、验收、保管、核票、付款、记账在内的整个购货业务流程进行详细检查，以确定购货循环内部控制中各环节的实际执行情况是否与其所了解的内部控制相一致。若发现实际执行情况与审计工作底稿中的有关描述不一致，审计人员应当对审计工作底稿加以修正。

穿行测试的困难在于肯定所有类型的每笔业务，能够确认都已复查过。如果在各种制度中有一项未经确认，就会使审计人员在工作底稿上的描述与被审计单位的实际情况不一致，从而产生一定的风险。这里的风险有两种：

（1）设计的内部控制业已变化，需要进行穿行测试，但审计人员过度信赖内部控制而不进行测试，从而产生误受风险。

（2）设计的内部控制未发生变化，但审计人员认为其已变化，需要加以穿行测试，从而产生误拒风险。

对上述两种风险，审计人员应该正确地进行权衡与决策，以保证审计工作的效果和效率。可见，穿行测试并非为了检查内部控制的可信性，而是为了揭示内部控制是否与审计工作底稿上的描述一致。当然，穿行测试的风险还可以通过后续的测试程序所收集的审计证据加以削弱或消除。因此，审计人员应该根据具体情况，综合考虑审计的风险与成本，以确定是否进行穿行测试。在一般情况下，穿行测试只需选择若干重要环节进行验证即可。但对特别重要的业务系统，则必须进行全面的检查验证，以免造成不应有的失误或风险。

7.4.3 研究内部控制要素，充分了解内部控制

审计人员应当研究内部控制要素，以充分了解内部控制。内部控制要素包括控制环境、风险评估过程、信息系统与沟通、控制活动以及对控制的监督。对这五项要素进行认真的研究与分析，有利于充分了解和评价被审计单位的内部控制。

1. **控制环境**

审计人员应当了解控制环境。控制环境包括治理职能和管理职能，以及治理层和管理层对内部控制及其重要性的态度、认识和措施。也就是指被审计单位对内部控制及其重要性的态度、认识和措施。在小型被审计单位，可能无法获取以文件形式存在的有关控制环境要素的审计证据，审计人员应当重点了解管理层对内部控制设计的态度、认识和措施。控制环境的好坏，直接影响到被审计单位特定控制程序的有效性。审计人员应当了解被审计单位管理层在治理层的监督下，是否营造并保持了诚实守信和合乎道德的文化，以及是否建立了防止或发现并纠正舞弊和错误的恰当控制。在治理层的监督下，如果管理层对控制环境的设计和实施高度重视，对任何背离内部控制的行为及时采取纠正措施，则控制程序的有效性就较高；反之，控制程序的有效性就较低。但必须指出，控制环境本身并不能保证内部控制的有效运行，因为它并不能防

止或发现并纠正各类交易、账户余额、列报认定层次的重大错报，审计人员在评估重大错报风险时应当将控制环境连同其他内部控制要素产生的影响一并考虑。

影响控制环境的因素较多，其中主要因素包括：(1) 经营管理的观念、方式及风格。管理层的理念和行为，影响着财务报表及会计记录的可靠性，影响内部控制各项规章的遵循、职责的分工、预算的控制、经营业绩的信息披露等，从而对控制环境产生深远的影响。(2) 组织结构和权力职责的划分方法。通过组织结构的设置、权力职责的划分，使一个组织的各个组成部分及其成员都知晓自己在组织中的位置，了解所拥有的权力、担负的职责、可接受的业务活动、利益冲突及行为规则等。对于审计人员来说，也可借此评价控制环境，了解被审计单位与内部控制有关的方针、政策、程序等。(3) 控制系统。管理层制定和实施的诸如内部审计职能、人事聘用政策与程序、职务分工等控制系统，对控制环境也产生一定的影响。审计人员也必须对此进行了解，以评价被审计单位的控制环境。

1988年4月美国注册会计师协会发布的《审计准则公告第55号》述及控制环境，认为它是指对建立、加强或削弱特定政策和程序效率发生影响的各种因素，具体包括：(1) 管理层的思想和经营作风；(2) 企业的组织结构；(3) 董事会及其所属委员会，特别是审计委员会发挥的职能；(4) 确定职权和责任的方法；(5) 管理层监控和检查工作时所运用的控制方法，包括经营计划、预算、预测、利润规划、责任会计和内部审计；(6) 人事工作方针及其执行；(7) 影响企业业务的各种外部关系。

鉴于此，审计人员应当评价控制环境的设计与实施情况。在评价控制环境的设计时，审计人员应当考虑构成控制环境的下列要素，以及这些要素如何被纳入被审计单位业务流程：(1) 对诚信和道德价值观念的沟通与落实；(2) 对胜任能力的重视；(3) 治理层的参与程度；(4) 管理层的理念和经营风格；(5) 组织结构，职权与责任的分配；(6) 人力资源政策与实务。

在确定构成控制环境的要素是否得到执行时，审计人员应当考虑将询问与其他风险评估程序相结合以获取审计证据。通过询问管理层和员工，审计人员可以了解管理层如何就业务规程和道德价值观念与员工进行沟通。通过观察和检查，审计人员可以了解管理层是否建立了正式的行为守则，在日常工作中行为守则是否得到遵守，以及管理层如何处理违反行为守则的情形。

由于控制环境对重大错报风险的评估具有广泛影响，因此，审计人员应当考虑控制环境的总体优势是否为内部控制的其他要素提供了适当的基础，并且未被控制环境中存在的缺陷所削弱。

2. 风险评估过程

审计人员应当了解被审计单位的风险评估过程和结果。风险评估过程包括识别与财务报告相关的经营风险，以及针对这些风险所采取的措施。在小型被审计单位，管理层可能没有正式的风险评估过程，审计人员应当与管理层讨论其如何识别经营风险以及如何应对这些风险。

在评价被审计单位风险评估过程的设计和执行时，审计人员应当确定管理层：(1) 如何识别与财务报告相关的经营风险；(2) 如何估计该风险的重要性；(3) 如何评估风险发生的可能性；(4) 如何采取措施管理这些风险。此外，审计人员还应当询问管理层识别出的经营风险，并考虑这些风险是否可能导致重大错报。

在审计过程中，如果识别出管理层未能识别的重大错报风险，审计人员应当考虑被审计单位的风险评估过程为何没有识别出这些风险，以及评估过程是否适合于具体环境。

3. 信息系统与沟通

审计人员应当了解信息系统与沟通。信息系统是指与财务报告相关的信息系统，包括用以生成、记录、处理和报告交易、事项和情况，对相关资产、负债和所有者权益履行经营管理责任的程序和记录。也就是指被审计单位用于确认、计量、记录和报告其交易和事项的财务信息系统。显然，该信息系统与审计人员对内部控制的了解与评价直接相关，它应当与业务流程相适应。

审计人员应当充分了解被审计单位的信息系统，以识别和理解：（1）被审计单位交易和事项的主要类别；（2）各类主要交易和事项的发生过程；（3）重要的会计凭证、账簿记录以及财务报表项目；（4）重大交易和事项的会计处理过程。

美国注册会计师协会在其发布的《审计准则公告第55号》中认为信息系统规定各项经济业务的鉴定、分析、归类、登记和编报的方法，明确各项资产和负债的经营管理责任，并认为健全的信息系统应当包括下列内容：（1）鉴定和登记一切合法的经济业务；（2）对各项经济业务按时进行适当分类，作为编制财务报表的依据；（3）将各项经济业务按适当的货币价值计价，以便列入财务报表；（4）确定经济业务发生的日期，以便按照会计期间进行记录；（5）在财务报表中恰当地表述经济业务以及对有关内容进行披露。可见，这些内容实际上是关于信息系统所应具备并发挥的确认、计量、记录和报告等功能。

与财务报告相关的信息系统所生成信息的质量，对管理层能否作出恰当的经营管理决策以及编制可靠的财务报告具有重大影响。与财务报告相关的信息系统通常包括下列职能：（1）识别与记录所有的有效交易；（2）及时、详细地描述交易，以便在财务报告中对交易作出恰当分类；（3）恰当计量交易，以便在财务报告中对交易的金额作出准确记录；（4）恰当确定交易生成的会计期间；（5）在财务报表中恰当列报交易。

审计人员应当从下列方面了解与财务报告相关的信息系统：（1）在被审计单位经营过程中，对财务报表具有重大影响的各类交易；（2）在信息技术和人工系统中，对交易生成、记录、处理和报告的程序；（3）与交易生成、记录、处理和报告有关的会计记录、支持性信息和财务报表中的特定项目；（4）信息系统如何获取除各类交易之外的对财务报表具有重大影响的事项和情况；（5）被审计单位编制财务报告的过程，包括作出的重大会计估计和披露。

在了解与财务报告相关的信息系统时，审计人员应当特别关注由于管理层凌驾于账户记录控制之上，或规避控制行为而产生的重大错报风险，并考虑被审计单位如何纠正不正确的交易处理。

与财务报告相关的沟通包括使员工了解各自在与财务报告有关的内部控制方面的角色和职责，员工之间的工作联系，以及向适当级别的管理层报告例外事项的方式。审计人员不仅应当了解被审计单位内部如何对财务报告的岗位职责，以及与财务报告相关的重大事项进行沟通，而且应当了解管理层与治理层之间的沟通，以及被审计单位与外部的沟通。

此外，在小型被审计单位，与财务报告相关的信息系统和沟通可能不如大型被审计单位正式和复杂，审计人员应当考虑这种特征对评估重大错报风险的影响。

4. **控制活动**

审计人员应当了解控制活动，以足够评估认定层次重大错报风险和针对评估的风险设计进一步审计程序。控制活动是指有助于确保管理层的指令得以执行的政策和程序，包括与授权、业绩评价、信息处理、实物控制和职责分离等相关的活动。具体来说，审计人员应当了解下列控制活动：

（1）审计人员应当了解与授权有关的控制活动，包括一般授权和特别授权。一般授权是指管理层制定的要求组织内部遵守的普遍适用于某类交易或活动的政策。特别授权是指管理层针对特定类别的交易或活动逐一设置的授权。

（2）审计人员应当了解与业绩评价有关的控制活动，主要包括被审计单位分析评价实际业绩与预算（或预测、前期业绩）的差异，综合分析财务数据与经营数据的内在关系，将内部数据与外部信息来源相比较，评价职能部门、分支机构或项目活动的业绩，以及对发现的异常差异或关系采取必要的调查与纠正措施。

（3）审计人员应当了解与信息处理有关的控制活动，包括信息技术一般控制和应用控制。信息技术一般控制是指与多个应用系统有关的政策和程序，有助于保证信息系统持续恰当地运行（包括信息的完整性和数据的安全性），支持应用控制作用的有效发挥，通常包括数据中心和网络运行控制，系统软件的购置、修改及维护控制，接触或访问权限控制，以及应用系统的购置、开发及维护控制。信息技术应用控制是指主要在业务流程层次运行的人工或自动化程序，与用于生成、记录、处理、报告交易或其他财务数据的程序相关，通常包括检查数据计算的准确性，审核账户和试算平衡表，设置对输入数据和数字序号的自动检查，以及对例外报告进行人工干预。

（4）审计人员应当了解实物控制，主要包括了解对资产和记录采取适当的安全保护措施，对访问计算机程序和数据文件设置授权，以及定期盘点并将盘点记录与会计记录相核对。实物控制的效果影响资产的安全，从而对财务报表的可靠性及审计产生影响。

（5）审计人员还应当了解职责分离，主要包括了解被审计单位如何将交易授权、交易记录以及资产保管等职责分配给不同员工。实际上，实行职责分离也是一种控制活动，它有利于防范同一员工在履行多项职责时可能发生的舞弊或错误。

在了解控制活动时，审计人员应当重点考虑一项控制活动单独或连同其他控制活动，是否能够以及如何防止或发现并纠正各类交易、账户余额、列报存在的重大错报。如果多项控制活动能够实现同一目标，审计人员不必了解与该目标相关的每项控制活动。当然，在了解其他内部控制要素时，如果获取了控制活动是否存在的信息，审计人员应当确定是否有必要进一步了解这些控制活动。

此外，小型被审计单位通常难以实施适当的职责分离，审计人员应当考虑小型被审计单位采取的控制活动能否有效实现控制目标。

控制活动实际上是被审计单位为了实现其特定的管理目标而制定的除控制环境以外的各项政策和程序，主要包括：

（1）交易授权。健全、有效的内部控制要求每笔交易或每项业务活动都经过适当授权。

（2）职责划分。建立内部控制，必须对不相容职务进行分离，避免担任不相容职务。所谓不相容职务，是指经营业务的授权、批准、执行和记录等完全由一个人或一个部门办理时，发生错误与舞弊的可能性就会增大的两项或两项以上职务，如经管现金和银行存款的出纳与负责总账登记的会计，就属于不相容职务。又如，采购业务的授权与采购业务的执行、采购业务的执行与采购账款的审查支付、采购账款的审查支付与存货的记录、存货记录与存货的保管等都属于不相容职务。不相容职务必须予以分离，这是所有内部控制的基本要求。因此，企业对不相容职务，应该加以严格控制和分离，特别是下列三项职务的分离：经营责任与会计责任相分离；资产保管与会计相分离；授权与执行、保管、审查、记录相分离。

（3）凭证与记录控制。被审计单位必须设计和使用适当的凭证和记录，以确保各种交易和事项得以全面、完整、准确的记录。因此，被审计单位应当做到：凭证预先连续编号；及时编制凭证记录已发生的交易和事项；凭证简单明了，不易被误解。审计人员不仅要关注被审计单位的凭证和记录，更要关注会计科目表和用来说明记录程序的程序说明书。

（4）资产接触与记录使用。被审计单位对接触、使用资产和记录，应当有适当的控制措施，未经授权，不相关人员或部门不得接触和使用资产与记录。

（5）独立稽核。被审计单位对业已记录的交易和事项及其计价应当安排由具体经办人以外的独立人员或部门进行核对或验证，如稽核销售发票、账项复核、账实核对等。

美国注册会计师协会在其发布的《审计准则公告第55号》中指出，控制程序是指管理层所制定的用来保证达到一定目的的方针和程序，并认为有效的控制程序应当包括下列内容：（1）经济业务和经济活动的批准权。（2）明确每个人员的职责分工，防止有关人员对正常业务图谋不轨和隐匿错弊。职责分工包括指派不同人员分别承担批准业务、记录业务和保管财产的职责。（3）凭证和账单的设置与使用，应保证业务和活动得到正确记载。例如，出厂凭证要预先编号，以控制发货业务。（4）对财产及其记录的接触和使用要有保护措施。例如，接触电脑程序和档案资料要经过授权或批准。（5）对已登记的业务及其计价要进行复核。例如，常规的账面复核、电脑编程控制、管理者对明细报告的检查。

控制程序是否合理、有效，直接影响到会计资料的真实性和可靠性。因此，审计人员应当充分了解上述控制程序，以便合理确定相关的审计程序。

5. 对控制的监督

审计人员应当了解被审计单位对与财务报告相关的内部控制的监督活动，并了解如何采取纠正措施。对控制的监督是指被审计单位评价内部控制在一段时间内运行有效性的过程，该过程包括及时评价控制的设计和运行，以及根据情况的变化采取必要的纠正措施。

审计人员应当了解被审计单位对控制的持续监督活动和专门的评价活动。持续的监督活动通常贯穿于被审计单位的日常经营活动与常规管理工作中。被审计单位可能使用内部审计人员或具有类似职能的人员对内部控制的设计和执行进行专门的评价，也可能利用与外部有关各方沟通或交流所获取的信息监督相关的控制活动。

审计人员应当了解与被审计单位监督活动相关的信息来源，以及管理层认为信息具有可靠性的依据。如果拟利用被审计单位监督活动使用的信息，审计人员应当考虑该信息是否具有可靠的基础，是否足以实现审计目标。

此外，小型被审计单位通常没有正式的持续监督活动，且持续的监督活动与日常管理工作难以明确区分，审计人员应当考虑单位负责人对经营活动的密切参与能否有效实现其对控制的监督目标。

在了解内部控制时，审计人员应当对内部审计给予关注。内部审计是企业内部控制系统的重要组成部分，属内部控制中的特殊因素。它是由被审计单位内部机构或人员，对其内部控制的有效性、财务信息的真实性和完整性以及经营活动的效率和效果等开展的一种评价活动，通常包括以下一项或多项活动：监督内部控制；检查财务信息和经营信息；评价经营活动的效率和效果；评价对法律法规、其他外部要求以及管理层政策、指示和其他内部要求的遵守情况。可见，监督内部控制是内部审计的一项重要活动，而内部审计工作的某些部分可能有助于审计人员的工作。因此，在了解内部控制时，审计人员应当了解内部审计，并结合有关因素，对以往的内部审计工作质量进行研究和评估，以确定是否利用内部审计报告等内部审计工作成果。在了解内部审计并对其进行评估时，审计人员应当考虑下列重要因素：

（1）内部审计的组织地位及其对独立性与客观性的影响。一般来说，内部审计部门在整个组织结构中的地位越高，内部审计的独立性与客观性也越强；反之，内部审计的独立性与客观性就越弱。同理，内部审计负责人任免的决定者和内部审计报告的收受人的地位越高，内部审计的独立性与客观性也越强；反之，内部审计的独立性与客观性就越弱。此外，内部审计人员与被审计部门的人员是否有亲戚关系、是否对内部审计人员所审计的部门实行轮换制（以免其间的关系过于密切），所审计的部门是否为内部审计人员过去和现在所负责或即将负责，有无利益冲突等，都是对内部审计的独立性与客观性构成影响的因素。

（2）内部审计人员的专业胜任能力。判断与评价审计人员的专业胜任能力，应主要了解和分析内部审计人员的专业知识水平、受教育程度、执业经验等。

（3）内部审计工作的受重视程度。通过了解和考察被审计单位管理层对内部审计报告所提问题是否采取了纠正措施，是否采取了适当措施防止类似问题的发生，以确定其对内部审计工作的态度和重视程度。

（4）内部审计的职责范围。

（5）内部审计人员应有的职业关注。

7.4.4 分别整体与业务流程，多层面了解内部控制

1. 在整体层面了解内部控制

在整体层面了解被审计单位的内部控制，一般由项目组中对被审计单位情况比较了解且有执业经验的成员负责，也需要项目组中其他成员的积极配合。在连续审计的情况下，审计人员可以重点关注整体层面内部控制的变化情况，包括被审计单位及其环境的变化和采取的应对措施。此外，审计人员还需要特别关注和考虑因舞弊而导致的重大错报的可能性及其影响。

审计人员可以考虑将询问被审计单位的人员、观察特定控制的运用、检查文件和报告以及执行穿行测试等风险评估程序相结合，以获取有关控制设计和执行的审计证

据；另外，审计人员需特别注意内部控制构成要素在实际中是否得到执行。比如，通过询问被审计单位的管理层及相关员工，了解管理层对内部控制的态度和道德价值观念，以及如何就此与员工进行沟通；通过检查以纸质、电子或其他介质形式存在的记录或文件，了解管理层是否建立了正式的行为守则；通过询问和观察，了解行为守则在日常工作中是否得到遵守，以及管理层如何处理违反行为守则等情形；通过询问被审计单位管理层，了解其风险评估过程，并复核记录风险评估过程的文件；通过检查和复核内部审计的工作程序和报告等，确定管理层和员工是否执行既定的政策和程序。

审计人员应当对被审计单位整体层面的内部控制的设计进行了解与评价，并确定其是否得到执行。在此过程中，审计人员需要运用其职业判断，并考虑被审计单位管理层的理念和态度、实际设计和执行的控制，以及对经营活动的密切参与是否能够实现控制的目标。对被审计单位整体层面的内部控制设计的了解要点和实施的风险评估程序及其结果等，审计人员应当形成审计工作记录，并对影响审计人员对被审计单位整体层面的内部控制运行有效性进行判断的因素进行详细记录。

认定财务报表层次的重大错报风险很可能源于薄弱的控制环境，因此，审计人员在评估财务报表层次的重大错报风险时，应当将被审计单位整体层面的内部控制状况与了解到的被审计单位及其环境情况结合起来考虑。

被审计单位整体层面的内部控制是否有效，将直接影响业务流程层面的内部控制的有效性，进而影响审计人员拟进一步实施审计程序的性质、时间和范围。

2. 在业务流程层面了解内部控制

在计划审计工作时，为确定被审计单位财务报表中可能存在重大错报风险的重要账户及其相关认定，审计人员通常需要采取下列步骤：确定被审计单位重要的业务流程和交易类别；了解重要的交易流程，并加以记录；确定可能发生错报的环节；识别、了解和记录相关控制；证实对重要的交易流程和相关控制的了解；进行初步评价和风险评估；对财务报告流程的了解。当然，在审计实务中，这些步骤可能同时进行。比如，在询问相关人员时，可同时了解重要的交易流程和相关控制。

（1）确定重要的业务流程和交易类别。为了解和评价重要的业务流程及相关控制，通常将被审计单位的整个经营活动划分为几个重要的业务循环。以制造业企业为例，可将其经营活动划分为销售与收款循环、采购与付款循环、生产与存货循环、人力资源与工薪循环、筹资与投资循环等。当然，企业经营活动的性质不同，所划分的业务循环也不同。比如，对于银行来说，没有生产与存货循环，但有发放贷款循环和吸收存款循环。又如，某些兼有出口销售和国内销售业务的企业，其出口销售与国内销售的业务流程不同，审计人员可将销售与收款循环进一步划分为外销和内销两个子循环。再如，某些企业固定资产的采购和维护可能非常重要，审计人员可以将其有关固定资产业务单独视为一个业务循环。重要的交易类别是指可能对被审计单位财务报表产生重大影响的各类交易。审计人员应当将企业重要的交易类别与相关账户及其认定联系起来加以考虑。比如，在一般制造业企业中，营业收入与应收账款往往都是重要的交易类别。此外，对财务报表产生重大影响的事项和情况也应包括在内进行考虑。比如，计提资产的折旧或摊销、计提应收账款的坏账准备等。

（2）了解重要的交易流程，并加以记录。在确定重要的业务流程和交易类别后，审计人员应了解每一类重要的交易流程，以便确定可能发生错报的那些具体环节。交易流程通常包括输入数据的核准修订、数据的分类与合并及计算、账簿资料和客户信息记录的更新、新的交易的生成和数据的归集与列报，而审计人员了解重要的交易流程通常包括生成、记录、处理和报告交易等活动。比如，在销售业务循环中，交易流程包括输入销售订单、编制货运单据和发票、更新应收账款记录等活动，而相关的处理程序则包括编制调整分录、修改并再次处理以前被拒绝的交易，以及修改被错误记录的交易。通常，审计人员可以通过以下方法了解重要的交易流程：询问被审计单位的适当人员；观察所运用的处理方法和程序；检查被审计单位的手册和其他书面引导；进行穿行测试等。需要指出的是，为了确定包括流程管理人员和信息技术人员在内的询问对象，审计人员在采用前述方法之前还需考虑以下事项：该类交易影响的重大账户及其认定；已经识别的有关这些重大账户及其认定的经营风险和财务报表重大错报风险；重要的交易类别的生成、记录、处理和报告所涉及的业务流程与相关的信息技术处理系统。

审计人员可以通过检查被审计单位的手册和其他书面指引获得有关信息，还可以通过询问和观察进行较全面的了解。需要注意的是，很多重要的交易流程往往涉及被审计单位的多个部门，因而审计人员需要考虑分别向不同部门的适当人员询问。通常，向负责具体业务人员的上级询问较为有效，因为他们很可能对分管的整个业务流程比较熟悉。对于一些简单业务的情况，审计人员通过询问被审计单位的财会人员基本即可获得。当然，如果要了解一些复杂业务的发生、处理、记录和报告等信息，往往需要通过与信息处理技术人员进行讨论才能获得。

（3）确定可能发生错报的环节。在了解内部控制的过程中，审计人员有时还能注意到一些正在执行的控制。尽管该阶段工作重点不是确定控制是否存在，但审计人员仍需留意可能存在缺乏控制的情形，以及可能发生重大错报进而需要控制的一些环节。此外，审计人员也可能发现在识别和评估控制时需要进一步审查的常规程序和数据档案。在询问过程中，审计人员可以检查并在适当的情况下保存被审计单位文件的复印件，以便了解有关的交易流程；为了有利于理解和整理所获得的某些信息系统的文件资料，审计人员还应当考虑在有关图表及流程图上加入自己的文字说明。至于流程图或文字表述，则应当足够详细反映所有相关的人工或自动化处理程序，以有助于审计人员确定可能会发生重大错报的具体环节。因此，调查表、流程图或文字表述通常会反映业务流程中数据的发生、入账或修改等活动。在较为复杂的环境中，一份流程图可能需要其他的流程图和文字表述予以支持。

为了确定可能发生重大错报的具体环节，审计人员需要注意并记录前已述及的以下信息：输入信息的来源；所使用的重要数据档案；重要的处理程序；重要的输出文件、报告和记录；基本的职责划分，即列示各部门所负责的处理程序。通常，审计人员只是针对每一年的变化修改记录流程的工作底稿，除非被审计单位的交易流程发生重大改变。然而，无论业务流程与以前年度相比是否有变化，审计人员每年都应考虑上述需要注意并记录的有关信息，以确保对被审计单位的了解是最新的，并已包括被审计单位交易流程中相关的重大变化。

审计人员需要确认和了解被审计单位应在哪些环节设置控制，以防止或发现并纠正各重要业务流程可能发生的错报。需要指出的是，审计人员所关注的控制，是那些为确保每个流程中业务活动的具体流程能够顺利运转的人工或自动化控制程序，它能够防止错报的发生，或者发现和纠正已有错报。

出于确保会计信息可靠性的考虑，不同的被审计单位会对其业务流程设计和实施不同的控制，但设计控制的目的都是为实现与财务报表重大账户的相关认定相联系的某些控制目标。尽管审计人员此时一般不考虑列报认定，但在审计财务报告流程时将考虑有关认定。具体来说，常见的控制目标主要包括：1）完整性，必须有程序确保没有漏记实际发生的交易，即所有的有效交易都已记录；2）存在和发生，必须有程序确保会计记录中没有虚构的或重复入账的项目，即每项已记录的交易都是真实的；3）适当计量交易，必须有程序确保交易以适当金额入账；4）截止性，必须有程序确保交易在适当的会计期间入账，即恰当确定交易生成的会计期间；5）恰当分类，必须有程序确保交易记入正确的总分类账，必要时也记入相应的明细账；6）正确汇总和过账，必须有程序确保作为账簿记录中的借贷方余额都正确地归集（加总），并确保归集（加总）后的金额正确地过入总账和明细分类账。对于每个重要的交易流程，审计人员都会考虑这些控制目标，而评价是否实现这些控制目标的重要标志即是否存在控制以防止错报发生，或发现并纠正错报，然后将其重新提交到业务流程中处理。

审计人员应根据业务流程的复杂程度、业务流程中发生错报而未能被发现的概率及是否存在一种具有实效的总体控制以实现控制目标等因素，设计一系列针对业务流程中数据的生成、转移或转换等环节与控制目标是否实现有关的问题，以确认某项业务流程中需要加以控制的环节，并将这些问题记录于工作底稿。比如，将仓库的发货日志中记录的发货数量与销售日记账中登记的数量定期进行核对和调节，这一控制可以同时实现发生、完整性、截止性等多个控制目标。在某些情况下，审计人员之前的了解可能表明被审计单位在业务流程层面针对某些重要交易流程所设计的控制是无效的，或者审计人员拟不信赖控制。这种情况下，审计人员没有必要进一步了解在业务流程层面的控制。

需要注意的是，如果认为仅通过实质性程序无法将认定层次的检查风险降至可接受水平，或者针对特别风险，审计人员应当了解和评估相关的控制活动。如果拟对业务流程层面的有关控制作进一步的了解和评价，审计人员应当针对业务流程中容易发生错报的环节确定被审计单位是否建立了有效的控制以防止或发现并纠正这些错报，确定被审计单位是否遗漏了必要的控制，确定是否识别了可以最有效测试的控制。

控制包括被审计单位使用并依赖的、用以在交易流程中防止错报的发生或在发生错报后发现与纠正错报的所有政策与程序。一般而言，有效的控制应与错报发生的环节相关，并能降低错报风险。从业务流程层面看，控制可以分为预防性控制和检查性控制。

预防性控制通常用于正常业务流程的每一项交易，以防止错报的发生。如果缺少有效的预防性控制，数据发生错报的可能性就会增大，在相关账户及其认定存在重大风险时尤其如此。预防性控制可能是人工的，也可能是自动化的，被审计单位对于较复杂的业务流程往往更依赖自动控制。对于处理大量业务的复杂业务流程，被审计单位通常使用对程序修改的控制和访问控制，以确保自动控制的持续有效。实施针对程序修改的控制，是为了确保所有对计算机程序的修改在实施前都经过适当的授权、测试以及核准；而实施访问控制，是为了确保只有经过授权的人员才有权访问数据，并且只能在预先授权的情况下才能处理数据。当然，程序修改的控制和访问控制通常不能直接防止错报，但它们对于确保自动控制在整个拟信赖期间内的有效性具有重要的作用。

检查性控制通常适用于一般业务流程以外的已经处理或部分处理的某类交易（不适用于业务流程中的所有交易），即用于监督实现流程目标，以发现业务流程中可能发生的错报。通过检查性控制，被审计单位可以监督其流程和相应的预防性控制能否有效发挥作用。检查性控制可能是正式或非正式建立的程序，可以由人工执行或信息系统自动执行，但不同的被审计单位之间的检查性控制差别较大，主要取决于被审计单位的性质、执行人员的能力、习惯和偏好。有些检查性控制虽然没有被正式设置，但被审计单位的有关人员会有规律地执行并作记录，那么这些控制也是被审计单位内部控制的重要组成部分。如果确信存在以下情况，则可将检查性控制作为一个主要的手段加以利用，以合理保证某项特定认定发生重大错报的可能性较小：控制所检查的数据是完整可靠的；控制对于发现重大错报是足够灵敏的；发现的所有重大错报都将被纠正。

对控制的分类取决于控制运用的目的和方式，以及被审计单位和审计人员对控制的认识。从根本上说，控制的分类本身并不重要，关键在于它是否有效，以及审计人员是否能测试其有效性。业务流程中重要交易类别的有效控制，应同时包括预防性控制和检查性控制，它们彼此联系并互相支持，共同发挥控制作用。尽管预防性控制不能完全防止错报的发生，但缺乏有效的预防性控制，将增加错报的风险，从而需要建立和实施更为灵敏的检查性控制；若没有相应的预防性控制，检查性控制就不能充分发挥作用。

（4）识别、了解和记录相关控制。既然业务流程中对重要交易类别的有效控制同时包括预防性控制和检查性控制，审计人员在识别检查性控制的同时，也应当记录重要的预防性控制。在判断对控制的了解是否足以制定一个有效的审计策略时，审计人员应考虑的因素包括：重要交易类别的复杂性、信息技术应用环境的复杂性和一体化程度、错报发生的可能性和在业务流程中未被发现的可能性，以及该重要交易影响重大账户的程度。审计人员应当获取有关控制的足够信息，以使其能够识别控制，并了解各种控制如何执行、由谁执行，以及执行中所使用的数据报告、文件和其他材料。此外，审计人员也需要确认执行控制后所形成的具体证据以及该控制是否足够灵敏，能否及时防止或发现并纠正重大错报。

审计人员识别和了解控制所采用的主要方法是，从低级别到高级别地询问被审计单位的负责人员。从级别较低人员处获取的信息，应该向级别较高的人员核实其完整性，以确定其是否与级别较高的人员所理解的预定控制相符，这样既可以获取有关实际执行的控制信息，又可以了解管理层对控制运行情况的熟悉程度。此外，业务流程越复杂，审计人员就越有必要询问信息系统人员，以辨别有关的控制及被审计单位重要的控制，特别是检查性控制。如果审计人员拟信赖控制，则需要实施控制测试。在询问过程中，审计人员应当重点关注被审计单位相关控制（包括预防性控制和检查性控制）的运行情况，还应当了解各层级监督管理人员如何确认预定的预防性控制和检查性控制正在按计划运行。通过检查、与被审计单位讨论等，审计人员可以了解确保信息系统生成数据的完整性与准确性的控制。比如，对输入与输出的数据进行比较，定期复核信息记录的数据，或监督生成数据与预期数据的差异。对于生成数据与预期数据的差异，审计人员应当了解控制如何识别和判断这些差异，如何追查这些差异以及纠正发现的错报。

当然，审计人员并不需要了解与每一控制目标相关的所有控制活动。在了解控制活动时，审计人员应当重点考虑一项控制活动单独或连同其他控制活动，是否能够以及如何防止或发现并纠正各类交易与账户余额、列报所存在的重大错报。如果多项控制活动能够实现同一目标，则审计人员不必了解与该目标相关的每项控制活动。为防止或发现某一特定的错报可能需要有多重控制，或者一项特定目标是为了发现一种以上的潜在错报，为了实现该目标需要设置多项控制。比如，为实现销售的"存在性"控制目标，审计人员可能要识别一种控制，该项控制的作用是保证出库单只为已经发出的货物编制，但审计人员可能还要识别这样一种控制，其作用是保证销售发票只有在与一张出库单相匹配时才能开出并登记入账。不仅如此，审计人员也可能认定不管存在多少种潜在错报，某一特定的控制自身可以足够有效地实现控制目标。比如，对实际发货数量与开票数量进行定期核对调节，就足以对销售流程中"存在性"和"完整性"控制目标提供合理的保证。在这种情况下，审计人员只需了解对实际发货数量与开票数量进行定期核对调节的控制。在审计实务中，审计人员会特别考虑一项检查性控制发现和纠正错报的能力。比如，将实际发货数量与开票数量进行核对调节，要比复核毛利率或进行实际销售和预算销售的比较更能发现未开票的发货，因为此处的复核或比较的主要目的不是为了查出未开票的发货。控制与认定直接或间接相关，审计人员应考虑识别和了解与认定关系更直接、更有效的控制。

审计人员应当在工作底稿中记录某些环节（其与被审计单位需要设置并且业已设置的控制相对应）和控制的执行人。如果对重要业务流程的记录符合以下条件，审计人员可以认为该记录是充分的：识别了所有重要的交易类别；指出了在业务处理中需要控制的具体环节（即可能出错的那些环节）；描述了针对需要控制的具体环节所建立的预防性控制与检查性控制和由谁执行及如何执行这些控制。

（5）证实对重要的交易流程和相关控制的了解。通常，审计人员会执行穿行测试，以了解各类重要交易在业务流程中发生、处理和记录的过程。通过穿行测试，审计人员可获得以下方面的证据：确认对业务流程的了解；确认对重要交易的了解是完整的（即在交易流程中所有与财务报表认定相关的可能发生错报的环节都已识别）；确认所获取的有关流程中预防性控制和检查性控制信息的准确性；评估控制设计的有效性；确认控制是否得到执行；确认之前所做的书面记录的准确性。

如果拟不信赖控制，审计人员仍需执行穿行测试，以确认以前对业务流程可能发生错报环节了解的准确性和完整性。对于重要的业务流程，审计人员都要对整个流程执行穿行测试，涵盖交易从发生到记账的整个过程。当某个重要的业务流程有显著变化时，审计人员应当根据变化的性质及其对相关账户发生重大错报的影响程度，考虑是否需要对变化前后的业务执行穿行测试。在执行穿行测试时，审计人员应当在每一个执行处理程序或控制的环节上，询问被审计单位的员工，以了解他们对岗位职责的理解，并设法判断处理程序和控制是否得到执行。此外，对业务流程和相关控制的穿行测试情况，审计人员应当在工作底稿中予以记录。

(6) 进行初步评价和风险评估。在识别和了解控制后，根据执行前述程序及获取的审计证据，审计人员需要评价控制设计的合理性并确定其是否得到执行。审计人员对控制的评价结论可能是：所设计的控制单独或连同其他控制能够防止或发现并纠正重大错报，并得到执行；控制的设计是合理的，但没有得到执行；控制的设计是无效的或缺乏必要的控制。

必须明确的是，由于对控制的了解和评价是在穿行测试完成之后，但又在测试控制运行有效性之前进行的，因此，此时的评价结论也只是初步的，可能会随着控制测试后实施实质性程序的结果而发生变化。

审计人员对控制的评价，进而对重大错报风险的评估，需要考虑账户特征及已识别的重大错报风险和对被审计单位整体层面控制的评价等因素。如果已识别的重大错报风险水平为高，相关的控制风险应有较高的灵敏度（即在错报率较低的情况下也能防止或发现并纠正错报）；如果已识别的重大错报风险水平为低，相关的控制就无须如前者那样有较高的灵敏度。审计人员应当将对被审计单位整体层面获得的了解和结论与在业务流程层面获得的有关重大交易流程及其控制的证据结合起来考虑。在对控制进行初步评价及风险评估后，审计人员需要利用实施前述程序所获得的信息，判断控制的设计是否合理、控制是否得到执行及是否更多地信赖控制并实施控制测试。如果识别和了解的控制本身的设计合理，则需考虑该控制在重要业务流程中单独或连同其他控制能否有效地实现特定控制目标。如果设计合理的控制没有得到执行，该控制也不会发挥应有的作用，因而审计人员需获取审计证据以判断这类控制是否确实存在，且正在被使用。如果认为被审计单位控制设计合理并得到执行，能够有效防止或发现并纠正重大错报，审计人员通常可以信赖这些控制，减少拟实施的实质性程序。如果拟更多地信赖这些控制，需要确信所信赖的控制在拟信赖期间（整个年度或其中某一时段）有效地发挥了作用，即审计人员应对这些控制在拟信赖期间是否得到一贯运行进行测试。如果控制措施的结果进一步证实内部控制是有效的，审计人员可以认为相关账户及认定发生重大错报的可能性较低，对相关账户及认定实施实质程序的范围也可相应缩小。如果审计人员认为控制无效（包括控制本身设计不合理，不能实现控制目标，或者控制设计合理，但没有得到执行），则不需要测试控制运行的有效性，而直接实施实质性程序。当审计人员认为控制无效时，其在评估重大错报风险时需要考虑控制失效对财务报表及其审计的影响。审计人员应当将认定层次的控制因素与其他因素相结合，评估认定层次的重大错报风险，以确定进一步审计程序的性质、时间和范围。

此外，在审计实务中，审计人员还需要进一步了解与财务报表的列报认定直接相关的财务报告流程及其控制。财务报告流程是指有关信息从具体交易的业务流程过入总账、财务报表以及相关列报的流程，它包括：将业务数据汇总记入总账的程序，即如何将重要业务流程的信息与总账和财务报告系统相连接；在总账中生成、记录和处理会计分录的程序；记录对财务报表常规和非常规调整的程序；草拟财务报表和相关披露程序。可见，被审计单位的财务报告流程可能包括若干个子流程和相关的控制程序。它直接影响财务报告，因而审计人员对此应当了解，以有助于其识别和评估与财务报表重大错报风险相关的控制。

了解财务报告流程的控制所采取的步骤也包括了解流程、确定可能发生错报的环节、识别和了解用于防止或发现并纠正错报的控制、执行穿行测试、对控制的设计及是否得到执行进行评估等。在了解财务报告流程的过程中，审计人员应当考虑对以下方面做出评估：主要的输入信息，执行的程序，主要的输出信息；每一个财务报告流程要素中涉及信息技术的程度；参与其中的管理层；记账分录的主要类型等。

需要指出的是，除非存在某些可以使控制得到一贯运行的自动化控制，否则审计人员对控制的了解并不能够代替对控制运行有效性的测试。

7.4.5 在了解内部控制的基础上，对内部控制的描述

审计人员在了解内部控制的情况后，应当用适当的方法对内部控制加以描述，以供修订与修改审计计划和程序之用，或供日后查考之用。用于内部控制描述的方法主要有文字叙述法、问卷调查法和流程图法等。

1. 文字叙述法

文字叙述法也称书面说明法，是指审计人员通过询问被审计单位的有关人员，查阅相关内部控制文件，将被审计单位业务的授权、批准、执行、记录、保管等程序及其实际执行情况，用叙述性文字记录下来，以形成对内部控制描述的一种方法。文字叙述法一般按业务循环，逐项描述各个业务循环所完成的工作及其派生的各种文件记录。

在实际工作中，审计人员采用文字叙述法对内部控制的描述情况，通常记录在审计工作底稿上，审计调查记录如表7-1所示。

文字叙述法的优点主要在于简便易行、比较灵活、不受任何限制，可对被审计单位内部控制的各个业务循环加以描述。但文字叙述法也有其缺点，即对内部控制的描述，有时很难用简明易懂的语言来详细说明各个细节，从而可能使文字叙述显得较为冗赘，也有可能遗漏内部控制设计中的重要环节，而且缺乏层次感和形象感，不便于资料的整理和进行对比分析。它通常用于记录控制环境、一般控制和实物控制等方面的情况，几乎适用于任何类型、任何规模的单位，特别适用于内部控制不甚健全、内部控制程序较为简单以及易于描述的中小企业。

2. 问卷调查法

问卷调查法也称内部控制问卷法或调查问卷法，或称调查表法，是指审计人员根据被审计单位的业务类型、业务循环、内部控制等，将内部控制的必要事项，特别是与保证会计记录的正确、可靠以及保证财产物资的安全、完整有关的主要事项作为调查项目，利用内部控制调查表向被审计单位有关人员调查了解其内部控制是否健全完善，从而对内部控制加以描述的一种方法。审计人员根据其对被审计单位应具备的标准内部控制的理解，事先设计出一系列有针对性、标准化的调查表，然后将该调查表发给被审计单位的有关人员，并要求在调查规定的栏目里填写回答的内容。审计人员据此检查被审计单位应有的各项控制措施是否存在，应该控制的关键环节是否设置，从而判断其内部控制情况。

采用该种方法的关键，是针对需要调查了解的控制系统及控制点，设计拟调查的问题条款，编制内部控制调查表。其中，调查问题的设计是否得当，直接关系到检查与评价工作的质量。一般来说，采用该种方法时，应注意下列几点：

表 7-1　审计调查记录　编号：7—1　附件 4 张

<table>
<tr><td>被调查单位</td><td colspan="5">××公司</td></tr>
<tr><td>被调查人姓名</td><td>谷×</td><td>工作单位</td><td>××公司</td><td>职务</td><td>总会计师</td></tr>
<tr><td>调查时间</td><td>2016 年 12 月 16 日</td><td>调查地点</td><td colspan="3">会计室</td></tr>
<tr><td>调查事项</td><td colspan="5">内部控制基本情况</td></tr>
<tr><td colspan="6">调查内容：
××公司系该市规模较大的商业零售企业，隶属于市商务局，现有职工 456 人，固定资产 396.5 万元，流动资产 84.7 万元，营业面积 6 100 平方米。
一、机构设置
××公司现有领导成员 5 人，下设办公室、财务科、管理科、业务科、五交化经营部、百货针织经营部、文化鞋帽经营部、服装纺织经营部、青年商店。
二、财务科概况
1. 人员配备。科长 1 人，主管会计 1 人，记账员 3 人，出纳员 2 人。
2. 业务范围。负责全公司财务会计工作，组织全公司会计核算工作，运用内部银行做好流动资金的归口分级管理和使用，编制各项财务计划、预算、决算，检查财经规章制度的执行情况，及时编报有关财务会计资料。
3. 岗位责任。公司的科长、主管会计、记账员及出纳员的岗位责任分别如下：
(1) 科长：负责全公司会计工作的指导和协调，在总经理和总会计师的领导下编制各项财务计划，管好用好资金，搞好会计人员的培训工作。
(2) 主管会计：在科长领导下具体负责会计核算工作，及时计交各项税款，正确编制记账凭证汇总表并登记总账，搞好财务清查，编制财务报表，负责会计资料的立卷归档事项，协助科长搞好会计升级工作。
(3) 记账员：复核原始凭证，及时编制记账凭证并登记有关账簿，及时清理应收、预付、委托银行收款等账项，防止呆账损失。
(4) 出纳员：审核原始凭证的合法性、合理性，并及时报销费用开支等业务，正确登记现金日记账及银行存款日记账，做到日清月结。遵守现金管理制度及银行结算制度，管好支票并做好支票签发工作。</td></tr>
<tr><td colspan="3">审计组长：张×
(签字)
2016 年 12 月 16 日</td><td colspan="3">审计人员：江×
(签字)
2016 年 12 月 16 日</td></tr>
<tr><td colspan="3">被调查人：谷×
(签字)
2016 年 12 月 16 日</td><td colspan="3">被调查单位：××公司或责任部门
(盖章)
2016 年 12 月 16 日</td></tr>
</table>

(1) 确定调查项目。审计人员可以根据审计计划的要求和以往审计的经验，按照会计要素将被审计单位的内部控制系统划分为若干具体控制系统，分别设计不同调查项目的内部控制调查表。

(2) 安排调查内容。审计人员应当紧紧围绕控制系统中各个控制点和关键控制点及其控制措施安排调查内容，逐一列出调查问题条款，并补充控制环境、一般控制等调查问题条款。所谓关键控制点，是指未加控制就容易产生错误或舞弊的业务环节。可见，安排的调查内容主要是通过设计的调查问题来体现的。设计调查问题一般可分三步进行：一是确定被审计单位内部控制系统的调查目标；二是根据调查目标，确定所要调查的控制点及其控制措施；三是根据控制点及其控制措施拟定具有针对性的调查问题。

(3) 设计调查表格式。审计人员可以根据自身的需要，结合被审计单位内部控制情况，自行设计调查表的格式。其要素主要包括：调查单位、调查项目、调查时间、调查问题或调查内容、调查答案，以及被调查人、审计负责人和审计调查人等。在调查表中，一般为每个调查问题分设“是”、“否”、“不适用”和“备注”四个栏目。接受调查的有关人员，对所调查的问题作肯定回答时，在“是”栏内打“√”；如作否定回答时，在“否”栏内打“√”；如出现既不能肯定，也不能否定的情况时，则在“不适用”栏内打“√”。有时，还可以在“否”栏内根据控制差的轻重程度，再细分“较轻”和“严重”两栏；或者单设一栏“弱”，再在该栏内细分“较轻”和“严重”两栏。至于“备注”栏，一般用于记录回答问题的资料来源和对有关问题的说明。内部控制调查表的基本格式如表7-2所示。

表7-2　　内部控制调查表

调查单位：××公司　　调查时间：2016年12月18日
调查项目：费用控制　　被调查人：谷×

调查内容	答案				
	是	弱	否	不适用	备注
1. 年初是否编制费用计划？	√				
2. 编制费用计划是否经过预测？	√				
3. 费用计划是否经过财务科长审查？	√				
4. 费用计划是否经过企业负责人审批？	√				
5. 费用是否实行内部承包限额制？	√				
6. 费用是否开展柜组核算？		√			
7. 批准的费用计划是否作为控制日常费用支出的依据？	√				
8. 费用报销单据是否先经过公司部门负责人审核签字？	√				
9. 负责人审签费用单据是否再经过会计人员严格审核？		√			
10. 如有不合理、不合规的费用支出是否能拒绝报销？		√			
11. 出纳付款后，是否加盖“付讫”戳记？	√				
12. 记账凭证编制后，是否经过严格复核？		√			
13. 是否有应由个人负担的费用列入费用支出？			√		
14. 待摊费用的列支是否按规定审核？	√				
15. 预提费用的计提是否按规定审核？	√				
16. 是否定期进行费用分析？	√				
17. 是否定期进行费用考核？	√				
18. 登记费用总账和登记费用明细账是否分工？	√				

审计负责人：张×　　审计调查人：江×

问卷调查法已为不少国家所采用，因为它具有诸多优点：一是简便易行，即使没有较高的专业知识与业务技能、没有较多审计经验的人员也能利用该表进行操作。但设计与利用该表是不同的，设计该表的确需要设计人员具有较高的专业学识与技能、丰富的审计经验、较多的职业判断。二是能对所调查问题给予明确答复，使审计人员能获取明确的调查答案，有利于对内部控制作进一步分析评价。三是调查内部控制的范围明确，调查内容可同时由若干人分工进行，有利于节省审计时间，加快审计进度，提高审计效率。四是调查表中“否”栏和“弱”栏集中反映内部控制存在的问题，能引起审计人员的高度重视，有利于加强审计重点，大大减少审计人员忽略重要控制的可能性。但是，该种方法也有其缺陷，主要表现在：调查内容只限于明确的调查事项，不易了解其他方面的有关信息，从而难以提供一个完整、系统、全面的调查情况；调查事项如果设计不当，所填答案就不能正确地反映内部控制的健全状况；格式固定的调查表因缺乏弹性而难以适用于不同行业的被审计单位或特殊情况，使“不适用”栏可能填得太多，从而导致该种方法本身也显得不适用。此外，审计人员如果机械地照表提问，往往会使被调查人员漫不经心，易流于形式，这样就会失去调查表的意义。可见，该种方法比较适用于检查了解内部控制系统中各项具体的控制点和控制措施。另外，西方许多国家及大型会计公司都已设计并推出了标准式内部控制调查表（ICO）。它的运用有利于节省审计人员编制可行审计计划的时间，提高审计效率，也有利于指导初级或助理审计人员开展这方面的工作，以提高其对内部控制的分析评价能力。当然，在有些情况下，审计人员还需要为某些特殊行业和个别被审计单位专门设计适用的调查表。尽管该种方法存在上述缺陷，但只要设计和运用调查表的有关审计人员提高素质、加强训练，就有可能把这些缺陷尽可能降至最低程度，从而使这种方法在更广的范围内较容易地使用。

3. 流程图法

流程图法是指用特定的语言符号和图形，将被审计单位的组织结构、职责分工、权限范围、文件编制及顺序、会计记录、业务处理流程、会计档案的种类及存放地点等内部控制情况，以图解的形式直观、形象地加以描述的一种方法。这种用特定的语言符号，将内部控制中各种业务处理手续，以及各种文件或会计记录的传递流程描述出来的图解形式，即流程图。

流程图有两种：一种是评价流程图，即反映特定单位理想内部控制要求的流程图，通常由审计人员设计；另一种是现状流程图，即描述特定单位现行内部控制状况的流程图，既可以由审计人员设计，也可以由被审计单位管理层绘制。如果被审计单位有现成的流程图，审计人员不必重新设计或绘制流程图，可以直接加以利用；如果被审计单位没有现成的流程图，审计人员则应当按照被审计单位业务处理流程的实际情况自行绘制。因此，流程图法既可用于设计评价流程图，也可用于绘制现状流程图。通常，评价流程图只是作为审计人员评价被审计单位现状流程图的参考和依据。绘制流程图时，应注意做到以下几点：从上到下，自左至右，先干后支，依次描绘；简单明了，脉络分明，完整清晰，避免重叠；统一符号，合乎逻辑，加注图例，少用文字。

绘制流程图的方法和步骤大致如下：

第一，确定流程图符号。流程图符号是流程图的语言，由一系列几何图形符号组成。绘制流程图时，须先确定其符号，并赋予特定含义。目前，尚无世界统一的流程图符号，本着简易、形象及共识的原则，借鉴国外经验，可大体设计如图 7－1 所示的一套符号。

第二，选定流程图控制主线。一般来说，绘制流程图应按照业务处理流程选定一条控制主线，即贯穿某项业务活动始终的基本业务处理流程线。据此绘制流程图，即可基本反映出某项业务处理控制系统的控制状况。

第三，选定流程图反映重点。绘制流程图时，应重点反映控制点、关键控制点及其控制措施，并能显示出各种不相容职务的分离。

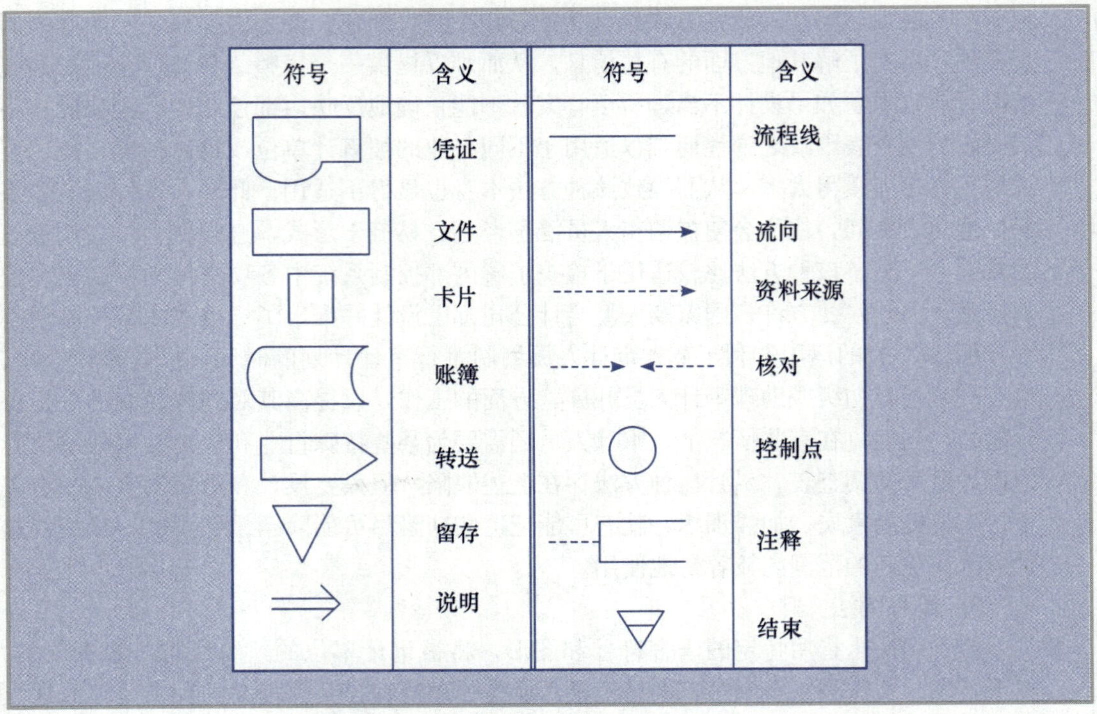

图7-1 内部控制流程图符号说明

第四，选定流程图绘制方式。流程图的绘制方式通常有两种：一种是纵向流程图，即按照业务发生的先后次序用确定的控制主线，将业务的处理过程垂直地串联起来，并用图线符号从上到下地加以描绘，纵向展示其内部控制情况；另一种是横向流程图，即按照业务处理过程中各职能部门的控制范围及各职能部门之间的联系，并以此为基础把业务的处理过程横向地串联起来，同时按业务部门设置若干竖栏，并用图线符号从左至右地加以描绘，横向展示其内部控制情况。图7-2是综合两种绘制方式优点、以显示控制点为主的纵横结合式流程图示。

第五，制定流程图文字说明。为配合对流程图的理解，可另行制定文字说明表，以弥补流程图难以显示各控制点的控制措施的缺陷。表7-3呈现的现金控制流程图说明表，即为配合现金控制流程图的文字说明表。通过该表，可以将流程图符号难以表达以及控制流程不便涉及的控制措施，充分、详细地显示出来，从而弥补流程图的固有缺陷。

需要指出的是，绘制流程图只是手段，并非目的，其目的是描述和评价被审计单位的内部控制。运用流程图的方法有两种：一是用特别符号或特殊颜色将应有而未予设置的控制弱点在图上标明；二是用文字对控制弱点加以说明。

近年来兴起的流程图法，在描述内部控制方面有其优点：(1) 从整体的角度，用简明的图示将被审计单位的内部控制描述出来，突出了控制点和关键控制点，既便于较快地检查内部控制中的薄弱环节，也便于对内部控制进行评价；(2) 运用该种方法，便于了解被审计单位内部控制的特征，也能够揭示内部控制中各个组成部分的内在联系及存在的缺陷，有利于向被审计单位管理层提出改进意见或建议；(3) 流程图直观明了、形象清晰、便于修改，当下次再对被审计单位进行审计时，只要根据其修改后的内部控制实际情况，对原先归档的流程图稍作变动，即可更新整个流程图，从而减轻工作量，除非被审计单位的交易流程发生重大改变。

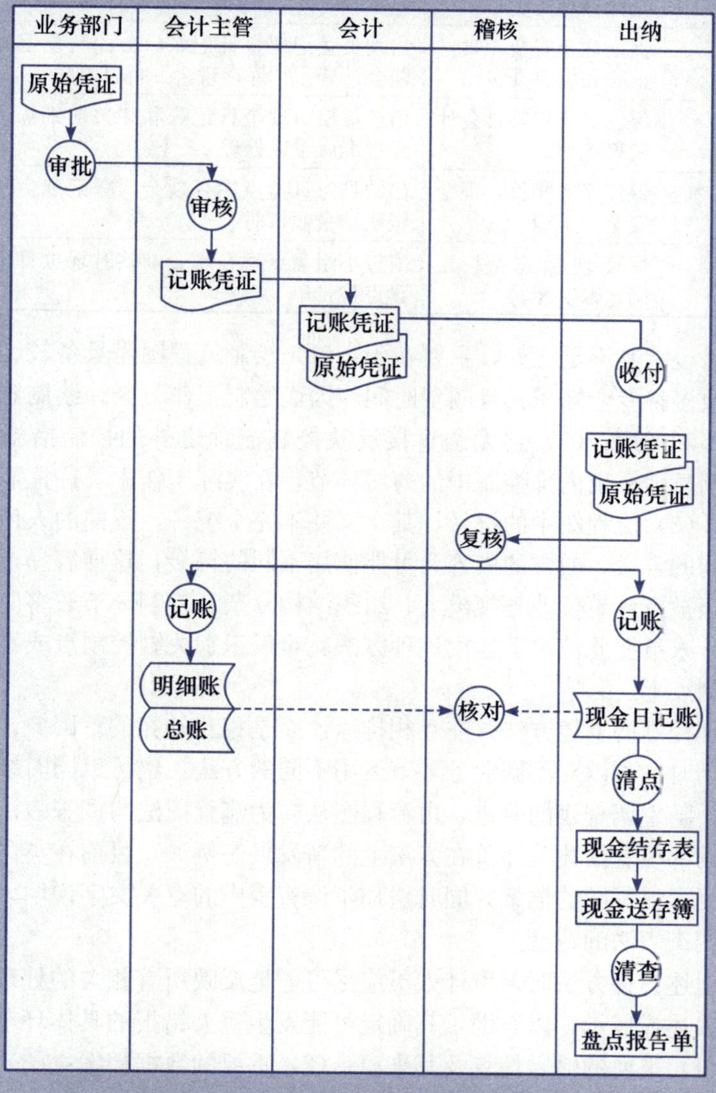

图 7-2　现金控制流程图

表 7-3　　现金控制流程图说明表

控制点	控制目标	控制措施
审批	保证现金收付真实、合法，并按照授权进行	授权办理现金收支业务；经办人员在现金收支原始凭证上签章，部门负责人审核该凭证并签章批准
审核	保证现金收支真实、合法、正确	会计主管审查原始凭证及记账凭证，审查无误后签章传递
收付	保证现金收付正确、及时、安全	出纳员复核记账凭证，收付现金后加盖“收讫”或“付讫”戳记，并签章

续前表

控制点	控制目标	控制措施
复核	保证现金收支正确和会计核算真实	稽核员审核现金收支记账凭证及所附原始凭证，并签章
记账	保证现金安全，收付正确和核算真实	出纳员登记现金日记账，会计员登记相关明细账，总账会计登记“库存现金”科目总账
核对	保证账账相符，会计核算正确	稽核员核对现金日记账和相关明细账、总账；误差报经批准后予以处理
清点	保证账实相符，现金安全、正确	出纳员每日盘点库存现金，登记现金结存表，并与日记账结余额核对
清查	保证现金完整、正确，账实相符	清查小组盘点库存现金，核对现金日记账；编报现金盘点报告单

流程图法也有其不足之处，主要在于：(1) 绘制流程图需具备较娴熟的技术、较丰富的经验及多种专业知识，且颇费时间，因而绘制工作复杂，绘制难度较大，初学者不容易掌握和运用；(2) 它无法直接反映控制流程之外的控制措施，如实物控制等，也不能明显地标出内部控制中的薄弱环节，在实际工作中，往往需要与调查表法等配合使用；(3) 流程图中的符号，其含义并不完全统一，不同的人使用同样的符号往往具有不同的含义，同样的内容又可能使用不同的符号，这样容易产生混乱，导致误解；(4) 当被审计单位业务规模大、组织结构复杂、控制环节较多时，流程图就会很复杂，审计人员在此情况下运用该种方法就难以识别关键控制点或不易将主要精力置于关键控制点上。

描述内部控制的上述方法并非互相排斥，而是相互补充的。因此，在描述被审计单位内部控制时，可以对不同业务环节运用不同的方法，也可以同时结合运用几种方法。事实上，随着调查表的改进，由流程图法转为流程图法与调查表法并重，已成为近年来国外内部控制描述与评价在方法上的新发展。例如，目前在英国出现的框式图法，就是采用了流程图的框架，同时增加了调查表中的有关文字说明，从而使其兼有流程图法和调查表法的特征。

在采用上述各种方法时，审计人员应尽可能地反映所有相关的处理程序，并足够详细地加以表述或展示，以有助于其确定可能发生重大错报的具体环节，并注意记录下列信息：(1) 重要的输入信息及其来源；(2) 重要的数据档案；(3) 重要的处理程序；(4) 重要的输出文件、报告和记录；(5) 基本的职责划分，即列示各部门所负责的处理程序。在了解被审计单位内部控制时，审计人员应将有关情况相应地记入审计工作底稿，以便开展其后的审计工作。

需要指出的是，如果不存在某些可以使控制得到一贯运行的自动化控制，审计人员对控制的了解就不能够代替对控制运行有效性的测试。也就是说，在了解被审计单位内部控制之后，审计人员通常还需进行内部控制的测试（以下简称“控制测试”）。

7.5 内部控制测试

为了评价内部控制运行是否有效，审计人员需要考虑内部控制的组成成分，并进行内部控制测试。

7.5.1　内部控制的人工和自动化成分

内部控制既包括人工成分又包括自动化成分，它们的特征及其影响不同，审计人员在风险评估以及设计和实施进一步审计程序时应当予以考虑。

1. 人工成分及其对内部控制的影响

内部控制的人工成分在处理下列需要主观判断或酌情处理的情形时可能更为适当：存在大额、异常或偶发的交易；存在难以定义、防范或预见的错误；为应对情况的变化，需要对现有的自动化控制进行调整；监督自动化控制的有效性。当然，审计人员也应当考虑人工控制在下列情形中可能是不适当的：存在大量或重复发生的交易；事先可预见的错误能够通过自动化控制得以防范或发现；控制活动可得到适当设计和自动化处理。

与此同时，审计人员应当关注风险，并从下列方面了解人工控制产生的特定风险：人工控制可能更容易被规避、忽视或凌驾；人工控制可能不具有一贯性；人工控制可能更容易产生简单错误或失误。

2. 信息技术及其对内部控制的影响

随着信息技术的发展，公司大都实现了管理制度化、制度流程化、流程岗位化、岗位职责化、职责表单化、表单信息化。也就是说，公司大都实现了内部控制的信息化。信息技术通常在下列方面提高被审计单位内部控制的效率和效果：在处理大量的交易或数据时，一贯运用事先确定的业务规则，并进行复杂运算；提高信息的及时性、可获得性及准确性；有助于对信息的深入分析；加强对被审计单位政策和程序执行情况的监督；降低控制被规避的风险；通过对操作系统、应用程序系统和数据库系统实施安全控制，提高不相容职务分离的有效性。

与此同时，审计人员应当关注风险，并从下列方面了解信息技术对内部控制产生的特定风险：系统或程序未能正确处理数据，或处理了不正确的数据，或两种情况并存；在未得到授权情况下访问数据，可能导致数据的毁损或对数据不恰当的修改，包括记录未经授权或不存在的交易，或不正确地记录了交易；信息技术人员可能获得超越其履行职责以外的数据访问权限，破坏了系统应有的职责分工；未经授权改变主文档的数据；未经授权改变系统或程序；未能对系统或程序作出必要的修改；不恰当的人为干预；数据丢失的风险或不能访问所需要的数据。

在了解内部控制时，审计人员应当考虑被审计单位是否通过建立有效的控制，以恰当应对由于使用人工系统或信息技术系统而产生的风险。

7.5.2　控制测试的含义和要求

1. 控制测试的含义与目的

控制测试是为了评价关于控制防止或发现并纠正认定层次重大错报的有效性而实施的测试。审计人员应当选择为相关认定提供证据的控制进行测试。

就含义和目的而言，控制测试不同于前述的对“内部控制的了解”或“了解内部控制”，因为了解内部控制的含义和目的是评价控制的设计和确定控制是否得到执行；就程序和目的而言，它又有别于细节测试，因为细节测试的程序和目的是发现认定层次的重大错报。

2. 控制测试的基本要求

如果在评估认定层次重大错报风险时预期控制的运行是有效的，审计人员应当实施控制测试，就控制在相关期间或时点的运行有效性获取充分、适当的审计证据。只有认为控制设计合理、能够防止或发现并纠正认定层次的重大错报，审计人员才有必要对控制运行的有效性实施测试。如果认为仅实施实质性程序获取的审计证据无法将认定层次重大错报风险降至可接受的水平，审计人员应当实施相关的控制测试，以获取控制运行有效性的证据。控制测试并非在任何情况下都需要实施。当存在下列情形之一时，审计人员应当实施控制测试：在评估认定层次的重大错报风险时，预期控制的运行是有效的；仅实施实质性程序不足以提供认定层次充分、适当的审计证据。

测试控制运行的有效性与确定控制是否得到执行所需获取的审计证据是不同的。在实施风险评估程序以获取控制是否得到执行的审计证据时，审计人员应当确定某项控制是否存在，被审计单位是否正在使用。而在测试控制运行的有效性时，审计人员应当从下列方面获取关于控制是否有效运行的审计证据：控制在所审计期间的不同时点是如何运行的；控制是否得到一贯执行；控制由谁执行；控制以何种方式运行，比如人工控制或自动化控制。由此可见，控制运行的有效性所强调的是控制能够在各个不同时点按照既定设计得到一贯执行。因此，在测试控制运行的有效性时，审计人员需要抽取足够数量的交易进行检查或对多个不同时点进行观察；而在了解或确定控制是否得到执行时，审计人员只需抽取少量的交易进行检查或观察某几个时点。

测试控制运行的有效性与确定控制是否得到执行所需获取的审计证据虽然存在差异，但是两者之间也有联系。为评价控制设计和确定控制是否得到执行而实施的某些风险评估程序并非专为控制测试而设计，但可能提供有关控制运行有效性的证据，审计人员应当考虑这些审计证据是否足以实现控制测试的目的。审计人员可以考虑在评价控制设计和获取其得到执行的审计证据的同时，测试控制运行的有效性，以提高审计效率。

需要指出的是，被审计单位在所审计期间内可能由于技术更新或组织管理变更而更换了信息系统等，从而导致其在不同时期使用不同的控制。如果被审计单位在所审计期间内的不同时期使用了不同的控制，审计人员应当考虑不同时期控制运行的有效性。

7.5.3 控制测试的性质

控制测试的性质是指控制测试所使用的审计程序的类型及其组合。计划从控制测试中获取的保证水平是决定控制测试性质的主要因素之一。审计人员应当选择适当类型的审计程序以获取有关控制运行有效性的保证。计划的保证水平越高，对有关控制运行有效性的审计证据的可靠性要求越高。当拟实施的进一步审计程序主要以控制测试为主，尤其是仅实施实质性程序获取的审计证据无法将认定层次的重大错报风险降至可接受的低水平时，审计人员应当获取有关的控制运行有效性的更高的保证水平。

虽然控制测试与了解内部控制的目的相异，但两者采用审计程序的类型通常相同，包括询问、观察、检查和穿行测试。此外，控制测试的程序还包括重新执行。

（1）询问。审计人员可以向被审计单位适当员工询问，以获取与内部控制运行情况相关的信息。比如，询问负责复核银行余额调节表的人员如何进行复核，其复核的要点是什么，发现不符事项时是如何处理的等。然而，询问本身并不足以测试控制运行的有效性，因为仅仅通过询问不能为控制运行的有效性提供充分的证据，审计人员通常需要印证被询问者的答复，如向其他人员询问和检查执行控制时所使用的报告、手册或其他文件等。换言之，审计人员应当将询问与其他审计程序结合使用，以获取有关控制运行有效性的审计证据。在询问过程中，审计人员应当保持职业怀疑态度。

（2）观察。观察是指审计人员查看相关人员正在从事的活动或执行的程序。它可用于测试不留下书面记录的控制（如职责分离）的运行情况，如观察存货盘点控制的执行情况，也可用于测试实物控制的运行情况，如查看仓库门窗是否锁好，或空白支票是否妥善保管。通常，审计人员通过观察直接获取的证据更可靠。需要指出的是，由于观察提供的审计证据仅限于观察发生的时点，并且在相关人员已知被观察时，相关人员从事活动或执行程序可能与日常的做法不同，从而影响审计人员对真实情况的了解，因此，审计人员还要考虑其所观察到的控制在审计人员不在场时可能未被执行的情况。

（3）检查。检查是指审计人员对被审计单位内部或外部生成的记录或文件进行审查。它可以用于测试留下书面记录（如书面说明、复核时留下的记号，或其他记录在偏差报告中的标识）的控制的运行情况，如检查销售发票是否有复核人员签字、是否附有客户订单和出库单等。检查记录或文件可以提供可靠程度不同的审计证据，审计证据的可靠性取决于记录或文件的来源和性质。

（4）穿行测试。穿行测试也称全程测试、了解性测试或穿行实验，是指在每一类交易循环中选择一项或若干项业务进行测试，以验证内部控制的实际运行是否与审计人员所了解与描述的内部控制相一致。比如，为了复查购货循环的内部控制，审计人员可选择一笔或若干笔购货业务，把包括请购、订货、验收、保管、核票、付款、记账在内的整个购货业务流程进行详细检查，以确定购货循环内部控制中各环节的实际执行情况是否与其所了解的内部控制相一致。

（5）重新执行。重新执行是指审计人员以人工方式或使用计算机辅助审计技术，重新独立执行作为被审计单位内部控制组成部分的程序或控制。通常，当询问、观察和检查结合使用仍无法获得充分的审计证据时，审计人员应当考虑通过重新执行来证实控制是否有效运行。比如，为了合理保证计价认定的准确性，被审计单位的一项控制是由复核人员核对销售发票上的价格和统一价格单上的价格是否一致，然而，要检查复核人员有没有认真地执行了核对，仅仅检查复核人员是否在相关文件上签字是不够的，审计人员还需要自己选取一部分销售发票加以核对。如果需要大量的重新执行，审计人员就必须考虑通过实施控制测试以缩小实质性程序的范围是否有效。

总之，询问本身并不足以测试控制运行的有效性，审计人员应当将询问与其他审计程序结合使用，以获取相关控制运行有效性的审计证据；观察提供的证据仅限于观察发生的时点，本身也不足以测试控制运行的有效性；将询问与检查或重新执行结合使用，通常能够比仅实施询问和观察获取更高的保证。

审计人员应当根据特定控制的性质选择所需实施审计程序的类型。比如，某些控制可能存在反映控制运行有效性的文件记录，在这种情况下，审计人员应当考虑检查这些文件记录以获取控制运行有效的审计证据；某些控制可能不存在文件记录（如一项自动化的控制活动），或文件记录与证实控制运行有效性不相关，审计人员应当考虑实施检查以外的其他审计程序（如询问和观察），以获取有关控制运行有效性的审计证据。

在设计控制测试时，审计人员不仅应当考虑与认定直接相关的控制，还应当考虑这些控制所依赖的与认定间接相关的控制，以获取支持控制运行有效性的审计证据。比如，被审计单位可能针对超出信用额度的例外赊销交易进行报告和审核控制（这是与认定直接相关的控制）；在测试该项制度的运行有效性时，注册会计师不仅应当考虑审核的有效性，还应当考虑与例外赊销报告中信息准确性相关的控制（这是与认定间接相关的控制）是否有效运行。对于一项自动化的应用控制，由于信息技术处理过程的内在一贯性，审计人员可以利用该项控制得以执行的审计证据和信息技术一般控制（特别是对系统变动的控制）运行有效性的审计证据，作为支持该项控制在相关期间运行有效性的重要审计证据。

前已述及，控制测试的目的是评价控制是否有效运行，而细节测试的目的是发现认定层次的重大错报，两者的目的是不同的。但是，审计人员可以考虑针对同一交易同时实施控制测试和细节测试，以实现双重目的。比如，通过检查某笔交易的发票，审计人员可以确定该笔交易是否经过适当的授权，也可以获取关于该笔交易的金额、发生的时间等细节证据。当然。如果拟实施双重目的的测试，审计人员应当仔细设计和评价测试程序。

如果实施实质性程序发现某项认定存在错报，审计人员应当考虑实施实质性程序发现的错报对评价相关控制运行有效性的影响，如降低对相关控制的信赖程度、调整实质性程序的性质、扩大实质性程序的范围等；但如果实施实质性程序未发现某项认定存在错报，这本身并不能说明与该项认定相关的控制是有效运行的。如果实施实质性程序发现被审计单位没有识别出的重大错报，通常表明内部控制存在重大缺陷，审计人员应当就这些缺陷与管理层和治理层进行沟通。

7.5.4 控制测试的时间

控制测试的时间是指何时实施控制测试以及测试所针对的控制适用的时点和期间。如果测试特定时点的控制，审计人员仅得到该时点控制运行有效性的审计证据；如果测试某一期间的控制，审计人员可获取控制在该期间有效运行的审计证据。因此，审计人员应当根据控制测试的目的确定控制测试的时间，并确定拟信赖的相关控制的时点和期间。

根据控制测试目的确定控制测试的时间，具体有两种情况：如果只需要测试控制在特定时点运行的有效性（如对被审计单位期末库存盘点进行控制测试），审计人员只需要获取该时点的审计证据；如果需要获取控制在某一期间有效运行的审计证据，仅获取与时点相关的审计证据就不充分了，审计人员应当辅以其他控制测试（包括测试被审计单位对控制的监督），其他控制测试应当能够提供相关控制在所有相关时点都运行有效的审计证据（如通过测试被审计单位对控制的监督，可获取相关控制在所有相关时点是否都有效运行的证据）。实际上，控制在多个不同时点的运行有效性的审计证据的简单累加，并不能构成控制在某一期间运行有效性的充分、适当的审计证据。

审计人员可能在期中实施进一步的审计程序。即使已获取有关控制在期中运行有效性的审计证据，审计人员仍需要考虑这些审计证据如何能够合理延伸至期末，也就是说，需要通过测试获取控制在期中至期末这段剩余期间运行有效的审计证据。因此，如果已获取有关控制在期中运行的有效性的审计证据，并拟利用该证据，审计人员应当实施下列审计程序：（1）获取这些控制在剩余期间变化情况的审计证据；（2）确定针对剩余期间还需获取的补充审计证据。如果这些控制在剩余期间没有发生变化，审计人员可能信赖期中获取的审计证据；如果这些控制在剩余期间发生了变化，审计人员就需要详细了解并测试控制的变化对期中审计证据的影响。

在执行针对剩余期间还需获取的补充审计证据程序中，审计人员应当考虑下列因素：

（1）评估的认定层次重大错报风险的重要程度。评估的认定层次重大错报风险对财务报表的影响越大，审计人员需要获取的剩余期间的补充证据就越多。

（2）在期中测试的特定控制。比如，对自动化控制，审计人员可能测试信息系统一般控制的运行有效性，以获取控制在剩余期间运行有效性的审计证据。

（3）在期中对有关控制运行有效性获取的审计证据的程度。在期中对有关控制运行有效性获取的审计证据较为充分，审计人员可以考虑减少需要获取的剩余期间的补充证据。

（4）剩余期间的长度。剩余期间越长，审计人员需要获取的剩余期间的补充证据就越多。

（5）在信赖控制的基础上拟减少进一步实质性程序的范围。审计人员对相关控制的信赖程度越高，在信赖控制的基础上拟减少进一步实质性程序的范围就越大，需要获取的剩余期间的补充证据也就越多。

（6）控制环境。控制环境越弱，审计人员需要获取的剩余期间的补充证据就越多。

此外，通过测试被审计单位对控制的监督，审计人员也可以获取补充审计证据。

对于以前审计获取的有关控制运行有效性的审计证据，审计人员如果拟信赖这些证据，就应当考虑这些控制是否已经发生变化（控制在本期发生变化或控制在本期没有发生变化），从而应当通过实施询问并结合观察或检查程序，获取这些控制是否已经发生变化的审计证据。如果控制在本期发生变化，审计人员应当考虑以前审计获取的有关控制运行有效性的审计证据是否与本期审计相关。如果拟信赖的控制自上次测试后已发生变化，审计人员应当在本期审计中测试这些控制的运行有效性。如果拟信赖的控制自上次测试后未发生变化，且不属于旨在减轻特别风险的控制，审计人员应当运用职业判断确定是否在本期审计中测试其运行有效性，以及本次测试与上次测试的时间间隔，但两次测试的时间间隔不得超过两年。

在确定利用以前审计获取的有关控制运行有效性的审计证据是否适当以及再次测试控制的时间间隔时，审计人员应当考虑下列因素或情况：

（1）内部控制其他要素的有效性，包括控制环境、对控制的监督以及被审计单位的风险评估过程。

（2）控制特征（人工控制还是自动化控制）产生的风险。

（3）信息技术一般控制的有效性。

（4）控制设计及其运行的有效性，包括以前审计中测试控制运行有效性时发现的控制运行偏差的性质和程度。

（5）由于环境发生变化而特定控制缺乏相应变化导致的风险。

（6）重大错报的风险和对控制的拟依赖程度。

当出现下列情况时，审计人员应当缩短再次测试控制的时间间隔或完全不信赖以前审计获取的有关控制运行有效性的审计证据：

（1）控制环境薄弱。

（2）对控制的监督薄弱。

（3）相关控制中人工控制的成分较大。

（4）信息技术一般控制薄弱。

（5）对控制运行产生重大影响的人事变动。

（6）环境的变化表明需要对控制作出相应的变动。

（7）重大错报风险较大或对控制的拟信赖程度较高。

如果拟信赖以前审计获取的某些控制运行有效性的审计证据，审计人员应当在每次审计时从中选取足够数量的控制，测试其运行有效性；不应将所有拟信赖控制的测试集中于某一次审计，而在之后的两次审计中不进行任何测试。这样既有利于审计人员降低审计风险，也有助于审计人员判断其信赖以前审计获取的某些控制运行有效性的审计证据是否恰当。

如果确定评估的认定层次重大错报风险是特别风险，并拟信赖旨在减轻特别风险的控制，审计人员不应依赖以前审计获取的审计证据，而应在本期审计中测试这些控制的运行有效性。也就是说，对于旨在减轻特别风险的控制，不论控制在本期是否发生变化，审计人员都不应依赖以前审计获取的证据；如果拟信赖针对特别风险的控制，审计人员应当在每次审计中都测试该控制。

7.5.5 控制测试的范围

控制测试的范围是指某项控制活动的测试次数。审计人员应当设计控制测试，以获取控制在整个拟信赖的期间有效运行的充分、适当的审计证据。

在确定某项控制的测试范围时，审计人员通常考虑下列因素：

（1）在整个拟信赖的期间，被审计单位执行控制的频率。执行控制的频率越高，控制测试的范围就越大。

（2）在所审计期间，审计人员拟信赖控制运行有效性的时间长度。拟信赖控制运行有效性的时间越长，控制测试的范围就越大。

（3）为证实控制能够防止或发现并纠正认定层次重大错报，所需获取审计证据的相关性和可靠性。对审计证据的相关性和可靠性的要求越高，控制测试的范围就越大。

（4）通过测试与认定相关的其他控制获取的审计证据的范围。针对同一认定，可能存在不同的控制。与认定相关的其他控制的审计证据，其充分性和适当性较高时，控制测试的范围就可以适当缩小。

（5）在风险评估时拟信赖控制运行有效性的程度。在风险评估时对控制运行有效性的拟信赖程度越高，需要实施控制测试的范围就越大。

（6）控制的预期偏差。控制的预期偏差可用控制未得到执行的预期次数占控制应得到执行次数的比率（即预期偏差率）加以衡量。之所以需要考虑控制的预期偏差，是因为在虑及测试结果是否可以得出控制运行有效性的结论时，需要确定一个合理水平的预期偏差率，而不能只要出现任何控制执行偏差就认定控制运行无效。控制的预期偏差率越高，需要实施控制测试的范围就越大。如果控制的预期偏差率过高，审计人员应当考虑控制可能不足以将认定层次的重大错报风险降至可接受的低水平，从而针对某一认定实施的控制测试可能是无效的。

信息技术处理具有内在一贯性，除非系统（包括系统使用的表格、文档或其他永久性数据）发生变动，审计人员通常不需要增加自动化控制的测试范围。比如，对于一项自动化的应用控制，一旦确定被审计单位正在执行该控制，审计人员通常无须扩大控制测试的范围，但需要考虑执行下列测试以确定该控制持续有效运行：测试与该应用控制有关的一般控制运行的有效性；确定系统是否发生变动，如果发生变动，是否存在适当的系统变动控制；确定对交易的处理是否使用授权批准的软件版本。

控制测试可用于被审计单位每个层面的内部控制。与业务流程层面控制的测试相比，整体层面控制的测试通常更为主观，其结果会影响其他计划审计程序的性质和范围，也更难以记录，因而它与信息技术一般控制的评价通常记录的是文件备忘录和支持性证据。

7.6 内部控制评价

以内部控制评价为基础的审计，是传统审计转变为现代审计的一个重要标志。在目的与目标或方法与手段等方面，现代审计与内部控制都有着密切的联系。

现行抽样审计方法与手段，主要是凭借审计人员的主观判断和实际经验对财务报表中的重大事项进行审查，这样在某种情况下就会产生审计无法发现和揭示企业内部发生的、对财务报表真实性和公允性有重大影响的舞弊与错误，难以对企业财务报表作出准确的判断与评价。但是，庞大的企业规模和繁多的业务活动，使审计人员很难实施详细审计，而只能在抽样审计方法与手段本身寻求改进。经过长期的尝试和实践，审计人员逐渐认识到，采用统计抽样等方法与内部控制评价等手段，能够从根本上解决审计目的与审计方法、社会需求和审计资源的矛盾，也从根本上改变了传统的审计观念和审计方法，弥补了抽样审计的不足，它不仅减少了审计业务量，提高了审计效率，而且保证了审计质量，减少了审计风险。因此，作为现代审计技术基石的审计抽样，离不开对被审计单位内部控制的研究与评价。从财务报表审计的角度看，对被审计单位内部控制的研究与评价，不仅直接关系到审计抽样的范围，而且关系到审计人员如何确定实质性程序的性质、时间和范围以获取充分、适当的审计证据。同时，也需要再次指出，由于内部控制存在其固有局限性，无论被审计单位管理层如何设计和执行，内部控制都只能对财务报告的可靠性提供合理的保证。因此，审计人员研究和评价内部控制，其主要目的是据以有效实施实质性审计活动。

7.6.1 内部控制自我评价

内部控制是企业等组织经营活动中不可或缺的政策和程序。自从人类有了群体活动，各种形态的内部控制就已经存在，并逐渐发展起来。从最原始的内部牵制到内部控制框架再到COSO后来提出的企业风险管理框架，内部控制的范围及功能在不断拓展，各类组织管理层对内部控制的认识与实践也在逐步深入。内部控制是管理层规避风险、提高效益、确保资产安全与信息可靠、实现目标的重要手段，同时管理层也对内部控制的健全完善和有效运行负有责任。在经历了会计丑闻的震荡和冲击之后，美国政府颁布了《萨班斯-奥克斯利法案》，其中404条款明确要求上市公司的首席执行官（CEO）和首席财务官（CFO）必须对与本公司财务报告有关的内部控制发表诚信声明，出具评价报告。为了证明本公司CEO和CFO声明的真实可靠，该条款要求审计人员对与财务报告有关的内部控制运行有效性进行测试评估。因此，对内部控制系统的构建和评价，是公司管理层的一种内在责任，也是法律意义上的一种外在约束。无疑，《萨班斯-奥克斯利法案》对上市公司治理水平提出了更高的要求，对信息披露的规定也更加严格。

内部审计在评价并协助企业组织健全完善其内部控制方面扮演着日益重要的角色。内部控制是内部审计重要的对象，内部控制审计是内部控制的基本业务，内部审计人员通过实施审计程序可以对企业组织的内部控制作出客观的评价。要充分了解内部控制的各个方面，明确内部控制的关键控制点，客观评价内部控制情况，除了可以通过内部控制审计，还可以借助于内部控制自我评价。近年来，内部控制自我评估在国外各种类型的企业管理实务中较为流行。在率先开发内部控制自我评估方法的组织中，内部审计在以各级管理人员（对内部控制的执行负有责任的人员）为主体的内部控制自我评价中，发挥着极其重要的作用。

1. 内部控制自我评价的基本界定

20世纪80年代中期，加拿大海湾资源有限公司的内部审计人员在常规内部控制审计前设计了一套新的方法，他们召集由员工和经理组成的各个小组围绕内部控制召开专题讨论会，会上各小组对于其每天工作直接相关的各项内部控制问题进行讨论、评价，并提出相应的改进建议。这种方法即内部控制自我评价或称内部控制自我评估。内部控制自我评价法的应用不仅提高了审计效率，而且使参与人员受到了内部控制方面的培训。更为重要的是，它使内部控制的改进措施得到公司内部积极的回应，治理层与管理层对内部控制的了解更为清晰、深入和及时。

20世纪90年代中期，开展内部控制自我评价已成为许多企业内部审计实务的重要组成部分。国际内部审计师协会于2002年开展的一项调查发现，内部控制自我评价在“当前内部审计最佳实务”中名列第二，在“未来将愈加重要的实务”中位居第一。不仅如此，这种方法的实际应用已从内部审计扩展到其他领域，治理层与管理层以此方法为基础还研发出风险自我评价、道德自我评价、管理自我评价等新的管理工具。

内部控制自我评价简称内部控制评价，或内部控制自我评估，通常是指由内部审计人员召集负责制定与执行内部控制的组织内部相关管理人员对内部控制进行评价的过程。为了促进企业全面评价内部控制的设计与运行情况，规范内部控制评价程序和评价报告，揭示和防范风险，我国财政部制定并发布了《企业内部控制评价指引》。该指引提及的内部控制评价，系指企业董事会或类似权力机构对内部控制的有效性进行全面评价、形成评价结论、出具评价报告的过程。

内部控制自我评价有别于其他内部控制审计，就在于评价内部控制的主体不再只是内部审计人员，而是包括对内部控制的制定和执行负有责任的管理人员，其过程也不同于内部控制审计中由内部审计人员向这些管理人员收集相关信息与证据。现代企业内部控制的范围越来越宽广，内部控制的内容也越来越丰富，实施评价的有关人员必须具备各类专业知识及技术，以便对内部控制作出相对合理的评价。当然，由对内部控制的制定和执行负有责任的管理人员进行评价，可以提供更多有价值的信息。而内部审计人员利用诸多有价值的信息，可以使其审查和评价内部控制工作更具有针对性，有利于深入查找内部控制薄弱环节，进而提出更切合实际的改进建议。同时，基于内部控制自我评价所提出的有关改进内部控制的建议，相对于单纯由内部审计人员通过独立审查的方式所提出的建议，更能被组织管理层及员工所认可和接受，并由此提高组织管理层及内部员工对内部控制的认识水平与实践程度。

2. 内部控制自我评价中审计人员的主要责任

审计人员在内部控制自我评价中的责任，主要是召集、组织、协调、记录、督导。内部控制自我评价的主体不单纯是审计人员，但审计人员在该过程中履行了重要的责任，主要包括：事前的计划、召集及准备；事中的组织、协调、督导及记录；事后的整理工作底稿、提交内部控制自我评价报告等。具体来说，首先，审计人员要确定内部控制自我评价的主题以及所采用的方法，做好自我评价计划，在此基础上召集与该主题相关的管理人员进行自我评价。召集工作旨在为自我评价做好准备，确定自我评价的内容、主题及方式，并向参与者做事前的宣传和沟通。其次，在进行自我评价中，审计人员需要组织好整个过程，如果采用专题讨论会，则需要确定适当的时间与地点，并安排好会议议程。由于内部控制自我评价的参与者有不同类型的管理人员，他们从不同的角度对内部控制发表各自的意见，难免会出现意见相左的情况，这就需要审计人员从中进行协调，以避免可能导致的冲突。与此同时，审计人员还应该做好有关的记录工作，记录的相关信息将是出具内部控制自我评价报告的主要依据，也是未来进行内部控制审计的重要参考。

3. 内部控制自我评价的原则、内容、程序及方法

企业应当结合内部控制设计与运行的实际情况，制定具体的内部控制评价办法，规定评价的原则、内容、程序、方法和报告形式等，明确相关机构或岗位的职责权限，落实责任制，按照规定的办法、程序和要求，有序开展内部控制评价工作。也就是说，内部控制自我评价包括一些基本内容，企业或审计人员实施内部控制自我评价应当遵循一些重要原则，执行一些主要程序，运用一些通用或一般的方法。

（1）内部控制自我评价的重要原则。企业或审计人员实施内部控制评价至少应当遵循以下原则：1）全面性原则，即评价工作应当包括内部控制的设计与运行，涵盖企业及其所属单位的各种业务和事项；2）重要性原则，即评价工作应当在全面评价的基础上，关注重要业务单位、重大业务事项以及高风险领域；3）客观性原则，即评价工作应当准确地揭示经营管理的风险状况，如实反映内部控制设计与运行的有效性。

（2）内部控制自我评价的基本内容。内部控制自我评价的对象是企业等组织的内部控制，有时可以是某个职能部门的具体控制措施，也可以是整个企业等组织范围的控制环境，甚至可以延伸到风险的识别和分析、流程的简化与设计等。

一般而言，内部控制自我评价的基本内容包括：确定组织整体或职能部门的目标，识别其主要风险；评价组织内部控制的适当性、合法性及有效性；确认内部控制的重大缺陷或存在严重风险的业务领域或关键环节；评价组织非正式的控制及其有效性；评价组织的业务流程及运行效率；对内部控制自我评价中发现的问题提出改进意见和建议。

具体来说，企业应当围绕内部环境、风险评估、控制活动、信息与沟通、内部监督等要素，确定内部控制评价的具体内容，以便全面评价内部控制的设计与运行情况。企业组织开展内部环境评价，应当依据组织架构、发展战略、人力资源、企业文化、社会责任等具体情况，结合本企业的内部控制制度，对内部环境的设计及实际运行情况进行认定和评价；企业组织开展风险评估机制评价，应当依据有关风险评估的要求和主要风险，结合本企业的内部控制制度，对日常经营管理过程中的风险识别、风险分析、应对策略等进行认定和评价；企业组织开展控制活动评价，应当依据控制措施等，结合本企业的内部控制制度，对相关控制措施的设计和运行情况进行认定和评价；企业组织开展信息与沟通评价，应当依据内部信息传递、财务报告及信息系统等具体情况，结合本企业的内部控制制度，对信息收集、处理和传递的及时性、反舞弊机制的健全性、财务报告的真实性、信息系统的安全性，以及利用信息系统实施内部控制的有效性等进行认定和评价；企业组织开展内部监督评价，应当依据有关内部监督的要求和日常管控的规定，结合本企业的内部控制制度，对内部监督机制的有效性进行认定和评价，重点关注监事会、审计委员会、内部审计机构等是否在内部控制设计和运行中有效发挥监督作用。

内部控制评价工作应当形成工作底稿，详细记录企业执行评价工作的内容，包括评价要素、主要风险点、采取的控制措施、有关证据资料以及认定结果等。该评价工作底稿应当设计合理、证据充分、简便易行、便于操作。

（3）内部控制自我评价的主要程序。企业应当按照内部控制评价办法规定的程序，有序开展内部控制评价工作。内部控制自我评价工作的逻辑顺序是：计划—沟通—执行—反馈。换言之，内部控制自我评价需要有详细而合理、充分且恰当的计划，该计划应包括评价的主题与内容、运用的方法和形式、参与的人员及其职级、评价的时间和地点等。其中，评价的主题与内容应当根据评价的具体目标和内部控制审计的需要加以确定。

当管理层自己进行具体的自我评价时，审计人员可以根据管理层的目标和需要及法规与制度的要求等，帮助其确认评价的主题与内容。根据自我评价的主题与内容，结合组织的行业特征和文化理念、管理风格及员工素质等，审计人员恰当选用适宜的评价方法，确定参与评价的人员及其职级，并灵活选择适当的时间与地点拟定完整的计划，其工作涉及：列出需要管理人员进行讨论并做出判断的具体问题清单；安排评价的时间与地点；准备评价过程中需要配备的设施等。

内部控制自我评价计划是否合理、充分、适当，在很大程度上决定着内部控制自我评价的成败。如果内部控制自我评价的主题与内容、运用的方法和形式等不充分、不恰当，将会使内部控制自我评价工作失去其应有的意义，而且会浪费企业等组织的各种资源；如果参与内部控制自我评价的人员及其职级不合理、不恰当，则会使内部控制自我评价的结果与实际情况不符，而且会误导企业等组织的有关人员；如果选择的内部控制自我评价的时间和地点不及时、不适当，则会影响内部控制自我评价的效率与效果，甚至影响有关人员的出勤率和参与度。因此，要选择对于所有参与者而言都较为方便的时间，同时不宜占用太长时间。比如，当运用专题讨论会时，会议地点的选择及内部场景的布置就很重要，该场所应当具备比较轻松、适宜的氛围和环境，便于有关人员进行集体研讨，并利于每一位参会人员积极讨论并发表意见。

在内部控制自我评价前，内部控制自我评价的其他组织者或审计人员应当积极坦诚地与参与评价的有关人员进行沟通和交流，以便其了解自我评价的目的、内容及程序。如果这些人员从未参与过内部控制自我评价，则事前的沟通与交流就更为必要和重要。这种沟通与交流可以让有关参与人员解除顾虑，也有助于营造轻松、适宜的合作氛围，从而有利于开展内部控制自我评价工作，并提高其效率及效果。必要时，需要在组织首次开展内部控制自我评价之前，进行充分的宣传和对有关参与人员加以适当的培训。通过这种沟通与交流，使有关人员能够正确地认识和对待内部控制自我评价工作，并以积极、坦诚、合作、务实的态度参与评价过程。

在内部控制自我评价中，内部控制自我评价的其他组织者或审计人员应当按照计划召集有关人员，并合理有效地组织评估活动。当运用专题讨论会时，内部控制自我评价的组织者应当制定会议议程并分发给所有与会人员，其在整个过程中应当担当好主持人、记录人及协调人的角色。作为会议主持人，内部控制自我评价的组织者在会议专题讨论前，应当向所有与会人员介绍会议的议程，说明内部控制自我评价的目的、内容及程序，努力营造所有与会者都可畅所欲言的轻松、适宜的氛围。作为会议记录人，内部控制自我评价的组织者在会议专题讨论开始后，应当细心聆听并认真记录所有参与人员的发言，不应对任何发言进行评论或限制。作为会议协调人，内部控制自我评价的组织者针对讨论过程中出现严重离题或因观点不同而有可能发生冲突等不利情况，应当适时灵活地加以协调，以免出现不愉悦、不和谐的气氛。

在内部控制自我评价后，内部控制自我评价的其他组织者或审计人员应当及时向相关人员反馈有关信息及内部控制自我评价报告。会议记录人员应当将内部控制自我评价中所有与会人员对内部控制的意见、建议及结论等记录于工作底稿。为了及时收集信息，在专题讨论会上还可以采取电子投票等方式及时汇总投票情况及讨论意见，国外就有不少企业等组织专门为内部控制自我评价安排了有表决装置的会议场所，并将表决装置与计算机程序相连接，能够实时地了解和收集会议投影仪上显示的表决结果；有些企业还根据核实的结果再次开展有针对性的讨论与表决，并形成和收集表决结果。专题讨论会后，审计人员应当根据汇总的诸多意见，合理运用其专业知识和职业判断，针对内部控制提出相应的完善措施，编制内部控制自我评价报告或出具改进内部控制建议书，并及时将其反馈给企业等组织的相关人员，必要时，也可以提交给治理层或管理层，以便其及时采取有效措施改善经营活动和内部控制。

通常，内部控制评价程序包括：制定评价工作方案、组成评价工作组、实施现场测试、认定控制缺陷、汇总评价结果、编报评价报告等环节。企业可以授权内部审计部门或专门机构（以下简称“内部控制评价部门”）负责内部控制评价的具体组织实施工作。具体而言，内部控制自我评价的主要程序是：首先，企业内部控制评价部门应当拟定评价工作方案，明确评价范围、工作任务、人员组织、进度安排和费用预算等相关内容，报经董事会或其授权机构审批后实施。其次，企业内部控制评价部门应当根据经批准的评价方案，组成内部控制评价工作组，具体实施内部控制评价工作。评价工作组应当吸收企业内部相关机构熟悉情况的业务骨干参加，评价工作组成员对本部门的内部控制评价工作应当实行回避制度。当然，企业也可以委托中介机构实施内部控制评价，但为企业提供内部控制审计服务的审计机构（如会计师事务所），不应当同时为同一企业提供内部控制评价服务。再次，内部控制评价工作组应当对被评价单位进行现场测试，综合运用个别访谈、调查问卷、专题讨论、穿行测试、实地查验、抽样和比较分析等方法，充分收集被评价单位内部控制设计和运行是否有效的证据，按照评价的具体内容，如实填写评价工作底稿，研究分析内部控制缺陷。最后，认定内部控制缺陷，编制内部控制评价报告。内部控制缺陷包括设计缺陷和运行缺陷。企业对内部控制缺陷的认定，应当以日常监督和专项监督为基础，结合年度内部控制评价，由内部控制评价部门进行综合分析后提出认定意见，按照规定的权限和程序进行审核后予以最终认定。企业在日常监督、专项监督和年度评价工作中，应当充分发挥内部控制评价工作组的作用。内部控制评价工作组应当根据现场测试获取的证据，对内部控制缺陷进行初步认定，并按其影响程度分为重大缺陷、重要缺陷和一般缺陷，至于具体的认定标准，应由企业根据有关要求自行确定。其中，重大缺陷是指一个或多个控制缺陷的组合，可能导致企业严重偏离控制目标；重要缺陷是指一个或多个控制缺陷的组合，其严重程度和经济后果低于重大缺陷，但仍有可能导致企业偏离控制目标；一般缺陷则是指除重大缺陷、重要缺陷之外的其他缺陷。

企业内部控制评价工作组还应当建立评价质量交叉复核制度，评价工作组负责人应当对评价工作底稿进行严格审核，并对所认定的评价结果签字确认后，提交企业内部控制评价部门。此外，企业内部控制评价部门应当编制内部控制缺陷认定汇总表，结合日常监督和专项监督发现的内部控制缺陷及其持续改进情况，对内部控制缺陷及其成因、表现形式和影响程度进行综合分析和全面复核，提出认定意见，并以适当的形式向董事会、监事会或者经理层报告。重大缺陷应当由董事会予以最终认定，企业对于认定的重大缺陷，应当及时采取应对策略，切实将风险控制在可承受度之内，并追究有关部门或相关人员的责任。

（4）内部控制自我评价的一般方法。内部控制自我评价通用或一般方法主要有专题讨论会、问卷调查及管理分析。内部控制自我评价方法的选择，主要应当依据企业的所属行业特征、组织文化、管理风格、员工素质等，并结合每种方法的应用条件来进行。

专题讨论会是指内部控制自我评价的其他组织者或审计人员召集组织的相关人员就内部控制的特定方面或过程进行讨论及评价的一种方法。运用专题讨论会时，组织的文化环境应当有利于鼓励内部员工坦诚务实地发表意见和交流看法。如果没有这种组织文化，专题讨论会通常会因参会人员的顾虑或随意而无法收集广泛而真实的意见，据此得出的有关结论和评价结果也几乎无价值。同样，组织的管理风格也应当有利于形成民主气氛，征集民意；如果过于强调权威，那么运用专题讨论会这种方法就很可能会失效。此外，这种方法对参与人员的素质要求较高，即参与人员应当熟悉自己所在岗位的经营活动及内部控制，并具备缜密思考、理性分析及恰当表达的能力。从各种方法实际应用的效果分析，专题讨论会的实际效果相对较好，它也较容易达到目的，但其成本和困难往往较大，所需具备的应用条件也较多。

运用专题讨论会这种方法时，还必须考虑所采用的具体形式。一般来说，其具体形式基于不同类型的讨论而有所不同，即分别以目标、风险、控制及流程为基础开展的专题讨论会四种形式。这四种形式与前已述及的内部控制自我评价的主要内容是相对应的。究竟采用何种具体形式，内部审计人员需要根据内部控制自我评价的主题和目标来确定。以目标为基础的专题讨论会，主要是讨论实现目标的最佳方式，并评价现有内部控制是否能促进组织目标的实现，这种形式一般适用于新领域、新部门、新业务的内部控制自我评价。以风险为基础的专题讨论会，主要是讨论影响目标实现的各种风险及其识别，并确定现有风险管理过程是否恰当、有效，这里的风险既可能是整个组织的风险，也可能是某个职能部门、某项业务甚至某个岗位的风险。以控制为基础的专题讨论会，主要是讨论并评价现有内部控制的运行情况及其有效性，这是目前比较常用的内部控制自我评价形式，这种形式的内部控制自我评价可以为管理层评价内部控制提供相关信息，也可以为审计人员开展内部控制审计提供可靠信息。以过程为基础的专题讨论会，主要是讨论、分析及评价组织的业务流程及其各个环节，据以提出改进或简化业务流程的意见或建议。

问卷调查是指内部控制自我评价的组织者或审计人员就内部控制的特定方面或过程通过书面问卷向组织的相关人员收集评价意见的一种方法。与专题讨论会相比，问卷调查这种方法有时能以较少的时间和较低的成本收集组织的相关人员对内部控制的评价意见。采用问卷调查同样需要经过事先的计划、事中的沟通与执行，以及事后的反馈。事前的计划工作的关键在于，要确保调查问卷的设计科学合理；事中的沟通与执行工作，要能够促使组织的相关人员正确认识并认真对待调查问卷，且使其结果能够切实反映组织的相关人员对内部控制的真实看法；调查问卷经过汇总整理后，其结果以及对内部控制的改进建议同样需要反馈给组织的相关人员。问卷调查这种方法的局限性主要在于，自我评价的内部控制往往仅限于调查问卷中所提及的问题，而问卷调查结果的可靠性又受组织的相关人员人为因素的影响较大。

管理分析是指内部控制自我评价的其他组织者或审计人员就内部控制的特定方面或过程向组织的相关人员收集信息，并与其他来源的信息一起进行综合分析和评价的一种方法。管理分析这种方法的实际应用情况往往是，先由内部控制自我评价的其他组织者或审计人员通过询问和面谈向组织的相关人员收集其对内部控制的相关信息，然后将这些信息与内部控制自我评价的其他组织者或审计人员通过实地观察、检查书面文件等得到的有关信息综合起来加以分析和评价。管理分析是一种比较节约时间与成本的内部控制自我评价方法，在企业的组织文化还不适宜进行集体讨论、内部员工尚不具备参与讨论的素质的情况下适合使用这种方法。管理分析法下的管理人员与专题讨论会中的有关人员相比，大多变得较为被动且比较消极，难以提供较多相关可靠的信息，更无法得到出乎审计人员意料的有价值的信息。从长远、发展、务实的观点来看，专题讨论会是进行内部控制自我评价中运用的主要方法。

7.6.2　内部控制的健全性与有效性评价

内部控制评价，是指审计机构和审计人员在日常审计工作中定期或不定期地对现行内部控制所进行的评价，主要是评价被审计单位内部控制的健全性与有效性。按照先后评价的重点不同，内部控制评价可分为健全性评价与有效性评价。在审计工作中，如果健全性评价认为被审计单位内部控制是完善的，即可对其进行有效性评价；否则，就应直接执行全面的实质性审计。如果有效性评价认为该单位内部控制运行是有效的，即可综合健全性评价与有效性评价的结果，据以确定实质性审计的范围、重点和方法，然后进行有限的实质性审计；否则，即可执行全面的实质性审计。

1. 内部控制的健全性评价

内部控制的健全性评价是指针对被审计单位实行的内部控制本身是否完善所进行的测试与评价。其测试的内容是被审计单位各项内部控制是否符合内部控制的基本原则，被审计单位在哪些环节、采取何种措施进行控制，关键控制点是否重点进行了控制，所有内部控制目标是否均已达到，从而据以评价内部控制在设计上是否存在缺陷和不足。例如，通过健全性测试，判断被审计单位：哪些方面的内部控制设计比较严密、科学，有较强的控制功能；哪些方面的内部控制还存在弱点，控制作用不明显，或者根本没有控制作用。审计人员据此判断，可以相应地决定增加或减少审计程序。内部控制的健全性测试与评价的方法及步骤如下：

（1）确定内部控制评价模式。被审计单位的内部控制，应该怎样建立和符合什么标准，才达到健全完善的程度，这是评价内部控制必须首先解决的一个很重要的问题。通常情况下，审计人员可事先设计一个内部控制评价模式，并结合被审计单位的具体情况，衡量其是否基本符合该单位控制的需要，然后将其直接作为或修改后再作为评价被审计单位内部控制的参照模式与依据。

需要指出的是，内部控制评价模式通常以流程图或调查表等形式表示，但在评价内部控制时，不能仅仅机械地对照流程图或调查表等表示的内部控制评价模式，而必须将其与内部控制目标联系起来，这是因为流程图或调查表等只是内部控制评价模式的表现，而内部控制目标才是其实质。因此，在对内部控制进行最后评价时，如果企业的内部控制程序和措施等能够保证内部控制目标的实现，则可以认为该单位的内部控制是健全完善的。

（2）调查内部控制现状。对被审计单位内部控制现状的调查，主要是通过查阅被审计单位有关内部控制的规章制度和文件资料以及以前年度有关的审计档案，或通过询问被审计单位有关管理人员和当事人，来了解被审计单位基础控制与应用控制的健全性和严密性，并运用文字叙述法、调查表法、流程图法等将被审计单位内部控制的现状准确地加以描述。

（3）评价内部控制的健全性。在掌握被审计单位内部控制现状的基础上，审计人员根据内部控制评价模式，即可对被审计单位内部控制的健全程度作出客观的评价。其做法是：首先，审计人员应将通过调查所了解的被审计单位内部控制的现状与事先确定的内部控制评价模式进行对照，以揭示其内部控制措施是否被采用。对于所发现的控制缺陷，审计人员应按其性质与内容进行相应的归类、汇集，并登记在内部控制缺陷登记表中。其次，审计人员应通过查阅有关资料和询问有关人员等方式，了解是否存在补偿性控制措施，以便全部抵消业已发现的控制缺陷的影响。如果没有补偿性控制措施或补偿性控制措施不能全部抵消控制缺陷的影响，审计人员应说明控制缺陷可能产生的某些错误与舞弊的性质，以及对整个内部控制的影响程度。如果还存在其他缺陷，审计人员还应分析控制缺陷之间的相互联系及其可能产生的共同影响。最后，在分析被审计单位内部控制的所有缺陷及其潜在影响的基础上，审计人员即可对其健全性作出评价。如果认为被审计单位的内部控制是健全的或基本健全的，也就是说它能够保证审计人员所关注的控制目标的实现，审计人员即可对该单位的内部控制予以信赖或基本信赖，并测试和评价其有效性；反之，审计人员对其则不予信赖，进而直接进入实质性审计阶段。顺便指出，文中述及的缺陷或控制缺陷，可能会产生潜在的错弊或风险，因而审计人员对此应根据重要性程度给予相应的关注，以使其对内部控制健全性评价更为客观。从这种角度看，审计人员在进行财务报表审计时对内部控制的研究与评价，与对审计风险的评估是紧密结合在一起的。

2. 内部控制的有效性评价

内部控制的有效性评价是指针对在健全性评价中被认为健全的或基本健全的内部控制，在实际工作中是否得到贯彻执行以及贯彻执行的程度所进行的测试与评价。实施健全性测试与评价，虽然能了解到内部控制所必须具备的控制点是否齐全，即内部控制本身设计是否健全完善或合理，但这只是规章制度或业务处理方面作出的规定，并不等于在实际业务活动中一定能达到预期的控制目标。如果企业员工有章不循、有规不守，或遵守不严，甚或根本不执行，就不可能取得好的控制效果。至于企业在实际工作中是否贯彻这些规定，特别是设置的控制点和关键控制点是否正在起作用，则需进行有效性测试与评价。内部控制的有效性评价工作，可以通过控制测试等进行，其方法及步骤如下：

（1）确定控制测试的内容与数量。控制测试的内容是由健全性测试与评价所确定的，并被认为是可以信赖的那些内部控制。至于那些在健全性测试与评价中被认为存在缺陷、错弊或薄弱的内部控制，则应排斥在控制测试的范围之外，而直接列为实质性审计的重点内容。对于列入符合性测试范围的内部控制，并非都要进行审查，而是要通过实施抽样测试。符合性测试是指了解和评价被审计单位内部控制中规定的关键控制点及其能否得到贯彻执行的审计程序。其关键在于确定适当的样本数量，这是关系到测试效率和质量的主要问题。如果样本数量太小，就无法保证抽样结果的代表性；反之，样本数量太大，则会增加测试工作量，影响测试效率。因此，审计人员必须根据审计工作的实际需要，结合有关影响因素，科学、合理地选定测试样本的数量。在符合性测试中，影响样本量大小的因素包括：计划对内部控制的信赖程度；可容忍误差；可接受的信赖过度风险；预期总体误差；总体中的项目的数量等。

在符合性测试中，误差是指审计人员认为使控制程序失去效能的所有控制失败事件。通常可将其定义为会计记录的虚假账户、经济业务的记录未进行复核、审批手续不全等各类差错。显然，审计人员应根据具体审计目标来界定误差。至于可容忍误差，则是审计人员认为抽样结果可以达到审计目的所愿意接受的审计对象总体的最大误差。一般来说，可容忍误差越小，所选择的样本量就越大。在进行符合性测试时，可容忍误差是指审计人员不改变对内部控制的可信赖程度所愿意接受的最大误差。也就是说，只要内部控制在实际运行中偏离规定要求的程度没有超过审计人员可以接受的最大比率，审计人员就可以维持其对内部控制的可信赖程度。

在符合性测试中，审计人员需要估计总体误差，即需要作出总体误差率（内部控制未被执行的比率）大小的估计，而不必得出总体误差额（经济业务存在误差的金额）多少的结论。因此，符合性测试适宜采用能够测试总体中某种特征发生率的属性抽样，即根据属性抽样公式计算的样本数量进行抽查，借以推断被审计单位的内部控制执行情况。根据控制测试的结果，结合前期审计工作底稿或预期抽查少量样本，审计人员即可比较准确地测算出预计差错率与可靠程度，再将其他已知因素代入相关公式，即可算出控制测试的样本数量（具体计算详见第8章审计抽样，这里从略）。在实际工作中，为了便于操作，审计人员可根据控制所发生的频率，确定测试样本的数量。

（2）进行控制测试。控制测试的内容与数量确定后，审计人员可运用随机抽样法、系统选样法及随意选择法等方法抽取样本。至于测试样本，则可主要使用检查证据、穿行测试和实地观察等方法进行，然后将测试结果登记在控制测试表中。

（3）评价内部控制的有效性。通过控制测试，审计人员可对内部控制运行的有效性即内部控制在实际工作中的执行与否及执行程度作出评价。如果关键控制点或多数一般控制点失去控制，则表明被审计单位内部控制失效，从而可以作出直接进行实质性审计的结论；如果少数一般控制点执行不好或全部控制点都执行良好，则仍需继续进行评价，以便全面、客观地评价内部控制的有效性。

鉴于此，审计人员还应将通过健全性测评及有效性测评所获得或形成的有关资料，尤其是内部控制缺陷登记表和控制测试表等工作底稿，按照控制系统和控制点为标志进行汇集、分类，以全面反映被审计单位内部控制存在的问题。在此基础上，审计人员可分别就控制缺陷对相应的控制点和内部控制的影响进行分析，并对每个控制系统能否保证审计人员所关注的相应控制目标的实现作出判断，进而对被审计单位的整个内部控制能否保证所有控制目标的实现进行综合评价，以及对能否在允许的风险水平下依靠其内部控制进行实质性审计作出最终判断。这样，审计人员即可根据其发现的被审计单位内部控制缺陷和薄弱环节，确定实质性审计的范围、重点和方法，并将注意到的内部控制弱点告知被审计单位管理层，甚至在必要时提出改进内部管理的意见和建议。

7.6.3 内部控制评价报告

公司应当以内部控制评价工作获取的测试、评价证据为基础，如实编制和对外提供年度内部控制评价报告，不得含有虚假的信息或者隐瞒重要事实。公司董事会及全体董事应保证提供的年度内部控制评价报告不存在虚假记载、误导性陈述或重大遗漏，并就此报告的真实性、准确性、完整性承担个别和连带的法律责任。公司对内部控制评价报告可以分别内部环境、风险评估、控制活动、信息与沟通、内部监督等要素进行设计，其编制的年度内部控制评价报告须经董事会审议通过，并按定期报告相关要求审核后，与年度报告一并对外披露，对内部控制评价范围、依据及内部控制缺陷认定标准、内部控制缺陷认定及整改情况、财务报告内部控制有效性的评价结论等相关内容作出披露。

1. 内部控制评价报告的要素

公司年度内部控制评价报告应包括以下要素：（1）标题；（2）收件人；（3）引言段；（4）重要声明；（5）内部控制评价结论；（6）内部控制评价工作情况；（7）其他相关重大事项说明。

标题统一为“××股份有限公司××年度内部控制评价报告”；收件人统一为“××股份有限公司全体股东”；引言段应当说明评价工作主要依据、内部控制评价报告基准日等内部控制评价基本信息；重要声明应当说明董事会、监事会及董事、监事、高级管理人员对内部控制及年度内部控制评价报告的相关责任，以及内部控制的目标和固有的局限性。

内部控制评价结论，应当分别披露对财务报告内部控制有效性的评价结论，以及是否发现非财务报告内部控制重大缺陷，并披露自内部控制评价报告基准日至内部控制评价报告发出日之间是否发生影响内部控制有效性评价结论的因素。如果公司对财务报告内部控制有效性的评价结论与注册会计师对财务报告内部控制有效性的审计意见存在差异，以及公司与注册会计师对非财务报告内部控制重大缺陷的披露存在差异，公司就应在年度报告内部控制的相关章节中予以说明，并解释差异原因；如果公司内部控制评价结论认定公司在评价报告基准日存在内部控制重大缺陷，或者公司内部控制被审计机构出具了非标准内部控制审计报告，以及标准内部控制审计报告披露了非财务报告内部控制重大缺陷，公司应当在年度报告“重要提示”中对此作出说明，并提示投资者注意阅读相关信息。

内部控制评价工作情况，应当披露内部控制评价范围、内部控制评价工作依据及内部控制缺陷认定标准，以及内部控制缺陷认定及整改情况。其中，内部控制评价范围应当从纳入评价范围的主要单位、业务和事项以及高风险领域三个方面进行披露，并对评价范围是否存在重大遗漏形成明确结论；如果评价范围存在重大遗漏或法定豁免，则应当披露评价范围重大遗漏的具体情况及对评价结论产生的影响以及法定豁免的相关情况。内部控制评价工作依据及缺陷认定标准应当披露公司开展内部控制评价工作的具体依据以及进行缺陷认定的具体标准及其变化情况；公司应当区分财务报告内部控制和非财务报告内部控制，分别披露重大缺陷、重要缺陷和一般缺陷的认定标准。内部控制缺陷认定及整改情况应当区分财务报告内部控制和非财务报告内部控制，分别披露报告期内部控制重大缺陷和重要缺陷的认定结果及缺陷的性质、影响、整改情况、整改计划等内容。

其他相关重大事项说明，应当披露可能对投资者理解内部控制评价报告、评价内部控制情况或进行投资决策产生重大影响的其他内部控制信息。

2. 内部控制评价报告的范例

企业应当根据年度内部控制评价结果，结合内部控制评价工作底稿和内部控制缺陷汇总表等资料，按照规定的程序和要求，及时编制和披露年度内部控制评价报告（如下列范例所示）。

JZNY 股份有限公司 2016 年度内部控制评价报告

JZNY 股份有限公司全体股东：

根据《企业内部控制基本规范》及其配套指引的规定和其他内部控制监管要求（以下简称企业内部控制规范体系），结合本公司（以下简称公司）内部控制制度和评价办法，在内部控制日常监督和专项监督的基础上，我们对公司 2016 年 12 月 31 日（内部控制评价报告基准日）的内部控制有效性进行了评价。

一、重要声明

按照企业内部控制规范体系的规定，建立健全和有效实施内部控制，评价其有效性，并如实披露内部控制评价报告是公司董事会的责任。监事会对董事会建立和实施内部控制进行监督。经理层负责组织领导企业内部控制的日常运行。公司董事会、监事会及董事、监事、高级管理人员保证本报告内容不存在任何虚假记载、误导性陈述或重大遗漏，并对报告内容的真实性、准确性和完整性承担个别及连带法律责任。

公司内部控制的目标是合理保证经营管理合法合规、资产安全、财务报告及相关信息真实完整，提高经营效率和效果，促进实现发展战略。由于内部控制存在的固有局限性，故仅能为实现上述目标提供合理保证。此外，由于情况的变化可能导致内部控制变得不恰当，或对控制政策和程序遵循的程度降低，根据内部控制评价结果推测未来内部控制的有效性具有一定的风险。

二、内部控制评价结论

根据公司财务报告内部控制重大缺陷的认定情况，于内部控制评价报告基准日，不存在财务报告内部控制重大缺陷，董事会认为，公司已按照企业内部控制规范体系和相关规定的要求在所有重大方面保持了有效的财务报告内部控制。

根据公司非财务报告内部控制重大缺陷的认定情况，于内部控制评价报告基准日，公司未发现非财务报告内部控制重大缺陷。

自内部控制评价报告基准日至内部控制评价报告发出日之间未发生影响内部控制有效性评价结论的因素。

三、内部控制评价工作情况

（一）内部控制评价范围

公司按照风险导向原则确定纳入评价范围的主要单位、业务和事项以及高风险领域。纳入评价范围的主要单位包括……（略）；纳入评价范围的主要业务和事项包括……（略）共21个模块158个流程，基本覆盖公司所有业务范围；重点关注的高风险领域主要包括……（略）。

上述纳入评价范围的单位、业务和事项以及高风险领域涵盖了公司经营管理的主要方面，不存在重大遗漏。

（二）内部控制评价工作依据及内部控制缺陷认定标准

公司依据企业内部控制规范体系及财政部等五部委颁布的《企业内部控制基本规范》《企业内部控制评价指引》组织开展内部控制评价工作。

公司董事会根据企业内部控制规范体系对重大缺陷、重要缺陷和一般缺陷的认定要求，结合公司规模、行业特征、风险偏好和风险承受度等因素，区分财务报告内部控制和非财务报告内部控制，研究确定适用于公司的内部控制缺陷具体认定标准，并与以前年度保持一致。公司确定的内部控制缺陷认定标准如下：

1. 财务报告内部控制缺陷认定标准

公司确定的财务报告内部控制缺陷评价的定量标准如下：

重大缺陷定量标准：缺陷可能造成的错报金额占资产总额的比重在1%以上。

重要缺陷定量标准：缺陷可能造成的错报金额占资产总额的比重在0.5%～1%之间。

一般缺陷定量标准：缺陷可能造成的错报金额占资产总额的比重低于0.5%。

公司确定的财务报告内部控制缺陷评价的定性标准如下：

重大缺陷定性标准：

(1) 董事、监事和高级管理人员舞弊。

(2) 注册会计师发现当期财务报表存在重大错报，而内部控制在运行过程中未能发现该错报。

(3) 公司审计委员会和内部审计机构对内部控制的监督无效。

重要缺陷和一般缺陷定性标准：

(1) 中层及以下管理人员发生舞弊。

(2) 注册会计师发现当期财务报表存在重要的和一般性的错报，而内部控制在运行过程中未能发现该错报。

(3) 公司审计委员会和内部审计机构对内部控制的监督存在一定的漏洞。

2. 非财务报告内部控制缺陷认定标准

公司确定的非财务报告内部控制缺陷评价的定量标准如下：

重大缺陷定量标准：缺陷可能造成的损失金额超过资产总额的1%。

重要缺陷定量标准：缺陷可能造成的损失金额超过资产总额的0.5%低于资产总额的1%。

一般缺陷定量标准：缺陷可能造成的损失金额未达到资产总额的0.5%。

公司确定的非财务报告内部控制缺陷评价的定性标准如下：

重大缺陷定性标准：对公司战略目标实现和公司年度经营目标产生重大影响，情况失控，影响公司持续经营，包括：

(1) 缺乏诸如"三重一大"等民主决策程序；

(2) 企业决策程序不科学导致重大失误；

(3) 违犯国家法律、法规并受到处罚；

(4) 高级管理人员和高级技术人员流失严重；

(5) 媒体负面新闻频现，并在全国范围内传播；

(6) 重要业务缺乏制度控制或制度系统性失效；

(7) 内部控制评价的结果特别是重大缺陷或重要缺陷未得到整改。

重要缺陷定性标准：对公司战略目标实现和公司年度经营目标产生重要影响，但不会影响公司持续经营，包括：

(1) 公司民主决策程序存在一定的漏洞；

(2) 出现决策失误导致较为严重的损失；

(3) 违反内部规章制度或国家法律、法规并受到警告；

(4) 关键岗位人员存在一定的流失现象；

(5) 负面新闻涉及面在所在省、市、自治区范围内；

(6) 重要业务缺乏制度控制或制度存在缺失现象；

(7) 内部控制评价发现的重要缺陷和一般缺陷未得到整改。

一般缺陷定性标准：对公司年度经营目标产生一定影响，包括：

(1) 公司决策程序存在一定的漏洞，影响决策效率；

(2) 存在违反内部规章制度的现象；

(3) 一般岗位人员存在流失现象；

(4) 负面新闻在项目所在区域范围内传播；

(5) 业务操作层面制度存在缺失现象；

(6) 内部控制评价发现的一般缺陷未得到整改。

（三）内部控制缺陷认定及整改情况

1. 财务报告内部控制缺陷认定及整改情况

根据上述财务报告内部控制缺陷的认定标准，报告期内公司不存在财务报告内部控制重大缺陷、重要缺陷。

2. 非财务报告内部控制缺陷认定及整改情况

根据上述非财务报告内部控制缺陷的认定标准，报告期内未发现公司非财务报告内部控制重大缺陷、重要缺陷。

四、其他内部控制相关重大事项说明（无）

董事长（已经董事会授权）：〔签名〕

〔公司签章〕

JZNY 股份有限公司

2016 年 12 月 31 日

而企业内部控制评价部门则应关注自内部控制评价报告基准日至内部控制评价报告发出日之间是否发生影响内部控制有效性的因素，并根据其性质和影响程度对评价结论进行相应调整。

此外，企业内部控制审计报告应当与内部控制评价报告同时对外披露或报送。企业应当以 12 月 31 日作为年度内部控制评价报告的基准日，而内部控制评价报告应于基准日后 4 个月内报出。再者，企业还应当建立内部控制评价工作档案管理制度，妥善保管内部控制评价的有关文件资料、工作底稿和证明材料等。

7.6.4 内部控制评价的应用

内部控制评价应用即内部控制评价在审计中的应用，通常是指内部控制评价结果在实质性审计中的应用，即根据内部控制评价结果确定实质性审计的范围、重点和方法（尤其是实质性程序的性质、时间及范围），并据以指导具体的审计活动。实际上，内部控制评价应用还可以是指内部控制评价程序、评价模式、评价活动及评价方法分别在审计中的应用。各主要交易循环的内部控制及其应用，对于企业规范活动与管理及控制风险极其重要，其对审计工作也极为有利。因此，审计人员应结合企业的各主要业务循环，对其内部控制应用及风险予以关注。

1. 内部控制评价应用的意义

在审计实践中，推广应用内部控制评价，具有十分重要的意义。

（1）内部控制评价方法在审计中的应用，奠定了抽样审计技术的基础，导致了审计方式的变革，产生了以内部控制评价为基础的审计方式，并能在保证审计质量的前提下提高审计效率。其本身也昭示人们通过分析评价业务结果赖以产生的方式，即通过对产生结果的管理方式、业务流程及处理系统本身进行分析评价，也可以间接达到查核业务结果的目的。

（2）内部控制评价模式在审计中的应用，将内部控制评价模式作为参照依据，以便与现行内部控制系统相对照，从而衡量内部控制的完善程度，并将两个在不同角度和层次发挥作用而实现相同目的的业务环节即控制点和审计要点先后联系起来，产生了一种比根据审计目标或经验判断列示审计要点更具有针对性和科学性的做法，即依据内部控制评价模式揭示审计要点。其具体做法是先根据内部控制评价模式中的控制系统，界定其所对应的业务系统，然后根据该评价模式中设置的控制点逐一列示其对应的审计要点，以供实质性审计选用。

（3）内部控制评价活动在审计中的应用，因其作为不同的角色而形成不同的应用形式。内部控制评价，既可以作为一种手段而成为实质性审计的基础，也可以作为一个目的而成为一个独立的审计项目。进而言之，内部控制评价，作为实质性审计的基础，构成全程式内部控制评价基础审计；作为独立的审计形式和内部控制评价基础审计的组成阶段，形成阶段性内部控制评价专项审计。

（4）内部控制评价结果在审计中的应用，有利于审计人员制定总体审计计划并安排具体审计项目，也有利于审计人员确定实质性审计的范围、重点和方法，修订具体审计方案，指导实质性审计工作，还有利于审计人员向被审计单位提出改进内部管理的意见和建议，从而能够更好地发挥审计的职能作用。

（5）内部控制评价程序在审计中的应用，形成了在评价内部控制基础上进行实质性审计的现代审计程序，简称"内部控制评价基础审计程序"。其实质是将内部控制评价与实质性审计相结合，并在传统审计程序的基础上构建现代审计程序。下文将以此为重点加以阐述。

2. 内部控制评价基础审计的程序

一般来说，审计程序可分为准备阶段、实施阶段和完成审计工作阶段。准备阶段的主要工作表现为制定审计计划，完成审计工作阶段的主要工作表现为编写审计报告。因此，准备阶段和完成审计阶段也可分别称为计划阶段与报告阶段。沿用一般审计程序的划分，紧密结合内部控制的评价，也可将内部控制评价基础审计程序分为计划阶段、实施阶段及报告阶段，每个阶段的工作又包括若干步骤和环节。

（1）计划阶段。结合内部控制评价，计划阶段的工作主要是确定采取内部控制评价基础审计是否恰当。为此，审计人员应主要考虑以下因素：被审计单位的经济业务情况；被审计单位的内部控制情况；被审计单位的内部审计质量状况；审计人员素质条件等。

就被审计单位的经济业务情况而言，如果被审计单位的经济业务较少、金额较大，或经常发生错弊、内部控制不可信赖，一般应直接进行全面的实质性审计；否则，宜采用内部控制评价基础审计。就被审计单位的内部控制情况而言，如果被审计单位的内部控制不健全，或者虽然内部控制措施完善但实际工作中未予落实或落实不力，则应直接进行全面的实质性审计；否则，可采用内部控制评价基础审计。就被审计单位的内部审计质量状况而言，如果被审计单位的内部审计工作质量较高，并且内部审计部门日常做了大量的实质性审计，表明其内部审计工作的结果可以利用，则外部审计人员宜采用内部控制评价基础审计；否则，应直接进行实质性审计。就审计人员素质条件而言，如果审计人员的经验较多，尤其是了解被审计单位的内部控制情况，为了在保证审计质量的同时提高审计效率，宜采用内部控制评价基础审计；否则，应直接进行实质性审计。

（2）实施阶段。结合内部控制评价，实施阶段的工作主要包括健全性评价、有效性评价以及实质性审计。健全性评价与有效性评价构成了内部控制评价程序。显然，在实施阶段所进行的工作，是内部控制评价程序与实质性审计相结合的突出体现。

结合前文有关阐述，此处稍作简要说明。如果健全性评价表明被审计单位及被审计项目内部控制可以信赖，则可继续进行有效性测评；否则，则应进行全面的实质性审计。如果有效性测试与评价通过了符合性测试，表明被审计单位及被审计项目内部控制可以信赖，则可继续进行综合评价；否则，应进行全面的实质性审计。综合评价是指主要根据健全性评价和有效性评价的结果，来确定实质性审计的范围、重点和方法，并提出改进内部管理的意见或建议。实质性审计，主要是对会计凭证、会计账簿及财务报表等会计资料进行直接审查并盘点库存实物等。就其内容和范围而言，实质性审计可分为全面的实质性审计与有限的实质性审计。在进行有限的实质性审计时，如果发现有较多或较严重的错误或舞弊问题，则应扩大审计的范围和内容，直至实施全面的实质性审计。可见，依赖和利用内部控制评价，也存在一定的风险，审计人员必须关注此风险并将之降至可接受的水平。另外，无论内部控制评价如何，都不可能离开或替代必要的实质性审计。

(3) 完成阶段。完成阶段的审计程序和内容，基本上与一般的审计程序一致，即总结审计工作结果，编制审计报告，表达或出具审计意见等。

7.7 内部控制审计

7.7.1 内部控制审计的含义

内部控制审计是审计工作的重要内容。它是指审计机构（如会计师事务所）接受委托，对特定基准日内部控制设计与运行的有效性进行审计。建立健全和有效实施内部控制、评价内部控制的有效性是企业董事会的责任。按照有关要求，在实施审计工作的基础上对内部控制的有效性发表审计意见，是审计人员（如注册会计师）的责任。注册会计师执行内部控制审计工作，应当获取充分、适当的证据，为发表内部控制审计意见提供合理保证。注册会计师应当对财务报告内部控制的有效性发表审计意见，并对内部控制审计过程中注意到的非财务报告内部控制的重大缺陷，在内部控制审计报告中增加“非财务报告内部控制重大缺陷描述段”予以披露。

注册会计师可以单独进行内部控制审计，也可将内部控制审计与财务报表审计整合进行（以下简称“整合审计”）。在整合审计中，注册会计师应当对内部控制设计与运行的有效性进行测试，以同时实现以下目标：(1) 获取充分、适当的证据，支持其在内部控制审计中对内部控制有效性发表的意见；(2) 获取充分、适当的证据，支持其在财务报表审计中对控制风险的评估结果。

由于内部控制的日益复杂及其范围的不断扩大，审计人员有必要在具体工作中确定审计重点，以提高审计效率。与传统审计活动相比，内部控制自我评价以互动方式进行可以及时收集重要信息，它并不旨在深入探究问题，而是为审计活动提供一种快速而可靠的评价结果。在传统的审计活动中，大多数审计程序的执行都是针对内部控制中的“硬控制”部分，而对于控制环境等“软控制”部分，仅用传统的检查文件等方法是无法实施有效评估的。实际上，“软控制”比“硬控制”对组织内部控制产生的影响往往会更大，这也是内部控制理论与实务中特别强调内部控制过程受到治理层、管理层及员工影响的主要原因。不少组织在其内部控制运行中发现，控制的柔性部分及其所具有的动态特征大都无法由外部独立的观察者单独进行评估，对其进行有效衡量的可靠途径往往是管理层及员工自身的感悟与认识，这也正是内部控制自我评价能在评估“软控制”方面发挥作用的重要原因。因此，内部审计人员可以运用内部控制自我评价结果，通过内部控制的制定人与执行人自身的评估，确认内部控制审计的重点，同时借助于这个过程感受组织的控制环境等软控制情况。因此，内部控制自我评价往往在审计人员实施内部控制审查和评价之前进行，并可作为内部控制审计前的必要步骤。国外诸多审计实践也表明，在开展常规审计之前，适当利用内部控制自我评价结果，有助于提高内部控制审查和评价的效率及效果。因此，内部控制自我评价，可以作为审计机构开展内部控制审计的一项基础工作，当然也可以作为管理层实施组织内部控制的一个重要工具。

7.7.2　内部控制审计与内部控制评价

内部控制审计与内部控制评价之间，既有联系又有区别。内部控制审计与内部控制评价都需要审查和评价企业等组织的内部控制，其对象基本相同，范围、内容及依据也大体一致。可见，两者之间有着密切的联系。当然，内部控制审计与内部控制评价之间也存在着诸多区别，主要在于：

（1）从事的主体不同。在大多数情况下，内部控制自我评价是由内部控制审计人员与管理人员共同参与的；而内部控制审计则是由审计人员进行的。

（2）实施的目的不同。内部控制自我评价多以建设性为主；而内部控制审计则以批判性为主。

（3）报告的方式不同。内部控制自我评价在报告其结果时，主要根据有关人员对内部控制的意见、建议及结论，编制并提交内部控制自我评价报告或出具改进内部控制建议书；而内部控制审计多以出具并提交内部控制审计决定书或意见书报告其结果。

（4）提交的对象不同。内部控制自我评价的结果应当及时反馈给参与内部控制自我评价的相关管理人员，必要时，也可提交给治理层与管理层，以便其及时采取有效措施改善经营活动与内部控制；而内部控制审计的结果，大多提交给与其有领导隶属或业务指导关系的治理层或管理层及相应机构。

（5）运用的方法不同。内部控制自我评价运用的方法通常有专题讨论会、问卷调查及管理分析等；而内部控制审计通常采用文字叙述、调查表及流程图等方法。

7.7.3　内部控制审计程序

内部控制审计程序包括计划审计工作、实施审计工作、评价控制缺陷、完成审计工作、出具审计报告等。

1. 计划审计工作

审计人员应恰当地计划内部控制审计工作，配备具有专业胜任能力的项目组，并对助理人员进行适当的督导。在计划审计工作时，注册会计师应当评价下列事项对内部控制、财务报表以及审计工作的影响：

（1）与企业相关的风险。

（2）相关法律法规和行业概况。

（3）企业组织结构、经营特点和资本结构等相关重要事项。

（4）企业内部控制最近发生变化的程度。

（5）与企业沟通过的内部控制缺陷。

（6）重要性、风险等与确定内部控制重大缺陷相关的因素。

（7）对内部控制有效性的初步判断。

（8）可获取的、与内部控制有效性相关的证据的类型和范围。

注册会计师应当以风险评估为基础，选择拟测试的控制，确定测试所需收集的证据。内部控制的特定领域存在重大缺陷的风险越高，给予该领域的审计关注就越多。不仅如此，注册会计师还应当对企业内部控制自我评价工作进行评估，判断是否利用企业内部审计人员、内部控制评价人员和其他相关人员的工作以及可利用的程度，相应减少可能本应由注册会计师执行的工作。注册会计师利用企业内部审计人员、内部控制评价人员和其他相关人员的工作时，应当对其专业胜任能力和客观性进行充分评价。与某项控制相关的风险越高，可利用程度就越低，注册会计师应当更多地对该项控制亲自进行测试。当然，注册会计师应当对发表的审计意见独立承担责任，其责任不因利用企业内部审计人员、内部控制评价人员和其他相关人员的工作而减轻。

2. 实施审计工作

审计人员应当按照自上而下的方法实施审计工作。自上而下的方法是注册会计师识别风险、选择拟测试控制的基本思路。注册会计师在实施审计工作时，可以将企业层面控制和业务层面控制的测试结合进行。

注册会计师测试企业层面控制，应当把握重要性原则，至少应当关注以下方面：与内部环境相关的控制；针对董事会、经理层凌驾于控制之上的风险而设计的控制；企业的风险评估过程；对内部信息传递和财务报告流程的控制；对控制有效性的内部监督和自我评价。

注册会计师测试业务层面控制，应当把握重要性原则，结合企业实际、企业内部控制各项应用指引的要求和企业层面控制的测试情况，重点对企业生产经营活动中的重要业务与事项的控制进行测试。此外，注册会计师还应当关注信息系统对内部控制及风险评估的影响。

需要指出的是，注册会计师在测试企业层面控制和业务层面控制时，应当评价内部控制是否足以应对舞弊风险。

注册会计师应当测试内部控制设计与运行的有效性：如果某项控制由拥有必要授权和专业胜任能力的人员按照规定的程序与要求执行，能够实现控制目标，表明该项控制的设计是有效的；如果某项控制正在按照设计运行，执行人员拥有必要授权和专业胜任能力，能够实现控制目标，表明该项控制的运行是有效的。注册会计师在测试控制设计与运行的有效性时，应当综合运用询问适当人员、观察经营活动、检查相关文件、穿行测试和重新执行等方法。询问本身并不足以提供充分、适当的证据。注册会计师对于内部控制运行偏离设计的情况（即控制偏差），应当确定该偏差对相关风险评估、需要获取的证据以及控制运行有效性结论的影响。

注册会计师应当根据与内部控制相关的风险，确定拟实施审计程序的性质、时间安排和范围，获取充分、适当的证据。与内部控制相关的风险越高，注册会计师需要获取的证据应越多。注册会计师在确定测试的时间安排时，应当在以下两个因素之间作出平衡，以获取充分、适当的证据：尽量在接近企业内部控制自我评价基准日实施测试；实施的测试需要涵盖足够长的期间。在连续审计中，注册会计师在确定测试的性质、时间和范围时，应当考虑以前年度执行内部控制审计时所了解的情况。

3. 评价控制缺陷

内部控制缺陷按其成因分为设计缺陷和运行缺陷，按其影响程度分为重大缺陷、重要缺陷和一般缺陷。

注册会计师应当评价其识别的各项内部控制缺陷的严重程度，以确定这些缺陷单独或组合起来，是否构成重大缺陷。在确定一项内部控制缺陷或多项内部控制缺陷的组合是否构成重大缺陷时，注册会计师应当评价补偿性控制（替代性控制）的影响。企业执行的补偿性控制应当具有同样的效果。

通常，表明内部控制可能存在重大缺陷的迹象，主要包括：（1）注册会计师发现董事、监事和高级管理人员舞弊；（2）企业更正已经公布的财务报表；（3）注册会计师发现当期财务报表存在重大错报，而内部控制在运行过程中未能发现该错报；（4）企业审计委员会和内部审计机构对内部控制的监督无效。

4. 完成审计工作

注册会计师完成审计工作后，应当取得经企业签署的书面声明。书面声明应当包括下列内容：

（1）企业董事会认可其对建立健全和有效实施内部控制负责。

（2）企业已对内部控制的有效性作出自我评价，并说明评价时采用的标准以及得出的结论。

（3）企业没有利用注册会计师执行的审计程序及其结果作为自我评价的基础。

（4）企业已向注册会计师披露识别出的所有内部控制缺陷，并单独披露其中的重大缺陷和重要缺陷。

（5）企业对于注册会计师在以前年度审计中识别的重大缺陷和重要缺陷，是否已经采取措施予以解决。

（6）企业在内部控制自我评价基准日后，内部控制是否发生重大变化，或者存在对内部控制具有重要影响的其他因素。

企业如果拒绝提供或以其他不当理由回避书面声明，注册会计师应当将其视为审计范围受到限制，从而解除业务约定或出具无法表示意见的内部控制审计报告。

注册会计师应当就审计过程中识别的所有控制缺陷与企业进行充分沟通，对于其中的重大缺陷和重要缺陷，还应当以书面形式与董事会和经理层沟通。注册会计师认为审计委员会和内部审计机构对内部控制的监督无效的，也应当就此以书面形式直接与董事会和经理层沟通。当然，书面沟通应当在注册会计师出具内部控制审计报告之前进行。注册会计师应当对获取的证据进行评价，以形成对内部控制有效性的意见。

5. 出具审计报告

注册会计师在完成内部控制审计工作后，应当出具内部控制审计报告。标准内部控制审计报告应当包括下列要素：

（1）标题。

（2）收件人。

（3）引言段。

（4）企业对内部控制的责任段。

（5）注册会计师的责任段。

（6）内部控制固有局限性的说明段。

（7）财务报告内部控制审计意见段。

（8）非财务报告内部控制重大缺陷描述段。

（9）注册会计师的签名和盖章。

（10）会计师事务所的名称、地址及盖章。

（11）报告日期。

此外，注册会计师应当按照审计准则的有关规定，编制内部控制审计工作底稿，完整记录内部控制审计工作情况，在审计工作底稿中应记录下列内容：

（1）内部控制审计计划及重大修改情况。

（2）相关风险评估和选择拟测试的内部控制的主要过程及结果。

（3）测试内部控制设计与运行有效性的程序及结果。

（4）对识别的控制缺陷的评价。

（5）形成的审计结论和意见。

（6）其他重要事项。

7.7.4 内部控制审计报告

符合下列两项条件的，注册会计师应当对财务报告内部控制出具无保留意见的内部控制审计报告：（1）企业按照有关要求，在所有重大方面保持了有效的内部控制；（2）注册会计师已经按照有关要求计划和执行了审计工作，在审计过程中未受到限制。

注册会计师认为财务报告内部控制虽不存在重大缺陷，但仍有一项或者多项重大事项需要提请内部控制审计报告使用者注意的，应当在内部控制审计报告中增加强调事项段予以说明。注册会计师应当在强调事项段中指明，该段内容仅用于提醒内部控制审计报告使用者关注，并不影响对财务报告内部控制发表的审计意见。

注册会计师认为财务报告内部控制存在一项或多项重大缺陷的，除非审计范围受到限制，应当对财务报告内部控制发表否定意见。注册会计师出具否定意见的内部控制审计报告，还应当包括：重大缺陷的定义；重大缺陷的性质及其对财务报告内部控制的影响程度。

注册会计师审计范围受到限制的，应当解除业务约定或出具无法表示意见的内部控制审计报告，并就审计范围受到限制的情况，以书面形式与董事会进行沟通。注册会计师在出具无法表示意见的内部控制审计报告时，应当在内部控制审计报告中指明审计范围受到限制，无法对内部控制的有效性发表意见。

注册会计师在已执行的有限程序中发现财务报告内部控制存在重大缺陷的，应在内部控制审计报告中对重大缺陷作详细说明。注册会计师对在审计过程中注意到的非财务报告内部控制缺陷，应当区别具体情况予以处理：

（1）注册会计师认为非财务报告内部控制缺陷为一般缺陷的，应当与企业进行沟通，提醒企业加以改进，但无须在内部控制审计报告中说明。

（2）注册会计师认为非财务报告内部控制缺陷为重要缺陷的，应当以书面形式与企业董事会和经理层沟通，提醒企业加以改进，但无须在内部控制审计报告中说明。

（3）注册会计师认为非财务报告内部控制缺陷为重大缺陷的，应当以书面形式与企业董事会和经理层沟通，提醒企业加以改进；同时应当在内部控制审计报告中增加非财务报告内部控制重大缺陷描述段，对重大缺陷的性质及其对实现相关控制目标的影响程度进行披露，提示内部控制审计报告使用者注意相关风险。

在企业内部控制自我评价基准日并不存在、但在该基准日之后至审计报告日之前（简称期后期间）内部控制可能发生变化，或出现其他可能对内部控制产生重要影响的因素，注册会计师应当询问是否存在这类变化或影响因素，并获取企业关于这些情况的书面声明。注册会计师知悉对企业内部控制自我评价基准日内部控制有效性有重大负面影响的期后事项的，应当对财务报告内部控制发表否定意见。注册会计师不能确定期后事项对内部控制有效性的影响程度的，应当出具无法表示意见的内部控制审计报告。

内部控制审计报告的参考格式

1. 无保留意见内部控制审计报告

内部控制审计报告

××股份有限公司全体股东：

按照《企业内部控制审计指引》及中国注册会计师执业准则的相关要求，我们审计了××股份有限公司（以下简称××公司）××年×月×日的财务报告内部控制的有效性。

一、企业对内部控制的责任

按照《企业内部控制基本规范》《企业内部控制应用指引》《企业内部控制评价指引》的规定，建立、健全和有效实施内部控制，并评价其有效性是企业董事会的责任。

二、注册会计师的责任

我们的责任是在实施审计工作的基础上，对财务报告内部控制的有效性发表审计意见，并对注意到的非财务报告内部控制的重大缺陷进行披露。

三、内部控制的固有局限性

内部控制具有固有局限性，存在不能防止和发现错报的可能性。此外，由于情况的变化可能导致内部控制变得不恰当，或对控制政策和程序遵循的程度降低，根据内部控制审计结果推测未来内部控制的有效性具有一定风险。

四、财务报告内部控制审计意见

我们认为，××公司按照《企业内部控制基本规范》和相关规定在所有重大方面保持了有效的财务报告内部控制。

五、非财务报告内部控制的重大缺陷

在内部控制审计过程中，我们注意到××公司的非财务报告内部控制存在重大缺陷。[描述该缺陷的性质及其对实现相关控制目标的影响程度。] 由于存在上述重大缺陷，我们提醒本报告使用者注意相关风险。需要指出的是，我们并不对××公司的非财务报告内部控制发表意见或提供保证。本段内容不影响对财务报告内部控制有效性发表的审计意见。

××会计师事务所　　　　中国注册会计师：×××（签名并盖章）

（盖章）　　　　中国注册会计师：×××（签名并盖章）

中国××市　　　　××年×月×日

2. 带强调事项段的无保留意见内部控制审计报告

内部控制审计报告

××股份有限公司全体股东：

按照《企业内部控制审计指引》及中国注册会计师执业准则的相关要求，我们审计了××股份有限公司（以下简称××公司）××年×月×日的财务报告内部控制的有效性。

一、企业对内部控制的责任

按照《企业内部控制基本规范》《企业内部控制应用指引》《企业内部控制评价指引》的规定，建立、健全和有效实施内部控制，并评价其有效性是企业董事会的责任。

二、注册会计师的责任

我们的责任是在实施审计工作的基础上，对财务报告内部控制的有效性发表审计意见，并对注意到的非财务报告内部控制的重大缺陷进行披露。

三、内部控制的固有局限性

内部控制具有固有局限性，存在不能防止和发现错报的可能性。此外，由于情况的变化可能导致内部控制变得不恰当，或对控制政策和程序遵循的程度降低，根据内部控制审计结果推测未来内部控制的有效性具有一定风险。

四、财务报告内部控制审计意见

我们认为，××公司按照《企业内部控制基本规范》和相关规定在所有重大方面保持了有效的财务报告内部控制。

五、非财务报告内部控制的重大缺陷

在内部控制审计过程中，我们注意到××公司的非财务报告内部控制存在重大缺陷。[描述该缺陷的性质及其对实现相关控制目标的影响程度。] 由于存在上述重大缺陷，我们提醒本报告使用者注意相关风险。需要指出的是，我们并不对××公司的非财务报告内部控制发表意见或提供保证。本段内容不影响对财务报告内部控制有效性发表的审计意见。

六、强调事项

我们提醒内部控制审计报告使用者关注，[描述强调事项的性质及其对内部控制的重大影响。]本段内容不影响已对财务报告内部控制发表的审计意见。

××会计师事务所　　　　　　　　中国注册会计师：×××（签名并盖章）
（盖章）　　　　　　　　　　　　中国注册会计师：×××（签名并盖章）
中国××市　　　　　　　　　　　　　　　　　　　　××年×月×日

3. 否定意见内部控制审计报告

内部控制审计报告

××股份有限公司全体股东：

按照《企业内部控制审计指引》及中国注册会计师执业准则的相关要求，我们审计了××股份有限公司（以下简称××公司）××年×月×日的财务报告内部控制的有效性。

一、企业对内部控制的责任

按照《企业内部控制基本规范》《企业内部控制应用指引》《企业内部控制评价指引》的规定，建立、健全和有效实施内部控制，并评价其有效性是企业董事会的责任。

二、注册会计师的责任

我们的责任是在实施审计工作的基础上，对财务报告内部控制的有效性发表审计意见，并对注意到的非财务报告内部控制的重大缺陷进行披露。

三、内部控制的固有局限性

内部控制具有固有局限性，存在不能防止和发现错报的可能性。此外，由于情况的变化可能导致内部控制变得不恰当，或对控制政策和程序遵循的程度降低，根据内部控制审计结果推测未来内部控制的有效性具有一定风险。

四、导致否定意见的事项

重大缺陷，是指一个或多个控制缺陷的组合，可能导致企业严重偏离控制目标。

[指出注册会计师已识别出的重大缺陷，并说明重大缺陷的性质及其对财务报告内部控制的影响程度。]

有效的内部控制能够为财务报告及相关信息的真实完整提供合理保证，而上述重大缺陷使××公司内部控制失去这一功能。

五、财务报告内部控制审计意见

我们认为，由于存在上述重大缺陷及其对实现控制目标的影响，××公司未能按照《企业内部控制基本规范》和相关规定在所有重大方面保持有效的财务报告内部控制。

六、非财务报告内部控制的重大缺陷

在内部控制审计过程中，我们注意到××公司的非财务报告内部控制存在重大缺陷。[描述该缺陷的性质及其对实现相关控制目标的影响程度。]由于存在上述重大缺陷，我们提醒本报告使用者注意相关风险。需要指出的是，我们并不对××公司的非财务报告内部控制发表意见或提供保证。本段内容不影响对财务报告内部控制有效性发表的审计意见。

××会计师事务所　　　　　　　　中国注册会计师：×××（签名并盖章）
（盖章）　　　　　　　　　　　中国注册会计师：×××（签名并盖章）
中国××市　　　　　　　　　　　　　　　　　　　××年×月×日

4. 无法表示意见内部控制审计报告

内部控制审计报告

××股份有限公司全体股东：

按照《企业内部控制审计指引》及中国注册会计师执业准则的相关要求，我们审计了××股份有限公司（以下简称××公司）××年×月×日的财务报告内部控制的有效性。

一、企业对内部控制的责任

按照《企业内部控制基本规范》《企业内部控制应用指引》《企业内部控制评价指引》的规定，建立、健全和有效实施内部控制，并评价其有效性是企业董事会的责任。

二、内部控制的固有局限性

内部控制具有固有局限性，存在不能防止和发现错报的可能性。此外，由于情况的变化可能导致内部控制变得不恰当，或对控制政策和程序遵循的程度降低，根据内部控制审计结果推测未来内部控制的有效性具有一定风险。

三、导致无法表示意见的事项

[描述审计范围受到限制的具体情况。]

四、财务报告内部控制审计意见

由于审计范围受到上述限制，我们未能实施必要的审计程序以获取发表意见所需的充分、适当的证据，因此，我们无法对××公司财务报告内部控制的有效性发表意见。

五、识别的财务报告内部控制重大缺陷（如在审计范围受到限制前，执行有限程序未能识别出重大缺陷，则应删除本部分）

重大缺陷，是指一个或多个控制缺陷的组合，可能导致企业严重偏离控制目标。

尽管我们无法对××公司财务报告内部控制的有效性发表意见，但在我们实施的有限程序的过程中，发现了以下重大缺陷：

[指出注册会计师已识别出的重大缺陷，并说明重大缺陷的性质及其对财务报告内部控制的影响程度。]

有效的内部控制能够为财务报告及相关信息的真实完整提供合理保证，而上述重大缺陷使××公司内部控制失去这一功能。

六、非财务报告内部控制的重大缺陷

在内部控制审计过程中，我们注意到××公司的非财务报告内部控制存在重大缺陷。[描述该缺陷的性质及其对实现相关控制目标的影响程度。]由于存在上述重大缺陷，我们提醒本报告使用者注意相关风险。需要指出的是，我们并不对××公司的非财务报告内部控制发表意见或提供保证。本段内容不影响对财务报告内部控制有效性发表的审计意见。

××会计师事务所　　　　　　　　中国注册会计师：×××（签名并盖章）
（盖章）　　　　　　　　　　　　中国注册会计师：×××（签名并盖章）
中国××市　　　　　　　　　　　　　　　　　　　　××年×月×日

思考题

1. 内部控制由哪些要素构成？各个要素之间有何联系？
2. 内部控制应包括哪些主要内容？它有哪些基本形式？
3. 审计人员为何要对内部控制进行了解、测试及评价？
4. 审计人员为了解内部控制需考虑哪些因素？实施哪些审计程序？
5. 审计人员描述内部控制的方法有哪些？各种方法的特点是什么？
6. 审计人员为何要了解被审计单位的控制环境？影响因素有哪些？
7. 作为内部控制要素的风险评估过程，通常包括哪些主要活动？
8. 内部控制要素中信息与沟通、控制活动及监督包括哪些内容？
9. 审计人员应如何了解被审计单位的内部控制及主要控制活动？
10. 审计人员应如何在整体层面和业务流程层面了解企业内部控制？
11. 审计人员为何要评估重大错报风险？应如何评估重大错报风险？
12. 审计人员评价内部控制的目的是什么？应如何评价内部控制？
13. 审计人员应如何理解内部控制测试和评价在审计中的具体应用？
14. 审计人员应如何了解、测试及评价小型被审计单位的内部控制？
15. 若存在仅通过实质性程序无法应对的重大错报风险，应如何处理？
16. 如何理解内部控制自我评价？它与内部控制审计有何联系与区别？
17. 为何即使经控制测试认定被审计单位内部控制有效，审计人员也不能完全省略实质性程序？

练习题

1. 结合下列资料，分析检查性控制及其可能检查出的错报，并举例加以说明：

（1）定期编制银行存款余额调节表，跟踪调查挂账的项目，在对其他项目进行审核的同时，查找存入银行但并没有记入日记账的现金收入，未记录的银行、现金支付或虚构入账的不真实的银行、现金收入或支付，未及时入账或未正确汇总分类的银行、现金收入或支付。

（2）将预算与实际费用间的差异列入计算机编制的报告中并由部门经理复核。记录所有超过预算2%的差异情况和解决措施，在对其他项目进行审核的同时，查找本月发生的重大分类错报或没有记录及没有发生的大笔收入、支出以及相关联的资产和负债项目。

(3) 计算机每天比较运出货物的数量和开票数量，如果发现差异，产生报告，由开票主管复核和追查，查出没有开票和记录的出库货物，以及与真实的发货无关的发票。

(4) 每年度复核应收账款贷方余额并找出原因，查找未入账的发票和销售与现金收入中的分类错误。

2. 2017年4月，某审计组对WX公司2016年度财务收支进行了审计。WX公司主要从事中小型家电类产品的生产和销售，有关的资料和审计情况如下：

(1) 审计人员通过询问有关人员和审阅相关内部控制的规定，对该公司内部控制进行了调查了解、描述，并对其有效性进行了测试。

(2) 审计人员发现该公司存在两种情况：以前年度从未对存货进行盘点，出库单也未连续编号；出纳员负责办理货币资金业务，同时保管支票和印章。

(3) 审计人员在审计产成品账时发现，该公司2016年共生产了2 000批产品，入账价值为590万元。审计人员选取了其中账面价值共60万元的200批产品作为样本进行审查，发现其中有52批产品的入账价值有误。经过审计核实后，这200批产品的入账价值为58.2万元。

要求：根据上述资料，分析并回答下列问题：

(1) 审计人员用来描述内部控制的方法有哪些？

(2) 审计人员进行控制测试时可实施哪些程序？

(3) 该公司存货内部控制存在哪些问题？

(4) 该公司货币资金内部控制存在哪些问题？

案例题

1. 1995年2月，英国历史最悠久的巴林银行宣布破产。这一破产事件是由该行在新加坡的期货交易发生的巨额亏损所引发的。1992年新加坡巴林银行期货公司开始从事金融期货交易，尼克·里森身兼前台交易和后台结算主管，两个至关重要的岗位都由其一人掌控。翻开尼克·里森的档案可以发现，在他被派遣到新加坡并成为新加坡国际货币交易所的交易员之前，由于两项总额达3 000英镑的于他不利的县法院的裁决被曝光，巴林银行曾取消了他成为伦敦交易员的申请，但却又对此事保持缄默，通过了他成为新加坡交易员的申请。

在尼克·里森成为新加坡巴林银行衍生产品交易的主管之前，他对衍生产品及其市场的经验甚少，参与交易的时间也较短。尼克·里森以其前台首席交易员和后台结算主管的双重身份，开立了误差账户“88888”，开户表格上注明该账户只能用于冲销错账，但他却利用这个账户进行交易。通过假账调整，使实际亏损隐藏在该误差账户中，总行的其他账户却都反映为盈利。

1994年8月，一份新加坡巴林银行的内部审计报告曾指出，新加坡期货公司没有对交易和结算这两个重要岗位进行职务分离，但巴林银行集团高级管理人员对此漠然视之。更令人费解的是，在长达几年的时间里，内部审计部门始终未能及时发现尼克·里森利用误差账户进行越权违规交易并发生严重亏损的问题，最终导致了巴林银行的轰然倒塌。

要求：根据上述资料，分析并回答下列问题：

(1) 巴林银行在岗位设置上存在什么问题？

(2) 巴林银行实施内部控制存在什么问题？主要体现在哪些方面？

(3) 巴林银行集团高级管理人员对此次破产事件负有什么责任？

2. 审计人员对 PN 公司执行审计后，发现并记录了该公司有关内部控制制度设计及运行情况如下：

PN 公司产成品发出时，由销售部填制一式四联的出库单。仓库发出产成品后，将第一联出库单留存并登记产成品卡片，第二联由销售部留存，第三、四联交会计部用来登记产成品总账与明细账。

材料采购须经授权批准后方可进行，采购部根据经批准的请购单发出订单，货物运达后，验收部根据订单的要求验收货物，并编制一式三联的未连续编号的验收单。验收单中的一联交采购部登记采购明细账并编制付款凭单，付款凭单经批准后于月末提交会计部，由会计部审核付款凭单后付款；另一联交会计部据以登记材料明细账，而余下的一联则由仓库保留用以登记材料明细账。

存货由仓库保管员统一保管，并登记明细账。各存货使用部门有存货的消耗额度，领用物品时填制领用单一式两份，其中一份由使用部门留存，另一份交仓库留存，并登记明细账。

控股股东的法定代表人同时兼任本公司的法定代表人，该公司总经理系外聘人员。在公司章程及相关决议中，未具体载明股东大会、董事会及其他有关管理人员的融资权限和批准程序。经了解 PN 公司的融资是由财务部具体负责的，当年根据总经理的批示，向某银行借入了 6 000 万元。

要求：根据上述资料，分析并回答下列问题：

(1) PN 公司的内部控制在销售与收款环节上存在什么问题？

(2) PN 公司的内部控制在购货与付款环节上存在什么问题？

(3) PN 公司在存货管理上有何严重缺陷？应如何加以改进？

(4) PN 公司在对外筹资上有何严重缺陷？应如何加以改进？

第8章 Chapter 8 审计抽样

学习目标

1. 了解审计抽样的意义和抽样风险对审计工作的具体影响。
2. 理解统计抽样与非统计抽样、抽样风险与非抽样风险。
3. 理解分层、误差、可容忍误差，以及货币单位抽样。
4. 掌握样本的设计与选取、样本误差的分析与总体误差的推断。
5. 掌握抽样结果的具体评价以及审计抽样在实际工作中的应用。

8.1 概　述

8.1.1 审计抽样的产生与发展

近百年来，审计的目的和目标、审计的范围与内容、审计的技术及方法都经历了多次变化。

19世纪后期，英国开始实行详细审计，对凭证、账簿等会计资料进行全面审查，以达到查错防弊的目的。这种详细审计，适应了早期保证审计工作质量的需要，但其局限性也较为明显，不仅费时费力，审计效率低下，而且审计的内容与范围仅限于会计资料本身，难以保证账外资产的安全完整。

到了20世纪初期，美国放弃了详细审计转而实行资产负债表审计。这是因为，此时的美国社会经济不断发展，大规模的企业尤其是股份有限公司日益增多，交易往来急剧增加，银行信用渐趋扩张，从而引起了资本主义社会经济关系的进一步变化。大规模企业尤其是股份有限公司的建立与发展，不仅需要更多的资金，从而与金融机构或往来客户的关系日益密切，而且促使财产所有权与经营权的进一步分离。因此，大部分利害关系人尤其是金融机构，基于自身决策的需要，更加关心企业的财务状况，从而要求企业提供真实可靠的资产负债表。企业提交的资产负债表经过职业会计师审查后即可得到社会的信任。另外，随着企业规模的不断扩大，会计记录的数据资料也逐渐增多，使得实行详细审计更加困难；与此同时，企业的内部牵制制度日益加强，发生错误与弊端的可能性趋于减少。鉴于此，美国从1910年左右便开始进行资产负债表审计。此时，审计的范围与内容主要是资产负债表，必要时也审查凭证和账簿。这种审计的主要目的是为金融机构与企业间的贷款业务提供财务方面的真实状况，而查错防弊则成为第二位的目的。美国著名审计、会计学家蒙哥马利认为，该种审计的目的在于确定企业财务方面的真实状况和收益情况，揭发弊端，查明差错，预防差错和弊端的发生。审计的这种变化，使审计抽样技术开始得到应用。

随着社会经济的进一步发展，经济关系更趋复杂，特别是 20 世纪 20 年代末期世界性经济危机的爆发，使人们认识到仅有资产负债表审计是不够的，而要求对包括利润表在内的财务报表进行审计。这种审计的目的在于查明企业的财务报表是否正确、适当。这样，资产负债表审计又扩展为包括资产负债表在内的财务报表审计。在这种情况下，审计抽样的技术及方法的缺陷日益突出，审计中产生的问题越来越多，审计人员也开始重新审视审计抽样的技术及方法在审计中应用的合理性与可能性。经过长期的尝试和实践，审计人员逐渐认识到，企业资产的安全与否、会计资料的正确与否及发生错误与弊端的多少，与企业的内部控制状况有着密切的关系，而企业的内部控制与审计抽样也存在着一定的联系。这种有意义的发现，催生了一种新的审计思路，即从研究与评价企业内部控制入手，根据评价结果确定审计抽样的范围、重点及方法，并开始在财务报表审计中得以贯彻。因此，庞大的企业规模和繁多的经济业务，使审计抽样在财务报表审计中的应用成为必要，而内部控制评价又使之成为可能。

8.1.2　审计抽样的意义

审计抽样是指审计人员对某类交易或账户余额中低于百分之百的项目实施审计程序，使所有抽样单元都有被选取的机会。这里的抽样单元是指构成总体的个体项目，而总体则是指审计人员从中选取样本并据此得出结论的整套数据，它可分为多个层或子总体，也都可予以分别检查。简言之，审计抽样是指审计人员在实施审计程序时，从审计对象总体中选取一定数量的样本进行测试，并根据测试结果，推断总体。在设计审计程序时，审计人员应当确定用以选取测试项目的适当方法，以获取充分、适当的审计证据，实现审计程序的目标。这里需明确下列几点：

1. 审计抽样不同于详细审计

详细审计是指全面地审查审计对象总体中的全部项目，并根据审计结果形成审计意见。显然，审计抽样有别于详细审计。但是，从审计对象总体中选取部分项目或有特殊重要性的全部项目进行审计，并对所选项目本身发表审计意见，则不是审计抽样。

2. 审计抽样不能完全等同于抽查

广义的抽查作为一种技术，可以用来了解情况、确定审计重点、获取审计证据，使用中并无严格要求。审计抽样作为一种方法，需要运用抽查技术，更为重要的是需要根据审计目标及环境要求作出科学的抽样决策，并严格按照规定的程序和方法进行。

3. 审计抽样并非适用于所有的审计程序

审计人员拟实施的审计程序将对运用审计抽样产生重要影响。在风险评估程序、控制测试和实质性程序中，有些审计程序可以使用审计抽样，而有些审计程序不宜使用审计抽样。

通常，风险评估程序不涉及使用审计抽样，但如果审计人员在了解控制的设计和确定其是否得到执行时，一并计划和实施控制测试，则会涉及审计抽样。在实施控制测试时，如果控制的运行留下轨迹，审计人员可以考虑使用审计抽样；如果控制未留下运行轨迹，审计人员不宜使用审计抽样，但可以通过询问、观察、分析程序等获取有关控制运行有效性的审计证据。就实质性程序而言，在实施对各类交易、账户余额、列报的细节测试时，审计人员可以使用审计抽样获取证据，以验证有关财务报表金额的一项或多项认定，或对某些金额作出独立估计；在实施实质性分析程序时，审计人员不宜使用审计抽样。

8.1.3 统计抽样和非统计抽样

按照抽样决策的依据不同，审计抽样可划分为统计抽样和非统计抽样两种。审计人员应当根据具体情况并运用职业判断，确定使用统计抽样或非统计抽样方法，以最有效率地获取审计证据。

1. 统计抽样

统计抽样是指以概率论和数理统计为理论基础，将数理统计的方法与审计工作相结合而产生的一种审计抽样方法。可见，统计抽样是指同时具备下列特征的抽样方法：随机选取样本；运用概率论评价样本结果，包括计量抽样风险。不同时具备这两个特征的抽样方法为非统计抽样。统计抽样这种方法主要是运用概率论原理和数理统计方法进行随机抽样，并对所抽取的样本结果进行统计评价。运用统计抽样可以使总体中每一单位都有被抽选的机会，使样本的特征尽可能近似总体的特征。此外，统计抽样还可以解决一个样本的适度数量问题。抽取的样本越多，越能接近于总体中质的特征，但需要花费更多的人力和时间；反之，如果抽取的样本过少，虽能节时省力，但抽样风险则必然大。为了能做到既取得较好的效果，又有较高的效率，就必须抽取适度的样本数量。审计人员正确地运用统计抽样，就可以解决这个问题。当然，如果审计人员采用的方法不符合统计抽样的定义，而只使用了统计方法的部分要素，则不能有效地计量抽样风险。此外，统计抽样也有其不足，如不能运用于对各种舞弊的专案审计，也不能运用于资料不全的单位审计等。

2. 非统计抽样

非统计抽样是指审计人员仅凭其专业经验，判断并选取样本的一种抽样方法。运用这种方法能否取得成效，取决于审计人员的职业经验和判断能力。经验丰富、判断准确，就会有成效；经验缺乏、判断不准，缺乏客观性，就会影响审计工作的效果。但事实上，正确的判断不可能来自主观的空想，而只能来自周密的、必要的调查和对实际情况的研究分析。因此，审计人员在运用该种方法时，只有深入实际，调查研究，掌握各方面的情况，才有可能作出正确的判断。否则，就会出现要么样本量过大，费时费力；要么样本量过小，盲目地冒过大的抽样风险，得出错误的审计结论。因此，现代审计常用统计抽样。当然，非统计抽样如果设计得当，也可取得与设计适当的统计抽样同样的效果。因此，审计人员有时也用非统计抽样，或结合运用这两种审计抽样。

统计抽样与非统计抽样的根本区别在于，统计抽样运用概率论原理能够客观有效地量化抽样风险，并通过调整样本规模精确地控制抽样风险，还有助于审计人员高效地设计样本，计量所获取证据的充分性，以及定量评价样本结果。现代审计广泛运用统计抽样有其一定的理论依据：一是有科学的数学依据。统计抽样要利用高等数学。在审计抽样时，如选取样本适当，那么根据审查样本的结果，运用概率论的原理，可以通过样本显示出与总体性质近似的现象，即可通过抽取的样本推断总体。二是有健全的内部控制依据。企业具有健全的内部控制，则发生错误和舞弊的可能性必然会减少，即使发生了错误和舞弊也能马上发现。因此，企业有健全的内部控制，为统计抽样的运用提供了前提和依据。三是有合理的经济依据。现代企业机构庞大，业务频繁，在这种情况下，如采用详查法，既费时间又耗精力，同时还要支出大量的审计费用，为节约有限的审计资源，也需以抽样法代替详查法。

统计抽样的意义在于：(1) 统计抽样能够科学地确定抽样规模，并使各项目被抽取的机会均等，可以防止主观随意性；(2) 统计抽样能够计算抽样误差在预定范围内的概率，并根据抽样推断的要求，将抽样误差控制在预定的范围内；(3) 统计抽样能够提高审计效率，便于实现审计工作的规范化。

在对某类交易或账户余额使用审计抽样时，审计人员可以使用统计抽样，也可以使用非统计抽样。审计人员应当根据具体情况并运用职业判断，确定使用统计抽样或非统计抽样，以便更有效率地获取审计证据。当然，究竟选用哪种审计抽样，有时也取决于审计人员对成本与效益的考虑。一般来说，非统计抽样可能比统计抽样花费的成本小，但统计抽样的效果可能比非统计抽样要好。在统计抽样中，可能要花费相当的成本用以训练审计人员，使之掌握这种方法并有效地设计和执行抽样计划。

值得注意的是，非统计抽样和统计抽样的选用，主要涉及的是审计程序实施的范围，并不影响运用于样本的审计程序的选择，也不影响获取单个样本项目证据的适当性，以及审计人员对发现的样本错误所作的适当反应。这些事项都需要审计人员运用其职业经验和专业判断。统计抽样与非统计抽样的关系，如图 8－1 所示。

8.1.4　货币单位抽样

审计人员无论进行健全性或控制性测试还是实质性程序，均可采用货币单位抽样。货币单位抽样（MUS），是以审计对象总体的金额（元）作为抽样单位，以使每一金额单位有相同的被选取机会的一种选样方法。事实上，它也是一种随机选样，其主要特点是能使金额较大的项目比金额较小的项目有更多的被选取的机会。例如，一张面额为 10 000 元的发票是一张面额为 1 000 元的发票被选取机会的 10 倍。在采用该种方法选取样本时，须先剔除面额为负值的项目，然后按照样本大小从随机数表中选取随机数，其位数应同剔除负值后总金额的位数相同，并将随机数从小到大排列，把货币金额累加列表，再找出与随机数值对应的累加金额数及达到累计金额的项目(即为选择的样本)。

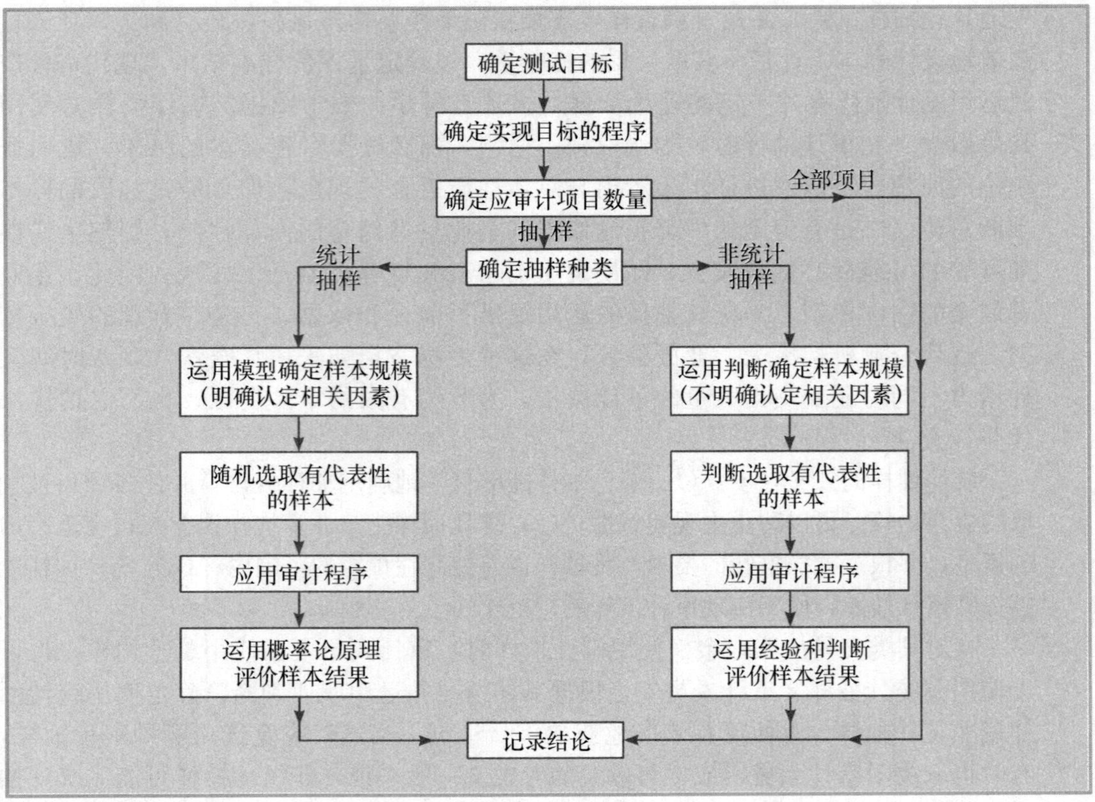

图8-1 统计抽样与非统计抽样的关系

货币单位抽样有别于传统的属性抽样和变量抽样，在于其审计对象总体是被测试的相关总账账户余额，所运用的抽样单位是个别的货币单位。货币单位抽样的主要步骤包括：科学地设计样本；恰当选取和测试样本；合理评价抽样结果。

（1）科学地设计样本。根据具体审计目标确定抽样形式及样本量，是抽样设计所要解决的问题。货币单位抽样法下样本量的确定，可以仿照属性抽样利用样本量确定表查得。为此，必须确定或求得影响样本量的三个因素：其一，可接受误受风险，即审计人员愿意承担的经详细余额测试后仍存在重要错报的风险。为确定合理的可接受误受风险，审计人员必须了解其受影响的因素及存在的关系，即较高的可接受的审计风险，有助于提高确定的可接受误受风险。在此基础上，进一步借助审计风险模型进行综合判断。其二，可容忍错报额，即根据重要性水平直接推断的“可容忍错报率”、“总体账面价值”及“预测总体中错报项目的平均错报率”求得。考虑到不同性质总体存在不同错报倾向及其不同限度，需要对错报项目的平均错报率按高报和低报两个方向作出假定，进而形成可容忍高报率和可容忍低报率，具体转换公式为：可容忍高报（低报）率=(可容忍错报额/高报（低报）项目的平均错报率)/总体账面价值。其三，预期总体错报率，即预期总体错报额同总体账面价值的比值。确定了以上三个因素后，以可接受误受风险、可容忍高报（低报）率和预期总体错报率分别代替可信赖过度风险、可容忍偏差率和预期总体偏差率进行查表（样本量确定），得到可容忍高报和低报下的两个样本量，择其高者确定为样本量。现举例说明如下：假设审计人员欲对500万元应收账款余额进行函证以确定其金额的正确性，确定可接受的误受风险为 5%，预期总体高报额为 2.5 万元，可容忍错报额为 10 万元，高报项目和低报项目的平均错报率分别为 50%和 100%。运用上述转换公式，可以求得可容忍高报率和低报率分别为 4%和 2%，预期总体高报率和低报率分别为 0.5%和 0，结合 5%的可接受误受风险，查表可以确定样本量为 149。

(2) 恰当选取和测试样本。由于货币单位抽样所定义的抽样单位是个别货币单位，因此应当选择概率比例选样法（PPS）选取样本，即样本被视为总体中的个别货币单位的有机构成。但是，为实施对样本的测试程序，用来测试的是与被选为样本的个别货币金额相关的完整项目，即各货币金额所指向的实物单位，有时也称之为“逻辑抽样单位”。对这些逻辑抽样单位实施详细的审计程序后，将审计结果应用于其各自所包含的随机货币金额上，从而回归货币单位抽样。此外，鉴于概率比例选样的技术特性，加计总体中各个项目的累计金额时，往往需要计算机软件、随机数表或系统抽样技术等支持，否则仅依靠手工抽样对一定规模的样本量是难以完成任务的。

(3) 合理评价抽样结果。一般来说，货币单位抽样与属性抽样都需要借助样本结果评价表进行，只不过其错报有可能是高报或低报，且存在相互抵消的可能，从而使评价过程更为复杂。

从货币单位抽样的基本原理可知，把属性抽样移植应用于账户余额实质性程序，通过定义抽样单位，结合运用样本错报率，将属性结果进行转换即偏差率转换为货币金额，得出总体的错报金额，从而实现属性抽样与变量抽样的融合。

从抽样技术角度看，与变量抽样相比，属性抽样的优势主要在于其统计分析技术简便，即借助简单的数表（样本量确定表和抽样结果评价表）就能进行样本量的确定和抽样结果的评价。不仅如此，在样本被选中的概率同其金额与总体余额的比重成正比的概率比例选样法下，货币单位抽样还有自动分层的效果，即自动地选取那些账面余额较大的样本，促使审计人员更多地关注那些存在错报的高风险领域，以降低审计风险。此外，该种选样还能够一次性测试多个样本，有利于降低审计成本。

当然，货币单位抽样也有其不足：其一，就抽样结果评价方法而言，对总体错报额界限的推断，因其在样本项目错报率估计方面较为保守，可能导致错报额界限过高，甚至远远超过重要性水平即可容忍误差，难以形成恰当的审计结论，结果转向了选择扩大样本量的迂回路径；其二，概率比例选样有其固有的限制，即因侧重于余额较大的样本项目，由此会提高遗漏余额较小但被严重低估的样本的可能性，这无疑会影响样本的代表性。此外，在预期总体错报率显著大于零，从而选取样本量过大的情形下，它会显得不经济，且在失去获取样本账面余额的前提下，货币单位抽样将无法进行。从这种意义上分析，变量抽样因无法被其他抽样方法所取代而有其应用价值。

综上所述，货币单位抽样有其适用的特定范围与条件，即不能获取审计测试总体单位数或变异数、预期测试总体错报率较低（或者为零）、不存在余额为零或者余额为负的样本项目以及需要信息技术的支持等；反之，诸如无法获取测试单位样本的账面余额、预期测试总体错报率较高（尤其有低报的情形）、存在余额为零或者余额为负的样本项目等账户余额实质性程序，则更适用于传统的变量抽样。总之，将属性抽样理念移植到具有变量抽样功能的货币单位抽样，凭其在统计技术分析上的简便性、概率比例选样法的自动分层等优势，促使其在账户余额实质性程序领域，作为一种创新的审计抽样方法得到广泛的普及与运用。但是，其内在的某些固有限制决定了它又无法全面取代传统的变量抽样，科学的决策是从最为“经济有用”的观念出发，紧紧围绕具体审计目标，综合审计测试总体的特征、预期总体错报率、信息的可获取性等因素选取审计抽样方法，努力使审计风险与审计效率达到均衡。

8.1.5 审计抽样与专业判断

在审计抽样过程中，确定审计对象总体及其特征、设计与选择样本，以及对抽样结果的评价，都应当运用专业判断。无论决定所采用的方法是统计抽样还是非统计抽样，也不论决策者是否具备设计和使用有效抽样方案的能力，都离不开审计人员的专业判断。前已述及，现代审计更多运用的是统计抽样。然而，即使在运用统计抽样时，审计人员也需要运用其专业判断来分析存在的不确定因素及其影响。因此，那种认为统计抽样能够减少甚至取代审计工作中的专业判断的看法是错误的。在审计工作中，有时把统计抽样和非统计抽样结合起来运用，往往可以降低抽样风险，取得更好的审计效果。

8.2 样本的设计与选取

8.2.1 样本的设计

样本的设计是指审计人员围绕样本的性质、样本量、抽样组织方式及抽样工作质量要求等方面所进行的规划工作。在设计审计样本时，审计人员应当考虑审计程序的目标和抽样总体的属性，根据所获取审计证据的性质，以及与该审计证据相关的可能的误差情况或其他特征，界定误差构成条件和抽样总体，并评估总体的预计误差率或误差额，以便合理设计审计样本，适当确定样本规模。具体来说，审计人员应当考虑以下几个方面的因素。

1. 审计目标

审计人员在设计样本时，应当根据审计目标尤其是具体审计目标，考虑其所要获取审计证据的特征及构成误差的条件，以确定所采用的审计抽样方法。这里，最为关键的是要根据具体审计目标界定“误差”。一般来说，在控制测试中，误差是指审计人员认为使控制程序失效的所有控制失效事件，通常将其界定为会计记录的虚假账户、经济业务的记录未进行复核、审批手续不全等各类差错；在实质性程序中，通常将误差界定为误报货币金额的绝对值或相对比率。根据有关审计准则的界定，在实施控制测试时，误差是指控制偏差；在实施细节测试时，误差是指错报；总误差则用来表示偏差率或错报总额。

2. 审计对象总体及抽样单位

审计人员在设计样本时，应当考虑审计对象总体和抽样单位。

（1）审计对象总体。审计对象总体是审计人员为形成审计结论，拟采用抽样方法审计的有关会计或其他资料的全部项目，而构成审计对象总体的单位项目则是抽样单位。

审计人员在确定审计对象总体时，应确保以下两点：一是审计对象总体必须符合具体的审计目标；二是审计对象总体必须包括被审计的会计或其他资料的所有项目。

也就是说，审计人员应确保审计对象总体的适当性和完整性。就前者而言，审计对象总体的确定应当有利于审计目标的实现。例如，若审计目标在于审查应收账款余额是否多计，则审计对象总体应确定为应收账款明细记录；若审计目标在于审查应付账款余额是否少计，则审计对象总体应确定为应付账款明细记录、期后付款、未付发票及足以提供应付账款少计证据的其他项目。就后者而言，审计对象总体的确定应当不遗漏必需的项目。如果在实施审计程序时使用被审计单位信息系统生成的信息，审计人员应当获取与该信息的准确性和完整性有关的审计证据。在实施审计抽样时，审计人员应当实施相应的审计程序，以确保实施审计抽样所依据的全部信息足够完整和准确。

（2）抽样单位。审计人员应当根据审计目标及被审计单位实际情况确定抽样单位。例如，审计人员在确定被审计单位应收账款账面价值时，可以将货币单位（元）作为抽样单位，也可以将每个应收账款明细账账户余额作为抽样单位。在对被审计单位的购货业务进行控制测试时，还可以把每一张发票作为抽样单位。在此基础上，审计人员可以根据不同的要求，运用适当的方法，从审计对象总体中选择若干抽样单位以组成适量、有效的样本。样本是否适量，受到诸如拟对内部控制的信赖程度、可接受的信赖过度风险、预期总体误差及可容忍误差等多个因素的影响；而样本是否有效，则取决于审计人员的职业经验与专业判断。

3. 抽样风险和非抽样风险

审计人员在设计样本或获取审计证据时，应当保持应有的职业谨慎并运用职业判断，关注并评估重大错报风险，同时设计进一步的审计程序，以确保将审计风险降至可接受的低水平。为此，审计人员应当考虑抽样风险和非抽样风险，因为抽样风险和非抽样风险都可能会对重大错报风险的评估和检查风险的确定产生重要影响。

前已述及，审计风险通常体现为重大错报风险和检查风险。前者是指审计对象信息在审计前存在重大错报的可能性，后者则是指某一审计对象信息存在错报，该错报单独或连同其他错报是重大的，但审计人员未能发现这种错报的可能性。当然，审计抽样只与控制风险和检查风险相关，而与固有风险无关。在控制测试中运用审计抽样，有助于获取评价控制风险的有关信息；在实质性程序中运用审计抽样，则有助于了解和量化检查风险。可见，审计人员在运用抽样方法进行审计时，会遇到诸多不确定因素。其中，有些因素直接与抽样相关，从而会引起抽样风险；有些因素与抽样无关，则会引起非抽样风险。

（1）抽样风险。抽样风险是指审计人员根据样本得出的结论，与对总体全部项目实施与样本同样的审计程序得出的结论存在差异的可能性。也就是审计人员依据抽样结果得出的结论，与审计对象总体特征不相符合的可能性。可见，抽样风险与选取的样本不能代表总体的可能性有关。抽样风险与样本量成反比，样本量越大，抽样风险越低。无论进行控制测试还是实质性程序，审计人员都应关注抽样风险。具体来说，抽样风险可以分为两种类型：

在实施控制测试时，审计人员推断的控制有效性高于其实际有效性的风险；或在实施细节测试时，审计人员推断某一重大错报不存在而实际上存在的风险。此类风险影响审计效果，并可能导致审计人员发表不恰当的审计意见。

在实施控制测试时，审计人员推断的控制有效性低于其实际有效性的风险；或在实施细节测试时，审计人员推断某一重大错报存在而实际上不存在的风险。此类风险影响审计效率。

审计人员在实施控制测试时，应当关注下列抽样风险：

第一，信赖不足风险。信赖不足风险是指抽样结果使审计人员没有充分信赖实际上应予信赖的内部控制的风险（可能性）。这种风险一般会导致审计人员执行额外的审计程序，降低审计效率。因为被审计单位内部控制的实际运行状况达到预期信赖程度，从而能够支持对风险的计划估计水平，但抽样结果却不能支持该风险的计划估计水平，由此使审计人员加大不必要的审计工作量，降低了审计效率。

第二，信赖过度风险。信赖过度风险是指抽样结果使审计人员对内部控制的信赖超过了其实际上可予以信赖的风险（可能性）。这种风险影响审计效果，并可能导致审计人员形成不正确的审计结论。因为被审计单位内部控制的实际运行状况未达到预期信赖程度，不能支持对风险的计划估计水平，而抽样结果却能支持该风险的计划估计水平，由此使审计人员得出的审计结论可能不具备合理的基础。

审计人员在实施细节测试时，应关注下列抽样风险：

第一，误拒风险。误拒风险也称“α风险”，是指抽样结果表明或使审计人员推断某一重大错报存在而实际上并不存在的风险（可能性）。这种风险一般会导致审计人员执行额外的审计程序，降低审计效率。因为被审计单位实际上并不存在某一重大错报，但样本却支持得出存在某一重大错报的结论，由此使审计人员加大不必要的审计工作量，降低了审计效率。

第二，误受风险。误受风险也称“β风险”，是指抽样结果表明或使审计人员推断某一重大错报不存在而实际上存在的风险（可能性）。这种风险影响审计效果，并可能导致审计人员形成不正确的审计结论。因为被审计单位实际上存在某一重大错报，但样本却支持得出不存在某一重大错报的结果，由此使审计人员按照既定的审计程序可能不足以查出重大错报，得出的结论不具备合理的基础。

由此可见，上述风险会影响审计的效率或效果。其中，信赖不足风险与误拒风险，会导致审计人员执行额外的审计程序，从而降低审计效率。换言之，它们同属于影响审计效率的一类风险，只是分别体现在不同的测试程序中，即信赖不足风险（审计人员推断的控制有效性低于其实际有效性的风险）体现在审计人员所实施的控制测试中，而误拒风险（审计人员推断某一重大错报存在但实际上不存在的风险）体现在审计人员所实施的细节测试中。信赖过度风险与误受风险，可能导致审计人员形成不正确的审计结论，从而使审计工作无法达到预期的效果。也就是说，它们同属于影响审计效果的另一类风险，只是分别体现在不同的测试程序中，即信赖过度风险（审计人员推断的控制有效性高于其实际有效性的风险）体现在审计人员所实施的控制测试中，而误受风险（审计人员推断某一重大错报不存在但实际上存在的风险）体现在审计人员所实施的细节测试中。正因为信赖过度风险与误受风险影响审计的效果，并可能导致审计人员发表不恰当的审计意见，审计人员对此类风险应予以特别关注。

（2）非抽样风险。非抽样风险是指由于某些与样本规模无关的因素而导致审计人员得出错误结论的可能性。审计人员采用不适当的审计程序，或者误解了审计证据而未能发现重大误差等，都有可能导致非抽样风险。显然，这种风险无法量化，也非抽样所致，而是由其他因素引起的。例如，审计人员实施了不适合于审计目标的审计程序，错误地解释样本审查的结果，未能找出样本文件中的错误等。

审计人员在实施控制测试和细节测试时，不仅抽样风险对审计工作的效率与效果有影响，非抽样风险对此也有影响。因此，审计人员既应当关注抽样风险，也应当关注非抽样风险。无论在控制测试还是细节测试中，审计人员都可以通过扩大样本规模来降低抽样风险，通过对业务的指导、监督与复核以降低非抽样风险。

4. 可信赖程度

可信赖程度是测定样本可信水平的尺度，通常用预计抽样结果能够代表审计对象总体特征的百分比来表示。审计人员对可信赖程度要求越高，需选取的样本量就相应越大。也就是说，审计人员要求抽样结果的可信赖程度越高，就必须有较大的样本容量作保证。

可信赖程度主要取决于被审计单位的内部控制。内部控制越健全、有效，则可信赖程度越高；反之，可信赖程度越低。例如，抽样结果有 90%的可信赖程度，则指抽样结果有 90%的可能性能够代表总体特征，或抽样结果能够代表总体特征有 90%的可能性，进而言之，有 10%的可能性不能够代表总体的特征。可见，可信赖程度与风险是互补的。10%的风险和 90%的可信赖程度表达的是同一个问题的两个方面。比如，审计人员在实施控制测试时选择了 90%的可信赖程度，也就意味着该审计人员有 10%的风险去接受内部控制运行有效的结论。

5. 可容忍误差

可容忍误差是审计人员认为抽样结果可以达到审计目的，从而愿意接受的审计对象总体的最大误差，即审计人员可接受的总体中的最大误差。对此，审计人员应当在计划审计阶段，根据审计重要性原则，合理地予以确定。可容忍误差越小，需选取的样本量就相应越大。

在实施控制测试时，误差是指控制偏差，可容忍误差则是审计人员不改变对内部控制的可信赖程度，所愿意接受的最大误差。也就是说，只要被审计单位内部控制在运行中实际偏离程度低于审计人员可以接受的偏离规定控制要求的最大比率，审计人员仍可以维持其对内部控制的可信赖程度。这种审计人员可以接受的内部控制运行偏离规定控制要求的最大比率即是可容忍误差。

在实施细节测试时，误差是指错报，可容忍误差则是指审计人员能够对某一账户余额或经济业务分类作出合理评价，而所愿意接受的最大金额误差，即可容忍错报，其金额小于或等于审计人员针对所审计的某类交易或账户余额而使用的重要性水平。总误差用来表示偏差率或错报总额。

总之，审计人员无论进行控制测试还是细节测试，可容忍误差越小，其所选取的样本量就应越大；反之，可容忍误差越大，其所选取的样本量就越小。

6. 预期总体误差

审计人员应根据前期审计所发现的误差、被审计单位经营业务和经营环境的变化、内部控制的评价及实施分析程序的结果等，确定审计对象总体的预期误差。如果存在预期误差，审计人员应当选取较大的样本量。

7. 总体和分层

审计人员在设计样本时，应当重视总体和分层。

(1) 总体。审计人员应当确保总体的适当性和完整性。如果在实施审计程序时使用被审计单位信息系统生成的信息，审计人员应当获取与该信息的准确性和完整性有关的审计证据。在实施审计抽样时，审计人员应当实施相应的审计程序，以确保实施审计抽样所依据的全部信息足够完整和准确。

（2）分层。分层是将某一个审计对象总体划分为若干具有相似特征的子总体（层）或次级总体的过程，每个子总体由一组具有相同特征（通常为货币金额）的抽样单元组成。审计人员利用分层可以降低每一层中项目的变异性，从而在抽样风险没有成比例增加的前提下减小样本规模。为此，审计人员应当仔细界定子总体（层），以使每一抽样单位只能属于一个层。审计人员可以将总体分为若干个离散的具有识别特征的子总体（层），以提高抽样乃至审计的效率。审计人员对总体可以按经济业务的重要性分层，也可以按经济业务的类型分层。当实施细节测试时，审计人员通常按照货币金额对某种交易或账户余额进行分层，以将更多的审计资源投入到大额项目中。当然，审计人员也可以按照显示较高误差风险的某一特定特征对总体进行分层。它主要适用于内部各组成部分具有不同特征的总体，并且审计人员应对包含最重要项目的层次实施全部审查。

审计人员可以按项目的重要性、变化频率或其他特征选取不同的样本数，并且可以对不同层次采用不同的审计程序与方法，进而提高样本的代表性和审计的有效性。审计人员利用分层可以着重审计可能会有较大错报的项目，并减少样本量。

审计人员在进行分层时，应当注意以下几点：（1）必须有事先能够确定的、有形的、具体的差别（特征），以明确区分不同的层次；（2）总体中的每一抽样单位必须属于一个层次，并且只属于该层次，即使得每一抽样单位只能属于一个层；（3）必须能够事先确定每一层次中抽样单位的准确数字。

需要指出的是，对某一层中的样本项目实施审计程序的结果，只能用于推断构成该层的项目。若对整个总体作出结论，审计人员应当考虑与构成整个总体的其他层有关的重大错报风险。另外，有时可运用金额加权选样。即在实施细节测试时，特别是测试高估时，将构成某类交易或账户余额的每一货币单位作为抽样单位，往往效率很高。审计人员通常从总体中选取特定货币单位，然后检查包含这些货币单位的特定项目。这种方法可以与系统选样方法结合使用，且在使用计算机辅助审计技术选取项目时效率最高。

8.2.2 样本规模的确定

前已述及，对列入测试范围的内容，并非都需要全面审查，而通常实施抽样审计。其关键在于合理确定样本规模，即确定适当的样本量，进而影响测试及审计的效率与质量。如果样本规模过小，则无法保证抽样结果的代表性；反之，样本规模过大又会增加审计工作量，影响测试及审计的效率。

在确定样本规模时，审计人员应当考虑能否将抽样风险降至可接受的低水平，因为抽样规模受审计人员可接受的抽样风险水平的影响。可接受的风险水平越低，需要的样本规模越大。审计人员应根据审计工作的实际需要，运用职业判断或使用统计学公式，合理、适当地确定样本规模或样本量。

一般来说，审计人员根据可信赖程度、预计误差率、精确度（抽样误差的容许界限）及审计对象总体数量等因素，分别重复抽样与不重复抽样两种情况，采用相应的公式确定样本规模或计算样本量。

（1）重复抽样下样本规模的确定或样本量的计算。

$$样本量=T^2\times P\times\frac{(1-P)}{\Delta^2}$$

式中，T 为可信赖程度；P 为预计误差率；Δ 为精确度。

（2）不重复抽样下样本规模的确定或样本量的计算。

$$样本量=T^2\times P\times(1-P)\times N/[N\times\Delta^2+T^2\times P\times(1-P)]$$

式中，T 为可信赖程度；P 为预计误差率；N 为审计对象总体数量；Δ 为精确度。

由此可见，抽取的样本量与控制发生的频率成正比，即控制发生的频率越高，抽取的样本量越多；反之，则抽取的样本量越少。因此，在实际工作中，审计人员也可以根据控制所发生的频率，确定抽取的样本量。

8.2.3 样本的选取

在样本规模或样本量确定后，审计人员即可采取一定的方法选取样本。审计人员既可采用统计抽样方法，也可采用非统计抽样方法选取样本，只要运用得当，均可获得充分、适当的审计证据。在统计抽样中，审计人员应当随机选取样本项目，以使每一抽样单位以已知的机会被选中，抽样单位可能是发票等实物项目或货币单位。在非统计抽样中，审计人员应当运用职业判断选取样本项目，但尽量选取具有总体典型特征的样本项目，并在选样时避免偏见，以达成抽样的目的即对整个总体得出结论。但应注意的是，审计人员在选取样本项目时，应当使审计对象总体内所有项目或抽样单位均有被选取的机会，以使样本能够代表总体。只有这样，才能够保证根据抽样结果所推断出的总体特征具有合理性与可靠性。

事实上，选取样本的方法较多，但审计人员应根据审计目标、被审计单位实际情况、审计资源条件等因素具体加以选择，以提高审计的质量与效率。在审计工作中，常用来选取样本的基本方法有随机选样、系统选样、随意选样以及使用计算机辅助审计技术选样等。

1. 随机选样

随机选样是指对审计对象总体或子总体的所有项目，按随机规则选取样本。随机选样通常可使用随机数表来进行。所谓随机数表，就是随机组成多个几位数字，并将这些数字随机地纵横排列而成的一种表。表中的数字既可以是五位数字，也可以是四位数字，还可以是其他。

审计人员在运用随机数表时，应以每一项目都有不同的编号为前提，并将表中数字与总体项目之间建立一一对应关系。如果总体项目已连续编号，则这种一一对应的关系就容易建立，从而使随机数表的运用也很方便；但是，有时需要重新编号才能建立一一对应关系。另外，如果前次抽到的号码被放回，则同一号码有可能多次被抽中，这种抽样即为重复抽样。如果审计人员略去重复的号码抽样，则为不重复抽样。在审计工作中，审计人员往往采用不重复抽样。审计人员在随机数表中选取数字时，既可以从任何地方开始，又可以按任何方向进行，但一经确定，就不得改变，且必须依次进行选取。

现举例说明如何使用随机数表进行选样。例如，审计人员对某公司连续编号为400～4000的银行存款支出凭证进行审查，拟从支出凭证中选取一组样本量为18的样本。随机数表的部分列示如表8-1所示。

表8-1 随机数表（部分）

行＼列	1	2	3	4	5	6	7	8
1	88454	05314	37958	20961	00667	38371	13811	09475
2	11732	01537	16520	39518	45761	02929	11790	39662
3	65641	96481	12790	04362	31108	05648	29074	29621
4	04824	85376	08751	68113	01476	19116	19650	39962
5	31722	36619	06948	28126	14479	16111	12229	19923
6	64181	45927	39218	30005	02515	19113	19809	09812
7	86713	56813	28746	43039	18808	05512	29837	10123
8	35137	29671	75764	01981	21654	18888	39886	27295
9	36298	38701	48743	21457	09192	28886	09166	32035

假定从随机数表的第三行第二列开始，自上至下、从左到右依次选取表中数字的前四位数，则可选出3661，2967，3870，3795，1652，1279，0875，0694，3921，2874，2096，3951，0436，2812，3000，2145，3110，1447这18个数字。在选取过程中，有的数字被舍弃，如9648，8537，0066，0147等，因为在总体中找不到与之相对应的编号。前四位数在400以上4000以下的数字，才有可能被选中。据此选出18个数字后，即可选取编号及其对应的18张银行存款支出凭证，并将其作为需审查的一组样本。

2. 系统选样

系统选样也称等距选样，是指首先计算选样间隔，确定选样起点，然后按照间隔，顺序地选取样本。

用以确定选样间隔的公式如下：

$$M=\frac{N}{n}$$

式中：M——选样间隔数；

N——审计对象总体数量；

n——选样数量。

现举例说明如何进行系统选样。例如，审计人员从1 000张凭证中选取5%，作为样本进行审查。

$$选样间隔\ M=\frac{1\,000}{1\,000\times 5\%}=20$$

假定审计人员确定随机起点为466，每隔20张凭证选取一张，则往上依次为486，506，526，546，566，…，往下依次为446，426，406，386，366，…。

可见，系统选样较为方便，但要求总体必须是随机排列的，否则不宜使用。

3. 随意选样

随意选样通常不考虑金额大小、资料取得的难易程度及个人偏好，以随意的方式选取样本。随意选样的结果，有时缺乏合理性与可靠性。

8.3 抽样结果的评价

审计人员应当针对选取的每个项目，实施适合于具体审计目标的审计程序。如果选取的项目不适合实施审计程序，审计人员通常使用替代项目。审计人员在对样本实施必要的审计程序后，需要对抽样结果进行评价，其具体步骤是：分析样本误差、推断总体误差和评价样本结果。

8.3.1 分析样本误差

在选取样本后，通过对样本的审查，即可得到样本误差率。审计人员在分析样本误差时，应当根据预先确定的构成误差的条件，确定某一有问题的项目是否为一项误差。前已述及，在实施控制测试时，误差是指控制偏差。审计人员认为使控制程序失效的所有控制失败事件，无外乎三种情形：凭证上记录正确，但未执行控制程序；在凭证记录上有执行控制程序的印迹，但该记录与事实不符；未执行控制程序，记录也不正确。在实施细节测试时，误差是指错报，即错报货币金额的绝对值或相对比率。但在有些情况下，需结合构成误差的条件作进一步认定。例如，运用随机数表选取样本时，一个随机数可能与一张作废的凭证相对应，此时审计人员若能作出合理的解释，并证明该凭证系正当作废，则不将之视为一项误差，而需另选随机数以取代作废的凭证。又如，审计人员在审查应收账款总账余额时，发现被审计单位将甲单位明细账错误地记入了乙单位明细账中，但不影响应收账款总账余额，对此不能够认为是一项误差。

审计人员如果按照既定的审计程序，无法对样本取得审计证据，则应实施替代审计程序以获取相应的审计证据。例如，审计人员通过肯定式函证审查应收账款时，如果未能收到回函，则应审查期后收款的情况，以证实应收账款的余额。如果审计人员没有或无法实施替代审计程序，则通常将该项目视为一项误差。

有些样本误差项目具有共同的特征，如相同的经济业务类型、时间等，审计人员应能识别出这些项目并作为一个整体，实施相应的审计程序，并根据样本的结果，进行单独的评价。这些误差有可能是故意的，并可能存在舞弊。因此，审计人员在分析样本误差时，应当考虑样本的结果、已识别的所有误差的性质、原因，及其对具体审计目标和其他相关审计工作可能产生的影响。在实施控制测试时，审计人员应当获取控制在整个拟信赖的期间有效运行的充分、适当的审计证据。当识别出控制的运行存在误差时，审计人员应当进行专门调查，并考虑已识别的误差对财务报表的直接影响和内部控制的有效性及其对审计方法的影响。

如果将某一误差视为异常误差，审计人员应当实施追加的审计程序，以高度确信该误差对总体误差不具有代表性。当然，所追加的审计程序取决于具体情况，但应能为审计人员提供充分适当的审计证据，以证明该误差并不影响总体的剩余部分。这里的异常误差是指由某一孤立事件引起的误差，该事件只有在特定条件下才会重复发生，因而异常误差对总体误差不具有代表性。

审计人员在得到样本误差率后，可将其与确定样本时所使用的预计误差率进行比较，以确定是否要对抽样规模加以调整。如果前者较大，则说明样本规模过小，从而需要调整样本规模，直至其等于或小于预计误差率为止。

8.3.2 推断总体误差

在分析样本误差后，审计人员应根据抽样中发生的误差，采用适当的方法，推断审计对象总体误差，并将其与可容忍误差相比较。

在根据样本误差推断总体时，如果将某一误差确定为异常误差，审计人员可以将其排除在外。如果异常误差未得到更正，审计人员除了需要推断非异常误差外，还需考虑异常误差的影响。

当实施细节测试时，审计人员应当根据样本中发现的误差金额推断总体误差金额，并考虑推断误差对特定审计目标及其他相关审计工作的影响。在细节测试中，可容忍误差即可容忍错报，其金额小于或等于审计人员针对所审计的某类交易或账户余额而使用的重要性水平。在实施控制测试时，由于样本误差率就是整个总体的推断误差率，审计人员无须推断总体误差率。

需要指出的是，如果某类交易或账户余额已经分层，当进行分层抽样时，应先对每一层次分别加以推断，然后将推断结果进行汇总，以推断出总体误差。在考虑误差对某类交易或账户余额的总额可能产生的影响时，审计人员应当将每个层的推断误差与异常误差汇总起来考虑。另外，审计人员根据样本误差推断总体误差的方法应与其选用的抽样方法相一致。

8.3.3 评价样本结果

在推断总体误差后，审计人员应当评价样本结果，以确定对总体相关特征的评估是否得到证实或需要修正。为此，审计人员应当将总体误差与可容忍误差相比较，并将抽样结果与从其他审计程序中所得到的证据相比较。

如果审计人员推断的总体误差接近可容忍误差，则表明信赖过度风险和误差的可能性会增加。对此，审计人员应该重估抽样风险。如果重估后的抽样风险不可接受，则应增加样本量或执行替代审计程序。如果审计人员推断的总体误差超过了可容忍误差，经重估后的抽样风险不能接受，则也应增加样本量或执行替代审计程序。审计人员如果认为抽样结果无法达到其对所测试的内部控制的预期信赖程度，则应考虑增加样本量，或者修改实质性程序，包括修改实质性程序的性质、时间和范围。

在实施控制测试时，如果样本的误差率超出了预期，审计人员应当修正评估的重大错报风险，或获取进一步审计证据支持初始评估结果。在实施细节测试时，如果样本的误差额超出了预期，除非有进一步的证据证明不存在重大错报，否则审计人员应当认为所测试的交易或账户余额存在重大错报。

如果推断误差总额与异常误差之和低于但接近可容忍误差，审计人员就应当根据其他审计程序考虑样本结果的说服力，并考虑是否需要获取更多的审计证据。

在抽样结果评价的基础上，审计人员可确定审计证据是否足以证实审计对象总体特征，以形成审计结论。如果对样本结果的评价显示，对总体相关特征的评估需要修正，审计人员可以单独或综合采取一些措施，诸如提请管理层对已识别的误差和存在更多误差的可能性进行调查，并在必要时予以调整，修改进一步审计程序的性质、时间和范围，考虑对审计报告的影响等。

8.4 统计抽样的具体运用

统计抽样的具体运用，主要是指统计抽样在控制测试和实质性程序中的实际应用。审计人员运用统计抽样，大多用来估计偏差率或者错误金额，其在审计工作中的具体应用，主要有属性抽样和变量抽样。

8.4.1 属性抽样

属性抽样是指在精确度界限和可靠程度一定的条件下，为了测定总体特征的发生频率而采用的一种方法。根据健全性测试与控制测试的目标和特点所采用的审计抽样，通常称为属性抽样。换言之，属性抽样是用于健全性测试与控制测试方面的统计抽样。它作为一种方法而被采用，需审计人员通过对样本的审核来推断差错或舞弊的发生频率，以证明被审计单位的内部控制是否存在并得到有效的执行，并同以前相比较来核实内部控制的变化。用于健全性测试与控制测试的属性抽样，通常有固定样本量抽样、停—走抽样、发现抽样等方法。

1. 固定样本量抽样

固定样本量抽样是用于估计审计对象总体中某种误差发生比例的一种抽样方法。它是一种使用最为广泛的属性抽样，下面具体说明该种方法的实际应用。

（1）样本的设计。在进行样本设计时，审计人员应做好下列工作：

1）设定审计目标。审计人员拟采用抽样方法对某企业内部有关购货、付款业务的控制程序进行测试，以审查该企业是否在将验收报告与进货发票相核对之后，才准予支付购货款项。为此，审计人员将关注其控制程序的运行情况。

2）界定总体、抽样单位及误差。测试对象是企业的购货业务，审计对象总体则为所有购货凭单。若该企业购货业务的凭单是连续编号的，每张凭单均附有验收报告及进货发票，则抽样单位系个别凭单。下列三种情形均可界定为误差：未附验收单据的发票；发票虽附有验收单据，但其单据不属于该发票；发票与验收单据所记载的数量不符。

3）确定可信赖程度和可容忍误差（率）。尽管被审计单位内部控制不可能十分健全、有效，但审计人员认为该内部控制仍很重要，并且为了减少实质性程序的时间和范围以提高审计效率，审计人员利用其职业经验和专业判断，确定可信赖程度为95%，信赖过度风险为5%，可容忍误差率为4%。

4）确定预期总体误差（率），并决定是否分层。审计人员参考前期审计工作底稿等资料，并运用其专业判断，将预期总体误差率确定为1.5%，且确定对该审计对象总体进行分层。

5）确定样本规模。审计人员根据上述有关因素，通过样本量确定表，即可确定样本规模或样本量。通过查表8-2可知，在可信赖程度为95%、可容忍误差率为4%、预期总体误差率为1.5%时，应选取的样本数量为192项，样本中的预期误差数为3。如果发现样本中有超过3个的误差，则说明抽样结果不能支持审计人员对内部控制的预期信赖程度。

表8-2 样本量确定表（可信赖程度95%）

可容忍误差率 / 样本量（误差数） / 预期总体误差率	1%	2%	3%	4%	5%	6%	7%	8%	9%	10%	15%	20%
0.00%	218(0)	149(0)	99(0)	74(0)	59(0)	49(0)	42(0)	36(0)	32(0)	29(0)	19(0)	14(0)
0.25%	*	236(1)	157(1)	117(1)	93(1)	78(1)	66(1)	58(1)	51(1)	46(1)	30(1)	22(1)
0.50%	*	*	157(1)	117(1)	93(1)	78(1)	66(1)	58(1)	51(1)	46(1)	30(1)	22(1)
0.75%	*	*	208(1)	117(1)	93(1)	78(1)	66(1)	58(1)	51(1)	46(1)	30(1)	22(1)
1.00%	*	*	*	156(1)	93(1)	78(1)	66(1)	58(1)	51(1)	46(1)	30(1)	22(1)
1.25%	*	*	*	156(1)	124(2)	78(1)	66(1)	58(1)	51(1)	46(1)	30(1)	22(1)
1.50%	*	*	*	192(3)	124(2)	103(2)	88(2)	77(2)	51(1)	46(1)	30(1)	22(1)
1.75%	*	*	*	227(4)	153(3)	103(2)	88(2)	77(2)	51(1)	46(1)	30(1)	22(1)
2.00%	*	*	*	*	181(4)	127(3)	88(2)	77(2)	68(2)	61(2)	30(1)	22(1)
2.25%	*	*	*	*	208(5)	127(3)	88(2)	77(2)	68(2)	61(2)	30(1)	22(1)
2.50%	*	*	*	*	*	150(4)	109(3)	77(2)	68(2)	61(2)	30(1)	22(1)
2.75%	*	*	*	*	*	173(5)	109(3)	95(3)	68(2)	61(2)	30(1)	22(1)
3.00%	*	*	*	*	*	195(6)	129(4)	95(3)	84(3)	61(2)	30(1)	22(1)
3.25%	*	*	*	*	*	*	148(5)	112(4)	84(3)	61(2)	30(1)	22(1)
3.50%	*	*	*	*	*	*	167(6)	112(4)	84(3)	76(3)	30(1)	22(1)
3.75%	*	*	*	*	*	*	185(7)	129(5)	100(4)	76(3)	40(2)	22(1)
4.00%	*	*	*	*	*	*	*	146(6)	100(4)	89(4)	40(2)	22(1)
5.00%	*	*	*	*	*	*	*	*	158(8)	116(6)	40(2)	30(2)
6.00%	*	*	*	*	*	*	*	*	*	179(11)	50(3)	30(2)

（2）样本的选取。由于凭单是连续编号的，审计人员决定采用随机选样的方法选取样本。对选取的192张凭单及其附件，审计人员按所界定的“误差”进行审查。经过审查，审计人员发现样本误差数为3。

（3）抽样结果的评价。对选取的样本进行审查后，审计人员应当考虑误差的次数与性质，并将查出的误差加以汇总，评价抽样结果。在此基础上，推断总体误差，记录工作底稿。

1）分析样本误差。经审查分析，审计人员确信上述样本误差确系误差，也无欺诈舞弊或逃避内部控制的情形，且对实质性程序及其他测试无影响。由于发现的样本误差数未超过预期误差数，审计人员可据此得出结论：总体误差率（推断）不超过4%的可信赖程度为95%。

如果审计人员通过抽样查出的误差数为4，即使没有欺诈舞弊或逃避内部控制的情形，但因该误差数超过预期误差数3，从而使样本量增至227项，预期总体误差率为1.75%，也表明审计人员不能以95%的可信赖程度保证推断总体误差率不超过4%。对此，审计人员应降低对该内部控制的可信赖程度，并考虑实施其他审计程序，如扩大实质性程序范围、增加样本量，或不再进行抽样审计而代之以详细审计等。

审计人员在审查样本时若发现有欺诈、舞弊或逃避内部控制的情形，则应采用其他审计程序，以便彻底揭露这类性质比较严重的误差，并应及时通知被审计单位管理层制止该类误差的再次发生。

2）推断总体误差。在可信赖程度为95%的情况下，当样本误差数为3时，查抽样结果评价表（略）得知，推断的总体误差率为3%；当样本误差数为4时，总体误差率为4%；当样本误差数为5时，总体误差率为5%。

当样本误差数为3时，推断的总体误差率为3%，小于可容忍误差率，审计人员可以得出结论：总体误差率不超过4%的可信赖程度为95%。当样本误差数为4时，推断的总体误差率为4%，等于可容忍误差率，审计人员应重新考虑信赖过度风险，并考虑是否有必要增加样本量或执行替代审计程序。当样本误差数为5时，推断的总体误差率为5%，大于可容忍误差率，审计人员应降低对该内部控制的可信赖程度，并实施其他审计程序。

3）审计人员应将上述各方面工作情况，记入审计工作底稿，以便据以作出有关审计抽样的整体结论。

2. 停—走抽样

停—走抽样是以预期总体误差为零开始，通过边抽样边评价来完成审计抽样工作的一种属性抽样方法。这种抽样是固定样本量抽样的一种修正形式，能够较为有效地提高工作效率，降低审计成本。与固定样本量抽样相比，停—走抽样不一定要把样本全部抽出，所抽出的样本量一般不超过所确定的初始样本量的3倍。

实际工作中，运用停—走抽样法一般包括下列三个步骤：首先，确定可容忍误差及风险水平；其次，确定初始样本量；最后，进行停—走抽样决策。下面具体说明该种方法的实际应用。

假定审计人员确定的可容忍误差率及风险水平分别为4%和10%，通过查表8-3（停—走抽样初始样本量表）可确定初始样本量为60，则停—走抽样决策过程如表8-3所示。

表8-3 停—走抽样初始样本量表

样本量 / 可容忍误差率 / 风险水平	10%	9%	8%	7%	6%	5%	4%	3%
2.5%	37	42	47	53	62	74	93	124
5%	30	34	38	43	50	60	75	100
10%	24	27	30	35	40	48	60	80

如果审计人员在60个初始样本单位中找出了一个误差（即误差数为1），则可通过查表8-4（停—走抽样样本量扩展及总体误差评价表）得到相应的风险系数为3.9（即表中风险水平10%所在的第三行与误差数1所在的第二列的交叉处），再将该风险系数与样本量相比较，可推断出在风险水平为10%情况下的总体误差率为6.5%（即风险系数3.9除以样本量60）。显然，推断的总体误差率6.5%高于可容忍误差率4%，审计人员需要增加样本量。那么，究竟样本量扩大到多少为适量？为了使总体误差不超过可容忍误差，在风险系数既定的情况下，审计人员将风险系数与可容忍误差相比较，则可求得所需适当的样本量为98个（即风险系数3.9除以可容忍误差率4%）。也就是说，审计人员需要增加38个样本单位。在对增加的38个样本单位进行审计后，若未发现误差，则审计人员可有90%的把握确信总体误差不超过4%。

表8-4 停—走抽样样本量扩展及总体误差评价表

风险系数 误差数 / 风险水平	0	1	2	3	4	5	6	7	8	9	10
2.5%	3.7	5.6	7.3	8.8	10.3	11.7	13.1	14.5	15.8	17.1	18.4
5%	3.0	4.8	6.3	7.8	9.2	10.6	11.9	13.2	14.5	16.0	17.0
10%	2.4	3.9	5.4	6.7	8.0	9.3	10.6	11.8	13.0	14.3	15.5

如果审计人员首次对60个样本单位进行审计时，发现有两个误差，则按上述方法推断出总体误差率为9%（即风险系数5.4除以样本量60），大大高于可容忍误差。于是，审计人员决定增加样本量至135个，即增加75个。审计人员在对增加的75个样本单位进行审计后，若未发现误差，则仍可以有90%的把握确信总体误差率不超过4%；若又发现了一个误差，则总体误差率为4.96%（即风险系数6.7除以扩展后的样本量135），仍超过可容忍误差率4%。此时，审计人员应在下列两者间进行选择：再扩展样本量至168个（即风险系数6.7除以可容忍误差率4%）或将上述过程得出的结果作为选用固定样本量抽样的预期总体误差而改变抽样方式。

3. 发现抽样

发现抽样是在既定的可信赖程度下，假定误差以既定的误差率存在于总体之中，至少可查出一个误差的抽样方法。它是属性抽样的一种特殊形式，主要用于查找重大舞弊事件。在预期误差率很低，且审计人员又想得到某个样本以证明有误差存在时，该种方法最为适宜。

为了达到发现抽样的目的，审计人员在制定抽样计划时，通常将预期总体误差率设定得很低，如零。在使用发现抽样时，审计人员需确定总体项目、可容忍误差及可信赖程度，然后确定样本量并加以审查。如果没有发现误差，审计人员即可得出在确定的可信赖程度下总体误差不超过可容忍误差的结论；如果发现一个或更多误差，审计人员则应放弃一切抽样程序，对总体进行全面彻底的审计。下面具体说明该种方法的实际应用。

假定审计人员怀疑企业内部存在虚设进货业务以套取现金的舞弊行为。为了查明企业内部是否存在这种舞弊行为，审计人员则须在已付款凭单中找出不实的凭单。为此，审计人员设定总体项目中若含有1%以上的舞弊，则在可信赖程度为98%的情况下样本会显示出不实的凭单。审计人员通过查表8-2发现：在预期总体误差为零及可容忍误差率为1%时，所需审查的样本量为218个。假定企业有关支付凭单是连续编号的，经审计人员选取并审查218张凭单后，未发现不实的凭单，则审计人员有98%的把握确信总体项目中的不实凭单不超过1%。

8.4.2 变量抽样

变量抽样是指用来估计总体金额或错误金额而采用的一种方法。根据实质性程序的目标和特点所采用的审计抽样，通常称为变量抽样。也就是说，变量抽样是用于实质性程序方面的统计抽样。它作为一种方法而被采用，需审计人员通过检查财务报表各项目数据的真实性和正确性来取得所需的直接证据，以支持和得出审计结论。用于实质性程序的变量抽样，通常有平均值估计抽样、差异估计抽样、比率估计抽样等方法。审计人员在实施实质性程序时，通常可采用单位平均值估计抽样、差额估计抽样、比率估计抽样等变量抽样方法。

1. 单位平均值估计抽样

单位平均值估计抽样是通过抽样审查确定样本的平均值，进而推断总体的平均值和总值的一种变量抽样方法。下面具体说明该种方法的实际应用。

(1) 样本的设计。在进行样本设计时，审计人员应考虑做好下列工作：

1) 设定审计目标。审计人员拟采用抽样方法确定期末应收账款的账面价值。

2) 界定总体、抽样单位及误差。审计对象总体为1 000个应收账款账户，每一个应收账款账户为一个抽样单位，应收账款账面价值与实际价值的货币差额为误差。

3) 确定可信赖程度及可容忍误差。根据被审计单位内部控制情况及抽样风险的可接受水平，审计人员确定的可信赖程度为95%，可信赖程度系数为1.96，误受风险为5%。考虑到货币金额的重要性，审计人员确定的可容忍误差为±30 000元。

4) 确定预期总体误差，估计总体标准离差，并决定是否分层。审计人员参考前期审计工作底稿等历史资料，并运用其专业判断，将预期总体误差确定为±60 000元。

在采用单位平均值估计抽样时，审计人员通常预先选取一个较小的初始样本量，经检查分析后确定初始样本的标准离差，并据此估计总体标准离差。

假设：X_i——各初始样本项目数值；

$\overline{X}=\sum X/n$——初始样本平均值；

n_0——初始样本量。

则可用下列公式估计总体标准离差S：

$$S=\frac{\sum_{i=1}^{n}(X_i-\overline{X})^2}{n_0}$$

审计人员根据被审计单位应收账款明细账，确定S为150元；另外，本例情况使审计人员决定不准备进行分层。

5) 确定样本规模。在重复抽样的情况下，可通过下列公式确定样本规模n'：

$$n'=\left(\frac{U_r\times S\times N}{P_a}\right)^2$$

式中：U_r——可信赖程度系数；

S——估计总体标准离差；

N——总体项目个数；

P_a——计划抽样误差（根据可容忍误差与预期总体误差之间的差额确定）。

在不重复抽样的情况下，则可通过下列公式确定样本规模n：

$$n=\frac{n'}{1+\frac{n'}{N}}$$

本例中：

重复抽样的样本量 $n'=\left(\frac{1.96\times150\times1\,000}{30\,000}\right)^2\approx96$

$$\text{不重复抽样的样本量 } n=\frac{96}{1+\frac{96}{1\,000}}\approx 88$$

一般来说，审计抽样采取不重复抽样。因此，本例中抽取的样本量应为88个。

（2）样本的选取。审计人员采用随机选样的方法，从应收账款明细账中选取88个作为样本，并对88位顾客进行函证。

函证结果表明：样本平均值为3 978.34元，样本标准离差为134元。

$$\begin{aligned}\text{实际抽样误差 } P&=U_r\times\frac{S_1}{\sqrt{n}}\times N\times\sqrt{1-\frac{n}{N}}\\&=1.96\times\frac{134}{\sqrt{88}}\times 1\,000\times\sqrt{1-\frac{88}{1\,000}}\approx 26\,737(\text{元})\end{aligned}$$

由此可推断出总体金额为3 978 340元（3 978.34×1 000）。

（3）抽样结果的评价。本例中，计划抽样误差可根据预期总体误差与可容忍误差加以确定，即

$$\begin{aligned}\text{计划抽样误差}&=\text{预期总体误差}-\text{可容忍误差}\\&=60\,000-30\,000=30\,000(\text{元})\end{aligned}$$

实际抽样误差26 737元与推断的总体金额3 978 340元，确定了估计总体价值的范围为3 978 340元±26 737元。

由于实际抽样误差26 737元小于计划抽样误差30 000元，审计人员可得出结论：有95%的可信赖程度保证1 000个应收账款账户的真实总体金额在估计总体价值的范围内。

如果被审计单位应收账款的账面价值为3 954 120元，仍然在估计总体价值的范围内，则该账面价值与推断的总体金额之间的差额即推断的总体误差为24 220元，可作为审计差异对待，并建议被审计单位予以调整。

需要强调的是：当实际抽样误差大于计划抽样误差时，审计人员应考虑增加样本量以提高抽样结论的合理性与可靠性；当实际抽样误差小于计划抽样误差时，还应根据推断的总体误差是否小于可容忍误差，这样才能得出被审计项目是否有重大误差的结论。本例中，不仅实际抽样误差小于计划抽样误差，而且推断的总体误差24 220元也小于可容忍误差30 000元，因此可得出结论：被审计单位应收账款金额无重大误差。如果推断的总体误差大于可容忍误差，则审计人员不宜作出上述结论，且应要求被审计单位详细检查其被审计项目，并予以调整。另外，如果计划抽样误差过小，审计人员则应考虑分层。

2. 差额估计抽样

差额估计抽样是以样本账面价值与实际价值的平均差额来估计总体账面价值与实际价值的平均差额，然后再以该平均差额乘以总体项目个数，从而估计出总体账面价值与实际价值之间差额的一种抽样方法。

在运用差额估计抽样时，审计人员可通过下列公式进行推算：

$$\text{平均差额}=\frac{\text{样本实际价值与账面价值的差额}}{\text{样本量}}$$

估计的总体差额＝总体项目个数×平均差额

假定审计人员欲估计被审计单位的材料价值。已知材料总账所属 4 000 个明细分类账户，其账面价值为 5 000 000 元。随机选取样本 200 个，其账面价值为 250 000 元，经审核后的价值为 257 500 元。

$$平均差额=\frac{257\,500-250\,000}{200}=37.5$$

估计的材料总差额＝4 000×37.5＝150 000(元)

估计的材料总价值＝5 000 000＋150 000＝5 150 000(元)

一般来说，差额估计抽样适用于能获得书面记录值，且被审计总体中存在较大误差，而误差与账面价值又不成比例的情形。

3. 比率估计抽样

比率估计抽样是以样本账面价值与其实际价值之间的比率关系来估计总体账面价值与实际价值之间的比率关系，然后再以该比率乘以总体账面价值，从而估计出总体实际价值（金额）的一种抽样方法。

在运用比率估计抽样时，审计人员可通过下列公式进行推算：

$$比率=\frac{样本实际价值之和}{样本账面价值之和}$$

估计的总体实际价值＝总体账面价值×比率

承上例，运用比率估计抽样可推算：

$$比率=\frac{257\,500}{250\,000}=1.03$$

估计的材料总价值＝5 000 000×1.03＝5 150 000(元)

显然，在误差与账面价值成比例的情况下，这种抽样方法较为适用。

需要指出的是，尽管属性抽样与变量抽样存在区别，并分别用于不同类型的测试或程序，但在审计工作中，经常存在同时进行内部控制的健全性与有效性测试（控制测试）和实质性程序的情况，由此而采用双重目的抽样（或称双重抽样）。

思考题

1. 什么是审计抽样？审计人员为何要进行审计抽样？
2. 什么是统计抽样与非统计抽样？什么是抽样风险与非抽样风险？
3. 什么是属性抽样和变量抽样？在审计工作中两者有何区别？
4. 在实施控制测试和细节测试时，应关注哪些抽样风险？
5. 设计样本时应考虑哪些因素？选取样本的方法有哪些？
6. 什么是样本规模、可信赖程度和可容忍误差？它们之间有何关系？
7. 什么是分层？审计人员在进行分层时应注意哪些问题？
8. 什么是误差？如何分析样本误差并推断总体误差？

9. 审计人员应如何评价抽样结果并形成审计结论？
10. 在控制测试和实质性程序中，审计人员通常可采用哪些抽样？
11. 什么是固定样本量抽样、停—走抽样和发现抽样？如何抽样？
12. 如何进行单位平均值估计抽样、差额估计抽样和比率估计抽样？
13. 货币单位抽样有何优缺点？审计人员应如何进行货币单位抽样？
14. 各种抽样风险对审计效率及审计效果有什么具体的影响？
15. 什么是双重目的抽样？如何在审计抽样中运用专业判断？

练习题

1. 审计人员采用系统选样法从JY公司8 000张凭证中选取200张作为样本。

要求：

（1）该种选样的间隔数是多少？

（2）若随机起点为凭证号第27号，则审计人员抽取JY公司第6张凭证的编号应是多少？

2. 审计人员对XW公司的付款凭证进行抽样，付款凭证对应的公司有1 500家，计划抽样误差为60 000元，审计人员确定的可信赖程度为90%，可信赖程度系数为1.65，估计总体标准离差为180，抽样审计的结果表明样本平均值为500 000元，样本标准离差为300元。

要求：

（1）在重复抽样和不重复抽样的两种情况下，审计人员应如何分别确定其样本量？

（2）在不重复抽样的情况下，本例中的实际抽样误差是多少？该公司付款凭证的总体金额是多少？

案例题

审计人员准备在YC公司上年度所开具的全部发票中，采用固定样本量抽样法随机抽取若干发票进行控制测试，检查样本发票是否都附有验收单据。审计人员确定的预期总体误差率为1%。可容忍误差率为5%，信赖过度风险为5%。在95%的可信赖程度下，控制测试的样本量表如下：

样本量确定表（可信赖程度95%）

预期总体误差率（%）	可容忍误差率			
	3%	4%	5%	6%
0.75	208（1）	117（1）	93（1）	78（1）
1	156（1）	93（1）	78（1）	
1.25	156（1）	124（2）	78（1）	
1.5	192（3）	124（2）	103（2）	

要求：根据本案例，分析下列问题：

(1) 通过实施一项控制测试即检查样本发票是否都附有验收单据，定义“误差”。审计人员应如何确定样本量？样本总体、预期总体误差、可容忍误差、可信赖程度、抽样风险和重要性水平对样本量分别有什么影响？

(2) 如果抽样查出的误差数为1，且没有发现舞弊或逃避内部控制的情况，审计人员应如何评价抽样结果？下一步应采取什么措施？

第 9 章

Chapter 9 销售与收款循环审计

学习目标

1. 了解销售与收款循环的主要特点。
2. 理解销售与收款循环的内部控制。
3. 掌握销售与收款循环的控制测试。
4. 掌握销售与收款循环的实质性程序。

前已述及，组织实施财务报表审计，大致有账户法和循环法，两种方式各具特点。本教材提倡采用循环法，并主张将企业的交易和账户余额划分为销售与收款循环、生产与存货循环、采购与付款循环、投资与筹资循环等业务循环。在审计理论与实务中，应当注意各业务循环之间的内在联系，也要把握其与主要报表项目之间的对应关系。

9.1 概　述

销售与收款循环系企业对外售卖商品和劳务及收款的过程，主要涉及商品物资与劳务的卖出和价款的收取，其在企业的整个经营活动中占有重要地位。根据财务报表项目与业务循环的相关程度，销售与收款循环所涉及的资产负债表项目主要有应收票据、应收账款、长期应收款、预收账款、应交税费，其所涉及的利润表项目主要有营业收入、税金及附加、销售费用等。审计人员通过了解该业务循环的特点及内部控制，进行控制测试，分析和评价审计风险，拟定审计方案，进行余额和交易额的实质性程序。

销售与收款循环包括处理客户订单、批准赊销信用、发送货物、开具销售发票、记录销售与收款业务、定期对账和催收账款、审批销售退回和折让、审批坏账的注销等。销售与收款循环审计所涉及的资产和负债，在企业的资产负债中占有相当的比重，管理上也存在一定的难度。因此，重视和加强销售与收款循环的审计具有重要的意义。

9.1.1 销售与收款循环涉及的主要凭证与会计记录

一般来说，销售与收款循环涉及的主要凭证和会计记录主要包括：

（1）订单。订单是客户提出的书面购货要求，企业可以通过营销人员或其他途径，采用电话、传真、信函、计算机网络等方式接受现有的或潜在的客户订货。它应包括提供确定所有交易都恰当授权和完整记录的要素，其控制程序包括销售订单预先编号，核准文件编制，正式的赊销批准，部分编号、销售价格、订购产品的货运条款的描述等。

（2）销货单。销货单是记录顾客所订商品的名称、规格、数量和其他情况的凭证。它通常用以赊销的批准或者发货的审批，作为销货企业内部处理客户订单的凭据。

（3）销货合同。销货合同是用来明确所订购货物的品种、规格、数量、质量、价格、付款方式，以及供货时间等供需双方责任、权利的书面文件，经供需双方签章后即具有法律效力。

（4）发运凭证。发运凭证是在发运货物时编制的，用以反映发出货物的名称、规格、数量和其他有关数据的凭证。发运凭证一式数联，其中一联交给客户，其余各联由企业保留，可作为向客户开票收款的依据。提货单系发运凭证的一种形式，是运输企业和销货企业之间有关商品收发业务的书面凭证。

（5）销售发票。销售发票是由卖方提供的标明已销售商品的名称、规格、数量、价格、销售金额、运费和保险费、开票日期、开票单位等内容的凭证。销售发票一式数联，其中一联交给客户作为付款依据，其余各联由企业保留，可作为登记销售交易的凭据。

（6）商品价目表。商品价目表是列示已经授权批准的、可供销售的各种商品的价格清单。

（7）贷项通知单。贷项通知单是用来表示因销售退回或经批准的折让而引起的应收销货款减少的凭证。贷项通知单的格式通常与销售发票的格式相同，只不过它不是用来证明应收账款的增加，而是用来证明应收账款的减少。

（8）收款凭证。收款凭证是用来记录现金和银行存款收入业务的记账凭证。

（9）转账凭证。转账凭证是根据有关转账业务的原始凭证编制并用来记录转账业务的记账凭证。

（10）现金和银行存款日记账。现金和银行存款日记账是依据收付款凭证记录并用来反映应收账款的收回、现销收入以及其他各种现金、银行存款收入和支出的序时账簿。

（11）应收账款账龄分析表。应收账款账龄分析表通常是按月编制并用来反映月末尚未收回的应收账款总额的账龄以及每个客户月末尚未偿还应收账款的数额及账龄的分析表。

（12）应收账款明细账。应收账款明细表是用来记录每个客户各项赊销、货款收回、销售退回及折让的明细账。各个应收账款明细账的余额合计数与应收账款的总账余额相等。

（13）营业收入明细账。营业收入明细账是用来记录销售交易的明细账。它通常记载和反映不同类别商品或劳务的销售总额。

（14）折扣和折让明细账。折扣和折让明细账是用来核算企业销售商品时按销售合同规定为了及早收回货款而给予客户的销售折扣和因商品品种、质量等原因而给予客户的销售折让情况的明细账。企业也可不设置折扣和折让明细账，而将该类业务直接记录于营业收入明细账。

（15）汇款通知书。汇款通知书是用来通知客户收款并由客户在付款时再寄回销售单位的凭证。它注明了客户的姓名、销售发票号码、销售单位开户银行账号以及金额等内容。如果客户没有将汇款通知书随同货款一并寄回，一般应由收受邮件的人员在开拆邮件时再代编一份汇款通知书。

（16）坏账审批表。坏账审批表是用来批准将某些应收款项注销为坏账的企业内部凭证。

（17）客户对账单。客户对账单是按月定期寄送给客户的用于购销双方定期核对账目的凭证。它注明了应收账款的月初余额、本月各项销售交易的金额、本月已收到的货款、各贷项通知单的数额以及月末余额等内容。

9.1.2 销售与收款循环涉及的主要业务活动

一般来说，企业应将各项职能活动分派给不同的部门或员工来完成，每个部门或员工都可独立检查其他部门和员工业务活动的正确性。销售与收款循环的主要过程大致如下：首先，销售货物和提供劳务。其次，收取所销售货物和劳务的款项。最后，处理客户可能的退货和索赔。在销售与收款循环中，有关的主要业务活动及其适当的控制程序，具体阐述如下：

（1）接受客户订单。在收到客户订单时，应立即将其记入销售订单记录或类似文档，等待批处理或者直接输入计算机。通过邮件、电话、传真或其他电子方式收到客户订单，是销售业务循环的起点。客户订单只有符合企业管理层的授权标准才能被接受。管理层一般事先列出已批准销售的客户名单以及相应的信贷限额、销售条件等。销售部门通过核查该客户是否被列入客户名单以及是否符合授信限额、销售条件等，决定是否同意接受某客户的订单。如果通过审查，则直接接受订货，否则通常由销售部门主管或更高管理层来决定是否批准销售。批准客户订单之后，通常随之编制销售单。销售单一般为一式多联，分别传送给本企业相关各方和客户，其为证明销售交易发生认定的重要凭据。

（2）批准赊销信用。企业的信用管理部门应对每个新客户进行信用调查，必要时尚需获取信用评级机构对客户信用等级的评定报告，然后根据管理层的赊销政策批准每个客户的授信额度。对于赊销业务，则由销售部门转送信用管理部门进行审查。信用管理部门在收到销售单后，比较销售单与对应客户的授信额度以及至今尚欠的账款余额。执行人工赊销信用检查时，还应划分不相容职责，以避免销售人员为扩大销售而使企业承受不适当的信用风险。无论是否批准赊销，信用管理部门人员都应在销售单上签署意见，然后再将已签署意见的销售单送回销售管理部门。如果授权过程是电算化方式，在输入销售订单时，计算机就会将相关客户的订单信息与客户主文件（包含以前确定的信贷限额与其他条件）以及销售价格主文件进行比较。如果一份订单超出了客户授信限额，或是出现了系统里不存在的客户，或者销售条件、价格超出了预先设定的范围，那么就不能生成发货单或生产通知单，销售订单则停止后续处理。取而代之的是，计算机将生成异常报告，等待适当的人员进行调查。在某些系统中，计算机还会对比销售订单和存货主文件，以确保当前的货物是否能满足订单的要求。

（3）确认订单。错误转送或丢失订单，会导致客户不满以及减少企业收入。为此，很多企业通常都要向客户确认订单。该程序可能只是一个电话，或者发给客户一份内部编制的销售订单复印件或计算机生成的确认表。由于在处理订单以后再修改或取消订单的成本高，因此确认订单程序是多数企业重要的业务操作。但在有些企业，由于订单处理的时间过短，以至于确认订单的办法并不可行。

（4）执行发货。执行发货的步骤主要包括申请、包装和发送，有关这些步骤的操作说明通常填写在一张或几张不同的文档里。如果执行过程中包括大量的工作（比如制作客户专门定制的货物），则通常在不同阶段分别编制执行说明。对于专门为客户定做的货物，会生成加工订单和随后执行的待处理加工单；对于其他货物，客户订单可能由产成品仓库提出，也可能由工厂以生产通知单的形式提出，或者由供应商通过采购订单的方式提出。申请发货时，还应对照发货单与存货主文件，以确定当前的存货是否能够满足订单的要求，或者如前面所讲，在接收销售订单的同时，就完成这项匹配对比工作。某些企业使用经过授权的销售订单复印件或发货单，来指导各个实地执行发货工作的部门，并且证明发货的真实性。有的企业则通过电脑生成"采集表"，通知仓库或生产部门根据该表收集和编制发货单。发货部门在包装和发送货物的时候，通常编制发货单和包装单。不管使用哪种表格来记录发货，都需要标明发货品名、规格、数量、负责发货人员的签名以及发货日期。记录发货单序号或将装货单提前编号，可以保证发货记录的完整性；列明未清发货单的异常报告，则可确认已经授权但未发货的订单。通常，需将已处理发货单与待处理订单进行配比，以确保输入销售交易文件和存货主文件的发货信息包含了已发送货物的数量等信息。

（5）开具账单。开具账单是指依据销售单、转运单以及订单、合同等凭据，向客户开具并寄送事先连续编号的销售发票。它所针对的问题主要是：是否对所有装运的货物都开具了账单；是否只对实际装运的货物才开具账单，有无重复开具账单或虚构交易；是否按已授权批准的商品价目表所列价格开具账单。为了预防或发现这些问题，所设立的控制程序通常包括：开具账单部门在开具每张销售发票之前，独立检查是否存在装运凭证和经批准的相应销售单；依据已授权批准的商品价目表开具销售发票；独立检查销售发票计价和计算的正确性；将装运凭证上的商品总数与对应销售发票上的商品总数进行比较。

（6）记录销售。记录发货通常是销售交易记录的开始，将执行完毕的发货单输入销售交易文件中，系统即可自动生成销售发票。将已执行发货单和待处理订单文件进行对照，以及只有相应的支持性文件（如上面有签名和日期的发货单或提货单）存在时才输入已执行的发货单等控制，可以保证应收账款记录的完整性和准确性。销售记录中的最后活动是更新总分类账户和应收账款明细账。如果总分类账户和明细账户是分别更新的，则需设置匹配程序以保证更新的完整性和准确度，并确保累计数据的完整性和准确度，尤其是保证应收账款总账和应收账款明细账在过账或交易更新后仍然保持一致。其控制措施，一般是由独立于开具发票和收取现金职能的人员，定期比较应收账款明细账和总账，并进行监督审核。记录销售的控制程序通常包括：只依据附有有效装运凭证和销售单的销售发票记录销售，这些装运凭证和销售单应能证明销售交易的发生及其发生的日期；控制所有事先连续编号的销售发票；独立检查已处理销售发票上的销售金额与会计记录金额的一致性；记录销售的职责应与处理销售交易的其他功能相分离；限制接触记录过程中所涉及的有关记录，以减少未经授权的记录发生；定期独立检查应收账款明细账与总账的一致性；定期向客户寄送对账单，并要求客户将任何例外情况直接向指定的会计主管报告。至此，前述六项都属于企业销售与收款循环中的销售货物和提供劳务等活动。

（7）收到现金并存入银行。现金可由企业人员收取或由银行代收，而收取现金活动的控制目标是保护资产。如果现金通过邮递方式送达企业，则通常采用支票形式，而货币或支票也可以由柜台、收款人员或销售人员来接收。

当资金通过电汇方式转移时，不涉及任何实物货币和支票。客户向其开户银行提供转账的详细内容（包括金额、客户名称、开户银行和银行账号等），银行据以执行转账业务后，企业的开户银行则通知企业转账的详细内容。在这种方式下，现金转移时间被大大缩减，甚至在转账即时就可收到资金。对现金收入的第一步控制就是编制现金收入清单（包括客户名称、金额以及所支付的发票编号，客户的账单存根一般即用于此目的）。直接接收的现金，可能列示在收银机的纸带上或者销售凭据上；从收款人员或销售人员那里收取而没有相应清单的现金，必须列明在现金收入清单中。如同银行存款的详细说明，企业的现金收入清单可用来保证现金收入处理的完整性和准确性。由一名独立于其他现金职能的员工编制收入清单，并对数字序号进行会计处理，有助于保证资产保护和现金收入的完整性与准确性。

企业用于保护现金收入的相关控制，包括收到现金支票就立即背书（如加盖"存款专用"字样的背书印记），且立即存入银行账户。每天收到的现金，应在当天由一名履行其他现金职能的独立员工直接将其存入银行。对不适合立即存储的项目（比如日期延迟或错误的支票），通常是将其与准备存储的项目分别列出清单，稍后再将两份清单与存款进行调整。现金在同一天的不同时间，可能从一个以上的来源处收取。如果一天内编制了一份或一批以上的现金收入清单，通常要根据某些标志进行确认。收款清单应至少每天汇总一次，然后将其总数与相应存款凭单的记录总数相比较。如果收取的现金有多个来源（比如分支机构、代收款部门、收银机等），则应编制一张汇总控制表格或核对表，以确认各项来源项目及缺失项目，并确保每天及时报告和汇总从所有地点收取的现金。银行认定无法收取而退回的存款和应收项目，通常交由不负责接收和记录现金的员工进行调查。

（8）比较汇款数额和记录数额。将汇款数额与应收账款余额进行比较，有利于企业与其客户对已偿付发票的具体内容和总金额形成共同意见，同时生成异常报告以列示所有无法与应收账款文件中的未支付发票相匹配的现金收入。通过比较，能够确定信贷的销售折扣或折让形式以及这些信贷是否经过了授权，也能披露客户享受的折扣是否处于折扣期内、现金收入是否被记入恰当的客户账户内以及是否存在任何有关应付款项的潜在争议，还能确定输入错误或不是因应收账款而产生的现金收入（如销售固定资产等从销售循环之外的交易活动收取的现金）。另外，通过调查不匹配的现金收入，也可以发现应收账款文件中的销售收入没有及时更新等问题。对此，监督人员不仅要调查差异，而且需审核解决方案及任何必要的更正。

(9) 批准销售折扣和折让。销售折扣和折让表明已记录发票和应收金额的非现金减少。对顾客所享受的折扣需进行审核，以确定其是否处于规定期限内及数量是否正确。在输入现金收入信息时，可将折扣条件、金额与发票或包括折扣信息的主文件相比较，然后生成有关未经授权折扣的异常报告，据以追踪、调查和作出必要的更正。此外，折让通常是根据客户投诉的处理结果而作出的，它并不经常发生且往往难以确定，一般通过以下政策进行控制，即规定谁在什么条件下可批准折让，有关折让的表格和报告程序可用来实行即时授权、批准和记录。而通过调查没有收取的账款，可能会揭露出没有记录的折让。客户享受的非常规折扣和折让，通常由负责收取现金和维护应收账款明细账之外的独立人员来批准。批准文档通常记录在预先编号的贷项通知单中，其数字序号是为了检查缺失的号码，以确保输入的完整性。

(10) 记录现金收入、折扣和折让。记录现金收入，可以在比较发票之前，也可以在批准顾客享受折扣或折让之后，或者在比较和确认折扣或折让的同时。无论哪种情况，记录现金收入的过程都是相同的。在收取现金时编制的详细清单，通常被用作输入现金收入的原始文件。如果银行提供了电子形式的清单，收入的输入工作就只需要将数据载入计算机，以便由计算机进行处理。通常情况下，计算机每天生成现金收入日报，列出输入的所有收入。完成输入后，每天记录的现金收入总额，通常会与原始清单或批总数以及经正式鉴定的存款凭据副本或其他银行通知进行核对。这类核对调节通常由独立于输入和收款工作的人员来执行，以确保输入现金收入的完整性。此后，需要更新总账。在手工系统中，现金收入日记账的总数和已批准的折扣和折让的日记账分录，会定期（如每月）过入总账中。当这些交易由计算机来处理时，现金收入文件（包括已经授权的折扣）则被用来更新总账。在输入并受理现金收入和折扣后，详细的应收账款文件就得以更新。当折让和折扣不属于例行交易处理时，通常会被分别输入；如果被受理，详细的应收账款文件即可更新。继之，便生成按序列编号的贷记通知单，并更新贷记通知单文件，进而据以更新总账。通常，由独立于现金职能的人员执行应收账款明细账的过账，而总账的转账则由计算机或不负责更新应收账款明细账或文件的人来处理。定期寄送客户报告，也有助于确保现金收入、折扣和折让记录的完整性和正确性。

(11) 注销坏账。销售企业如认定某项货款确实无法收回，则应将其注销。对此，企业应获取货款无法收回的确凿证据，经适当审批后及时作账务调整处理。为了抵补以后无法收回的货款，企业通常会事先提取一定的坏账准备。至此，前述五项都属于企业销售与收款循环中的收取所销售货物和劳务的款项等活动。

(12) 接收退回货物或索赔要求。企业接收部门处理被退回的货物，其程序与接收其他货物相同，也可通过单独的接收区域、检查程序和作业系统来处理，有关的计算、检查、记录等过程是此后企业决定给予客户应付账款扣除额、确定货物需维修或退回仓库的依据。

(13) 编制收货报告。收货报告主要用来记录和实施对被退回货物的控制，并在收到货物时完成编制。由独立于运输部门的接收部门，在预先编号的报告上填写收货报告，详细记录相关情况以备将来之用。如有可能，收货报告应在客户在场时完成编制，以确保客户的所有投诉均已确认。至于后续的控制（包括对数字序号的处理和对缺失或重复的收货报告的调查），都应由独立于运输和接收部门的人员来执行，以确保退回的所有货物均已记录。

(14) 审核索赔要求。在收到货物并已作记录后，企业应由独立于接收部门的客户服务部门审核相关的索赔要求，以确定索赔要求的真实性，并在认可索赔要求时即可确定应付账款的扣除金额。有的企业是由客户服务部门编制已经信贷、销售和会计等部门批准的贷记通知单，而有的企业则将检查和审核结果直接记录于收货报告并送往信贷、销售和会计等部门。

(15) 批准扣除金额。一般来说，由销售部门负责扣除金额的最终授权并编制贷项通知单，但不能负责收取现金和记录应收账款。该项授权系根据收货报告以及对货物进行仔细、独立和书面检查作出的，并通过收货报告和检查报告予以证明。

(16) 编制并寄送贷项通知单。通常，销售部门只根据经过授权的收货报告和检查报告编制贷项通知单。贷项通知单一般是按顺序编号的，并在寄送前由非编制人员对其数量、期限、条件、价格和范围的准确性进行独立审核。编制贷项通知单时，列表包含所有相关数据，一般是为了支持一些日记账分录和应收账款明细账过账，而退货的记账方法与折让相同。经过审批的收货报告，可作为计算扣除金额的原始文件，然后形成按数字序号排列的贷项通知单，并更新应收账款文件和贷项通知单文件。

(17) 记录退货和索赔要求。定期审核未处理收货报告的文件，可以有效地鉴别未处理的索赔要求。通过了解退货原因，可以帮助管理层确定退货是不是系统的问题（如生产中的缺陷或订单输入系统的故障等），而对贷项通知单数字序号的会计处理并连同对重复或缺失项目的适当调查，有利于保证完整性控制目标的实现。至此，前述六项都属于企业销售与收款循环中的处理客户的退货和索赔等活动。

9.2 销售与收款循环内部控制

如果被审计单位内部控制健全、合理，审计人员则可将审计重点置于控制测试和交易的实质性程序，从而降低审计风险，提高审计效率。因此，审计人员应当了解内部控制，确认内部控制的关键环节和强点弱点，对控制风险进行初步评估，据以制定计划并进行控制测试，进而实施实质性程序。企业销售与收款循环的内部控制，包括销售循环的内部控制和收款循环的内部控制。

9.2.1 销售循环的内部控制

1. 适当的职责分离

适当的职责分离有利于防止、发现并纠正各种错误与舞弊。企业的销售循环也需适当的职责分离。因此，企业应当建立销售循环的岗位责任制，明确相关部门和岗位的职责、权限，确保办理销售循环的不相容岗位相互分离、互相制约和彼此监督。销售循环的不相容岗位主要包括：批准赊销信用与销售、发货开票；发送货物与开票、记账；批准销售退回与折让，批准坏账注销与收款、记账；编制和寄送客户对账单与记账；执行内部检查与业务办理、记录；销售收入、应收账款记录与收款等。具体来说，企业的销售循环业务涉及批准、发货、开票、收款、记录等多个方面，为保证销售业务符合企业利益，发出的商品物资安全到位，应收款项及时正确地收取，销售与收款应有明确的分工，尤其是销售、发货、收款和记录应由不同的职能部门或人员负责。鉴于此，企业必须进行职责分工，主要的职责分工有：

（1）批准赊销信用与销售、发货开票相互独立，防止销售部门为增加业绩而放宽信用标准，导致企业信用风险加大，并防止向不符合信用标准的客户进行赊销，增加坏账风险；

（2）发送货物与开票、记账相互独立，防止发货未经批准，销售业务没有被记录或商品被盗窃，并防止商品被盗窃而通过篡改记录加以掩饰；

（3）批准坏账注销与收款、记账相互独立，以及批准销售的退回、折让与记账相互独立，防止不符合规定的坏账被批准，并防止收到的货款被贪污；

（4）销售收入、应收账款的记录与收款相互独立，防止客户所付款项被贪污，并防止篡改记录加以掩饰；

（5）编制和寄送客户对账单与收款、记账相互独立，以检查销售收款业务中的错误与舞弊；

（6）内部检查与相关的执行和记录相互独立，以保证内部检查和核对独立、有效。

2. 信息传递程序控制

企业建立并实施对销售循环的处理和记录及其内部控制的检查监督制度，是实现内部控制目标不可或缺的一项控制措施，其工作内容主要包括：检查销售循环相关岗位及人员的设置情况，查明是否存在不相容职务混岗的现象；检查销售循环授权批准制度的执行情况，查明授权批准手续是否健全，是否存在越权审批的行为；检查销售的管理情况，查明信用政策和销售政策的执行是否符合规定；检查收款的管理情况，查明销售收入的入账是否及时，应收账款的催收是否有效，坏账核销和应收票据的管理是否符合规定；检查销售退回的管理情况，查明销售退回的手续是否齐全，退回货物的入库是否及时；检查监督有关单据、凭证和文件的使用和保管情况等。建立健全销售与收款循环的内部控制，要求企业管理层对相关的信息传递程序严格实施有效的控制。这些控制包括：

（1）授权程序。有效的内部控制要求销售与收款循环的各个环节都须经过适当的授权批准，主要有：企业提供信用前要对客户进行调查并经授权批准，以控制信用风险；只有在授权批准后才能发送货物，以防止向虚构的或者无力支付货款的客户发货；销售价格、销售条件、运费、退货和折让要经过授权批准，以防止销售价格、退货和折让背离企业定价等经营管理政策；由保管票据以外的主管人员批准应收票据承兑、违约票据冲销；审批人应当根据授权批准制度的规定在授权范围内进行审批，不得超越审批权限，以防止因审批人决策失误而造成严重损失。

（2）文件和记录的使用。为了健全业务审批、财产保管和便于记录，需合理设计并使用各种文件和记录。关键性的销货单、销售发票、发运凭证等都应事前按顺序编号使用并清点，以防止遗漏开票或记录，防止重复开票或记账。如收到订单之后，立即编制一式几联的销货单，分别用于批准赊销、批准发货、记录发货数量、向客户开具发票账单；定期编制并向客户寄送对账单；对每个客户建立应收账款明细账。

（3）独立检查。为了防止各环节发生差错和舞弊，需由内部审计人员或其他人员对销售业务的处理和记录进行独立核查：检查销货单、销货发票、提货单是否正确、一致；检查已批准的销售业务是否编制了销货单；定期检查销售日记账和总分类账、应收账款明细账和总分类账、现金及银行存款日记账和总分类账是否一致，出现差异时，应编制调节表进行调节；核对汇款通知单、收款单、存款单等，以保证每笔收到的货款均已登记。针对具体的内部控制目标，企业宜采取相应的内部检查程序。

3. 实物控制

企业销售与收款循环中，其实物控制包括：(1) 限制非授权人员接近存货，货物的发出必须有经批准的销货单；对于退货也要加强实物控制，由收货部门进行验收并填写验收报告单和入库单。(2) 限制非授权人员接近各种记录和文件，防止伪造和篡改会计资料。在赊销方式下，企业和客户之间的货款结算还包括应收票据，要加强对应收票据的实物控制，保管票据及经管现金与一般会计职责要分离。

4. 定期寄出对账单

企业应安排专人（出纳、销售及应收账款记录之外的人员）按月向客户寄出对账单，督促客户履行合约。对于核对中发现的不符账项，应由不负责资金管理、不记录收入和应收款项的专人来处理。在现销方式下，除了可以省略赊销信用的批准环节外，其他各环节和赊销方式相似。企业应加强现金收取环节的控制，防止现金在记录之前或之后被贪污或挪用。收到现金时，应立即填制有关凭证，收取现金的职责与记账职责要分离。有关现金的控制在“货币资金审计”一章中加以阐述。在分期收款方式下，企业要严格调查客户的信用，经主管人员批准后方可销售，对每一笔分期收款销售业务需连续记录，密切关注各期货款回收情况，对逾期未收到的货款应积极催收，并单独设置“分期收款发出商品”账户记录发出商品。

9.2.2 收款循环的内部控制

鉴于销售和收款交易同属一个较大范围的循环，二者联系紧密，因而收款循环内部控制的原理与销售循环内部控制是相同或相通的。

企业在收款循环的内部控制方面，还应注意下列几点：

(1) 企业应按照《现金管理暂行条例》《支付结算办法》等有关规定，及时办理销售的收款业务。

(2) 企业应将销售收入及时入账，不得账外设账，不得擅自坐支现金，销售人员应当避免接触销售现款。

(3) 企业应当建立应收账款账龄分析制度和逾期应收账款催收制度。销售部门应当负责应收账款的催收，财会部门应当督促销售部门加紧催收。对催收无效的逾期应收账款，可通过法律程序予以解决。

(4) 企业应按客户设置应收账款台账，及时登记每一客户应收账款余额增减变动情况和信用额度使用情况。对长期往来客户应当建立起完善的客户资料，并对客户资料及时更新以实行动态管理。

(5) 企业对于可能成为坏账的应收账款应当报告有关决策机构，审查并确定其是否确认为坏账；对于各项坏账，应查明原因并明确责任，且在履行规定的审批程序后作出会计处理。

(6) 企业对于注销的坏账应进行备查登记，做到账销案存；注销后又收回的坏账，应及时入账，防止形成账外款。

（7）企业应收票据的取得和贴现必须经保管票据以外的主管人员的书面批准，并应有专人保管应收票据；对即将到期的应收票据，应及时向付款人提示付款；对已贴现票据，应在备查簿中登记以便日后追踪管理，并应制定逾期票据的冲销管理程序和逾期票据追踪监控制度。

（8）企业应定期通过函证等方式核对应收账款、应收票据、预收款项等往来款项，如有不符，应查明原因并及时进行处理。

9.3 销售与收款循环控制测试

本教材阐述的各业务循环的控制测试和实质性程序均为定性的而非定量的，审计人员在具体审计时，应结合被审计单位具体情况，正确运用职业判断和审计抽样技术，合理确定审计测试的样本量。作为进一步的审计程序，控制测试并非在任何情况下都需要实施，但存在下列两种情形之一时，审计人员应当实施控制测试：（1）在评估认定层次重大错报风险时，预期控制的运行是有效的。亦即审计人员无须测试针对销售与收款循环的所有控制活动，只有在认为控制设计合理、能够防止或发现并纠正认定层次的重大错报的情况下，审计人员才有必要对控制运行的有效性实施测试。（2）仅实施实质性程序不足以提供认定层次充分、适当的审计证据。另外，在审计工作中，审计人员既可以被审计单位内部控制目标为起点进行控制测试，也可以识别的重大错报风险为起点实施控制测试。

对被审计单位销售与收款循环实施控制测试时，审计人员应注意下列几点：

（1）审计人员应把测试重点放在被审计单位是否设计了由人工执行或计算机系统运行的更高水平的调节和比对控制，是否生成例外报告，管理层是否及时调查并采取管理措施，而不是只测试员工执行数据输入的预防性控制。

（2）审计人员应询问管理层用来监控销售与收款交易的关键业绩指标，如销售额和毛利率预算、应收账款平均收款期等。

（3）审计人员应考虑通过执行分析程序和截止测试，可以对应收账款的存在、准确性和计价等认定获取多大程度的保证。如果能获得充分保证，则意味着不需要执行大量的控制测试。

（4）审计人员在条件允许并希望将重大错报风险评估为低的情况下，需对被审计单位重要的控制（尤其是易出现高舞弊风险的现金收款和存款的控制）的运行有效性进行测试，因为这些大多采取人工控制，其主要的审计程序可能包括观察控制的执行，检查每日现金汇总表上是否有执行比对控制的员工的签名，询问针对不一致的情况所采取的措施等。

（5）如果审计人员拟信赖的内部控制是由计算机执行的，则需就以下事项获取审计证据：一般控制的设计和运行的有效性；认定层次控制的特定应用，如收款折扣的计算；采用人工控制的后续措施，如将打印输出的现金收入日记账与对应的由银行盖章的存款记录进行比对，以及根据银行存款对账单按月调节现金收入日记账等。

（6）审计人员需评估控制是否能实施有效的管理，并发现和纠正重大错误和舞弊。如果将重大错报风险评估为中或高，审计人员可能仅仅需要在对控制活动的处理情况进行询问时记录对控制活动的了解，并检查已实施控制的相关证据。

（7）审计人员如在期中实施了控制测试，则应在年末审计时选择项目测试控制在剩余期间的运行情况，以保证控制在整个会计期间持续运行有效。

需要指出的是，审计人员通常可使用的审计程序有询问、观察、检查、重新执行和穿行测试等主要类型，但在进行控制测试时应根据特定控制的性质选择所需实施审计程序的类型。另外，上述有关实施销售与收款循环控制测试的基本要求，就其原理而言，对其他各个业务循环的控制测试同样适用，因而在后续各章涉及其他业务循环的控制测试时将不再赘述。下面就销售与收款循环的内部控制，择要阐述其相应的控制测试：

（1）对于职责分离这项控制，审计人员通常通过观察被审计单位有关人员的活动，以及与这些人员进行讨论，来实施职责分离的控制测试。

（2）对于授权审批这项控制，审计人员主要通过检查凭证在几个关键点上是否经过审批，以测试授权审批方面的控制效果。

（3）对于充分的凭证和记录以及凭证预先编号这两项控制，审计人员通过清点各种凭证进行控制测试。比如，从营业收入明细账中选取样本，追查至相应的销售发票存根，进而检查其编号是否连续，有无不正常的缺号发票和重号发票。这种测试程序可同时提供有关发生和完整性认定（目标）的证据。

（4）对于按月寄出对账单这项控制，审计人员通常通过观察指定人员寄送对账单，并检查客户复函档案，可有效地进行控制测试。

（5）对于内部核查程序这项控制，审计人员可通过检查内部审计人员的报告，或检查其他独立人员在其核查的凭证上的签字来实施控制测试。

在审计实务中，审计人员可通过收集和审阅有关的资料、文件，结合实地观察并采用适当的方法来了解和描述内部控制，并在此基础上对销售与收款循环进行控制测试。具体来说，其工作内容主要包括：

（1）检查不相容职责的划分。即走访、观察信用部门与应收款项处理部门是否独立，或分别由不同的人员负责；抽取销售退回或折让发票，审查其是否由业务记录以外的人员批准；验证坏账冲销是否经过收款业务和记账业务以外的人员批准；了解应收款项账簿记录人员与出纳人员的职责分工。

（2）检测制度执行情况。即向有关人员调查、询问、实地观察、抽验有关文件资料，测试检查有关发票制度、发货制度、结算制度的实际执行情况。比如，抽查销售发票副联是否附有发运凭证、订单，查明销售发票是否经过授权审批，评价内部控制的健全性和有效性，揭示违反规定的某些做法等。

（3）审查销售合同。采用抽查法对销售合同签订的必要性、签约的程序和形式的合法性、合同内容的完整性、合同中有关双方权利和义务条款的明确性，以及合同的履行情况进行审查和评价。

（4）观察对账单寄出情况。即通过观察对账单是否按期寄出，查明该环节控制的执行情况。

（5）审查有关凭证上内部核查的标记。即审查业务记录的会计凭证及明细账，评价内部核查的有效性。

（6）抽查账龄分析表。即抽查账龄分析表，检查其是否按期编制，对于超过还款期限且金额较大的客户，应追查有无信用调查报告与批准文件，是否由独立部门或人员进行检查。

（7）审查销货折扣与收款的合理性。即查阅有关制度并询问相关人员，了解被审计单位销货折扣事项，同时抽验部分应收款项账簿记录和销货发票，并与相应的银行存款日记账或现金日记账核对，揭露不符合折扣政策的项目。

（8）审查坏账损失的账簿记录及相应的手续。即验证数额较大的坏账损失，查明有无经过正式的批准，是否由企业授权的主管批准，查明批准的原因及坏账损失的计算依据，揭露某些人员利用记录贪污现金并加以掩盖的行为。必要时，对已注销的应收款项可采取函证方式加以证实。

在上述控制测试的基础上，审计人员应明确本业务循环的审计目标，并围绕审计目标收集充分、适当的审计证据，从而需要实施销售与收款循环的实质性程序。

9.4 销售与收款循环实质性程序

销售与收款循环的实质性程序，与企业的内部控制目标直接关联，可作为证明具体审计目标的证据，其主要目的在于确定循环业务中与该具体控制目标有关的金额是否正确。虽然它与关键的内部控制及常用的控制测试没有必然的关系，但有关交易的实质性程序的性质、时间和范围，在一定程度上取决于关键的内部控制是否存在和控制测试的结果。在确定交易的实质性程序时，有些程序可普遍运用，而有些程序则应视企业内部控制的健全有效程度而定。

在审计实务中，审计人员应重点关注被审计单位销售与收款循环的重大错报风险。企业销售与收款循环的重大错报风险通常是高估收入和应收账款，从而高估利润，粉饰财务状况。与销售与收款循环相关的重大错报风险主要存在于销售交易、现金收款交易的发生、完整性、准确性、截止和分类认定，以及会计期末应收账款、货币资金和应交税费的存在、权利和义务、完整性、计价和分摊认定。审计人员应充分关注可能表明被审计单位存在重大错报风险的事项和情况，考虑由于这些事项和情况导致的风险是否重大，以及该风险导致财务报表发生重大错报的可能性，并且应确定所识别的重大错报风险是与特定的某类交易、账户余额、列报的认定相关，还是与财务报表整体广泛相关进而影响多项认定。此外，还应将所了解的控制与特定认定相联系，且考虑对识别的销售与收款交易、账户余额和列报认定层次的重大错报风险予以汇总和评估，以确定进一步审计程序的性质、时间和范围。也就是说，审计人员针对重大错报风险实施实质性程序，就是为了获取关于发生、完整性、准确性、截止、存在、权利和义务、计价和分摊、分类等多项认定的审计证据。审计人员对销售与收款循环实施的实质性程序，包括实质性分析程序和细节测试。

9.4.1 实质性分析程序及细节测试

一般来说，审计人员在对交易和余额进行细节测试之前，通常实施实质性分析程序，以便利用分析程序指引细节测试，也符合成本效益原则。就实施销售与收款循环的实质性分析程序而言，审计人员通常进行的工作（程序）包括：

（1）识别需要运用实质性分析程序的交易或账户余额。在销售与收款循环中，通常需要运用实质性分析程序的交易或账户余额，包括销售交易、收款交易、营业收入项目和应收账款项目等。

（2）确定期望值及可接受的差异额。审计人员应在了解企业经营活动、市场份额和外部环境的基础上，结合其对营业额、毛利率和应收账款等的合理预期，确定有关的期望值和管理层使用的关键业绩指标，并考虑这些指标的适当性和监督过程，确定可接受的差异额。

（3）识别需进一步调查的差异并调查异常数据关系。审计人员应计算实际和期望值之间的差异，并调查异常数据关系。这通常涉及以下一些比率并需进行分析比较：观察月度（或每周）的销售记录趋势，并与往年及预算相比较，对于发现的任何异常波动都应与管理层讨论，如有必要还应作进一步的调查；将销售毛利率与以前年度和预算相比较，如果被审计单位各种产品售价不同，则应将每种产品或者相近毛利率的产品组进行分类比较，对于发现的任何重大差异都要与管理层沟通；将应收账款周转率和存货周转率与以前年度相比较，所发现未预期的差异可能是由诸如未记录销售、虚构销售记录或截止问题等多种因素导致的。对于异常的销售及其记录，如大额销售、未从销售记录过入总账的销售，以及临近年末的异常销售记录等，应认真进行检查。

（4）调查重大差异并做出判断。与预期相联系，在分析有关指标后，如认为存在未预期的重大差异，则可能需要对营业收入发生额和应收账款余额实施更详细的细节测试。

（5）总结并形成结论。针对实施分析程序的结果或收集的审计证据，审计人员应分析和评价其是否能支持拟证实的审计目标和认定，并形成结论。也就是说，审计人员应当评价和判断实质性分析程序是否能够提供充分、适当的审计证据，或需要对交易和余额实施细节测试以获取进一步的审计证据。

就实施销售与收款循环的细节测试来说，通常，从业务流程的主要交易中选取样本，检查其支持性证据，并对主要交易实施截止测试。交易的细节测试，有些适用于各个审计项目，有些则取决于被审计单位内部控制的健全程度和审计人员实施控制测试的结果，从而可能只适用于某些审计项目。当然，下述的细节测试（程序）并未包含交易全部的细节测试（程序），其中的有些程序可实现多项而非一项控制目标。交易的细节测试（程序）包括销售交易的细节测试（程序）和收款交易的细节测试（程序）。

1. 销售交易的细节测试

（1）登记入账的销售交易真实。对此，审计人员一般应关注以下三类可能的错误：未曾发货却已将销售交易登记入账；销售交易重复入账；向虚构的客户发货并作为销售交易登记入账。前两类可能是有意或无意的错误，而最后一类错误肯定是有意的。通常，将不真实的销售登记入账的情况极少，但其后果却很严重，因为这会导致资产和收入的高估。

为了发现不真实的销售，审计人员需要判断并认定可能发生错误之处。就“发生”这一目标而言，审计人员通常只有在认为内部控制存在薄弱环节时才实施细节测试。因此，测试的性质取决于潜在的控制弱点的性质。比如，针对未曾发货却已将销售交易登记入账这类错误的可能性，可从营业收入明细账中抽取若干笔分录，追查有无发运凭证及其他佐证，借以查明有无事实上没有发货却已登记入账的销售交易。如果对发运凭证等的真实性也有怀疑，就有必要进一步追查存货的永续盘存记录，测试存货余额有无减少。又如，针对销售交易重复入账这类错误的可能性，审计人员可通过检查企业的销售交易记录清单以确定是否存在重号、缺号。再如，针对向虚构的客户发货并作为销售交易登记入账这类错误发生的可能性，审计人员应当检查营业收入明细账中与销售分录相应的销货单，以确定销售是否履行赊销和发货的审批手续。在审计实务中，检查上述高估销售错误的另一个有效办法，是追查应收账款明细账中贷方发生额的记录。如果应收账款最终得以收回货款或者收到合理的退货，则销售交易的初始入账记录一般是真实的；如果贷方发生额是注销坏账，或者直到审计时所欠货款仍未收回，就必须详细追查相应的发运凭证和客户订单等，因为这些迹象表明可能存在虚构的销售交易。

（2）已发生的销售交易均已登记入账。销售交易的审计一般侧重于检查高估资产与收入的问题，因而通常无须对完整性目标实施交易的细节测试。当然，如果内部控制不健全（如被审计单位没有由发运凭证追查至营业收入明细账这一独立内部核查程序），就有必要对完整性目标实施交易的细节测试。从发货部门的档案中选取部分发运凭证并追查至有关的销售发票副本和营业收入明细账，是测试未开票发货的有效程序。为了确信全部发运凭证均已归档，通常需要检查发运凭证的顺序编号的完整性。

需要指出的是，由原始凭证追查至明细账，有别于从明细账追查至原始凭证：前者用来测试遗漏的交易，后者用来测试不真实的交易。由此可见，测试“发生”的起点是明细账，即从营业收入明细账中抽取一个发票号码样本，追查至销售发票存根、发运凭证以及客户订单，而测试“完整性”的起点则是发运凭证，即从发运凭证中选取样本，追查至销售发票存根和营业收入明细账，以确定是否存在遗漏事项。

（3）登记入账的销售交易均已正确计价。销售交易计价的准确性，包括按订货数量发货、按发货数量准确地开具账单，以及将账单上的数额准确地记入会计账簿。在具体审计中，对这三项内容一般都要进行细节测试，以确保其准确无误。

复算会计记录中的数据是典型的细节测试（程序）。其工作内容具体包括：以营业收入明细账中的会计分录为起点，将所选择的交易业务的合计数与应收账款明细账和销售发票存根进行比较核对；销售发票存根上所列的单价一般还要与经过批准的商品价目表进行比较核对；对有关的金额小计和合计数也要进行复算；发票中列出的商品的规格、数量和客户代码等，则应与发运凭证进行比较核对。此外，往往还要审核客户订单和销售单中的同类数据。另外，如果将计价“准确性”目标的控制测试和细节测试相比较，则可有力说明有效的内部控制有利于节约审计时间。由于计价目标的控制测试往往只需审核签字或其他内部核查的证据，在内部控制有效的情况下，细节测试的样本量可以减少，因而审计成本也因控制测试的成本较低而大为降低。

（4）登记入账的销售交易分类恰当。企业的销售如有现销和赊销，审计人员则应注意检查现销时是否借记了应收账款、收回应收账款时是否贷记了营业收入，以及是否将固定资产等营业资产的销售混作正常销售。在具体审计中，审计人员可通过审核原始凭证确定具体交易业务的类别是否恰当，并以此与账簿的实际记录相比较，从而将销售分类恰当性测试与计价准确性测试一并进行。

（5）销售交易的记录及时。发货后应尽快开具账单并登记入账，以防止无意中漏记销售交易，确保其记入正确的会计期间。在进行计价准确性细节测试时，一般要将所选取的提货单或其他发运凭证的日期与相应的销售发票存根、营业收入明细账和应收账款明细账上的日期相比较。如发现有重大差异，则说明被审计单位可能存在销售截止期限上的错误。

（6）销售交易已正确地记入明细账并汇总。如果应收账款明细账的记录不正确，则影响被审计单位收回账款的能力，因而企业将全部赊销业务正确地记入应收账款明细账非常重要；同样，企业的营业收入明细账也应正确加总并过入总账，以保证财务报表准确。在具体审计中，通常应加总营业收入明细账，并将加总数和一些具体内容分别追查至营业收入总账、应收账款明细账或现金、银行存款日记账，以检查在销售过程中是否存在错报问题。

2. 收款交易的细节测试

收款交易的细节测试，其范围在一定程度上也取决于关键控制是否存在和控制测试的结果。由于销售交易与收款交易同属一个较大范围的业务循环，二者在经济活动中密切相连，因而收款交易的一部分测试可与销售交易的测试一并进行。当然，收款交易也有其一定的特殊性，由此决定了收款交易的另一部分测试仍需单独实施。

销售与收款循环审计，主要是针对营业收入和应收款项（如应收账款、应收票据等）进行审查，下面分别加以阐述。

9.4.2 营业收入的审计

营业收入包括销售商品收入、提供劳务收入和让渡资产使用权收入等，即企业在销售商品、提供劳务等主营业务活动中所产生的收入，以及除主营业务活动以外的其他经营活动（包括出租固定资产、出租无形资产、出租包装物和商品、销售材料、用材料进行非货币性交换或债务重组等）实现的收入。营业收入审计是指对企业在生产经营活动中，因销售商品、提供劳务等而取得的收入的真实性、完整性和合法性的审查。审计人员在审计时，尤其应注意查明企业有无虚增收入的问题，如企业确认从未发生过销货的收入、将委托他人销售的商品记录为实现收入、发生在会计期间以后的销售提早确认、发送在产品确认为收入、在顾客需要或同意发货之前发送产品、虚构发票、向没有下订单的顾客发货、发送货物的数量多于顾客订购的数量、把发送给本企业仓库的货物记录为销售，以及把退回商品记录为商品销售等。

一般来说，营业收入的审计目标是：（1）证实营业收入的真实性，即根据权责发生制原则审查并证实企业营业收入的确认是否符合现行会计准则及制度，记录的金额是否实际发生，查明是否存在尚未发货却已记作收入、营业收入重复记账以及向虚构的客户发货并作为收入入账的问题。（2）确认营业收入计价与分类的正确性，即审查各项收入的分类是否合规、合理，查明有无相互混淆、影响应纳税额及利润正确性的情况。（3）审查营业收入记录的完整性和正确性，即检查企业所取得的营业收入是否及时、完整地记入有关账户，销售中发生的销售退回、销售折扣和折让业务是否按规定进行账务处理，营业收入是否已记录于正确的会计期间，查明有无混淆不同会计期间营业收入的界限，人为调节企业营业收入的现象。（4）确定营业收入是否已按照现行会计准则及制度的规定在财务报表中作恰当的列报及披露等。

对于营业收入的审计，审计人员应进行的工作主要包括：

1. 运用分析程序检查营业收入总体合理性及完整性

分析程序在销售与收款循环审计中具有重要的作用。通过分析被审计单位重要的比率和收入变动趋势，查明财务指标是否存在异常变动，有无发生异常事项或异常情况等。比如，可进行比率分析，即将被审计单位年度内各期营业收入的实际数与计划数或预算数相比较，了解营业收入完成计划或预算情况；比较本期各月营业收入的波动情况，了解有无出现异常现象；将行业平均毛利和以前年度平均值进行比较，分析年末最后一个月销售额占总销售额的比例、销售折扣占赊销收入的比例以及销售退回及折让占销售的比例等，判断有无发生异常情况等。又如，可进行趋势分析，即将被审计单位营业收入变化趋势与行业趋势、经济状况相比较，并将本期毛利率与上年同期、行业平均的毛利率相比较，以了解其变动趋势；计算本期重要产品和重要客户的销售额和毛利率，分析本期与上期有无明显变化；分析各月销售并与以前年度及同期预算相比较，查明是否存在季度末或年末销售激增的现象（如注意到6月下旬和12月份营业收入异常增加，审计人员就需对相关业务进行调查）；分析判断有无超出经验惯例和行业平均水平给予客户的折扣等情况。如果单独分析生产线或某个具体部门，趋势分析的意义会更大（如依据营业收入与营业成本、销售费用或行业总营业收入增长等之间的联系，通过回归分析或交叉比较来估计生产线的月营业额，并评价其与以前结果之间的关系以判断收入的合理性），即通过审查账户与某些因素的相关关系，收集该账户的相关信息，进而测试和评价营业收入是否合理。再如，通过存货监盘和收入比较分析，可获取营业收入记录是否完整以及营业收入在整体上是否合理的证据，对于一些异常或有重大差异的项目，应确定进一步审查的范围与方法，以便查明有无故意漏记收入或人为多记收入以及分类不当等情况（如被审计单位有正值净利润而经营活动现金流量是负值，则应收账款和存货有虚增的可能）。

2. 获取或编制营业收入明细表，并索取产品出库存根、销售发票副本及各种收入明细账

复核加计营业收入明细表是否正确，并与总账数、明细账合计数以及财务报表数核对是否相符，检查以非记账本位币结算的营业收入的折算汇率及折算金额是否正确；将产品出库存根、销售发票副本及各种收入明细账相互核对，检查有无混淆营业收入与其他业务收入、营业外收入界限的现象。

3. 审阅一定数量的单证和有关账表，查明营业收入计入与营业成本结转的真实性及完整性

通过审阅一定数量的产品发运单、销售发票副本、各种结算单据、有关明细账以及生产进度表等，核实企业是否遵循了权责发生制和配比原则，并根据生产经营与结算方式的具体特点，真实完整地计入营业收入、结转营业成本。审计人员应重点检查主营业务收入的确认条件和方法是否符合会计准则等有关规定，前后期是否一致，并关注周期性、偶然性的收入是否符合既定的收入确认原则和方法；对于其他业务收入，应着重检查其内容是否真实、合法，收入确认原则及账务处理是否符合规定，并择要抽查原始凭证予以核实。需要指出的是，对主营业务收入实施实质性程序，主要应测试被审计单位是否依据有关标准与条件正确确认产品销售收入。被审计单位采取的销售（结算）方式不同，确认销售的时点也不同，审计人员应据以进行审查，并注意相关事项。

对于交款提货销售，应重点检查被审计单位是否收到货款或取得收取货款的权利，发票账单和提货单是否已交给购货单位，并注意查明有无扣压结算凭证并将当期收入转入下期入账，或收入虚计、开具假发票、虚列购货单位并将当期未实现收入作为本期收入记账，在下期再予以冲销的现象；对于预收账款销售，应重点检查被审计单位是否收到了货款，商品是否已经发出，并注意查明是否存在货款已收并发出商品的交易不入账而转为下期收入，或开具虚假出库凭证、虚增收入的现象；对于托收承付结算销售，应重点检查被审计单位是否发货，托收手续是否办妥，货物发运凭证是否真实，托收承付结算回单是否正确；对于委托其他单位代销，应结合代销单位采用的方式（视同买断或收取手续费），重点检查并查明有无商品未销售、编制虚假代销清单、虚增本期收入的现象；对于递延收款销售，应重点检查收入金额是否按合同或协议价款的公允价值确定，其与公允价值之间的差额是否在合同或协议期间内采用实际利率法摊销，并计入当期损益；对于长期工程合同收入，应重点检查收入计算和确认方法是否符合有关规定，核对应计收入与实际收入是否一致，并注意查明有无随意确认收入、虚增或虚减本期收入的情况；对于委托外贸企业代理出口（代理制）销售，应重点检查代办发运凭证和银行交款凭证是否真实，并注意查明有无内外勾结，出具虚假发运凭证或虚假银行交款凭证的情况；对于转让土地使用权和销售商品房，应重点检查已办理的移交手续是否符合规定要求，发票账单是否已交给对方，并注意查明有无编造虚假移交手续，采用“分层套写”、开具虚假发票，从而高价出售、低价入账，从中贪污货款的行为（如果事先与买方签订了不可撤销合同开发房地产，则应检查其是否按建造合同的处理原则进行了处理）；对于售后回购、售后租回、以旧换新销售，审计人员应重点检查其收入确认和计算方法是否符合有关规定，并注意查明是否存在附有回购协议或日后租回协议的销售按照收到的货款计入收入，从而虚增收入和利润的问题。由此可见，前述应重点检查和注意查明的事项、问题及情况，表明实质性程序非常重视和强调潜在或可能的舞弊迹象或指标，诸如恰好在会计年度截止期前后出现大额销售或销售账户的异常调整、年度截止期前后的交易、会计年度最后一个月的销售条件比以前月份对顾客更有利等，因此审计人员应分析所有接近年末发生的大额销售或异常销售，核对有关的原始凭证，或直接向顾客确认交易条件。

4. 核查营业收入的真实性和账务处理的正确性

在审查企业营业收入时，应核查其收入的真实情况及账务处理过程。审计人员通常抽取部分销售发票，追查销货合同、营业收入明细账、分类账，检查其记录、过账、加总是否正确一致，并与“应收账款”、“应收票据”以及“银行存款”等账户核对相符。对此，审计人员的主要工作内容，具体包括审查发票和销货合同、审查营业收入记账的正确性，以及核实销售交易的营业收入截止期等。

（1）发票和销货合同的审查。发票和销货合同是审查营业收入的主要原始依据，但因其数量大、类型多，一般只适宜抽查。在审查发票时，审计人员应重点检查发票的真伪、编号、使用、作废，以及记载的内容，并注意查明发票簿的连续编号是否完整无缺，发票是否按规定顺序使用、填制，有无刮、改、涂、擦，作废发票是否加盖“作废”章并全联保存，是否与销货合同相符。通常，审计人员应抽查其中的部分发票，审查其购货单位、商品名称、销售单价、数量、金额与销货合同是否一致，将其与发货记录相核对以检查仓库发出商品的品名、规格、数量、购货单位等与发票是否相符，并注意查明售给关联方或关系密切客户的产品计价是否合理，有无按高价或低价结算以转移利润的问题。在审查销货合同时，审计人员应重点检查销货合同的期限与内容，并注意查明销货合同的履行情况。

在审计实务中，应注意有无特殊的销售行为，如附有销售退回条件的商品销售、售后回购、售后租回、委托代销、以旧换新销售、出口销售、分期收款销售等，并选择恰当的审计程序进行审核。对于附有销售退回条件的商品销售，如能合理估计退货部分，则应确定其是否按估计不会退货部分确认收入，如对退货部分不能作合理估计，则应确定其是否在退货期满时确认收入；对于售后回购，应分析其实质并判断其属于销售交易抑或融资行为，检查企业是否按有关规定确认和计算收入，并注意查明是否存在虚增收入和利润的问题；对于以旧换新销售，应检查其销售的商品是否按商品销售确认收入，回收的商品是否作为购进商品处理；对于出口销售，应检查其是否按离岸价格、到岸价格或成本加运费价格等不同成交方式处理，并注意查明确认收入的时点和金额是否正确；对于售后租回，应分析售后租回形成的是融资租赁还是经营租赁，若系前者则重点检查是否对售价与资产账面价值之间的差额予以递延，并作为折旧费用的调整按该项租赁资产的折旧进度进行分摊；若系后者则重点检查是否对售价与资产账面价值之间的差额予以递延，并作为租金费用的调整按与确认租金费用相一致的方法进行分摊，若有确凿证据表明售后租回交易系按公允价值达成，则重点检查是否将售价与资产账面价值之间的差额计入当期损益。

（2）营业收入记账正确性的审查。实施审查时可采用时间抽样，即选取审计期内某几个时间段落，对全部产品的营业收入进行检查。在具体检查时，可按结算方式的不同选用不同的方法与相关账户进行对比、核查。比如，以现金或支票结算方式销售产品时，可将销货发票存根与营业收入明细账、现金日记账、银行存款日记账相核对；以分期收款方式销售产品时，可核查是否按期转入营业收入明细账，并按银行对账单收款项目检查已收货款是否转入银行存款日记账；以商业汇票结算方式销售产品时，可将银行对账单（或银行收款通知单）及结算凭证与营业收入明细账与应收票据、应收票据备查簿、应收账款等账簿进行核对。此外，还应将业务收支明细表中“营业收入”栏的金额与营业收入明细账贷方发生额中各种产品的金额及总额核对相符。

营业收入的发生额取决于销售数量和销售单价，因此审计人员应进一步审查企业销售数量与销售单价的正确性。对于销售数量的审查，应重点检查其与发货数量是否一致，并注意查明有无退货的问题。对于销售单价的审查，则应获取产品价格目录，重点抽查售价是否符合价格政策，并注意查明销售给关联方或关系密切的重要客户的产品价格是否合理，有无按低价或高价结算以转移利润的问题。此外，还应注意查明有无以下情况或问题：不计算联产品、副产品和残次品的营业收入以及加价部分的收入；将营业收入列入往来账户长期挂账，不通过营业收入有关账户核算；只记收入、不转成本，或少记、不记收入，只转成本等。

（3）营业收入截止期的核实。截止期核实在审计实务中广泛运用，它对于审查存货、对外投资、期间费用、货币资金等具有重要意义，其在销售交易的营业收入审查中尤为重要。对销售交易的营业收入实施截止测试，其目的主要在于确定被审计单位营业收入的会计记录归属期是否正确，应记入本期的营业收入是否被延至下期或下期的营业收入是否被提前至本期入账。在营业收入审计中，审计人员应注意把握三个关键日期，即发票开具日期（或收款日期）、记账日期以及发货或提供劳务日期，其中的发票开具日期是指开具增值税专用发票或普通发票的日期，而记账日期即为被审计单位确认营业收入实现并将该笔经济业务记入营业收入账户的日期，至于发货日期则是仓库开具出库单并发出库存商品的日期。检查三者是否归属于同一适当会计期间是营业收入截止测试的关键所在。如果这三个关键日期属同一会计期间，则表明记录是正确的。比如，发货运单显示货物是在本期发运的，而相应的收入是在下一会计期间计入的，则表明本期收入低估了；相反，业已作为本期收入的计入日期是本会计期间“应收账款”入账日期，而相应的产品出库单存根与运单或提货单日期是在下一会计期间，则表明本期收入高估了。对不正当的收入记录要进行调整，在确定了正确的截止期之后，再作进一步的审查。

在审计实务中，审计人员围绕上述三个关键日期，可考虑从不同的起点并选择不同的路径实施营业收入的截止测试。审查时既可从（明细）账簿记录开始追查决算日前后的会计凭证，也可从决算日前后的销售发票开始追查发运凭证和（明细）账簿记录，还可从发运凭证开始追查销售发票和（明细）账簿记录。

1）以账簿记录为起点，即从资产负债表日前后若干天的账簿记录追查至记账凭证，检查发票存根与发运凭证，以证实业已入账的收入是否在同一期间已开具发票并发货，有无多计收入的情况。显然，它比较直观，容易追查至相关凭证记录，以确定其是否应在本期确认收入，尤其是在连续审计两个以上会计期间时，检查跨期收入较为方便，也可提高审计效率；但它缺乏全面性和连贯性，能查多计而无法查漏计，尤其是在本期漏计收入延至下期而审计时被审计单位尚未及时登账的情况下，不易发现应计未计本期收入的问题。因此，选择这个起点及路径实施截止测试，主要是为了防止多计收入。

2）以销售发票为起点，即从资产负债表日前后若干天的发票存根追查至发运凭证与账簿记录，确定已开具发票的货物是否已发货并于同一会计期间确认收入。比如，抽取若干张在资产负债表日前后开具的销售发票的存根，追查至发运凭证和账簿记录，查明有无漏计收入的现象。可见，它比较全面、连贯，容易发现漏计的收入；但较为费时费力，有时难以查找相应的发货及账簿记录，不易发现多计的收入。鉴于此，审计人员应重点检查相应的发运凭证是否齐全，查看被审计单位的发票领购簿（尤其是普通发票的领购和使用情况）以重点检查发票存根是否完整，并注意查明被审计单位有无隐瞒票证，有无报告期内已作收入而下期初用红字冲回且无发货、收货记录，从而调节前后期利润的情况。因此，选择这个起点及路径实施截止测试，主要是为了防止少计收入。

3）以发运凭证为起点，即从资产负债表日前后若干天的发运凭证追查至发票开具情况与账簿记录，确定营业收入是否已记入恰当的会计期间，其优缺点与第二种的类似，但在具体实施中还应考虑被审计单位的会计政策，以便作出恰当的处理。因此，选择这个起点及路径实施截止测试，主要也是为了防止少计收入。

当然，它们并非彼此孤立，也非互相排斥。在审计实务中，审计人员可同时将其应用于同一被审计单位的财务报表审计中，甚至可在同一营业收入审计中同时运用。在现实经济生活中，不同被审计单位的情况各异，其管理层的意图也不相同，有的可能会多计收入，而有的则可能少计收入，甚至同一被审计单位在不同的会计期间也不相同，有时可能会多计收入，有时又可能少计收入。因此，为提高审计效率，审计人员应凭借其专业经验，结合所掌握的具体情况，作出正确合理的判断，选择或并用适宜的路径以实施更为有效的收入截止测试。

5. 审查销售退回、销售折让和销售折扣

在企业商品销售业务中，经常会出现销售退回、销售折让和销售折扣现象，而这又往往被有些企业用作调节营业收入和利润水平的手段。有的企业在第四季度记录有大量的销售，但年度结束后便是大量的销售退回；如果该企业把退回的商品重新作为新商品销售，则表明存在舞弊的可能。因此，在营业收入审计时，审计人员应当给予应有的关注。

（1）销售退回的审查。首先，应审查销售退回原因的合理性。在审查销售退回时，审计人员应重点检查销售退回的原因及其合理性以及有关的批准手续，注意查明是否存在内外勾结、营私舞弊，从而给企业带来经济损失的问题。在市场需求变化或价格波动的情况下，如果购货单位（买方）购入产品后因产品滞销或价格下跌而要求退货以转嫁损失，则是不合理的。其次，应审查销售退回账务处理的正确性。根据现行的有关规定，企业发生并确认销售退回时，不论属于本年度还是属于以前年度销售的，都应冲减本期营业收入，同时冲减营业成本，并增加库存产成品，而发生的销售退回费用，则应作为期间费用处理。在审查销售退回时，审计人员应重点检查相关手续是否符合规定，并结合原始销售凭证以查明其账务处理是否正确。为此，一方面，应将营业收入明细账与退货凭证、退货入库凭证进行核对，若有退货凭证但营业收入明细账中未作记录，则说明有可能存在虚增营业收入、调高利润水平的问题，如在营业收入明细账中有销售退回的记录而无相关退货的原始凭证，则说明有可能存在隐匿营业收入、虚减利润、偷逃税金的问题；另一方面，应将营业收入明细账与营业成本明细账、产成品明细账等相互核对，以确定销售退回账务处理的正确性，查明有无只冲减当期营业收入而未相应冲减营业成本，或因计算错误而多冲销营业收入或营业成本等进而导致当期利润不真实、不正确的问题。最后，应审查销售退回业务的真实性。在现实经济生活中，有些企业为追求本期销售计划的完成，往往采用期末虚构销售并开出“空头发票”而下期期初再冲回的手段弄虚作假。因此，审计人员应重点检查期末及下期期初发生的销售退回业务的真实性，并结合对应收账款的函证程序以查明是否存在未取得对方认可的大额销售，同时结合存货项目审计以查明销售退回的真实性。此外，如果能取得资产负债表日后所有的销售退回记录，不仅有利于进行营业收入的截止测试，以查明是否存在提前确认收入的情况，而且有助于审查销售退回业务，以查明业务是否真实、账务处理是否正确。

（2）销售折让与销售折扣的审查。销售折让是指企业产品售出后，购买者发现产品品种、规格、质量不符合要求，不要求退货而提出在价格上给予折让的业务；而销售折扣则是企业为了扩大销售和及时收回货款，按照一定条件给予购买单位一定比例折扣（减少的价款）的业务。销售折让与销售折扣，虽其起因不尽相同且表现形式也不尽一致，但都是对收入的抵减，均影响收入和利润的确认与计量，因而也称为销售折让与折扣，审计人员应重视销售折让与折扣的审计。销售折让与折扣的实质性程序主要包括：获取或编制明细表，复核加计正确，并核对相符；取得有关文件资料，抽查授权批准情况并与执行情况相核对，查明有无授权批准，是否合法真实；检查折让与折扣是否及时足额提交对方；检查有关账务处理是否正确等。具体来说，审计人员应首先取得或编制销售折让与折扣明细表，复核加计其正确性，并将其与财务报表、总分类账、明细账核对相符，在此基础上再进一步审查有关销售折让与折扣业务的真实性、比例的合理性，以及账务处理的正确性。首先，应审查销售折让与折扣业务的真实性。审计人员可通过审阅有关凭证，取得并抽查有关文件资料，检查授权批准情况，并将其与实际执行情况相核对，以查明有无授权批准，审核手续是否完备，进而确认该项业务是否真实合规。对销售折让与折扣金额大的项目，应当重点进行审查。其次，应审查销售折让与折扣比例的合理性。销售折让和销售折扣均冲减当期营业收入，进而影响企业利润数额，因而销售折让与折扣的比例应当合理并符合有关规定。审计人员可通过对销售折让与折扣原因的调查和分析，进行必要的函证，以确定合理的销售折让与折扣比例，再通过对比，如发现异常应作进一步分析，进而判明销售折让与折扣的比例是否合理。最后，应审查销售折让与折扣账务处理的正确性。根据现行的有关规定，企业发生的销售折让与折扣应作为本期营业收入的抵减项目处理。在审查销售折让与折扣时，审计人员应重点检查营业收入明细账和有关记账凭证，查明销售折让与折扣是否及时足额提交对方，有无虚设中介、转移收入、私设账外账或“小金库”等情况进而确定其账务处理是否正确。如发现问题，应扩大范围，再行审查。

6. 确定营业收入在财务报表中列报与披露的正确性及恰当性

企业的营业收入包括销售商品收入、提供劳务收入和让渡资产使用权收入等，可以划分为两类，即主营业务收入与其他业务收入。在营业收入审计中，审计人员不仅应核查营业收入的真实性和账务处理的正确性等，而且应检查营业收入分类的合理性及列报与披露的正确性、恰当性，查明有无将主营业务收入与其他业务收入不作划分、划分不合理以及混同列报与披露的情况。

9.4.3 应收款项的审计

应收款项的审计主要是审查应收款项的真实性、正确性，以及应收款项余额在财务报表中的公允性及列报的恰当性。应收款项包括应收账款、应收票据、预付账款、其他应收款以及长期应收款等，主要是应收账款与应收票据。企业无法收回或收回可能性极小的应收款项即为坏账，由于发生坏账而产生的损失称为坏账损失。企业应当定期或者至少于每年年度终了对应收款项进行全面检查，预计各项应收款项可能发生的坏账，对于没有把握能够收回的应收款项，应当计提坏账准备。对作为企业债权与流动资产的应收款项进行审计，对于保证财务报表的真实性、促使企业及时收回账款、维护购销双方的合法权益，都具有重要的意义。一般来说，应收款项的审计目标是：（1）确认应收款项与坏账损失的真实性。应收账款余额包括应收款项账面余额和相应的坏账准备两部分。同企业的其他业务不同，应收款项的真实性取决于企业的账务处理和记录是否正确，也取决于债务方所确认的债务义务是否真实。因此，审计人员应通过充分取证以查明或证实应收款项账面余额是否真实，记录的金额是否客观，有无虚挂账面的情况。就坏账损失而言，企业无论是否计提坏账准备，发生的坏账损失都使企业资产减少。如果企业计提坏账准备，则坏账准备提取与坏账损失处理的恰当与否，会直接影响企业费用的真实性与利润的正确性。鉴于此，审计人员应查明提取的坏账准备是否正确、合理，坏账损失的核销是否真实、合规，是否确属收不回来的应收款项，有无贪污舞弊行为，在该会计期间账面记录的金额与实际发生的金额是否相同。（2）确认应收款项计价与分类的正确性。企业的应收款项是由于销货业务而发生，而在销货中可能会由于某些原因发生销售退回、折让与折扣等情况。这些情况的发生会抵减企业的营业收入，相应地抵减应收款项。因此，审计人员应在充分取证以确定销货业务发生的真实性，金额计算的正确性，以及销售退回、折让与折扣真实性的基础上，确保账面记录的金额是正确的，进而确认其账面记录的正确性。（3）审核销售退回、折让与折扣的合法性。企业记录销售退回、折让与折扣的金额要符合国家统一会计准则及制度的规定，审计人员应检查营业收入与应收款项的抵减情况，注意查明其是否合法，手续是否齐备，并注意揭露其中的营私舞弊行为。（4）证实应收款项记录截止期的正确性。审计人员应审查决算日前后发生的应收款项业务，确认其是否记录于正确的会计期间。（5）确定应收款项过账和汇总的正确性以及在财务报表中列报及披露的恰当性。在财务报表中记录应收款项的金额应经过正确的过账和汇总，审计人员应查明应收款项的明细账记录是否正确，总分类账记录是否正确，总分类账与明细账记录是否一致，各种应收款项的冲销及坏账准备等账务处理是否正确，同时确认应收账款余额在财务报表中列报及披露的恰当性。下面以应收账款为例，阐述其实质性程序的具体内容。

应收账款是指企业因销售商品、提供劳务而形成的债权，即由于企业销售商品、提供劳务等原因，应向购货客户或接受劳务的客户收取的款项或代垫的运杂费，系企业在信用活动中所形成的各种债权性资产，因而应结合销售交易来进行应收账款的审计。审计人员对应收账款进行审计，一般是为了确定：资产负债表中记录的应收账款是否存在；所有应当记录的应收账款是否均已记录；记录的应收账款是否确系被审计单位拥有或控制；应收账款是否可收回，坏账准备的计提方法和比例是否恰当，计提的坏账准备是否充分；应收账款及其坏账准备期末余额是否正确；应收账款及其坏账准备是否已按照国家统一的会计准则及制度的规定在财务报表中作恰当的列报及披露。当被审计单位存在以下情况时，应收账款审计风险会增大，审计人员应予以充分关注：会计期末后应收账款的异常调整、客户投诉及应收账款函证的差异（因对条件、价格或数量有争议）、应收账款明细账或销售日记账的异常分录、遗失或更改原始凭证或没有在合理期间提供原始凭证、经营活动产生了收益但缺少经营现金流等。

就应收账款审计而言，审计人员应实施的实质性程序主要包括以下内容。

1. 获取或编制应收账款明细表

审计人员应获取或编制应收账款明细表，复核加计其正确性，将其与总账数和明细账合计数核对相符，并结合坏账准备与报表数核对相符。对于被审计单位外币应收账款，审计人员应检查其增减变动采用的折算汇率、具体折算及账务处理是否正确、前后各期的方法是否一致。如有贷方余额的项目，则应查明原因，必要时应建议作重分类调整。审计人员应结合其他应收款、预收款项等往来项目的明细余额，查明有无同一客户多处挂账、异常余额或与销售无关的其他款项（如代销账户、关联方账户或员工账户）及其原因，必要时应提出调整建议。对重要的欠款单位，应加以标识，并计算其欠款合计数占应收账款余额的比例。需要指出的是，应收账款明细表应包括客户名称、欠款金额、拖欠时间等内容。如果应收账款明细表是由企业内部自行编制的，审计人员就要对其独立性、可信性加以证实，并对明细表总数进行验算，将其与应收账款总账数和报表数进行比较，如果三者金额不一致，则要求财会部门找出差异所在及原因。另外，应收账款的报表数系应收账款账面数减去已计提相应的坏账准备后的净额，因而其报表数应当同应收账款总账数和明细账数分别减去与应收账款相应的坏账准备总账数和明细账数后的余额核对相符。此外，审计人员还应抽查应收账款明细账，并追查有关原始凭证，查证被审计单位有无不属于结算业务的债权。

2. 运用分析程序分析应收账款变动及其趋势

审计人员应运用分析程序，检查涉及应收账款的相关财务指标，分析应收账款与营业收入的变动，以验证其合理性。涉及应收账款的相关财务指标较多，如应收账款周转率（次数）、应收账款周转天数、每个主要客户的平均余额、应收账款占流动资产的百分比、应收账款账龄、坏账准备占应收账款的百分比、坏账费用占赊销净额的百分比等。审计人员应分析这些指标，并将本期应收账款的余额与上年相比、本期期末应收账款占本期销售额的比例与上年期末相比，或本期赊销收入净额占平均应收账款金额的比率与上年相比，以了解其变动趋势；同时，将其与管理层考核指标、同行业同期相关指标对比，以检查有无重大异常，据以发现不合常规的变动情况，从而确定进一步审核的重点。

3. 函证应收账款

向债务人函证应收账款，其目的在于证实债务人及资产的存在和应收账款账户余额的真实性、正确性，防止或发现被审计单位及其有关人员在销售交易中发生的错误或舞弊行为。审计人员应综合考虑被审计单位的经营环境、内部控制的有效性、应收账款账户的性质、被询证者处理询证函的习惯做法及回函的可能性等因素，以确定应收账款函证的范围和对象、方式、时间等，并对函证加以控制及分析（询证函及其回复情况），总结和评价函证结果。

（1）函证的范围和对象。审计人员应当对应收账款进行函证，除非有充分证据表明应收账款对被审计单位财务报表是不重要的，或者函证很可能是无效的。如果不对应收账款进行函证，则应在工作底稿中说明理由；如果认为函证很可能是无效的，则应实施替代审计程序，审计人员可考虑抽查有关原始凭据（如销售合同、销售订单、销售发票副本、发运凭证及回款单据等），以验证与其相关的应收账款的真实性。实际上，审计人员通常也不可能函证所有的应收账款，但应实施替代审计程序，以获取充分、适当的审计证据。比如，对有些购货单位因其性质、地点或其他原因不宜函证的，审计人员可通过检查有关合同、订单、货运单据、销售发票以及其他单据，以证实应收账款确因实际销货而发生。函证的范围与对象主要取决于应收账款的重要性、内部控制的可靠性、以前期间的函证结果，以及具体的函证方式。比如，被审计单位内部控制有缺陷，以前函证发现重大差异或采用否定式函证，则应扩大函证的范围。一般情况下，以下项目应作为函证对象：大额或账龄较长的项目、与债务人发生纠纷的项目、关联方项目、主要客户（包括关系密切的客户）项目、交易频繁但期末余额较小甚至余额为零的项目，以及可能产生重大错弊的非正常项目。

（2）函证的方式与时间。函证的方式具体有肯定式函证与否定式函证。在审计实务中，审计人员可根据具体情况灵活选用，也可将两种方式结合使用。肯定式函证（或称积极式函证）是指被审计单位与被函证公司的往来账项等事项记录，无论是否相符，均要求被函证公司予以回复的一种函证方式。肯定式询证函的参考格式如表 9-1 所示。

表 9-1　询证函

编号：

××（公司）：

本公司聘请的××（审计机构）正在对本公司××年度财务报表进行审计，按照审计准则的要求，应当询证本公司与贵公司的往来账项等事项。请列示截至××年×月×日贵公司与本公司往来款项余额。回函请直接寄至××（审计机构）。

回函地址：

邮编：　　电话：　　传真：　　联系人：

本函仅为复核账目之用，并非催款结算。若款项在上述日期之后已经付清，仍请及时函复为盼。

（公司盖章）

年　月　日

（一）贵公司与本公司的往来账项列示如下：

单位：元

截止日期	贵公司欠	欠贵公司	备注

（二）其他事项：

（公司盖章）

年　月　日

经办人：

否定式函证（或称消极式函证）则指要求被函证公司只就不符的往来账项等事项记录予以回复的一种函证方式。否定式询证函的参考格式如表 9-2 所示。

表 9-2　询证函

编号：

××（公司）：

本公司聘请的××（审计机构）正在对本公司××年度财务报表进行审计，按照审计准则的要求，应当询证本公司与贵公司的往来账项等事项。下列数据出自本公司账簿记录，如与贵公司记录相符，则无须回复；如有不符，请直接通知××（审计机构），并请在空白处列明贵公司认为是正确的信息。回函请直接寄至××（审计机构）。

回函地址：

邮编：　　电话：　　传真：　　联系人：

（一）贵公司与本公司的往来账项列示如下：

单位：元

截止日期	贵公司欠	欠贵公司	备注

（二）其他事项：

本函仅为复核账目之用，并非催款结算。若款项在上述日期之后已经付清，仍请及时核对为盼。

（公司盖章）

年　月　日

××（审计机构）：

上述信息不正确，具体差异如下：

（公司盖章）

年　月　日

经办人：

就函证的时间而言，审计人员通常以资产负债表日为截止日，在资产负债表日后适当时间内实施函证。如果重大错报风险评估为低水平，审计人员则可选择资产负债表日前适当日期为截止日实施函证，并对所函证项目自该截止日起至资产负债表日止发生的变动实施实质性程序。

（3）函证的控制及分析。审计人员通常利用被审计单位提供的应收账款明细账户名称及客户地址等资料编制询证函，并通过编制函证结果汇总表对选择被询证者、设计询证函以及发出和收回询证函，保持有效的控制。审计人员实施函证后，应根据询证函及其回复情况对函证进行分析。审计人员通常应编制函证汇总分析表，注明被函证客户名称、金额、询证函签发日期、收回日期、认可金额、原因分析等，以编入审计工作底稿。审计人员应分析函证结果并做相应处理：

1）如果回函认可函证金额，则说明原账面记录的应收账款期末余额是真实、正确的，审计人员可将函证回函编入工作底稿，作为审计证据。

2）如果回函认可的金额与函证金额有差异，审计人员应对此进行分析，并查明产生差异的原因。产生差异的原因可能有：第一，单方或双方记账错误。审计人员应核实相关货运单据、销售发票和其他单据，查明被审计单位的账面记录是否正确。第二，弄虚作假或舞弊。被审计单位可能虚增应收账款从而多计营业收入及利润，或低估应收账款从而少计营业收入、利润和少缴税金，审计人员应核实销货合同、销售发票和发货单位等，以查明有无弄虚作假或舞弊的情况。第三，购销双方入账时间不同。其表现形式有：发出询证函时，债务人已经付款，而被审计单位尚未收到货款；发出询证函时，被审计单位的货物已发出并已作销售记录，但货物仍在途中，债务人尚未收到货物；债务人已将货物退回，而被审计单位尚未收到货物；债务人对收到货物的数量、质量或价格等有异议而全部或部分拒付货款。审计人员要针对不同情况，审核期后的现金日记账、银行存款日记账或相关销售退回的明细账记录，查明相关款项或退回的货物是否已经收到。如果应收账款因双方入账时间不同而产生的不符事项构成错报，审计人员应重新考虑所实施审计程序的性质、时间和范围。

如果未能在规定时期内收到（肯定式询证函的）回函，则应发出第二次询证函。二次发出询证函后仍未收到回函，就要作具体的分析与调查，一般可能有以下四种情况：第一，账款已付不愿回复。有的购货单位在已还购货账款后，往往不愿意回复询证函。对此，审计人员要核查决算日后1～2个月的现金日记账与银行存款日记账，注意账款是否收回，收回的金额与期末应收账款账面余额是否一致，揭露收回货款不入账，从中贪污或故意高估、低估决算日应收账款的行为。第二，坏账损失发生。购货单位如有重大财务困难或已破产清算，则销售单位可能或已发生坏账损失。对此，审计人员要向工商行政管理、财政、金融、信用等机构或部门了解顾客的确切地点、财务状况与信用情况，确定应收账款还有可能收回的金额；如确属坏账，建议被审计单位按正常审批手续，报经批准后冲减坏账准备，调整有关账户。第三，购货单位不存在。企业虚设应收账款户名（顾客），虚构应收账款，凭空记账。对此，审计人员要认真加以核实，从中揭露其虚增营业收入和利润的舞弊目的，并要求其调整账户。第四，询证函丢失。有时，询证函可能在邮寄过程中发生丢失。对此，虑及审计时间的限制，审计人员可不再补寄询证函而通过查阅年终有关销货合同、销货发票、发货单和订单等，以查明应收账款是否真实、正确。

如果经多次发函后，审计人员仍没有收到回函，为验证该应收账款的真实性与正确性，则可考虑实施替代审计程序，如审查相关合同、订单、销售发票副本、发运单、现金收入，以及客户与其顾客之间的书信往来等。

(4) 函证结果的总结与评价。审计人员应根据收到的所有回函结果，编制应收账款函证结果汇总表（如表9-3所示），据以对函证及其结果进行总结与评价。一般包括：重新考虑对内部控制的原有评价是否适当，控制测试的结果是否适当，分析程序的结果是否适当，相关的风险评价是否适当等；如果函证结果表明没有审计差异，则可合理地推论或认定全部应收账款总体是正确的；如果函证结果表明存在审计差异，则应合理地估算应收账款总额中可能出现的累计差错额，以及未被选中进行函证的应收账款的累计差错额。此外，为了更加准确地估计应收账款的累计差错额，审计人员也可考虑进一步扩大函证的范围。

表9-3　应收账款函证结果汇总表

被审计单位：　　制表：　　日期：

结账日：　　年　月　日　　复核：　　日期：

询证函编号	债务人名称	债务人地址及联系方式	账面金额	函证方式	函证日期		回函日期	替代程序	确认余额	差异金额及说明	备注
					第一次	第二次					
合计											

需要指出的是，审计人员应当将询证函回函作为审计证据纳入审计工作底稿管理，询证函回函的所有权归属其所在的审计机构。除法院、检察院及其他有关部门依法查阅审计工作底稿、审计人员协会对执业情况进行检查以及前后任审计人员需要沟通等情形外，审计机构不得将询证函回函提供给其他单位及个人使用，也不得提供给被审计单位作为法律诉讼证据。

4. **获取或编制应收账款账龄分析表**

审计人员应获取或编制应收账款账龄分析表（如表9-4所示），以便了解应收账款的可收回性，进而确定应收账款的可实现价值（或可收回金额）。应收账款账龄是指资产负债表中的应收账款，自销售实现并产生应收账款之日起至资产负债表日止所经历的时间。编制应收账款账龄分析表时，审计人员可考虑选择重要的客户及其余额列示，而将不重要的或余额较小的汇总列示。如果应收账款账龄分析表由被审计单位编制，审计人员可考虑提请被审计单位予以协助（即在应收账款账龄分析表上标出至审计时已收回的应收账款金额），并测试其计算的准确性。为了确定已收回的应收账款金额，审计人员对已收回金额较大的款项应进行审查（如核对收款凭证、银行对账单、销售发票等），并注意检查凭证的日期是否合理，分析收款时间与合同要素是否一致。

表9-4 应收账款账龄分析表

年 月 日 单位：

客户名称	期末余额	应收账款账龄			
		1年以内	1~2年	2~3年	3年以上
合计					

在审计实务中，审计人员应检查原始凭证（如销售发票、运输记录等）以确定应收账款账龄的准确性，可比较应收账款账龄分析表中的合计数与应收账款总分类账余额并调查重大调节项目，比较应收账款账龄分析表中的合计数减去已计提的相应坏账准备后的净额与资产负债表中的应收账款项目余额，以确定应收账款余额的正确性。除了应验证应收账款占用的资金数额以查明应收账款余额是否正确外，审计人员还应审查应收账款的账龄以判断和分析应收账款是否能够收回。一般来说，应收账款账龄越长，发生坏账的可能性越大，反之，发生坏账的可能性越小。审计人员据此可确定应收账款的可实现价值。对于账龄较长并超过一定时间的应收账款，应建议被审计单位加紧催收；对于经确认确实无法收回的应收账款，应建议被审计单位及时转作坏账处理，以便确定资产估价的正确性，并促进企业加速资金周转。

5. 审核坏账准备的提取与使用及坏账的确认和处理

坏账准备系应收账款的抵减或对冲项目，其提取和使用是否合理、正确，影响着利润计算的真实性和财务报表的正确性。根据现行会计准则及制度的规定，企业应当在期末对应收款项（包括应收账款、应收票据、预付账款、其他应收款和长期应收款等）进行检查，并预计可能产生的坏账损失。企业通常采用备抵法核算坏账损失，计提坏账损失的具体方法由企业自行确定。坏账准备提取方法一经确定，不得随意变更，如需变更，应按程序报经批准及备案，并在财务报表附注中说明变更的内容和理由、变更的影响数等。企业采用账龄分析法计提坏账准备时，收到债务单位当期偿还的部分债务后，剩余的应收账款不应改变账龄，仍应按原账龄加上本期应增加的账龄确定；如存在多笔应收账款，且各笔应收账款账龄不同，收到债务单位当期偿还的部分债务则应逐笔认定所收到的应收账款；如确实无法认定，则按照先发生先收回的原则确定账龄，剩余应收账款的账龄按相同原则确定。当年发生或未到期、计划进行重组、与关联方发生的应收账款，以及其他已逾期但无确凿证据证明不能收回的应收账款，一般不能全额计提坏账准备。需要指出，企业与关联方发生的应收账款，如有确凿证据表明关联方（债务单位）已撤销、破产、资不抵债、现金流量严重不足等，并且不准备对应收账款进行重组或无其他收回方式的，也可全额计提坏账准备。

审计人员应当重视对被审计单位坏账准备的审查。现以应收账款相关的坏账准备为例，阐述坏账准备的审计。其实质性程序通常包括：取得或编制坏账准备明细表，复核加计其正确性，并将其与坏账准备总分类账数额、明细账合计数额核对相符；将应收账款坏账准备本期计提数与资产减值损失相应明细项目的发生额核对相符；检查应收账款坏账准备计提和核销的批准程序，取得书面报告等证明文件，评价计提坏账准备所依据的资料及方法等。审计人员应将坏账准备账户与应收账款账户相核对，以查明坏账准备的计提方法与比例是否恰当，计算金额是否正确，提取方法前后期是否一致。通过计算坏账准备余额占应收款项余额的比例，并将其与以前期间相核对，分析检查有无重大差异；对长期挂账的应收款项，应审查其明细账和原始凭证，查明被审计单位的账务处理是否适当。

不仅如此，审计人员还应注意对被审计单位坏账的审查。审计人员应审查被审计单位坏账的确认是否符合有关规定，了解和核查管理层估计与注销坏账的方法及其合理性，查明各项坏账的处理有无申请报告和审批文件，以确定其是否经授权批准，是否合规、正确；对金额巨大的坏账更应进行验证与核实，查明有无以此盗用企业资金的情况；对重新收回的已作坏账损失处理的应收账款，应审查其账务处理是否符合规定，进而确定账务处理的正确性。

6. 审查应收账款的账务处理及列报与披露

审计人员应审查应收账款与其他应收款的分类，查明有无将其他应收款混淆计入应收账款的情况，并对其他应收款进行检查，以确定应收账款账务处理的正确性。此外，审计人员还应检查银行存款和银行借款等询证函的回函、会议纪要、借款协议和其他文件，确定应收账款是否已被贴现、质押或出售，查明应收账款贴现业务属质押还是出售，其账务处理是否正确。审计人员应向管理层询问那些后续期间仍未收回（尤其是数额大且长期过期）的应收账款的可收回程度，查明应收账款是否按减去已计提坏账准备的净额在财务报表中正确列示，坏账准备的会计政策和应收关联方的账款是否已在财务报表附注中恰当披露。

9.4.4 其他相关账户的审计

销售与收款循环中，其他相关账户包括预收账款、营业成本与销售费用、其他业务收入与其他业务支出等。此业务循环的审计，还应包括对这些相关账户的审查。

1. 预收账款的审查

预收账款是企业销售前预先收取的部分或全部款项。审计人员需要结合销售业务，对预收账款进行审查，查明预收账款发生和记录是否完整，期末余额是否正确，在财务报表中的披露是否恰当、正确。审查预收账款的实质性程序，主要包括：

（1）取得或编制预收账款明细表。对预收账款明细表加以复核，确定其正确性，并核对其期末余额合计数与报表数、总账数、明细账合计数是否相符。

（2）检查已转销的预收账款。在预收账款明细表上列出至审计日为止已转销的预收账款，重点对金额大的项目进行检查，核对记账凭证、发运凭证、销售发票等，并注意查明这些票证的日期与相应记录是否合理。

（3）抽查有关凭证。抽查预收账款有关的销售合同、发运凭证、收款凭证，查明已实现销售的商品是否及时冲销预收账款，以保证预收账款期末余额的正确性。

（4）函证预收账款。选择金额较大或账龄较长的项目、主要往来客户、关联单位等，进行函证。对于回函中出现的不符情况，需查明原因并在审计工作底稿中加以记录，建议作出调整；对于没有回函的，需再次函证或检查决算日后已冲销预收账款与发运凭证、销售发票是否一致，查明其是否真实、正确。

（5）检查长期挂账的预收账款。对于长期挂账的预收账款，审计人员需查明原因并加以记录，必要时，应提请被审计单位进行调整。此外，审计人员还应结合对应交税费的审查，查明相关的预收账款是否及时、足额计缴税金。

（6）检查预收账款在财务报表中披露的恰当性、正确性。对于预收账款存在的借方余额，应在财务报表中作为资产列报；其贷方余额则作为负债列报。查明预收账款的反映是否符合现行会计准则及制度的规定。

2. 营业成本与销售费用的审查

营业成本是指企业销售商品或提供服务的成本，而销售费用则是指企业商品销售过程中所发生的运输费、装卸费、包装费、保险费、展览费、广告费以及为销售本企业产品而专设销售机构的职工工资、福利费、业务费等经常性费用。审计人员通过分析与审查，以确定内容的完整性，分类、归属及账务处理的正确性。

（1）获取或编制营业成本与销售费用明细表。复核明细表的正确性，并将其与报表数、总账数、明细账合计数核对相符，检查明细项目的设置是否符合规定的核算范围和内容。

（2）运用分析程序分析营业成本与销售费用的变动及其趋势。有些账户的余额或发生额与其业务量直接相关，据以分析可以发现异常差异。如果审计人员有足够的证据认为控制风险较低，且账户之间存在勾稽关系，则可使用分析性程序。比如，费用在合理的范围内下降，审计人员可以认为审计风险较低；如费用变动的幅度超出合理的范围，审计人员就应找出变化的原因，并进行调查（包括向有关人员询问和通过详细检查费用账户以找到确定的证据）。

（3）审查营业成本与销售费用的分类。审计人员审查分类业务时，应重点关注是否存在以下问题：混淆营业成本与销售费用的界限，将为生产产品领用的包装物费用和材料采购过程中支付的运输费、装卸费、包装费等计入销售费用，或者将应列入销售费用的费用计入生产成本或采购成本；混淆销售费用与应收账款的界限，把为客户代垫的运杂费计入销售费用；混淆销售费用与其他业务收支的界限，如将应计入营业收入的随同产品出售但单独计价的包装物销售收入错误地冲减销售费用；混淆销售费用与营业外收支的界限，如将应计入营业外收入的没收逾期未退包装物押金冲减销售费用；混淆销售费用与制造费用、管理费用的界限，将应计入制造费用、管理费用的有关人员的工资、福利费、差旅费、办公费等项费用计入销售费用，或者将属于销售部门经常性的这些费用计入管理费用或制造费用。

（4）审查营业成本的计算。核实商品发出的成本计价方法，查明其不同期间是否一致，并结合生产与存货循环（业务）的审计，确定营业成本计算的正确性。

（5）审查销售费用的开支。检查费用项目设置和开支标准是否符合有关规定。将本期销售费用与上期相比较以及本期各月销售费用之间相比较，以查明有无重大波动和异常的现象，并抽查重要或异常的销售费用，审查其原始凭证的合法性，同时注意查明有无将支付的回扣和提成计入销售费用、以广告样品的名义变相向职工发放实物、将招待馈赠费用列入展览费用等问题。

（6）检查营业成本、销售费用在财务报表中披露的恰当性、正确性。

3. 其他业务收入和其他业务成本的审查

其他业务收入和其他业务成本是指企业除商品销售以外的其他业务收入、其他业务成本，比如材料销售、技术转让、让渡资产使用权、运输等非工业性劳务的收入、成本等。其他业务收入和其他业务成本的审查，主要是审查其真实性、合法性。其他业务收入的审计目标与主营业务收入基本相同，但其他业务收入中有些发生频率低，有些系不定期收入，因此其控制环节不及主营业务收入全面、具体，一般也难以实施计划控制。其他业务收入的项目繁多、内容各异，各项目的实质性程序也不尽相同。审查其他业务收入和其他业务成本的实质性程序主要包括：

（1）获取或编制其他业务收入、其他业务成本明细表，复核其正确性，并将其与财务报表、总分类账、明细账相核对，检查是否相符。

（2）将本期其他业务收入、其他业务成本及其他业务利润与上期相比较，分析有无重大波动，如发生重大变化，应查明其原因。

（3）抽查金额较大的其他业务收入和其他业务成本项目，审查其原始凭证及相关审批授权手续，查明入账会计期间和账务处理的正确性。重点审查其他业务收入是否真实、合法，是否按照收入确认原则进行账务处理，其他业务成本是否真实，是否符合配比原则。

（4）审查其他业务收入和其他业务成本中异常的收支项目，查明其真实性与合法性。

（5）审查让渡资产使用权收入，检查其确认是否符合有关规定，是否分别不同情况正确确定其金额。

（6）审查其他业务收入和其他业务成本截止期。业务量较大时，审计人员应对其他业务收入和其他业务成本实施截止期审查，检查决算日前后的销售发票、收据等，以确定截止期划分的正确性。

（7）检查其他业务收入、其他业务成本在财务报表中披露的恰当性、正确性。

思考题

1. 销售与收款循环及其审计有哪些主要特点？
2. 销售与收款循环涉及哪些主要凭证与会计记录？
3. 销售与收款循环的内部控制包括哪些主要内容？
4. 销售与收款循环的控制测试应当包括哪些程序？
5. 销售与收款循环的实质性程序包括哪些主要内容？
6. 营业收入的审计目标是什么？如何进行营业收入审计？
7. 应收款项的审计目标是什么？如何进行应收款项审计？
8. 为什么审计人员应函证应收账款？如何实施函证程序？

练习题

1. 2017年2月，某审计机构对SCT公司2016年度财务收支情况进行了审计。有关销售与收款循环的资料和审计情况如下：

(1) 审计人员在抽查SCT公司记账凭证时发现，部分记账凭证上的审核与编制为同一人；经进一步了解，财会部门未建立表、账、证之间的定期核对制度。

(2) 审计人员抽取了SCT公司2016年不同月份的若干张客户订单，检查销售业务的授权审批情况；对财会部门编制的应收账款明细表进行了复算，并将其与应收账款总分类账和财务报表进行了核对。

(3) 审计人员对SCT公司应收账款进行了函证，并根据回函内容编制了应收账款函证汇总分析表。

(4) 审计人员对SCT公司银行存款业务进行审计时，对支出金额在10万元以上的业务逐项审查；对支出金额在5万～10万元之间的，随机抽取20%的业务进行审查；对支出金额在5万元以下的，随机抽取1%的业务进行审查。

要求：根据上述资料，分析并回答下列问题：

(1) 审计人员抽查SCT公司记账凭证时所发现的控制活动中，有哪些违反了相关内部控制的要求？

(2) 针对SCT公司的应收账款，审计人员使用了哪些具体的审计取证方法？

(3) 审计人员编制的应收账款函证汇总分析表，按来源划分应该属于哪一类证据？

(4) 审计人员审查SCT公司银行存款业务时，对其支出金额采取的选样方法有哪些？

2. 2017年2月，某审计组对ASC公司2016年度财务收支进行了审计。有关销售与收款循环的资料和审计情况如下：

(1) 审计人员在对该循环内部控制进行调查的过程中了解到：该公司未单独设置信用部门，赊销信用由销售部门主管负责审批；收到客户退货请求后，由销售部门主管负责批准退货；发货部门在发运货物的同时开具销售发票；出纳员负责编制并寄送客户对账单。

(2) 该公司2016年12月30日主营业务收入明细账上记录了一笔销售收入100万元，款项当日收存银行。经进一步核查，发现该公司于2017年1月4日开出销售发票和提货单，同时发出相关货物，并于当日结转了主营业务成本80万元。

(3) 审计人员对该公司重要客户的应收账款进行肯定式函证。其中客户甲未予以回函，审计人员再次发函，仍未得到回复；客户乙则回复说相关款项已经支付。

(4) 审计人员发现该公司2016年度销售费用明细账中包括以下记录：材料采购过程中支付的运输费和装卸费18万元；支付给销售代理的佣金15万元；销售产品时为客户代垫的运杂费10万元；销售部门职工的工资费用48万元。

要求：根据上述资料，分析并回答下列问题：

(1) 审计人员所了解到的ASC公司的职责分工中，有哪些违反了内部控制的要求？为什么？

(2) 审计人员审查 ASC 公司主营业务收支时，发现的有关账务处理是否正确？其对 ASC 公司当年的财务报表有何具体的影响？

(3) 审计人员对 ASC 公司重要客户的应收账款进行肯定式函证后，出现客户甲与客户乙不同的函证结果。审计人员认为可能的原因分别有哪些？针对客户甲未予以回函的情况，审计人员应采取什么替代审计程序最有效？

(4) 审计人员审查 ASC 公司 2016 年度销售费用明细账时，发现的有关记录中有无账务处理错误的具体事项？

案例题

2017 年 2 月，某审计机构对 SCT 公司 2016 年度财务收支进行了审计。有关销售与收款循环的资料和审计情况如下：

(1) 审计人员在对 SCT 公司内部控制进行调查时了解到以下情况：销售部门主管审批赊销信用；销售部门负责收取货款；发货部门在发运产品的同时开具销售发票；负责应收账款记录的人员定期寄送客户对账单。

(2) 2016 年 3 月，SCT 公司销售给客户 L 一批产品，价值 200 万元，按销货合同约定，如果客户 L 在 20 天内付款可给予该客户 2%的现金折扣。

(3) 审计人员发现 SCT 公司在 2016 年 7 月收回以前年度已转销的一笔坏账 30 万元，其账务处理为：借记“应收账款”300 000 元，贷记“营业外收入”300 000 元；同时，借记“银行存款”300 000 元，贷记“应收账款”300 000 元。

(4) 审计人员审查 SCT 公司销售费用明细账时，发现以下项目：没收客户逾期未退回包装物的押金 5 万元；销售部门人员工资 40 万元；产品广告费 100 万元；客户购买价值 50 万元的产品后发现质量不符合要求，公司同意给予客户 20%的销售折让。

(5) 审计人员审查 SCT 公司销售业务时，发现该公司在 2017 年 2 月记录了一笔销售退回业务（假定不考虑增值税），其账务处理为：借记“主营业务收入”50 万元，贷记“应收账款”50 万元；借记“库存商品”40 万元，贷记“主营业务成本”40 万元。对于办理退货业务中发生的费用 1 万元，借记“营业外支出”1 万元、贷记“银行存款”1 万元。经追查原始凭证，发现退回商品系 2016 年 12 月销售的商品。

要求：根据本案例，分析并回答下列问题：

(1)“资料 (1)”中，SCT 公司违反内部控制要求的职责分工有哪些？

(2)“资料 (2)”中，审计人员认为 SCT 公司应确认的营业收入是多少？

(3)“资料 (3)”中，SCT 公司将收回以前年度已转销的坏账计入营业外收入是否正确？为什么？

(4)“资料 (4)”中，审计人员认为不应当计入销售费用的项目有哪些？

(5) 根据“资料 (5)”，为审查销售退回业务账务处理的正确性，审计人员应采取怎样的有效措施？SCT 公司关于销售退回业务的账务处理是否正确？

第 10 章 Chapter 10 生产与存货循环审计

学习目标

1. 了解生产与存货循环的主要特点。
2. 理解生产与存货循环的内部控制。
3. 掌握生产与存货循环的控制测试。
4. 掌握生产与存货循环的实质性程序。

10.1 概 述

生产与存货循环系企业处理有关生产成本计算和存货管理等业务的过程。它与销售与收款循环、采购与付款循环等业务循环密切关联，涉及材料采购、产品生产、货物存储、商品销售以及薪酬支付等诸多业务，其中的采购业务、销售业务分别在“采购与付款循环”“销售与收款循环”中加以阐述。根据财务报表项目与业务循环的相关程度，生产与存货循环所涉及的资产负债表项目主要是存货。生产与存货循环中，业务复杂、存货种类和数量繁多，计价方法各异，且生产成本与存货计价直接影响当期损益，其所涉及的部门多、相关账户多，因而审计风险较高。为此，审计人员应给予高度重视，需安排较多的时间，了解该业务循环的特点及内部控制，实施控制测试，评估审计风险，拟定审计方案，进行余额和交易额的实质性程序。

10.1.1 生产与存货循环涉及的主要凭证与会计记录

以制造业为例，生产与存货循环通常涉及的主要凭证和会计记录主要包括：

（1）生产通知单。生产通知单，也称生产任务通知单或生产指令，一般是由计划部门下达的制造产品等生产任务的书面文件，用以通知生产部门组织产品生产、供应部门组织材料供应、财会部门组织成本核算。生产通知单广义上也包括用于指导产品加工的工艺规程等，需预先连续编号。

（2）领料与发料凭证。领料与发料凭证是企业用以控制材料领发所采用的各种凭证，如领料单、限额领料单、领料登记簿、退料单、发料凭证汇总表、入库单等。

(3) 产量和工时记录。产量和工时记录是用来登记和反映生产人员出勤日内完成的产品数量、质量和生产产品所耗费工时数量的原始记录，如工作通知单、工序进程单、工作班产量报告、产量通知单、产量明细表、废品通知单等。

(4) 工薪汇总表及工薪费用分配表。工薪汇总表是用来反映工薪结算情况，并据以分配工薪费用的；工薪费用分配表用以反映各生产单位各种产品所应负担的生产工人的工资和福利费。

(5) 材料费用分配表。材料费用分配表是用来汇总反映各生产单位各种产品所耗费的材料费用的原始记录。

(6) 制造费用分配汇总表。制造费用分配汇总表是用来汇总反映各生产单位各种产品所应负担的制造费用的原始记录。

(7) 成本计算单。成本计算单是按成本对象设置、用来归集各个成本计算对象所应承担的生产费用，并计算各成本计算对象的总成本和单位成本的文件，可以反映完工产品成本和期末在产品成本。

(8) 存货明细账。存货明细账是根据出入库凭证登记、用来反映各种存货增减变动情况和期末库存数量及相关成本信息的会计记录，可据以进行明细分类核算和实物控制。

(9) 存货盘点报告表。存货盘点报告表是由存货清查小组据实填制、用来记录并报告存货品种、规格、数量、质量情况的凭证，可以作为按规定报经有关部门批准后进行账务处理的原始依据。

10.1.2　生产与存货循环涉及的主要业务活动

一般来说，企业应将各项职能活动分派给不同的部门或员工来完成，每个部门或员工都可独立检查其他部门和员工业务活动的正确性。前已述及，以制造业为例，生产与存货循环涉及材料采购、产品生产、货物存储、商品销售以及薪酬支付等诸多业务，其主要业务活动包括计划和安排生产、发出原材料、生产产品、核算产品成本、储存产成品以及发出产成品等，这些业务活动通常涉及计划、仓库、生产、销售、人事以及财会等多个部门。

企业的生产与存货循环，其主要过程大致如下：(1) 制定和批准生产计划。即计划部门根据客户订单或销售预测等制定生产计划，交由被授权人员审批；决定授权生产后，签发有预先编号的生产通知单，安排生产部门生产或执行；编制材料需求报告，列出所需要的材料、零部件及其库存情况。(2) 申领材料和加工产品。即生产部门根据生产通知单填写领料单，经部门经理批准后交仓库部门领料；生产部门根据生产通知单将生产任务安排给生产工人，并将领取的材料交给生产工人加工，完工产品则交由生产部门清点，并经验收人员检验合格后入库或转下一工序继续加工。(3) 进行成本核算和存货动态管理。即财会部门设置会计账户控制材料的流动及成本形成，成本核算人员收集凭证、详细登记、汇总料工费及核算产品成本，并将生产控制与成本控制有机结合起来；保管人员根据入库单填写仓库货物登记簿并建立台账，及时反映货物的生产、供销、耗用、库存等情况，并与销售、财会等部门对账，仓库部门要及时通知财会部门入库情况，财会部门要及时进行相应记录，对于在库产品要有健全的保管与记录制度，并根据收发凭证进行存货的出入库并及时登记，保证账、卡、物相符。(4) 办理产品销售出库及存货报废核销。销售部门在接到客户订单并商定品种规格、数量质量、价格、交货期、结算方式后报主管人员批准，签订销售合同，开出销货单交由独立的发运部门装运产品，经授权人员批准后根据发运通知单发出产成品，再依据经批准的发运通知单编制出库单，并根据出库单登记产成品永续盘存记录；在各个环节发生的存货报废，都应由经办人员填写报废审批单，说明存货报废的具体情况，经部门主管审批后，交由有关部门组成的资产报废审核小组审核，出具鉴定意见后，送被授权人批准。

在生产与存货循环中，有关的主要业务活动及其适当的控制程序，具体阐述如下：

(1) 计划和安排生产。生产计划部门根据客户订单或者对销售预测和产品需求的分析决定生产授权。如决定授权生产，则签发预先顺序编号的生产通知单。该部门通常应将发出的所有生产通知单顺序编号并加以记录控制，同时编制一份列示所需材料和零件及其库存的材料需求报告。

(2) 发出材料。仓储部门根据来自生产部门的领料单发出材料，领料单上应列示所需材料的名称、规格、品种、数量，以及领料部门的名称。该领料单可以一料一单，也可以多料一单。在手工系统中，领料单通常一式三联：一联用于仓储部门发料后登记材料明细账，一联用于财会部门进行材料收发核算及成本计算，一联由领料部门保存。仓储部门发料后，将其中的一联连同材料交给领料部门，其余两联经仓库登记材料明细账后，送财会部门进行有关的核算。

(3) 生产产品。生产部门在收到生产通知单及领取材料后，将生产任务分解至每一个生产工人，并将所领取的材料交给生产工人，据以执行生产任务。生产工人在完成生产任务后，将完成的产品交由生产部门查点，然后转交检验员验收并办理入库手续；或是将所完成的产品移交下一个部门，以便进一步加工。

(4) 核算产品成本。企业生产过程中的各种记录、生产通知单、领料单、计工单、入库单等文件资料都应汇集到财会部门，由财会部门对其进行检查和核对，以了解和控制生产过程中存货的实物流转；同时，财会部门也要设置相应的会计账户，并会同有关部门对生产过程中的成本进行核算和控制。因此，企业必须建立健全成本会计制度，以提供原材料转为在产品、在产品转为产成品，以及按成本中心、分批次生产任务通知单或生产周期所消耗的料工费的分配与归集等详细资料，正确核算并有效控制产品成本。

(5) 验收并储存产成品。企业产成品的入库，须由仓储部门先行点验、检查及签收，签收后便将实际入库数量通知财会部门；此外，仓储部门还应根据产成品的品质特征分类存放，并填制标签。

(6) 发出产成品。企业产成品的发出，须由独立的发运部门持经有关部门核准的发运通知单装运，并编制出库单。该出库单至少一式四联：一联交仓储部门，一联由发运部门留存，一联送交顾客，一联作为给顾客开具发票的依据。

10.2 生产与存货循环内部控制

如果被审计单位内部控制健全、合理，审计人员则可将审计重点置于控制测试和交易的实质性程序，从而降低审计风险，提高审计效率。因此，审计人员应当了解内部控制，确认内部控制的关键环节和强点弱点，对控制风险进行初步评估，据以制定计划并进行控制测试，进而实施实质性程序。一般来说，生产与存货循环的内部控制通常包括存货的内部控制和生产费用（成本）的内部控制，而后者又主要在于成本会计制度的内部控制。

生产与存货循环同其他业务循环联系密切，该业务循环审计中的某些测试（如对存货的审计测试），在其他业务循环审计中也有所涉及，因而将其与其他相关业务循环的审计测试同时进行往往更为有效；不同企业对其存货的内部控制虽有所不同，但最终都取决于两个关键因素（即存货的数量和计价）的控制。因此，本章述及生产与存货循环的内部控制和控制测试，除涉及存货的部分内容外，更多关注的是成本会计制度。

通常，企业生产与存货循环的内部控制主要包括以下内容。

1. 适当的职责分离

适当的职责分离有利于防止、发现并纠正各种错误与舞弊。企业的生产与存货循环也需要适当的职责分离。因此，企业应当建立生产与存货循环的岗位责任制，明确相关部门和岗位的职责、权限，确保办理生产与存货循环的不相容岗位相互分离、相互制约和彼此监督。生产与存货循环的不相容岗位主要包括：货物的采购与验收、保管；存货的存储与生产（或使用）；计划的制定与审批；产品的生产与检验；存货的保管、盘点与相关会计记录等。鉴于此，企业必须进行职责分工，主要的职责分工有：（1）采购部门与验收、保管部门相互独立，防止购入不合格材料；（2）仓储部门与生产（或使用）部门相互独立，防止多领材料或存货被盗；（3）生产计划的制定与审批相互独立，防止生产计划不合理；（4）产成品的生产与检验相互独立，防止不合格产品入库和售出；（5）存货的保管与会计记录相互独立，防止篡改会计记录、财产流失；（6）存货的盘点与保管相互独立，防止存货盘点虚假或存货流失，也就是说，应由独立于保管之外的其他部门人员定期进行存货盘点，以保证盘点的客观真实和存货的真实完整。

2. 信息传递程序控制

企业应当建立并实施对生产与存货循环内部控制的检查监督制度。建立健全生产与存货循环的内部控制，要求管理层对相关的信息传递程序严格实施有效的控制。这些控制包括：

（1）授权程序。有效的内部控制要求生产与存货循环的各个环节都要经过适当的授权批准，主要有：由被授权的企业领导审批生产计划，经批准下达生产通知单，经批准领料，产品完工经检验入库，产品发出经核准的发运通知单方可办理，存货报废经专门小组审批，存货盘盈或盘亏的账务处理由被授权人批准，会计方法变更由企业财会主管批准等。

（2）成本控制。企业生产与存货的价值流转控制，主要是由财会部门来执行的。为了正确核算和有效控制生产与存货成本，必须建立健全生产与存货成本管理制度，将生产控制与成本控制有机结合起来，主要有：制定成本计划，费用预算或控制目标，严格审核原始凭证，设置生产与存货总账及明细账并进行核算，选择适当的成本计算方法并正确计算产品成本，进行生产与存货分析，建立成本和费用的归口分级管理控制制度等。

（3）永续盘存制。设置存货明细账，及时反映存货的收发及结存情况，根据有关会计凭证逐日逐笔登记各种存货的收发及结存的数量和金额，并及时反映存货的结存数量和金额；设置存货总分类账，及时汇总和记录存货收发及结存的数量和金额，并据以控制存货明细账；经常核对存货的总分类账与明细账、存货的账面结存数与实际库存数，保证账账、账实相符；应由财会部门而不是仓储部门负责永续盘存记录，做到管物与管账相分离。

3. 实物控制

在生产与存货循环中，存货种类繁多、收发业务频繁，存货实物流转涉及采购、验收、储存、发货、生产和报废等多个环节，因而必须加强实物控制。其主要措施有：授权控制，即限制未经授权人员接近或接触存货，确保只有被授权的人员才能接近或接触存货；盘点控制，即进行定期盘点，检查存货管理情况；职务控制，即明确验收、保管与记录的业务分工，严格实行职责分离等。

10.3 生产与存货循环控制测试

审计人员不仅要调查了解被审计单位生产与存货循环的内部控制，还应分析了解其管理程序。如果认为被审计单位的内部控制可能存在销售成本和存货的重大错报风险，审计人员就必须对已选取的控制活动的运行有效性进行测试，以证实拟信赖认定层次上的控制已经在整个期间内运行。实际上，控制是否适当攸关其预防、发现和纠正错报的能力。一般来说，预防性的控制通常在交易初期和记录过程中实施，而检查性控制往往在交易执行和记录过程之后实施。因此，审计人员对已选取的、涉及几项认定的检查性控制（属监督控制）进行测试，较测试交易初期的预防性控制通常更为有效。

审计人员在了解生产与存货循环的内部控制和管理程序的基础上，检查不相容职责的分离，抽查部分存货入库、出库业务并追踪其业务处理，抽查盘点记录，并对产品生产、成本管理制度执行情况，以及成本核算和会计入账环节进行审查，进而评价生产与存货业务的内部控制。具体来说，其控制测试主要包括下列几点：

（1）调查了解生产与存货循环的内部控制。审计人员通过审阅企业关于存货保管和领用、成本会计等方面的制度文件，了解控制环境；走访并实地观察生产、仓库、验收以及财会等部门的工作方式，了解企业生产与存货管理各方面的制度是否健全，手续是否完备。具体包括：采用永续盘存制，确保会计系统能够及时、正确和完整地记录存货交易；恰当地核算收到的存货，通过独立测试以证实达到规定标准；成本会计系统更新及时；成本被合理地确认和分配；分析和调查差异，并将其恰当地分配到存货和销货成本上；系统地检查所有的产品是否过时，并进行了恰当的账务处理；管理层定期检查存货并处理多余的存货，以将技术过时的存货损失降到最低限度。

（2）检查不相容职责的分离。观察、审查生产与存货管理的各个环节，如采购部门与保管部门，计划部门与生产部门，存货的保管与盘点、生产与验收、保管与记录、储存与销售等是否相互独立，并对企业控制环境和会计准则应用进行评价。如果各部门和岗位分工明确，职责严格分离、相互牵制，能使每个环节都按规定的程序、标准和方法运作，则内部控制风险相对较低。

（3）抽查部分存货的入库和出库业务，并追踪其业务处理。存货入库主要是购入材料验收入库和完工产品入库，而存货出库则主要是生产领用和对外出售。审计人员根据重要性原则，抽取部分业务文件，测试各控制环节的执行情况，以查明授权、审核、计量、记录等各个控制环节是否真正发挥了作用，如销售合同有无被授权人的签字，出库单有无销售部门主管批准的签字，领料凭证上反映的手续是否齐备，相应记录是否完整正确等，并评价信息与沟通系统的有效性。

（4）抽查盘点记录。通过对存货项目的盘点（如循环盘点、抽查盘点以及独立盘点），定期检查永续盘存制。通常，审计人员应抽查若干月份的盘点记录，审查盘点的范围、组织方式、盘点结果与账面金额是否一致，盘点是否由企业内部审计人员或仓库保管以外的人员监督执行。

（5）审查产品生产、成本管理制度执行情况以及成本核算和会计入账环节。采用询问法、实地观察法，检查企业是否编制生产计划或进行预算控制，检查生产通知单是否连续编号，检查成本归口分级管理制度的执行情况，同时检查有关原始凭证，以判明其完备性、及时性和正确性。审阅生产与存货循环会计科目是否健全，检查成本会计核算是否合理，抽查料、工、费分配的合理性，抽查成本计算单并检查其记录的正确性，选择若干标准成本与实际成本差异较大的账户，检查其差异调整有无差异分析记录和被授权人批准，观察有无独立人员检查账簿记录的正确性，并对会计准则的应用作出评价。

（6）评价生产与存货循环的内部控制。审计人员了解存货合同和业务程序，确定存货所有权发生转移的具体时点。如果审计人员发现有异常多的存货，就应当关注潜在的过时存货。在现实经济生活中，有不少危险信号是生产与存货循环所独有的，审计人员应当给予关注并据以进行评价。这些危险信号包括：存货的增长率高于销售增长率；生产费用明显高于（或低于）行业平均水平；各种“准备”明显减少；生产费用账户出现重大的贷方记录；对审计人员建议的必要内部控制缺乏后续措施等。

由此可见，针对前已述及该业务循环所涉及的各主要业务活动，审计人员可分别实施相应的控制测试。比如，对于计划和安排生产，审计人员应抽取生产通知单，检查其是否与月度生产计划书中内容相一致；对于发出材料，审计人员应抽取出库单及相关的领料单，以检查其是否正确输入并经适当层次复核，并抽取材料盘点明细表，检查是否经适当复核，有无差异以及差异是否得到处理；对于生产产品和核算产品成本，审计人员应抽取原材料领用凭证，检查其是否与生产记录日报表相一致，是否经适当审核，有无差异以及差异是否及时得到处理，同时抽取核对记录，以检查差异是否已得到处理，并抽取生产成本结转凭证，检查其与支持性文件是否一致并经适当复核，必要时应考虑利用计算机专家的工作；对于储存产成品和发出产成品，审计人员应抽取产成品验收单、产成品入库单并检查输入信息是否准确，抽取发运通知单、出库单并检查其是否一致，抽取发运单和相关销售订单并检查其是否一致，抽取销售成本结转凭证检查其与支持性文件是否一致并经适当复核，抽取存货盘点报告并检查是否经适当复核，有无差异以及差异是否已得到处理。

在上述控制测试的基础上，审计人员应明确本业务循环的审计目标，并围绕审计目标收集充分、适当的审计证据，实施生产与存货循环的实质性程序。

10.4 生产与存货循环实质性程序

生产与存货循环的实质性程序，与企业的内部控制目标直接关联，可作为证明具体审计目标的证据，即确定该循环中的交易与具体控制目标有关的金额是否正确，其性质、时间和范围，在一定程度上取决于关键的内部控制是否存在和控制测试的结果。

在审计实务中，审计人员应重点关注被审计单位生产与存货业务循环的重大错报风险。为此，审计人员应当了解被审计单位管理层管理生产与存货交易的关键因素及关键业绩指标，以识别潜在的重大错报风险。如果生产流程控制良好，审计人员可将重大错报风险评价为中或低，并可了解不同级别管理层所收到例外报告的类型以及实施的监督活动，以及是否有证据表明所选取的控制的设计和运行是适当的，是否能够保证管理层采取及时有效的措施来识别和处理错误与舞弊。审计人员对生产过程和存货管理中控制的了解，主要是通过观察控制活动执行情况、询问员工以及检查文件和资料进行的，而有关的文件和资料包括以前年度审计工作底稿、领料单上记录的各个生产流程的制造成本、人工成本记录和间接费用分配表，以及例外报告和采取的相应的纠正措施。以制造业为例，影响生产与存货交易和余额的重大错报风险的因素，还可能包括交易的数量和复杂性、成本基础的复杂性、员工的变动、产品的多元化、某些存货项目可变现净值确定的困难、销售附有担保条款的商品、存货存放地的分散以及寄存的存货等。

审计人员针对重大错报风险实施实质性程序，就是为了获取关于发生、完整性、准确性、截止、存在、权利和义务、计价和分摊、分类等多项认定的审计证据。因此，审计人员应确定影响被审计单位核心业务的重要经营风险，并考虑其对生产与存货流程可能产生的影响，将有关存货项目的期初余额与以前年度工作底稿核对相符，复核制造费用和营业成本总分类账中的异常情况以及存货余额的变动情况，并调查异常的账务处理，将有关存货项目的期末余额与总分类账核对相符。在此基础上，审计人员可对生产与存货业务循环实施实质性程序，即实质性分析程序和细节测试。

10.4.1 实质性分析程序及细节测试

就实施生产与存货循环的实质性分析程序而言，审计人员通常进行的工作（程序）包括：

（1）了解被审计单位的经营活动、供应商的背景沿革、贸易条件以及行业惯例，确定营业收入、营业成本、毛利以及存货周转和费用支出项目的期望值。

（2）将本期存货余额组成、存货采购、生产水平与以前期间及预算进行比较，确定营业收入、营业成本和存货可接受的重大差异额。

（3）计算存货余额与预期周转率，比较其实际数与预计数，并同管理层使用的关键业绩指标对比。

（4）通过询问管理层和员工，调查实质性分析程序得出的重大差异额是否表明存在重大错报风险，是否需要设计恰当的细节测试程序以识别和应对重大错报风险。

（5）分析和判断实质性分析程序是否能够提供充分、适当的审计证据，或需要对交易和余额实施细节测试以获取进一步的审计证据。

审计人员实施实质性分析程序，其目的在于获取支持相关审计目标的证据，因而审计人员在具体实施上述分析程序时还应注意下列几点：

（1）运用计算机辅助审计方法下载被审计单位存货主文档和总分类账户，据以计算财务、经营指标，并将计算结果与期望值相比较。比如，审计人员利用所掌握的适用于被审计单位的销售毛利率指标，分析和判断各类产品的销售毛利率是否符合期望值、存货周转率（或者周转能力）是否随着重要存货项目的变化而变化。

（2）按区域分析被审计单位各月存货变动情况，并考虑其是否与季节性变动和经济因素变动一致。

（3）对周转缓慢、长时间没有周转（如超过半年）以及出现负余额的存货项目，单独摘录并列表。

（4）由于可能隐含着重要的潜在趋势，审计人员应注意不宜过度依赖计算的平均值。各个存货项目的潜在重大错报风险可能并不一致，实质性分析程序应当用来查明单项存货或分类存货的一些指标关系。

就实施生产与存货交易和相关余额的细节测试来说，审计人员通常进行的工作（程序）包括交易的细节测试和余额的细节测试。

（1）交易的细节测试。即从业务流程的主要交易中选取样本，检查其支持性证据，并对期末前后发生的主要交易实施截止测试。

1）从被审计单位存货业务流程层面的主要交易中选取一个样本，检查其支持性证据。比如，从存货的采购、完工产品的转移、销售和销售退回记录中选取一个样本，检查支持性的供应商文件、生产成本分配表、完工产品报告、销售和销售退回文件；从供应商文件、生产成本分配表、完工产品报告、销售和销售退回文件中选取一个样本，追踪至存货总分类账户的相关分录；重新计算样本所涉及的金额，检查交易经授权批准而发生的证据。

2）对期末前后发生的采购、销售、存货转移、销售退回等主要交易，实施截止测试。比如，确认本期期末存货收发记录的最后一个顺序号码，详细检查此后的记录，以检测在本期间存货收发记录中是否存在更大的顺序号码，或因存货收发交易被漏记或错计入下一期间而在本期遗漏的顺序号码。

（2）余额的细节测试。存货余额的细节测试通常包括：观察被审计单位存货的实地盘存；通过询问确定现有存货是否存在寄存情形，或者查明被审计单位的存货在盘点日是否寄存他处；获取最终的存货盘点表，并对存货的完整性、存在及计价进行测试；检查、计算、询问和函证存货的价格和可变现净值；检查存货的抵押合同和寄存合同等。

在上述生产与存货循环的控制测试的基础上，审计人员应明确本业务循环的审计目标，并围绕审计目标收集充分、适当的审计证据。生产与存货循环的审计，主要是针对产品成本和存货进行审查，下面分别予以阐述。

10.4.2 产品成本的审计

产品成本审计主要是为了查明产品成本的真实性和有关的计价及账务处理的正确性。一般来说，产品成本的审计目标是：(1) 检查产品成本总体的合理性。即对产品成本金额在总体上的合理性进行估计，通过分析重要比率和变动趋势，查明有无异常变动及变动情况，进而判断成本多计或少计的可能性，以便确定审查重点。(2) 查明产品成本的真实性。即通过对构成产品各要素及成本项目进行检查，确保产品成本记录的金额是实际发生的，查明成本的真实性。(3) 检查成本形成的合规性。企业必须遵照有关规定，正确划分成本界限，使其记录符合法规规定，保证产品成本和利润核算真实、正确。通过审计，可以揭露企业故意混淆成本界限，随意调整开支标准，任意调节当期成本和利润等不合规行为。(4) 确认截止期的正确性。为了正确地反映一定会计期间的损益，企业必须遵循会计准则，正确地确认成本的归属期。通过对有关成本账户的审查，核实各项成本的性质和发生的日期，以确定其归属期是否正确，查明有无通过任意调整成本支出的归属期而导致产品成本不实的情况。(5) 证实成本计价及账务处理的正确性。企业应根据自身生产的特点和管理的要求选择适当的成本计算方法，计算产品总成本和单位成本，确保已经记录的金额正确。审计人员在了解企业生产经营和组织管理特点的基础上，分析和评价成本计算的正确性和合理性，不仅如此，企业所发生的各项成本支出，都应及时、完整、正确地进行账务处理。审计人员应注意账户的使用是否恰当，查明有无错记、漏记、重记等情况，检查本期发生的各项成本支出是否全部转入当期生产成本并按规定进行了归集和分配，选用的方法是否恰当，并可采用核对法，验证各种分配表、记账凭证及账簿记录的一致性，从而证实账务处理的正确性。

对于产品成本的审计，审计人员应进行的工作主要包括：通过分析程序，判断产品成本的总体合理性；审查标准成本系统，抽查成本计算单，检验成本开支的合法性；检查直接材料、直接人工、制造费用等成本项目，查明料工费归集和分配的正确性；审查在产品和产成品，抽查复核产品成本计算的正确性。具体包括以下内容。

1. 运用分析程序检查产品成本总体合理性

分析程序在生产与存货循环审计中具有重要的作用。通过分析被审计单位重要的比率和成本变动趋势，查明有无异常变动，检查实际数与预算（或计划）数的差异有无异常情况等。通常，分析比较的内容主要有：

(1) 分析比较近期各年度和本年各个月份主要产品生产成本和存货余额及其构成的变动情况，以评价生产成本和期末存货余额及其构成的总体合理性。

(2) 分析比较各月材料和产品成本差异率，以判断有无人为调节生产成本和存货余额的情况。

(3) 分析比较近期各年度和本年度各个月份产品生产成本总额及单位生产成本，以判断本期生产成本的总体合理性。

(4) 分析比较近期各年度待处理财产损溢，以判断其总体合理性。

(5) 分析比较近期各年度和本年度各个月份制造费用总额及其构成，以判断本期制造费用及其构成的总体合理性。

(6) 分析比较近期各年度和本年度各个月份直接材料费用，以判断本期直接材料费用的总体合理性。

(7) 分析比较近期各年度和本年度各个月份直接人工费用，以判断本期直接人工费用的总体合理性。

(8) 分析比较近期各年度和本年度各个月份营业成本总额及单位成本，以判断本期营业成本的总体合理性。

(9) 计算毛利率并分析比较近期各年度和本年度各个月份毛利率，以判断其变动合理性。一般来说，导致毛利率变动的原因可能是售价变动、产品单位成本变动、产品总体结构变动、产品销售结构变动等。

(10) 分析比较关联企业与非关联企业的产品成本、价格、交易量、结算方式等，以判断有无虚构业务的情况。

2. 审查标准成本系统

企业的成本系统可用来控制成本和存货成本的计算，直接影响期末存货的计价。审计人员通过询问以了解制定标准成本的方法，包括是否对产品使用和人工投入进行工艺研究，识别制造费用的构成和将制造费用分配计入产品成本的方法。具体来说，主要包括：

(1) 审核以前年度工作底稿中对标准成本系统的描述，询问该系统在本年度发生的主要变化。

(2) 检查上期工作底稿与本年度的差异账户，以此为基础确定由标准成本系统确认的差异额，考虑该差异是否意味着应对标准成本系统进行修改。

(3) 询问更新标准成本的程序，以确定其在本年度的修正程度。

(4) 查看厂房设备，记录成本中心、工厂的大致布局、存货的储存，并询问本年度生产流程是否进行了重大变动，是否有生产创新，是否增加了新产品。

(5) 随机抽取几个产品的标准成本，审查产品的成本构成、工薪记录、制造费用分配方法的合理性，确定所有分录是否已恰当记录。

(6) 审核差异报告，了解被审计单位对差异及差异产生原因的分析情况，确定差异产生的原因是否表明有必要对标准成本系统进行修正，并询问被审计单位年末将差异在存货和销货成本之间进行分配的方法，确定该方法的合理性以及是否与以前年度保持一致。

(7) 评价被审计单位标准成本系统并形成书面记录，说明是否可以依赖该标准成本系统将成本分配计入年末存货成本。

3. 审查存货的成本项目

存货的生产（加工）成本，通常包括直接材料、直接人工以及按照一定方法分配的制造费用等。审计人员应审查产品成本开支范围的合法性，因而应抽取并审阅生产成本（基本生产和辅助生产）明细账、制造费用明细账和其他相关明细账，证实企业严格地区分了应计入产品成本的费用与不应计入产品成本的费用界限，查明有无乱挤乱摊成本或转移成本的问题。在具体审查中，应特别注意查明企业有无以下混淆成本支出的问题：将购置固定资产、无形资产和其他资产的资本性支出列入成本支出；将对外投资支出列入成本支出；将由职工福利费开支的费用列入成本支出；将由税后利润开支的各项税收滞纳金、罚款及被没收财物损失列入成本支出；将企业对外赞助、捐赠及各种非常损失、赔偿金、违约金等营业外支出列入成本支出；将国家有关法律、法规规定以外的各种付费及不属于成本开支范围的开支列入成本支出等。

（1）直接材料费用的审查。直接材料费用系产品成本的重要组成部分，其真实、正确程度对产品成本计算有着直接的影响，因而应作为产品成本审查的重点，并分析比较同一产品不同期间的直接材料费用，如发现有重大波动，应查明其原因。具体来说，其审查的内容主要有三项：

1）审查直接材料的耗用量。审计人员对直接材料耗用量的审查，通常是以审查材料用途的方式进行的。企业产品生产、基本建设、生活福利部门往往都会因各自的需要领用材料。按领发料制度规定，领用单位必须在领料单上写明用途，以便在编制材料费用汇总表时分类汇总，分别记入有关账户。具体审查时，一般可抽取部分领料单，检查其“用途”一项填写是否明晰，经汇总后再与材料费用汇总表核对，验证其一致性。对于耗用量大的原材料和价值昂贵的材料，则可用详查法审查。按通常规定，材料一经领出即作为消耗，车间已领未用的材料应于期末填写退库单办理退库手续，或者填写红色领料单办理假退库手续。在审查中应注意领料单是否经授权批准、材料耗用量是否真实、是否存在多领用材料未办理上述手续而虚增本期材料耗用量的问题。对生产中的废料、边角料，也应办理退库手续，并从本期材料消耗量中冲减，因而应审查是否存在废料退库或变卖、收入不予扣除导致成本虚增的现象。

2）审查直接材料的计价。在按实际成本计价的情况下，企业可采用先进先出法、加权平均法或个别计价法对材料进行计价。因此，审计人员应审查材料计价方法的合理性和前后期材料计价方法的一贯性，以防止企业利用计价方法的变化人为调节直接材料费用，从而导致产品成本失实。为此，审计人员可在调查、询问所用计价方法的基础上，抽取本期与上期材料明细账进行复算，以证实计价方法的一贯性。不仅如此，审计人员还应进一步审查计价方法的运用及其计算结果的正确性，以防止因工作失误而出现差错。为此，审计人员可以将材料明细账中某种（或几种）材料的期末结存单价同各该材料的耗用单价相比较，如发现差异，应进行追踪调查，查明错误原因。在按计划成本计价的情况下，除进行上述审查外，审计人员还应审查材料成本差异的计算与分配的真实性和正确性。为了防止利用材料成本差异人为调节产品成本，审计人员尤其应审查期末结转入库材料的成本差异的正确性和成本差异率计算的正确性，检查发出材料应负担的成本差异是否按当月成本差异率计算，查明成本差异率是否依规定材料类别或品种计算等。

3）审查直接材料费用的分配。审计人员可运用审阅、复算、核对等方法，通过对材料费用分配表、有关记账凭证、生产成本明细账等进行审查，证实直接材料费用分配的正确性，包括分配依据、分配方法和分配结果的正确性。具体来说，直接材料费用的分配依据为材料费用分配表，是根据领料单按使用部门（用途）和材料类别汇总编制而成的，其真实、正确是正确分配直接材料费用的重要前提。企业的领料单往往数量大，适宜采用抽查法抽取消耗量大、价值高、用途多、易出现问题的材料类别的领料单，审查其“用途”“单价”的真实性、完整性，并进行汇总，进而与材料费用分配表内有关数据相核对。对直接材料费用分配方法的审查，核心是检查分配方法的合理性。企业用于产品生产的原料及主要材料通常按产品品种分别领用，可根据领料单直接计入各该产品的成本；一批材料如为多种产品共用，则需采用简单合理的方法（如按定额消耗量比例、材料定额成本比例、产品重量比例等）进行分配。因此，在具体审查中，审计人员应注意分析所选用方法是否符合材料消耗的内在规律性和企业的实际情况，以及分配方法在一定会计期间是否有变动，如有变动还应进一步分析该变动的必要性和合理性。对直接材料费用分配结果的审查，主要是在上述审查的基础上对材料费用分配表进行复算，证实计算结果的正确性，并将材料费用分配表与有关记账凭证、生产成本明细账等进行核对，证实其账务处理的正确性。

在企业的直接材料费用业务中，常见的弊端包括：领料单中“用途”一项不填或填写不正确，从而造成生产用料与非生产用料、各种产品生产用料界限不清；不按材料消耗定额或实际需要领料，缺乏严格的审批手续，从而造成材料的浪费，甚至公料私用；期末已领未用材料不退库也不作“假退库”而留下月使用，导致两个会计期间直接材料费用失真；生产车间的边角料和废料不退库，或者退库后不做记录，造成直接材料费用和产品成本虚增；在采用实际成本计价时，任意调整发出材料的计价方法，进而人为调节产品成本；在采用计划成本计价时，不依照规定按材料类别或品种计算成本差异率而采用综合成本差异率，或者不依照规定按本月成本差异率计算分配成本差异而根据调节成本的需要任意分配成本差异等，进而人为调节产品成本；对不能直接计入某种产品成本的材料费未按规定的原则选用合理的分配方法进行分配，而是根据需要任意分配；分配方法选用不当，导致分配结果不正确；任意改变材料费用的分配方法，造成前后期产品成本不可比、不真实等。

（2）直接人工费用的审查。直接人工费用是指直接从事产品生产的工人工资、奖金、津贴及补贴，以及计提的职工福利费。具体来说，其审查的内容主要包括：审查产品成本计算单，检查直接人工费用计算的正确性，查明人工费用分配标准与计算方法的适当性，核对是否与工薪费用分配表中该产品分配的直接人工费用相一致；分析比较各期人工费用变动有无异常，如果发现有异常波动，应查明原因；结合对人力与薪酬业务循环的审查，抽查直接人工费用会计记录及账务处理的正确性；对采用定额成本（或标准成本）的企业，抽查其直接人工费差异的计算、分配及账务处理的正确性，并审查直接人工标准成本在年度内有无变更。

（3）制造费用的审查。制造费用是一种由多种费用组成的综合费用项目，其发生的频率较高，且容易同管理费用和其他费用相混淆，因而在审查中应予以重视，其审查的主要内容有四项：

1）审查制造费用的真实性。制造费用是各生产部门为组织和管理生产所发生的费用。根据其项目繁多的特点，审计人员可以有针对性地对数额较大、易同其他费用支出相混淆以及规定有提取或开支标准的项目，重点审查其是否实际发生，支出或提取标准是否符合有关规定。

2）审查制造费用的合规性。审计人员应以有关制造费用组成的规定为依据，通过审阅制造费用明细账和相应记账凭证，查明有无其他部门或单位的制造费用计入，有无期间费用、福利性支出、其他业务成本、营业外支出等计入。

3）审查制造费用账务处理的正确性及合理性。审计人员应取得或编制制造费用明细表，将其与制造费用明细账、总分类账核对相符。一方面，应对制造费用归集的正确性进行审查，可以有针对性地审阅制造费用明细账并与记账凭证、原始凭证相核对，查核有无错记、漏记、重记的账项，复核其本期发生额，验证制造费用总额的正确性；另一方面，应对制造费用分配的合理性进行审查，主要审查是否根据本企业所属生产类型、生产组织特点和工艺流程，选用科学、合理的分配方法，有无因选择方法不当而导致制造费用分配不合理的现象，检查分配方法在一定会计期间有无变动，是否存在任意改变分配方法进而人为调节产品成本的情况，查明作为分配标准（如定额工时、实际工时等）的资料是否真实、正确，有无以计划数（或估计数）代替实际数进行分配的情况，复算并验证分配率及分配结果的正确性和合理性。

4）审查制造费用分配账务处理的正确性。审计人员可以将制造费用分配表与有关记账凭证、相关明细账相核对，确认其分配方法合理、分配金额正确。

（4）辅助生产费用的审查。企业的辅助生产费用，日常发生时一般先通过“生产成本——辅助生产成本”科目进行归集，月末再使用一定的分配方法分配计入各受益对象。审计人员可以根据这一特点，对辅助生产费用进行审查，其审查的内容主要有两项：

1）审查辅助生产费用归集的正确性。审计人员应审阅“生产成本——辅助生产成本”科目下各辅助生产车间的明细，并将其与有关费用分配表、记账凭证相核对，以确认辅助生产成本中所列直接材料费用、直接人工费用及其他各项费用属于本车间为基本车间和企业管理部门提供产品或劳务而发生的，并复核各个成本项目及费用总额，证实其正确无误。在具体审查中，审计人员还应注意辅助生产费用同其他费用支出的界限划分是否清楚，有无将应计入在建工程支出的自制设备发生的料、工、费计入了辅助生产费用，从而影响产品成本的真实与正确等问题。

2）审查辅助生产费用分配的合理性。具体来说，主要包括：审查所选择的辅助生产费用的分配方法是否符合企业各辅助生产车间的生产特点，在一定会计期间内有无人为调节产品成本而任意改变分配方法的情况，如发现异常，应做进一步的深入调查与分析；审查辅助生产费用的分配依据是否合理，分配结果是否正确，因而应在核实各项分配依据的基础上，复核辅助生产费用分配表中各项计算结果（如分配率、分配额）并予以确认；审查辅助生产费用分配账务处理的正确性，因而应审查有关辅助生产费用分配的记账凭证并与辅助生产费用分配表相核对，审阅生产成本——辅助生产成本明细账并与生产成本——基本生产成本明细账、管理费用明细账等有关明细账相核对，以证实账务处理的正确性。在具体审查中，审计人员还应注意有无将辅助生产车间为福利部门、基建部门提供的产品和劳务计入了基本生产车间和管理部门，或者不参加分配而直接冲减了辅助生产费用等问题。

4. 审查在产品成本和产成品成本

如果企业的生产周期较长，期初、期末在产品数量不均衡或在产品成本变动较大，则在产品成本的真实、正确程度对产品成本的真实性和正确性将产生直接的影响。

（1）在产品成本的审查。就在产品成本及其审查而言，由于影响在产品成本的因素主要是在产品数量与在产品计价，因而对在产品成本的审查应从以下两个方面进行。

1）在产品结存量的审查。在产品是指企业已经投入生产过程，但尚未全部完工入库的产品。它反映在月末“生产成本”科目的借方。在产品的真实性与正确性，不仅影响企业的资产，而且直接影响产品成本与当期利润。因此，审计人员应重视此项审查。一般来说，工业产品的结构比较复杂，在产品的种类较多，全面审查的工作量很大，因而通常采用抽查法进行审查。在具体审查时，审计人员应深入生产车间了解在产品盘存情况，检查盘存记录是否完整、正确，核实盘存数量，查明有无多做盘存与遗漏盘存、用人为的估计代替实地盘点，以及其他弄虚作假等情况。由于审计期与在产品盘点期往往不一致，审查时在产品的数量可能已经发生变化。为了确认在产品盘存的数量是否真实、正确，先应作如下调整计算：

$$\text{盘存期在产品应存数量}=\text{审计期在产品实存数量}+\text{盘存期至审计期产品完工数量}-\text{盘存期至审计期产品投产数量}$$

再将所计算的盘存期在产品应存数量同期末计算在产品成本时的盘存记录进行比较，如基本一致，即可确认盘存期在产品数量基本正确；反之，即可推断存在一定错误或弊端。在产品结存量审查中，常见的错误和弊端主要有以估计数作为盘存数、为调节产品成本有意多计或少计在产品数量，以及将期末账面结存数作为实际结存数等。

2）在产品计价方法的审查。在产品的计价方法有多种，而且每种计价方法均有其适用条件。如果计价方法选用不当或任意改变，则会影响在产品成本和完工产品成本。对此审查的重点在于计价方法的合理性。具体来说，在产品计价方法及其审查主要包括：

第一，对采用按年初在产品成本固定计算在产品成本的，审计人员应着重审查企业在产品数量是否较多，并且期初、期末在产品数量是否较均衡；年终是否对在产品数量进行实地盘点和重新计算成本，并调整本年完工产品的成本，有无长期不调整从而影响成本计算正确性的情况。

第二，对采用按耗用材料费用计算在产品成本的，审计人员应审查产品成本中直接材料费比重是否较大，并且材料是否一次投入。

第三，对采用约当产量法计算在产品成本的，审计人员应审查是否符合使用这种方法的条件，是否根据在产品的数量及其完工程度计算约当产量，完工程度的确定是否合理。

第四，对采用按定额成本法计算在产品成本的，审计人员应审查每个工序的在产品是否制定有定额成本，定额成本是否合理，实际成本与定额成本的差异是否进行了调整，有无不调整而任意多计或少计在产品成本的情况。

此外，审计人员还应审查计价方法在一定期间内有无变化，如有变化，应查明原因。

(2) 产成品成本的审查。就产成品成本及其审查来说，由于产成品价值一般在存货中所占比重较大，系企业资产的一个重要部分，审计人员应对此认真审查，而影响产成品成本的因素主要是产成品数量与产品成本计算（方法），因此对产成品成本的审查应从这两个方面进行。

1）产成品数量的审查。产成品是指企业已经完成全部生产过程并已验收入库，合乎标准规格和技术条件，可以按照合同规定的条件送交订货单位，或者可以作为商品对外销售的产品。审计人员通过审阅生产部门提供的产量统计表和财会部门提供的产品成本计算单并进行核对，以确认产品数量的一致性；通过审阅产成品明细账，并与产品成本计算单相核对，以验证其中产品数量是否相符；通过将成品库的产品入库单与生产车间的完工产品记录进行核对，以查明产品完工数与入库数是否一致；通过审阅产品收发结存汇总表，以证实本期产品数量的正确性。在具体审查中，审计人员还应注意有无下列现象存在：无视产品质量标准或产品质量检验不严格，而将不合格产品混入合格产品；有意将废品充当合格产品虚报产量或隐瞒不报等。

需要指出的是，在审查产成品时，必须进行实物监盘，其监盘的方法和要点与材料等存货的监盘基本相同。在实施监盘程序时，审计人员应注意以下三个问题：一是产成品的所有权，即审计人员要验证有无已办理了销售手续，但未提货、暂存于企业的产成品；二是产成品的等级与质量，即审计人员（或必要时请专家）应鉴定库存产品的等级和质量与账面记录是否一致，有无以次充好、以废充正或陈旧、失效、腐烂变质等情况；三是账实的相符情况，即审计人员应检查账实是否相符，对于产成品盘盈与盘亏、等级与质量有问题的都应调整有关的账面记录。

2）产品成本计算的审查。对产品成本计算的审查，既要审查所选用计算方法的合理性和一致性，又要审查产品成本计算的正确性。

在审查所选用计算方法的合理性时，应根据企业生产特点和管理要求，结合产品成本计算的具体方法，以判明其是否合理。比如，对采用品种法的，应了解和确认该种产品是否为大量大批单步骤生产，或虽系多步骤生产，但因生产规模较小，不要求按生产步骤计算成本。又如，对采用分步法的，应了解并确认该种产品是否为大量多步骤生产。再如，对采用分批法的，应了解和确认该种产品是否为按订单组织生产。在具体审查中，审计人员还应注意查明企业有无任意改变成本计算方法的情况。

在审查产品成本计算的正确性时，审计人员可综合采用审阅、核对、复算、函证等方法进行。对采用品种法（即以产品品种为对象计算产品成本）的，应通过对生产成本——基本生产成本明细账进行审阅、复算，证实其总成本正确无误，再按核实后的产品产量计算其单位成本，并与产品成本计算单相核对，以确认其正确性。对采用分批法（即以批别或订单为对象计算产品成本）的，应将完工的“批号”产品与生产车间最后生产阶段完工产品入库数量相核对，分清全部完工与未完工的“批号”产品，再与财会部门所结转的“批号”产品相核对，查明有无将未完工的“批号”产品按已完工的“批号”产品结转生产成本，从而人为减少在产品成本、多计产成品成本的情况，或者将已完工的“批号”产品按未完工的“批号”产品结转生产成本，从而人为增加在产品成本、少计产成品成本的情况，以确认其正确性。对采用分步法的，应了解产品生产费用在各生产步骤成本计算单之间是逐步结转还是平行结转，审阅并核对期末在产品盘存表和产品成本计算单，复算其产品成本计算是否正确，是否按各道工序在产品成本之间计算，有无只按最后一道工序计算的情况等，以验证其正确性；对采用定额法的，应审查产品成本是否按合理的料、工、费定额计算，有无任意估算成本的情况，并审查实际成本与定额成本的差额是否进行了调整，有无以定额成本代替实际成本，从而导致多计或少计完工产品成本的情况，以验证其正确性。对采用分类法的，应审查产品分类是否合理，是否根据产品的特点分别采用不同的标准制定分配系数，系数的确定是否正确、合理，以确认其正确性。

10.4.3 存货的审计

存货对于企业及其生存、发展和获利具有极端的重要性，而存货通常又具有较高的重大错报风险，其影响因素包括存货的数量和种类、成本归集的难易程度、陈旧过时的速度或易损坏程度、遭受失窃的难易程度，存货的重大错报往往对于流动资产、营运资本、总资产、营业成本、毛利以及净利润都具有直接的影响，对于利润分配、所得税等其他项目也具有间接的影响。在审计实务中，不少复杂而重大的问题都与存货有关，对年末存货余额测试等往往是最复杂、最费时的存货审计业务，其主要原因在于：首先，对工商企业来说，存货通常是资产负债表中的一个主要项目，并且是构成营运资本的最大项目；其次，为了适应和便于产品的生产和销售，企业的存货多种多样，其存放地点也比较分散，因而对其进行实物控制和实地盘点较为不便，使得审计工作变得困难；再者，由技术进步所引致存货的陈旧过时、因管理不善而导致存货的霉烂变质，以及存货成本的不易分配，使得存货的计价复杂而困难；最后，由于会计政策的可选择性，使得存货的计价方法具有多样性。鉴于存货对于企业的重要性、存货问题的复杂性、存货重大错报的风险性，以及存货与其他项目的密切性，审计人员必须具有足够的专业胜任能力和应有的职业谨慎态度，审查中应对存货项目予以特别关注，分配较多的审计时间，运用多种审计程序。

一般来说，存货业务的审计目标是：(1) 证实存货的真实性、所有权及完整性。审计人员通过审查账目、监盘存货，确认企业的全部存货业务均已记入有关账户，有关账户中的存货确实存在并归企业所有，且记录的有关存货的金额是实际发生的，并查明有无漏列或虚列存货，从而导致财务报表所反映的存货不真实的问题。(2) 确定存货计价的正确性。企业存货的计价方法有多种，其计价特点又不相同，并且不同存货项目可根据需要采用不同的计价方法。审计人员必须对存货计价进行审核，获取充分、适当的审计证据，对选用计价方法的合理性、计价结果的正确性及相近会计期间计价方法的一贯性加以确认，进而确定财务报表及有关存货账户的期末余额正确无误。按照现行会计准则及制度规定，存货的采购成本包括存货在采购过程中的正当合理支出。审计人员应通过对账簿和有关凭证的抽查，揭示任意扩大或缩小采购成本开支范围、间接费用分配不合理以及贪污舞弊等行为，以确定存货计价的正确性。(3) 检查存货业务的合法性。审计人员应通过抽查账目和有关凭证，必要时调查走访有关部门和人员，以查明企业发生的存货采购和销售业务符合国家有关方针、政策、法律、法规及企业的规章制度，揭露在存货采购和销售业务中存在的各种违法违规行为。(4) 确认存货账务处理和存货记录截止期的正确性。通过审查账目和有关会计凭证，确认存货采购、存货发出的账务处理正确无误，并证实企业购入与销售的各种存货已按规定计入相应的会计期间。(5) 审查财务报表中存货披露的正确性。审计人员在审核各有关账户余额的真实性和正确性的基础上，复核验证存货项目数额的正确性，检查存货抵押是否恰当披露，确保其正确地列示于财务报表中。

对于存货（业务）的审计，审计人员应进行的工作主要包括：通过分析程序，判断存货总体合理性；实施存货监盘，核实存货的真实性、完整性及所有权，并与存货账目核对，证实账实是否相符，也可发现管理上的问题；审查存货的计价，验证财务报表中存货余额的真实性；进行存货截止测试，以确定其正确性和完整性。

1. 运用分析程序检查存货总体合理性

前已述及，分析程序在生产与存货循环审计中具有重要的作用。审计人员通常运用总体周转率衡量被审计单位的销售能力，查明存货有无积压，分析存货余额是否存在错弊，将不同期间的存货周转率进行比较并与同行业其他企业相比较，分析周转率变动是否存在存货成本项目变化、存货核算方法变动、存货储备减少、存货控制程序变动、存货跌价准备计提基础变动、销售变动等情况。

2. **实施存货监盘**

存货监盘是指审计人员到现场观察被审计单位存货的盘点，并对已盘点存货进行适当检查。也就是说，审计人员应亲临现场观察被审计单位存货的盘点，并在此基础上根据需要适当抽查已盘点存货。存货监盘针对的主要是存货的存在认定、完整性认定以及权利和义务的认定，审计人员监盘存货就是为了获取被审计单位资产负债表日有关存货数量和状况的审计证据，检查存货的数量是否真实完整，是否归属被审计单位，存货有无毁损、陈旧、过时、残次和短缺等状况，以证实被审计单位记录的所有存货确实存在，已经反映了被审计单位拥有的全部存货，并属于被审计单位的合法财产。尽管在测试存货的所有权认定和完整性认定时，可能还需要实施其他审计程序，但是存货监盘是存货审计必不可少的一项审计程序。企业存货数量的盘存制度一般分为实地盘存制和永续盘存制，不同的存货盘存制度，对存货数量的控制程度的影响也不同。即使企业采用永续盘存制，也并不意味着无须对存货实物进行盘点。为了核对存货账面记录，加强对存货的管理，企业每年至少应对存货进行一次全面盘点。按照内部控制的基本要求，企业应定期进行存货盘点，但审计人员仍需在年终进行必要的核实。这是因为定期盘点存货以合理确定存货的数量和状况是被审计单位管理层的责任，而实施存货监盘以获取有关期末存货数量和状况的充分、适当的审计证据是审计人员的责任，二者不能相互替代。

存货监盘程序一般包括控制测试与实质性程序。在审计实务中，审计人员需要确定存货监盘程序是以控制测试为主还是以实质性程序为主更有效。在大多数情况下，以控制测试为主的存货监盘更有效。如果审计人员以控制测试为主，并准备信赖被审计单位存货盘点的控制措施与程序，则绝大部分的审计程序将限于询问、观察及抽查。如果被审计单位只有少数项目构成其存货的主要部分，审计人员以实质性程序为主将更为有效，对于单位价值较高的存货项目应实施全面的实质性程序，而对于其他存货则可视情况进行抽查。具体来说，存货监盘程序有观察程序和检查程序。就观察程序来说，在被审计单位盘点存货前，审计人员应注意观察盘点现场，对应纳入盘点范围的存货，确定其是否已经适当整理和排列，并附有盘点标识，防止遗漏或重复盘点，而对未纳入盘点范围的存货，应查明其原因，对所有权不属于被审计单位的存货，应取得相关资料，确定其是否已单独存放、标明，且未被纳入盘点范围，以免盘点范围不当；在实施存货监盘过程中，审计人员应注意观察被审计单位的存货盘点计划是否得到了贯彻执行，盘点人员是否准确无误地记录了被盘点存货的数量和状况。就检查程序而言，审计人员应对已盘点的存货进行适当检查（复盘抽点），将检查结果与被审计单位盘点记录相核对并形成相应的记录，其目的既可以是确认被审计单位的盘点计划得到适当的执行（控制测试），也可以是证实被审计单位的存货实物总额（实质性程序）。如果实施观察程序能够表明被审计单位的组织管理得当，并且盘点、监督以及复核程序充分有效，审计人员可据此减少所需检查的存货项目，从而相应减少检查程序。实施检查程序的范围通常包括每个盘点小组盘点的存货以及难以盘点或隐蔽性较强的存货。当然，审计人员应尽可能避免让被审计单位事先了解将抽取检查的存货项目。对于有些没有标签或其数量难以估计，或其质量难以鉴定，或无法对其移动实施控制的特殊类型存货，审计人员需要运用职业判断，根据被审计单位所处的行业特性、存货类别以及内部控制等具体情况，在通用存货监盘程序的基础上，设计并执行适宜特殊类型存货的监盘程序。在检查已盘点的存货时，审计人员应从存货盘点记录中选取项目追查至存货实物，以测试盘点记录的准确性，还应从存货实物中选取项目追查至存货盘点记录，以测试存货盘点记录的完整性。如果发现差异，很可能表明被审计单位的存货盘点存在错误；如果发现错误，很可能意味着被审计单位的存货盘点还存在着其他问题。对此，应查明原因，并及时提请被审计单位更正，同时应考虑错误的潜在范围和重大程度，在可能的情况下，应扩大检查范围以减少错误的发生，甚至可以要求被审计单位对某一特殊领域或特定盘点小组的存货重新盘点。

存货监盘不同于货币资金的突击盘点，有效的存货盘点工作必须建立在事前周密计划的基础上，因而存货监盘应做好盘点前的计划工作、盘点过程的监督工作以及盘点后的记录工作，其工作内容主要包括：

（1）制定盘点计划，进行盘点准备。为了达到较好的效果，审计人员应参与制定存货盘点计划，或向委托人索取存货盘点计划。一般来说，审计人员应当实施以下审计程序：了解存货的内容、性质、各存货项目的重要程度及存放场所；了解与存货相关的内部控制；评估与存货相关的重大错报风险和重要性；查阅以前年度的存货监盘工作底稿；考虑实地查看存货的存放场所，特别是金额较大或性质特殊的存货；考虑是否需要利用专家的工作或其他审计人员的工作；复核或与管理层讨论其存货盘点计划，如认为存货盘点计划存在缺陷，应提请被审计单位调整。审计人员应根据被审计单位存货的特点、盘存制度和存货内部控制的有效性等情况，在评价被审计单位存货盘点计划的基础上，编制存货监盘计划，对存货监盘做出合理安排。通常，被审计单位存货的品种规格很多，审计人员应要求被审计单位成立存货盘点小组，将拟盘点的存货业已发生的经济业务全部入账，并结出余额；同时，为了避免误解并有助于有效地实施存货监盘，审计人员通常需要与被审计单位就存货监盘等问题达成一致意见，并要求其各级领导和有关人员参与其中，通过召开盘点预备会议宣传贯彻盘点计划，且要求有关部门轧出存货盘点日的账面数、剔除业已发现的错误数并备好盘点器具和表格文具等。

为保证独立、有序地进行存货盘点工作，审计人员在参与制定存货盘点计划时，应考虑并确定监盘的时间、范围、重点、方法及次序等。存货监盘的时间，包括实地查看盘点现场的时间、观察存货盘点的时间和对已盘点存货实施检查的时间等，应当与被审计单位实施存货盘点的时间相协调。因此，在确定存货监盘的时间时，审计人员可将其安排在决算日附近，尤以会计期末以前为宜，如果企业盘点在会计期末以后的时间进行，则必须编制从盘点日到期末的存货余额调节表。总之，应尽量使盘点时间临近会计期末。在确定存货监盘的范围时，审计人员应考虑存货的内容、性质以及与存货相关的内部控制的完善程度和重大错报风险的评估结果，并应考虑有关实地盘点、永续盘存记录的可靠性、存货的总金额及种类、不同的重要存货的存放位置及数量，以及以前年度发现的误差性质及内部控制等。在确定存货监盘的重点时，审计人员应在了解和评价有关内部控制及其遵循情况的基础上，重视发现的薄弱环节，注意盘点期间存货的移动、存货的状况、存货的截止确认、存货的各个存放地点及金额等，明确盘点的重点并选取重要的或典型的存货项目作为对象，但对可能过时或损坏的存货项目要仔细查询，并与管理人员就疑虑问题交换意见。在考虑存货监盘的方法时，审计人员一般采用有针对性的抽查盘点。由于被审计单位的存货品种繁多、存放地点分散，同步实施盘点既无必要也无可能，因而分次先后进行盘点或成必然，但后行盘点的地点无异于预告盘点。因此，审计人员应合理确定存货盘点的先后次序，对后行盘点的存货有必要实行封存，以防止被盘点部门弄虚作假。

（2）监督盘点实施，进行复盘抽点。在存货盘点时，审计人员必须到现场，自始至终地监督盘点工作的进行，以保证盘点工作按计划进行。审计人员进入现场后，应查看被盘点部门和有关人员是否进入状态，有关手续是否已办妥齐备。审计人员在监督盘点时，应把握盘点进度，观察盘点过程，对一些重要的盘点环节需仔细查看，必要时可要求放慢速度或重复操作，演示盘点过程，解释盘点结果，也可对有关盘点结果进行复核和清点。在盘点过程中，要严格记录程序，执行有关手续，填制相关表格，写明盘点数额，将结果记录在案，并签字为证。审计人员应通过观察确定所有应纳入盘点范围的存货是否均已盘点，取得并检查已填用、作废及未使用盘点表单的号码记录，确定其是否连续编号，查明已发放的表单是否均已收回，并与存货盘点的汇总记录进行核对；同时，审计人员应根据存货监盘过程中获取的信息对被审计单位存货盘点结果汇总记录进行复核，并评估其是否正确地反映了实际盘点结果。审计人员可视需要随时抽查盘点记录，对各种存货的数量、单价、金额进行复核，必要时也可直接复盘抽点一部分存货，以验证盘点记录的正确性。

在企业盘点存货后，审计人员应根据观察的情况，在盘点标签尚未取下之前，对存货进行复盘抽点，其抽点的样本一般不得低于存货总量的10%，并将抽点结果与盘点记录相核对，详细核对存货的编号、品种、规格、数量及质量等。如果经核对发现的差错过大或者认为盘点方式及其结果无效，审计人员应要求被审计单位重新盘点。复盘抽点结束后，应将全部盘点标签或盘点清单顺序归总并据以登记盘点表。审计人员在进行归总时，应注意盘点标签或盘点清单编号的连续性，以避免遗漏或重复盘点。所有的盘点标签或盘点清单，都应有企业参与盘点人员和实施监盘审计人员签名，并复印两份而由企业与审计机构各执一份。此外，审计人员还应向企业索取存货盘点前的最后一张验收报告单或入库单、最后一张货运文件或出库单，以便审计时作截止测试之用。

（3）总结盘点结果，进行其他证实。在办妥有关盘点表格的手续后，审计人员应将盘点的结果与有关账簿记录相核对，以确定账实是否相符。需要注意的是，在进行账实核对之前，应验证并确定存货明细账等账簿记录的正确性。因此，应先核实存货明细账所记录的收、发、存业务的计算，再与总分类账相核对，如果发现记录错误，应予以调整。在存货盘点与存货明细账验证的基础上，将盘点结果与存货明细账余额相核对，以证实账实是否相符。如发现不符，其原因有多种，有的属于在途物资收发过程中正常的、小额的盘盈或盘亏，应作出盘盈或盘亏记录，并建议查找原因，而有的超过了正常的幅度和范围，审计人员应结合其他审计环节对此作进一步的调查研究。最初的调查是询问被审计单位有关人员，让其解释账实不符的原因并查找理由，若能作出令人信服的说明，即可消除审计人员的疑虑，可不作进一步追查；若不能自圆其说，说明问题仍然存在，则应进行跟踪检查，直至得到满意的结论。

前已述及，审计人员应注意检查并证实各种存货的所有权。在观察盘点和复盘抽点过程中，审计人员应检查有无代管、代销、代加工的存货，有无未作账务处理而置于或寄销他处的存货，有无产权不明确的存货，这些存货是否正确列示于存货盘点表中。对于企业代管、代销、代加工的存货应当剔除，不应纳入盘点的范围；而对于企业存放或寄销外地的存货，则应纳入盘点的范围，其盘点的方法可以根据具体情况选择运用；对于产权不明确的存货，应通过函证予以核实。同时，审计人员还应该注意检查并鉴定存货的质量，观察存货的残次冷背情况，查明有无过期、失效、毁损或质量下降的情况，并确定其对损益的影响。另外，在有些情况下，审计人员可能不具备其他专业领域的专长与技能，比如在确定资产数量或资产实物状况（如矿石堆），或在收集特殊类别存货（如艺术品、稀有玉石、房地产、电子器件、工程设计等）的审计证据时，可考虑利用专家的工作，即聘请专家对存货的质量与价值加以鉴定，作出必要的调整或正确的记录，以合理地反映决算日存货的价值。

（4）特殊情况的考虑及处理。企业的一些存货，有时因某些缘由或情形而导致无法实施监盘程序或监盘困难等特殊情况。具体来说，主要有四种：

1）因存货的性质或位置特殊，无法实施监盘程序。对此，审计人员应考虑能否实施替代审计程序，获取有关期末存货数量和状况的充分、适当的审计证据。这些替代审计程序主要包括检查进货交易凭证或生产记录以及其他相关资料、检查资产负债表日后发生的销货交易凭证以及向顾客或供应商函证等。对于因存货的特殊性质（如存货涉及保密问题、存货属于危害性物质等）而可能导致无法实施存货监盘，审计人员通常需要依赖被审计单位良好的内部控制，可以考虑复核采购、生产和销售记录以获取充分、适当的审计证据，或向能够接触到相关存货项目的第三方人员询证，或者实施其他替代审计程序；对于因存货的位置特殊（如在途存货等）而可能导致无法实施存货监盘，审计人员通常可以通过函证或审查相关凭证加以查验。

2）因不可预见或时间因素，实施存货监盘困难。对此，审计人员应考虑评估与存货相关的内部控制的有效性，并对存货进行适当检查或提请被审计单位另择日期重新盘点；同时测试在该期间发生的存货交易，以获取有关期末存货数量和状况的充分、适当的审计证据。对于因不可预见因素（如恶劣的天气等不可抗力因素使审计人员无法亲临现场或无法观察存货）而可能导致存货监盘困难（即无法在预定日期实施存货监盘），审计人员通常需要依赖被审计单位良好的内部控制，可以考虑改变存货监盘日期并对预定盘点日与改变后的存货监盘日之间发生的交易进行测试，或者委托其他适当人员实施存货监盘；对于接受委托时被审计单位的期末存货盘点已经完成，审计人员可以考虑评估与存货相关的内部控制的有效性，并根据评估结果对存货进行适当检查或提请被审计单位另择日期重新盘点，同时测试检查日或重新盘点日与资产负债表日之间发生的存货交易。

3）存货已作质押或委托他人代为保管。对此，审计人员应考虑向债权人或保管人函证。对于已作质押的存货，审计人员通常应向债权人询证，并检查被审计单位的相关记录与备查记录；对于存放于其他单位的存货，审计人员通常需要向该单位获取委托代管存货的书面确认函。需要指出的是，如果此类存货比较重要（即其金额占流动资产或总资产的比例较大），审计人员还应考虑与被审计单位讨论其对已作质押或委托代管存货的控制程序，并考虑实施监盘程序或利用其他审计人员的工作。

4）审计机构首次接受委托审计存货。审计机构（如会计师事务所等）在首次接受委托对被审计单位进行审计的情况下，审计人员如果已获取有关本期期末存货余额的充分、适当的审计证据，则应实施以下一项或多项审计程序，以获取有关本期期初存货余额的充分、适当的审计证据：查阅前任审计人员工作底稿；复核上期存货盘点记录及文件；检查上期存货交易记录；运用毛利百分比法等进行分析。

3. 存货计价审计

前已述及的存货监盘程序，主要是对存货的结存数量予以确认。为验证财务报表上存货余额的真实性，还必须对存货的计价进行审计（测试），即确定存货实物数量和永续盘存记录中的数量是否经过正确的计价和汇总。存货计价审计情况，如表10-1所示。

表10-1 存货计价审计表

日期	品名及规格	购入			发出			余额		
		数量	单价	金额	数量	单价	金额	数量	单价	金额
1. 计价方法说明：										
2. 情况说明及审计结论：										

一般来说，存货计价审计主要包括样本的选择、计价方法的确认以及计价测试。

（1）样本的选择。计价审计的样本，应从存货数量已经盘点、单价和总金额已经计入存货汇总表的结存存货中选择。审计人员一般采用分层抽样法，抽样规模应足以推断总体的情况。在选择样本时，应着重选择结存余额较大且价格变化比较频繁的项目，同时考虑所选样本的代表性。

（2）计价方法的确认。存货的计价方法有多种，企业应结合现行会计准则及制度的基本要求，选择符合自身特点的存货计价方法。除应了解并掌握被审计单位的存货计价方法外，审计人员还应对其存货计价方法的合理性与一贯性予以关注。如果没有足够的理由，被审计单位的存货计价方法在同一会计年度内不得任意变动。

（3）计价测试。进行计价测试时，审计人员首先应审核存货价格的组成内容，然后按照所了解的计价方法对所选择的存货样本进行计价测试。独立测试过程中，应尽量排除被审计单位已有计算程序和结果的影响。测试结果出来后，应将其与被审计单位的账面记录对比，编制对比分析表，分析形成差异的原因。如果差异过大，应扩大范围继续测试，并根据审计结果考虑或作出审计调整建议。

存货计价审计主要是针对被审计单位所使用的存货单位成本是否正确进行的测试（存货成本的审计也作为存货计价测试的一项内容）。企业单位成本的内部控制与生产和会计记录相结合，有利于确保用于期末存货计价的成本的合理性。作为一项重要的内部控制，标准成本记录可用来反映企业的料、工、费等差异，也可用来评价企业的生产。企业使用标准成本时，应设置相应的程序以便及时反映其生产过程与成本的变化。由独立于成本核算部门的员工复核单位成本的合理性，也是一项有用的计价控制。在审计实务中，存货计价审计，应从存货采购、发出和截止期三方面进行审查。

下面以材料为例，主要对存货收发业务的审查加以阐述，而存货截止期的审查（即存货截止测试）将另行阐述。

存货（材料）采购的审查，通常包括材料计价的审查、材料采购成本的审查、在途材料的审查，以及材料采购账务处理的审查等内容。

（1）材料计价的审查。按实际成本计价的材料，审计人员应审查材料成本构成项目是否真实、正确，计价方法是否保持前后期一致；按计划成本计价的材料，则应审查材料成本差异处理是否正确。

（2）材料采购成本的审查。材料采购成本审查的内容包括：1）审查材料采购成本的构成项目是否完整。材料采购成本包括买价和采购费用两部分，买价即为发票价格。存货的采购成本，包括购买价款、相关税费、运输费、装卸费、保险费以及其他可归属于存货采购成本的费用等。从国外进口的材料，其发生的进口环节的各种价内税金也应列入材料采购成本。2）审查材料采购费用分配比例是否合理。所购材料的采购费用，其中能分清应由哪种材料负担的，可直接计入该种材料的采购成本，不能分清由哪种材料负担的，则应按所购各种材料的买价或重量进行分摊。再者，审查材料采购成本是否合规、正确。审计人员应审查应由材料采购成本负担的费用是否全部登记入账，有无将材料采购成本挤入管理费用或多记进项税额等现象；有无将不该由材料采购成本负担的费用（如加班费、招待费等）挤入材料采购成本，或者通过将费用计入存货从而虚增当期利润等情况。最后，审查材料采购成本的计算方法是否符合有关规定。

（3）在途材料的审查。审计人员应通过有关账簿、凭证的核对，确定在途材料的真实性。对超过正常期限的在途材料，审计人员应加以审查，主要应核实供货方是否已发货，查明超期限的原因，分析有无丢失的可能，以便加强存货管理。

（4）材料采购账务处理的审查。企业材料采购收发的日常核算，可以按实际成本计价，也可以按计划成本计价。两种计价方法在账务处理上虽有不同，但都需设置材料总分类账与明细分类账，并根据有关的记账凭证及时登记入账。对此，审计人员应进行的工作包括：抽查复核发票上的价格、数量、金额的正确性；抽查验证记账凭证所示金额与原始凭证是否一致，会计科目使用和账务处理是否正确；抽查总分类账与明细账所记金额是否相等；按计划价格核算的企业，其材料成本差异的计算与结转是否正确。

通常，企业的存货出库主要是生产部门领用，有时也发生对外出售材料的情况。存货（材料）发出的审查，通常包括生产领用材料的审查、产成品出库的成本结转审查、材料销售的审查，以及低值易耗品的审查等内容。

（1）生产领用材料的审查。生产领用材料审查的内容包括：1）核实生产计划。即对材料明细账上所记录的各项生产领用材料，其领用的品种、规格、数量是否符合生产计划的安排，特别是使用限额领料单的企业，应核查有无超限额的情况；超计划或超限额的领料是否经过了授权批准。2）检查发出材料的计价。审计人员应首先了解企业所采用的材料计价方法是什么，是否属规定的先进先出法、加权平均法、个别计价法等几种方法之一，所选用的方法与企业的实际情况是否相适应；其次应注意企业在选用计价方法时，是否遵循了一贯性原则，如有变动则应该注意是否符合有关规定，并做了必要说明；最后应复核发出材料的计价是否正确。对按计划成本计价的企业，还应审查其材料成本差异的分摊是否正确。3）揭露弄虚作假行为。审计人员在审查生产领用的材料时，应特别注意企业虚增或虚减发出材料成本，虚减或虚增企业盈利等弄虚作假行为，以及利用多转或少转材料成本进行贪污舞弊等行为。

（2）产成品出库的成本结转的审查。企业销售的产成品，在月份终了，应通过“产成品”科目，结转其营业成本。审计人员应首先分析产成品销售与营业收入的变动趋势，如某些种类的产成品营业收入增长了，其营业成本的结转是否相应加大了；其次，在分析趋势的基础上，对一些主要种类的产成品，核实其销售数量与产成品成本的结转数量，并根据企业所采用的不同计价方法，验证其结转额的正确性。

（3）材料销售的审查。企业一般不销售材料，但是，由于企业在生产工艺上或产品性能结构上发生变化，早期购入的某些材料不适用了，或者企业存在着一些长期呆滞的材料，一些不能使用的边角余料，可以对外销售。审计人员在审查时应注意，企业销售材料是否属于上述一些特殊情况，是否经过企业领导批准，出售的价格是否合理。

（4）低值易耗品的审查。低值易耗品是指不作为固定资产核算的各种用具物品，如工具、管理用具、玻璃器皿，以及在经营过程中周转使用的包装容器等。从其性质看，低值易耗品与材料不同，它属于劳动资料，可以多次参加周转而不改变其原有的实物形态。但由于低值易耗品与固定资产相比，其价值较低，且易损坏，在会计上把它归入存货进行核算与管理。因此在进行存货审计时，应包括对低值易耗品的审查。低值易耗品与材料的一个最大区别，即低值易耗品可以在生产过程中多次周转使用，其实物损耗与价值转移是逐步进行的。根据有关规定，低值易耗品的价值采用摊销的方式摊入成本。其摊销是否合理，直接影响企业资产的价值以及成本和利润的真实性，因此审计人员要认真审查。首先，对于采用一次转销法的企业，应检查在领用低值易耗品时，是否将全部价值摊入有关成本费用科目中，如借记“制造费用”“管理费用”“其他业务成本”等科目；报废时，是否将低值易耗品的残料价值作为当月低值易耗品摊销额的减少，冲减上述相应科目。其次，对于采用五五摊销法的企业，应检查其是否根据低值易耗品的原值和预计使用的期限，将低值易耗品的价值分次摊入有关成本费用中。分次摊入时，是否借记“制造费用”“管理费用”“其他业务成本”等科目；报废时，是否将收回残料价值作为当期低值易耗品摊销额的减少，冲减上述有关科目。最后，对于按计划成本核算的企业，应检查其在月份终了时，是否正确结转了当月领用低值易耗品应分摊的材料成本差异，并记入有关的成本费用科目中。至于低值易耗品的购入、入库、保管与清查以及领用出库的审查，可比照材料进行，不再赘述。此外，对于发出和销售产成品计价的审查，审计人员同样可参照材料发出计价的审查，即确定企业所使用的计价方法的合理性，并检查企业有无随意变动计价方法的情况。

存货计价审计中，审计人员还应充分关注企业对存货可变现净值的确定及存货跌价准备的计提。可变现净值是指企业在日常活动中，存货的估计售价减去至完工时估计将要发生的成本、估计的销售费用以及相关税费后的金额。企业应当以取得的确凿证据为基础，并考虑持有存货的目的、资产负债表日后事项的影响等因素，以确定存货的可变现净值。就存货跌价准备而言，企业应按照单个存货项目计提。如果存货的数量繁多且单价较低，则可按存货类别计提存货跌价准备；如果某些存货具有相同或类似最终用途或目的，并与在同一地区生产和销售的产品系列相关，且难以与其他项目分开计量，则可合并计提存货跌价准备。当存在下列情况之一时，企业应当计提存货跌价准备：存货的市价持续下跌，且在可预见的未来无回升的希望；企业使用该项原材料生产的产品的成本大于产品的销售价格；因产品更新换代，企业原有库存原材料已不适应新产品的需要，而该原材料的市场价格又低于其账面成本；因企业所提供的商品或劳务过时或消费者偏好改变而使市场的需求发生变化，导致市场价格逐渐下跌；其他足以证明该项存货实质上已经发生减值的情形。如果存货已霉烂变质，或已过期不可退货，或生产中已不再需要且无转让价值，或足以证明已无使用价值和转让价值，则应将其账面余额全部转入当期损益。

为了查明存货跌价准备的真实性、计提的正确性、转销的合理性、记录的完整性、余额的正确性以及披露的正确性和恰当性，审计人员应对存货跌价准备进行审查，需进行的工作一般包括：第一，取得或编制存货跌价准备及跌价损失明细表。审计人员应复核加计该明细表的正确性，并与财务报表、总分类账、明细账核对相符。第二，审查存货跌价准备计提的合理性。审计人员了解被审计单位期末是否对存货进行系统分析，存货跌价准备计提的依据与方法是否合理，各个期间采用的方法是否一致，计算及账务处理是否正确，跌价准备余额是否符合规定；同时，应重点关注表明存货可能发生了减值的有关迹象与情形，寻找潜在过时存货的审计程序包括按照产品类别分析产品周转率（或产品寿命）并将之与过去的执行情况和当前的预期进行比较、分析引进新技术对产品的影响、比较当期销售额与预算销售额、按照产品类别对目前存货的销售天数进行分析、分析降价销售产品的金额并定期对存货的可变现净值与成本进行比较，以及根据新产品的开发计划评价当前的存货构成等。第三，检查期后售价，对存货跌价准备进行分析性复核。审计人员应抽查部分计提存货跌价准备的项目，检查其决算日后销售价格是否低于存货原始成本；审查前后各期存货跌价准备有无异常变动，是否存在利用跌价准备人为调节成本费用的情况。第四，核对相关会计科目，检查账务处理的正确性。审计人员应将存货跌价损失发生额与“存货跌价准备”科目相结合进行核对，检查存货跌价准备和跌价损失的账务处理是否正确。第五，审查有关信息披露的正确性、恰当性。审计人员应审查企业是否正确、恰当地披露与存货有关的信息，诸如各类存货的期初和期末账面价值、确定发出存货成本所采用的方法、用于担保的存货账面价值、存货可变现净值的确定依据、存货跌价准备的计提方法、当期计提的存货跌价准备金额、当期转回的存货跌价准备金额，以及计提和转回的有关情况等。

4. 存货截止测试

存货截止测试就是检查截止到 12 月 31 日所购入并已包括在 12 月 31 日存盘货点范围内的存货。审计人员应当获取盘点日前后存货收发及移动截止等凭证及信息，以检查库存记录与会计记录期末截止是否正确。

对期末存货进行截止测试时，审计人员通常应关注：在截止日以前入库的存货项目是否均已包括在盘点范围内，并已反映在截止日以前的会计记录中，而在截止日以后入库的存货项目是否均未包括在盘点范围内，也未反映在截止日以前的会计记录中；在截止日以前装运出库的存货项目是否均未包括在盘点范围内，且未包括在截止日的存货账面余额中，而在截止日以后装运出库的存货项目是否均已包括在盘点范围内，并已包括在截止日的存货账面余额中；已确认为销售但尚未装运出库的商品是否均未包括在盘点范围内，且未包括在截止日的存货账面余额中；所有已记录为购货但尚未入库的存货是否均已包括在盘点范围内，并已反映在会计记录中；在途存货和被审计单位直接向顾客发运的存货是否均已进行了适当的账务处理。

此外，审计人员通常也可观察存货的验收入库地点和装运出库地点，以执行截止测试。在存货入库和装运过程中采用连续编号的凭证时，审计人员应关注截止日期前的最后编号。如果被审计单位没有使用连续编号的凭证，审计人员应列出截止日期以前的最后几笔装运和入库记录。如果被审计单位使用运货车厢或拖车进行储存、运输或验收入库，审计人员则应详细列出存货场地上满载和空载的车厢或拖车，并记录存货的状况，而存货的状况也是被审计单位管理层对存货计价认定的重要内容。

对于产成品存货收发业务，审计人员应审查决算日（如12月31日）前后若干天的产成品验收单（或入库单）和产成品销货发票副联与提货单，以验证决算日产成品截止数的正确性，揭露截止期业务处理不当，人为调剂库存产成品的情况。比如，决算日虚报入库和销售，决算日后再转出，或做相反处理，以调节利润。

存货正确截止的关键在于存货实物纳入盘点范围的时间与存货引起的借贷双方会计科目的入账时间都处于同一会计期间。如果当年12月31日购入货物，并已包括在当年12月31日的实物盘点范围内，而购货发票是次年1月3日才收到，并已记入次年1月份账内，当年12月份账上并无进货和对应的负债记录，这就少计了存货和应付账款；相反，如果当年12月31日收到一张购货发票，并记入当年12月份账内，而这张发票所对应的存货货物却在次年1月3日才收到，未包括在当年年底的盘点范围内，这样就有可能少计本年的利润。按照存货正确截止的基本要求，如果未将年终在途货物列入当年存货盘点范围内，只要相应的负债也未记入当年账内（同时记入次年账内），则对本年财务报表的影响就不重要。

存货截止测试的主要方法是抽查存货盘点日前后的购货发票和验收单（或入库单），档案中的每张发票均附有验收单（或入库单）。12月底入账的发票，如果附有12月31日或之前的验收单（或入库单），则表明货物已收到入库，并包括在本年的实地盘点存货范围内。当然，验收单（或入库单）日期如为次年1月份的日期，则货物不会列入年底实地盘点存货范围内。12月31日或之前购进的货物，如果仅有验收单（或入库单）而无同期入账的相应采购发票，则应认真审核每一张验收单（或入库单）是否加盖“暂估入库”字样，检查货物是否单独存放，查明有无提前（暂估）入账或延期入账的问题。

10.4.4 应付职工薪酬的审计

应付职工薪酬是企业支付给职工的劳动报酬，属企业成本费用中的重要项目，主要采用计时制和计件制，且通常采用现金形式支付。应付职工薪酬通常涉及薪酬确定、出勤考核、薪酬计算、记录薪酬、薪酬支付及个人所得税代扣代缴等业务活动，包括两个重要的交易类型，即薪酬的发放和工薪费用的分配。其业务特点主要是：企业向职工支付薪酬一般在短期内发生、与薪酬相关的内部控制通常是有效的，以及有关交易比相关的资产负债表账户余额往往更为重要。因此，它较其他业务更易发生错误或舞弊，如虚报冒领和截留贪污等。通常，涉及“生产成本”“制造费用”“管理费用”“销售费用”等账户，其核心账户是“应付职工薪酬”。下面重点阐述应付职工薪酬的审计。

1. **应付职工薪酬的内部控制及其测试**

应付职工薪酬（业务）的内部控制，通常包括：职责分离，以防止超越一般标准向职工支付薪酬，或向不存在的职工支付薪酬（如人力资源部门与财务部门应实行严格的职责分离）；授权与审批，即人力资源部门应负责职工的招聘与解雇，而有关的支付率、扣减率以及员工加班应经过有关人员的批准；凭证与记录，即财务部门的凭证与记录应当与人力资源部门的相关信息定期沟通，并严格区分计时工资与计件工资；凭证的审核，即凭证的审核应与凭证的记录严格分开，至于较小单位的财务审核可直接由财务经理负责；内部稽查，即薪酬的计算应当接受独立验证，将审批薪酬总额与汇总报告相比较，而管理层成员或其他负责人应当复核工薪金额以避免可能的错报等。对此项内部控制，审计人员需重视可能存在的重大错报风险，其原因主要有：在职工薪酬表上，虚构职工名单；职工没有付出劳动而获得薪酬；随意更改职工的薪酬确定标准；计算职工扣除数以及薪酬账务处理中出现错误；运用电子货币转账系统时，银行账户不正确；实际支付薪酬时，支付给了不正确的职工；职工的薪酬没有及时支付而被挪作他用等。

在测试应付职工薪酬的内部控制时，审计人员可以选择若干月份的薪酬汇总表或从薪酬单中选取若干样本进行检查。如果选择若干月份的薪酬汇总表进行检查，审计人员应注意以下几点：计算复核每一份薪酬汇总表；检查每一份薪酬汇总表是否经授权批准；审查应付薪酬总额与人工费用分配汇总表中的合计数是否相符；审核代扣代缴款项是否正确；检查实际发放的薪酬与银行付款凭单及银行存款对账单是否相符、是否及时过账。如果从薪酬单中选取若干样本进行检查时，审计人员则应注意以下几点：审查职工工薪卡或人事档案，确保薪酬的发放有其依据；检查实际发放薪酬的计算是否准确；审查实际工时统计记录表与职工工时卡是否相符；审查职工加班记录是否经过授权批准；实地抽查并确定职工是否在该单位工作等。

2. **应付职工薪酬的审计目标**

应付职工薪酬的审计目标主要包括：确定资产负债表中记录的应付职工薪酬是否存在、是否发生；确定所有应记录的应付职工薪酬是否均已记录；确定记录的应付职工薪酬是否为被审计单位应当履行的现时义务；确定应付职工薪酬是否以恰当的金额包括在财务报表中，与之相关的计价调整是否已恰当记录；确定应付职工薪酬是否已按照企业会计准则的规定在财务报表中作恰当列报。鉴于应付职工薪酬的主要特点以及可能存在的较少错误，审计人员一般会实施常用的实质性分析程序以搜集证据。分析性测试包括为了解企业的核心流程和相关财务处理所进行的前后期比较、财务与非财务信息的比较、比率分析等。如果对被审计单位连续多年接受审计，审计人员可根据以往积累的分析记录，结合有关影响因素，如职工结构的变化、职工人员的变更、季节性用工的变更、产能产量的变更以及形势变化导致用工的变化等，对本年度工薪进行分析预测。如果不能合理预测工薪，审计人员就应当详细检查其所抽取的月薪样本，发现大额或非正常的项目以作进一步调查。比如，超出正常工薪的数额、额外的工作时间以及不存在或很少的工薪扣除等。审计人员应当就未预期变化获取管理层的解释，并检查相关的文档或职工工薪记录以证实此解释。

3. **应付职工薪酬的实质性程序**

（1）获取或编制应付职工薪酬明细账，检查原始凭证中职工薪酬的计算是否准确，并将其与总分类账数、财务报表数核对相符。

（2）对本期职工薪酬执行分析程序。首先，考虑需运用分析程序的项目。审计人员应关注并分析以下项目及其变动情况：在掌握被审计单位人员变动数的基础上，分析被审计单位各部门各月工资总额是否发生大的变动，检查其变动是否在合理的范围内；比较本期与上期的工资总额变动数，检查其变动是否合理，若不合理，要求被审计单位予以解释；检查职工缴纳社会保险情况，是否存在少缴、缓缴或漏缴的情况；将人力资源部门的职工人数和工资总额与出纳所记录的人数和工资数相核对，检查二者是否一致，是否存在多报职工人数、多领工资以及私设“小金库”的问题；检查本期应付职工薪酬余额与上期余额是否有较大的变动，如果存在较大的变动，要求被审计单位予以解释。其次，确定可以接受的差异数。确立有关数据的期望标准值，并将实际值与期望值进行比较，找出差异及其存在的原因。如果差异超出正常合理的范围，则应进一步审查。最后，评价分析程序的结果。

（3）审查工资、奖金、津贴及补贴。对于工资、奖金、津贴及补贴，审计人员应注意以下几点：检查是否正确计提了工资和奖金等，工资发放是否符合国家相关规定；审查“管理费用”“销售费用”“制造费用”等科目的二级明细科目，检查是否以劳务费、差旅费、会议费、招待费等名义，套取现金，发放工资性质的福利；检查工资费用的分摊方法是否符合规定，除了因解除与职工劳动关系应给予补偿而直接计入管理费用外，其他工资费用是否计入了相应的科目，是否存在在不同科目之间转移工资费用的现象，比如，本应由产品（或劳务）成本承担的职工薪酬，却计入了在建工程，而应由在建工程负担的职工薪酬，却计入了固定资产等；检查工资发放金额和代扣款项是否正确。

（4）检查各种基金计提和支付金额是否准确，账务处理是否合理，计提依据是否充分，包括社会保险费（医疗、养老、失业、工伤、生育保险）、住房公积金、工会经费、职工教育经费是否直接在费用中列支。

（5）审查非货币性福利的发放。对于非货币性福利的发放，审计人员应注意的是：向职工提供住房补贴等是否在规定渠道列支，是否代扣代缴了各种款项；企业自产产品发放给职工的实物，是否根据该产品的公允价值，计入相关资产成本或当期损益，同时确认应付职工薪酬；对于难以认定受益对象的非货币性福利，是否直接计入当期损益和应付职工薪酬，并代扣代缴各种税款。

（6）审查辞退职工福利的发放。对于辞退职工福利的发放，审计人员应注意以下几点：对于自愿接受裁减的员工，检查接受裁减建议的职工数量、辞退补偿标准，以及提取的辞退福利负债金额是否正确；对于职工没有选择权的辞退计划，检查按辞退职工数量、辞退补偿标准计提的辞退福利负债金额是否正确；对于职工辞退工作在一年内完成，但付款时间超过一年的辞退福利，是否按折现后的金额计量，折现率的选择是否正确；检查计提辞退福利负债的会计处理是否正确，是否将计提金额计入了当期的管理费用；检查辞退福利支付凭证是否真实正确。

（7）审查职工的股份支付。对于职工的股份支付，审计人员应注意以下几点：授予职工股份后立即可行权的以现金结算的股份支付，是否在授予日以承担负债的公允价值计入了相关成本或费用；在可行权日后以现金结算的股份支付，当期公允价值的变动金额，是否计入了公允价值变动损益；完成等待期内的服务或达到规定业绩条件后才可行权的以现金结算的股份支付，在等待期内每个资产负债表日，是否以可行权情况的最佳估计为基础，按照承担负债的公允价值金额，将当期取得的服务计入成本或费用，而在资产负债表日，后续事件发生后当期可承担债务的公允价值与以前估计不同的，是否进行了调整，并在可行权日调整至可行权的实际水平；可行权日，实际以现金结算的股份支付金额及账务处理是否适当。

（8）审查资产负债表日后事项中，应付职工薪酬是否需要调整。

（9）检查应付职工薪酬（如各种工资、奖金、津贴、各种职工医疗保险等）在资产负债表中的披露是否恰当。一般来说，需要在附注中披露的信息包括：应支付给雇员的薪酬、奖金、津贴和补贴，以及期末应付未付的金额；应为职工缴纳的医疗、养老、失业、工伤和生育等保险；应为职工缴纳的住房公积金及其期末应付未付的金额；应支付的因解除劳动关系给予的补偿及其期末应付未付的金额。

思考题

1. 生产与存货循环及其审计有哪些主要特点？
2. 生产与存货循环涉及哪些主要凭证与会计记录？
3. 生产与存货循环的内部控制包括哪些主要内容？
4. 生产与存货循环的控制测试应当包括哪些程序？
5. 生产与存货循环的实质性程序包括哪些主要内容？
6. 产品成本的审计目标是什么？如何进行产品成本审计？
7. 存货计价的审计目标是什么？如何进行存货计价审计？
8. 审计人员为何进行存货截止测试？如何进行截止测试？
9. 审计人员为何应对存货进行监盘？如何实施存货监盘？
10. 应付职工薪酬的审计目标是什么？如何审查应付职工薪酬？

练习题

1. 2017 年 1 月，某审计组对 MJD 公司 2016 年度财务收支进行了审计。有关 2016 年 12 月份生产与存货循环的资料和审计情况如下：

（1）MJD 公司 2016 年 12 月份生产领用 A 材料计划成本 6 000 000 元，车间领用 3 000 000 元，该月份材料成本差异率为－2%。该公司结转发出材料计划成本时，其账务处理为：借记“生产成本”科目、“制造费用”科目分别是 6 000 000 元和 3 000 000 元，贷记“原材料”科目 9 000 000 元；结转发出材料成本差异时，其账务处理为：借记“生产成本”科目 180 000 元，贷记“材料成本差异”科目 180 000 元。

（2）2017 年 1 月，审计人员 FS 在审计 MJD 公司 2016 年 12 月份制造费用时发现，有一笔结转本月应付租金 900 000 元。经审查有关原始凭据，发现该公司当月租赁一个生产车间，租赁期 1 年，双方合同协议租赁费 1 800 000 元，进一步查询得知该公司采用五五摊销法进行账务处理。

(3) MJD公司采用计划成本进行成本的日常核算，2016年第四季度生产成本账中的记录为：10月1日余额3 000元；10月31日，借方发生额24 500元，贷方发生额25 300元，余额2 200元；11月30日，借方发生额18 100元，贷方发生额20 900元，余额600元（赤字）；12月31日，借方发生额24 600元，贷方发生额29 100元，余额5 100元（赤字）

要求：结合上述资料，代审计人员FS分析并完成下列工作：

(1) 根据"资料（1）"，指出有关记录存在的问题，并提出账务调整建议。

(2) 根据"资料（2）"，指出MJD公司存在的问题，并提出账务调整建议。

(3) 根据"资料（3）"，计算完工产品转出的成本差异额，并提出处理意见。

2. 2017年2月，某审计机构对TJB股份有限公司2016年度财务收支进行了审计。有关应付职工薪酬的资料和审计情况（部分）如下：

(1) 审计人员C和S在审查该公司工薪处理程序时，发现其有下列特点：工人加班由车间主任决定，每月由车间主任开列加班清单，直接送至财会部门；财会部门根据加班清单计算加班费，并填入工资结算单，送交出纳人员；出纳人员将每位工人的应得工资以现金装入封袋后，连同工资结算单交车间主任发放，由工人在工资结算单上签收。

(2) 审计人员C和S在审查该公司"应付职工薪酬"明细账时，发现2016年7月份计提的职工福利费是11.2万元，当月职工工资总额为40万元，职工福利费计提比例高达28%，怀疑其超比例计提了职工福利费。审计人员查阅了2016年7月份的工资结算单，在职职工工资总额与离退休人员工资总额均为40万元，同时调阅了2016年7月份计提职工福利费的第86号凭证，职工福利费为11.2万元（即80万元×14%），其账务处理是：借记"管理费用"112 000元，贷记"应付职工薪酬"112 000元。

要求：根据上述资料，分析并回答下列问题：

(1) 根据"资料（1）"，请指出TJB公司在工薪处理上可能存在的问题及发生的错误和弊端，并提出改进意见或建议。

(2) 根据"资料（2）"，请指出TJB公司有关职工福利费计提的账务处理存在的问题，并提出相应的账务调整建议。

案例题

2017年2月，某审计机构对SXC公司2016年度财务收支进行了审计。有关生产与存货循环的资料和审计情况如下：

(1) 审计人员在对SXC公司存货业务相关内部控制进行调查时了解到：生产部门负责签发订购单；财会部门负责存货的永续盘存记录；仓库保管员负责定期对存货进行盘点；存货盘盈或盘亏的处理须经审批。

(2) 审计人员于2017年2月23日实施了存货监盘程序，具体工作包括：公司成立存货盘点小组；公司独立制定盘点计划；审计人员在现场监督盘点工作按计划进行；审计人员抽查盘点记录。

(3) 审计人员实施监盘程序后发现，甲产品的盘点结果为100件，而账面记录为

80件，据公司人员解释，盘点多出的20件为代管其他公司的产品；乙产品的盘点结果为200件，与账面记录一致。

(4) 2017年1月1日至2月23日盘点时止，乙产品的完工入库数量为300件，销售发出数量为180件。

要求：根据本案例，分析并回答下列问题：

(1)“资料(1)”中，符合内部控制要求的有哪些?

(2)“资料(2)”中，监盘工作中正确做法有哪些?

(3)“资料(3)”中甲产品盘盈20件，审计人员可进一步采取的措施有哪些?

(4) 根据“资料(3)”和“资料(4)”中的情况，该公司2016年年末乙产品的实际数量应该是多少?

第 11 章

Chapter 11 采购与付款循环审计

学习目标

1. 了解采购与付款循环的主要特点。
2. 理解采购与付款循环的内部控制。
3. 掌握采购与付款循环的控制测试。
4. 掌握采购与付款循环的实质性程序。

11.1 概　　述

采购与付款循环系企业对外购置商品和劳务及付款的过程，主要涉及原材料、物料用品、加工劳务以及机器设备等固定资产的购进和价款的支付。根据财务报表项目与业务循环的相关程度，采购与付款循环所涉及的资产负债表项目主要有预付账款、固定资产、在建工程、工程物资、固定资产清理、无形资产、开发支出、商誉、长期待摊费用、应付票据、应付账款和长期应付款等。审计人员通过了解该业务循环的特点及内部控制，进行控制测试，分析和评价审计风险，拟定审计方案，进行余额和交易额的实质性程序。

采购与付款循环包括请购、订货、签订合同、验收、确认债务、付款等诸多环节，涉及业务广、相关账户多，对此审计需要花费较多的时间和人力。采购与付款循环审计所涉及的资产和负债，在企业的资产负债中占有相当的比重，管理上也存在一定的难度。因此，重视和加强采购与付款循环的审计具有重要的意义。

11.1.1　采购与付款循环涉及的主要凭证与会计记录

（1）请购单。请购单是由产品制造、资产使用等部门的有关人员填写，送交采购部门，申请购买商品、劳务或其他资产的书面凭证。请购单是证明有关采购交易的“发生”认定的凭据之一，也是采购交易轨迹的起点。请购单上应注明所要采购的物品的种类、数量及请购人。可以由不同的人员提出请购申请，例如原材料由仓库管理部门提出，物料用品由维修单位提出。

（2）订购单。订购单是由采购部门编制的并提交供应商，用来记录企业准备采购的商品和劳务的名称、种类、数量、供应商名称、付款条件、价格及其他有关资料的书面凭证，主要用于表明商品和劳务采购的批准手续，并将其送交供应商以表明采购意愿。订购单应正确填写所需采购的商品和劳务的品名、数量、价格、厂商名称和地址等，预先按顺序编号并经被授权的采购人员签名。其正联应当送交供应商，副联则送至企业内部的验收部门、应付凭单部门和编制请购单的部门。随后，应独立检查订购单的处理，以确定是否确实收到商品并正确入账。这项检查与采购交易的“完整性”认定有关。

（3）订货合同。订货合同是用来明确购置品种、规格、数量、质量、供货日期、付款条件等供需双方责任、权利的书面文件。

（4）验收单。验收单是由验收部门在收到采购的商品时填制的载明所收商品的名称、种类、数量、供应商名称、订单号以及其他资料的书面凭证。验收单要预先连续编号，以便进行有效控制。验收单是支持资产或费用以及与采购有关的负债的“存在或发生”认定的重要凭证。定期独立检查验收单的顺序以确定每笔采购交易都已编制凭单，则与采购交易的“完整性”认定有关。

（5）卖方发票。卖方发票是由卖方提供的标明买方采购商品或劳务的种类、数量、价格、运费、现金折扣条件以及开单日期的书面凭证。

（6）退货（或折让）通知单。退货（或折让）通知单是用来反映因退货或折让而减少向供应商付款金额的书面凭证。其格式与卖方发票基本相同，用于证明应付款项减项记录。

（7）付款凭单。付款凭单是用来建立正式记录、控制采购和支付债务的授权证明凭证。它既是付款凭单登记簿或采购日记账记录的基础，又是支付货款的依据。付款凭单正本须随附卖方发票、验收单和订购单副本。企业编制付款凭单，是为了实现以下控制：确定供应商发票的内容与相关的验收单、订购单的一致性；确定供应商发票计算的正确性；编制有预先顺序编号的付款凭单，并附上因交易对象不同而有所不同的支持性凭证（如订购单、验收单和供应商发票等）；独立检查付款凭单计算的正确性；在付款凭单上填入应借记的资产或费用账户名称；由被授权人员在凭单上签字，以示批准照此凭单要求付款。可见，这些控制与“存在”、“发生”、“完整性”、“权利和义务”和“计价和分摊”等认定有关。

（8）支票。支票是企业开出的支付到期账款的凭单。

（9）采购日记账。采购日记账是以付款凭单为依据，记录采购业务，并对重要的采购类别分设专栏，以及设有应付款项、商品退回（或折让）等专栏的日记账。

（10）现金和银行存款日记账。现金和银行存款日记账是记录现金和银行存款收支存业务的序时账簿。

（11）材料采购明细账和总账。材料采购明细账和总账是记录材料采购业务的明细分类账与总分类账。

（12）原材料、包装物、低值易耗品明细账和总账。原材料、包装物、低值易耗品明细账和总账是记录原材料、包装物、低值易耗品增减及余额的明细分类账与总分类账。

（13）应付账款明细账、总账及应付票据明细账、备查簿。应付账款明细账和总账是记录应付账款增减业务的明细分类账与总分类账；应付票据明细账和备查簿是用来记录应付票据款增减业务的明细分类账与备查账簿。

(14) 预付账款明细账和总账。预付账款明细账和总账是记录预付账款增减业务的明细分类账与总分类账。

(15) 卖方对账单。卖方对账单是由卖方（供应商）按月编制，标明期初余额、本期购买、本期支付及期末余额的书面单据。由于卖方对账单是卖方（供应商）对有关业务的陈述，除了对有争议的事项和时间上的差异，被审计单位的应付款项明细账余额应与卖方对账单的余额一致。

11.1.2 采购与付款循环涉及的主要业务活动

一般来说，企业应将各项职能活动分派给不同的部门或员工来完成，每个部门或员工都可独立检查其他部门和员工业务活动的正确性。采购与付款循环的主要过程大致如下：(1) 填写请购单，并编制订购单。即由仓库或其他部门等使用商品和劳务的被授权人对所需购买的商品和劳务，提出采购申请并填制请购单。企业一般按照经济业务的性质进行分级授权控制，如仓库在库存达到再订购点时可直接提出采购申请，这种适当的授权审批是控制的关键。为了取得购货折扣、降低采购成本，企业进行集中订货、招标采购是必要的。采购部门根据批准的请购单签发订购单，订购单上注明所购商品或劳务的名称、价格、数量、交货时间等，订购单应预先连续编号，并经过被授权的采购人员签名，正联送交供应商，副联送至企业内部的验收部门、应付凭单部门和编制请购单的部门。另外，还应由独立于请购、采购部门之外的其他部门检查订购单的合理性。(2) 验收商品和劳务，并确认债务。即由验收部门检查收到的商品与订购单上的项目是否一致，验证采购商品或劳务的数量和质量。验收合格后填制预先编号、一式多联的验收单，其中的一联交仓库或其他请购部门作为入账凭证，另一联送会计部门作为记录债务的依据。如果验收不合格，则不得签发验收单，而要求采购部门与供应商沟通、交涉，甚或采取进一步的措施。与此同时，应正确确认已验收商品和劳务的债务。为此，企业需正确、及时地对采购业务进行记录。应付款项记账人员在收到卖方发票时将发票上所列商品的名称、规格、价格、数量、运费等与订购单、验收单等相关凭证核对，并对合计加以复核。审核发票之后，登记采购日记账和应付款项明细账，再进行汇总、过账。(3) 处理和记录价款的支付。企业通常采用预先编号的付款凭单进行控制。在付款前，付款凭单由应付款项记账员掌管，而订购单、验收单、供应商发票作为付款凭单的支持性凭证。经审核无误，由被授权的财会人员签署支票，支票一经签署就需在付款凭单和支持性凭证上加盖印鉴或以其他方式将其注销。出纳员根据签发的支票及时登记银行存款日记账，而会计人员登记应付款项明细账。

在采购与付款循环中，有关的主要业务活动及其适当的控制程序，具体阐述如下：

(1) 请购商品和劳务。企业的仓储部门主要负责对需要购买的已列入存货清单的项目填写请购单，其他部门也可对所需购买的未列入存货清单的项目编制请购单。在大多数企业里，对正常经营所需物资的购买均有一般授权，但对资本支出和租赁合同，企业通常有其特别授权，只允许指定人员提出请购，为了便于加强控制，每张请购单必须经过对这类支出预算负责的主管人员签字批准。

（2）编制订购单。企业的采购部门在收到请购单后，只能对经过批准的请购单发出订购单。对每张订购单，采购部门应确定最佳的供应来源。对一些大额、重要的采购项目，应采取竞价方式来确定供应商，以保证供货及时、价廉物美。

（3）验收商品。企业的验收部门应比较所收商品与订购单上的要求是否相符，如商品的品名、摘要、数量、到货时间等，再盘点商品并检查有无损坏，对已收货的每张订购单编制一式多联、预先编号的验收单，作为验收和检验商品的依据。验收人员将商品送交仓库或其他请购部门时，应取得经过签字的收据，或要求其在验收单的副联上签收，以确立其对所采购资产应担负的保管责任。此外，验收人员还应将其中一联验收单送交应付凭单部门。

（4）储存已验收的商品。企业将已验收商品的保管与采购的其他职责相分离，可减少未经授权的采购和盗用商品的风险。此外，存放商品的仓储区应相对独立，限制无关人员接近。

（5）编制付款凭单。企业的应付凭单部门应在记录采购交易之前编制付款凭单，经适当批准和有预先编号的凭单，可为记录采购交易提供依据。所有未付凭单的副联应保存在未付凭单档案中，以待日后付款。经适当批准和有预先编号的凭单为记录采购交易提供了依据。

（6）确认并记录应付款项。企业应正确确认已验收货物和已接受劳务的债务，并按正确数额及时记载企业确实已发生的购货和接受劳务事项，即记录负债，该记录对企业财务报表和实际现金支出具有重大影响；与此相关的部门有责任核查购置的财产，并在应付凭单登记簿或应付账款明细账中予以记录。在收到供应商发票时，应付账款部门应将发票上所记载的品名、规格、价格、数量、条件及运费与订购单上的有关资料核对；如有可能，还应与验收单上的资料进行比较。此外，记录现金支出的人员不得经手现金、有价证券和其他资产。恰当的凭证、记录与记账手续，对业绩的独立考核和应付账款的控制是必不可少的。需要指出的是，在手工系统下，应将已批准的未付款凭单送达会计部门，据以编制有关记账凭证和登记有关账簿。会计主管应监督为采购交易而编制的记账凭证中账户分类的适当性；通过定期核对编制记账凭证的日期与凭单副联的日期，监督入账的及时性。而独立检查人员则应核对所记录的凭单总数与应付凭单部门送来的每日凭单汇总表是否一致，并定期独立检查应付款项总账余额与应付凭单部门未付款凭单档案中的总金额是否一致。

（7）付款。企业通常是由应付凭单部门负责确定未付凭单并在到期日付款，具体的款项结算则有支票等多种结算方式。

（8）记录现金、银行存款支出。企业的会计部门应根据已签发的票据编制付款记账凭证，并据以登记有关的日记账及其他相关账簿。

11.2 采购与付款循环内部控制

如果被审计单位内部控制健全、合理，审计人员则可将审计重点置于控制测试和交易的实质性程序，从而降低审计风险，提高审计效率。因此，审计人员应当了解内部控制，确认内部控制的关键环节和强点弱点，对控制风险进行初步评估，据以制定计划并进行控制测试，进而实施实质性程序。企业采购与付款循环的内部控制，包括采购循环的内部控制和付款循环的内部控制。

11.2.1 采购循环的内部控制

1. 适当的职责分离

适当的职责分离有利于防止、发现并纠正各种错误与舞弊。企业的采购循环也需要适当的职责分离。因此，企业应当建立采购循环的岗位责任制，明确相关部门和岗位的职责、权限，确保办理采购循环的不相容岗位相互分离、互相制约和彼此监督。采购循环的不相容岗位主要包括：请购与审批；询价与确定供应商；采购合同的订立与审批；采购与验收；采购、验收与相关会计记录等。具体来说，企业的采购循环业务涉及采购、验收、保管、付款、记录等多个方面，为保证采购确系企业生产经营所需并符合企业利益，收到的采购商品安全完整，应付价款及时正确地支付给供应商，采购和付款需有明确的分工，尤其是采购、验收、付款和记录应由不同的职能部门或人员负责。大宗采购要有竞争性报价，并将采购人员在各个业务环节之间进行轮换。鉴于此，企业必须进行职责分工，主要的职责分工有：（1）提出采购申请与批准采购申请相互独立，以加强对采购的控制；（2）批准请购与采购部门相互独立，以防止采购部门购入过量或不必要物资而损害企业的整体利益；（3）采购审批、合同签订、合同审核相互独立，防止虚列支出；（4）验收部门与财会部门相互独立，保证按实际收到的商品数额登记入账；（5）应付款项记账人员不能接触现金、有价证券和其他资产，以保证应付款项记录真实、正确；（6）内部检查与相关的执行和记录工作相互独立，以保证内部检查独立、有效。

2. 信息传递程序控制

企业应当建立并实施对采购循环内部控制的检查监督制度，其内容主要包括：采购循环相关岗位及人员的设置情况；采购循环授权批准制度的执行情况；应付账款和预付账款的管理情况；有关单据、凭证和文件的使用和保管情况等。建立健全采购与付款循环的内部控制，要求管理层对相关的信息传递程序严格实施有效的控制。这些控制包括：

（1）授权程序。有效的内部控制要求采购与付款循环的各个环节都必须经过适当的授权批准，主要有：企业内部建立分级采购批准制度；只有经过授权的人员才能提出采购申请；采购申请需经独立于采购和使用部门以外的被授权人批准，以防止采购部门购入过量或不必要的商品，或者为取得回扣等个人私利而牺牲企业的整体利益；签发支票需经过被授权人的签字批准，保证货款以真实金额向特定债权人及时支付。

（2）文件和记录的使用。为了满足业务审批、财产保管和便于记录的要求，需合理设计并使用各种文件和记录。收到购货发票时，企业的财会部门应将发票上所记的商品规格、数量、价格、条件及运费与订购单、验收单上的有关资料核对，相符后入账；对关键性凭证需预先编号，由经手人按编号归档保存，并由独立人员定期检查存档文件的连续性；订购单中需有足够的栏目和空间，详细反映订货的要求；需建立付款凭单制，以付款凭单作为支付货款的依据；需设置采购日记账，以及时完整地记录所有的采购业务；企业需对每一个供应商设立应付款项明细账，并与总账平行登记。

（3）独立检查。为了确保实际收到的商品符合订购要求，企业需由独立于业务经办的人员对卖方发票、验收单、订购单、请购单进行独立检查。企业应定期核对采购日记账和应付款项明细账，检查付款凭单各项目填写是否与卖方发票一致。需由专人检查采购业务形成的负债的真实性、实有数额及到期日等。企业需按月向供应商取得对账单并与应付款项明细账核对调节，发生差异时查明原因。通过对账确保债务真实正确，维护企业和债权人双方利益。此外，需检查付款凭单计算的正确性以及付款记录的及时性和正确性。由独立人员按月编制银行存款余额调节表，检查银行存款日记账记录的付款与银行对账单的一致性。定期检查采购日记账与总账、应付款项明细账与总账、银行存款日记账与总账的金额是否一致，出现差异时，应编制调节表进行调节。

3. 实物控制

企业在采购与付款循环中的实物控制包括：（1）加强对已验收入库的商品的实物控制，限制非授权人员接近存货。验收部门人员应独立于仓库保管人员，同时加强对发生的退货的实物控制，货物的退回要有经审批的合法凭证。（2）限制非授权人员接近各种记录和文件，防止伪造和篡改会计资料。尤其应注意加强对支票的实物控制，不得让核准或处理付款的人接触；对未签发的支票应确保保管安全；作废的支票予以注销或另加控制，防止重复开具支票。企业签发支票的有关控制包括：独立检查已签发支票的总额与所处理的付款凭单总额的一致性；应由被授权的财会部门的人员负责签发支票；被授权签发支票的人员应确定每张支票都附有一张已经适当批准的未付款凭单，并确定支票收款人姓名和金额与凭单内容的一致性；支票一经签发就应在其凭单和支持性凭证上用加盖印戳或打洞等方式将其注销，以免重复付款；支票签发人不应签发无记名甚至空白的支票；支票应预先顺序编号，以保证支出支票存根的完整性和作废支票处理的恰当性；应确保只有被授权的人员才能接近未经使用的空白支票。

11.2.2　付款循环的内部控制

鉴于采购和付款交易同属一个较大范围的循环，二者联系紧密，因而付款循环内部控制的原理与采购循环内部控制是相通的。

通常，企业在付款循环的内部控制方面，主要应注意以下几点：

（1）企业应按照《现金管理暂行条例》《支付结算办法》等有关货币资金内部控制的规定办理采购的付款业务。

（2）企业财会部门在办理采购的付款业务时，应严格审核采购发票、结算凭证、验收证明等相关凭证的真实性、完整性、合法性及合规性。

（3）企业应建立预付账款及定金的授权批准制度，加强对预付账款及定金的管理。

（4）企业应加强应付款项的管理，由专人按照约定的付款日期、折扣条件等管理应付款项；对于到期的应付款项，需经有关授权人员审批后方可办理结算与支付。

（5）企业应建立采购商品的退货管理制度，对退货条件、退货手续、货物出库、退货货款回收等做出明确规定，及时收回退货款。

（6）企业应定期与卖方（供应商）核对应付款项、预付款项等。如有不符，应查明原因，及时加以处理。

11.2.3 固定资产的内部控制

在企业的业务循环划分中，固定资产业务可以归属于采购与付款循环。在内部控制方面，它与一般商品采购有共性，但又因不经常发生且往往金额较大而有其特性，因而需对此稍加阐述。以工商企业为例，其固定资产在资产总额中占比通常较大，固定资产的取得会影响企业的现金流量，其折旧、维修等费用又会影响企业的损益。鉴于此，工商企业等被审计单位应当建立、健全固定资产的内部控制，其有关制度主要包括：

（1）固定资产预算。固定资产预算制度是固定资产内部控制的重要部分。通常，大中型企业应编制旨在预测与控制固定资产增减和合理运用资金的年度预算；小规模企业即使没有固定资产的年度预算，对其购建也要事先加以计划。

（2）授权批准。完善有效的授权批准制度。企业的资本性预算，只有经过董事会等高层管理机构批准方能生效，固定资产的取得和处置需经企业管理层的书面认可等。

（3）账簿记录。除了设置固定资产总账外，企业还需设置固定资产明细账和固定资产卡片，按固定资产类别、使用部门和每项固定资产进行明细分类核算。所有固定资产的增减变化，均应有充分的原始凭证。

（4）职责分工。企业应明确划分有关固定资产的取得、记录、保管、使用、维修、处置等责任，并由专门部门和专人负责。

（5）区分资本性支出和收益性支出。企业应制定明确的书面标准，以区分资本性支出与收益性支出。

（6）固定资产的处置。企业固定资产的处置，如投资转出、报废、出售等，均需经一定的申请报批程序。

（7）固定资产的定期盘点。企业应制定和实施固定资产定期盘点制度，以验证账面记载的各项固定资产是否存在、了解固定资产放置地点和使用状况，以及发现是否存在未入账的固定资产。

（8）固定资产的维护保养及定期检修。企业应制定和实施固定资产日常维护保养与定期检修制度，以防止因各种因素而导致固定资产的损失，并尽可能延长其使用寿命。

与固定资产密切相关，在建工程的内部控制也有其特殊性。在建工程的内部控制主要包括：

（1）岗位分工与授权批准。企业应进行明确、合理的分工，并有严格的授权批准制度，尤其应注意下列几点：

1）企业应建立工程项目业务的岗位责任制，明确相关部门和岗位的职责、权限，确保办理工程项目业务的不相容岗位相互分离、相互制约和彼此监督。工程项目业务不相容岗位一般包括：项目建议、可行性研究与项目决策；概预算编制与审核；项目实施与价款支付；竣工决算与竣工审计等。

2）企业应对工程项目相关业务建立并实施授权批准制度，明确审批人的授权批准方式、权限、程序、责任及相关控制措施，规定经办人的职责范围和工作要求。审批人应根据有关规定，在授权范围内进行审批，不得超越审批权限。经办人应当在职责范围内，按照审批人的批准意见办理工程项目业务。对于审批人超越授权范围审批的工程项目业务，经办人有权拒绝办理，并及时向审批人的上级授权部门报告。

3）企业应制定工程项目业务流程，明确项目决策、概预算编制、价款支付、竣工决算等环节的内部控制要求，并设置相应的记录或凭证，如实记载各环节业务的开展情况，确保工程项目全过程得到有效控制。

（2）工程项目决策控制。企业应建立并实施工程项目决策环节的内部控制制度，对项目建议书和可行性研究报告的编制、项目决策程序等作出明确规定，确保项目决策科学、合理、有效。

（3）工程项目概预算控制。企业应建立工程项目概预算环节的内部控制制度，对概预算的编制、审核等作出明确规定，确保概预算编制科学、合理、可行。

（4）工程项目价款支付控制。企业应建立工程进度价款支付环节的内部控制制度，对价款支付的条件、方式以及会计核算程序作出明确规定，确保价款支付及时、足额、正确。

（5）工程项目竣工决算控制。企业应建立竣工决算环节的内部控制制度，对有关竣工的清理、决算、审计、验收等作出明确规定，确保竣工决算真实、完整、及时。

（6）工程项目监督检查。企业应建立并实施对工程项目内部控制的监督检查制度，明确监督检查机构或人员的职责权限，定期或不定期地进行检查。监督检查的内容主要包括：1）工程项目业务相关岗位及人员的设置情况；2）工程项目业务授权批准制度的执行情况；3）工程项目决策责任制的建立及执行情况；4）概预算控制制度的执行情况；5）各类款项支付制度的执行情况；6）竣工决算制度的执行情况。

11.3　采购与付款循环控制测试

11.3.1　采购循环的控制测试

通常，根据内部控制的性质，审计人员比较容易确定控制测试的类型。比如，如果要检查所发生的采购交易是否均已记录，则控制测试需检查订购单、验收单及应付凭单连续编号是否完整。具体来说，审计人员通过查阅关于物资采购、仓库保管、付款等方面的制度文件，走访并实地观察采购部门、仓库、验收部门和财会部门等，了解企业采购与付款管理的各方面制度是否健全、手续是否完备，观察验收职责是否独立于仓库保管和记账职责，观察采购职责是否与批准采购部门、验收货物部门分离，有无分级授权采购制度，主要控制环节是否有效。一个健全有效的内部控制应该能够确保所有的采购都经过批准，能够密切跟踪长期合同，监督过度的请购并确认潜在的损失；由独立使用者检查存货请购的设计和维护；确认企业是否存在检查资产减值的程序等。在此基础上，审计人员可以抽查部分采购业务，以测试采购循环的内部控制，检查采购循环控制环节的设置与执行情况。在现实经济生活中，有些企业虚构供应商，为从来没有收到的商品付款，从而将资金转移到企业外部。因此，审计人员必须详细了解被审计单位与其供货方之间的关系，并抽查发货数量、时间和质量标准的重要合同。抽查的范围应根据重要性原则确定，而抽查的方法则是从采购业务档案中抽取订购单样本，重点审查采购物品较重要或金额较大的采购业务。

审计人员索取采购业务的各种文件资料，依照采购业务的正常程序追踪，进行相关的检查与验证。其检查与验证的内容包括：

（1）核对请购单与订购单是否一致，请购单是否经过适当的授权人批准，订购单是否连续编号。

（2）核对采购合同上确定的价格、付款日期与财会部门核准的支付条件是否一致。

（3）检查合同是否经过有关部门审查，核对卖方发票上所购物品的数量、规格、品种与合同是否一致。

（4）抽验部分付款凭单，检查其是否附有请购单、订购单、验收单，付款凭单和验收单是否连续编号，验证验收环节的有效性和计算的正确性。

（5）核对采购合同、卖方发票、验收单与入库单是否一致。

（6）检查购入材料的计价是否正确，当被审计单位采用永续盘存制核算时，则应复核计价的正确性。

11.3.2 付款循环的控制测试

审计人员在了解付款循环的基础上，可以抽查部分付款业务，以测试付款循环的内部控制，检查付款循环控制环节的设置与执行情况。通过抽查应付款项偿付业务，审计人员可以查明其付款的依据是否正确无误，付款及记录、过账是否及时，对应账户是否正确，有关现金折扣的处理是否符合规定。具体来说，付款循环的控制测试主要包括下列几点：

（1）了解应付款项记录、付款业务是否分开，了解有关凭证的传递过程；应付款项总账与明细账是否由不同人员记录；应付款项的记录人员与出纳员的职责是否分开。

（2）抽查应付款项明细账，检查应付款项各明细账向银行存款（或现金）日记账和向总分类账的过账情况，证实应付款项会计记录内部控制的有效性；检查抽取的明细账过账时所附的原始凭证，如订购单、卖方发票、验收单和已付支票，检查原始凭证的合法性、正确性以及核对原始凭证记载的金额与相关明细账的一致性，证实各有关部门内部控制的有效性。

（3）审核货款结算手续，检查应付款项明细账上金额与订购单、验收单、卖方发票是否完全一致。

（4）抽取部分支票，检查签发的支票是否有被授权人的签字，支票中各个项目与卖方发票是否一致。

（5）追查材料采购账簿、原材料账簿与银行存款日记账或应付款项账户的过账是否正确。

（6）审查现金折扣的合理性。若企业购货时的现金折扣单独记账，审计人员则可通过计算当期获得的现金折扣与进货总额的比率，并将该比率与以前各期相比较，以确定现金折扣的合理性。如果现金折扣比率显著下降，其原因可能有进货条件变更、未取得折扣或有关人员舞弊等，审计人员应对此给予应有的关注。

（7）检查应付票据内部控制。审计人员可以走访观察应付票据记录与业务经办是否独立，职责分工是否合理。签发票据、记录、付款有无仅一人负责的情况。如果票据仅由一人签发或名义上虽为两人而实际上其中一人已预先在票据上盖章，或将其印章交由有权签发票据的另一人代办，审计人员应对此特别注意。审计人员也可以抽查部分作废的、退回的票据，查明是否予以注销，是否编号保存。审计人员还可以了解应付票据总账与明细账是否定期核对，并且与债权人提供的有关记录相调节。

对每项采购与付款业务，审计人员都应该取得适当批准的证据，纸质文件可通过签字进行控制，计算机系统则可通过“限制进入”和“例外报告”实施控制。对这些控制的测试，可以在审计人员对数据处理控制进行全面审核时实施，而且通过对采购与付款申请的特别测试可以补充相应的测试。比如，审计人员可能审核进入日志，以确定是否存在未经授权的进入样本存在。

由此可见，审计人员在实施控制测试时，针对前已述及的该循环所涉及主要业务活动中的前几项，可分别抽取请购单、订购单和验收单，检查请购单和订购单是否得到适当审批，验收单是否有相关人员的签名，以及订购单和验收单是否按顺序编号等。至于编制付款凭单、确认与记录应付款项这两项主要业务活动，被审计单位的内部控制通常要求应付账款记账员将采购发票所载信息与验收单、订购单进行核对，核对相符应在发票上加盖“相符”印戳。因此，审计人员在实施控制测试时，可以分别抽取订购单、验收单和采购发票，检查所载信息是否核对一致，发票上是否加盖了“相符”印戳。对于付款这项主要业务活动，有些被审计单位内部控制要求，由应付账款记账员负责编制付款凭证，并附相关单证，提交会计主管审批；在完成对付款凭证及相关单证的复核后，会计主管在付款凭证上签字，作为复核证据，并在所有单证上加盖“核销”印戳。因此，审计人员在实施控制测试时，应抽取付款凭证，检查其是否经由会计主管复核和审批，并检查款项支付是否得到适当人员的复核和审批。

11.3.3　固定资产的控制测试

就被审计单位的固定资产而言，审计人员在实施控制测试时应注意下列几点：

（1）审计人员应检查固定资产投资预算及可行性项目论证报告，查明是否编制预算并进行论证，以及是否经适当层次审批；对实际支出与预算之间的差异以及未列入预算的特殊事项，应检查其是否履行了特别的审批手续。如果固定资产的增减均有健全有效、经过批准的预算控制，审计人员则可适当减少有关实质性程序的工作量。

（2）除了应检查被审计单位固定资产授权批准制度是否完善，审计人员还应检查固定资产请购单及相关采购合同，查明是否得到适当审批和签署以及授权批准制度是否切实得到执行。

（3）审计人员应检查固定资产的账簿记录制度，查明是否设置一套完善的固定资产明细分类账和登记卡，以便于分析固定资产的取得和处置、复核折旧费用和修理支出的列支等。

（4）审计人员应检查固定资产的职责分工制度，查明有无明确的职责分工制度，防止错误与舞弊，降低审计风险。

（5）审计人员应检查企业是否遵循会计准则的要求合理区分资本性支出与收益性支出，这种区分是否适应被审计单位的行业特点和经营规模，并抽查实际发生与固定资产相关的支出时是否按照该种区分进行恰当的会计处理。

（6）审计人员应关注被审计单位是否建立了有关固定资产处置的分级申请报批程序；抽取固定资产盘点明细表，检查账实之间的差异是否经审批后及时处理；抽取固定资产报废单，检查报废是否经适当批准和处理；抽取固定资产内部调拨单，检查调入、调出是否已进行适当处理；抽取固定资产增减变动情况分析报告，检查是否经复核。

（7）审计人员应了解和评价企业的固定资产定期盘点制度，并应注意查询盘盈、盘亏固定资产的处理情况。

（8）审计人员应抽取固定资产保险单盘点表，检查是否已办理有关保险及其合理性。

此外，企业的在建工程与固定资产密切相关。对在建工程实施控制测试时，审计人员应进行的工作主要包括：

（1）审计人员应检查工程项目业务相关岗位及人员的设置情况，查明是否存在不相容职务混岗的现象。

（2）审计人员应检查工程项目业务授权批准制度的执行情况，查明重要业务的授权批准手续是否健全，是否存在越权审批的行为。

（3）审计人员应检查工程项目决策责任制的建立及执行情况，查明责任制度是否健全，奖惩措施是否落实到位。

（4）审计人员应检查工程项目概预算控制制度的执行情况，查明概预算编制的依据是否真实，是否按规定审核概预算。

（5）审计人员应检查与工程项目有关的各类款项支付制度的执行情况，查明工程项目款、材料设备款及其他费用的支付是否符合相关法规、制度及合同的要求。

（6）审计人员应检查工程项目竣工决算制度的执行情况，查明是否按规定办理竣工决算、实施决算审计。

在上述控制测试的基础上，审计人员应明确本业务循环的审计目标，并围绕审计目标收集充分、适当的审计证据，从而需要实施采购与付款循环的实质性程序。

11.4 采购与付款循环实质性程序

采购与付款循环的实质性程序，与企业的内部控制目标直接关联，可作为证明具体审计目标的证据，其主要目的在于确定循环业务中与该具体控制目标有关的金额是否正确。虽然它与关键的内部控制及常用的控制测试没有必然的关系，但有关交易的实质性程序的性质、时间和范围，在一定程度上取决于关键的内部控制是否存在和控制测试的结果。在确定交易的实质性程序时，有些程序可普遍运用，而有些程序则应视企业内部控制的健全有效程度而定。

在审计实务中，审计人员应重点关注被审计单位采购与付款循环的重大错报风险。企业采购与付款循环的重大错报风险通常是低估费用和应付账款，从而高估利润，粉饰财务状况。因此，审计人员应实施实质性程序。比如，对收到的采购商品和实际付款实施截止测试，以获取交易是否已被计入正确的会计期间的证据；又如，企业将采购的商品（资产）错误地分类，对本应资本化的予以费用化，或对本应费用化的予以资本化，这将影响企业的利润和资产或负债，这是采购与付款循环的另一项重大错报风险。此外，对于企业采购与付款循环中的付款交易，审计人员还应关注被审计单位是否存在未经授权或无效的付款，是否将应计入费用的付款有意无意地冲销了不相关的应付账款。

审计人员针对重大错报风险实施实质性程序，就是为了获取关于发生、完整性、准确性、截止、存在、权利和义务、计价和分摊、分类等多项认定的审计证据。为此，审计人员应检查管理层通常用于控制费用和应付账款的关键业绩指标，以识别重要类别的采购交易和应付账款余额；将有关资产或负债项目的期初余额与以前年度工作底稿核对相符；复核管理层对主要费用和负债项目，如采购支出、资产修理与维护支出、应付账款等出现的异常情况采取的措施；将期末余额或本期发生额与总账核对相符。在此基础上，审计人员可对采购与付款循环实施实质性程序，即实质性分析程序和细节测试。

11.4.1　实质性分析程序及细节测试

就实施采购与付款循环的实质性分析程序而言，审计人员通常进行的工作（程序）包括：

（1）了解被审计单位的经营活动、供应商的背景沿革以及行业惯例，确定应付账款和费用支出的期望值。

（2）将本期的应付账款余额组成与以前期间交易水平及预算相比较，确定采购商品和应付账款可接受的重大差异额。

（3）识别需要进一步调查的差异，并调查异常数据关系，诸如零余额的主要供应商、与周期趋势不符的费用支出等。这类程序通常包括：

1）观察月度（或每周）已记录采购总额趋势，与以前期间及预算相比较。对发现的任何异常波动，审计人员都必须与管理层讨论，如有必要，还应做进一步的调查。

2）将实际毛利与以前期间及预算相比较。如果被审计单位以不同的加价销售产品，则需要将相似利润水平的产品分组进行比较。对于任何重大的差异，审计人员都需要进行调查，因为毛利可能由于销售额、营业成本的错误而被歪曲，营业成本的错误又可能是受采购记录的错误影响。

3）计算记录在应付账款方面的赊购天数，并将其与以前年度相比较。超出预期的变化可能是由诸如未记录采购、虚构采购记录或截止问题等因素造成的。

4）检查常规账户和付款。比如，租金、电话费和电费等日常发生的费用，通常是按月支付的。通过检查常规账户和付款，可以确定已记录的所有费用及其月度变动情况。

5）检查异常项目的采购。例如，大额采购，从不经常发生交易的供应商处采购，以及未通过采购账户而是通过其他途径记入存货和费用项目的采购等。

6）检查付款记录和付款趋势，以发现无效付款或金额不正确的付款。比如，审计人员通过查找并调查金额偏大的异常项目，可能发现重复付款或记入不恰当应付账款账户的付款。

（4）通过询问管理层和员工，来调查实质性分析程序得出的重大差异额是否表明存在重大错报风险，是否需要设计恰当的细节测试程序以识别和应对重大错报风险。

（5）判断和分析实质性分析程序是否能够提供充分、适当的审计证据，或需要对交易和余额实施细节测试以获取进一步的审计证据。

就实施采购与付款交易和相关余额的细节测试来说，当出现以下情形时，审计人员通常应考虑对采购与付款交易和相关余额实施细节测试：

（1）重大错报风险评估为高，如存在非正常的交易，包括在期末发生对账户的非正常调整和缺乏支持性文件的关联方交易等。

（2）实质性分析程序显示出未预期的趋势。

（3）需要在财务报表中单独披露的金额或很可能存在错报的金额，如差旅费、修理和维护费、广告费、咨询费等。

（4）对需要在纳税申报表中单独披露的事项进行分析。

（5）需要为有些项目单独出具审计报告，比如当被审计单位需向国外特许权授予方支付特许权使用费时，有可能存在这种需要。

1. 交易的细节测试

交易的细节测试是从业务流程的主要交易中选取样本，检查其支持性证据，并对主要交易实施截止测试。

（1）从被审计单位业务流程层面的主要交易中选取样本，检查其支持性证据。从采购和付款循环记录中选取样本，包括：检查支持性的订购单、商品验收单、发运凭证和发票，追踪至相关费用或资产账户以及应付账款账户；必要时，检查其他支持性文件，如交易合同条款；检查已用于付款的支票存根或电子货币转账付款证明以及相关的汇款通知。如果付款与发票相对应，则可检查相关供应商发票，并追踪付款至相关的应付账款或费用账户。

（2）对主要交易实施截止测试。其中，采购交易的截止测试包括：选择已记录采购的样本，检查相关的商品验收单，保证交易已计入正确的会计期间；确定期末最后一份验收单的顺序号码并审查代码报告，以检测记录在本会计期间的验收单是否存在更大的顺序号码，或因采购交易被漏计或错误计入下一会计期间而在本期遗漏的顺序号码。付款交易的截止测试包括：确定期末最后签署的支票号码，确保其后的支票支付未被作为本期的交易加以记录；追踪付款至期后的银行对账单，确定其在期后的合理期间内被支付；询问期末已签署但尚未寄出的支票，考虑该项支付是否应在本期冲回，计入下一会计期间。至于寻找未记录的负债的截止测试则包括：确定被审计单位期末用于识别未记录负债的程序，获取相关交易已计入应付账款的证据；复核供应商付款通知和供应商对账单，获取发票被遗失或未计入正确的会计期间的证据；询问并确定在资产负债表日是否应增加一项应计负债；调查关于订购单、商品验收单和发票不符的例外报告，识别遗漏的交易或计入不恰当会计期间的交易；复核截至审计外勤结束日记录在期后的付款，查找其是否在年末前发生的证据；询问审计外勤结束时仍未支付的应付账款；检查在建工程的承建方的证明或质量监督报告，以获取存在未记录负债的证据；复核资本预算和董事会会议纪要，获取是否存在承诺和或有负债的证据。

2. 余额的细节测试

余额的细节测试是复核付款通知并对账，以获取相关证据，或通过供应商来证实。

（1）复核供应商的付款通知，与供应商对账，获取发票遗漏、未计入正确的会计期间的证据。询问并检查对收费存在争议的往来信函，确定在资产负债表日是否应增加一项应计负债。

（2）在特殊情况下，审计人员需决定是否应通过供应商来证实被审计单位期末的应付款项余额。当然，这种情况通常只有在被审计单位对采购与付款交易的控制出现严重缺失，有关记录被毁损时，或者在怀疑存在舞弊或会计记录在火灾或水灾等自然灾害中遗失时才会发生。

采购与付款循环的审计，主要是针对应付款项（如应付账款、应付票据等）和固定资产进行审查，至于存货审计已在“生产与存货循环审计”一章中阐述。

11.4.2　应付款项的审计

与应收款项审计不同，应付款项审计主要是为了查明债务入账的完整性，审查有无隐匿负债或利用应付款项调整利润的情况。应付款项的审计目标是：（1）检查应付款项总体的合理性，即对记录的应付款项和预付账款金额在总体上的正确性进行估计，通过分析应付款项和预付账款的变动情况以确定其合理性，进而判断高估资产或低估负债的可能性，以便确定审查重点；（2）查明采购业务所形成负债的真实性和完整性，即证实账面记录的应付款项等负债记录的金额为实际发生的金额，确认其是否确实存在并已全部记录，有无少记、漏记、延期记录或虚设偿还记录，凭空贷记负债业务，从而造成财务状况和经营成果不真实；（3）确认分类的正确性，即确认应付款项等分类是否符合会计准则的规定，是否经过正确分类，并正确记录于相应的账户；（4）证实采购与付款截止期的正确性，即通过对决算日前后的有关记录进行截止测试，以确定决算日前后发生的采购与付款业务是否恰当地记录在所属的会计期间；（5）确定与采购商品相关的负债项目在财务报表中披露的恰当性和正确性，即审核列示于财务报表中的有关项目，验证应付款项等项目的汇总数以及记录的金额是否正确，以确定其在财务报表中披露的恰当性与正确性。

对于应付款项的审计，审计人员应进行的工作主要包括：

1. 审计人员应检查应付款项期末余额，并抽查应付款项明细账

（1）审计人员应取得或编制应付款项明细表。如果应付款项明细表由被审计单位编制，审计人员应对以下内容进行审核：审核应付款项明细表的数字计算是否正确并已和总分类账相互调节，查明二者是否相符，如果不符应查明原因；审核应付款项明细表上应付款项的分类是否正确，有无不应记入的负债记录在应付款项账户；审核应付款项明细表上有无过期未付的债务，如果存在应查明原因；将编制的或审核无误的应付款项明细表与财务报表中应付款项的数额相核对，验证财务报表中应付款项与其明细记录是否一致，如果不一致应查明原因。不仅如此，审计人员还应揭示应付款项期末余额的变动是否合理。为此，审计人员可运用分析程序，具体包括：将本期各主要应付款项账户与上年比较，分析其波动原因；将本期外购商品、材料物资或劳务的有关成本费用账户金额与上年比较，判断应付款项增减变动的合理性；对应付款项与采购金额、应付款项占当年流动负债等比率进行对比分析，评价应付款项整体的合理性，如果发现不合理的情况则应在其他环节加强控制和审核；分析长期挂账应付款项的原因，判断被审计单位的偿债能力及是否利用应付款项隐匿收入等。

（2）审计人员应进一步查明应付款项期末余额的真实性。在审计实务中，审计人员可运用抽样方法进行核实。测试的样本量很大程度上取决于应付款项的重要性、未清偿账户的数量、以前年度的审计结果以及内部控制的健全有效程度，而测试的总体可以是应付款项明细账的账户总数，也可以是在财务报表编表日所有应付款项均在年末后付清的情况下的决算日后一定期间的所有货币资金支出业务。如果以应付款项明细账为总体进行抽样审查，当出现以下情形之一时，应审查总体所有项目：应付款项账户数较少；抽样结果表明误差很大，无法接受总体；应付款项明细账余额加总与总账余额不符，或者发现有其他重大错误。若抽样审查有困难，可将以下的应付款项明细账作为重点进行审查，以查明应付款项的真实性、完整性和合法性等：应付款项明细账贷方发生额较大或账面余额累计数较大的账户；应付款项明细账余额长期未能结清的账户；积欠已久而突然全部结清的账户；同一账户应付、已付的业务发生频繁的账户；应付款项明细账未标明欠款单位或欠款单位不明确的账户；应付款项明细账账面余额很小且长期没有变动的账户；没有月结单可供核对的账户；具有特殊交易的账户；提供资产担保的账户；关联单位的账户。

（3）审计人员应将抽取的或重点审查的应付款项明细账，与其原始凭证及有关附件进行核对，以查明应付款项的真实性、正确性。

2. 审计人员应函证应付款项，被审计单位或审计人员应相应地调节应付款项数额

（1）审计人员应证实应付款项的实有数额。一般来说，如果被审计单位付款的内部控制存在缺陷，又无卖方（供应商）对账单可供审核，为证实应付款项的实有数额，审计人员应向企业的采购部门索取本期卖方（供应商）一览表，确定函证对象并对有关应付款项账户进行函证。审计人员应当进行函证的账户包括应付款项金额较大、欠账时间较长的账户；账证不符、余额为零、往来频繁、变动很大的账户；其他有代表性的账户，比如与被审计单位正常业务无关的异常项目的账户等。需要指出的是，有些企业通常在应付款项方面实施舞弊，大多以漏记赊购业务为主，其目的是低估应付款项，因而进行函证不能完全查明未入账的应付款项，但函证仍是一项必须执行的审计程序。审计人员在收到债权人函证回函时，应将其记录于审计工作底稿，并与企业应付款项数额相核对，如果不符应查明原因。当然，有的差异是由未达账项、在途货物、账务处理不及时等所致，有的差异可能是由其他原因造成的，审计人员对此应审查有无凭证和相关资料，以作进一步核实。比如，函证应付款项时，被审计单位无法提供债权人确切的单位和地址，则可能存在诸如为逃税或截留利润而将收入转至应付款项账户等舞弊问题。

（2）审计人员应复核对账单或调节应付款项，并区分在途货物与未作记录的货物。被审计单位应每月从各卖方（供应商）处取得对账单，并与应付款项各明细账进行核对和调节。在审查应付款项时，如果企业已按要求对应付款项进行了调节，审计人员只需复核各月对账单并确定被审计单位的调节是否正确即可；如果企业未对应付款项进行调节，审计人员应执行这一程序，并亲自进行调节。调节卖方（供应商）的对账单时，常见的差异是卖方（供应商）已经入账并发出货物，但企业（采购方）没有收到货物也没有入账，即存在在途货物。对此，审计人员应单独列表予以反映，以区别于企业的那些已验收入库而为了低估负债未作记录的货物。

(3) 审计人员应审查应付款项与其他应付款的划分是否正确，查明有无将其他应付款记入应付款项，同时审查其他应付款。在被审计单位的财务报表中，应付款项应根据“应付账款”、“应付票据”和“预付账款”所属明细科目期末贷方余额的合计数填列，并与其他流动负债分别列示；而付息债务，则不能列入应付款项，应根据其业务分别列作企业的应付债券或银行借款。企业因付款后退货、重复付款、多付账款、预付货款、记账或过账错误等导致某些明细账户借方余额较大时，审计人员应编制重新分类的分录，将付款后退货、重复付款、多付账款、预付货款等原因导致的借方余额在财务报表中列为资产，而不应抵销其他账户的应付款项贷方余额；至于以担保资产形成的应付款项，则应在财务报表附注中予以反映，并对担保资产加注对照索引。

3. 审计人员应查明被审计单位未列报或未入账的应付款项，检查披露的正确性与恰当性

在审计实务中，查明未记录的应付款项业务较核实已记录的业务困难得多，但审计人员仍必须执行这一程序，因为应付款项审查的主要目的是防止企业低估负债。对于企业来说，应付款项最终是要清偿的，即使在应付款项发生时不入账，支付货款时也要入账。因此，审计人员可以在决算日之后对有关支出业务进行审查，以查明有无未入账的应付款项，也可以通过审查决算日之前的有关原始凭证来达到审计的目的。

(1) 审查决算日以后货币资金支出的主要凭证。审查决算日之后一定期间内的支出业务，其目的在于查明会计期间结束后的支出业务，是否确实为了清偿决算日的负债，有关支出业务是否为付清当期货款。比如，企业已将支票备妥，但在决算日之前仍未发出，审查发现企业的会计分录为借记“应付账款”，贷记“银行存款”。实际上，这笔分录和未发出的支票并不表示企业已经支付账款，企业的目的显然是为了减少财务报表中应付款项的数额。为了真实反映决算日的财务状况，企业应当对此类错误另作分录予以转回。审计人员通过核对支出业务与应付款项明细表，或者追踪至应付款项账户，即可查明应付款项是否入账。

(2) 审查决算日后若干天的购货发票。审计人员通过审查购货发票的日期，并核查相应的收货记录，可以查明其入账时间是否正确以及有无推后截止期等情况。

(3) 审查决算日之前发出的验收单。决算日以前已经签发的验收单，表明企业已经收到相应的商品（物资），与此相关的负债应反映在该会计期间的应付款项账户中。审计人员从年末前发出的验收单追踪到应付款项账户，可以查明该项负债是否反映在应付款项中。

(4) 审核卖方对账单，追查应付款项明细表。如果卖方（供应商）对账单的数据比较完整，并标明企业（采购方）的未付账款余额，审计人员则可据此追查至相关的应付款项明细表，或者函证那些余额为零的应付款项项目，以查明有无未入账的负债。

(5) 审核决算日后一定期间（如数周）内的应付款项账单及原始凭证，查明是否属于本期应计负债。

(6) 查明企业有无未入账应付款项。如果原始凭证标明日期所属的会计期间与相关业务的负债入账期间不同，则应付款项属于漏计或未计入恰当会计期间的负债。对此，审计人员可结合商品（物资）和劳务费用等业务进行审查，以确定有无未入账负债，并应将发现的未入账应付款项记录于审计工作底稿。

11.4.3 固定资产的审计

在进行固定资产审计时，审计人员应注意审查被审计单位的管理层有无利用固定资产账户操纵利润的情况，包括通过改变预计使用年限和净残值调整折旧额；将费用支出资本化；将融资租赁记为经营租赁；资产过时或减损、资产处置的记录不完整；隐藏资产或负债，形成表外资产或负债等。

固定资产的审计目标是：(1) 审查固定资产的真实性和完整性。固定资产通常价值较高，其对企业资产价值的影响较大，审计人员应查明固定资产的实际数量与其价值是否相符、账面数额是否真实，所有固定资产及其发生的金额是否均已记录于有关账户，是否存在遗漏。(2) 查验固定资产的所有权。审计人员应审查和确定财务报表中列示的固定资产及其金额是否均为企业所有，是否包括租入、代管或已抵押出让等企业并无产权的固定资产。(3) 确认固定资产分类、计价及折旧的正确性。审计人员应审核并证实企业的固定资产是否按照有关规定正确分类并设立相应的明细账进行核算与管理，其入账价值、增减存计价以及记录的金额是否正确，选用的折旧方法是否符合有关要求以及有无任意变动、折旧的计算是否正确等。(4) 审核固定资产增减变动业务的合法性。审计人员应对企业生产经营中各项固定资产的增减变动业务进行审核，查明其是否合法，并确保记录的交易符合有关规定。(5) 确定固定资产等项目在财务报表中披露的恰当性，即审核列示于财务报表中的固定资产等有关项目，以确定其在财务报表中披露的恰当性。

对于固定资产的审计，审计人员应进行的工作主要包括以下内容。

1. 审计人员应检查固定资产的分类及变动趋势

(1) 审计人员应编制或取得固定资产及累计折旧分类汇总表。固定资产及累计折旧分类汇总表，也称一览表或综合分析表（如表11-1所示），用以反映固定资产的期初余额、本期增加、本期减少、期末余额，以及折旧方法、折旧率、期初折旧余额、本期增加折旧、本期减少折旧、期末折旧余额等，它是有关固定资产及累计折旧审计的重要工作底稿。

表11-1 固定资产及累计折旧分类汇总表

年 月 日

编报人： 日期：

被审计单位： 复核人： 日期：

固定资产类别	固定资产				累计折旧					
	期初余额	本期增加	本期减少	期末余额	折旧方法	折旧率	期初余额	本期增加	本期减少	期末余额
合计										

该汇总表包括固定资产与累计折旧两部分，应按照固定资产类别分别填列。需要说明的是，对表中的“期初余额”栏，审计人员应分别以下三种情况审查期初余额并据以填列：1) 在被审计单位首次接受审计的情况下，由于被审计单位以往未经过审

计，审计人员应对其期初余额进行较全面的审计，尤其是当被审计单位固定资产数量多、价值高、在资产总额中占比大时，更应全面审查被审计单位所有重要的有关的借方、贷方记录；2）在被审计单位连续接受审计的情况下，审计人员应注意将其与上期审计工作底稿中的期末余额审定数核对相符；3）在被审计单位变更审计机构的情况下，后任审计人员应查阅前任审计人员有关的工作底稿。

（2）审计人员应检查固定资产分类是否正确，复核其加计的正确性。审计人员应将固定资产及累计折旧分类汇总表与有关的明细账、总分类账、财务报表相核对，以查明它们之间是否相符，如果不符应查明原因，并予以调整。

（3）审计人员应通过分析有关比率及有关项目变动趋势，确定固定资产和折旧业务是否真实、账务处理是否正确、固定资产及折旧变动是否合理。常用的比率和变动项目及其分析包括：

1）将固定资产总额除以全年总产量的比率与以前年度相比较，以查明有无业已减少的固定资产未在账面上予以注销、有无闲置的固定资产等。

2）将本年度固定资产的增减数额与以前年度相比较，以查明有无差异、产生差异的原因及其合理性等。

3）将本年度与以前年度、本年度各个月份的修理费用相比较，以确定资本性支出和收益性支出的区分是否正确、有无混淆这两类支出等。

4）将本年度计提折旧额除以固定资产总额的比率与上年度相比较，以确定本年度折旧额的计算是否正确，并查明分类折旧的计算有无错误等。

5）将各年度固定资产保险费相比较，以查明其变动有无异常，如有异常变动应分析原因及其合理性。

2. 审计人员应审查固定资产的入账价值及其正确性

按照现行会计准则及制度规定，企业的固定资产应当按成本进行初始计量。对固定资产入账价值的审查，就是要查明固定资产取得的实际成本是否真实、正确。由于企业取得固定资产的渠道与方式不同，其实际成本的确定与构成内容也不同。因此，审计人员应根据不同的情况，进行具体的审查。

对于购入的固定资产，审计人员应审查其入账价值是否按实际支付的买价、相关税费和使固定资产达到预定可使用状态前所发生的可归属于该项资产的运输费、装卸费、安装费和专业人员服务费等记账，有无将包装费、运杂费或安装成本挤入生产成本或管理费用中，从而混淆固定资产成本与生产成本界限等情况。

对于自行建造的固定资产，审计人员应审查其入账价值是否按照建造过程中实际发生的全部支出记账，有无将固定资产建造过程中发生的料、工、费挤入生产成本，或者将日常生产经营中发生的料、工、费挤入固定资产价值中，从而造成固定资产价值不正确以及当期损益不真实等情况。具体来说，审查的内容主要包括：

（1）建造固定资产物资的审查。企业购入为工程准备的物资，应通过“工程物资”科目核算。审计人员应审查工程物资是否确实存在，查明其与账面记录是否一致等。

（2）预付工程价款的审查。企业出包工程，按规定可以预付承包单位工程价款，工程完工收到承包单位账单时，再补付或补记工程价款。对预付工程价款的审查，主要包括：出包工程是否合法，即审查是否履行招标程序，查明出包工程有无违法行为；预付工程价款及支付是否合规，即审查实际支付的预付工程价款是否与合同规定的比例相符，是否与工程的进度以及占全部工程款的比例相适应；预付工程价款支付手续是否健全，即审查承包方收到预付工程价款后是否出具了正式的收据，收据的内容、数字是否正确，预付工程款是否存在；工程完工后结算是否正确，即审查工程完工后承包单位送来的账单，检查工程价款的计算是否合理、正确，确定需要补付或补记的工程价款；企业是否及时作了正确的账务处理，披露是否适当等。

（3）自行建造固定资产成本的审查。企业自行建造固定资产、改扩建固定资产、安装固定资产以及固定资产大修理发生的各项支出均应通过“在建工程”和“固定资产”科目核算。企业建造固定资产在试运转过程中所取得的收入扣除税金后抵减建造固定资产开支，其净支出即为建造固定资产成本。对此的审查主要包括：1）建造固定资产各项支出的合法性。企业建造固定资产所领用的物资、工人的工资、使用的本企业产品、辅助生产部门为其提供的水、电、设备安装、修理、运输等费用，以及工程进行试运转所发生的费用等，均应计入建造固定资产成本。审计人员应根据固定资产各有关明细账及相关凭证，审查各项开支是否合法，有无将不属于建造固定资产的一些开支挤入了固定资产成本，或将建造固定资产开支列入生产成本等情况。2）建造固定资产借款利息处理的合规性。对此，审计人员应注意审查企业发生的工程借款利息，如系固定资产尚未达到预定可使用状态之前的，则应计入固定资产造价。3）建造固定资产试运转过程中收入处理的完整性。审计人员应注意审查建造固定资产试运转中各项收入是否全部入账，有无收入不入账等情况，是否将收入扣除税金后冲减了工程成本，账务处理是否正确等。

（4）建造固定资产期末余额的审查。建造固定资产的期末余额，系尚未达到预定可使用状态的实际支出，以及尚未使用的工程物资的实际成本。对此，审计人员应按照“在建工程”和“固定资产”各明细科目所反映的内容分别审查，以确认其真实性、正确性，并确定建造固定资产减值准备是否适当，计提依据是否充分，账务处理是否正确。

（5）工程项目决算的审查。无论出包工程还是自行建造工程，工程完工都需编制竣工决算，并据以转入企业的固定资产。对工程项目决算，审计人员应主要审查：各项费用开支是否遵守了预算定额标准，资金的使用是否经济合理，有无弄虚作假及损失浪费等现象；项目完工的工作量是否符合要求，主要设备、辅助设备以及应有零部件是否齐全；工程价款的计算方法是否符合标准，计算数额是否正确；完工验收情况是否达到了预期标准；产权关系是否明确等。

（6）借款费用的审查。审计人员应注意审查企业借款费用的账务处理是否正确，已经计入固定资产价值的借款费用是否符合资本化的条件，有无将不应资本化的借款费用计入固定资产价值，资本化的借款费用金额是否正确等。

对于其他单位投资转入的固定资产，审计人员应审查其入账的价值是否按评估确认或者合同、协议约定的价值记账，合同、协议约定价值是否公允，有无影响固定资产价值正确性以及投入资本真实性的情况等；对于融资租入的固定资产，审计人员应审查其入账价值是否按租赁协议确定的设备价款、运输费、途中保险费、安装调试等支出记账，有无将规定的费用项目漏记、错记或多记，以及混淆经营租赁与融资租赁界限的情况等；对于在原有固定资产基础上进行改建、扩建的固定资产，审计人员应审查其入账价值是否按原有固定资产账面原值，减去改建、扩建过程中发生的变价收入，加上由于改建、扩建而增加的支出记账，有无将改建、扩建期间发生的料、工、费与生产成本或管理费用相混淆，或将改建、扩建中发生的固定资产变价收入不入账的情况等；对于接受捐赠的固定资产，审计人员应审查其入账价值是否按照同类资产的公允价值或根据所提供的有关凭证记账，同时包括在接受固定资产时发生的各项费用，有无未按同类资产的市场价格或所提供的有关凭证记账而仅仅是人为估计的结果，同时将接受固定资产时发生的一些费用计入管理费用，或者将企业的一些其他开支计入接受捐赠的固定资产价值的情况等；对于盘盈的固定资产，审计人员应审查其入账价值是否合理估价，有无随意估计价值的情况等；对于企业为取得固定资产而发生的借款利息支出和有关费用，以及外币借款的折合差额，审计人员应注意审查其在固定资产达到预定可使用状态之前发生的，是否计入了固定资产的价值，而在固定资产达到预定可使用状态之后发生的，是否计入了当期损益。

3. 审计人员应审查固定资产的增减变动及结存情况

（1）核查固定资产的真实性。审计人员通过监盘可以证实各项固定资产是否确实存在。一般来说，对房屋、建筑物等固定资产，可以重点抽查验证；对安装使用设备，可以在小范围内抽查验证；对可移动的固定资产，则需在较大范围内抽查验证。在实施监盘前，应将固定资产明细账与固定资产卡片相核对，以做到账卡相符。具体清查时，既要注意核查固定资产是否完整存在，如主机、辅机、应有的备件是否齐全，又要注意审查固定资产的维护保养情况，鉴定其新旧程度与账面记录是否一致，必要时请专家对其实际价值进行估价。在进行监盘后，应深入调查盘盈、盘亏的固定资产，如发现有因凭证手续不全所造成的账外资产则应补记入账，而对盘亏的固定资产，则要查明原因并进行必要的账务处理。

（2）查验固定资产的所有权。对实存于企业的固定资产，审计人员需收集诸如发票、契约、产权证明书、财产税单等各种凭证，以确定固定资产确实为企业所有。在初次审计中，审计人员需收集足够的证据，证明企业固定资产的归属，并将有关凭单复印件存入审计的永久性档案中。有的企业各项记录健全，相关购买合同、发票以及证明所有权的各种证据大都可在有关档案资料中找到，但有的企业因机构变动、人员变更、制度变化等可能会发生证据不充足或资产移动放置错误等情况，审计人员需要采取通过各种方法搜集证据，以查明资产的所有权归属及抵押情况。当再次审计时，审计人员仍要查验固定资产的所有权，所采用的方法可与初次审计有所不同。比如，可根据内部控制情况抽取一部分资产记录与资产本身进行查对，尤其是对记录中的一些增减项目进行查对。

（3）审查新增、减少的固定资产。企业新增固定资产，在账务处理上都应借记“固定资产”科目，但因其来源渠道不同，其所对应的贷方会计科目也不同。审计人员应注意审查以非现金资产抵债或以应收债款换入的固定资产和以非货币性交易换入的固定资产，是否按照会计准则的规定进行了账务处理。对减少的固定资产进行审查时，应调阅和分析涉及减少固定资产项目的明细账和会计凭证，按固定资产减少的不同情况，分别进行审查。针对报废的固定资产，应审查其是否达到规定的使用年限，报废后的固定资产残值是否及时收回入库，报废固定资产净损失的计算是否正确，是否按规定计入了营业外支出，如属于提前报废的固定资产还应查明原因。对于出售的固定资产，应审查其出售价值是否合理，查明有无借职务之便以出售固定资产为名谋取私利的行为，固定资产出售后是否进行了正确的账务处理。至于盘亏的固定资产，应审查企业是否及时进行了正确的账务处理。

（4）审查融资租赁的固定资产。对企业融资租赁的固定资产，审计人员应主要审查：租赁合同是否合法、合规，手续是否完备；固定资产的计价是否正确，买价、运杂费、途中保险费、安装费、竣工验收前利息费等是否按规定计入固定资产价值；是否按合同规定，按期支付租金，支付租金时的账务处理是否正确；是否按期计提折旧，折旧计算是否正确；合同到期时的所有权转移，是否按合同中原定的条件进行。

（5）证实期末的固定资产价值。对企业期末列示于财务报表中的固定资产，审计人员应通过核实固定资产的入账价值、增加与减少、盘盈与盘亏等情况，以证实其价值的真实性与正确性。比如，在确认盘盈与盘亏的基础上，检查企业是否将盘盈与盘亏的固定资产通过正确的账户核算。对于盘盈的固定资产，是否按重置价值入账，按其新旧程度计算累计折旧，并将其净值记入相应的账户；而对于盘亏的固定资产，是否根据固定资产账面价值进行了正确的转账处理。

（6）检查固定资产披露的正确性和恰当性。对于固定资产的披露，审计人员既应审查列示于财务报表中的固定资产等有关项目，以确定其在财务报表中披露的恰当性，又要审查附注中是否披露与固定资产有关的信息。这些信息包括：固定资产的确认条件、分类、计量基础和折旧方法；各类固定资产的使用寿命、预计净残值和折旧率；各类固定资产的期初和期末原价、累计折旧额及固定资产减值准备累计金额；当期确认的折旧费用；对固定资产所有权的限制、金额以及用于担保的固定资产账面价值；准备处置的固定资产名称、账面价值、公允价值、预计处置费用和预计处置时间等。

4. 审计人员应审查固定资产折旧的适当性与正确性

（1）审计人员可运用分析程序审查固定资产的折旧。审计人员运用的分析程序包括：将当年的折旧费用与以前年度折旧费用相比较；将应提折旧的固定资产乘以本期的折旧率，分析折旧计提总体是否合理；将本期计提的折旧额与固定资产原值的比例与上期相比较，以分析本期计提折旧额的合理性，并评价固定资产的新旧程度，估计可能发生的固定资产损失、使用年限的变更或折旧政策的变化；将成本费用中折旧费用明细账记录与“累计折旧”账户贷方的本期折旧计提额相比较，以查明计提折旧是否计入本期生产成本或期间费用，如发现差异应查明原因，差异较大时还需作出调整。

（2）审计人员应审查企业计提折旧的范围及使用的折旧方法。企业固定资产的折旧系按月初应提折旧的固定资产原值计提的。审计人员应审查计提折旧的固定资产范围是否适当，查明应计提的折旧是否都已计提，不应计提折旧的固定资产（如已提足折旧继续使用的固定资产和按规定单独入账的土地等）有无计提折旧。不仅如此，审计人员还应检查企业的折旧计算单和“累计折旧”账户，查明所使用的折旧方法是否适当，有无任意变更折旧方法等。

（3）审计人员应审查企业折旧额的计算。对此，审计人员应注意审查固定资产月初原值的确定是否正确，有无将本月新增的固定资产计提了折旧、本月减少的固定资产未提取折旧；同时应注意审查折旧率是否正确，是否符合各类固定资产使用年限的规定，因而应核实折旧率的确定并复核折旧额的计算。对已计提减值准备的固定资产，应按照账面价值与尚可使用年限重新计算确定其折旧率及折旧额，并结合“固定资产减值准备”账户，确认其折旧额计算的正确性。

5. 审计人员应审查固定资产的减值准备情况

按照企业会计准则的规定，企业应在期末或者至少在每年年度终了，逐项检查固定资产。如果由于市价持续下跌，或技术陈旧、损坏、长期闲置等原因导致可收回金额低于账面价值，应将可收回金额低于其账面价值的差额作为固定资产减值准备。一般来说，当资产产生较少的现金流量时，表明该资产存在减值迹象，或通过现场观察，也可发现资产是否被充分地利用。对固定资产的减值准备，审计人员应主要审查：固定资产减值准备的计提方法及计提比例是否适当，计提数额是否充分；固定资产减值准备的增减变动，其记录是否完整；“固定资产减值准备”账户，其期末余额是否正确；业已计提减值准备的固定资产，是否按照账面价值和尚可使用年限调整了折旧计提金额；固定资产减值准备是否按照企业会计准则的要求进行了正确、恰当的披露等。

思考题

1. 采购与付款循环及其审计有哪些主要特点？
2. 采购与付款循环涉及哪些主要凭证与会计记录？
3. 采购与付款循环的内部控制包括哪些主要内容？
4. 采购与付款循环的控制测试应当包括哪些程序？
5. 采购与付款循环的实质性程序包括哪些主要内容？
6. 应付款项的审计目标是什么？如何进行应付款项审计？
7. 固定资产的审计目标是什么？如何进行固定资产审计？
8. 审计人员为何要对固定资产的减值准备情况进行审查？

练习题

1. 2017 年 2 月，某审计组对 PJH 公司 2016 年度财务收支进行了审计。有关应付款项的资料和审计情况如下：

(1) 审计人员取得了由被审计单位编制的应付账款明细表，审阅并确定表中无过期未付的债务，在与财务报表中应付账款的数额核对相符后，即确认该应付账款明细表正确无误。

(2) 发现该公司付款业务的内部控制较为混乱，无卖方对账单可供审核，审计人员决定选取有代表性的“应付账款”账户和函证对象进行函证。

(3) 在审计人员确定的函证对象中，该公司无法提供丙债权人确切的单位名称和地址。对其他债权人，审计人员均寄出了积极式询证函，在规定时间内的函证回复情况是：4 份回函称金额不符；5 份未回函；其余均认可了询证函的金额。

（4）审计人员在检查12月份的采购业务时，发现该公司于2016年12月26日购买了一批货物，货物当天入库并填制验收单，购货发票中货款金额为150万元，采购合同中注明的现金折扣条件为10日内付款优惠2%。该公司当日的账务处理为借记“原材料”147万元，贷记“应付账款”147万元。经进一步查实，该公司于2017年1月3日向供货方支付了147万元。

要求：根据上述资料，分析并回答下列问题：

（1）审计人员可以直接确认应付账款明细表正确无误；审计人员还应审核应付账款明细表的数字计算是否正确；审计人员还应将应付账款明细表与总账相核对，查明二者是否相符；审计人员还应审核应付账款明细表的分类是否正确。结合本题，分析上述说法是否正确？

（2）审计人员通过函证不能查明未入账的应付账款，因而不必对应付账款进行函证；为确定函证对象，审计人员应在函证前预先向公司采购部门取得本期供应商一览表；对金额较大、欠账时间较长的应付账款，审计人员应进行函证；对应付账款期末余额为零的供应商，审计人员不必进行函证。结合本题，分析上述说法是否正确。

（3）对在规定时间内未回复的债权人，审计人员可以再次发函询证；回函称金额不符的，其造成差异的原因可能是存在未达账款或账务处理不及时；回函称金额无误的，审计人员则不必在审计工作底稿中反映；该公司无法提供债权人确切的单位名称和地址的，可能存在舞弊问题。结合本题，分析上述说法是否正确。

（4）若不考虑相关税费等因素，PJH公司2016年12月26日的账务处理对当年财务报表有何具体的影响？

（5）为进一步查找未列报或未入账的应付账款，审计人员应实施什么审计程序？

2. 2017年2月，某审计机构对SYC公司2016年度财务收支进行审计。有关固定资产的资料和审计情况如下：

（1）SYC公司2016年1月决定购置H设备一台，该年度没有购置其他固定资产。

（2）2016年6月1日，H设备到货。经安装调试后，于6月20日交付使用。该设备买价500万元，相关的包装、运输费5万元，安装调试费10万元，专业人员服务费3万元。

（3）2016年5月1日，SYC公司为购置H设备借入半年期银行借款，当年应付利息费用15万元，已全部预提计入H设备的入账价值。

（4）H设备的使用年限为5年，预计净残值率为5%。该公司采用年限平均法计提固定资产折旧。

要求：根据上述资料，分析并回答下列问题：

（1）审计人员对SYC公司固定资产内部控制进行测试的主要内容有哪些？

（2）在买价500万元、包装和运输费5万元、安装调试费10万元及专业人员服务费3万元等项目中，哪些应计入H设备的入账价值？

（3）SYC公司为购置H设备而借入银行借款，有关其利息费用的处理，有以下一些说法：该公司的处理是正确的，该利息费用应全部计入H设备入账价值；该公司应将设备交付使用前发生的借款利息计入H设备的入账价值；该公司只能将设备到货日至交付使用日期间发生的借款利息计入H设备的入账价值；该项借款利息不符合资本化条件，应全部计入当期损益。结合本题，分析上述说法是否正确？

(4) 关于 SYC 公司固定资产折旧及其审查，有以下一些说法：H 设备应从 2016 年 7 月开始计提折旧；按年限平均法计算，H 设备的年折旧率为 19%；将应计提折旧的固定资产原值乘以本期的综合折旧率，以分析折旧计提的总体合理性；对已计提减值准备的固定资产，审查时应结合其减值情况确认折旧额计算的正确性。结合本题，分析上述说法是否正确？

(5) 对 SYC 公司 2016 年固定资产折旧进行审查时，审计人员可采取哪些实质性程序？

案例题

2017 年 2 月，某审计组对 LAN 公司 2016 年度财务收支进行了审计。有关采购与付款循环的资料和审计情况如下：

(1) 审计人员在对 LAN 公司采购与付款循环的内部控制进行调查的过程中了解到以下情况：大宗采购由采购部门经理直接指定供应商；各部门提出采购申请，由本部门经理批准后，向供应商发出订单；由专职人员按月从供应商处取得对账单，并与应付账款明细账相核对；指定会计人员定期核对采购日记账和总账。

(2) LAN 公司 2016 年生产经营状况和所处经济环境相对稳定，但年末应付账款余额与上年年末相比下降幅度较大，审计人员怀疑该公司可能存在未入账的应付账款。

(3) 审计人员在复核 M 供应商对账单时发现，2016 年 12 月 M 供应商以货到付款方式销售给 LAN 公司 30 万元的材料已发出并入账，但 LAN 公司 12 月 31 日尚未收到材料和购货发票，因而未入账，也未在报表附注中予以说明。

(4) 审计人员抽查 LAN 公司年度资产负债表日前后的原材料验收单时，发现该公司 2016 年 12 月 29 日验收入库的一批原材料未进行账务处理，原因是年底前未收到购货发票也未支付货款。至该年末，此批原材料仍未出库。

(5) 该公司 2016 年度财务报表反映，应付账款年末余额为 5 400 万元。经查发现，该公司应付账款明细账中共设置了 25 个账户，有关情况如下：账户 A 的期末贷方余额为 1 000 万元；账户 B 的期末贷方余额为 500 万元，该余额已连续结转两年，期间一直无业务发生；账户 C 的期末借方余额为 250 万元；账户 D 的期末贷方余额为 50 万元；其他 21 个账户均为 50 万元以下的贷方余额，共计 4 100 万元。

要求：根据本案例，分析并回答下列问题：

(1)“资料 (1)”中，符合内部控制要求的有哪些？

(2)“资料 (2)”中，为证实 LAN 公司是否存在未入账的应付账款，审计人员可使用的方法有哪些？

(3)“资料 (3)”中，对于 LAN 公司的做法，审计人员认定其是否正确？

(4)“资料 (4)”中，LAN 公司的做法对其 2016 年度财务报表有何影响？

(5) 根据“资料 (5)”，若不考虑其他因素的影响，LAN 公司 2016 年度财务报表中应付账款的期末余额应该是多少？

第 12 章

Chapter 12 投资与筹资循环审计

学习目标

1. 了解投资与筹资循环的主要特点。
2. 理解投资与筹资循环的内部控制。
3. 掌握投资和筹资循环的控制测试。
4. 掌握投资与筹资循环的实质性程序。

12.1 概 述

投资与筹资循环，既包括投资活动循环，也包括筹资活动循环，它们都是企业重要的经营与理财活动。投资循环是企业将自有或筹措的资金投放于其他企业或证券的过程，而筹资循环则是企业筹集生产经营所需资金的过程。投资与筹资循环的主要特点是：每年投资与筹资的数量往往不多，但每笔金额较大；少记或错记一笔投资或筹资，对整个财务报表的公允性可能产生严重的影响；投资与筹资的政策性强，企业必须在国家规定的范围内从事投资与筹资活动。

在审计实务中，与企业投资相关的项目审计主要包括交易性金融资产审计、可供出售金融资产审计、持有至到期投资审计、长期股权投资审计、投资性房地产审计、应收股利审计、应收利息审计、投资收益审计、交易性金融负债审计；与企业筹资相关的项目审计主要包括短期借款审计、长期借款审计、应付债券审计、财务费用审计、应付股利审计、实收资本（股本）审计、资本公积审计、盈余公积审计、未分配利润审计；其他相关的项目审计则主要包括其他应收款审计、其他应付款审计、长期应付款审计、预计负债审计、所得税费用审计、递延所得税资产审计、递延所得税负债审计、资产减值损失审计、公允价值变动收益审计、营业外收入审计、营业外支出审计等。

12.1.1 投资与筹资循环涉及的主要凭证与会计记录

1. 投资循环涉及的主要凭证与会计记录

投资循环涉及的主要凭证与会计记录主要包括：（1）股票。股票是公司签发的证明股东所持股份的凭证。(2) 债券。债券是公司依照法定程序发行、约定在一定期限内还本付息的有价证券。(3) 债券契约。债券契约是一张明确债券持有人与发行企业双方各自所拥有的权利与义务的法律性文件。其内容主要包括：债券发行的标准；债券的明确表述；利息（率）；受托管理认证书；抵押债券所担保的财产；债券发生拖欠情况的处理办法；对偿债基金、利息支付、本金偿还等的处理。(4) 经纪人通知书。经纪人通知书是用来明确与投资有关事宜的书面文件。企业的投资活动有时也可以委托经纪人来执行。(5) 被投资企业的章程及投资协议。被投资企业的章程是指被投资企业依法制定的，确定企业名称、住所、经营范围、经营管理制度等重大事项的基本文件。而投资协议则是投资企业与被投资企业签订的用以明确各方权利与义务的书面证明。(6) 相关的记账凭证、明细账与总账。

2. 筹资循环涉及的主要凭证与会计记录

筹资循环涉及的主要凭证与会计记录主要包括：(1) 股票。(2) 债券。(3) 债券契约。(4) 股东名册。它是用来记录公司股东详细情况的书面文件。股东名册对记名和不记名股票记载的内容有所不同。记名股票的股东名册中所记载的内容一般包括：股东姓名或者名称及住所、每位股东所持股份数、每位股东所持股票的编号、每位股东取得股份的日期；无记名股票的股东名册中通常记载股票数量、编号及发行日期。(5) 公司债券存根簿。公司债券存根簿是记录企业发行公司债券情况的书面文件，其对记名债券和不记名债券记载的内容也有所不同。在发行记名债券的公司债券存根簿中，应记载的内容包括：债券持有人的姓名或名称及住所、债券持有人取得债券的日期及债券的编号、债券总额、债券的票面金额、债券利率、债券还本付息的期限和方式、债券发行日期；在发行无记名债券的公司债券存根簿中，应当记载债券总额、利率、偿还期限和方式、发行日期和债券编号。(6) 承销或包销协议。承销或包销协议是指向社会公开发行股票或债券时，发行企业与证券经营机构签订的用来明确双方权利和义务的书面文件。(7) 借款合同或协议。借款合同或协议是指公司向银行或其他金融机构借入款项时与其签订的合同或协议。(8) 相关的记账凭证、明细账与总账。

12.1.2　投资与筹资循环涉及的主要业务活动

1. 投资循环涉及的主要业务活动

投资循环涉及的主要业务活动一般包括：(1) 审批。企业的投资业务活动，应由企业高层管理机构审批。(2) 获取证券或其他投资。企业可以通过买卖股票或债券方式进行投资，也可以通过与其他单位联营方式投资。(3) 获得投资收益。投资收益包括股权投资获得的股利、债券投资获得的利息和其他收益。(4) 证券转让或收回其他投资。企业可以通过转让证券回收投资。其他投资则可以通过联营合同期满或特殊原因解散方式投回投资，除此之外，企业一般不得收回投资。

2. 筹资循环涉及的主要业务活动

筹资循环涉及的主要业务活动一般包括：(1) 审批。企业借款筹集资金需经企业管理层审批，国有企业一定限额以上的借款还需经国家有关部门审批。企业如果发行股票筹资，则应依据国家有关法规或企业章程的规定，报经企业最高决策机构审批并经国家相关部门批准。(2) 签订合同或协议。企业向银行或其他金融机构融资时，应签订借款合同；企业如果发行债券筹资，则应签订债券契约和债券承销或包销合同。

（3）获取资金。企业实际取得银行或其他金融机构划入的款项，或发行股票、债券所融入的资金。（4）股利或利息的计算和发放。企业应按合同或协议的规定，及时计算股利或利息；同时，应根据股东大会的决定发放股利，或按有关合同或协议的规定偿还本息。

12.2 投资与筹资循环内部控制

如果被审计单位内部控制健全、合理，审计人员则可将审计重点置于控制测试和交易的实质性程序，从而降低审计风险，提高审计效率。因此，审计人员应当了解内部控制，确认内部控制的关键环节和强点弱点，对控制风险进行初步评估，据以制定计划并进行控制测试，进而实施实质性程序。企业投资与筹资循环的内部控制，包括投资循环的内部控制和筹资循环的内部控制。

12.2.1 投资循环的内部控制

通常，企业投资循环的内部控制主要包括：（1）合理的职务分离。投资业务的授权、执行、会计记录及保管应当分离，不得由一人兼任两项以上的工作。比如，投资业务经办人不得兼任记账和保管工作。这种职责的分离，有利于避免或减少投资业务中发生的错误或舞弊。（2）投资计划的审批。投资计划应当详细说明投资的对象、目的、风险等，并在执行前严格审核，其审核的内容包括：对证券市场的估计是否合理、对投资收益的估算是否正确、投资理由是否恰当、计划买入的证券能否达到投资目的等。这些审批都必须有书面记载。（3）健全的资产保管制度。企业对所投资的股票和债券等资产，一般采用两种方式保管：一是由企业自身来保管，由两名以上人员共同控制，不得由一人单独接触证券，存入或取出证券时，由一人清点证券的名称、数量、价值及登记存取的日期、数量等，所有在场人员共同签字；二是交由外部独立的专门机构保管，如委托银行、证券公司、信托投资公司等机构来保管，这有利于降低舞弊的可能性。（4）详尽的会计核算制度。企业投资的资产发生任何一笔增减业务，都必须有相应的会计记录，即应对每一种股票或债券分别设立明细分类账，详细记录其名称、面值、证书编号、数量、取得日期、经纪人名称、购入成本、收取的股利或利息等，属于联营投资类的其他投资，也应设置明细分类账，核算其投出、收益及收回业务，并对投资的形式（如现金、实物、无形资产等）、投向（即接受投资单位）、投资的计价，以及投资收益等作详细的记录。（5）严格的记名登记制度。除无记名证券外，企业在购入股票或债券时，应在购入的当日尽早登记于企业名下，而不能登记在经办人员名下，以防止其冒名转移并借其他名义牟取私利的行为。（6）定期的盘点制度。由内审人员或不参与投资业务的其他人员进行定期盘点，检查其是否确实存在，并将盘点记录与账面记录相互核对，以确认账实相符。（7）投资收益的控制。不同的投资项目，获取的收益也不同。对于企业的短期投资与长期投资，应当关注证券市场行情或相关行情的变化，并加以适时监控；对于其他投资，则应对接受投资方加以监控。

12.2.2 筹资循环的内部控制

企业的筹资活动由借款交易和股东权益交易组成。股东权益增减变动的业务通常较少，但往往金额较大，在审计中一般直接进行实质性审计。企业的借款交易一般涉及短期借款、长期借款、长期债券和长期应付款等交易，这些交易的内部控制基本相似，主要包括适当的职责分离、授权审批、凭证与记录、有关凭证的预先编号及内部稽查等。下面以企业发行债券为例，阐述筹资循环或筹资活动的内部控制，其内容主要包括：(1) 长期债券的发行需经正式的授权程序，每次均需有董事会的授权；(2) 申请发行债券时，应履行必要的审批手续，向政府相关机构递交申请报告；(3) 发行长期债券，应由受托管理人行使保护发行人和持有人合法权益的权利；(4) 每种债券发行都必须签订债券契约；(5) 债券的承销或包销必须签订有关协议；(6) 参与长期债券账务处理的相关会计人员，不得参与债券的发行；(7) 如果保存有债券持有人的明细分类账，则应将其与总分类账相核对；(8) 未发行的债券需由专人保管；(9) 债券的回购需有正式的审批程序。当然，如果企业应付债券的业务量不大，审计人员可以考虑直接采取实质性方案；如果业务量大，则可考虑采取综合性方案，并进行相应的控制测试。

12.3 投资与筹资循环控制测试

12.3.1 投资循环的控制测试

投资循环的控制测试主要包括下列内容：

(1) 检查控制执行留下的轨迹。审计人员应抽取投资活动的会计记录和原始凭证，复核被审计单位是否执行了相关的内部控制制度。

(2) 查阅内部盘点报告。被审计单位应审阅内部审计人员或其他授权人员对投资资产定期盘点的报告。审阅其盘点方法是否恰当、盘点结果与会计记录核对情况，以及出现差异的处理是否合理。若各期盘点结果未发现账实之间存在差异，则说明相关的内部控制是有效的。

(3) 分析企业的投资业务管理报告。对企业的长期投资，审计人员应对照有关的投资文件及凭据，分析其投资业务管理报告。在长期投资决策之前，企业董事会需要对投资进行可行性分析；投资项目一经执行，内部审计部门应当及时进行跟踪审计。负责投资业务的财务经理必须定期向企业管理层报告有关投资业务的开展情况，即提交投资业务管理报告，以供最高管理层投资决策和控制。审计人员应当认真分析这些报告，从而判断投资项目的有效性。

(4) 投资业务的核算是否符合有关财务制度的规定，投资收益的会计处理是否正确。审计人员可以从各类投资业务的明细账中抽取部分会计分录，采用顺查法核对有关数据和情况，判断其账务处理是否合规、完整。

(5) 检查对投资收益的监控是否适当。审计人员可采取查阅分析报告或资料的方法进行测试，检查其收益是否入账、是否存放在外单位或外地分支机构，或是否长期游离于监控之外。

(6) 审计人员在完成上述工作后，可以初步评价被审计单位的内部控制是否健全、有效，并在工作底稿中标明投资活动的内部控制的强点与弱点，并对投资业务进行总括评价，确认对相关的内部控制制度的可信赖程度，进而确定实质性程序的程序和重点。

12.3.2 筹资循环的控制测试

筹资循环的控制测试主要包括下列内容：

(1) 检查企业的筹资活动是否经过授权批准。审计人员可以直接询问企业的管理层，并查看相关记录。比如，对于短期借款，可审查企业管理层的决策记录，查明在企业举债决策中是否进行了可行性分析，是否制定了合理的还款计划，并按规定程序报批。

(2) 检查筹资活动的授权、执行、记录和实物保管是否严格分离，是否存在由一人同时执行两项以上业务。审计人员可以跟进业务，调查各步骤发生的情况；对收入和偿还款项的控制测试，可以结合货币资金业务的控制测试进行；对实物保管的控制测试，可以通过实地调查。

(3) 查明筹资活动是否建立了严密的账簿体系和记录制度，并进行定期检查。审计人员可采取账务追索搜集证据的方法，对此进行测试。比如，对短期借款的获得、使用和偿还情况，会计记录是否能够及时、完整地反映，会计人员是否对明细账和总账进行了全面登记，并定期检查和核对其是否相符。

(4) 审计人员在完成上述工作后，即可对被审计单位进行评价，以确定其内部控制的强点与弱点以及对相关内部控制制度的可信赖程度，进而确定实质性程序的性质、时间和范围，并针对控制的薄弱环节提出改进意见。

在上述控制测试的基础上，审计人员应明确本业务循环的审计目标，并围绕审计目标收集充分、适当的审计证据，实施投资与筹资循环的实质性程序。

12.4 投资与筹资循环实质性程序

审计人员通常实施的实质性程序，与控制目标直接关联，可作为证明具体审计目标的证据，其目的在于确定投资与筹资循环业务中与控制目标有关的金额是否存在错误。虽然它与关键的内部控制及常用的控制测试没有必然的关系，但有关交易的实质性程序的性质、时间和范围，在一定程度上取决于关键的内部控制是否存在和控制测试的结果。在确定交易的实质性程序时，有些程序普遍适用，而有些程序则应视企业内部控制的健全有效程度而定。当然，审计的重要性、以前的审计情况以及审计人员的职业判断能力等，都会对确定实质性程序产生影响。

12.4.1 负债的审计

负债是企业承担的一项经济义务，主要包括短期借款、长期借款、应付债券等。一般来说，被审计单位不会高估或虚构负债，因为这样会损害企业自身的形象；如果企业高估或虚构负债，审计人员实施函证等审计程序也较容易发现。但是，这并不意味着企业会如实提供真实的负债信息。在审计实务中，主要是审查被审计单位是否低估或漏列负债。企业低估或漏列负债，通常是为了低估成本费用，从而达到高估利润的目的。因此，审计人员应当将被审计单位是否低估或漏列负债作为审计重点。

负债的审计目标是：了解被审计单位有关负债的内部控制是否存在且有效，被审计单位一定期间内的负债是否作了完整记录；发生的负债是否存在，是否应为被审计单位所担负；各项负债是否符合国家相关法规规定，被审计单位是否遵守了有关债务契约的规定，借款等账务处理是否正确；负债是否已正确划分，当期偿还的长期负债是否划分为流动负债；被审计单位的负债余额是否在财务报表上得到如实反映。

1. 短期借款的实质性程序

在对短期借款进行审计时，审计人员应根据被审计单位年末短期借款余额的大小、短期借款占整个负债的比重、以前年度的审计情况，以及相关内部控制测试的结果等，确定实质性程序。具体来说，通常包括下列内容：(1) 审查短期借款明细表。复核其加计数是否正确，并与明细账和总账核对相符。(2) 函证短期借款的发生数。根据借款金额的大小，确定是否需要函证。(3) 审查短期借款的增减数。对增加的短期借款，主要关注其借款金额大小、日期、还款期限、利率等，并与会计记录相核对；对减少的短期借款，则应检查相关记录的原始凭证，核实还款数额；检查有无到期而未予偿还的短期借款，查明未能及时归还的原因。(4) 复核短期借款的利息。根据借款合同，检查短期借款利息计算是否正确，查明有无多计或少计利息的情况。(5) 检查短期借款在资产负债表中的披露是否恰当。除一般借款在“短期借款”科目列示外，其他因抵押而取得的借款，应在报表附注中详细说明，注意被审计单位对短期借款项目的反映是否充分。

2. 长期借款的实质性程序

与短期借款一样，长期借款也是企业向银行或其他金融机构借入的款项，其实质性程序与短期借款的基本相似。具体来说，长期借款的实质性程序主要包括下列内容：(1) 审查长期借款明细表。复核其加计数是否正确，并与明细账和总账核对相符。(2) 了解金融机构对被审计单位的授信情况。了解被审计单位是否存在抵押和担保情况，查明有无风险及抵押资产的所有权是否属于企业，其价值是否与抵押契约中的规定一致。(3) 对年度内增加或减少的长期借款应重点关注，检查其会计处理是否正确，特别是一年内即将到期的长期借款是否转为流动负债。(4) 向债权人函证被审计单位大额的长期借款。(5) 复核长期借款的利息支出，检查是否存在高估或低估利息的情况。(6) 检查借款费用的账务处理是否正确。(7) 检查长期借款在资产负债表中的披露是否恰当。长期借款在资产负债表中，应列示于非流动负债项目下，该项目应根据“长期借款”科目的期末余额扣除将于一年内到期的长期借款数额后的余额列示。

3. 应付债券的实质性程序

通常，企业的应付债券业务不是很多，但每笔业务的金额往往较大，因而应付债券的审计是重要的。具体来说，应付债券的实质性程序主要包括下列内容：(1) 审查发行债券是否在备查簿中如实登记，检查应付债券的明细账与总账，并与备查簿核对相符。（2）函证债券的承销（或包销）人，以核实应付债券发生的真实性。（3）审查被审计单位是否如实计提债券的利息，检查溢价或折价发行债券时的账务处理是否合规、是否正确。（4）检查应付债券利息在资产负债表中的披露是否恰当。应付债券在资产负债表中列示于非流动负债项目下，该项目应根据“应付债券”科目的期末余额扣除将于一年内到期的应付债券后的余额列示。在审计实务中，应注意被审计单位是否在财务报表上进行了充分反映，无法在表内反映的，是否在报表附注或说明中作了披露。

4. 财务费用的实质性程序

财务费用的实质性程序，主要包括下列内容：（1）获取或编制财务费用明细表，复核加计正确，与报表数、总账数及明细账合计数核对相符。（2）审查利息支出明细账，检查利息支出是否真实正确，各项期末余额有无预计入账。（3）运用分析程序，检查上期与本期的利息支出是否出现大的变动，如果有大的变动而没有特殊情况，应当查明原因。（4）审查下期期初的财务费用明细账，检查是否存在利息费用跨期摊配问题。（5）审阅从其他企业或非银行金融机构收到的利息收入是否按规定纳税。（6）检查财务费用在利润表中的披露是否恰当。

12.4.2 所有者权益的审计

所有者权益是企业投资者对企业净资产的所有权，包括投资者对企业投入资本（实收资本）及资本公积、盈余公积和未分配利润等。它在数量上等于资产总额减去负债总额后的余额，因而也称为净资产。可见，如果对资产和负债的审计充分，则也可证明所有者权益的期末余额的正确性。所有者权益在一年内通常变动较小，因而审计人员在所有者权益方面投入的审计力量往往不多。

所有者权益的审计目标是：确定与所有者权益相关的内部控制是否存在，是否发生作用（存在与发生）；确定实收资本（股本）、资本公积、盈余公积的形成、增减及其他经济业务活动的会计记录是否正确，是否合规、合法，并确定未分配利润的形成和增减变动的合规、合法性，以便为投资者和其他利益相关者了解企业情况提供帮助（计价与分摊）；检查所有者权益的期末余额在财务报表上的反映是否充分、适当，确定所有者权益是否正确区分为实收资本和留存收益并作相应的披露，并了解每股收益的计算及披露，包括充分披露稀释每股收益、基本每股收益和两种数字的调节情况（披露）。

1. 实收资本（或股本）的实质性程序

股本是股份有限公司按照公司章程、合同和投资协议的规定向股东募集的资本，代表股东对公司净资产的所有权。它是在企业核定资本总额及股份总额的范围内，通过向股东发行股票方式募集的。一般来说，股本只有在增资、扩股或撤销时，才发生变更。股份有限公司的投入资本在“股本”科目核算，其他组织形式的企业，其投入资本在“实收资本”科目核算。实收资本与股本的实质性程序基本相同。下面以股本为例，阐述其主要内容：

（1）审查股本发生、增加或减少时的相关资料，包括股东大会、董事会会议记录，以及公司章程、实施细则、核定股份和已发行股份的份数、股票面值、股票收回、股票分割及认股权证，特别是涉及股本交易，应当予以特别关注。在审计开始时，审计人员就应向被审计单位索要这些资料。

(2) 审查各股东出资方式及出资额，包括是否按照协议规定及时足额出资，各种资产出资比例是否符合国家相关规定。如我国法律规定，全体股东的货币出资额不得低于有限责任公司注册资本的30%，有限责任公司全体股东的首次出资额不得低于注册资本的20%。如果这些比例不符合国家有关规定，应当查明其原因。

(3) 检查股票发行与收回等交易活动的原始凭证和记账凭证。查阅已发行在外股票的登记簿、从外界收回的股票、募集股份清单等。

(4) 查看股本明细表。股本明细表通常是永久性档案，容易查到，审计人员应当检查股本的每次变动是否合规合法。

(5) 函证发行在外的股票。检查已发行的股本是否收到股款或资产。对此，审计人员可向证券交易所和有关金融机构函证。

(6) 检查股本在资产负债表中的披露是否恰当。股本应在资产负债表和所有者权益变动表中单项列示，应核对被审计单位的资产负债表和所有者权益变动表中股本项目数字是否与审定数相符，并检查是否在财务报表附注中披露与股本有关的重要事项，如股本的种类、金额及股票发行的数额、每股股票的面值，本会计期间发行的股票等。

2. 资本公积的实质性程序

资本公积是因非经营性因素形成的不能计入实收资本的所有者权益，主要包括投资者实际缴付的出资额超过其资本份额的差额（如股本溢价、资本溢价）、接受捐赠的非现金资产、接受现金捐赠、股权投资准备、拨款转入、外币资本折算差额、其他资本公积等。其实质性程序主要包括：

(1) 检查资本公积形成的合法性。检查资本公积的内容及其依据，查阅相关会计记录和原始凭证，确认资本公积形成的合法性。对资本公积形成的审计，包括审查股本（或资本）溢价、接受非现金资产捐赠、接受现金捐赠、外币资本折算差额及其他资本公积等。

1) 审查股本（或资本）溢价。对资本溢价的检查主要是查明其是否在企业吸收新的投资时形成的，资本溢价的确定是否按实际出资额扣除其投资比例所占的资本额计算，其投资是否经企业董事会决定，并已报原审批机关批准。对股本溢价应检查发行是否合法，是否经有关部门批准，股票发行价格与其面值的差额是否全部计入资本公积，发行股票支付的手续费或佣金、股票发行价格与其面值的差额是否全部计入资本公积，发行股票支付的手续费或佣金、股票印制成本等减去发行股票冻结期间产生的利息收入后余额是否已从溢价中扣除。

2) 审查接受捐赠的非现金资产。对接受捐赠的非现金资产，应审查其是否按规定办理移交手续，是否经过验收，资产定价是否符合企业会计准则的有关规定，是否存在对捐赠资产不入账等，有关财务处理是否符合国家有关规定。

3) 审查接受捐赠的现金。对接受捐赠的现金，应审查银行对账单、银行存款日记账和资本公积相关明细账，并进行核对，确认是否确实收到有关捐赠款项。

4) 审查外币资本折算差额。对外币资本折算差额，应审查资本账户折算汇率是否正确，是否符合国家有关法规、制度的规定。

5) 审核可供出售金融资产形成的资本公积和同一控制下企业合并形成的资本

公积。

（2）审查资本公积使用的合法性。应审查资本公积是否被挪作他用；对于资本公积转增资本，审计人员应审查转增资本是否经股东会或股东大会决定，并报经工商行政管理机关批准，依法办理增资手续；获得批准后，资本公积运用的账务处理是否及时。

（3）检查资本公积在资产负债表中的披露是否恰当。检查资本公积在资产负债表中是否单独列示，同时还应将资本公积明细账与所有者权益变动表中列示的资本公积期末余额及期初余额核对相符。

3. 盈余公积的实质性程序

盈余公积是企业按照规定从税后利润中提取的资金，是具有特定用途的留存收益，主要用于弥补亏损和转增资本，也可以用于分配股利。其实质性程序主要包括：（1）审查盈余公积明细账，并与总账核对。（2）审阅盈余公积的提取。应主要检查盈余公积提取是否符合规定并经过批准。（3）审核盈余公积的使用是否按规定经过一定的授权批准手续，并且必须符合国家规定的条件。（4）检查盈余公积在资产负债表中的披露是否恰当。

4. 未分配利润的实质性程序

未分配利润是指未分配的净利润，即这部分利润没有分配给投资者或转作其他用途。它是企业当年税后利润在弥补以前年度亏损、提取公积金以后加年初未分配利润，再扣除向所有者分配的利润后的结余额，是企业留于以后年度分配的利润。企业的未分配利润通过“利润分配——未分配利润”明细科目核算，其年末余额反映历年积存的未分配利润（或未弥补亏损）。其实质性程序主要包括：（1）审查利润分配数额及年末未分配数额是否正确。（2）根据审计结果调整本年损益数，直接增加或减少未分配利润，确定调整后的未分配利润数。（3）检查未分配利润在财务报表中的披露是否恰当。

12.4.3 金融资产的审计

金融资产审计就是对与投资相关的金融资产进行的审计。与投资相关的金融资产包括交易性金融资产、可供出售金融资产、持有至到期投资、长期股权投资等。

1. 交易性金融资产的实质性程序

交易性金融资产是企业为近期出售而持有的金融资产。企业持有的直接指定为以公允价值计量且其变动计入当期损益的金融资产也通过“交易性金融资产”科目核算。交易性金融资产的审计目标一般包括：确定交易性金融资产是否存在、是否为被审计单位所有，交易性金融资产的增减变动及其损益记录是否完整；交易性金融资产的计价是否正确；交易性金融资产的期末余额是否正确，交易性金融资产在财务报表中的披露是否恰当。

交易性金融资产的实质性程序通常包括：（1）检查交易性金融资产（股票、债券及基金等）交易流水单，并与明细账、总账和报表相核对，检查会计记录是否完整，会计处理是否正确。（2）向被审计单位核实持有金融资产至期末的目的，了解其真实意图，并检查其核算是否正确。（3）对期末持有的金融资产进行盘点，并与相应的账户核对，检查是否存在差异，并查明原因。（4）向有关金融机构函证，查明已发生的交易性金融资产是否真实存在。(5) 关注本期发生的交易性金融资产的增减变动，并检查有关凭证及其内容是否合规，账务处理是否正确。(6) 核实交易性金融资产盈亏计算是否正确，并与公允价值变动损益及投资收益等相核对。(7) 核实交易性金融资产期末公允价值是否合理，会计处理是否正确。(8) 检查交易性金融资产在财务报表中的披露是否恰当。

2. 可供出售金融资产的实质性程序

可供出售金融资产是指初始确认时即被指定为可供出售的非衍生金融资产，以及除以下各类资产以外的金融资产：贷款和应收款项、持有至到期投资、以公允价值计量且其变动计入当期损益的金融资产。可供出售金融资产的审计目标一般包括：确定可供出售的金融资产是否存在，可供出售金融资产的增减变动及其损益的记录是否完整；检查可供出售金融资产是否为被审计单位所有；可供出售金融资产的计价是否正确，可供出售金融资产减值的计提是否合理，计提方法与会计处理是否恰当；检查可供出售金融资产及其减值准备的期末余额是否正确、披露是否恰当。

可供出售金融资产的实质性程序通常包括：(1) 检查可供出售金融资产（股票、债券及基金等）对账单，并与明细账、总账和报表数相核对，检查会计记录是否完整，会计处理是否正确。(2) 核实可供出售金融资产，与明细账、总账相核对，并检查其持有目的。(3) 向有关金融机构函证，查明已发生的可供出售金融资产是否真实存在。(4) 关注本期发生的可供出售金融资产的增减变动，并检查有关变动凭证及其内容是否合规、合法，以及账务处理是否正确。(5) 核实可供出售金融资产的期末公允价值是否合理，是否需计提减值准备，其账务处理是否正确。(6) 核实可供出售金融资产的损益及其账务处理是否正确。(7) 复核可供出售金融资产划转为持有至到期投资的依据是否充分，账务处理是否正确。(8) 检查可供出售金融资产在财务报表中的披露是否恰当。

3. 持有至到期投资的实质性程序

持有至到期投资是指到期日固定、回收金额固定或可确定，且企业有明确意图和能力持有至到期的非衍生金融资产。以下非衍生金融资产不应划分为持有至到期投资：初始确认时被指定为以公允价值计量且其变动计入当期损益的非衍生金融资产；初始确认时被指定为可供出售的非衍生金融资产；贷款和应收款项。持有至到期投资的审计目标一般包括：确定持有至到期投资是否存在，是否为被审计单位所有，其增减变动及其损益的记录是否完整；持有至到期投资的计价是否正确，其减值准备的增减变动记录是否完整，账务处理是否恰当；持有至到期投资及减值的期末余额是否正确，披露是否恰当。

持有至到期投资的实质性程序通常包括：(1) 编制持有至到期投资明细表，并与明细账、总账及报表核对相符。(2) 审查持有至到期投资，并与账面发生额核对。(3) 向相关金融机构发函，核实被审计单位持有的目的和能力，检查“持有至到期投资”科目核算范围是否符合要求。(4) 检查持有至到期投资本期增加、减少及期末余额，并检查其记账凭证的原始凭证。(5) 复核持有至到期投资的投资收益，检查是否都已入账，已计提的减值准备是否同时结转。(6) 持有至到期投资划转为可供出售金融资产的会计处理是否正确。(7) 当持有至到期投资发生减值时，应当复核相关资产的预计未来现金流量现值，并与其账面价值比较，检查相关减值准备计提是否充分。(8) 检查持有至到期投资的披露是否恰当。检查一年内到期的持有至到期投资是否已重分类至一年内到期的非流动资产，了解是否存在已用于债务担保的持有至到期投资；如果有则应取证并作相应的记录，同时提请被审计单位作恰当披露。

4. 长期股权投资的实质性程序

长期期权投资是指企业持有的采用成本法或权益法核算的长期股权投资，具体包括：企业持有的能够对被投资单位实施控制的权益性投资，即对子公司的投资；企业持有的能够与其他合营方一同对被投资单位实施共同控制的权益性投资，即对合营企业的投资；企业持有的能够对被投资单位施加重大影响的权益性投资，即对联营企业的投资。长期股权投资的审计目标一般包括：确定长期股权投资是否存在，是否为被审计单位所有，长期股权投资的增减变动、减值准备以及投资损益的记录是否完整；确定长期股权投资的核算方法是否正确，减值准备的计提方法是否恰当；确定长期股权投资及其减值准备的披露是否恰当。

长期股权投资的实质性程序通常包括：(1) 编制长期股权股资明细表，并与明细账、总账及报表核对相符。(2) 根据有关合同和文件，确认长期股权投资的股权比例和持有时间，检查长期股权投资核算方法是否正确。(3) 向被投资单位函证，查明被审计单位的投资额、持股比例，以及被投资单位发放股利等情况。(4) 对于将成本法和权益法相互转换的，检查其投资成本确定是否正确。(5) 检查长期股权投资增减变动的记录是否完整，如果需要，也可查阅原始凭证及相关资料，检查其账务处理是否正确。(6) 结合对银行存款等的检查，了解长期股权投资是否存在质押、担保情况，是否已作充分披露。(7) 检查长期股权投资在资产负债表中的披露是否恰当。

12.4.4 其他相关账户的审计

除前述项目外，投资与筹资循环审计还包括无形资产审计、应付股利审计等。

1. 无形资产的实质性程序

无形资产是指企业为生产商品或者提供劳务、出租给其他单位，或为管理目的而持有的，没有实物形态的非货币性资产，包括专利权、非专利技术、商标权、著作权、土地使用权、商誉、购入的能够单独计价的计算机软件和支付的土地出让金等。对无形资产实施的实质性程序，通常包括：(1) 编制无形资产明细表，并与明细账、总账、报表核对相符。(2) 审阅被审计单位有关协议和董事会纪要等文件资料，检查无形资产的性质、构成内容、计价依据，确认其所有权是否为被审计单位所有，摊销政策是否符合规定，是否利用摊销政策人为调整利润。(3) 检查无形资产增加、减少、转让及摊销的账务处理是否正确。(4) 检查无形资产减值准备的计提是否符合规定。(5) 检查无形资产在财务报表中的披露是否恰当。

2. 应付股利的实质性程序

应付股利的实质性程序通常包括：(1) 编制应付股利明细表，并将其与明细账、总分类账及财务报表相核对。(2) 审阅公司章程、股东大会和董事会会议纪要中有关股利分配的规定，了解股利分配标准和发放方式是否符合有关规定，有无经过法定程序批准。(3) 审查股利分配方案，检查应付股利的发生额是否从可供分配利润中计算确定，并复核应付股利计算和账务处理的正确性。(4) 检查按股东大会决议调整的应付股利的期初数，查明其账务处理是否正确。(5) 检查股利支付的内容和金额是否正确，现金股利是否按公告规定的时间、金额予以发放、结算，股利宣布、结算、转账的账务处理是否正确、适当。(6) 检查应付股利在财务报表中的披露是否恰当。

思考题

1. 投资与筹资循环及其审计有哪些主要特点？
2. 投资与筹资循环涉及哪些主要凭证与会计记录？
3. 投资与筹资循环的内部控制包括哪些主要内容？
4. 投资与筹资循环的控制测试应当包括哪些程序？
5. 投资与筹资循环实质性程序包括哪些主要内容？
6. 短期借款与长期借款的审计目标及审计程序是什么？
7. 资本公积与盈余公积的审计目标及审计程序是什么？

练习题

1. 在审计公司投资与筹资循环时，审计人员需要“了解和测试内部控制，评价重大错报风险，再行实质性程序”。请根据这一审计思路，结合投资与筹资循环的相关内容填列下表。

序号	内部控制目标	内部控制	实质性程序
1	长期借款账面余额的真实性		
2	已登记入账的长期借款及利息费用的完整性		
3	长期借款的所有权		
4	长期股权投资账面余额的真实性		
5	长期股权投资计价方法的正确性，期末余额的真实性		

2. 某审计人员和一位助理人员对 FGY 公司 2016 年度财务报表进行审计。该公司用剩余现金购置了数量较大的有价证券，作为长期投资并存放于某银行的保险箱，且规定只有公司总经理或财务部经理才可开启保险箱。由于 12 月 31 日公司的总经理和财务经理不能陪同审计人员去银行盘点有价证券，经约定于 2017 年 1 月 13 日由助理审计人员和财务经理一同去银行盘点。

要求：假定该助理人员以前未进行过有价证券盘点，其在盘点时应注意执行哪些审计程序？

案例题

ABC 审计机构的审计人员 A 和 L，负责对 SHC 股份有限公司（上市公司）执行

2016年度财务报表审计业务。在审计过程中，A和L注意到下列事项：

（1）SHC公司经批准于2015年12月31日发行了5年期一次还本、分期付息的公司债券1 000万元，债券利息在每年12月31日支付，票面利率为年利率6%。假定债券发行时的市场利率为5%，实际发行价格为1 043.27万元。SHC公司于2016年年末计算利息时所作的账务处理为：

借：财务费用　　50万元
　　应付债券——利息调整　　10万元
　贷：应付利息　　60万元

（2）2016年5月10日，SHC公司购入D公司的股票200万股作为可供出售金融资产，每股10元，其中包含已宣告但尚未发放的现金股利1元；此外，SHC公司还支付了相关的费用10万元。SHC公司于当日所作的账务处理为：

借：可供出售金融资产——成本（200×(10－1)＋10）　　1 810万元
　　应收股利　　200万元
　贷：银行存款　　2 010万元

2016年12月31日，每股市价为9.3元，SHC公司作了如下账务处理：

借：可供出售金融资产——公允价值变动（200×9.3－1 810）　　50万元
　贷：资本公积——其他资本公积　　50万元

2016年12月31日，SHC公司将上述股票对外售出100万股，每股售价为9.4元。当日进行的账务处理为：

借：银行存款（100×9.4）　　940万元
　　资本公积——其他资本公积　　50万元
　贷：可供出售金融资产——成本　　905万元
　　　投资收益　　85万元

要求：针对上述情况，审计人员是否需要提出处理建议？如需要，请给出调整分录的建议。

第 13 章 Chapter 13 货币资金审计

学习目标

1. 了解货币资金的内部控制。
2. 理解货币资金审计的特点。
3. 掌握现金、银行存款及其他货币资金的审计。

13.1 概　述

货币资金包括库存现金、银行存款以及其他货币资金，是企业资产的重要组成部分，其流动性强，易遭袭击，因而企业必须高度重视和确保货币资金的安全。货币资金收支业务与企业的各交易循环有着一定的联系，与之有关的凭证和会计记录很多，包括：库存现金盘点表，银行对账单，银行存款余额调节表，相关的记账凭证（现收现付记账凭证、银收银付记账凭证），相关的会计账簿（现金日记账、银行存款日记账、库存现金总账）等。在审计实务中，货币资金的审计风险大。如果只审查其本期的发生额及期末余额，就可能难以发现存在的所有问题，因而需结合其他交易循环对其进行审计。

企业应健全和加强内部控制，至少做到以下几点：(1) 职责分工、权限范围和授权审批程序应明确规范，机构设置和人员配备科学合理；(2) 库存现金、银行存款的控制合规合法，银行账户的设立、审批、使用、核对以及清理严格有效，现金盘点和银行对账单的核对严格按规定执行；(3) 货币资金的会计记录应真实、准确、完整、及时；(4) 票据的购买、保管、使用、销毁等应有完整记录，银行预留印鉴和有关印章的管理严格有效。

13.2 库存现金审计

库存现金系存放于单位的现款。企业应根据《现金管理暂行条例》的规定，确定本单位的现金开支范围和现金支付限额。库存现金审计是对库存现金及其收支情况的真实性、合法性和效益性的审查和监督。由于现金收支频繁、流动性强、不易保管和监控，特别容易产生坐收、坐支、私设“小金库”现象，因此有必要加强对库存现金的审计，以保证资金的安全与完整，维护国家财经纪律及相关法规的严肃性。

库存现金的审计目标主要包括：确定被审计单位资产负债表中记录的库存现金是否存在，应当记录的库存现金均已记录（存在与完整性）；确定记录的库存现金是否为被审计单位所有与控制（权利和义务）；审查库存现金以恰当的金额包括在财务报表中，并且与之相关的计价调整已恰当记录，查明库存现金的余额是否正确（计价和分摊）；检查库存现金余额在资产负债表中的披露是否恰当（披露）。

鉴于现金具有流动性强、安全性差等特点，审计人员应重视和加强对现金的实质性（测试）程序。通常，它主要包括下列工作内容：

（1）核对现金日记账与总账余额是否相符。这是企业库存现金审计的起点，如果发现二者不符，应查明原因（如计算错误、过账错误或其他原因），并要求被审计单位作出适当解释。

（2）盘点库存现金。这是证实资产负债表中的库存现金是否存在的一项重要程序。盘点的现金通常包括备用金、已收但未及时存入银行的现金等，其盘点时机一般为查账发现了相关线索之时（如收到实名举报），也可以根据需要选择临时盘点（如进行突击盘点），当然尽可能少采用这种方式，以免因激发矛盾而不利于后续工作的进行。对现金进行盘点时，必须有被审计单位的出纳和会计主管参加，审计人员尽可能实施监盘。审计人员应以实际盘点数为基础，结合有关收支情况，运用公式进行调节，再与账面数核对，其公式为：

盘点现金余额＋已付款未入账金额－已收款未入账金额＝账面结存数额

现金盘点的步骤和方法如下：

1）制定盘点流程，在上午上班前或下午下班时进行突击盘点。盘点范围一般包括企业可能存放现金的各部门。盘点前，可要求出纳或保管现金的相关人员将现款放入保险柜中，必要时贴上封条；同时，请出纳将相关的款项登记入现金日记账。如有两处以上存放现金的部门，应派出多人在同一时间进行盘点，以免被审计单位进行款项的转移。

2）审查现金日记账，并核对收付款原始凭证。检查日记账记录与凭证记录是否相符，同时了解凭证日期与日记账日期是否接近，以便查明被审计单位是否存在推迟入账等情况。

3）由出纳或保管现金的相关人员核对现金日记账，计算出现金结余额。

4）盘点保险柜中的现金实存数，并编制库存现金盘点表，分币种、面值列出盘点数额。

5）将实际盘点的金额与日记账金额相核对，如发现差异，应及时查明原因，并作出记录或调整。

6）如有白条、未提现支票、未报销原始凭证，则应当在库存现金盘点表中予以注明。

7）如果盘点日期在资产负债表日后，则应将核对金额调整至资产负债表日的金额。

（3）抽查大额现金收支款项。检查大额现金收支的原始凭证内容是否完整，开支内容是否合法，是否有相关领导签字授权批准，并核对相关账户的进账情况。比如，确认是否存在与生产经营无关的现金收支活动，并应查明真相。

（4）检查现金收支的正确截止。被审计单位资产负债表上的库存现金余额，应以结账日实有数额为准。通过审计结账日前后一段时间的收付款凭证，检查是否存在跨期事项。

（5）检查外币现金的折算是否正确。检查外币现金的收支是否按规定的汇率折算为记账本位币金额；是否按规定进行账务处理。

（6）检查现金在资产负债表中的披露是否恰当。根据现行的有关规定，库存现金在资产负债表中的“货币资金”项目下反映，应在实施上述审计程序后，确定库存现金账户期末余额的正确性和其在资产负债表中披露的恰当性。

13.3　银行存款审计

银行存款系企业存入银行和其他非银行金融机构的各项款项。企业收到的各种款项，除国家有特殊规定外，都应在收款当日解交存入其在当地银行开设的账户。企事业单位的各项支出，除国家规定可以用现金支付外，一律通过银行办理转账结算。与现金相比，企业的银行存款金额较大、收支业务较复杂、涉及单位和凭证数量也较多，因而审计人员对此应予以高度重视。

银行存款的审计目标主要包括：确定资产负债表中的银行存款是否存在，是否有完整的记录；银行存款是否为被审计单位所有与控制；被审计单位在一定期间的银行存款收支业务是否记录完整，银行存款的余额是否正确；银行存款在资产负债表中的披露是否恰当。

通常，银行存款实质性程序主要包括下列内容：

（1）检查银行存款日记账余额与总账余额是否相符。如果二者不符，审计人员应当进一步查明原因，作为后续审计工作的基础。

（2）实施分析程序。计算各种存款（如定期存款等）占银行存款总额的比例，了解被审计单位本年较上年发生的各种变动，分析可能存在的问题。比如，与上年同期相比，本年活期存款的占比明显偏低，则应及时查明原因。

（3）获取并检查银行存款余额调节表。被审计单位应根据不同银行账户及币种分别编制银行存款余额调节表。如果银行存款余额调节表反映其余额存在差异，应当查明原因，作出记录或适当调整。审核银行存款余额调节表，是审计人员证实资产负债表中所列银行存款是否存在的重要程序，其审计的内容主要包括：检验银行存款余额调节表的计算是否准确；检查所列示的对账单、银行存款余额调节表中所列示的账项是否存在；核对银行存款日记账与银行存款余额调节表余额，并在此基础上复核未达账项，验证调节后两者的余额是否一致；查验未达账项的真实性。主要调查未兑现支票清单，查明开票日期和收款人姓名或单位，调查金额较大的未兑现支票、可提现的未兑现支票；检验在途存款；审查银行已收、被审计单位未收的款项性质及款项来源；审查银行已付、被审计单位未付款项的性质及款项来源。

（4）发函询证银行存款余额。审计人员在执行审计业务中，应向被审计单位的开户银行发函询证，以验证被审计单位银行存款是否真实、合法、完整。即使审计人员已从某一银行取得了银行对账单和所有已付票据，仍然应当向该银行函证。

（5）检查一年期以上的定期存款或限定用途存款。这些存款不属于流动资产，审计中应注意这些存款是否有必要采用这种存款方式，是否存在将活期改成定期而个人从中牟取私利等不法行为。

（6）检查银行存款收支的截止是否正确。被审计单位资产负债表中的银行存款数额，应以结账日的实有数额为准。因此，审计人员必须审查被审计单位银行存款收支的截止日期，检查是否存在跨期事项。在被审计单位的资产负债表中，银行存款数额应当包括当年最后一天收到的所有存放在银行的款项，企业年终开出的支票不应在次年入账。有些单位为了均衡全年收支款项，或为了帮助一些银行完成所谓的“揽储”任务，可能人为调节其存款额度，将应当在本年收到的款项留待次年收取。对此，审计人员需要检查年初的银行存款收支凭单。

（7）检查外币银行存款的折算是否正确。检查外币银行存款的收支差额是否按规定折算为记账本位币金额，外币银行存款的期末余额是否按期末市场汇率折合为记账本位币，外币折算差额是否按规定记入了相关账户。

（8）检查大额的银行存款收支。审计人员应抽查大额银行存款（含外埠存款、银行汇票存款、银行本票存款、信用证存款）收支的原始凭证，查明其内容是否完整，是否经授权批准，并核对相关账户的进账情况。比如，检查是否有经办人将账号借给外单位以谋取私利的情况等。

（9）检查银行存款在资产负债表中的披露是否恰当。根据现行的有关规定，银行存款在资产负债表中的“货币资金”项目下反映。审计人员应在实施上述审计程序后，确定银行存款账户期末余额的正确性和其在资产负债表中披露的恰当性。

13.4 其他货币资金审计

其他货币资金，一般包括企业在外地临时或零星采购而汇往采购地银行开立采购专户的款项所形成的外埠存款、企业为取得银行汇票按照规定存入银行的款项所形成的银行汇票存款、企业为取得银行本票按照规定存入银行的款项而形成的银行本票存款、在途货币资金和信用证存款等。

其他货币资金的审计目标主要包括：确定被审计单位资产负债表中的其他货币资金在财务报表日是否确实存在，在一定期间内发生的其他货币资金收支业务是否均已完整记录；其他货币资金是否为被审计单位所有或控制；其他货币资金的余额是否正确；其他货币资金在资产负债表中的披露是否恰当。

通常，其他货币资金的实质性程序主要包括下列内容：

(1) 核对其他货币资金各明细账期末合计数与总账数是否相符，计价是否正确。

(2) 取得并检查其他货币资金余额调节表，其检查方法与银行存款余额调节表基本相同。

(3) 对外埠存款期末数进行函证，编制其他货币资金函证结果汇总表，检查银行回函。

(4) 关注是否有对变现存在限制（如质押、冻结等），或存放在境外，或有潜在回收风险的款项。

(5) 对于采用非记账本位币的其他货币资金，检查其折算汇率是否正确。

(6) 抽查一定量的样本，检查其记录内容是否完整，有无经过适当的授权。

(7) 检查资产负债表日后事项，进行大额收支的截止测试，如有跨期收支事项，应当重点关注。

(8) 检查其他货币资金在资产负债表中的披露是否恰当。

思考题

1. 货币资金审计与其他交易循环审计有何联系？
2. 货币资金的内部控制主要包括哪些具体内容？
3. 在财务报表审计中，现金盘点与存货盘点有何区别？
4. 审计人员为何要函证银行存款？如何实施函证程序？
5. 库存现金、银行存款及其他货币资金的审计目标是什么？
6. 如何对库存现金、银行存款以及其他货币资金进行审计？

练习题

1. 审计人员在审查货币资金时，通常需要根据内部控制目标，找出关键内部控制点。请结合货币资金内部控制目标的相关内容，填写下表中相应的关键内部控制。

内部控制目标	关键内部控制
货币资金收入的存在或发生	
货币资金收入的完整性	
货币资金的权利和义务	
货币资金的计价和分摊	
货币资金在资产负债表中披露的恰当性	

2. 根据财务报表认定与审计程序的关系，分析并回答审计人员通过下表中的审计程序可以获取的具体认定（填写在表中）：

审计程序	财务报表认定				
	存在	完整性	权利和义务	计价和分摊	列报
检查现金日记账、总分类账和应收账款明细账的大额项目与异常项目。					
抽查顾客对账单，并将其与账面金额相核对。					
检查银行存款余额调节表中未达账项的真实性及资产负债表日后的进账情况。					
盘点库存现金，如与账面应有数额存在差异，应分析差异的原因。					
检查职工薪酬的发放金额是否正确，代扣的款项和金额是否正确。					

案例题

1. 审计人员Z和S对YHX公司2016年度财务报表进行审计。在审查资产负债表中的“货币资金”项目时，发现该公司2016年12月31日银行存款余额为350 000元，银行对账单余额为363 000元。他们将银行存款日记账与银行对账单逐笔核对后，发现下列情况：

（1）12月22日银行对账单上记录收到外地某加工厂的托收承付货款60 000元，而YHX公司的银行存款日记账上并无记录。

（2）12月25日YHX公司送存银行转账支票一张，系蓝天公司开具，面值20 000元，YHX公司已按进账单入账，但银行尚未入账。

（3）12月30日银行代付水电费10 000元，但银行付款通知单尚未到达YHX公司。

（4）12月23日YHX公司开出转账支票30 000元，持票人尚未到银行办理转账手续。

（5）12月30日在银行对账单上有一转账支票划出资金50 000元，而企业的银行存款日记账上并无记录。审计人员是在查阅公司支票登记簿时发现此支票存根的，经查证系出纳私自将款项借给亲友使用，准备待其归还后直接销账。

（6）12月14日收到银行收款通知单，金额38 000元，YHX公司入账时将银行存款增加数错记成35 000元。

要求：

（1）根据上述资料，编制银行存款余额调节表，核实2016年12月31日资产负债表中“货币资金”项目下的银行存款余额的正确性。

（2）YHX公司银行存款业务中存在哪些问题？审计人员应如何应对？

（3）审计人员应当如何获取和检查YHX公司银行存款余额调节表？

2. 审计人员W和L对WPN公司2016年12月31日资产负债表进行审计。2017年1月20日，他们查得“货币资金”项目下的库存现金为5 000元，1月21日上午8时他们对该公司的库存现金进行监盘。1月20日WPN公司的现金日记账余额为4 990.5元，盘点结果如下：

(1) 保险柜中的现金盘点实有数为4 150.5元。

(2) 下列单据已收、付款但尚未制证入账：

1) 职工甲1月14日借差旅费400元，已经领导批准。

2) 职工乙1月10日借款600元，未经批准，也未说明用途。

3) 在保险柜中，有已收款但未记账的凭证共3张，金额160元。

(3) 银行核定库存现金限额为5 000元。

(4) 经核对1月1—20日的收付款凭证和现金日记账，核实1—20日收入现金数为2 500元、支出现金数为2 800元，均正确无误。

要求：

(1) 根据以上资料，编制库存现金盘点表，讨论库存现金盘点应关注的具体事项。

(2) 讨论WPN公司现金收、支、存管理业务中存在的问题，并提出审计处理意见。

第 14 章 完成审计工作

Chapter 14

学习目标

1. 了解审计人员完成审计工作的意义和主要内容。
2. 了解审计人员如何考虑持续经营假设的适当性。
3. 掌握如何实施有关持续经营的进一步审计程序。
4. 了解期初余额的含义和进行期初余额审计的意义。
5. 掌握实施对期初余额和期后事项审计的具体程序。
6. 理解期初余额对审计结论和审计报告的具体影响。
7. 了解期后事项和或有事项及其对财务报表的影响。
8. 理解期后事项和或有事项对审计结论及报告的影响。
9. 了解审计人员如何获取作为审计证据的管理层声明。
10. 掌握如何与被审计单位及前任审计人员有效沟通。

完成审计工作是整个审计业务过程中的最后阶段，是审计人员在执行了对各项交易及账户余额测试后而在编制和签发审计报告前进行的综合性审计测试工作，其对审计报告直接产生重要的影响。

14.1 概　　述

审计人员在按照业务循环完成各会计报表项目的审计测试和一些特殊目的的审计工作后，需汇总测试结果并进行更具综合性的审计工作。通常，由审计项目负责人或高级经理在资产负债表日后，关注被审计单位的持续经营、期初余额、期后事项、或有事项、管理层声明等产生综合影响而不注重特定交易或账户余额的事项，较多地运用其职业判断，评价审计结果，确定审计意见，提出审计报告。

作为整个审计业务过程中的最后阶段，完成审计工作的内容较多，主要包括对被审计单位持续经营的考虑，首次接受委托时对期初余额的审计，对期后事项与或有事项的复核，获取被审计单位管理层的书面声明，评价审计结果并复核工作底稿，与被审计单位沟通并确定拟出具的审计意见，撰写审计报告，编制管理建议书等。

就审计程序而言，人们通常在理论上将会计报表审计全过程划分为计划审计工作、执行审计工作、完成审计工作等三个阶段，并且往往把计划审计工作阶段称为审计准备阶段或审计计划阶段，执行审计工作阶段称为审计外勤工作阶段或审计实施阶段，完成审计工作阶段称为审计终结阶段或审计报告阶段。无疑，这种划分有利于全面了解和把握会计报表审计的全过程及其主要的工作内容，但需指出的是，其与审计实务并非完全吻合。

在审计实践中，属于同一审计阶段的各项具体审计工作有时难分先后，不少具体的审计工作往往跨越多个审计阶段。比如，在计划审计工作阶段，主要工作是编制审计计划，但在后续的执行审计工作阶段和完成审计工作阶段，有时会因情况变化而导致出现原定计划与实际情形不一致的现象，从而需要对原定计划进行修订和补充，因此，对审计计划的修订和补充贯穿于审计全过程；同样，在执行审计工作阶段和完成审计工作阶段，不少具体的审计工作也是相互交叉、密不可分的。鉴于此，在按照上述划分的三个阶段基本了解审计全过程及有关具体审计工作的同时，应当结合审计实务客观全面地把握相关的审计工作内容。

审计人员应当考虑被审计单位管理层在编制财务报表时运用持续经营假设的适当性。在整个审计过程中，审计人员应当始终关注可能导致对持续经营能力产生重大疑虑的事项或情况，评价管理层对持续经营能力作出的评估，确定可能导致对持续经营能力产生重大疑虑的事项或情况是否存在重大不确定性，结合被审计单位财务报表的编制和披露等情况，考虑出具审计报告的类型。

审计人员在首次接受委托时应当对财务报表的期初余额进行审计。对首次接受的委托业务，审计人员应当实施必要的审计程序，获取有关期初余额的充分、适当的审计证据，并根据各种具体情况，考虑出具审计报告的类型。

审计人员应当关注期后事项和或有事项，并考虑财务报表日后调整事项与非调整事项以及或有事项对财务报表和审计报告的影响，进而考虑出具审计报告的类型。

审计人员应当向被审计单位管理层获取适当声明，并将其作为审计证据，形成审计工作底稿，结合其他具体情况，考虑出具审计报告的类型。

审计人员在整个审计过程中需要并且应当与被审计单位的治理层、管理层、内部审计，以及前任审计人员等保持并进行充分而有效的沟通，以便合理计划审计工作，顺利实施审计程序，高质量地完成审计工作，进而出具正确、恰当的审计报告。

14.2 考虑持续经营

14.2.1 持续经营假设的含义与考虑持续经营假设的意义

1. 持续经营假设的含义

持续经营假设是指被审计单位在编制财务报表时，假定其经营活动在可预见的将来会继续下去，不拟也不必终止经营或破产清算，可以在正常的经营过程中变现资产、清偿债务。可预见的将来通常是指自财务报表日起的 12 个月。

2. 考虑持续经营假设的意义

持续经营假设是被审计单位会计核算的基本前提之一，其对会计的确认、计量和列报与披露具有重要的影响。也就是说，持续经营假设与被审计单位编制财务报表和审计人员执行财务报表审计业务关系密切，影响重大。因此，在计划和实施审计程序以及评价审计结果时，审计人员应当考虑被审计单位管理层在编制财务报表时运用持续经营假设是否适当，并考虑是否存在需要在财务报表中披露有关持续经营能力的重大不确定性。

14.2.2 管理层的责任与审计人员的责任

1. 管理层的责任

管理层的责任是根据适用的会计准则和相关规定编制财务报表并评估被审计单位的持续经营能力。如果认为以持续经营假设为基础编制财务报表不再合理，管理层应当采用其他基础（如清算基础等）编制财务报表。

某些财务报告编制基础明确要求管理层对被审计单位持续经营能力作出专门评估，并规定了与此相关的需要考虑的事项和作出的披露。相关法律法规还可能对管理层评估持续经营能力的责任和相关财务报表披露作出具体规定。其他财务报告编制基础可能没有对此作出明确规定，但如果持续经营假设是编制财务报表的基本原则，管理层也需要在编制财务报表时评估持续经营能力。

管理层对持续经营能力的评估涉及在特定时点对事项或情况的未来结果作出判断，这些事项或情况的未来结果具有固有不确定性。

一般说来，下列因素与管理层的判断相关：(1) 某一事项或情况或其结果出现的时点距离管理层作出评估的时点越远，与事项或情况的结果相关的不确定性程度将显著增加。因此，大多数明确要求管理层对持续经营能力作出评估的财务报告编制基础规定了管理层应当考虑所有可获得信息的期间；(2) 被审计单位的规模和复杂程度、经营活动的性质和状况以及被审计单位受外部因素影响的程度，将影响对事项或情况的结果作出的判断；(3) 对未来的所有判断都以作出判断时可获得的信息为基础。管理层作出的判断在当时情况下可能是合理的，但之后发生的事项可能导致事项或情况的结果与作出的判断不一致。

2. 审计人员的责任

审计人员的责任是就管理层在编制财务报表时运用持续经营假设的适当性获取充分、适当的审计证据并得出结论，并根据获取的审计证据就被审计单位持续经营能力是否存在重大不确定性得出结论。即使编制财务报表时采用的财务报告编制基础没有明确要求管理层对持续经营能力作出专门评估，审计人员的这种责任仍然存在。

如果存在可能导致被审计单位不再持续经营的未来事项或情况，审计的固有限制对审计人员发现重大错报能力的潜在影响会加大。审计人员不能对这些未来事项或情况作出预测，相应地也就未在审计报告中提及与被审计单位持续经营能力相关的重大不确定性，这不能被视为对被审计单位持续经营能力的保证。

需要指出的是，审计人员在执行财务报表审计业务时，不得对被审计单位是否具有持续经营能力和管理层作出的应对计划的可实现程度作出保证。也就是说，在执行财务报表审计业务时，审计人员不能对被审计单位未来生存能力或管理层经营绩效发表审计意见，其所出具的审计意见不是对被审计单位未来生存能力或管理层经营绩效提供的保证。这是因为被审计单位的未来生存能力和管理层对持续经营能力的评估以及针对评估结果作出的应对计划，都具有较大不确定性。

14.2.3 风险评估程序和相关活动

在按照相关审计准则的规定实施风险评估程序时，审计人员应当考虑是否存在可能导致对被审计单位持续经营能力产生重大疑虑的事项或情况，并确定管理层是否已对被审计单位持续经营能力作出初步评估。

1. 考虑可能导致对被审计单位持续经营能力产生重大疑虑的事项或情况

被审计单位在财务、经营及其他方面存在的某些事项或情况，单独或汇总起来可能导致对被审计单位持续经营能力产生重大疑虑。以下列举的事项或情况并不能涵盖所有事项或情况，也不意味着存在其中一个或多个项目就一定表明存在重大不确定性。

财务方面：(1) 净资产为负或营运资金出现负数；(2) 定期借款即将到期，但预期不能展期或偿还，或过度依赖短期借款为长期资产筹资；(3) 存在债权人撤销财务支持的迹象；(4) 历史财务报表或预测性财务报表表明经营活动产生的现金流量净额为负数；(5) 关键财务比率不佳；(6) 发生重大经营亏损或用以产生现金流量的资产的价值出现大幅下跌；(7) 拖欠或停止发放股利；(8) 在到期日无法偿还债务；(9) 无法履行借款合同的条款；(10) 与供应商由赊购变为货到付款；(11) 无法获得开发必要的新产品或进行其他必要的投资所需的资金。

经营方面：(1) 管理层计划清算被审计单位或终止运营；(2) 关键管理人员离职且无人替代；(3) 失去主要市场、关键客户、特许权、执照或主要供应商；(4) 出现用工困难问题；(5) 重要供应短缺；(6) 出现非常成功的竞争者。

其他方面：(1) 违反有关资本或其他法定或监管要求，例如对金融机构的偿债能力或流动性要求；(2) 未决诉讼或监管程序，可能导致其无法支付索赔金额；(3) 法律法规或政府政策的变化预期会产生不利影响；(4) 对发生的灾害未购买保险或保额不足。某些措施通常可以减轻这些事项或情况的严重性。例如，被审计单位无法正常偿还债务的影响，可能被管理层通过替代方法（如处置资产、重新安排贷款偿还或获得额外资本金）计划保持足够的现金流量所抵消。类似地，主要供应商的流失也可以通过寻找适当的替代供应来源以降低损失。

另外，对小型被审计单位应予以特殊考虑。被审计单位的规模可能影响其承受不利情况的能力。小型被审计单位能够迅速反应以利用机会，但是可能缺乏支持经营的储备。与小型被审计单位持续经营特别相关的情况，包括银行及其他借款方可能终止为被审计单位提供支持的风险，以及可能失去主要供应商、主要客户、关键员工，或者在执照、特许权或其他法律协议下经营的权利的风险。

2. 确定管理层是否已对被审计单位持续经营能力作出初步评估

如果管理层已对持续经营能力作出初步评估，审计人员应当与之讨论，并确定其是否已识别出单独或汇总起来可能导致对被审计单位持续经营能力产生重大疑虑的事项或情况。当管理层已识别出这些事项或情况时，审计人员应当与之讨论应对计划。

如果管理层未对持续经营能力作出初步评估，审计人员应当与之讨论其拟运用持续经营假设的理由，并询问管理层是否存在单独或汇总起来可能导致对被审计单位持续经营能力产生重大疑虑的事项或情况。

需要指出，针对有关可能导致对被审计单位持续经营能力产生重大疑虑的事项或情况的审计证据，审计人员应当在整个审计过程中保持警觉。

如果在审计过程中获取了影响风险评估结果的额外的审计证据，审计人员需要根据审计准则的有关要求修正风险评估结果，并相应地修改计划的进一步审计程序。如果审计人员完成风险评估后识别出可能导致对被审计单位持续经营能力产生重大疑虑的事项或情况，除实施准则规定的审计程序外，审计人员可能还需要修正重大错报风险的评估结果。这些事项或情况还可能影响审计人员用以应对评估的风险的进一步审计程序的性质、时间安排和范围。

上述风险评估程序和相关活动，可以帮助审计人员确定管理层运用持续经营假设是否可能是一个重要问题以及其对计划审计工作的影响，还使审计人员可以更及时地与管理层讨论，包括讨论管理层的计划和针对识别出的持续经营问题的解决方案。

14.2.4 评价管理层作出的评估与询问超出评估期间的事项或情况

1. 评价管理层作出的评估

审计人员应当评价管理层对持续经营能力作出的评估，因为管理层对持续经营能力的评估是审计人员考虑管理层运用持续经营假设的一个重要关键部分。在评价管理层作出的评估时，审计人员应当：(1) 确定其评价期间是否与管理层按照适用的财务报告编制基础或法律法规的规定作出评估的涵盖期间相同。如果评估涵盖的期间短于自财务报表日起的12个月，审计人员应当提请管理层将其至少延长至自财务报表日起的12个月。(2) 评价管理层作出评估的程序、依据的假设以及应对计划。(3) 考虑管理层作出的评估是否已包括审计人员在审计过程中注意到的所有相关信息。

当然，在被审计单位具有盈利经营的记录并很容易获得财务支持的情况下，管理层可能不需要详细分析就能对持续经营能力作出评估，审计人员通常也无须实施详细的评价程序就可对管理层作出评估的适当性得出结论。

2. 询问超出评估期间的事项或情况

审计人员应当考虑超出管理层评估期间的事项或情况，因为这些事项或情况可能对持续经营能力及审计工作产生重大影响。在考虑超出管理层评估期间的事项或情况时，审计人员应当：(1) 询问管理层是否知悉超出评估期间的、可能导致对持续经营能力产生重大疑虑的事项或情况，注意可能存在着已知的、超出评估期间发生的事项或情况，因为这些事项或情况可能导致审计人员对管理层编制财务报表时运用持续经营假设的适当性产生怀疑。(2) 确定有关的事项或情况对持续经营能力的影响，对其中影响重大的事项或情况，审计人员应考虑采取进一步措施，同时应考虑提请管理层确定这些事项或情况对评估持续经营能力的潜在重要性。

需要指出的是，除询问管理层外，审计人员没有责任实施其他任何审计程序，以识别超出管理层评估期间的并可能导致对持续经营能力产生重大疑虑的事项或情况。

14.2.5 识别出事项或情况时实施追加的审计程序

在整个审计过程中，审计人员都需要对可能导致对持续经营能力产生重大疑虑的事项或情况的审计证据保持警觉。在计划审计工作时，审计人员为了解被审计单位应考虑是否存在可能导致对持续经营能力产生重大疑虑的事项或情况。如果识别出这些事项或情况，除实施进一步审计程序外，审计人员还应考虑其是否影响评估的重大错报风险。

在实施风险评估程序时，审计人员应考虑与持续经营相关的事项或情况，以便及时与管理层讨论并评价其应对计划。（1）如果管理层已对持续经营能力作出初步评估，审计人员应当评价该初步评估，以确定管理层是否识别出前已述及的有关事项或情况，并复核管理层提出的应对计划；（2）如果管理层没有对持续经营能力作出初步评估，审计人员应当与管理层讨论运用持续经营假设的理由，询问是否存在前已述及的有关事项或情况，并提请管理层对持续经营能力作出评估。此外，审计人员还应考虑在实施风险评估程序时识别出的事项或情况对重大错报风险评估及进一步审计程序的影响。

当识别出可能导致对持续经营能力产生重大疑虑的事项或情况时，审计人员应当通过实施追加的审计程序（包括考虑缓解因素），获取充分、适当的审计证据，以确定可能导致对被审计单位持续经营能力产生重大疑虑的事项或情况是否存在重大不确定性。

这些追加的程序包括：（1）如果管理层尚未对被审计单位持续经营能力作出评估，提请其进行评估；（2）评价管理层与持续经营能力评估相关的未来应对计划，这些计划的结果是否可能改善目前的状况，以及管理层的计划对于具体情况是否可行；（3）如果被审计单位已编制现金流量预测，且在评价管理层未来应对计划时对预测的分析是考虑事项或情况未来结果的重要因素，评价用于编制预测的基础数据的可靠性，并确定预测所基于的假设是否具有充分的支持；（4）考虑自管理层作出评估后是否存在其他可获得的事实或信息；（5）要求管理层和治理层（如适用）提供有关未来应对计划及其可行性的书面声明。

1. 应对计划

管理层的未来应对计划可能包括管理层变卖资产、对外借款、重组债务、削减或延缓开支或者获得新的资本。审计人员评价管理层的未来应对计划可能包括向管理层询问该计划，并实施相关审计程序以判断未来应对计划是否可行及其结果是否能够改善持续经营能力。

根据审计准则的有关要求，相关的审计程序可能包括：（1）与管理层分析和讨论现金流量、盈利及其他相关预测；（2）分析和讨论可获得的被审计单位最近的中期财务报表；（3）阅读公司债券和借款合同的条款并确定是否存在违约情况；（4）阅读股东、治理层及相关委员会会议有关财务困境的会议纪要；（5）向被审计单位的律师询问是否存在诉讼或索赔，管理层对诉讼或索赔结果的评估以及对其财务影响的估计是否合理；（6）向关联方或第三方确认提供或保持财务支持的协议的存在性、合法性和可执行性，并对其提供额外资金的能力作出评估；（7）评价被审计单位处理尚未完成的客户订单的计划；（8）针对期后事项实施审计程序，以识别那些能够改善或影响被审计单位持续经营能力的事项；（9）确认授信合同的存在性、条款和充分性；（10）获取并复核有关监管行动的报告；（11）对于拟处置的资产，确定支持证据的充分性。

2. 评估期间

审计人员有可能将最近若干期间的预测性财务信息与实际结果相比较，还可能将本期预测性财务信息与截至目前的实际结果相比较。

如果管理层的假设包括第三方通过放弃贷款优先求偿权、承诺保持或提供补充资金或担保等方式向被审计单位提供持续的支持，且这种支持对于被审计单位的持续经营能力很重要，审计人员可能需要考虑要求该第三方提供书面确认（包括条款和条件），并获得有关该第三方有能力提供这种支持的证据。

3. 书面声明

为了支持已获取的、与管理层持续经营能力评估相关的未来应对计划及其可行性的审计证据，审计人员可能认为获取特别书面声明是适当的。

此外，如果管理层或治理层在财务报表日后严重拖延对财务报表的批准，审计人员则应询问拖延的原因。当拖延可能涉及与持续经营评估相关的事项或情况时，审计人员应当实施追加的审计程序，并考虑对审计人员就是否存在重大不确定性得出的结论的影响。

14.2.6 持续经营对审计结论和报告的影响

1. 持续经营对审计结论的影响

审计人员应当评价是否已就管理层编制财务报表时运用持续经营假设的适当性获取了充分、适当的审计证据，并就运用持续经营假设的适当性得出结论；审计人员还应根据获取的审计证据，运用职业判断，就单独或汇总起来可能导致对被审计单位持续经营能力产生重大疑虑的事项或情况是否存在重大不确定性得出结论。

如果审计人员根据职业判断认为，鉴于不确定性潜在影响的重要程度和发生的可能性，为了使财务报表实现公允反映，管理层有必要适当披露该不确定性的性质和影响，则表明存在重大不确定性。

如果认为管理层运用持续经营假设适合具体情况，但存在重大不确定性，审计人员则应确定：（1）财务报表是否已充分披露可能导致对持续经营能力产生重大疑虑的主要事项或情况，以及管理层针对这些事项或情况的应对计划；（2）财务报表是否已清楚披露可能导致对持续经营能力产生重大疑虑的事项或情况存在重大不确定性，并由此导致被审计单位可能无法在正常的经营过程中变现资产和清偿债务。

如果已识别出可能导致对被审计单位持续经营能力产生重大疑虑的事项或情况，但根据获取的审计证据，审计人员认为不存在重大不确定性，则审计人员应当根据适用的财务报告编制基础的规定，评价财务报表是否对这些事项或情况作出充分披露。

2. 持续经营对审计报告的影响

当审计准则——在审计报告中沟通关键审计事项及其应用指南适用时，由于可能导致对被审计单位持续经营能力产生重大疑虑的事项或情况存在重大不确定性，因而与持续经营相关的事项在性质上可能属于关键审计事项。

需要指出，审计人员应当与治理层就识别出的可能导致对被审计单位持续经营能力产生重大疑虑的事项或情况进行沟通，除非治理层全部成员参与管理被审计单位。此沟通包括下列方面：（1）这些事项或情况是否构成重大不确定性；（2）管理层在编制财务报表时运用持续经营假设是否适当；（3）财务报表中的相关披露是否充分；（4）对审计报告的影响（如适用）。

如果财务报表已按照持续经营假设编制，但根据判断认为管理层在财务报表中运用持续经营假设是不适当的，审计人员应当发表否定意见。

如果运用持续经营假设是适当的，但存在重大不确定性，且财务报表对重大不确定性已作出充分披露，审计人员应当发表无保留意见，并在审计报告中增加以“与持续经营相关的重大不确定性”为标题的单独部分，以便：（1）提醒财务报表使用者关注财务报表附注中对所述事项的披露；（2）说明这些事项或情况表明存在可能导致对被审计单位持续经营能力产生重大疑虑的重大不确定性，并说明该事项并不影响发表的审计意见。

如果运用持续经营假设是适当的，但存在重大不确定性，且财务报表对重大不确定性未作出充分披露，审计人员则应按照相关审计准则的规定，恰当发表保留意见或否定意见，并在审计报告“形成保留（或否定）意见的基础”部分说明，存在可能导致对被审计单位持续经营能力产生重大疑虑的重大不确定性，但财务报表未充分披露该事项。

如果运用持续经营假设是适当的，但存在重大不确定性，审计人员在某些情况下可能认为有必要提请管理层作出评估或延长评估期间，而管理层予以拒绝，审计人员则应考虑这种情况对审计报告的影响。在管理层不愿按照审计人员的要求作出评估或延长评估期间的情况下，审计人员可能无法获取有关管理层运用持续经营假设编制财务报表的充分、适当的审计证据（如是否存在管理层提出的应对计划或其他缓解因素的审计证据），审计人员发表保留意见或无法表示意见可能是适当的。

14.2.7　与持续经营相关的报告格式

【范例 1】　当审计人员确定存在重大不确定性，且财务报表已作出充分披露时，发表无保留意见的审计报告。

背景信息：

1. 对上市实体整套财务报表进行审计。该审计不属于集团审计（即不适用审计准则——对集团财务报表审计的特殊考虑）。

2. 管理层按照企业会计准则编制财务报表。

3. 审计业务约定条款体现了审计准则——就审计业务约定条款达成一致意见中关于管理层对财务报表责任的描述。

4. 基于获取的审计证据，审计人员认为发表无保留意见是恰当的。

5. 适用的相关职业道德要求为职业道德守则。

6. 基于获取的审计证据，审计人员认为可能导致对被审计单位持续经营能力产生重大疑虑的事项或情况存在重大不确定性，财务报表对该重大不确定性已作出充分披露。

7. 已按照审计准则——在审计报告中沟通关键审计事项的规定沟通了关键审计事项。

8. 审计人员在审计报告日前已获取所有其他信息，且未识别出信息存在重大错报。

9. 负责监督财务报表的人员与负责编制财务报表的人员不同。

10. 除财务报表审计外，审计人员还承担法律法规要求的其他报告责任，且审计人员决定在审计报告中履行其他报告责任。

审计报告

ABC股份有限公司全体股东：

一、对财务报表出具的审计报告（注1）

（一）审计意见（略）

（二）形成审计意见的基础（略）

（三）与持续经营相关的重大不确定性

我们提醒财务报表使用者关注，如财务报表附注×所述，ABC公司20×1年发生净亏损×元，且于20×1年12月31日，ABC公司流动负债高于资产总额×元。

如财务报表附注×所述，这些事项或情况，连同财务报表附注×所示的其他事项，表明存在可能导致对ABC公司持续经营能力产生重大疑虑的重大不确定性。该事项不影响已发表的审计意见。

（四）关键审计事项

关键审计事项是我们根据职业判断，认为对本期财务报表审计最为重要的事项。这些事项的应对以对财务报表整体进行审计并形成审计意见为背景，我们不对这些事项单独发表意见。除“与持续经营相关的重大不确定性”部分所描述的事项外，我们确定下列事项是需要在审计报告中沟通的关键审计事项。

[按照审计准则——在审计报告中沟通关键审计事项的规定描述每一关键审计事项。]

（五）其他信息（略）

（六）管理层和治理层对财务报表的责任（略）

（七）注册会计师对财务报表审计的责任（略）

二、按照相关法律法规的要求报告的事项（略）

××会计师事务所　　　　中国注册会计师：×××（项目合伙人）（注2）
（盖章）　　　　　　　　（签名并盖章）
　　　　　　　　　　　　中国注册会计师：×××
　　　　　　　　　　　　（签名并盖章）
中国××市　　　　　　　　20×2年×月×日

注1：如果审计报告中不包含“按照相关法律法规的要求报告的事项”部分，则不需要加入此标题。下同。

注2：披露项目合伙人姓名的要求仅适用于上市实体。下同。

【范例2】 当审计人员确定存在重大不确定性，且财务报表由于未作出充分披露而存在重大错报时，发表保留意见的审计报告。

背景信息：

1. 对非上市实体整套财务报表进行审计。该审计不属于集团审计（即不适用审计准则——对集团财务报表审计的特殊考虑）。

2. 管理层按照企业会计准则编制财务报表。

3. 审计业务约定条款体现了审计准则——就审计业务约定条款达成一致意见中关于管理层对财务报表责任的描述。

4. 基于获取的审计证据，审计人员认为可能导致对被审计单位持续经营能力产生重大疑虑的事项或情况存在重大不确定性。财务报表附注×讨论了融资协议的规模、到期日和总安排，但财务报表未讨论其影响以及再融资的可获得性，也未将该情况界定为重大不确定。

5. 适用的相关职业道德要求为职业道德守则。

6. 财务报表由于未充分披露重大不确定性而存在重大错报。审计人员认为未充分披露对财务报表的影响重大但不具有广泛性，因此发表保留意见。

7. 已按照审计准则——在审计报告中沟通关键审计事项的规定沟通了关键审计事项。

8. 审计人员在审计报告日前已获取所有其他信息，并且导致对财务报表发表保留意见的事项也影响其他信息。

9. 负责监督财务报表的人员与负责编制财务报表的人员不同。

10. 除财务报表审计外，审计人员还承担法律法规要求的其他报告责任，且审计人员决定在审计报告中履行其他报告责任。

审计报告

ABC 股份有限公司全体股东：

一、对财务报表出具的审计报告

（一）保留意见

我们审计了 ABC 股份有限公司（以下简称 ABC 公司）财务报表，包括 20×1 年 12 月 31 日的资产负债表，20×1 年度的利润表、现金流量表、股东权益变动表以及相关财务报表附注。

我们认为，除“形成保留意见的基础”部分所述事项产生的影响外，后附的财务报表在所有重大方面按照企业会计准则的规定编制，公允反映了 ABC 公司 20×1 年 12 月 31 日的财务状况以及 20×1 年度的经营成果和现金流量。

（二）形成保留意见的基础

如财务报表附注×所述，ABC 公司融资协议期满，且未偿付余额将于 20×2 年 3 月 19 日到期。ABC 公司未能重新商定协议或获取替代性融资。这种情况表明存在可能导致对 ABC 公司持续经营能力产生重大疑虑的重大不确定性。财务报表对这一事项并未作出充分披露。

我们按照中国注册会计师审计准则的规定执行了审计工作。审计报告的“注册会计师对财务报表审计的责任”部分进一步阐述了我们在这些准则下的责任。按照中国注册会计师职业道德守则，我们独立于 ABC 公司，并履行了职业道德方面的其他责任。我们相信，我们获取的审计证据是充分、适当的，为发表保留意见提供了基础。

（三）关键审计事项

关键审计事项是我们根据职业判断，认为对本期财务报表审计最为重要的事项。

这些事项的应对以对财务报表整体进行审计并形成审计意见为背景，我们不对这些事项单独发表意见。除“形成保留意见的基础”部分所述事项外，我们确定下列事项是需要在审计报告中沟通的关键审计事项。

[按照审计准则——在审计报告中沟通关键审计事项的规定描述每一关键审计事项。]

（四）其他信息

[按照审计准则——对其他信息的责任的规定报告，见应用指南参考格式6。该参考格式中其他信息部分的最后一段需要进行改写，以描述导致注册会计师对财务报表发表保留意见并且也影响其他信息的事项。]

（五）管理层和治理层对财务报表的责任（略）

（六）注册会计师对财务报表审计的责任（略）

二、按照相关法律法规的要求报告的事项（下略）

【范例3】 当审计人员确定存在重大不确定性，但财务报表遗漏了与重大不确定性相关的必要披露时，发表否定意见的审计报告。

背景信息：

1. 对非上市实体整套财务报表进行审计。该审计不属于集团审计（即不适用审计准则——对集团财务报表审计的特殊考虑）。

2. 管理层按照企业会计准则编制财务报表。

3. 审计业务约定条款体现了审计准则——就审计业务约定条款达成一致意见中关于管理层对财务报表责任的描述。

4. 适用的相关职业道德要求为职业道德守则。

5. 基于获取的审计证据，审计人员认为可能导致对被审计单位持续经营能力产生重大疑虑的事项或情况存在重大不确定性，且该公司正考虑申请破产。财务报表遗漏了与重大不确定性相关的必要披露。该漏报对财务报表的影响重大且具有广泛性，因此发表否定意见。

6. 审计人员未被要求，并且也决定不沟通关键审计事项。

7. 审计人员在审计报告日前已获取所有其他信息，并且导致对财务报表发表否定意见的事项也影响其他信息。

8. 负责监督财务报表的人员与负责编制财务报表的人员不同。

9. 除财务报表审计外，审计人员还承担法律法规要求的其他报告责任，且审计人员决定在审计报告中履行其他报告责任。

审计报告

ABC股份有限公司全体股东：

一、对财务报表出具的审计报告

（一）否定意见

我们审计了ABC股份有限公司（以下简称ABC公司）财务报表，包括20×1年12月31日的资产负债表，20×1年度的利润表、现金流量表、股东权益变动表以及相关财务报表附注。

我们认为，由于“形成否定意见的基础”部分所述事项的重要性，后附的财务报表没有在所有重大方面按照企业会计准则的规定编制，未能公允反映 ABC 公司 20×1 年 12 月 31 日的财务状况以及 20×1 年度的经营成果和现金流量。

（二）形成否定意见的基础

ABC 公司融资协议期满，且未偿付余额于 20×1 年 12 月 31 日到期。ABC 公司未能重新商定协议或获取替代性融资，正考虑申请破产。这种情况表明存在可能导致对 ABC 公司持续经营能力产生重大疑虑的重大不确定性。财务报表对这一事项并未作出充分披露。

我们按照中国注册会计师审计准则的规定执行了审计工作。审计报告的“注册会计师对财务报表审计的责任”部分进一步阐述了我们在这些准则下的责任。按照中国注册会计师职业道德守则，我们独立于 ABC 公司，并履行了职业道德方面的其他责任。我们相信，我们获取的审计证据是充分、适当的，为发表否定意见提供了基础。

（三）其他信息

[按照审计准则——对其他信息的责任的规定报告，见应用指南参考格式 7。该参考格式中其他信息部分的最后一段需要进行改写，以描述导致注册会计师对财务报表发表否定意见并且也影响其他信息的事项。]

（四）管理层和治理层对财务报表的责任（略）

（五）注册会计师对财务报表审计的责任（略）

二、按照相关法律法规的要求报告的事项（下略）

14.3 期初余额审计

14.3.1 期初余额的含义与期初余额审计的意义

审计人员首次接受委托对被审计单位的财务报表进行审计时，必然会涉及财务报表期初余额及其审计问题。所谓首次接受委托，是指审计人员在被审计单位财务报表首次接受审计，或上期财务报表由前任审计人员审计的情况下接受的审计委托。

1. 期初余额的含义

期初余额是指期初已存在的账户余额，即财务报表中的期初余额，系审计人员首次接受委托时，所审计会计期间期初已存在的账户余额。它以上期期末余额为基础，反映了以前期间的交易和上期采用的会计政策的结果。据此，应当明确以下三点：（1）期初已存在的余额是指从上期结转至本期的金额，或上期期末余额经调整或重新表述后的金额。一般来说，上期期末余额与本期期初余额在数量上是相等的，但是，有时受以前期间的期后事项、会计政策等因素的影响，上期期末余额结转至本期时，需要经过调整或重新表述，从而使其在数量上发生变化。（2）期初余额是被审计单位在以前期间而非本期所发生的交易、事项及其会计处理的结果。（3）期初余额是与首次接受委托相联系的。

2. 期初余额审计的意义

财务报表的期末余额是其期初余额与本期经济业务共同作用的结果。也就是说，期初余额是本期财务报表形成的基础，往往对本期财务报表及审计人员的专业判断产生影响。因此，审计人员应当保持应有的职业谨慎，充分关注期初余额，并考虑其对所审计财务报表的影响。为此，审计人员应主要根据上期结转至本期的金额、上期所采用的会计政策，以及上期期末业已存在的或有事项及承诺等，判断和确定期初余额对本期所审计财务报表的影响程度。

一般来说，在首次接受委托，或在需要发表审计意见的当期财务报表中使用了上期财务报表的数据等情形下，审计人员应当对财务报表期初余额进行适当的审计。虽然审计人员对财务报表进行审计，是为了对被审计单位所审计财务报表发表审计意见，一般无须专门对期初余额发表审计意见，但由于期初余额是本期财务报表形成的基础，因而审计人员应对其进行适当的审计。

14.3.2 期初余额的审计程序

审计人员可根据期初余额对所审计财务报表的影响程度，合理运用专业判断，确定其审计范围，实施适当的审计程序，并充分考虑相关审计结论对所审计财务报表发表审计意见的影响。

如果上期财务报表已经其他审计机构审计，审计人员可与前任审计人员联系，通过查阅前任审计人员的审计工作底稿来了解对本期审计有重大影响的事项和被审计单位的期初余额情况，以获取充分、适当的审计证据，并考虑前任审计人员的独立性和专业胜任能力，但上述行为应征得被审计单位同意。前任审计人员应与后任审计人员联系，并提供必要的协助。如果上期财务报表未经审计，或在与前任审计人员沟通后对期初余额不能得出满意结论，审计人员可以通过本期实施的审计程序获取有关流动性项目（流动资产和流动负债）的部分审计证据。对于存货，审计人员应当按照存货监盘准则的有关规定，实施追加的审计程序，以获取有关存货的审计证据。对于非流动性项目（非流动资产和非流动负债），审计人员应检查形成期初余额的会计记录和其他信息。此外，在某些情况下，审计人员还可以向第三方函证期初余额，或实施追加的审计程序。

审计人员对首次接受委托业务，应当获取充分、适当的审计证据以证实或确定：(1) 期初余额不存在对本期财务报表产生重大影响的错报；(2) 上期期末余额已正确结转至本期，或者在适当的情况下已作出重新表述；(3) 被审计单位一贯运用恰当的会计政策，或对会计政策的变更作出正确的会计处理和恰当的列报与披露。其中，上期期末余额已正确结转至本期主要是指：上期账户余额计算正确；分类账内一切记录均来自日记账；一切分录均已适当地过账。在适当的情况下已作出重新表述，是指被审计单位在结转上期期末余额时，由于结转金额、会计政策等缘故，而对某些重要项目及其金额作了合理的调整与表述。

在确定有关期初余额的审计证据的充分性和适当性时，审计人员应当考虑以下事项：(1) 被审计单位选用的会计政策。被审计单位选用的会计政策是否恰当，其与本期是否一致。如果不恰当或与本期不一致，审计人员在执行期初余额审计时应提请被审计单位进行调整或予以披露。尤其是当会计政策发生变更时，审计人员应当考虑这些变更是否恰当、会计处理是否正确、列报是否允当。（2）上期财务报表是否经过其他审计机构审计。被审计单位上期财务报表如果已经过其他审计机构审计，审计人员应与前任审计人员联系，了解审计报告是否为非标准审计报告，以获取必要的审计证据；如果未经过审计，审计人员应进一步实施其他审计程序。（3）账户的性质和本期财务报表中的重大错报风险。不同性质的账户及财务报表项目，在财务报表中被错报的风险也不相同。审计人员在确定期初余额的审计程序时，应充分关注不同项目在财务报表中被错报的可能性。（4）期初余额对本期财务报表的重要程度。期初余额对本期财务报表的重要性，因情况不同而程度相异。如果金额较多，所占比重较大，则其对本期财务报表的重要程度较大；否则，则对本期财务报表的重要程度较小。如果上期财务报表已经过其他审计机构审计，审计人员可通过查阅前任审计人员的审计工作底稿，获取有关期初余额的审计证据。但是，审计人员应当考虑前任审计人员的专业胜任能力（包括专门学识、执业经验、专业训练及业务能力等）和独立性（包括实质上和形式上的独立性），以判断所获取证据的充分性和适当性。此外，审计人员还应关注前任审计人员出具的审计报告。如果前任审计人员出具了非标准审计报告，审计人员应当特别关注其原因，并考虑相关事项对本期财务报表的影响。

如果实施上述审计程序仍不能获取充分、适当的审计证据，或上期财务报表未经审计，审计人员应对期初余额实施以下审计程序：（1）询问被审计单位管理层，了解重要事项及有关情况；（2）审阅上期财务资料及相关资料，并关注其公允性和合法性；（3）通过对本期财务报表实施的审计程序来证实某些期初余额，如通过本期收回应收账款或支付应付账款的事实，来证实应收账款或应付账款期初余额的存在等；（4）补充实施诸如审阅有关记录和文件、向第三方函证等其他适当的审计程序。

14.3.3　期初余额对审计结论和报告的影响

审计人员应当根据业已获取的审计证据，形成对期初余额的审计结论，并确定其对本期财务报表审计意见的影响。

如果实施相关审计程序后无法获取有关期初余额的充分、适当的审计证据，审计人员应当对本期财务报表出具保留意见或无法表示意见的审计报告。

如果期初余额存在对本期财务报表产生重大影响的错报，审计人员应当告知被审计单位管理层。如果被审计单位上期财务报表由前任审计人员审计，审计人员还应当考虑提请被审计单位管理层告知前任审计人员。当被审计单位不接受调整或披露的建议时，错报的影响未能得到正确的会计处理和恰当的列报，审计人员应当对本期财务报表出具保留意见或否定意见的审计报告。

如果与期初余额相关的会计政策未能在本期得到一贯运用，并且会计政策的变更未能得到正确的会计处理和恰当的列报，审计人员应当出具保留意见或否定意见的审计报告。

如果前任审计人员对上期财务报表出具了非标准审计报告，审计人员应对此予以关注并考虑该审计报告对本期财务报表的影响。如果导致出具非标准审计报告的事项对本期财务报表仍然相关和重大，审计人员则应当对本期财务报表出具非标准审计报告。

14.4 期后事项审计

14.4.1 期后事项的含义与期后事项审计的意义

1. 期后事项的含义

期后事项是指财务报表日至审计报告日之间发生的事项以及审计人员在审计报告日后发现的事实。具体而言，期后事项包括：截至审计报告日发生的事项；审计报告日后至财务报表报出日前发现的事实；财务报表报出后发现的事实。财务报表日是指财务报表涵盖的最近期间的日期。审计报告日是指审计人员按照相关审计准则的规定在对财务报表出具的审计报告上签署的日期，旨在向财务报表使用者表明审计人员已考虑其知悉的、截止审计报告日发生的事项和交易的影响，通常系指审计人员完成外勤审计工作的日期。财务报表报出日是指审计报告和已审计财务报表提供给第三方的日期。财务报表批准日是指构成整套财务报表的所有报表（包括相关附注）已编制完成，并且被审计单位的董事会、管理层或类似机构已经认可其对财务报表负责的日期。

根据其发生时间的不同，期后事项可分为两类：一类是财务报表日后调整事项，是指对财务报表日已经存在的情况提供证据的事项；另一类是财务报表日后非调整事项，是指财务报表日后发生的事项。

当然，用于划分的主要时间界限也可以是审计报告日。这种用以划分不同期后事项的时间，主要涉及审计人员对期后事项所担负的审计责任。在审计报告日之前，审计人员负有对期后事项进行审计的责任，即应实施必要的审计程序以发现、确认和处理存在的期后事项。在审计报告日之后，审计人员没有义务实施审计程序或进行专门询问来发现审计报告日至财务报表报出日发生的期后事项，只是恰当应对其在审计报告日后知悉的、且如果在审计报告日知悉可能导致其修改审计报告的事实。但是，被审计单位管理层有责任及时向审计人员告知可能影响财务报表的期后事项。也就是说，尽管审计人员一般也会关注审计报告日至财务报表报出日可能发生的期后事项，但对在此期间实际发生的期后事项及其后果不承担法律责任，该法律责任仍由被审计单位担负。可见，上述对期后事项在时间上的划分，与期后事项的类型本身并不相关。一般来说，期后事项的类型体现了期后事项的不同性质，且决定了审计人员所作的不同处理。

根据其性质及对财务报表公允性影响程度的不同，前述两类事项需要被审计单位管理层予以考虑和审计人员充分关注。对于能为财务报表日已存在的情况提供证据的事项，审计人员需提请被审计单位进行调整；对于虽不影响财务报表金额但可能影响对财务报表正确理解的事项，审计人员需提请被审计单位予以披露。

（1）对财务报表日已经存在的情况提供证据的事项。财务报表日已经存在的情况，意指被审计单位财务报表日业已存在或已经发生的情况。这类事项既为被审计单位管理层确定财务报表日账户余额提供信息，也为审计人员核实这些余额提供证据。如果这类期后事项的金额较大、事项重要，应提请被审计单位对财务报表及相关的账户余额进行调整。比如，被审计单位因某一诉讼在期后裁决而导致大额赔偿；又如，被审计单位成品库中有大量产成品期后经验收为不合格品；再如，被审计单位有大额应收账款因债务人破产而无法收回等。

（2）财务报表日后发生的虽不影响财务报表金额但可能影响对财务报表正确理解的事项。这类事项因不影响财务报表金额，即不是在被审计年度发生的，所以不需要调整财务报表，但由于可能影响财务报表使用者对财务报表的正确理解，因而需要被审计单位在财务报表附注中对此类事项予以披露，以便财务报表使用者对被审计单位财务状况和经营成果等作出正确的判断。这类不调整财务报表，但需要在财务报表外以附注形式予以披露的期后事项常见的有：被审计单位发生了合并、清算等重大事件；被审计单位增发了大量的权益性证券；被审计单位持有的作为短期投资的有价证券的市价严重下跌；被审计单位大量库存商品因市场因素、法律限制或政府规定等导致无法销售而市价大幅下跌；被审计单位因火灾、水灾、地震等自然灾害而遭受非常损失等。

2. 期后事项审计的意义

由于期后事项可能直接影响被审计单位财务报表的金额或者影响对被审计单位财务报表的正确理解及审计报告，因此，审计人员应当保持应有的职业谨慎，充分关注期后事项对财务报表的影响。期后事项不仅可能影响财务报表，而且可能影响审计人员对财务报表所发表的审计意见。作为财务报表审计工作的一部分，期后事项审计具有重要的意义。审计人员对期后事项进行审计，不仅可以提高财务报表审计的完整性，保证审计质量，而且可以降低审计风险，进一步区分审计人员的责任与被审计单位管理层的责任，维护职业形象。审计人员应当区别对待上述两类不同性质的期后事项，以保证对被审计单位财务报表发表恰当的审计意见。为此，审计人员应当做到：

（1）确认期后事项是否发生。在审计报告日之前，审计人员应当实施必要的审计程序，获取充分、适当的审计证据，以确认期后事项是否发生。为此，审计人员应当对被审计单位可能发生的期后事项保持应有的职业谨慎，并运用其专业能力，就特定事项或事件对所审计财务报表是否产生了重大影响进行专业判断，从而确认期后事项是否发生。

（2）确定期后事项的类型及对财务报表的影响程度。审计人员在实施必要的审计程序并获取充分、适当的审计证据的基础上，若判断期后事项确已发生，则应进一步实施必要的审计程序，并运用其专业能力判断确定期后事项的类型及对所审计财务报表的影响程度。需要指出的是，正确区分两类不同性质的期后事项，关键在于正确确定期后事项主要情况出现的时间。

（3）根据期后事项的类型和对财务报表的影响程度，提请被审计单位管理层进行调整或予以披露。对已发现的期后事项，审计人员除应根据所获取的审计证据判断其对财务报表是否产生重大影响外，还应考虑可接受的审计风险水平，并根据其类型形成审计结论，分别作出处理：对为财务报表日已经存在的情况提供补充证据的事项，提请被审计单位管理层调整财务报表；对虽不影响财务报表金额，但可能影响对财务报表正确理解的事项，提请被审计单位管理层予以披露。

14.4.2 期后事项的审计程序

审计人员对被审计单位的期后事项，通常实施以下两种基本的审计程序：一是结合对财务报表实施的实质性程序；二是专为发现所审计会计年度必须关注的事项另行实施的审计程序。

1. 结合对财务报表实施的实质性程序

结合对财务报表实施的实质性程序所执行的期后事项审计，本质上是财务报表项目审计的一部分。但是，它有时是执行期后事项审计的一种有效程序。例如，通过复核期后现金收入，可测试所审计会计年度年末应收账款的可收回性。同样，通过复核期后的销售和采购业务，可确定所审计会计年度营业收入及该年度末存货等账户余额的正确性。通过这类测试，审计人员也可接触到许多相关的资料，从而可能从中发现、确认可能存在或发生的期后事项。

2. 专为发现所审计会计年度必须关注的事项另行实施的审计程序

专为发现所审计会计年度必须关注的事项另行实施的审计程序，主要是询问被审计单位管理层与有关人员及审阅有关资料。

审计人员应当实施必要的审计程序，获取充分、适当的审计证据，以确定截至审计报告日发生的、需要在财务报表中调整或披露的事项是否均已得到识别。

审计人员应当尽量在接近审计报告日时，实施旨在识别需要在财务报表中调整或披露事项的审计程序。这些程序包括：(1) 了解被审计单位管理层为确保识别期后事项而建立的程序；(2) 查阅股东会、董事会及其专门委员会在财务报表日后举行的会议纪要，并在不能获取会议纪要时询问会议讨论的事项；(3) 查阅最近的中期财务报表，如认为必要和适当，还应当查阅预算、现金流量预测及其他相关管理报告；(4) 向被审计单位律师或法律顾问询问有关诉讼和索赔事项；(5) 询问管理层以确定是否已发生可能影响财务报表的期后事项。

在向管理层询问可能影响财务报表的期后事项时，审计人员询问的内容主要包括：(1) 根据初步或尚无定论的数据作出会计处理的项目的现状；(2) 是否发生新的担保、借款或承诺；(3) 是否出售或购进资产，或者计划出售或购进资产；(4) 是否已发行或计划发行新的股票或债券，是否已签订或计划签订合并或清算协议；(5) 资产是否被政府征用或因不可抗力而遭受损失；(6) 在风险领域和或有事项方面是否有新进展；(7) 是否已作出或考虑作出异常的会计调整；(8) 是否已发生或可能发生影响会计政策适当性的事项。

如果被审计单位的分支机构、子公司等组成部分的财务信息由其他审计人员审计，审计人员应当考虑其他审计人员对财务报表日后事项所实施的审计程序，并考虑是否需要向其告知计划的审计报告日。如果知悉对财务报表有重大影响的期后事项，审计人员应当确定这些事项是否在财务报表中已得到恰当反映。

此外，审计期后事项时，审计人员通常还应审阅以下资料：(1) 被审计单位最近的中期财务报表及其他相关管理报告；(2) 管理层关于期后事项的声明或其他陈述；(3) 股东大会和管理层在财务报表日后的有关会议记录；(4) 被审计单位律师或法律顾问关于期后事项的陈述；(5) 被审计单位管理层确认期后事项的程序；(6) 其他相关资料。

就专为发现所审计会计年度必须关注的事项另行实施的审计程序而言，还需指出以下两点：第一，在另行实施的审计程序中，审计人员询问被审计单位管理层及有关人员和审阅有关资料往往是同时进行的。一方面，审计人员在向被审计单位管理层及有关人员进行询问的同时，要求被审计单位出具有关资料，通过审阅有关资料就可了解到的事项获取审计证据；另一方面，审计人员根据审阅有关资料所掌握的情况，就相关问题可向被审计单位管理层及有关人员进行询问，以便深入了解可能发生的期后事项。因此，审计人员可以或应当将询问相关情况与审阅有关资料结合进行。第二，审计人员另行实施的审计程序不应过早，应当尽量在接近审计报告日时进行，以免遗漏在对财务报表项目实施正常审计程序期间发生的期后事项。

14.4.3　期后事项对审计结论和报告的影响

审计人员对于已发现的对财务报表产生重大影响的期后事项，应当根据其类型向被审计单位管理层提出相应的处理建议，即提请被审计单位调整财务报表或予以披露。对期后事项实施审计程序并向被审计单位管理层提出有关调整或披露的建议，是审计人员的责任；而接受审计人员的建议，对期后事项的影响进行调整或予以披露，则是被审计单位管理层的责任。因此，审计人员对应予调整或披露的期后事项只能提出相应的处理建议，而不能代替被审计单位进行调整或披露。

（1）在审计报告日后至财务报表报出日前，如果知悉可能对财务报表产生重大影响的事实，审计人员应当考虑是否需要修改财务报表，并与管理层讨论。

1）管理层修改了财务报表。如果管理层修改了财务报表，审计人员应当根据具体情况对有关修改实施必要的审计程序，将有关的审计程序延伸至新的审计报告日，并针对修改后的财务报表出具新的审计报告。但是，新的审计报告日，不应早于修改后的财务报表被批准的日期。

2）管理层没有修改财务报表。如果审计人员认为应当修改财务报表而管理层没有修改，在审计报告尚未提交给被审计单位的情况下，审计人员应当按照相关准则的规定，发表非无保留意见（如保留意见或否定意见），然后再提交审计报告；在审计报告已提交给被审计单位的情况下，审计人员应当通知管理层和治理层在财务报表作出必要修改前不要向第三方报出。如果财务报表仍被报出，审计人员应当根据自身的权利和义务以及征询的法律意见采取适当措施，以防止财务报表使用者信赖该审计报告。

（2）在财务报表报出后，如果知悉在审计报告日已存在的、可能导致修改审计报告的事实，审计人员应当考虑是否需要修改财务报表，并与管理层讨论，同时根据具体情况采取适当措施。

通常，在财务报表报出后，审计人员没有义务针对财务报表实施任何程序。但在财务报表报出后，如果知悉了某事实，且若在审计报告日知悉可能导致修改审计报告，审计人员应当与管理层讨论该事项以确定财务报表是否需要修改，如需修改则询问管理层将如何在财务报表中处理该事项，同时视具体情况采取相应措施。

1）管理层修改了财务报表。如果管理层修改了财务报表，审计人员应当根据具体情况对有关修改实施必要的审计程序，复核管理层采取的措施能否确保所有收到原财务报表和审计报告的人士了解这一情况，并针对修改后的财务报表出具新的审计报告。审计人员应当在新的或经修改的审计报告中增加强调事项段或其他事项段，提请财务报表使用者关注财务报表附注中有关修改原财务报表的详细原因和审计人员提供的原审计报告。但是，所出具的新的审计报告的日期不应早于董事会或类似机构批准修改后的财务报表的日期。相应地，审计人员应当将有关的审计程序延伸至新的审计报告日。

2）管理层没有修改财务报表。如果管理层既没有修改审计人员认为需要修改的财务报表，又没有采取必要措施确保所有收到原财务报表和审计报告的人士了解这一情况，审计人员应当根据自身的权利和义务以及征询的法律意见采取适当措施，以设法防止财务报表使用者信赖该审计报告，并将拟采取的措施通知治理层。

如果临近公布下一期财务报表，且能够在下一期财务报表中进行充分披露，审计人员应当根据法律法规的规定确定是否仍有必要提请被审计单位修改财务报表，并出具新的审计报告。此外，当被审计单位公开发行证券时，审计人员还应当考虑有关证券发行的法律法规对期后事项的特殊规定。

如果被审计单位不接受调整或披露的建议，审计人员应当视具体情况出具保留意见或否定意见的审计报告。一般来说，对于被审计单位拒绝调整的期后事项，审计人员往往会出具保留意见的审计报告；如被拒绝调整的期后事项对财务报表实现其公允反映产生重大影响，审计人员则应出具否定意见的审计报告。对于被审计单位拒绝披露的期后事项，审计人员应出具保留意见等类型的审计报告。

此外，在审计报告日后，审计人员业已离开外勤工作的现场，欲发现、了解可能存在或发生的期后事项往往较为困难。但是，审计人员一般仍应通过多种方式，对在审计报告日之后可能存在或发生的期后事项予以关注。

在对审计报告日至财务报表报出日前发现的事实实施了追加审计程序并已作适当处理的情况下，审计人员可选用以下方式确定审计报告日期：1）签署双重报告日期，即保留原定审计报告日，并就该期后事项注明新的审计报告日。2）更改审计报告日期，即将原定审计报告日推迟至完成追加审计程序时的审计报告日。

总之，审计人员对期后事项审计时，其应负责任的日期应以审计外勤工作结束日为限。前已述及，被审计单位管理层有责任及时向审计人员告知可能影响财务报表的事实；审计报告日后，审计人员没有义务针对财务报表实施审计程序或进行专门查询，以发现审计报告日后至财务报表报出日前的事实，但对其知悉可能对财务报表产生重大影响的事实，则应予以关注并实施相应的审计程序。在这种情况下，审计人员应扩大对新近发生的期后事项的审计。

当审计人员扩大期后事项审计时，有以下两种选择：第一，将所有期后事项审计的期限延长至审计人员新近确定的期后事项的日期，即延长外勤审计工作结束日。这样，审计人员需更改原定审计报告日期，从而在财务报表审计范围内全面地扩大了审计人员的责任范围，因此，审计人员应当实施必要的审计程序，以发现原定审计报告日至更改后的审计报告日之间发生的可能对财务报表产生重大影响的其他期后事项。第二，仅限于对新近确定的期后事项和相关事项进行审计。这样，审计人员应签署双重报告日期，而非更改审计报告日期，并且仅在反映有关特定的项目方面扩大了审计人员的责任范围。鉴于此，审计人员在扩大期后事项审计时，应谨慎选择适当的方式。在审计实务中，签署双重报告日期比更改审计报告日期的做法更为普遍。

需要指出的是，由于种种原因，审计人员可能在财务报表报出日后才获知审计报告日已经存在但尚未发现的期后事项。对此，审计人员应当与被审计单位管理层讨论如何处理，并考虑是否需要修改审计报告。如果被审计单位管理层不予合作，拒绝采取适当措施，审计人员应当考虑是否修改审计报告或发表有关公告、声明，以设法防止财务报表使用者信赖该审计报告。当然，为了尽可能地降低审计风险，审计人员应当根据自身的权利和义务，向审计机构的法律顾问或律师征询法律意见，充分考虑其可能引起的法律后果，进而决定采取相应的措施。

14.5 或有事项审计

14.5.1 或有事项的含义与或有事项审计的意义

1. 或有事项的含义

或有事项是指由过去某一特定事项或交易引起或形成的一种现存状况，其结果需通过未来不确定事项的发生或不发生才能决定或予以证实。一般包括被审计单位的应收票据贴现、应收账款抵押借款、通融票据背书转让、未决诉讼或仲裁、产品质量保证（含产品安全保证）、承诺、亏损合同、重组义务，以及为他人提供的债务担保等。

作为现存的一种状况，诸如未决诉讼等或有事项属资产负债表日的一种客观存在，从而有别于未来可能发生的自然灾害、交通事故及经营亏损等事项。鉴于其结果是否发生以及具体发生的时间或金额都难以确知，因而诸如债务担保等或有事项又具有不确定性。或有事项的结果只能由未来不确定事项发生或不发生予以决定或证实，而影响该结果的不确定因素也不是企业所能控制的。

或有资产是由过去的交易或事项形成的潜在资产，其存在需通过未来不确定事项的发生或不发生予以证实。可见，作为一种潜在资产，或有资产的结果具有不确定性。而或有负债则是由过去的交易或事项所形成的潜在义务，其存在也需通过未来不确定事项的发生或不发生予以证实；或是由过去的交易或事项所形成的现时义务，履行该义务不是很可能导致经济利益流出企业或该义务的金额不能可靠地计量。显然，或有负债包括两类义务，即潜在义务与特殊的现时义务，其结果均具有不确定性。作为潜在义务的或有负债，与或有资产具有某些相同或相似的特征；作为现时义务的或有负债又具有其特殊性，从而有别于或有资产。其特殊性在于：该现时义务的履行不是很可能导致经济利益流出企业，换言之，其所导致经济利益流出企业的可能性不超过50%（含）；或者该现时义务导致经济利益流出企业的金额难以预计。

2. 或有事项审计的意义

在实施审计过程中，审计人员应当正确区分或有资产、或有负债与或有事项，区别对待或有资产与资产、或有负债与负债，重视审查企业有无确认而不应确认的或有负债和或有资产。或有事项在被审计单位财务报表日虽不能确定，但审计人员应提请被审计单位以恰当的方式加以处理。被审计单位应根据其对或有事项的正确理解与合理判断，作出相应的会计处理，如作为或有负债应计项目，或者在财务报表附注中披露等，以便提供对外部利害关系人决策有用的财务信息。如果被审计单位不接受建议，审计人员应当根据其重要性程度，确定是否在审计报告中反映。加强对或有事项的审计，有利于促使被审计单位对或有事项进行正确确认、合理计量或恰当披露，进而确保财务信息相关可靠、充分透明；同时，也有利于确保财务报表审计的完整性，提高审计工作质量，降低审计执业风险，从而有效地保护审计人员。显然，从审计的角度看，如何合理判断和适当处理或有事项，需要审计人员保持应有的职业谨慎，并具备相当的专业判断力。

14.5.2 或有事项的审计程序

或有事项的审计是为了确定或有事项的存在性与完整性，尤其是要发现未予记录的或有事项，而其他项目的审计则主要是为了核实业已记录资料的公允性、正确性、合法性。鉴于或有事项的主要特性及审计目标，或有事项的审计程序主要包括：

（1）向被审计单位管理层询问。由于或有事项由被审计单位管理层直接负责，因而审计人员向管理层询问有可能获得有关这些事项的主要信息，并应索取有关资料。

1）询问管理层确定、评价与控制或有事项的方针、政策和工作程序。

2）取得管理层书面声明，保证其已按照会计准则的规定，对全部或有事项作了恰当反映。

3）取得管理层有关或有事项的全部文件资料和凭证。

4）取得被审计单位与银行之间的往来函件、贷款协定及担保条件，以查找有关应收票据贴现、应收账款抵押借款、通融票据背书转让及产品质量保证（含产品安全保证）等或有事项。

5）取得被审计单位有关债务等或有事项的其他说明资料。

（2）向被审计单位的法律顾问或律师函证。审计人员通过向被审计单位的法律顾问或律师函证，以获取其确认证据，表明其对资产负债表日已存在的以及资产负债表日至复函日存在的或有事项的意见。

（3）向被审计单位开户银行及与其有业务往来的银行函证。审计人员通过向被审计单位开户银行及与其有业务往来的银行函证，以了解有关应收票据贴现及贷款担保等或有事项的情况。

（4）复核税务机关的税收结算报告。审计人员通过复核上期和审计期间税务机关的税收结算报告，以检查有无税款拖延及税务纠纷等或有事项的情况。

（5）复核现存的审计工作底稿。审计人员通过复核现存的审计工作底稿，以寻找任何可以说明或有事项的资料。

（6）查阅被审计单位董事会和股东大会的会议记录。审计人员通过查阅被审计单位董事会和股东大会的会议记录，以确定是否有关于诉讼、未决诉讼及其他或有事项的记录。

（7）查寻被审计单位对未来事项和有关协议的承诺。审计人员通过查寻被审计单位对未来事项和有关协议的承诺，如被审计单位是否作出了按某一价格购买原料或租赁设备的承诺，或按某一固定价格出售商品的承诺，以确定有关或有事项的情况，因为承诺与或有事项密切相关。

值得指出的是，在审计实务中，不少或有事项的审计是作为其他审计事项的一个组成部分，而不是在临近审计工作结束时作为一个单独的审计事项。即使在临近审计工作结束时对或有事项进行审计，大多也属于复核，并非首次审计。因此，在或有事项的审计程序中，复核是一种重要的审查与取证方法。

14.5.3　或有事项的审计内容

1. 审查或有事项确认与计量的合法性、合理性及正确性

（1）审查与或有事项相关的义务被确认为预计负债的合法性。根据有关规定，与或有事项相关的义务同时符合下列条件时，企业可以且应当将其确认为预计负债：1）该义务是企业承担的现时义务，即与或有事项相关的义务是在企业当前条件下已承担的义务。2）该义务的履行很可能导致经济利益流出企业，即履行与或有事项相关的现时义务时，导致经济利益流出企业的可能性超过 50%但尚未达到基本确定的程度。一般来说，此可能性应当结合下列情况加以判断：大于 95%但小于 100%为“基本确定”；大于 50%但小于或等于 95%为“很可能”；大于 5%但小于或等于 50%为“可能”；大于 0 但小于或等于 5%为“极小可能”。3）该义务的金额能够可靠地计量，即与或有事项相关的现时义务的金额能够合理地估计。估计其金额时，应当考虑的因素包括：与或有事项有关的风险和不确定性、可能影响履行现时义务所需金额的相关未来事项，以及不应虑及预期处置相关资产的利得等。企业在履行诸如商品销售、劳务提供、资产使用权让渡及租赁等方面待执行合同的义务中发生的成本可能出现超过预期经济利益的情况，则出现亏损合同。如果与之有关的义务不可撤销，则存在现时义务，由此可能导致符合条件被确认的预计负债。如果不存在标的资产，则相关义务可能导致符合条件被确认的预计负债。

必须指出的是，只有同时符合上述条件，才能将其确认为预计负债；不仅如此，当所述义务同时符合上述条件时，企业应将其确认为预计负债。

（2）审查被确认为预计负债的与或有事项相关的义务，其计量的合理性。按照有关规定，被确认为预计负债的相关义务，其金额应该是清偿该预计负债需支出的最佳估计数。该估计数通常应当等于未来应付的金额，该金额与现值相差较大时，则按照未来应支付金额的现值确定。具体地说，当所需支出存在一个金额范围时，该最佳估计数则应按该范围的上下限金额的平均数确定；当所需支出不存在一个金额范围时，最佳估计数应视具体情况而定，即在或有事项只涉及单个项目的情况下，按最可能发生金额确定最佳估计数，在或有事项涉及多个项目的情况下，则按各种可能发生额及其发生概率计算确定最佳估计数。

（3）审查清偿被确认的预计负债所需支出，其预期收到的补偿金额认定的正确性。对于清偿被确认的预计负债所需支出，其全部或部分预期由第三方或其他方补偿时，补偿金额只能在基本确定（即大于 95%但小于 100%的可能性）能收到的情况下方可单独认定为资产，且不应超过所确认预计负债的账面价值。

2. 审查或有事项披露的充分性、公允性及恰当性

（1）审查被确认的预计负债是否在资产负债表中以单列项目予以反映，并在财务报表附注中作了相应的披露；有关的费用或支出是否扣除了确认的补偿金额，并在利润表中进行了恰当的反映。

（2）审查企业是否在财务报表附注中披露了以下或有负债及有关内容：1）已贴现商业承兑汇票形成的或有负债；2）未决诉讼、仲裁形成的或有负债；3）为其他单位提供债务担保形成的或有负债；4）其他或有负债，通常不包括极小可能导致经济利益流出企业的或有负债。不仅如此，对于应予以披露的或有负债，还应审查企业是否分类披露了有关内容，诸如或有负债形成的原因、或有负债预计产生的财务影响（若无法预计，应说明理由）、获得补偿的可能性等。

需要指出的是，在审查或有负债的披露时，应把握的基本原则是：极小可能（通常指在5%以下的可能性）导致经济利益流出企业的或有负债一般不予披露；但是，对某些经常发生或对企业的财务状况和经营成果有较大影响的或有负债，即使其导致经济利益流出企业的可能性极小，也应予以披露。另外，在涉及未决诉讼、仲裁的情况下，如果按上述披露信息预期会对企业造成重大不利影响，则企业无须披露这些信息，但这并不表明企业可以不披露任何相关信息，至少应披露其形成原因。

（3）审查企业是否正确披露了或有资产。一般而言，或有资产不应在财务报表附注中披露，但当它很可能（大于50%但小于或等于95%的可能性）会给企业带来经济利益时，则应在财务报表附注中予以披露。基于谨慎考虑，通常仅披露其成因及预期对企业产生的财务影响等。

14.5.4 或有事项对审计结论和报告的影响

对于截止到审计报告日被审计单位应披露而未披露或披露不允当，或确认与计量不正确、不合理的或有事项，审计人员应当提请被审计单位以适当形式予以披露或正确、合理地进行确认与计量。

如果被审计单位拒绝接受有关建议，审计人员应当运用其专业判断确定或有事项的重要程度，并考虑是否在审计报告中反映及发表审计意见的类型。

14.6 管理层声明

审计人员在执行财务报表审计业务时，应当向被审计单位管理层获取适当声明，即管理层声明，并将其作为审计证据形成审计工作底稿。

14.6.1 管理层声明的含义与书面声明的意义

1. 管理层声明的含义

管理层声明是指被审计单位管理层向审计人员提供的通常与财务报表相关的陈述，用以确认某些事项或支持其他审计证据。它包括书面声明和口头声明，而书面声明作为审计证据通常比口头声明可靠。另外，审计人员如认为口头声明对财务报表具有重大影响，则应当提请被审计单位管理层予以书面确认，这样也可以减少审计人员与管理层之间产生误解的可能性。管理层的书面声明（简称书面声明，下同），大多指管理层声明书，本节主要阐述与其有关的内容。

2. 书面声明的意义

审计人员获取的书面声明通常包括：管理层直接提供的书面声明；审计人员提供的列示其对管理层声明的理解并经管理层确认的函；董事会及类似机构等治理层的相关会议纪要，或已签署的财务报表副本等。

审计人员向管理层获取书面声明所涉及的事项，主要包括管理层认可其设计和实施内部控制以防止或发现并纠正错报的责任，以及管理层认为审计人员在审计过程中发现的未更正错报（其概要应当包含在书面声明中或附于书面声明后），无论是单独还是汇总起来考虑，对财务报表整体均不具有重大影响。

审计人员获取管理层的书面声明具有重要的意义。它主要体现在管理层声明书本身所具有的作用上：一方面，书面声明对于被审计单位管理层应对其财务报表的编制和提供给审计人员有关资料的真实性、合法性和完整性负责这一事项作出了书面陈述，从而为明确被审计单位管理层对财务报表应负的责任提供了依据；另一方面，书面声明对于管理层就审计人员所提出的问题进行的回答进行了书面记录，从而为保护审计人员提供了证据（当被审计单位与审计人员发生意见分歧甚或诉讼纷争时，它作为书面证据有利于审计人员进行有效的抗辩）。

14.6.2　书面声明的主要内容

书面声明一般包括下列基本要素：

（1）标题。书面声明的标题为："××公司管理层书面声明"。

（2）收件人。书面声明的收件人为接受委托的审计机构及签署审计报告的审计人员，如"呈××审计机构"或"致××审计人员"。

（3）声明内容。书面声明的声明内容，应根据审计约定事项、财务报表编制基础等确定。据此，审计人员要求被审计单位管理层提供的书面声明，可仅限于单独对财务报表产生重大影响的事项，或个别虽影响不大，但汇总起来对财务报表产生重大影响的事项。必要时，审计人员应将其对声明事项重要性的理解告知被审计单位管理层。通常，声明内容包括：1）履行了按照适用的财务报告编制基础编制财务报表并使其实现公允反映的责任；2）其他财务资料已全部提供给审计人员审查；3）董事会及股东大会的会议纪要已全部提供给审计人员审阅；4）所审计年度的所有交易和事项均已入账；5）关联方交易的有关资料已提交审计人员审查；6）期后事项均已向审计人员提供，重大的期后事项均已在财务报表中作相应的调整或披露；7）对审计人员在审计过程中提出的所有重大调整事项已作调整；8）无违法、违纪、舞弊现象；9）无蓄意歪曲或虚饰财务报表项目的金额或分类的情况；10）无重大的不确定事项；11）其他必须声明的事项。

（4）签章。书面声明通常应当由管理层中对被审计单位及其财务负主要责任的人员签署，并加盖被审计单位公章。在某些情况下，审计人员也可以向管理层中的其他人员获取书面声明。

（5）日期。书面声明标明的日期通常应当与审计报告日一致，以确保其具有与期后事项和或有损失审计相关的声明。但在某些情况下，审计人员也可能在审计过程中或审计报告日后就某些交易或事项获取单独的书面声明，此时的日期可以是审计人员获取该书面声明的日期。

需要指出的是，被审计单位书面声明是一种非独立来源的书面说明。因此，不能将其视为十分可靠的证据，也不应以其替代能够合理预期获取的其他审计证据。在某些情况下，如果除通过询问外，预期不能获取其他审计证据，或合理确信其他充分、适当的审计证据并不存在，审计人员应就对财务报表具有重大影响的事项向被审计单位管理层获取书面声明。

当书面声明的有关事项对财务报表具有重大影响时，审计人员应当实施以下审计程序：从被审计单位内部或外部获取证据佐证；评价管理层书面声明是否合理并与获取的其他审计证据（包括其他声明）核对相符；考虑作出声明的人员是否熟知所声明的事项。当管理层的某项声明与其他审计证据相矛盾，或者管理层拒绝就对财务报表具有重大影响的事项提供书面声明或拒绝就重要的口头声明予以书面确认时，审计人员应当调查这种情况。必要时，应重新考虑管理层作出的其他声明的可靠性。

14.6.3 书面声明对审计结论和报告的影响

书面声明不能被视为十分可靠的审计证据，审计人员不应以管理层声明替代能够合理预期获取的其他审计证据。因此，如果对之于财务报表具有或可能具有重大影响的事项无法实施必要的审计程序以获取充分、适当的审计证据，而这些证据预期是可以获取的，即使已取得管理层声明，审计人员仍应将其视为审计范围受到限制，考虑出具保留意见或无法表示意见的审计报告。

同样，如果被审计单位管理层拒绝就对财务报表具有重大影响的事项提供审计人员认为必要的书面声明，或拒绝就重要的口头声明予以书面确认，审计人员也应将其视为审计范围受到限制。在这种情况下，审计人员应当评价审计过程中获取的管理层其他声明的可靠性，并考虑管理层拒绝提供声明是否可能对审计报告产生其他影响，进而考虑出具保留意见或无法表示意见的审计报告。

总之，如果对管理层声明的可靠性存在疑虑以及管理层不提供要求的书面声明，审计人员应当确定其对书面或口头声明和审计证据总体的可靠性可能产生的影响，并采取适当措施，以确定其对审计意见可能产生的影响。

14.6.4 对律师的审计询问函

审计人员对被审计单位期后事项和或有事项等进行审计时，往往还要向被审计单位的法律顾问或律师进行征询，并要求律师将接近审计报告日的期后事项和或有事项等直接复函告知审计人员。律师对函证问题的有关答复和说明，就是律师声明。通常，它可以提供较充分有力的证据，并使审计人员能够解释并报告有关期后事项和或有事项等情况。

向被审计单位的法律顾问和律师函证，一般是通过寄发审计询问函来进行的。通常，使用被审计单位的信笺书写，并由被审计单位管理人员签名和寄出。被审计单位应对曾经为其进行过法律代理或咨询的所有律师寄发审计询问函，所查询的内容包括被审计单位叙述和评价与该律师业务相关的期后事项和或有损失等或有事项的情况。律师的责任在于声明被审计单位有关的叙述是完整的或有疏漏且予以指明，并对被审计单位所作出的评价进行说明和评论。律师声明书所用的格式与措辞无统一定式，但其内容会直接影响审计人员发表审计意见的类型。

审计人员应根据律师的执业条件和职业声誉，确定律师声明的合理性，并考虑其对审计结论和报告的影响。对此，审计人员应从整体上分析确定律师声明书对审计询问函的反映及其与审计人员所知悉的情况是否一致。如果律师声明指出或有事项可能引起不利结果，或者潜在损失发生的金额和范围都具有重大不确定性，而被审计单位在资产负债表上也予以充分披露，审计人员可考虑出具带强调事项段的无保留意见的审计报告。如果律师拒绝回答审计询问函，或者律师声明表明或暗示律师拒绝提供信息或隐瞒情况，或者对被审计单位叙述的情况不加修正，审计人员一般应认为审计范围受到限制，并对被审计单位财务报表考虑出具保留意见或无法表示意见的审计报告。

14.7 考虑其他信息

所谓其他信息，是指在被审计单位年度报告中包含的除财务报表和审计报告以外的财务信息和非财务信息。年度报告，是指管理层或治理层根据法律法规的规定或惯例，一般以年度为基础编制的、旨在向所有者（或类似的利益相关方）提供实体经营情况和财务业绩及财务状况（财务业绩及财务状况反映于财务报表）信息的一个文件或系列文件组合。一份年度报告包含或随附财务报表和审计报告，通常包括实体的发展，未来前景、风险和不确定事项，治理层声明，以及包含治理事项的报告等信息。

14.7.1 其他信息的意义

通常，审计人员（如注册会计师，下同）对财务报表发表的审计意见不涵盖其他信息。但是，审计审计人员需阅读和考虑其他信息，因为如果其他信息与财务报表或者与审计人员在审计中了解到的情况存在不一致，可能表明财务报表或其他信息存在错报。所谓其他信息的错报，是指对其他信息作出不正确陈述或其他信息具有误导性，包括遗漏或掩饰对恰当理解其他信息披露的事项必要的信息。两者均会损害财务报表和审计报告的可信性，而此类重大错报也可能不恰当地影响审计报告使用者的经济决策。

被审计单位一般以年度为基础编制年度报告。然而，当所审计财务报表涵盖的期间短于一年或者超过一年时，年度报告也可以涵盖与财务报表相同的期间。在某些情况下，被审计单位的年度报告可能是一个单独的文件，并冠以“年度报告”或其他标题。

在其他情况下，法律法规或惯例可能要求被审计单位通过单个文件或两个以上（含两个）服务于相同目的的文件组合，向所有者（或类似的利益相关方）报告被审计单位经营情况和财务报表列报的经营成果及财务状况信息（即年度报告）。尽管对财务报表发表的审计意见并不涵盖其他信息，但根据法律法规或惯例，以下一项或多项文件可能构成年度报告：董事会报告；公司董事会、监事会及董事、监事、高级管理人员保证年度报告内容的真实、准确、完整，不存在虚假记载、误导性陈述或重大遗漏，并承担个别和连带法律责任的声明；公司治理情况说明；内部控制自我评价报告等。

年度报告可能以纸质的形式提供给使用者，也可能以电子形式，包括载于被审计单位网站的形式提供给使用者。一份文件（或者系列文件组合）无论以何种方式提供给使用者，均可能符合年度报告的定义。有些报告如作为独立的文件发布，通常不是组成年度报告的系列文件的一部分（根据法律法规或惯例）。例如单独的行业或监管报告、公司社会责任报告、可持续发展报告、多元化和平等机会报告、产品责任报告，以及劳工做法和工作条件报告等。

基于已经阅读的其他信息，审计人员需要考虑：(1) 其他信息与财务报表之间是否存在重大不一致；(2) 其他信息与审计人员在审计中了解到的情况之间是否存在重大不一致；(3) 当识别出此类重大不一致似乎存在时，或者知悉其他信息似乎存在重大错报时，如何予以恰当的应对；(4) 如何根据审计准则的有关规定进行报告。

14.7.2 获取其他信息

为了获取其他信息，审计人员应当：(1) 通过与管理层讨论，确定哪些文件组成年度报告，以及被审计单位计划公布这些文件的方式和时间安排；(2) 就及时获取组成年度报告的文件的最终版本与管理层作出适当安排，如果可能，在审计报告日之前获取；(3) 如果前述确定的部分或全部文件在审计报告日后才能取得，要求管理层提供书面声明，声明文件的最终版本将在可获取时并且在被审计单位公布前提供给审计人员，以使审计人员可以完成准则要求的程序。

其他信息中有可能包含一定的金额，比如：(1) 关键财务业绩摘要中的项目（如净利润、每股收益、股利、销售收入及其他业务收入，以及采购和运营费用等）；(2) 选定的经营数据（如对主要经营领域持续经营活动产生的收益，或按地域分部或产品线划分的销售收入）；(3) 特殊项目（如资产处置、诉讼准备金、资产减值、纳税调整、环境治理准备金、改制和重组费用）；(4) 流动性和资本来源信息（如现金、现金等价物和有价证券、股利，以及债务、融资租赁）；(5) 分部或分支的资本性支出；(6) 涉及资产负债表外安排的金额和财务影响；(7) 涉及担保、合同义务、法律或环境诉讼和其他或有事项的金额；(8) 财务指标或比率（如毛利率、平均资本回报率、平均股东权益回报率、流动比率、利息保障倍数和债务比率，其中有些可能直接与财务报表勾稽）等。

其他信息中也有可能包含一些其他项目，诸如：(1) 对关键会计估计及相关假设的解释；(2) 对关联方的识别，以及对关联方交易的描述；(3) 对被审计单位管理商品、外汇或利率风险的政策或方法的阐述（如使用远期合约、利率掉期或其他金融工具）；(4) 对资产负债表外安排的性质的描述；(5) 对担保、赔偿、合同义务、诉讼或环境责任案件和其他或有事项的描述，包括管理层对被审计单位相关风险的定性评估；(6) 对法律或监管要求变化的描述（如新的税收或环境法规，它们已对被审计单位的业务或财务状况产生重大影响，或将对被审计单位的未来财务前景产生重大影响；(7) 管理层关于已在本期生效或将在下期生效的新财务报告准则对被审计单位财务业绩、财务状况和现金流量产生的影响的定性评估；(8) 对业务环境和前景的一般描述；(9) 战略概述；(10) 主要商品或原材料的市场价格走势描述；(11) 供求情况和监管环境的地区间对比；(12) 对影响被审计单位在特定领域盈利能力的特定因素的解释等。

当其他信息中披露了某特定事项时，其他信息可能遗漏或掩饰对恰当理解该事项必要的信息。例如，其他信息声称说明了管理层使用的关键业绩指标，那么遗漏某项管理层使用的关键业绩指标可能表明其他信息未经正确陈述或具有误导性。以下特征向审计人员提供了确定其他信息的错报是否重大的参考：(1) 重要性是结合财务报表使用者整体共同的财务信息需求而考虑的。其他信息的使用者预计与财务报表使用者相同，因为预期这类使用者通过阅读其他信息以增加对财务报表的背景情况的了解。(2) 对重要性的判断需要考虑错报的特定情形，考虑使用者是否会被未更正的错报所影响。并非所有错报均会影响使用者的经济决策。(3) 对重要性的判断包括定性和定量两方面的考虑。因此，这类判断可以考虑在被审计单位年度报告的背景下，其他信息所针对项目的性质和规模。

当首次接受审计业务委托，或管理层或治理层发生变动，或其他信息预计在审计报告日后获取时，审计人员可以与管理层或治理层沟通以下事项：(1) 希望在审计报告日前及时获取年度报告（包括构成年度报告的系列文件组合）最终版本，以能够在审计报告日前完成本准则要求的程序。如果不可能在审计报告日前获取，需尽早获取，且无论如何早于被审计单位发布这些信息。(2) 如果其他信息在审计报告日后获取可能产生的影响。

14.7.3 阅读并考虑其他信息

审计人员在计划和执行审计工作时应当保持职业怀疑。在阅读和考虑其他信息时保持职业怀疑，例如，意识到管理层可能对其计划获得成功过分乐观，以及警惕与财务报表或审计人员在审计中了解到的情况不一致的信息。

在阅读其他信息时，审计人员应当：(1) 考虑其他信息和财务报表之间是否存在重大不一致。作为考虑的基础，审计人员应当将其他信息中选取的金额或其他项目与财务报表中的相应金额或其他项目进行比较，以评价其一致性；(2) 在已获取审计证据并已得出审计结论的背景下，考虑其他信息与审计人员在审计中了解到的情况是否存在重大不一致。当阅读其他信息时，审计人员应当对与财务报表或审计人员在审计中了解到的情况不相关的其他信息中似乎存在重大错报的迹象保持警觉。

首先，考虑其他信息与财务报表之间是否存在重大不一致。其他信息可能包括金额或其他项目，这些金额或其他项目旨在与财务报表中的金额或其他项目相一致，或对其进行概括，或为其提供更详细的信息。在评价其一致性时，不需要对其他信息中的所有金额或其他项目与财务报表中的金额或其他项目进行比较。选择哪些金额或其他项目进行比较属于职业判断事项。与此判断相关的因素包括：(1) 金额或其他项目在列报中的重要程度，可能影响使用者对该金额或其他项目的重视程度（如一项关键比率或金额）；(2) 如果是定量方面的信息，该金额与财务报表中的账户或项目，或者该金额与相关其他信息相比的相对规模；(3) 其他信息中特定的金额或其他项目的敏感性（如向高级管理人员授予的股份支付）。确定审计程序的性质和范围以应对准则的相关要求也属于职业判断事项。在判断的过程中，需要认识到审计人员的责任，不构成对其他信息的鉴证业务，也不要求其对其他信息提供一定程度的保证。基于对其他信息性质的考虑，在评价其一致性时，还需评价与财务报表相比其列报的方式（如相关）。

其次，考虑其他信息与审计中了解到的情况是否存在重大不一致。其他信息可能包括与审计中了解到的情况相关的金额或项目。在审计中了解到的情况，包括对被审计单位及其环境的了解，也可能包括性质上具有预测性的事项。在考虑其他信息和审计中了解到的情况之间是否存在重大不一致时，审计人员可以重点关注其他信息中重要的事项，该事项足够重要以至于与其相关的其他信息的错报可能是重大的。审计人员可能确定，参考相关审计工作底稿，或者向项目组相关成员或相关组成部分审计人员询问，以作为其考虑重大不一致是否存在的基础是适当的。审计人员是否以及在何种程度上参考和询问，属于职业判断事项。然而，审计人员可能没有必要对包含在其他信息中的所有事项都参考和询问。

最后，对其他信息似乎存在重大错报的迹象保持警觉。其他信息可能包括对与财务报表不相关的事项的讨论，也可能在范围上超出审计中了解到的情况。对其他信息似乎存在重大错报的其他迹象保持警觉，有助于审计人员遵循相关职业道德要求，即不得在明知的情况下与有些其他信息发生关联，也可能能够使之识别：其他信息与阅读其他信息的项目组成员的普遍认知（除审计过程中了解到的情况之外）之间的差异，或其他信息内部不一致，使审计人员相信其他信息似乎存在重大错报。

14.7.4 审计应对的具体情形

1. 当似乎存在重大不一致或其他信息似乎存在重大错报时的应对

如果识别出似乎存在重大不一致，或者知悉其他信息似乎存在重大错报，审计人员应当与管理层讨论该事项，必要时，实施其他程序以确定：（1）其他信息是否存在重大错报；（2）财务报表是否存在重大错报；（3）审计人员对被审计单位及其环境的了解是否需要更新。

审计人员与管理层关于重大不一致（或其他信息似乎存在重大错报）的讨论，可能包括要求管理层对其他信息中管理层声明的基础提供支持。基于管理层的进一步信息和解释（如管理层的解释可能对正常的判断差异提供合理和充分的理由），审计人员可能认可其他信息不存在重大错报；反之，与管理层的讨论可能提供进一步信息，以支持审计人员对于其他信息存在重大错报的结论。相比事实性质的事项，在判断事项上质疑管理层可能是更加困难的；然而，其他信息包含了不一致的陈述可能导致审计人员的怀疑。

由于其他信息可能的重大错报范围广泛，审计人员为判断其他信息是否存在重大错报而可能执行的其他审计程序的性质和范围，属于具体情形下的职业判断事项。当审计人员无法确定重大不一致似乎不再存在或者其他信息似乎不再存在重大错报时，审计人员可以要求管理层向有资格的第三方咨询。在某些情况下，考虑管理层咨询的结果后，审计人员可能仍然无法得出其他信息是否存在重大错报的结论，此时可以采取以下一项或多项措施：从法律顾问处获取相关建议；考虑其对审计报告的影响；在相关法律法规允许的情况下解除业务约定。

2. 当审计人员认为其他信息存在重大错报时的应对

如果认为其他信息存在重大错报，审计人员则应要求管理层更正其他信息。如果管理层同意更正，审计人员应当确定更正已经完成；如果管理层拒绝更正，审计人员则应就该事项与治理层进行沟通，并要求作出更正。

（1）当审计人员认为审计报告日前获取的其他信息存在重大错报时的应对。在与治理层沟通后，如果其他信息未得到更正，审计人员采取何种措施（包括：考虑对审计报告的影响，并就审计人员计划如何在审计报告中处理重大错报与治理层进行沟通；或者在相关法律法规允许的情况下，解除业务约定），属于其职业判断事项。审计人员可以考虑管理层和治理层提供的不进行更正的理由是否会引起对管理层和治理层诚信或诚实的怀疑，例如，审计人员怀疑该理由存在误导的意图。审计人员也可能认为，寻求法律意见是恰当的。在某些情况下，审计人员可能根据法律、法规或其他职业准则的要求，与监管机构或相关职业团体沟通该事项。

在少数情况下，当拒绝更正其他信息的重大错报导致对管理层和治理层的诚信产生怀疑，进而质疑审计证据总体上的可靠性时，对财务报表发表无法表示意见可能是恰当的。

当拒绝更正其他信息的重大错报导致对管理层和治理层的诚信产生怀疑，进而质疑审计过程中从其获取声明的可靠性时，在法律法规允许的情况下，解除业务约定可能是适当的。在公共部门，解除业务约定也许不可能。在这些情况下，审计人员可以向立法机关出具报告，详细说明该事项，或采取其他恰当措施。

（2）当审计人员认为审计报告日后获取的其他信息存在重大错报时的应对。在其他信息得以更正的情况下，审计人员应当根据具体情形实施必要的程序；而在与治理层沟通后其他信息未得到更正的情况下，审计人员应当考虑其法律权利和义务，并采取恰当的措施，以提醒审计报告使用者恰当关注未更正的重大错报。

如果认为审计报告日后获取的其他信息存在重大错报，且该重大错报已经被更正，审计人员在这种情况下执行的必要程序，包括确定更正已经完成，也可能包括复核管理层为与收到其他信息的人士沟通并告知其修改而采取的步骤。

如果治理层不同意修改其他信息，审计人员采取何种恰当措施以设法提醒审计报告使用者适当关注未更正错报，则需要运用职业判断，且可能受相关法律法规的影响。因此，审计人员可能认为就其法定权利和义务寻求法律意见是适当的。

在法律法规允许的情况下，审计人员针对其他信息的重大错报仍未更正，可能采取的、设法提醒审计报告使用者适当关注未更正错报的措施包括：一是向管理层提供一份新的或修改后的审计报告，其中包括修正后的其他信息部分。同时要求管理层将该新的或修改后的审计报告提供给审计报告使用者。在此过程中，审计人员可能需要基于审计准则和适用的法律法规的要求，考虑对新的或修改后的审计报告的日期产生的影响（如有）。审计人员也可以复核管理层采取的、向这些使用者提供新的或修改后的审计报告的步骤。二是提醒审计报告使用者关注其他信息的重大错报。三是与监管机构或相关职业团体沟通未更正的重大错报。四是考虑对持续承接业务的影响。

3. 当财务报表存在重大错报或审计人员对被审计单位及其环境的了解需要更新时的应对

如果审计人员通过实施前述程序，认为财务报表存在重大错报，或考审计人员对被审计单位及其环境的了解需要更新，审计人员则应根据其他审计准则作出恰当应对。在阅读其他信息时，审计人员可能知悉影响下列方面的新信息：（1）对被审计单位及其环境的了解，因而可能表明需要修改其对风险的评估；（2）评价已识别的错报对审计的影响和未更正错报（如有）对财务报表的影响的责任；（3）关于期后事项的责任。

14.7.5　其他信息对审计结论和报告的影响

对于非上市实体的财务报表审计，审计人员可能认为在审计报告中指明预期将在审计报告日后获取的其他信息可能是适当的，以针对这些其他信息（审计人员对其负有审计准则规定的相关责任）提供额外的透明度。在某些情况下，例如，当管理层能够向审计人员声明这类其他信息将在审计报告日后发布时，审计人员可能认为如此处理是恰当的。

如果导致审计人员发表非无保留意见的事项未被包含在其他信息中或其他信息未针对该事项，同时该事项不影响其他信息的任何部分，则对财务报表发表保留意见或否定意见可能不会对审计准则相关要求的说明产生影响。但在其他情形下，可能会对此类报告产生影响。

1. 财务报表重大错报导致的保留意见

在审计意见是保留意见的情况下，可能需要考虑其他信息是否因导致对财务报表发表保留意见的同一事项或相关事项也存在重大错报。

2. 范围受到限制导致的保留意见

在关于财务报表的重要项目存在范围限制，审计人员将不能对该事项获取充分、适当的审计证据的情况下，审计人员可能无法确定，与该事项相关的、其他信息的金额和其他项目是否导致其他信息的重大错报。因此，审计人员可能需要修改审计准则相关要求的说明，提及审计人员无法考虑管理层在其他信息中对该事项的描述：针对该事项，审计人员已经对财务报表发表了保留意见，如“形成保留意见的基础”部分所述。然而，审计人员被要求报告已识别的、任何其他未更正的其他信息的重大错报。

3. 否定意见

审计人员针对在“形成否定意见的基础”部分描述的某特定事项已对财务报表发表否定意见，并不能为省略按照审计准则在审计报告中报告识别出其他信息的重大错报提供理由。如果已对财务报表发表否定意见，审计人员可能需要适当修改审计准则相关要求的说明，例如，指出其他信息中的金额和其他项目因导致对财务报表发表否定意见的同一事项或相关事项也存在重大错报。

4. 无法表示意见

当审计人员对财务报表发表无法表示意见时，提供审计的进一步详细情况，包括其他信息部分，可能会使财务报表整体的无法表示意见显得逊色。因此，在这些情况下，根据审计准则——在审计报告中发表非无保留意见的规定，审计报告不包括针对此报告要求的部分。

需要指出：如果在审计报告日存在下列两种情况之一，审计报告应当包括一个单独部分，以“其他信息”为标题：一是对于上市实体财务报表审计，审计人员已获取或预期将获取其他信息；二是对于上市实体以外其他被审计单位的财务报表审计，审计人员已获取部分或全部其他信息。

据此，审计报告应当包含其他信息部分，该部分包括：（1）管理层对其他信息负责的说明。（2）指明审计人员于审计报告日前已获取的其他信息（如有）；对于上市实体财务报表审计，预期将于审计报告日后获取的其他信息（如有）。（3）说明审计人员的审计意见未涵盖其他信息，因而审计人员对其他信息不发表（或不会发表）审计意见或任何形式的鉴证结论。（4）描述审计人员根据审计准则的有关要求，对其他信息进行阅读、考虑和报告的责任。（5）如果审计报告日前已经获取其他信息，则选择下列二者之一进行说明：其一，说明审计人员无任何需要报告的事项；其二，如果审计人员认为其他信息存在未更正的重大错报，说明其他信息中的未更正重大错报。

当根据相关审计准则的规定发表保留或者否定意见时，审计人员应当考虑导致非无保留意见的事项对前述说明的影响。

此外，根据相关审计准则的要求，审计人员应当就下列事项形成审计工作底稿：(1) 按照审计准则的有关规定实施的程序；(2) 按照审计准则的有关规定执行工作所针对的其他信息的最终版本。

14.7.6　与其他信息相关的报告格式

当审计人员在审计报告日前已获取所有其他信息，且未识别出其他信息存在重大错报时，适用于任何被审计单位，无论是上市实体还是非上市实体的无保留意见审计报告。

背景信息：

1. 对上市实体或非上市实体整套财务报表进行审计。该审计不属于集团审计（即不适用审计准则——对集团财务报表审计的特殊考虑）；
2. 管理层按照企业会计准则编制财务报表；
3. 审计业务约定条款体现了审计准则——就审计业务约定条款达成一致意见中关于管理层对财务报表责任的描述；
4. 基于获取的审计证据，审计人员认为发表无保留意见是恰当的；
5. 适用的相关职业道德要求为职业道德守则；
6. 基于获取的审计证据，根据审计准则——持续经营，审计人员认为可能导致对被审计单位持续经营能力产生重大疑虑的事项或情况不存在重大不确定性；
7. 已按照审计准则——在审计报告中沟通关键审计事项的规定沟通了关键审计事项；
8. 审计人员在审计报告日前已获取所有其他信息，且未识别出信息存在重大错报；
9. 负责监督财务报表的人员与负责编制财务报表的人员不同；
10. 除财务报表审计外，审计人员还承担法律法规要求的其他报告责任，且审计人员决定在审计报告中履行其他报告责任。

审 计 报 告

ABC 股份有限公司全体股东：

一、对财务报表出具的审计报告（注 1）

（一）审计意见（略）

（二）形成审计意见的基础（略）

（三）关键审计事项（注 2）

关键审计事项是我们根据职业判断，认为对本期财务报表审计最为重要的事项。这些事项的应对以对财务报表整体进行审计并形成审计意见为背景，我们不对这些事项单独发表意见。

[按照审计准则——在审计报告中沟通关键审计事项的规定描述每一关键审计事

项的情形。]

（四）其他信息

ABC公司管理层（以下简称管理层）对其他信息负责。其他信息包括［X报告中涵盖的信息，但不包括财务报表和我们的审计报告］。

我们对财务报表发表的审计意见不涵盖其他信息，我们也不对其他信息发表任何形式的鉴证结论。

结合我们对财务报表的审计，我们的责任是阅读其他信息，在此过程中，考虑其他信息是否与财务报表或我们在审计过程中了解到的情况存在重大不一致或者似乎存在重大错报。

基于我们已执行的工作，如果我们确定其他信息存在重大错报，我们应当报告该事实。在这方面，我们无任何事项需要报告。

（五）管理层和治理层对财务报表的责任（略）

（六）注册会计师对财务报表审计的责任（注3）

二、按照相关法律法规的要求报告的事项（略）

××会计师事务所　　　　　中国注册会计师：×××（项目合伙人）（注4）

（盖章）　　　　　　　　　　（签名并盖章）

中国注册会计师：×××

（签名并盖章）

中国××市　　　　　　　　　20×2年×月×日

注1：如果审计报告中不包含“按照相关法律法规的要求报告的事项”部分，则不需加入此标题。

注2：此段适用于按照审计准则——在审计报告中沟通关键审计事项的规定沟通关键审计事项的情形。

注3：如果被审计单位是非上市实体，需参考审计准则——对财务报表形成审计意见和出具审计报告的《应用指南》参考格式3。

注4：披露项目合伙人姓名的要求仅适用于上市实体。

14.8 评价审计结果

在完成外勤审计工作即实施了所有审计程序后，审计人员需要综合各种结果，以得出一个全面的结论。也就是说，审计人员需要对审计结果进行评价。审计人员评价审计结果，主要是为了确定审计意见的类型以及审计人员在整个审计过程中是否遵循了审计准则。为此，审计人员需要完成以下一些工作：对独立性和职业道德进行最终评价；对重要性和审计风险进行最终评估；对审计证据和财务报表进行最终复查；对审计工作底稿进行最终复核。可见，这一评价工作需要对审计计划与风险、审计测试的各个程序以及审计证据和工作底稿等各方面进行复核，以确定审计工作是否遵循了审计准则，所收集的审计证据是否足以保证财务报表按会计准则表达，其编报基础是否与以前年度一致，并形成或确定拟发表的审计意见。

14.8.1 评价独立性和职业道德

根据审计准则的要求，项目的主管合伙人应当考虑项目组成员在审计工作中是否遵循了独立性原则，是否遵守了职业道德规范，并在整个审计过程中对项目组成员违反职业道德规范的迹象保持高度警惕，据以形成有关结论。在签署审计意见、出具审计报告前，项目的主管合伙人确信，审计过程中产生的所有独立性和职业道德问题都已得到圆满解决，并与审计准则及其他规范的有关要求相一致。

14.8.2 评估重要性和审计风险

为确定拟发表审计意见的类型，审计人员必须或应当对重要性和审计风险进行最终评估。因此，审计人员既要确定可能的错报金额（包括已经识别的具体错报和推断误差），又要确定可能的错报总额（包括各财务报表项目可能的错报金额的汇总数和上一期间的未更正可能错报），并结合财务报表层次的重要性水平（即计划审计工作阶段确定的财务报表层次的重要性水平，或者审计实施阶段业已修正过的财务报表层次的重要性水平），确定该可能的错报总额对整个财务报表的影响程度。同样，为确定审计证据的充分性和财务报表反映的公允性，即复查审计证据是否足以支持审计意见和结论与复核被审计单位财务报表是否已公允表达，审计人员也必须或应当注意总结与分析审计过程中所发现的所有错误。

对于审计过程中所发现的错误，如果错误本身很重要，审计人员应调整计算表，并建议被审计单位调整财务报表，有关的调整建议往往通过调整分录汇总表或审计差异汇总表形式提交被审计单位。当然，对于被审计单位未调整的错报，如果就单个账户而言并不重要，审计人员也可能不要求被审计单位予以更正。此外，审计人员还应将所有账户错报加总，以确定错报对净利润和其他与这些错报有关的财务报表总额的影响程度即错报的综合影响。通常，审计人员可通过编制未调整错误工作底稿来比较错报总额与重要性初步判断或审计计划所确定的审计风险可接受水平，进而判断财务报表表达是否公允。

如果审计计划规定的任务虽已完成但未能获取充分的审计证据，审计人员应执行追加的审计程序，以获取必要的审计证据；如果错报总额影响较大，即使已获取充分的审计证据，仍不能接受审计风险，审计人员必须说服被审计单位对财务报表再作必要的修正，以将错报的风险降至可接受的水平。如果不能做到这两个方面，审计人员应慎重考虑该审计风险对审计结论和报告的影响，进而考虑出具保留意见或否定意见的审计报告。

14.8.3 复查审计证据和财务报表

在对被审计单位已审计财务报表形成审计意见和草拟审计报告时，审计人员应总结与复查审计过程中所收集的所有证据，综合考虑其是否充分，即能否足以支持审计意见和结论。在总结审计证据时，审计人员应对全部审计工作进行复查，以确定是否所有与审计计划有关的重要方面都已根据审计目标进行了适当测试。通常，审计人员可通过对审计方案的复核来确定审计方案中每一部分是否都已完成，并编制了审计工作底稿，形成审计证据，同时对审计方案是否适宜作出职业判断。可见，这里的复查工作主要是对审计证据进行技术性复查。如果认为其未能获得充分、适当的审计证据，不足以对被审计单位财务报表作出结论，审计人员则必须再收集额外的审计证据，或者出具保留意见或无法表示意见的审计报告。

在完成审计工作阶段，审计人员应当对财务报表整体发表适当的意见，即需确定财务报表的反映是否公允，因为在前一个阶段即审计实施阶段，审计人员的工作重点是测试重要的账户，核实总账余额的准确性，并反映在财务报表的列报（包括附注的披露）上。审计人员核实账户余额所形成的记录，主要是为了检查会计准则的运用是否与以前年度相一致；而在复查财务报表的反映情况时，审计人员应主要检查审计过程中的有关记录。在审计实务中，审计人员是通过填列和复查财务报表清单的方式来进行的。检查清单的填列和复查，既有利于警示和注意那些容易被忽视的问题，又有利于检查和分析审计证据的充分性和适当性。审计机构大都备有详细的财务报表检查清单，甚至为不同行业、不同性质的被审计单位准备了不同的检查清单（如表14-1所示）。通常由审计项目负责人对进行初步审核的审计人员的财务报表审查清单加以核对，对财务报表技术上的准确性作出判断。如果进行最终复核的审计人员认为不足以对财务报表的公允性作出结论，则应采取额外的审计程序以获取必要的审计证据，否则，应考虑出具保留意见或无法表示意见的审计报告。

表14-1 财务报表检查清单

（完成审计工作核对部分）

检查项目	是	否	不适用
1. 以前期间审计结转事项是否已处理			
2. 各项审计程序是否已经全部完成			
3. 审计范围是否完全没有受到限制			
4. 期后承诺的财务影响是否已考虑			
5. 报告日前董事会会议、股东大会及其他纪要是否均已检查			
6. 关键管理人员报酬证明是否已获得			
7. 对借款合约等有无发生违约情况的检查是否满意			
8. 审计发现重大事项是否已在总结中反映，并已得到解决			
9. 审计项目组成员的分工事项是否都已分别完成			
10. 若带强调事项段或其他事项段，其表达形式是否经批准			
11. 下一期间审计需考虑的重要事项，其备忘录是否已存档			
12. 是否已收到相关事项的书面声明			
13. 董事会或管理层是否批准已审报表，并已采纳审计报告			

此外，审计人员还应撰写审计结论，确定审计意见。即根据评价后的审计证据撰写审计总结，概要地说明审计计划的执行情况和审计目标的实现程度，并对每个审计人员的审计结果加以汇总和评价，对被审计单位财务报表形成正确、恰当的审计意见和结论。审计结论一般包括序言、审计概况以及审计结论。其中，序言应阐述被审计单位背景情况、重要会计政策的变更信息，以及审计计划在执行过程中产生重大偏差的原因等；审计概况应说明在审计过程中审计人员所采用的审计方法、获取的审计证据、财务报表项目的余额或发生额、不符事项的调整或未调整的理由，以及关联交易、财务承诺、期后事项及需注意的其他重大事项等；审计结论应说明拟出具的审计

报告类型。在审计实务中，审计人员为了对财务报表整体发表适当的意见，在其对审计意见形成最后决定之前，通常要同被审计单位开会沟通。在会议上，审计人员可口头报告审计所发现的问题，并说明建议被审计单位作必要的调整或表外披露的理由，而管理层也可以在会上进行申辩，最终双方通常会就需要被审计单位作出的改变达成协议。审计人员根据沟通情况考虑和确定发表审计意见的类型。

14.8.4　复核审计工作底稿

在出具审计报告前，审计人员应当对审计工作底稿进行最终复核。通常，复核审计工作底稿依次分别由项目的主管经理、项目的主管合伙人，以及审计机构的主管合伙人进行。可见，审计人员对审计工作底稿进行的最终复核，是审计机构的审计工作底稿分级复核制度的重要组成部分。

1. 复核审计工作底稿的意义

在出具审计报告前，审计人员对审计工作底稿进行的最终复核具有非常重要的意义。

(1) 它有利于实施对审计工作结果的质量控制。审计工作的质量，体现于审计工作结果，主要在于形成的审计意见和结论的正确性、恰当性。在审计工作中，审计人员将工作结果和工作过程中的各种情况记录于审计工作底稿，并据以形成审计意见和结论。如果形成的审计意见和结论与工作结果存在矛盾，审计人员的工作就失去了有效性。审计人员对出具审计报告前的审计工作底稿进行最终复核，是对审计工作结果实施的最后质量控制，有利于甚至能够避免因重大审计问题的遗留或对审计工作情况理解不透彻等情况而形成与审计工作结果相矛盾的审计意见和结论。

(2) 它有利于保证和确认审计工作已达到审计机构的工作标准。审计机构对开展各项审计工作都应有明确的标准。在审计机构内，不同审计人员的工作质量会有差异，甚至有很大的不同。因此，必须由审计机构的主管合伙人等认真谨慎地进行复核，严格保持审计工作质量的一致性，保证和确认该审计工作已达到审计机构的工作标准。

(3) 它有利于抵制和消除妨碍审计人员判断的偏见。在审计工作中，时常需要审计人员对各种问题作出专业判断。审计人员可能期望在整个审计过程中保持客观性，但如有大量问题需要解决而又经过长时间的审计，就容易丧失正确的观察能力和判断能力，对一些问题作出不符合事实的审计结论。而审计机构的主管合伙人等在出具审计报告前对审计工作底稿进行复核，可以抵制和消除妨碍审计人员正确判断的偏见，有利于形成并作出符合事实的审计意见和结论。

2. 复核审计工作底稿的内容

在出具审计报告前，审计人员对审计工作底稿进行的最终复核包括以下内容：

(1) 复核审计程序，确认其是否恰当。复核所实施的审计程序是否符合审计计划的要求，这些审计程序在审计过程中是否得到了充分应用，所有审计程序是否已完成并在审计工作底稿中予以恰当记录等。

(2) 复核审计工作底稿，确认其是否充分。复核已取得的审计工作底稿是否足以支持审计人员拟发表的审计意见和结论；对已经收集的被审计单位的概况资料、业务情况、内部控制及会计记录等，连同审计人员制定的审计计划、审计程序和所采用的审计步骤、审计方法，是否都已记录于审计工作底稿；每份审计工作底稿的标题、编制日期、资料来源及资料的性质等基本要素是否完整；相关审计工作底稿是否表述清晰、意思明确并记录有序等。

（3）复核审计流程，查明审计过程中是否存在重大遗漏。复核是否存在会导致进一步查询和追加审计程序的事项；是否存在涉及会计准则或未遵循有关管理机构要求的重大事项；所有例外事项是否已经查清并予以记录；是否存在审计步骤不完善或存在未解决的问题；是否存在前期审计中注明的至今未解决的重大事项；是否存在严重影响被审计单位财务报表反映的其他事项等。

（4）复核审计工作，查明其是否符合审计机构的质量要求。复核和检查审计人员在审计工作中是否遵循了独立性原则；对助理审计人员是否进行了指导和监督；对超越审计人员知识范围的事项是否向有关专家或机构进行了咨询；是否遵循了审计机构的内部管理制度；审计人员和助理审计人员的知识、专业技能是否符合要求；是否已经实现了审计目标；拟发表的审计意见和结论是否与工作结果一致等。

需要指出的是，对一些特殊行业或特别重要、风险较大的被审计单位（比如某些上市公司等），有些审计机构在全面质量控制政策与程序中还规定，在致送审计报告之前，应由一位完全独立的、并不直接负责该审计项目的其他审计人员对财务报表进行独立复核。为保证审计实施及审计意见的恰当性，该复核人通常站在对立的立场，可能质疑此前各级复核人所认同的事项。对于该独立复核人的质疑，审计项目组必须能以所搜集的审计证据来证明其根据具体的审计项目环境和审计证据得出的审计结论和审计意见是适当的。可见，这种独立复核无疑为本次审计工作遵循审计准则提供了额外的督促与保证。

14.9 审计沟通

在整个审计过程中，审计人员需要并且应当与被审计单位的治理层、管理层、内部审计以及前任审计人员等保持并及时进行充分、有效的沟通，以便合理、顺利、高质量地完成财务报表审计业务。审计人员通过与被审计单位等进行必要、适当的口头或书面沟通，有利于明确各自的责任和义务，增进彼此间的了解与信任，促使双方认真履行职责，有利于形成良好的工作关系，加强相互间的协作与配合，保证审计程序得以顺利实施，有利于提高审计效率和效果，降低审计风险，保证执业质量，有利于为被审计单位提供更好、更多的服务，增加被审计单位的价值，赢得被审计单位的信赖与支持。

被审计单位的治理层是指对被审计单位战略方向以及管理层履行经营管理责任负有监督责任的人员或组织，而被审计单位的管理层则指对被审计单位经营活动的执行负有管理责任的人员。在某些被审计单位，治理层可能包括管理层成员，而管理层包括部分或全部的治理层成员。治理层的责任包括对财务报告过程的监督，管理层的责任是编制财务报表，并受到治理层的监督。审计人员的责任则是对管理层在治理层监督下编制的财务报表发表审计意见。对财务报表的审计并不能减轻管理层和治理层的责任，即审计人员的责任不能替代或减轻管理层和治理层的责任。

14.9.1　沟通的对象及其确定

审计人员应当确定与被审计单位治理结构中的哪些适当人员沟通，而适当人员可能因沟通事项的不同而不同。在确定与哪些适当人员沟通特定事项时，审计人员应当利用在了解被审计单位及其环境时获取的有关治理结构和治理过程的信息。当无法清楚地识别需要与哪些人员沟通时，审计人员则应与委托人商定。审计人员与治理层沟通的主要对象是与治理层的下设组织或个人，甚至治理层整体。

（1）在决定与治理层某下设组织或个人沟通时，审计人员应当考虑有关事项。这些事项主要包括：下设组织、个人及治理层整体各自的责任；拟沟通事项的性质；法律法规的规定；下设组织或个人是否有权对沟通的信息采取措施，以及是否能够提供审计人员可能需要的进一步信息和解释；是否有必要将有关信息详尽或扼要地与治理层整体沟通。在某些情况下，审计人员可能还需要与治理层整体沟通，因此，审计人员也应考虑在业务约定条款中明确与治理层整体直接沟通的权利。如果被审计单位是某集团的组成部分，审计人员则应根据不同的业务环境和沟通事项，确定与哪些适当人员沟通。这里的适当人员除了包括该组成部分治理层外，可能还包括集团治理层（当集团治理层履行组成部分治理责任时，适当人员即为集团治理层）。

（2）在被审计单位设有审计委员会或监事会的情况下，审计人员应着重与审计委员会（含独立董事）或监事会沟通。审计委员会（audit committee）是公司治理结构的重要组成部分，其成员选自董事会，职责包括帮助审计人员保持对管理层的独立性。当然，审计人员需考虑仅与审计委员会或监事会沟通是否足以履行其与治理层沟通的责任。

（3）在审计过程中，审计人员必须与管理层沟通。审计人员应当就财务报表审计相关事项与管理层讨论，包括后面将要述及的与治理层沟通的相关事项。如果管理层的意见及拟采取的措施有助于治理层了解特定事项，审计人员应当考虑将这些意见和措施包括在与治理层沟通的内容中。在审计实务中，审计人员在与治理层沟通特定事项前，通常先与管理层讨论，除非这些事项（如管理层的胜任能力和诚信问题等）不适合与管理层讨论。当然，针对审计人员应当直接与治理层沟通的有关事项（后面将会述及），管理层与治理层先行的讨论与沟通，并不能减轻审计人员应就这些事项直接与治理层沟通的责任，即审计人员与管理层的沟通并不能代替或减轻审计人员就这些事项直接与治理层沟通的责任。

（4）在被审计单位设有内部审计职能的情况下，审计人员可以在与治理层沟通特定事项前，先与内部审计人员讨论有关事项。如果内部审计人员的意见及拟采取的措施有助于治理层了解特定事项，审计人员应当考虑将这些意见和措施包括在与治理层沟通的内容中。

需要明确的是，至于后面将要述及的补充事项，如果认为管理层已与治理层进行了有效的沟通，审计人员不必再就这些事项与治理层沟通。在治理层全部参与管理的情况下，如果就有关准则要求沟通的事项已与负有管理责任的人员进行了沟通，且这些人员同时负有治理责任，审计人员无须就这些事项再次与负有治理责任的相同人员沟通；同样，对于应予沟通且仅与治理层的监督职能相关的事项，由于监督与管理没有分离，通常也不要求审计人员就这些事项予以沟通。当然，在治理层全部参与管理的情况下，审计人员仍应考虑与负有管理责任人员的沟通能否向所有负有治理责任的人员充分传递应予沟通的内容。

14.9.2 与治理层和管理层的沟通

审计人员应当就与财务报表审计相关，且根据职业判断认为与治理层和管理层责任相关的重大事项，以适当的方式及时与被审计单位的治理层和管理层进行沟通。审计人员应当与治理层进行清晰的沟通，并提请治理层以同样的方式与审计人员沟通，以建立有效的双向沟通关系。在财务报表审计中，有效的双向沟通十分重要，这有助于审计人员和治理层了解与审计相关事项的背景，并建立建设性的工作关系，也有助于审计人员向治理层获取与审计相关的信息，还有助于治理层履行其对财务报告过程的监督责任，从而降低财务报表重大错报风险。当然，审计人员在建立这种关系时，需要保持其应有的独立性和客观性。

1. 沟通的目的

审计人员与治理层沟通的主要目标是：就审计人员与财务报表审计相关的责任、计划的审计范围和时间安排的总体情况，与治理层进行清晰的沟通；向治理层获取与审计相关的信息；及时向治理层通报审计中发现的与治理层对财务报告过程的监督责任相关的重大事项；推动审计人员与治理层之间有效的双向沟通。

2. 沟通的主要事项

审计人员应当与治理层就有关事项进行沟通。这些事项主要包括审计人员的责任与独立性、计划的审计范围和时间安排，以及审计工作中发现的问题等。

（1）审计人员的责任与独立性。审计人员有责任与治理层沟通相关准则要求的事项，管理层也有责任就治理层关心的事项与治理层进行沟通，但审计人员的沟通并不减轻管理层的这种责任；同样，管理层与治理层就应当与审计人员沟通的事项进行的沟通，也不减轻审计人员沟通这些事项的责任，但管理层的沟通可能会影响审计人员与治理层沟通的形式或时间安排。在审计实务中，审计人员通常考虑将有关沟通事项在审计业务约定书中加以约定，并向治理层说明审计人员的责任是对管理层在治理层监督下编制的财务报表发表审计意见，而对财务报表的审计并不能减轻管理层或治理层的责任。不仅如此，审计人员还应与之沟通以下事项：审计人员有责任按照审计准则的规定沟通有关事项，执行审计业务，发表审计意见，而审计准则要求沟通的事项包括财务报表审计中发现的且与治理层履行对财务报告过程监督职责相关的重大事项；虽然清晰地沟通准则要求的特定事项是每项审计业务的必要组成部分，但是审计准则并不要求审计人员为识别与治理层沟通的任何其他事项专门实施程序，但如果审计人员注意到根据其职业判断认为重大且与治理层责任相关的补充事项，并且这些事项没有通过其他渠道与治理层作过有效沟通，审计人员应当就这些事项与治理层沟通；如果存在要求和商定沟通的其他事项，审计人员还有责任就这些事项与治理层沟通。另外，法律法规有可能限制审计人员就某些事项与治理层沟通；在某些情形下，审计人员的保密义务与沟通义务之间的潜在冲突可能十分复杂，此时审计人员可以考虑获取法律咨询意见。

独立性是审计人员执行财务报表审计等鉴证业务的灵魂，是客观、公正的体现，也是职业道德的精髓。审计人员应当严格遵守职业道德守则，紧密结合具体的执业活动，针对复杂的执业环境，正确有效地识别、评估和应对独立性面临的各种不利影响，切实做到从实质上和形式上保持应有的独立性，进而维护执业的客观和公正。鉴于此，当被审计单位是上市实体时，审计人员应当就独立性与治理层沟通以下内容：就审计项目组成员、审计机构其他相关人员以及审计机构和网络机构按照相关职业道德要求保持了独立性作出声明；根据职业判断，审计人员认为审计机构和网络机构与被审计单位之间存在的可能影响独立性的所有关系和其他事项，包括审计机构和网络机构在财务报表涵盖期间为被审计单位和受被审计单位控制的组成部分提供审计、非审计服务的收费总额，这些收费应当分配到适当的业务类型中，以帮助治理层评估这些服务对审计人员独立性的影响；为消除对独立性的不利影响或将其降至可接受的水平，已经采取的相关防护措施。当被审计单位是非上市公司，但可能涉及重大的公众利益时，审计人员应当考虑前述的有关事项是否适用。如果出现了违反与审计人员独立性有关的职业道德要求的情形，审计人员应当尽早就该情形及已经或拟采取的补救措施与治理层沟通。

（2）计划的审计范围和时间安排的总体情况（包括识别出的特别风险）。在计划审计工作时，审计人员应当就计划的审计范围和时间安排直接与治理层作简要沟通，这种沟通虽不改变审计人员独自承担制定总体审计策略和具体审计计划的责任，但有助于审计人员计划审计范围和时间安排。在具体的沟通过程中，审计人员应当保持职业谨慎，以防止由于具体审计程序易于被治理层，尤其是承担管理责任的治理层所预见等原因而损害审计工作的有效性。在与治理层沟通计划的审计范围和时间安排时，审计人员应当考虑并沟通以下事项：审计人员拟如何应对由于舞弊或错误导致的重大错报风险；审计人员对与审计相关的内部控制采取的方案；重要性的概念，但不宜涉及重要性的具体底线或金额；审计业务受到的限制或法律法规对审计业务的特定要求；审计人员与治理层商定的沟通事项的性质。

当然，审计人员也可以考虑与治理层讨论以下事项：在被审计单位设有内部审计职能的情况下，审计人员拟利用内部审计工作的范围，以及双方如何更好地协调和配合工作；治理层对内部控制和舞弊的态度、认识和措施；与拟实施的审计程序相关的事项，这些程序是在法律法规和审计准则的规定之外、应治理层或管理层要求而实施的；治理层对会计准则和相关会计制度，以及与财务报表相关的法律法规和其他事项等方面的变化作出的反应；治理层对以前的沟通如何作出反应。此外，审计人员还可以考虑就治理层对以下事项的看法与其进行讨论：与治理结构中的哪些适当人员沟通；治理层和管理层责任的划分；被审计单位的目标、战略以及可能导致财务报表发生重大错报的相关经营风险；治理层认为审计中应特别注意的事项，以及需要采取额外程序的领域；与监管机构沟通的重大事项；治理层认为可能会影响财务报表审计的事项。

（3）审计中发现的问题。在执行审计时，审计人员应与治理层沟通审计中发现的以下事项：审计人员对被审计单位会计实务重大方面的质量的看法；审计工作中遇到的重大困难；已与管理层讨论或需要书面沟通的审计中出现的重大事项，以及审计人员要求提供的书面声明，除非治理层全部成员参与管理被审计单位；影响审计报告形式和内容的情形；审计中出现的、根据职业判断认为与监督财务报告过程相关的所有其他重大事项。

对被审计单位选用的会计政策、作出的会计估计，以及财务报表的披露等重要的会计实务，审计人员应当就其质量和可接受性与治理层沟通。在适当的情况下，还应向治理层解释为何某项在适用的财务报告编制基础下可以接受的重大会计实务并不一定最适合被审计单位的具体情况。如果认为某项重大的会计实务不恰当，审计人员应当向治理层说明理由，并在必要时提请更正；如果不恰当的会计实务未予更正，审计人员应当考虑该事项对本期和未来期间财务报表的影响，以及对审计报告的影响，并将这种影响告知治理层。在审计过程中，审计人员可能会遇到一些重大困难。这些重大困难可能包括：管理层在提供审计所需信息时出现严重拖延；不合理地要求缩短完成审计工作的时间；为获取充分、适当的审计证据需要付出的努力远远超过预期；无法获取预期的证据；管理层对审计人员施加的限制；管理层不愿按照审计人员的要求对持续经营能力作出评估，或拒绝将评估期间延伸至资产负债表日起的12个月等。在某些情况下，上述困难可能构成对审计范围的限制，审计人员应考虑出具保留意见或无法表示意见的审计报告。

前已述及，除非认为错报明显不重大，审计人员应当要求管理层更正所有已知错报。如果错报未予更正，审计人员应当就此与治理层沟通，并再次提请予以更正。对未更正的重大错报，审计人员应逐笔与治理层沟通；而对未更正的大量小额错报，审计人员则可向治理层提供列明这些错报的笔数和累计影响额的汇总表，无须沟通每笔错报的细节。此外，审计人员还应当考虑与治理层讨论未能更正的错报的原因及其影响，包括对未来财务报表可能产生的影响。在审计实务中，为了降低发生误解的可能性，审计人员可以要求治理层提供书面声明，说明已引起治理层注意的错报没有得到更正的原因；但获取该声明并不能减轻审计人员对未更正错报的影响形成结论的责任。

对审计中出现的、与监督财务报告过程相关的所有其他重大事项（包括已更正的、含有已审计财务报表的文件中的其他信息存在的对事实的重大错报或重大不一致），审计人员应当与治理层进行沟通。

另外，除非被审计单位治理层全部参与管理，否则审计人员还应当与治理层直接沟通以下事项：根据职业判断认为需要提请治理层注意的管理层声明；已与管理层讨论或书面沟通的、审计中发现的重大事项。也就是说，对有些情形下基于职业判断认为需要提请治理层注意的管理层声明中的相关事项，审计人员应当与治理层进行沟通。这些情形包括：除管理层声明之外的审计证据很少；相关的会计实务可能会因被审计单位意图的不同而不同；管理层对作出审计人员要求的声明很勉强；管理层声明与其他审计证据不符。在某些情况下，审计人员应向治理层提供完整的管理层声明书副本，并应明确列示根据职业判断认为需要提请治理层关注的事项。至于前已述及的已与管理层讨论或书面沟通的重大事项，则主要包括：管理层已更正的错报；对管理层就会计或审计事项向其他专业人士进行咨询的关注；管理层在首次委托或连续委托中，就会计准则和审计准则应用、审计或其他服务费用与审计人员进行的讨论或书面沟通。

3. 沟通的其他事项与补充事项

除了前已述及的主要事项外，审计人员还应当就要求和商定沟通的其他事项以及补充事项进行沟通。

要求和商定沟通的其他事项，包括法律法规和其他审计准则（除与治理层沟通的审计准则外）要求沟通的事项。审计人员与治理层（或管理层）商定沟通的事项，可能与治理层对财务报告过程的监督责任相关，也可能与治理层的其他责任相关。在某些情况下，可能要求审计人员实施额外程序识别这些事项；而在其他情况下，可能仅要求审计人员就财务报表审计中注意到的事项进行沟通。

如果存在以下事项，即使与治理层沟通的审计准则和其他准则未作要求，审计人员也应当将其作为补充事项并与治理层进行沟通：已引起审计人员注意的事项；根据职业判断认为与治理层的责任关系重大且管理层或其他人员尚未与治理层有效沟通的事项。这些补充事项可能是审计人员在财务报表审计中发现的、但与治理层对财务报告过程的监督并不直接相关的事项，也可能是通过审计以外的其他方式注意到的事项。除非法律法规或协议要求执行审计程序以确定是否发生了这些补充事项，审计人员在与治理层沟通这些事项时，应当使其了解：识别补充事项只是审计的副产品，审计人员除为形成审计意见实施必要程序外，没有实施额外程序以识别这些事项；没有专门实施程序以确定是否还存在与已沟通事项性质相同的其他事项；除不适合与管理层讨论的事项外，已就补充事项与管理层进行讨论。

4. 沟通的过程及其充分性

审计人员应根据被审计单位的规模、治理结构、治理层的运作方式以及对拟沟通事项重要程度的看法等因素，合理确定沟通过程，并就沟通的形式、时间和拟沟通的基本内容与治理层取得相互了解。

为了取得相互了解，审计人员可能需要与治理层讨论并应考虑是否在业务约定书中强调以下事项：沟通的目的与形式；就特定事项拟参与沟通的审计项目组和治理层成员；审计人员对沟通的期望和对沟通事项采取措施并予以反馈的过程；治理层对沟通事项采取措施并予以反馈的过程；除法律法规和审计准则的规定外，商定的其他沟通责任。

（1）沟通的目的与形式。前已述及的对审计人员的责任以及计划审计的范围和时间安排进行明确的沟通，是为取得相互了解奠定必要的基础，进而建立有效的双向沟通；如果难以取得相互了解，可能表明审计人员与治理层之间的双向沟通是无效的。

沟通的形式涉及口头或书面沟通、详细或简略沟通、正式或非正式沟通。在审计实务中，有效的沟通形式既包括正式声明和书面报告等正式形式，又包括讨论等非正式形式。对于审计中发现的重大问题（其中已向治理层提出并得到妥善解决的事项除外）和审计人员的独立性，审计人员应当以书面形式与治理层沟通，但不必包括审计中的所有事项；对于准则要求的审计人员的独立性，审计人员应以书面形式与治理层沟通，并评价其双向沟通对实现审计目的是否充分，如果认为双向沟通不充分，则应评价其对重大错报风险评估以及获取充分、适当的审计证据的能力的影响，并采取适当措施。除应以书面形式沟通的重大问题以外的其他事项，审计人员可采用书面形式或口头形式进行沟通。当然，如果准则要求沟通的事项是以口头形式进行的，审计人员应当将其包括在审计工作底稿中，并记录沟通的时间和对象；如以书面形式沟通的，则应保存一份沟通文件的副本，作为审计工作底稿的一部分。

在确定采用何种沟通形式时，除考虑特定事项的重要程度外，审计人员还应考虑以下因素：管理层是否已就该事项与治理层沟通；被审计单位的规模、经营结构、控制环境和法律结构；如果执行的是特殊目的财务报表审计，审计人员是否同时审计该被审计单位的通用目的财务报表；法律法规的规定；治理层的期望，包括与审计人员定期会面或沟通的安排；审计人员与治理层保持联系和对话的数量；治理层的成员是否发生重大变化。此外，如果就某一重大事项与治理层的某一成员以非正式方式进行讨论，审计人员还应考虑在随后的正式沟通中概述该事项，以便治理层的其他成员得到完整和对称的信息。需要指出的是，由于沟通函是审计人员与管理层进行沟通的书面文件，对外具有公证性，因此，为了明确使用责任，审计人员在必要时应当对沟通函的使用加以限制。通常，审计人员在沟通函的最后一段需要注明，沟通函仅供管理层内部使用，因被审计单位使用不当造成的后果与审计人员及其所在审计机构无关。

（2）沟通的时间。审计人员应当及时与治理层沟通。沟通的时间因沟通事项的重大程度和性质，以及治理层拟采取的措施等业务环境的不同而不同。审计人员应当根据具体的业务环境确定适当的沟通时间：对于计划事项的沟通，通常在审计业务的早期进行，如系首次接受委托，沟通可以随同对业务约定条款的协商一并进行；对于审计中遇到的重大困难，如果治理层能够协助审计人员克服这些困难，或者这些困难可能导致出具保留意见或无法表示意见的审计报告，应尽快予以沟通；对于审计人员注意到的内部控制设计或实施中的重大缺陷，应尽快与管理层或治理层沟通；对于审计中发现的与财务报表或审计报告相关的事项，包括审计人员对被审计单位会计实务重大方面的质量的看法，应在最终完成财务报表审计前进行沟通；对于审计人员的独立性，应在最终完成财务报表审计前或在对独立性不利影响及其防护措施作出重大判断时进行沟通；如果同时审计特殊目的财务报表或其他历史财务信息，沟通时间应与通用目的财务报表审计的沟通时间相协调。

此外，可能与沟通时间相关的其他因素还有：被审计单位的规模、经营结构、控制环境和法律结构；其他法律法规要求的期限；治理层的期望，包括对与审计人员定期会面或沟通的安排；审计人员识别出特定事项的时间。

（3）沟通过程的充分性。审计人员应当评价其与治理层之间的双向沟通是否足以实现审计目标。若无法进行充分的沟通，则可能存在不能获取充分、适当的审计证据的风险。在这种情况下，审计人员应考虑沟通不充分对评估重大错报风险的影响，并寻求与治理层讨论此种情况。如果该种情况得不到解决，审计人员应采取以下主要措施：根据审计范围受限的程度考虑出具保留意见或无法表示意见的审计报告；就采取不同措施的后果征询法律意见；与治理结构中拥有更高权力的组织或人员沟通，或与监管机构等第三方沟通；解除业务约定。

（4）记录与保密。为防止治理层未经审计人员允许将书面沟通文件提供给第三方，审计人员应当在书面沟通文件中作出以下声明：书面沟通文件仅供治理层使用，如果被审计单位是集团的组成部分，也可供集团管理层和负责集团审计的审计人员使用；审计人员对第三方不承担责任；未经审计人员事先书面同意，沟通文件不得被引用、提及或向其他人披露。同样，如果法律法规要求审计人员向监管机构或其他第三方提供为治理层编制的书面沟通文件，审计人员在提供这些文件前应当事先征得治理层的同意，并对前已述及的声明内容进行适当修改。审计人员应当记录与治理层沟通的重大事项。如果以被审计单位编制的纪要作为沟通的记录，审计人员应当确定这些纪要恰当地记录了沟通的内容，并将其副本形成审计工作底稿。若根据业务环境不易识别适当的沟通人员，审计人员则应记录识别治理结构中的适当沟通人员的过程。此外，在治理层全部参与管理的情况下，审计人员还应考虑与负有管理责任人员的沟通能否向所有负有治理责任的人员充分传递应予沟通的内容，并对考虑沟通的充分性这一过程予以记录。

14.9.3　与审计委员会或监事会的沟通

前已述及，如果被审计单位设有审计委员会或监事会，审计人员应着重与审计委员会（含独立董事）或监事会沟通。审计委员会系董事会下设的专门委员会，属专门工作机构，主要负责公司内部审计、外部审计的沟通、监督和核查工作，应对董事会负责，其提案提交董事会审议决定，并应配合监事会的监事审计活动。

董事会下属审计委员会在公司年报编制和披露过程中，应当按照有关法律、行政法规、规范性文件和公司章程的要求，认真履行职责，勤勉尽责地开展工作，以充分发挥其对公司财务报告编制和披露的监督作用，维护审计的独立权威与公司的整体利益，保护全体股东的合法权益，并促进公司内部治理的健全和完善。在审计实务中，审计机构与审计委员会的相互沟通，贯穿于审计过程的始终。负责公司年度审计工作的审计机构应就年度财务报告审计工作的时间安排与审计委员会协商确定，审计委员会应督促审计机构在约定时限内提交审计报告，并以书面意见形式记录督促的方式、次数和结果，且由相关负责人签字确认。在审计人员进场前，审计委员会应审阅公司编制的财务报表，并形成书面意见；在审计人员进场后，审计委员会应加强与审计人员的沟通；在审计人员出具初步审计意见后，审计委员会应再一次审阅公司财务报表，并形成书面意见；在公司年度财务报告审计工作完成后，审计委员会应对年度财务报告进行审议和表决，形成决议后提交董事会审核，同时还应向董事会提交审计机构从事本年度公司审计工作的总结报告。当然，审计人员需考虑仅与审计委员会或监事会的沟通，是否足以履行其与治理层沟通的责任。在某些情况下，审计人员可能还需要与治理层整体进行沟通。

14.9.4　与内部审计及前任审计人员的沟通

1. 与内部审计的沟通

内部审计是指由被审计单位内部审计机构或人员，对其内部控制的有效性、财务信息的真实性和完整性及经营活动的效率和效果等开展的一种评价活动。被审计单位内部审计工作的某些部分可能有助于审计人员（即外部审计人员）的工作，审计人员应当考虑其是否有助于实施风险评估及修改或确定审计程序的性质、时间和范围。为此，审计人员应当考虑内部审计的职责范围、组织地位及其对客观性的影响，以及内部审计人员的专业胜任能力与应有的职业关注等重要因素，充分了解内部审计工作，合理评估内部审计职能，进而确定是否利用内部审计。

当计划利用内部审计工作时，审计人员应当考虑内部审计的工作计划，并尽早与内部审计人员进行沟通。如果内部审计工作是审计人员修改或确定审计程序的性质、时间和范围时考虑的一项因素，审计人员应当预先就以下事项与内部审计人员进行讨论与协调：审计工作的时间；审计覆盖的范围；重要性水平；拟确定的选取样本的方法；对已实施工作的记录；复核与报告程序等。此外，审计人员还应当获取相关的内部审计报告，并了解所有引起内部审计人员关注、可能影响审计人员工作的重大事项。当然，审计人员也应当将所有可能影响内部审计工作的重大事项告知内部审计人员。

需要指出的是，有效的内部审计通常有助于审计人员修改或确定审计程序的性质和时间，并缩小实施审计程序的范围，但不能完全取代审计人员应当实施的审计程序。在执行财务报表审计业务时，审计人员应当对与财务报表审计有关的所有重大事项独立作出职业判断，而不应完全依赖内部审计工作。审计人员应当对发表审计意见以及确定审计程序的性质、时间和范围独自承担责任，其责任不因为利用内部审计工作而减轻。

前已述及，如果被审计单位设有内部审计职能，审计人员可以在与治理层沟通特定事项前，先与内部审计人员讨论有关事项；必要时，审计人员也可考虑利用内部审计工作。如果内部审计人员的意见及拟采取的措施有助于治理层了解特定事项，审计人员应当考虑将这些意见和措施包括在与治理层沟通的内容中。

2. 与前任审计人员的沟通

在执行财务报表审计业务时，审计人员（即后任审计人员）应当就有关事项分别在接受委托的前后以及发现前任审计人员审计的财务报表可能存在重大错报时与前任审计人员进行沟通。

（1）前后任审计人员的确定与要求。前任审计人员是指代表审计机构对最近期间财务报表出具了审计报告或接受委托但未完成审计工作，已经或可能与委托人解除业务约定的审计人员，而后任审计人员则是指代表审计机构正在考虑接受委托或已经接受委托，接替前任审计人员执行财务报表审计业务的审计人员。

如果被审计单位委托审计人员对已审计财务报表进行重新审计，正在考虑接受委托或已经接受委托的审计人员应视为后任审计人员，之前对已审计财务报表发表审计意见的其他审计机构的审计人员应视为前任审计人员。

后任审计人员应当征得被审计单位的同意，主动与前任审计人员进行沟通。前后任审计人员可以采用口头和书面等形式进行沟通，并应当将沟通的情况记录于审计工作底稿。此外，前后任审计人员应当对沟通过程中获知的信息保密。即使未接受委托，后任审计人员仍应履行保密的义务。

（2）接受委托前的沟通。在接受委托前，审计人员应当通过询问与前任审计人员进行必要的沟通，并对沟通的结果进行评价，以确定是否接受此次委托。

审计人员向前任审计人员所询问的内容，应当合理、具体。询问的内容通常包括：是否发现被审计单位管理层存在诚信方面的问题；前任审计人员与管理层在重大会计、审计等问题上存在的意见分歧；前任审计人员与被审计单位治理层沟通的管理层舞弊、违反法规行为以及内部控制的重大缺陷；前任审计人员认为导致被审计单位变更审计机构的原因。

审计人员应当提请被审计单位以书面形式允许前任审计人员对其询问作出充分答复。在被审计单位不同意前任审计人员作出答复或限制答复范围的情况下，审计人员应向被审计单位询问原因，并考虑是否接受此次委托。

如果被审计单位书面同意前任审计人员作出答复，前任审计人员则应根据所了解的事实，对审计人员的合理询问及时作出充分的答复。如果受到被审计单位的限制或存在法律诉讼的顾虑，决定不向审计人员作出充分答复，前任审计人员则应向审计人员表明其答复是有限的，并说明原因。在得到前任审计人员的答复有限或未得到其答复的情况下，审计人员也应当考虑是否接受此次委托。

（3）接受委托后的沟通。在接受委托后，如果需要查阅前任审计人员的工作底稿，审计人员应当征得被审计单位同意，并与前任审计人员进行沟通。

在征得被审计单位同意后，前任审计人员可根据情况确定是否允许审计人员查阅相关工作底稿以及查阅的内容。在允许查阅工作底稿之前，前任审计人员应当向审计人员获取确认函，就工作底稿的使用目的、范围和责任等与审计人员达成一致意见。

通过查阅前任审计人员工作底稿所获取的信息，可能影响审计人员自身实施的审计程序的性质、时间和范围，但审计人员应当对自身实施的审计程序和得出的审计结论负责。

需要指出的是，审计人员不应在审计报告中表明，其审计意见全部或部分地依赖前任审计人员的审计报告或工作。

（4）发现前任审计人员所审计的财务报表可能存在重大错报时的处理。如果发现前任审计人员所审计的财务报表可能存在重大错报，审计人员应当提请被审计单位告知前任审计人员。必要时，审计人员可要求被审计单位安排三方会谈，以便采取措施进行妥善处理。

如果被审计单位拒绝告知前任审计人员，或前任审计人员拒绝参加三方会谈，或后任审计人员对解决问题的方案不满意，审计人员则应考虑其对审计报告的影响或解除业务约定。

14.9.5　整个审计过程中的沟通

在审计实务中，审计人员与被审计单位管理层沟通，是审计工作中不可或缺的重要部分。沟通工作贯穿于整个审计过程，并不只限于完成审计工作阶段，而是与审计工作的各个阶段有关。审计人员在执行财务报表审计业务时，从接受业务委托前至出具审计报告后，在计划审计、审计实施和完成审计等各个阶段都需要与被审计单位等进行沟通。为了完整地描述沟通，下面结合前已述及的相关内容，除了重点阐述完成审计工作阶段的沟通外，也简要地叙述其他工作阶段的有关内容。

1. 计划审计工作的沟通

在计划审计工作阶段，审计人员应就有关事项及相关情况与被审计单位进行沟通，以便决定是否接受委托或合理地计划审计工作。（1）首次接受委托前的沟通。在首次接受委托前，审计人员应就被审计单位的基本情况与被审计单位进行沟通，以便初步评估审计风险，确定是否接受委托。主要包括：业务性质、经营规模及组织结构；经营情况和经营风险；以前期间接受审计的情况；会计机构的设置情况等。（2）签订业务约定书时的沟通。在签订业务约定书时，审计人员应就审计业务约定条款与被审计单位进行沟通，以便达成一致意见。主要包括：审计目标；审计范围；双方的责任；报告的格式等。此外，对于出具审计报告的时间要求、审计收费、审计业务约定书的有效期间、违约责任等有关事项，审计人员也需要与被审计单位进行沟通，以便在协商一致的基础上签订审计业务约定书。（3）编制总体审计策略和具体审计计划时的沟通。在编制总体审计策略和具体审计计划时，审计人员应就计划审计工作的基本情况与被审计单位进行沟通，以便达成一致理解，并确保审计工作的有效性。主要包括：被审计单位情况及其最新变化；新的法规或者专业准则对审计工作的影响；评估审计风险所需的资料；被审计单位采用的会计政策、会计估计及其变更等。

2. **执行审计工作的沟通**

在审计实施阶段，审计人员应就有关事项及相关情况与被审计单位进行沟通，以便顺利、有效地实施审计。主要包括：审计计划中确定的需要其协助的工作（如存货监盘与询证函的寄发，审计人员应将存货监盘计划告知管理层，以使其按照审计人员的要求安排和组织存货盘点工作，而告知询证函的发送主要是为了及时索取询证对象的通信地址等）；管理层对有关事项的解释、声明及提供的其他证据（如对关联方交易，审计人员应就管理层所提供的识别关联方的资料是否真实完整以及财务报表对关联方及其交易的披露是否充分等与管理层进行沟通）；重大错报风险较高的财务报表认定和已发现的重大错弊或者可能违反法规的情形等（对于在审计过程中注意到的重大错弊或者可能违反法规的情形，审计人员应以适当方式告知管理层，注意所报告的层次，并确定是否继续进行审计以及由此带来的后果等）；审计工作中受到的限制与阻碍（审计人员应与管理层协商解除限制或阻碍的途径，并向管理层告知因限制或阻碍而导致的审计意见等）。

3. **完成审计工作的沟通**

在完成审计工作阶段，审计人员应就有关事项及相关情况与被审计单位进行沟通，以便及时、高质量地完成审计，签发正确、恰当的审计意见。主要包括：财务报表方面的分歧；重大审计调整事项；信息披露中存在的可能导致修改审计报告的重大问题；被审计单位面临的可能危及其持续经营能力等的重大风险；审计意见的类型及审计报告的措辞；审计人员提出的内部控制方面的建议；与已审计财务报表一同披露的其他信息等。

有关财务报表方面的分歧，主要是指审计人员与被审计单位管理层就财务报表的编制与披露方面存在的不同意见。比如，在对某些特定交易和事项所采用的会计政策、管理层对会计估计的判断基础，以及财务报表披露的内容等方面，双方可能发生分歧，需要进行沟通。有关重大审计调整事项，主要是指对财务报表所反映的财务状况、经营成果及现金流量有重大影响的、审计人员认为需要调整的审计事项，双方需要进行沟通。有关信息披露中存在的可能导致修改审计报告的重大问题，主要是指有关或有事项、期后事项、关联方交易、持续经营以及各期会计政策变更的披露中存在的对审计报告有影响的重大问题（比如，资产负债表日后发生的重大自然灾害损失，被审计单位未在财务报表附注中进行披露，审计人员需要通过沟通提请被审计单位予以披露，如果被审计单位拒绝披露，可能会对审计报告产生影响）。有关被审计单位面临的可能危及其持续经营能力等的重大风险，主要是指在可预见的未来影响被审计单位持续经营能力的重大风险，审计人员应就此事项与管理层进行沟通，并按照有关审计准则的要求进行处理。有关审计意见的类型及审计报告的措辞，主要是指审计人员在编制审计报告时，应就所确定审计意见的类型及审计报告的措辞告知管理层，并使其理解其含义（当然，审计人员在发表审计意见时，必须坚持独立、客观、公正的原则，其所进行的沟通仅仅是向管理层告知和解释，并不意味着对审计意见的类型和审计报告的措辞需要与管理层商讨确定甚或修改)。有关审计人员提出的内部控制方面的建议，主要是指审计人员应就审计过程中注意到的、对财务报表产生影响的、被审计单位在内部控制方面存在的重大缺陷，向管理层提出口头的或书面的建议。

至于需要沟通的与已审计财务报表一同披露的其他信息；主要是指审计人员认为已审计财务报表与其一同披露的其他信息存在重大不一致，或认为其他信息可能存在重大错报，从而需要及时与被审计单位管理层进行沟通。对于存在的重大不一致，审计人员应当与管理层商讨其产生的原因和对已审计财务报表的影响程度。当重大不一致确实存在时，审计人员则应提请被审计单位修改财务报表或其他信息；如已审计财务报表需作修改，但被审计单位予以拒绝，审计人员应根据需修改的事项对财务报表的影响程度，发表保留意见或否定意见；如其他信息需作修改，但被审计单位予以拒绝，审计人员应根据不一致事项的性质及重要程度，考虑是否在审计报告中增加对重大不一致事项的说明，或者考虑出具无法表示意见的审计报告或解除业务约定，或在被审计单位股东大会等重要会议上陈述，并可同时征求律师的意见。在查阅其他信息时，若发现其他信息中可能存在对事实的重大错报，审计人员应与管理层商讨，并确认该重大错报是否存在，在商讨后如仍然认为可能存在对事实的重大错报的情况下，审计人员应要求被审计单位管理层向律师等第三方咨询，并对咨询意见进行研究评价；若对事实的重大错报确实存在，审计人员应提请管理层修改其他信息，在被审计单位拒绝修改的情况下，审计人员应将其对其他信息的关注以书面形式告知被审计单位最高层，并在征求律师意见后作出适当的处理。

思考题

1. 审计人员应当如何评价管理层对其持续经营能力的评估?
2. 审计人员考虑持续经营时可能实施哪些进一步审计程序?
3. 审计人员考虑持续经营可能对审计结论和报告有何影响?
4. 什么是期初余额? 审计人员为什么需要审计期初余额?
5. 审计人员对期初余额进行审计可能实施哪些审计程序?
6. 审计人员考虑期初余额将对审计结论和报告有何影响?
7. 什么是期后事项和或有事项? 为何需要对其进行审计?
8. 期后事项和或有事项对审计结论和报告有何具体影响?
9. 什么是管理层声明? 审计人员为何要获取管理层书面声明?
10. 什么是其他信息? 审计人员如何获取并考虑其他信息?
11. 审计人员获取的管理层书面声明对审计结论和报告有何影响?
12. 审计人员为何要对审计工作底稿独立地进行最终的复核?
13. 审计人员如何独立进行审计工作底稿和财务报表的复核?
14. 审计人员在评价审计结果时如何考虑重要性和审计风险?
15. 审计人员为何及如何与治理层、管理层及审计委员会沟通?
16. 审计人员为何及如何与内部审计人员及前任审计人员沟通?

练习题

1. 审计人员接受委托对A公司2016年度财务报表进行审计。在执行审计过程中，审计人员发现，A公司“固定资产”科目的期初余额可能存在重大错报，但无法获取有关审计证据；在被审计期间，A公司有一笔价值100万元的重大销售业务的货物在审计报告日以后、财务报表报出日之前被退回，审计人员提请被审计单位修正财务报表。被审计单位当年实现营业收入总额为2 000万元。

要求：分析并回答下列问题：

（1）审计人员对固定资产期初余额的问题应采取什么措施？其对审计意见有何具体影响？

（2）如果被审计单位拒绝针对销售退回业务修正财务报表，审计人员应发表何种审计意见？

2. 审计人员审计K公司2016年度财务报表，已于2017年1月20日完成外勤审计工作。审计人员了解到K公司2017年1月25日发生火灾，遭受重大损失，便于2017年1月28日完成了火灾损失的追加审计程序，并在2017年2月1日完成审计报告并送达K公司。K公司于2017年2月6日公布其2016年度财务报表。

要求：分析并回答下列问题：

（1）根据上述情况，审计人员有哪些方法可用于确定审计报告日期？其所承担的责任有何不同？

（2）2017年1月20日后，审计人员对不同时期的期后事项分别负有什么责任？

案例题

某审计机构接受委托对B公司2016年度财务报表进行审计。审计报告日为2017年2月14日，财务报表报出日为2017年2月20日。在执行审计过程中，审计人员G发现以下情况：

（1）2016年11月21日，B公司被H公司起诉违约，12月21日法院宣判B公司败诉，赔偿200万元；随后，B公司上诉，并在2016年度财务报表中确认200万元的预计负债。2017年2月1日，法院终审判决要求B公司赔偿H公司120万元。

（2）2016年10月25日，B公司被M公司起诉违约，要求赔偿400万元，截至2016年12月31日法院仍未判决，律师估计B公司败诉赔偿的可能性为50%。对此，B公司在2016年度财务报表中作了充分披露。2017年2月16日，法院终审判决要求B公司赔偿M公司400万元。

要求：根据本案例，分析下列问题：

（1）针对H公司的赔偿案件，审计人员应如何处理？

（2）针对M公司的赔偿案件，审计人员已于2017年2月18日实施了追加审计程序，并已作适当处理。审计人员应如何选择审计日期？

第 15 章 Chapter 15 审计报告

学习目标

1. 了解审计报告的基本含义、主要作用以及种类。
2. 理解审计报告基本内容与审计意见的形成基础。
3. 了解审计报告责任段、意见段及其他段的内容。
4. 理解管理层对财务报表的责任与审计人员责任。
5. 掌握应当出具无保留意见审计报告的具体条件。
6. 了解强调事项段阐述的内容及强调事项的条件。
7. 掌握应当出具非无保留意见的审计报告的条件。
8. 了解编制审计报告的基本要求与主要步骤。
9. 掌握在审计报告中沟通关键审计事项。
10. 理解管理建议书的意义、内容及编制要求。

15.1 审计报告的意义

审计人员在实施审计工作的基础上，需要将审计任务完成情况及审计结果编成书面文件。这是整个审计过程中最后的步骤，也是完成审计阶段最重要的工作。无论是社会审计，还是国家审计或内部审计，都必须在完成审计约定事项后编写审计报告。针对不同的审计主体、不同类型的审计业务以及不同的报告对象，审计报告的性质、内容、编制方法以及法律效力等都是不同的。下面主要阐述社会审计的审计报告，同时兼顾其他审计主体的审计报告。

15.1.1 审计报告的含义

审计报告是审计人员根据有关规范的要求，在对约定事项实施了必要的审计程序后出具的，用于对被审计单位财务报表发表审计意见的书面文件。也就是说，审计报告是具体承办审计事项的审计人员或审计机构在实施审计后，就审计工作的结果向其委托人、授权人或其他法定报告对象提交的书面文件。它是审计工作和结果的综合反映，是体现审计成果的主要形式。

1. 社会审计的审计报告

就社会审计而言，注册会计师等审计人员应当按照审计准则的要求，在实施了必要的审计程序后，对财务报表实施总体性复核，以经过核实的审计证据为依据，评价根据审计证据得出的结论，形成审计意见，出具审计报告。因此，审计报告是指审计人员（如注册会计师）根据审计准则的规定，在实施了必要的审计程序后即在执行审计工作的基础上，对被审计单位的财务报表发表审计意见的书面文件。

此处的财务报表，是指整套通用目的财务报表，包括相关附注（如重要会计政策和会计估计等）；通用目的财务报表是指按照通用目的编制基础编制的财务报表，而通用目的编制基础是指旨在满足广大财务报表使用者共同财务信息需求的财务报告编制基础。由此可见，适用的财务报告编制基础的规定，决定了财务报表的形式和内容，以及整套财务报表的构成。

这里尚需强调两点：一是广义的审计报告，除包括上述意义的审计报告外，也包括审计人员执行其他财务报表审计业务所出具的审计报告（当然，审计人员在编制和出具这类审计报告时，除非有特定要求，否则应当参照前类审计报告的编制和出具要求办理），还包括审计人员执行特殊目的业务审计所出具的审计报告（这类审计报告应按照审计实务公告的有关要求予以编制和出具）。二是所谓的被审计单位，是指负责编制和报送财务报表，并接受审计人员审计的企业和实行企业化管理的事业单位。

2. 国家审计的审计报告

我国国家审计的审计报告是审计机关实施审计后，对被审计单位的财政收支、财务收支的真实、合法、效益发表审计意见的书面文件。

（1）审计组的审计报告和审计机关的审计报告。根据《审计法》的规定，我国国家审计的审计报告包括审计组的审计报告和审计机关的审计报告两种。审计组的审计报告是审计组对审计事项实施审计后，就审计实施情况和审计结果向派出的审计机关提交的书面报告。而审计机关的审计报告则是审计结果的最终载体和全面反映，是审计机关对被审计单位的财政收支或者财务收支的真实、合法、效益发表审计意见的审计结论性法律文书。

审计组的审计报告与审计机关的审计报告，在报告主体、报告对象、报告格式、法律效力等方面存在着明显的差异。就报告主体而言，前者是由审计组提交的审计报告，并以审计机关名义征求被审计对象的意见；后者则是由审计机关按照规定程序对前者进行审议后提交的审计报告。就报告对象而言，前者是审计组向审计机关提交的审计报告；后者则是审计机关对外出具的审计报告。就报告格式而言，前者反映的是审计机关的初步意见，落款为审计组，由审计组组长签名，征求被审计对象意见时，报告要注明“征求意见稿”，不编号；后者反映的则是审计机关的最终意见，落款为派出审计组的审计机关，并由审计机关按照公文发文字号编制规则编号。就其法律效力而言，前者是审计组向审计机关提交的内部审计文书，并应当征求被审计对象的意见；后者则是审计机关对外出具的具有法律效力的审计文书，应当送达被审计单位。尽管审计组的审计报告和审计机关的审计报告存在这些不同，但在主要内容方面，二者是相同的，包括审计依据、被审计单位的基本情况、被审计单位的会计责任、实施审计的基本情况、审计评价意见、审计发现的事实和定性及相关决定，以及必要时提出的意见和建议等。

（2）审计结果报告与审计工作报告。根据报告的对象、目的及内容的不同，我国国家审计的审计报告分为审计结果报告与审计工作报告两种。审计机关依照法律法规的规定，每年汇总对本级预算执行情况和其他财政收支情况的审计报告，形成审计结果报告，报送本级政府和上级审计机关。而审计机关依照法律法规的规定，代本级政府起草本级预算执行情况和其他财政收支情况的审计工作报告（稿），经本级政府行政首长审定后，受本级政府委托向本级人民代表大会常务委员会报告。

就审计结果报告而言，根据《审计法》的规定，审计署在国务院总理领导下，对中央预算执行情况和其他财政收支情况进行审计监督，向国务院总理报送审计结果报告。地方各级审计机关分别在省长、自治区主席、市长、州长、区长和上一级审计机关的领导下，对本级预算执行情况和其他财政收支情况进行审计监督，向本级人民政府和上一级审计机关报送审计结果报告。审计结果报告的目的是为了让领导机关全面了解预算执行审计的情况和结果，向领导机关完整地反映财政预算资金管理和使用的真实情况以及其他财政收支存在的问题，并针对发现的问题提出意见和建议，供政府决策时参考。审计结果报告的主要内容包括：本级预算执行和其他财政收支的基本情况、审计机关对本级预算执行和其他财政收支情况作出的审计评价、本级预算执行和其他财政收支中存在的问题以及审计机关依法采取的措施、审计机关提出的改进本级预算执行和其他财政收支管理工作的建议，以及本级人民政府要求报告的其他情况。此外，审计署向国务院总理报送的中央预算执行和其他财政收支情况审计结果报告，还应当包括对中央银行的财务收支的审计情况。

就审计工作报告而言，根据《审计法》的规定，国务院和县级以上地方政府应当每年向本级人民代表大会常务委员会提交审计机关对预算执行和其他财政收支的审计工作报告。审计工作报告应当重点报告对预算执行的审计情况。必要时，人民代表大会常务委员会可以对审计工作报告作出决议。国务院和县级以上地方政府应当将审计工作报告中指出的问题的纠正情况和处理结果向本级人民代表大会常务委员会报告。审计工作报告的目的是让人民代表大会常务委员会了解本级财政预算执行的真实情况和执行过程中存在的问题，了解本级政府在预算管理中所做的主要工作和采取的措施，为人民代表大会常务委员会审查和批准财政决算提供客观依据。审计工作报告的主要内容包括：开展本年度预算执行审计工作的基本情况、对本级预算执行情况的总体评价、本级预算执行中存在的主要问题及纠正和处理情况、审计后本级政府及各部门（单位）的整改情况、加强预算管理的意见，以及人民代表大会常务委员会要求报告的其他事项。

3. 内部审计的审计报告

内部审计报告是指内部审计人员根据审计计划对被审计单位实施必要的审计程序后，就被审计事项作出审计结论、提出审计意见和审计建议的书面文件。内部审计人员应当在审计实施结束后，以经过核实的审计证据为依据，形成审计结论、意见和建议，出具审计报告。如有必要，内部审计人员可以在审计过程中提交期中报告，以便及时采取有效的纠正措施改善业务活动、内部控制和风险管理。

15.1.2　审计报告的作用

审计报告是对审计过程和结果的集中总结，是完成审计任务的重要标志。就国家审计而言，审计组对审计事项实施审计后，应当向审计机关提交审计组的审计报告，审计机关通过该审计报告可以掌握审计组的工作情况，包括审计工作的时间、审计的范围、被审计单位的基本情况、审计发现的问题等，该审计报告也是审计工作质量的集中反映，是评价审计人员工作业绩、控制审计质量的重要依据。用以表明审计意见、提出审计结论的审计报告，经审计人员签发后，可为不同的使用人所使用，从而可以发挥鉴证、保护、证明及促进等作用。

1. **鉴证作用**

鉴证作用是指审计人员以独立的第三者身份，通过审计报告对被审计单位财务报表所反映的财务状况、经营成果和现金流量情况等是否合法、公允，发表自己的意见，作出客观的鉴证。审计人员接受审计授权人、委托人的授权或委托，按照法定程序，运用专门的审计方法，对被审计人承担和履行经济责任的情况进行审计后，有责任向授权人或委托人报告审计任务的完成情况及查明的结果。审计报告就是审计人员向审计授权人或委托人出具的发表审计意见、提出审计建议的一项重要文件。这种鉴证作用，在注册会计师审计的审计报告中尤其突出。注册会计师发表的审计意见、签发的审计报告是具有法律效力的证明文件，可以起到经济鉴证作用，能够得到政府有关部门及社会各界的广泛认同。它可以为政府有关部门，如财政部门、税务部门及有关综合管理部门，了解企业真实情况提供重要依据，以利于其作出有关宏观调控决策；也可以为企业的投资者和债权人进行经济决策提供主要依据。可见，审计及其成果对信息风险具有重要影响，因影响相关决策而具有经济后果。

2. **保护作用**

保护作用是指审计人员通过对被审计单位出具不同类型审计意见的审计报告，以提高或降低财务报表信息使用者对财务报表的信赖程度，尤其是揭露被审计单位存在的重大错误和舞弊行为，从而能够在一定程度上对被审计单位的投资者、债权人及其他利害关系人的利益起到保护作用。例如，投资者在进行投资之前，通过查阅企业编制的财务报表和审计人员出具的审计报告，可以了解和掌握企业的生产经营情况与财务状况，以便作出合理的投资决策，减少投资风险。又如，国家审计机关通过审计报告揭示其对财政、金融、企业等实施审计所发现的问题，并对审计报告中所反映的信息加以分析综合，可以发现宏观经济运行中出现的矛盾以及与国民经济有关的带有普遍性和倾向性的问题，从而为更高层面的宏观决策提供信息支持，并在更广的范围内发挥其保障和改善民生、确保国家经济安全以及社会长治久安的作用。

3. **证明作用**

证明作用是指审计人员通过审计报告对被审计单位财务报表的真实性与正确性给予证明。只有经过审计人员证明的财务报表，才有可能受到社会各界的信任。例如，债权人在发放贷款之前，通过查阅企业编制的财务报表和审计人员出具的审计报告，可以了解企业的财务状况和成长潜力，掌握其财务弹性与偿债能力，尤其是企业的资信品质，从而作出合理的信贷决策。此外，作为对审计人员审计任务完成情况及其结果的总结，审计报告可以证明审计人员在审计过程中是否实施了必要的审计程序，是否遵循了应有的规范，是否以审计工作底稿为依据发表审计意见，发表的审计意见是否与被审计单位的实际情况相一致，审计工作质量是否符合要求等。因此，审计报告对于审计工作质量、审计人员担负的审计责任及其履行情况，也起到了证明的作用。

4. **促进作用**

促进作用是指审计人员针对被审计单位经营管理方面的问题进行审查与评价，通过审计报告发表审计意见，并可通过管理建议书提出改进措施和合理化建议，从而促进被审计单位改善经营管理，提高经济效益。特别是内部审计部门及其审计报告，在促进企业改善经营管理、提高经济效益方面能够发挥更大的作用。不仅如此，审计报告是社会经济信息的客观反映，可以为推进依法治国和依法行政提供有用的信息。如国家审计机关在审计实践中，会经常、大量地接受反映社会经济生活各个方面的审计报告，审计机关通过审计报告及其分析加工可以为促进法制建设、推进依法行政，加快民主进程、完善政治体制，加强宏观调控、改善经济管理等提供重要的第一手资料。此外，国家审计的审计报告是国家审计机关向被审计单位做出审计决定的依据。政府审计机关根据审计人员提交的审计报告，可以了解宏观调控方面的失误或不足，从而改进和加强宏观调控，促进国民经济的综合平衡和科学发展；也可以掌握违法违纪情况，并据以作出审计决定，且将审计决定通过被审计单位和财政、税务及有关综合管理部门的执行，起到维护国家财经法纪、推进依法行政、促进经济科学发展及社会和谐稳定的作用。

15.2 审计报告的内容

在世界范围内，尽管有不同国家、地区以及不同种类的审计，其审计报告的内容与形式存在着一定的差异，但其主要内容和格式是基本相同的。审计报告的主要内容与格式，一般由准则制定部门或行业管理组织，在审计报告准则中作出统一规定，其目的在于提高其规范程度，增进使用者的阅读与理解，更好地发挥审计报告的作用。下面主要阐述我国社会（民间）审计报告的内容（要素），同时兼及其他审计主体的审计报告。

1. **社会审计报告**

就社会审计而言，根据审计准则的有关规定，审计报告应采用书面形式（含纸质或电子介质形式），包括下列基本要素：

（1）标题。在我国，审计报告的标题统一规范为“审计报告”。在审计实务中，诸如“审计人员的意见”“注册会计师的报告”等，有时也可以作为审计报告的标题。

（2）收件人。审计报告的收件人是指审计人员按照法律法规或业务约定条款指定审计报告致送的对象，一般是指审计业务的委托人，即被审计单位的股东或治理层。审计报告应当载明收件人的全称，如“××股份有限公司全体股东”“××有限责任公司董事会”“××清算委员会”等。

（3）审计意见。该部分应当提及被审计单位的名称，说明财务报表已经审计，指明构成整套财务报表的每一财务报表的名称、日期或涵盖的期间，以及相关财务报表附注（包括重要会计政策和会计估计及其他解释性信息）；应当说明审计意见涵盖由适用的财务报告编制基础所确定的整套财务报表，财务报表在所有重大方面按照适用的财务报告编制基础的规定编制，公允反映了财务报表旨在反映的事项；描述适用的财务报告编制基础及其可能对审计意见的影响。

（4）形成审计意见的基础。该部分提供关于审计意见的重要背景，包括：说明注册会计师按照审计准则的规定执行了审计工作；提及审计报告中用于描述审计准则规定的审计人员责任的部分；声明审计人员按照与审计相关的职业道德要求（指明适用的职业道德要求，如注册会计师职业道德守则），独立于被审计单位，并履行了职业道德方面的其他责任；说明审计人员是否相信获取的审计证据是充分、适当的，为发表审计意见提供了基础。

（5）管理层对财务报表的责任。该部分应当说明管理层负责：按照适用的财务报告编制基础的规定编制财务报表，使其实现公允反映，并设计、执行和维护必要的内部控制，以使财务报表不存在由于舞弊或错误导致的重大错报，提及这两种责任有助于向财务报表使用者解释执行审计工作的前提；评估被审计单位的持续经营能力和使用持续经营假设是否适当，并披露与持续经营相关的事项（如适用），对管理层评估责任的说明应包括描述在何种情况下使用持续经营假设是适当的。需要指出，审计报告中应当使用特定国家或地区法律框架下的恰当术语，而不必限定为“管理层”，在某些国家或地区恰当的术语可能是“治理层”。

（6）审计人员（如注册会计师）对财务报表审计的责任。该部分应当包括：说明审计人员的目标是对财务报表整体是否不存在由于舞弊或错误导致的重大错报获取合理保证，并出具包含审计意见的审计报告；说明合理保证是高水平的保证，但并不能保证按照审计准则执行的审计在某一重大错报存在时总能发现；说明错报可能由于舞弊或错误导致。在说明错报可能由于舞弊或错误导致时，审计人员应当从下列两种做法中选取一种：描述如果合理预期错报单独或汇总起来可能影响财务报表使用者依据财务报表作出的经济决策，则通常认为错报是重大的；根据适用的财务报告编制基础，提供关于重要性的定义或描述。

该部分也应包括：其一，说明在按照审计准则执行审计工作的过程中，审计人员运用职业判断，并保持职业怀疑。其二，通过说明审计人员的责任，对审计工作进行描述。这些责任包括：

第一，识别和评估由于舞弊或错误导致的财务报表重大错报风险，设计和实施审计程序以应对这些风险，并获取充分、适当的审计证据，作为发表审计意见的基础。由于舞弊可能涉及串通、伪造、故意遗漏、虚假陈述或凌驾于内部控制之上，未能发现由于舞弊导致的重大错报的风险高于未能发现由于错误导致的重大错报的风险。

第二，了解与审计相关的内部控制，以设计恰当的审计程序，但“目的并非对内部控制的有效性发表意见”。当审计人员有责任在财务报表审计的同时对内部控制的有效性发表意见时，则应略去此引号内的表述。

第三，评价管理层选用会计政策的恰当性和作出会计估计及相关披露的合理性。

第四，对管理层使用持续经营假设的恰当性得出结论。同时，根据获取的审计证据，就可能导致对被审计单位持续经营能力产生重大疑虑的事项或情况是否存在重大不确定性得出结论。如果审计人员得出结论认为存在重大不确定性，审计准则要求审计人员在审计报告中提请报表使用者关注财务报表中的相关披露；如果披露不充分，审计人员则应发表非无保留意见。审计人员的结论是基于截至审计报告日可获得的信息的，但未来的事项或情况可能导致被审计单位不能持续经营。

第五，评价财务报表的总体列报、结构和内容（包括披露），并评价财务报表是否公允反映相关交易和事项。

其三，如果审计准则《对集团财务报表审计的特殊考虑》适用，则通过说明下列事项，进一步描述审计人员在集团审计业务中的责任：审计人员的责任是就集团中实体或业务活动的财务信息获取充分、适当的审计证据，以对合并财务报表发表审计意见；审计人员负责指导、监督和执行集团审计；审计人员对审计意见承担全部责任。

此外，该部分还包括：说明审计人员与治理层就计划的审计范围、时间安排和重大审计发现等事项进行沟通，包括沟通审计人员在审计中识别的值得关注的内部控制缺陷；对于上市实体财务报表审计，指出审计人员就已遵守与独立性相关的职业道德要求向治理层提供声明，并与治理层沟通可能被合理认为影响审计人员独立性的所有关系和其他事项，以及相关的防范措施（如适用）；对于上市实体财务报表审计，以及决定按照相关审计准则的规定沟通关键审计事项的其他情况，说明审计人员从与治理层沟通过的事项中确定哪些事项对本期财务报表审计最为重要，因而构成关键审计事项。审计人员应当在审计报告中描述这些事项，除非法律法规禁止公开披露这些事项，或在极少数情形下，审计人员合理预期在审计报告中沟通某事项造成的负面后果超过在公众利益方面产生的益处，因而确定不应在审计报告中沟通该事项。

（7）按照相关法律法规的要求报告的事项（如适用）。除审计准则规定的审计人员责任外，如果审计人员在对财务报表出具的审计报告中履行其他报告责任，应当在审计报告中将其单独作为一部分，并以“按照相关法律法规的要求报告的事项”为标题，或使用适合于该部分内容的其他标题，除非其他报告责任涉及的事项与审计准则规定的报告责任涉及的事项相同。当涉及相同的事项时，其他报告责任可以在审计准则规定的同一报告要素部分列示。

需要指出，如果将其他报告责任在审计准则要求的同一报告要素部分列示，审计报告必须清楚区分其他报告责任和审计准则要求的报告责任。如果审计报告将其他报告责任单独作为一部分，则前述审计准则的有关要求应当置于“对财务报表出具的审计报告”标题下，而将“按照相关法律法规的要求报告的事项”部分置于“对财务报表出具的审计报告”部分之后。

（8）审计人员（如注册会计师）的签名和盖章与审计机构（如会计师事务所）的名称、地址和盖章。审计报告应当由项目合伙人和另一名负责该项目的审计人员（如注册会计师）签名和盖章，审计人员应当在对上市实体整套通用目的财务报表出具的审计报告中注明项目合伙人，以进一步增强对审计报告使用者的透明度。不仅如此，审计报告还应载明审计机构的名称和地址，并加盖公章。在某些情形下，法律法规可能允许在审计报告中使用电子签名。

（9）报告日期。审计报告应当注明报告日期。审计报告的日期向审计报告使用者表明，审计人员（如注册会计师）已考虑其知悉的、截至审计报告日发生的交易和事项的影响（至于审计人员对审计报告日后发生的交易和事项的责任，审计准则——期后事项作出了相应的规定）。审计报告日应当是审计人员完成外勤审计工作之日，而不是被审计单位财务报表截止日或财务报表批准日（即经认可的有权机构确定整套财务报表已经编制完成并声称对此负责的日期，因为财务报表需经董事会或类似机构批准后才可对外报出），也不是审计报告完稿、印发之日。报告日期不应早于审计人员获取充分、适当的审计证据，并在此基础上对财务报表形成审计意见的日期。因此，在确定审计报告日时，审计人员应当确信已获取下列两方面的审计证据：构成整套财务报表的所有报表（包括相关附注）已编制完成；被审计单位的董事会、管理层或类似机构已经认可其对财务报表负责。也只有如此，审计人员才能得出已经获取充分、适当的审计证据的结论。

此外，在适用的情况下，审计人员还应按照其他审计准则的相关规定，在审计报告中对与持续经营相关的重大不确定性、关键审计事项、被审计单位年度报告中包含的除财务报表和审计报告之外的其他信息进行报告。

需要强调，审计人员在按照中国审计准则执行审计工作时，还可能同时被要求按照其他国家或地区的审计准则执行审计工作。在这种情况下，审计报告除了提及中国审计准则外，还可能同时提及其他国家或地区的审计准则。只有在同时符合以下两个条件时，审计人员才应同时提及：其一，其他国家或地区的审计准则与中国审计准则不存在冲突，即不会导致审计人员形成不同的审计意见，也不会导致在中国审计准则要求增加强调事项段或其他事项段的情形下，而其他国家或地区的审计准则不要求增加；其二，如果使用其他国家或地区审计准则规定的结构或措辞，审计报告至少应当包括中国审计准则规定的所有要素。当同时提及中外审计准则时，审计报告须指明审计准则所属的国家或地区。

另外，审计人员还应注意与财务报表一同列报的补充信息。在被审计单位将适用的财务报告编制基础未作要求的补充信息与已审计财务报表一同列报的情况下，审计人员应当根据职业判断，评价补充信息是否由于其性质和列报方式而构成财务报表的必要组成部分。当补充信息构成财务报表的必要组成部分时，须将其涵盖在审计意见中；如果认为补充信息不构成已审计财务报表的必要组成部分，审计人员则应评价这些补充信息的列报方式是否充分、清楚地使其与已审计财务报表相区分。在未能充分、清楚地区分的情况下，审计人员应当要求管理层改变未审计补充信息的列报方式。如果管理层拒绝改变，审计人员则应指出未审计的补充信息，并在审计报告中说明这些补充信息未经审计。当然，补充信息未审计的事实，不能减轻审计准则——对其他信息的责任中所规定的审计责任。

总之，审计人员应当在评价根据审计证据得出结论的基础上，对财务报表形成审计意见，并通过书面报告的形式清楚地表达审计意见，且对审计报告负责。审计人员在出具审计报告时，应同时将已审计的财务报表附于审计报告后。经审计人员（如注册会计师）与审计机构（如会计师事务所）签名和盖章后，致送委托人，无须经其他单位审定。

2. 国家审计报告

国家审计报告包括审计机关进行审计后出具的审计报告以及专项审计调查后出具的专项审计调查报告。

审计组实施审计或者专项审计调查后，应当向派出审计组的审计机关提交审计报告。审计机关审定审计组的审计报告后，应当出具审计机关的审计报告。遇有特殊情况，审计机关可以不向被调查单位出具专项审计调查报告。审计报告应当内容完整、事实清楚、结论正确、用词恰当、格式规范。

审计机关的审计报告（审计组的审计报告）包括下列基本要素：

(1) 标题；

(2) 文号（审计组的审计报告不含此项）；

(3) 被审计单位名称；

(4) 审计项目名称；

(5) 内容；

(6) 审计机关名称（审计组名称及审计组组长签名）；

(7) 签发日期（审计组向审计机关提交报告的日期）。

经济责任审计报告还包括被审计人员姓名及所担任职务。

审计报告的内容主要包括：

(1) 审计依据，即实施审计所依据的法律法规规定；

(2) 实施审计的基本情况，一般包括审计范围、内容、方式和实施的起止时间；

(3) 被审计单位基本情况；

(4) 审计评价意见，即根据不同的审计目标，以适当、充分的审计证据为基础发表的评价意见；

(5) 以往审计决定执行情况和审计建议采纳情况；

(6) 审计发现的被审计单位违反国家规定的财政收支、财务收支行为和其他重要问题的事实、定性、处理处罚意见以及依据的法律法规和标准；

(7) 审计发现的移送处理事项的事实和移送处理意见，但是涉嫌犯罪等不宜让被审计单位知悉的事项除外；

(8) 针对审计发现的问题，根据需要提出的改进建议。

审计期间被审计单位对审计发现的问题已经整改的，审计报告还应当包括有关整改情况。

经济责任审计报告还应当包括被审计人员履行经济责任的基本情况，以及被审计人员对审计发现问题承担的责任。此外，核查社会审计机构相关审计报告发现的问题，应当在审计报告中一并反映。采取跟踪审计方式的，审计组在跟踪审计过程中发现的问题，应当以审计机关的名义及时向被审计单位通报，并要求其整改；工作全部结束后，应当以审计机关的名义出具审计报告，并应反映审计发现但尚未整改的问题，以及已经整改的重要问题及其整改情况。至于专项审计调查报告，还应根据专项审计调查目标重点分析宏观性、普遍性、政策性或者体制、机制问题并提出改进建议。

依照审计法及其实施条例的规定，为督促被调查单位整改专项审计调查发现的问题，公布专项审计调查结果，更好地发挥专项审计调查的作用，审计机关应向被调查单位出具专项审计调查报告。专项审计调查报告作为一种审计文书，除符合审计报告要素和内容要求外，还应当根据专项审计调查目标重点分析宏观性、普遍性、政策性或者体制、机制问题并提出改进建议。一般情况下，审计组实施专项审计调查后，应当提出专项审计调查报告，以审计机关名义征求被调查单位意见后，向审计机关提交专项审计调查报告。审计机关按照审定审计报告的程序对专项审计调查报告进行审定后，送达被调查单位。专项审计调查中发现属于审计监督对象的单位违反国家规定的财政收支、财务收支行为，依法应当由审计机关在法定职权范围内作出处理处罚决定的，审计机关应当出具审计决定书；依法需要移送其他有关主管机关或者单位纠正、处理处罚或者追究有关人员责任的，审计机关应当出具审计移送处理书。

3. 内部审计报告

根据内部审计准则的有关规定，内部审计报告包括下列基本要素：

（1）标题。标题应能反映审计的性质，力求言简意赅，并有利于归档和索引。

（2）收件人。收件人应当是对审计项目有管理和监督责任的机构或个人。

（3）正文。正文应包括：审计概况，即说明审计立项依据、审计目的和范围、审计重点和审计标准等内容；审计依据，即声明内部审计是按照内部审计准则的规定实施，若存在未遵循该准则的情形，应对其做出解释和说明；审计发现，即内部审计人员在对被审计单位的经营与内部控制的检查和测试过程中所得到的积极或消极的事实；审计结论，即根据已查明的事实，对被审计单位经营活动和内部控制所作的评价；审计建议，即针对审计发现的主要问题，提出的改善经营活动和内部控制的建议；其他方面。

（4）附件。附件是对审计报告正文进行补充说明的文字和数字材料。一般应包括相关问题的计算及分析性复核审计过程、审计发现问题的详细说明、被审计单位及被审计责任人的反馈意见等。

（5）签章。

（6）日期。

（7）其他。

15.3 审计报告的种类

15.3.1 标准审计报告和非标准审计报告

按照审计报告的格式，审计报告可分为标准审计报告和非标准审计报告。

（1）标准审计报告。标准审计报告是指格式和措辞基本统一的审计报告。审计职业界认为，为了避免混乱，统一、规范审计报告的格式和措辞是很有必要的。如果每个审计报告的格式和措辞不一，运用的术语含义相异，使用者势必难以准确地理解其含义。

（2）非标准审计报告。非标准审计报告是指格式和措辞不统一，可以根据具体审计项目及其审计的具体情况来决定的审计报告，也就是标准审计报告以外的其他审计报告。

15.3.2 外部审计报告和内部审计报告

按照审计工作的范围和主体，审计报告可分为外部审计报告和内部审计报告。

（1）外部审计报告。外部审计报告是指由被审计单位外部的政府审计机关或民间审计组织所出具的审计报告。当然，政府审计机关的审计报告以往一般不对外公布，但根据审计报告所作出的审计决定是对外公开的。目前，包括政府审计机关的审计报告在内的政府审计信息公开已成为国际惯例。

（2）内部审计报告。内部审计报告是指由组织内部相对独立的审计机构所出具的审计报告，这类审计报告不对外公布。

15.3.3　公布目的审计报告和非公布目的审计报告

按照审计报告使用的目的，审计报告可分为公布目的审计报告和非公布目的审计报告。

（1）公布目的审计报告。公布目的审计报告一般是用于对企业投资者、债权人等非特定利害关系人公布的审计报告。在出具这种审计报告时，应同时附送已审计的财务报表。

（2）非公布目的审计报告。非公布目的审计报告一般是用于经营管理、合并或业务转让、融通资金等特定目的而实施审计的审计报告。这种审计报告是分发给特定使用者的，如经营者、合并或业务转让的关系人、提供信用的金融机构等。

15.3.4　通用目的审计报告和特殊目的审计报告

按照审计工作的性质与报告目的，审计报告可分为通用目的审计报告和特殊目的审计报告。

（1）通用目的审计报告。通用目的审计报告是指用于对被审计单位整套财务报表，尤其是对年度财务报表发表审计意见的审计报告。这种审计报告旨在为满足广大使用者共同需求而表达审计人员对被审计单位财务报表所反映的财务状况、经营成果及现金流量情况是否合法、公允的客观意见。

（2）特殊目的审计报告。特殊目的审计报告是指审计人员执行特殊目的的审计业务所出具的审计报告。它主要包括：1）对按照特殊基础编制的财务报表出具的审计报告。这种特殊基础是指编制财务报表时因特殊目的而采用会计准则和相关会计制度以外的其他基础，如收付实现制基础、计税基础、监管机构的报告要求等。2）对财务报表组成部分出具的审计报告。财务报表的组成部分，包括财务报表特定项目、特定账户或特定账户的特定内容等。审计人员应当提请被审计单位不应在该种审计报告后附送整套财务报表，以免使用者误识。3）对合同的遵守情况出具的审计报告。这里的遵守情况，意指对法规、合同所涉及的财务会计规定的遵守情况。4）对简要财务报表出具的审计报告。所谓简要财务报表，是指根据已审计的财务报表所编制的一种简化的财务报表。该种审计报告应当在强调事项段说明，简要财务报表应当与已审计财务报表及审计报告一并阅读。

15.3.5　简式审计报告和详式审计报告

按照审计报告的详简程度，审计报告可分为简式审计报告和详式审计报告。

（1）简式审计报告。简式审计报告或称短式审计报告，是指审计人员对应公布的财务报表进行审计后所编制的简明扼要的审计报告。其所反映的内容是非特定多数的利害关系人共同认为的必要的审计事项，它具有记载事项为法令或审计准则所规定的特征，具有标准的格式。因此，这种审计报告一般适用于公布目的，如会计师事务所出具的财务报表审计报告。

（2）详式审计报告。详式审计报告或称长式审计报告，是指审计人员对审计对象所有重要的经济业务和情况都要进行详细的说明与分析的审计报告。它主要用于帮助被审计单位改善经营管理，其内容比简式审计报告丰富、详细。这种审计报告一般适用于非公布目的，如内部审计报告和国家审计报告。

15.4 审计意见的类型

15.4.1 审计意见的形成基础

审计人员（如注册会计师）应当就财务报表是否在所有重大方面按照适用的财务报告编制基础的规定编制并实现公允反映形成审计意见。为了形成审计意见，针对财务报表整体是否不存在由于舞弊或错误导致的重大错报，审计人员应当得出结论，确定是否已就此获取合理保证。

审计人员在得出结论时应当考虑以下方面：(1) 按照相关审计准则的规定，是否已获取充分、适当的审计证据；(2) 按照相关审计准则的规定，未更正错报单独或汇总起来是否构成重大错报；(3) 根据审计准则的有关要求作出的评价。

审计人员根据审计准则的有关要求作出的评价，具体包括下列方面：

首先，评价财务报表是否在所有重大方面按照适用的财务报告编制基础的规定编制。在评价时，审计人员应当考虑被审计单位会计实务的质量，包括表明管理层的判断可能出现偏向的迹象。

其次，依据适用的财务报告编制基础特别评价以下内容：(1) 财务报表是否充分披露了所选择和运用的重要会计政策；(2) 所选择和运用的会计政策是否符合适用的财务报告编制基础，并适合被审计单位的具体情况；(3) 管理层作出的会计估计是否合理；(4) 财务报表列报的信息是否具有相关性、可靠性、可比性和可理解性；(5) 财务报表是否作出充分披露，使预期使用者能够理解重大交易和事项对财务报表所传递信息的影响；(6) 财务报表使用的术语（包括每一财务报表的标题）是否适当。

再次，评价财务报表是否实现公允反映。在评价时，审计人员应当考虑：(1) 财务报表的整体列报、结构和内容是否合理；(2) 财务报表（包括相关附注）是否公允地反映了相关交易和事项。

最后，评价财务报表是否恰当提及或说明适用的财务报告编制基础。

15.4.2 审计意见的具体类型

审计人员根据审计结果和被审计单位对有关事项的意见解决及情况，评价审计结论，形成具体类型的审计意见，即无保留意见（unqualified opinion）与非无保留意见（non-unqualified opinion），而后者又包括保留意见（qualified opinion）、否定意见（adverse opinion）和无法表示意见（disclaimer of opinion），并出具相应的审计报告。

如果认为财务报表在所有重大方面按照适用的财务报告编制基础的规定编制并实现公允反映，审计人员应当发表无保留意见。当存在以下情形之一时，审计人员则应按照相关审计准则的规定，发表非无保留意见：(1) 根据获取的审计证据，得出财务报表整体存在重大错报的结论；(2) 无法获取充分、适当的审计证据，不能得出财务报表整体不存在重大错报的结论。如果财务报表没有实现公允反映，审计人员应当就该事项与管理层讨论，并根据适用的财务报告编制基础的规定和该事项得到解决的情况，决定是否有必要按照相关审计准则的规定在审计报告中发表非无保留意见。

1. 无保留意见的审计报告

无保留意见的审计报告是指审计人员依照审计准则的要求进行审计后，确认被审计单位财务报表在所有重大方面按照适用的财务报告编制基础的规定编制，所反映的内容符合被审计单位的实际情况，内容完整、表达清楚、无重要遗漏，项目分类和编制方法符合规定要求，因而对被审计单位的财务报表无保留地表示满意时所出具的审计报告。无保留意见意味着审计人员认为财务报表的反映是公允的，能满足非特定多数的利害关系人的共同需要，并对所表示的意见负责。无保留意见也是委托人最希望获得的审计意见，表明被审计单位的内部控制较为完善，可以使审计报告的使用者对被审计单位的财务状况、经营成果和现金流量情况更加信赖。

审计人员（如注册会计师）执行审计后，认为被审计单位财务报表的编制同时符合下述情况时，应出具无保留意见的审计报告：(1) 财务报表在所有重大方面按照适用的财务报告编制基础的规定编制；(2) 财务报表公允地反映了被审计单位的财务状况、经营成果及现金流量；(3) 不存在应调整而被审计单位未予调整的重要事项；(4) 审计人员已经按照审计准则的规定执行审计工作，在实施审计过程中未受阻碍和限制。

审计人员在出具无保留意见的审计报告时，应当使用“我们认为”这一术语，以表明此内容为审计人员提出的意见，并表示其承担对该审计报告意见的责任，而不能使用“我们保证”等字样，因为审计人员发表的是自己的专业判断或意见，不能对财务报表的合法性、真实性、正确性作出绝对保证，以避免财务报表使用者与审计报告阅读者产生误解，同时也可据以明确审计人员仅承担审计责任，即审计人员仅对其出具的审计报告的真实性、合法性负责，而不能替代、减轻或免除被审计单位管理层对财务报表所应承担的责任。审计人员在对财务报表反映的内容是否公允发表意见时，应当使用“在所有重大方面”“公允反映”等术语，因为人们已普遍认识到财务报表不可能做到完全正确和绝对真实，所以审计报告中不应使用“完全正确”“绝对真实”等不切实际的字样，不能使用“大致反映”“基本反映”等含义模糊的词汇，也不可使用“基于上述说明”或“取决于”等不适当的措辞（因为这暗示是有条件的意见，或者是对意见的弱化或修改）。只有在措辞上明确、合理，才能使发表的审计意见恰当、清楚。前已述及，不附加说明段、强调事项段或修正措辞（modified wording）的无保留意见的审计报告，称为标准审计报告，而带强调事项段的无保留意见的审计报告属非标准审计报告。换言之，无保留意见的审计报告有标准审计报告和非标准审计报告两种格式。

无保留意见的审计报告的规范格式与措辞，如范例 1～3 所示。

【范例 1】　对上市实体财务报表出具的无保留意见审计报告。

背景信息：

1. 对上市实体整套财务报表进行审计。该审计不属于集团审计（即不适用审计准则——对集团财务报表审计的特殊考虑）。

2. 管理层按照企业会计准则编制财务报表。

3. 审计业务约定条款体现了审计准则——就审计业务约定条款达成一致意见中关于管理层对财务报表责任的描述。

4. 基于获取的审计证据，审计人员认为发表无保留意见是恰当的。

5. 适用的相关职业道德要求为职业道德守则。

6. 基于获取的审计证据，根据审计准则——持续经营，审计人员认为可能导致对被审计单位持续经营能力产生重大疑虑的事项或情况不存在重大不确定性。

7. 已按照审计准则——在审计报告中沟通关键审计事项的规定沟通了关键审计事项。

8. 审计人员在审计报告日前已获取所有其他信息，且未识别出信息存在重大错报。

9. 负责监督财务报表的人员与负责编制财务报表的人员不同。

10. 除财务报表审计外，审计人员还承担法律法规要求的其他报告责任，且审计人员决定在审计报告中履行其他报告责任。

审计报告

ABC股份有限公司全体股东：

一、对财务报表出具的审计报告（注1）

（一）审计意见

我们审计了ABC股份有限公司（以下简称ABC公司）财务报表，包括20×1年12月31日的资产负债表，20×1年度的利润表、现金流量表、股东权益变动表以及相关财务报表附注。我们认为，后附的财务报表在所有重大方面按照企业会计准则的规定编制，公允反映了ABC公司20×1年12月31日的财务状况以及20×1年度的经营成果和现金流量。

（二）形成审计意见的基础

我们按照中国注册会计师审计准则的规定执行了审计工作。审计报告的“注册会计师对财务报表审计的责任”部分进一步阐述了我们在这些准则下的责任。按照中国注册会计师职业道德守则，我们独立于ABC公司，并履行了职业道德方面的其他责任。我们相信，我们获取的审计证据是充分、适当的，为发表审计意见提供了基础。

（三）关键审计事项

关键审计事项是我们根据职业判断，认为对本期财务报表审计最为重要的事项。这些事项的应对以对财务报表整体进行审计并形成审计意见为背景，我们不对这些事项单独发表意见。

[按照审计准则——在审计报告中沟通关键审计事项的规定描述每一关键审计事项。]

（四）其他信息

[按照审计准则——注册会计师对其他信息的责任的规定报告。]

（五）管理层和治理层对财务报表的责任

ABC公司管理层（以下简称管理层）负责按照企业会计准则的规定编制财务报表，使其实现公允反映，并设计、执行和维护必要的内部控制，以使财务报表不存在由于舞弊或错误导致的重大错报。在编制财务报表时，管理层负责评估ABC公司的持续经营能力，披露与持续经营相关的事项（如适用），并运用持续经营假设，除非管理层计划清算 ABC 公司、终止运营或别无其他现实的选择。治理层负责监督 ABC 公司的财务报告过程。

（六）注册会计师对财务报表审计的责任

我们的目标是对财务报表整体是否不存在由于舞弊或错误导致的重大错报获取合理保证，并出具包含审计意见的审计报告。合理保证是高水平的保证，但并不能保证按照审计准则执行的审计在某一重大错报存在时总能发现。错报可能由于舞弊或错误导致，如果合理预期错报单独或汇总起来可能影响财务报表使用者依据财务报表作出的经济决策，则通常认为错报是重大的。

在按照审计准则执行审计工作的过程中，我们运用职业判断，并保持职业怀疑。同时，我们也执行以下工作：

（1）识别和评估由于舞弊或错误导致的财务报表重大错报风险，设计和实施审计程序以应对这些风险，并获取充分、适当的审计证据，作为发表审计意见的基础。由于舞弊可能涉及串通、伪造、故意遗漏、虚假陈述或凌驾于内部控制之上，未能发现由于舞弊导致的重大错报的风险高于未能发现由于错误导致的重大错报的风险。

（2）了解与审计相关的内部控制，以设计恰当的审计程序，但目的并非对内部控制的有效性发表意见。（注 2）

（3）评价管理层选用会计政策的恰当性和作出会计估计及相关披露的合理性。

（4）对管理层使用持续经营假设的恰当性得出结论。同时，根据获取的审计证据，就可能导致对 ABC 公司持续经营能力产生重大疑虑的事项或情况是否存在重大不确定性得出结论。如果我们得出结论认为存在重大不确定性，审计准则要求我们在审计报告中提请报表使用者注意财务报表中的相关披露；如果披露不充分，我们应当发表非无保留意见。我们的结论基于截至审计报告日可获得的信息。然而，未来的事项或情况可能导致 ABC 公司不能持续经营。

（5）评价财务报表的总体列报、结构和内容（包括披露），并评价财务报表是否公允反映相关交易和事项。我们与治理层就计划的审计范围、时间安排和重大审计发现等事项进行沟通，包括沟通我们在审计中识别出的值得关注的内部控制缺陷。我们还就已遵守与独立性相关的职业道德要求向治理层提供声明，并与治理层沟通可能被合理认为影响我们独立性的所有关系和其他事项，以及相关的防范措施（如适用）。从与治理层沟通过的事项中，我们确定哪些事项对本期财务报表审计最为重要，因而构成关键审计事项。我们在审计报告中描述这些事项，除非法律法规禁止公开披露这些事项，或在极少数情形下，如果合理预期在审计报告中沟通某事项造成的负面后果超过在公众利益方面产生的益处，我们确定不应在审计报告中沟通该事项。

二、按照相关法律法规的要求报告的事项

[本部分的格式和内容，取决于法律法规对其他报告责任性质的规定。本部分应当说明相关法律法规规定的事项（其他报告责任），除非其他报告责任涉及的事项与审计准则规定的报告责任涉及的事项相同。如果涉及相同的事项，其他报告责任可以在审计准则规定的同一报告要素部分列示。

当其他报告责任和审计准则规定的报告责任涉及同一事项，并且审计报告中的措辞能够将其他报告责任与审计准则规定的责任（如存在差异）予以清楚地区分时，可以将两者合并列示（即包含在“对财务报表出具的审计报告”部分中，并使用适当的副标题）]

×××会计师事务所　　　　　　中国注册会计师：×××（项目合伙人）
（盖章）　　　　　　　　　　　　（签名并盖章）
　　　　　　　　　　　　　　中国注册会计师：×××
　　　　　　　　　　　　　　　　（签名并盖章）
中国××市　　　　　　　　　　　20×2年×月×日

注1：如果审计报告中不包含“按照相关法律法规的要求报告的事项”部分，则不需要加入此标题（即一、对财务报表出具的审计报告），下同。

注2：如果注册会计师结合财务报表审计对内部控制的有效性发表意见，应当删除此措辞（即“但目的并非对内部控制的有效性发表意见”），下同。

【范例2】 对上市实体合并财务报表出具的无保留意见审计报告。

背景信息：

1. 对上市实体整套合并财务报表进行审计。该审计属于集团审计，被审计单位拥有多个子公司（即适用审计准则——对集团财务报表审计的特殊考虑）。

2. 管理层按照××财务报告编制基础编制合并财务报表，该编制基础允许被审计单位只列报合并财务报表。

3. 审计业务约定条款体现了审计准则——就审计业务约定条款达成一致意见中关于管理层对合并财务报表责任的描述。

4. 基于获取的审计证据，审计人员认为发表无保留意见是恰当的。

5. 适用的相关职业道德要求为职业道德守则。

6. 基于获取的审计证据，根据审计准则——持续经营，审计人员认为可能导致对被审计单位持续经营能力产生重大疑虑的事项或情况不存在重大不确定性。

7. 已按照审计准则——在审计报告中沟通关键审计事项的规定沟通了关键审计事项。

8. 审计人员在审计报告日前已获取所有其他信息，且未识别出信息存在重大错报。

9. 负责监督合并财务报表的人员与负责编制合并财务报表的人员不同。

10. 除合并财务报表审计外，审计人员还承担法律法规要求的其他报告责任，且审计人员决定在审计报告中履行其他报告责任。

审计报告

ABC股份有限公司全体股东：

一、对合并财务报表出具的审计报告

（一）审计意见

我们审计了ABC股份有限公司及其子公司（以下简称ABC集团）合并财务报表，包括20×1年12月31日的合并资产负债表，20×1年度的合并利润表、合并现金流量表、合并股东权益变动表以及相关合并财务报表附注。我们认为，后附的合并财务报表在所有重大方面按照××财务报告编制基础的规定编制，公允反映了ABC集团20×1年12月31日的合并财务状况以及20×1年度的合并经营成果和合并现金流量。

（二）形成审计意见的基础（略）

（三）关键审计事项（略）

（四）其他信息（略）

（五）管理层和治理层对合并财务报表的责任（略）

（六）注册会计师对合并财务报表审计的责任

我们的目标是对合并财务报表整体是否不存在由于舞弊或错误导致的重大错报获取合理保证，并出具包含审计意见的审计报告。合理保证是高水平的保证，但并不能保证按照审计准则执行的审计在某一重大错报存在时总能发现。错报可能由于舞弊或错误导致，如果合理预期错报单独或汇总起来可能影响财务报表使用者依据合并财务报表作出的经济决策，则通常认为错报是重大的。

在按照审计准则执行审计工作的过程中，我们运用职业判断，并保持职业怀疑。同时，我们也执行以下工作：

(1) 识别和评估由于舞弊或错误导致的合并财务报表重大错报风险，设计和实施审计程序以应对这些风险，并获取充分、适当的审计证据，作为发表审计意见的基础。由于舞弊可能涉及串通、伪造、故意遗漏、虚假陈述或凌驾于内部控制之上，未能发现由于舞弊导致的重大错报的风险高于未能发现由于错误导致的重大错报的风险。

(2) 了解与审计相关的内部控制，以设计恰当的审计程序，但目的并非对内部控制的有效性发表意见。

(3) 评价管理层选用会计政策的恰当性和作出会计估计及相关披露的合理性。

(4) 对管理层使用持续经营假设的恰当性得出结论。同时，根据获取的审计证据，就可能导致对ABC集团持续经营能力产生重大疑虑的事项或情况是否存在重大不确定性得出结论。如果我们得出结论认为存在重大不确定性，审计准则要求我们在审计报告中提请报表使用者注意合并财务报表中的相关披露；如果披露不充分，我们应当发表非无保留意见。我们的结论基于截至审计报告日可获得的信息。然而，未来的事项或情况可能导致ABC集团不能持续经营。

(5) 评价合并财务报表的总体列报、结构和内容（包括披露），并评价合并财务报表是否公允反映相关交易和事项。

(6) 就ABC集团中实体或业务活动的财务信息获取充分、适当的审计证据，以对合并财务报表发表审计意见。我们负责指导、监督和执行集团审计，并对审计意见承担全部责任。

我们与治理层就计划的审计范围、时间安排和重大审计发现等事项进行沟通，包括沟通我们在审计中识别出的值得关注的内部控制缺陷。

我们还就已遵守与独立性相关的职业道德要求向治理层提供声明，并与治理层沟通可能被合理认为影响我们独立性的所有关系和其他事项，以及相关的防范措施（如适用）。

从与治理层沟通过的事项中，我们确定哪些事项对本期合并财务报表审计最为重要，因而构成关键审计事项。我们在审计报告中描述这些事项，除非法律法规禁止公开披露这些事项，或在极少数情形下，如果合理预期在审计报告中沟通某事项造成的负面后果超过在公众利益方面产生的益处，我们确定不应在审计报告中沟通该事项。

二、按照相关法律法规的要求报告的事项（下略）

【范例 3】 对非上市实体财务报表出具的无保留意见审计报告。

背景信息：

1. 对非上市实体整套财务报表进行审计。该审计不属于集团审计（即不适用审计准则——对集团财务报表审计的特殊考虑）。
2. 管理层按照企业会计准则编制财务报表。
3. 审计业务约定条款体现了审计准则——就审计业务约定条款达成一致意见中关于管理层对财务报表责任的描述。
4. 基于获取的审计证据，审计人员认为发表无保留意见是恰当的。
5. 适用的相关职业道德要求为职业道德守则。
6. 基于获取的审计证据，根据审计准则——持续经营，审计人员认为可能导致对被审计单位持续经营能力产生重大疑虑的事项或情况不存在重大不确定性。
7. 审计人员未被要求，并且也决定不沟通关键审计事项。
8. 审计人员在审计报告日前已获取所有其他信息，且未识别出信息存在重大错报。
9. 负责监督财务报表的人员与负责编制财务报表的人员不同。
10. 除财务报表审计外，审计人员不承担法律法规要求的其他报告责任。

审 计 报 告

ABC 股份有限公司全体股东：

一、审计意见

我们审计了 ABC 股份有限公司（以下简称 ABC 公司）财务报表，包括 20×1 年 12 月 31 日的资产负债表，20×1 年度的利润表、现金流量表、股东权益变动表以及相关财务报表附注。

我们认为，后附的财务报表在所有重大方面按照企业会计准则的规定编制，公允反映了 ABC 公司 20×1 年 12 月 31 日的财务状况以及 20×1 年度的经营成果和现金流量。

二、形成审计意见的基础（略）

三、其他信息（略）

四、管理层和治理层对财务报表的责任（略）

五、注册会计师对财务报表审计的责任

我们的目标是对财务报表整体是否不存在由于舞弊或错误导致的重大错报获取合

理保证，并出具包含审计意见的审计报告。合理保证是高水平的保证，但并不能保证按照审计准则执行的审计在某一重大错报存在时总能发现。错报可能由于舞弊或错误导致，如果合理预期错报单独或汇总起来可能影响财务报表使用者依据财务报表作出的经济决策，则通常认为错报是重大的。

在按照审计准则执行审计工作的过程中，我们运用职业判断，并保持职业怀疑。同时，我们也执行以下工作：

(1) 识别和评估由于舞弊或错误导致的财务报表重大错报风险，设计和实施审计程序以应对这些风险，并获取充分、适当的审计证据，作为发表审计意见的基础。由于舞弊可能涉及串通、伪造、故意遗漏、虚假陈述或凌驾于内部控制之上，未能发现由于舞弊导致的重大错报的风险高于未能发现由于错误导致的重大错报的风险。

(2) 了解与审计相关的内部控制，以设计恰当的审计程序，但目的并非对内部控制的有效性发表意见。

(3) 评价管理层选用会计政策的恰当性和作出会计估计及相关披露的合理性。

(4) 对管理层使用持续经营假设的恰当性得出结论。同时，根据获取的审计证据，就可能导致对 ABC 公司持续经营能力产生重大疑虑的事项或情况是否存在重大不确定性得出结论。如果我们得出结论认为存在重大不确定性，审计准则要求我们在审计报告中提请报表使用者注意财务报表中的相关披露；如果披露不充分，我们应当发表非无保留意见。我们的结论基于截至审计报告日可获得的信息。然而，未来的事项或情况可能导致 ABC 公司不能持续经营。

(5) 评价财务报表的总体列报、结构和内容（包括披露），并评价财务报表是否公允反映相关交易和事项。

我们与治理层就计划的审计范围、时间安排和重大审计发现等事项进行沟通，包括沟通我们在审计中识别出的值得关注的内部控制缺陷。

×××会计师事务所　　　　　　　　　　中国注册会计师：×××
（盖章）　　　　　　　　　　　　　　　（签名并盖章）
　　　　　　　　　　　　　　　　　　中国注册会计师：×××
　　　　　　　　　　　　　　　　　　　（签名并盖章）
中国××市　　　　　　　　　　　　　　20×2 年×月×日

2. 非无保留意见的审计报告

非无保留意见的审计报告，是指审计人员按照审计准则的规定对财务报表发表的保留意见、否定意见或无法表示意见的审计报告。

(1) 发表非无保留意见的情形。当存在下列情形之一时，审计人员应当在审计报告中发表非无保留意见：1) 根据获取的审计证据，得出财务报表整体存在重大错报的结论；2) 无法获取充分、适当的审计证据，不能得出财务报表整体不存在重大错报的结论。

首先，财务报表可能存在重大错报的情形。错报是指某一财务报表项目的金额、分类、列报或披露，与按照适用的财务报告编制基础应当列示的金额、分类、列报或披露之间存在的差异。审计人员需要按照相关审计准则的规定评价未更正错报对财务报表的影响。财务报表的重大错报可能源于：1）选择的会计政策的恰当性；2）对所选择的会计政策的运用；3）财务报表披露的恰当性或充分性。

在选择的会计政策的恰当性方面，当出现下列情形时，财务报表可能存在重大错报：1）选择的会计政策与适用的财务报告编制基础不一致；2）财务报表（包括相关附注）没有按照公允列报的方式反映交易和事项。财务报告编制基础通常对会计处理、披露和会计政策变更提出要求。如果被审计单位变更了重大会计政策，且没有遵守这些要求，财务报表可能存在重大错报。

在对所选择的会计政策的运用方面，当出现下列情形时，财务报表可能存在重大错报：1）管理层没有按照适用的财务报告编制基础的要求一贯运用所选择的会计政策，包括管理层未在不同会计期间或对相似的交易和事项一贯运用所选择的会计政策（运用的一致性）；2）不当运用所选择的会计政策（如运用中的无意错误）。

在财务报表披露的恰当性或充分性方面，当出现下列情形时，财务报表可能存在重大错报：1）财务报表没有包括适用的财务报告编制基础要求的所有披露；2）财务报表的披露没有按照适用的财务报告编制基础列报；3）财务报表没有作出必要的披露以实现公允反映。

其次，审计范围可能受到限制的情形。下列情形可能导致审计人员无法获取充分、适当的审计证据，亦即审计范围受到限制：1）超出被审计单位控制的情形，例如被审计单位的会计记录已被毁坏、重要组成部分的会计记录已被政府有关机构无限期地查封；2）管理层施加限制的情形，例如管理层阻止审计人员实施存货监盘和对特定账户余额实施函证等，这可能对审计产生其他影响，如审计人员对舞弊风险的评估和对业务保持的考虑；3）与审计人员工作的性质或时间安排相关的情形，例如被审计单位需要使用权益法对联营企业进行核算而审计人员无法获取有关联营企业财务信息的充分、适当的审计证据以评价是否恰当运用了权益法，又如审计人员接受审计委托的时间安排使其无法实施存货监盘，再如审计人员确定仅实施实质性程序是不充分的，但被审计单位的控制是无效的。当然，如果审计人员能够通过实施替代程序获取充分、适当的审计证据，则无法实施特定的程序并不构成对审计范围的限制。

最后，导致发表非无保留意见的事项对财务报表的影响具有广泛性的情形。广泛性是描述错报影响的术语，用以说明错报对财务报表的影响，或者由于无法获取充分、适当的审计证据而未发现的错报（如存在）对财务报表可能产生的影响。根据审计人员的判断，对财务报表的影响具有广泛性的情形包括：1）不限于对财务报表的特定要素、账户或项目产生影响；2）虽然仅对财务报表的特定要素、账户或项目产生影响，但这些要素、账户或项目是或可能是财务报表的主要组成部分；3）当与披露相关时，产生的影响对财务报表使用者理解财务报表至关重要。

（2）确定非无保留意见的类型。审计人员确定恰当的非无保留意见类型，取决于以下事项：1）导致非无保留意见的事项的性质，是财务报表存在重大错报，还是在无法获取充分、适当的审计证据的情况下，财务报表可能存在重大错报；2）审计人员就导致非无保留意见的事项对财务报表产生或可能产生影响的广泛性作出的判断。

审计人员对导致发表非无保留意见的事项的性质和这些事项对财务报表产生或可

能产生影响的广泛性作出的判断，以及审计人员的判断对审计意见类型的影响，如表 15-1 所示。

表 15-1

导致发表非无保留意见的事项的性质	这些事项对财务报表产生或可能产生影响的广泛性	
	重大/无广泛性	重大/有广泛性
财务报表存在重大错报	保留意见	否定意见
无法获取充分、适当的审计证据	保留意见	无法表示意见

首先，发表保留意见的情形。基于上述所示，当存在下列情形之一时，审计人员应当发表保留意见：1）在获取充分、适当的审计证据后，审计人员认为错报单独或汇总起来对财务报表影响重大，但不具有广泛性；2）审计人员无法获取充分、适当的审计证据以作为形成审计意见的基础，但认为未发现的错报（如存在）对财务报表可能产生的影响重大，但不具有广泛性。

其次，发表否定意见的情形。在获取充分、适当的审计证据后，如果认为错报单独或汇总起来对财务报表的影响重大且具有广泛性，审计人员应当发表否定意见。

最后，发表无法表示意见的情形。如果无法获取充分、适当的审计证据以作为形成审计意见的基础，但认为未发现的错报（如存在）对财务报表可能产生的影响重大且具有广泛性，审计人员应当发表无法表示意见。在极少数情况下，可能存在多个不确定事项。尽管对每个单独的不确定事项获取了充分、适当的审计证据，但由于不确定事项之间可能存在相互影响，以及可能对财务报表产生累积影响，审计人员不可能对财务报表形成审计意见。在这种情况下，审计人员应当发表无法表示意见。

需要指出：第一，在承接审计业务后，因管理层施加限制导致无法获取充分、适当的审计证据的后果考虑。如果注意到管理层对审计范围施加了限制，且认为这些限制可能导致对财务报表发表保留意见或无法表示意见，审计人员应当要求管理层消除这些限制。如果管理层拒绝消除这些限制，除非治理层全部成员参与管理被审计单位，审计人员应当就此事项与治理层沟通，并确定能否实施替代程序以获取充分、适当的审计证据。

如果无法获取充分、适当的审计证据，审计人员则应通过下列方式确定其影响：1）未发现的错报（如存在）可能对财务报表产生的影响重大，但不具有广泛性，应当发表保留意见。2）未发现的错报（如存在）可能对财务报表产生的影响重大且具有广泛性，以至于发表保留意见不足以反映情况的严重性，应当在可行时解除业务约定，并且应当在解除业务约定前，与治理层沟通在审计过程中发现的、将会导致发表非无保留意见的所有错报事项；如果解除业务约定被禁止或不可行，应当发表无法表示意见。

当然，解除审计业务约定是否可行，可能取决于管理层施加审计范围限制时审计人员完成审计业务的阶段。如果基本上完成了审计业务，审计人员可能决定在解除业务约定前尽量完成审计业务，发表无法表示意见，并在形成无法表示意见的基础部分说明审计范围受到的限制。在某些情况下，如果法律法规要求其继续执行审计业务，可能无法解除审计业务约定，则审计人员可能认为需要在审计报告中增加其他事项段。

如果审计人员认为由于审计范围受到限制有必要解除审计业务约定，根据执业准则、法律法规或监管机构的要求，审计人员可能需要向监管机构或被审计单位的股东报告与之相关的事项。

第二，与发表否定意见或无法表示意见相关的其他考虑。如果认为有必要对财务报表整体发表否定意见或无法表示意见，审计人员不应在同一审计报告中对按照相同财务报告编制基础编制的单一财务报表或者财务报表特定要素、账户或项目发表无保留意见，因为在同一审计报告中包含无保留意见，将会与对财务报表整体发表的审计意见相矛盾。

在同一审计报告中包含无保留意见，不会与对财务报表整体发表的否定意见或无法表示意见相矛盾的情形如下：1）对财务报表按照既定的财务报告编制基础编制发表无保留意见，并在同一审计报告中对同一财务报表按照不同的财务报告编制基础编制发表否定意见。2）对经营成果、现金流量（如相关）发表无法表示意见，而对财务状况发表无保留意见（如首次审计业务涉及的期初余额）。在这种情况下，审计人员没有对财务报表整体发表无法表示意见。

第三，与治理层沟通的目的考虑。当拟在审计报告中发表非无保留意见时，审计人员应当与治理层沟通导致拟发表非无保留意见的情况和使用的措辞，以实现以下目的：1）提醒治理层注意拟发表的非无保留意见和拟发表非无保留意见的原因（或情形）；2）就发表非无保留意见寻求治理层的同意，或证实与管理层存在分歧的事项；3）治理层有机会向审计人员提供与导致非无保留意见的事项相关的进一步信息和解释。

（3）非无保留意见审计报告的修辞。审计报告的一致性有助于提高使用者的理解和识别存在的异常情况，因而仍有必要保持非无保留意见审计报告格式和内容的一致性，但不可能统一非无保留意见的措辞和对导致非无保留意见的原因的描述，应当根据具体的审计意见类型作恰当的修辞与描述。对财务报表发表恰当的非无保留意见时，除在审计报告中包含审计准则——对财务报表形成审计意见和出具审计报告所规定的要素外，审计人员还应根据具体情况在其他方面作适当的修改。

首先，审计意见。审计人员应当对审计意见部分使用恰当的标题，如“保留意见”、“否定意见”或“无法表示意见”，以表明非无保留意见的类型，并能够使财务报表使用者清楚审计人员发表了非无保留意见。

当因财务报表存在重大错报而发表保留意见时，应当在审计意见部分说明：审计人员认为，除形成保留意见的基础部分所述事项产生的影响外，后附的财务报表在所有重大方面按照适用的财务报告编制基础的规定编制，公允反映了［……］。当因无法获取充分、适当的审计证据而导致发表保留意见时，应当在审计意见部分使用“除……可能产生的影响外”等措辞。但是，当发表保留意见时，在审计意见部分中使用“由于上述解释”或“受……影响”等措辞是不恰当的，因为这些措辞不够清晰或没有足够的说服力。

当发表否定意见时，应当在审计意见部分说明：审计人员认为，由于形成否定意见的基础部分所述事项的重要性，后附的财务报表没有在所有重大方面按照适用的财务报告编制基础的规定编制，未能公允反映［……］。

其次，形成审计意见的基础。审计人员应当将“形成审计意见的基础”这一标题修改为恰当的标题，如“形成保留意见的基础”、“形成否定意见的基础”或“形成无法表示意见的基础”，并在该部分对导致发表非无保留意见的事项（或原因）进行描述。例如，当发表无法表示意见时，审计人员应在形成无法表示意见的基础部分描述无法获取充分、适当的审计证据的原因，这有助于使用者理解审计人员发表无法表示意见的缘由，也有利于进一步防止对财务报表的不恰当信赖。此外，当发表保留意见或否定意见时，应当在对审计人员是否获取了充分、适当的审计证据以作为形成审计意见的基础的说明中，包含恰当的措辞如“保留”或“否定”。

需要指出，审计人员可能已在审计报告形成审计意见的基础部分中对导致否定意见或无法表示意见的事项作出了说明，但这并不能成为其不对识别出的、可能导致非无保留意见的其他事项进行说明的正当理由。这是因为，审计人员注意到的其他事项的披露可能与财务报表使用者的信息需求相关。因此，即使发表了否定意见或无法表示意见，审计人员也应在形成审计意见的基础部分说明注意到的、将导致发表非无保留意见的所有其他事项及其影响。

当财务报表中存在重大错报时，审计人员应当分别不同情况作相应的处理。如果该重大错报与具体金额（包括财务报表附注中的定量披露）相关，应当在形成审计意见的基础部分说明并量化该错报的财务影响，若无法量化其财务影响，则应在该部分说明这一情况。如果该重大错报与叙述性披露相关，应当在形成审计意见的基础部分解释该错报错在何处。如果该重大错报与应披露而未披露信息相关，应当与治理层讨论未披露信息的情况，且应在形成审计意见的基础部分描述未披露信息的性质，若可行且已针对未披露信息获取了充分、适当的审计证据，还应在形成审计意见的基础部分包含对未披露信息的披露，除非法律法规禁止。但是，当存在下列情形之一时，在形成审计意见的基础部分中披露遗漏的信息是不切实际的：1）管理层还没有作出这些披露，或管理层已作出但审计人员不易获取这些披露；2）根据审计人员的判断，在审计报告中披露该事项过于庞杂。

最后，发表无法表示意见时的考虑。当发表无法表示意见时，审计报告中不应包含以下要素，即提及审计报告中用于描述审计人员责任的部分和说明审计人员是否已获取充分、适当的审计证据以作为形成审计意见的基础，也不得包含关键审计事项与其他信息的部分，除非法律法规另有规定。这是因为，除导致发表无法表示意见的事项外，沟通任何其他关键审计事项，可能会暗示财务报表整体在这些事项方面比实际情况更为可信，也可能与对财务报表整体发表无法表示意见不一致。类似地，在审计报告中包含其他信息部分以反映审计人员对其他信息与财务报表之间是否一致的考虑，也是不恰当的。因此，当发表无法表示意见时，禁止在审计报告中包含关键审计事项部分或其他信息部分，除非法律法规另行要求。

当发表无法表示意见时，应当：1）说明审计人员不对后附的财务报表发表审计意见；2）说明由于形成无法表示意见的基础部分所述事项的重要性，审计人员无法获取充分、适当的审计证据以作为对财务报表发表审计意见的基础；3）修改相关审计准则规定的财务报表已经审计的说明，改为审计人员接受委托审计财务报表；4）修改相关审计准则规定的在审计报告中对审计人员责任的表述，即改为：审计人员的责任是按照审计准则的规定，对被审计单位财务报表执行审计工作以出具审计报告，但由于形成无法表示意见的基础部分所述的事项，审计人员无法获取充分、适当的审计证据以作为发表审计意见的基础，以及按照相关审计准则的规定，关于审计人员在独立性和职业道德方面的其他责任的声明。

非无保留意见的审计报告的规范格式与措辞，如范例4～8所示。

【范例4】 因财务报表存在重大错报而发表保留意见的审计报告。

背景信息：

1. 对上市实体整套财务报表进行审计。该审计不属于集团审计（即不适用审计准则——对集团财务报表审计的特殊考虑）。

2. 管理层按照企业会计准则编制财务报表。

3. 审计业务约定条款体现了审计准则——就审计业务约定条款达成一致意见中关于管理层对财务报表责任的描述。

4. 存货存在错报，该错报对财务报表影响重大但不具有广泛性（即保留意见是恰当的）。

5. 适用的相关职业道德要求为职业道德守则。

6. 基于获取的审计证据，根据审计准则——持续经营，审计人员认为可能导致对被审计单位持续经营能力产生重大疑虑的事项或情况不存在重大不确定性。

7. 已按照审计准则——在审计报告中沟通关键审计事项的规定沟通了关键审计事项。

8. 审计人员在审计报告日前已获取所有其他信息，且导致对财务报表发表保留意见的事项也影响了其他信息。

9. 负责监督财务报表的人员与负责编制财务报表的人员不同。

10. 除财务报表审计外，审计人员还承担法律法规要求的其他报告责任，且审计人员决定在审计报告中履行其他报告责任。

审计报告

ABC股份有限公司全体股东：

一、对财务报表出具的审计报告

（一）保留意见

我们审计了ABC股份有限公司（以下简称ABC公司）财务报表，包括20×1年12月31日的资产负债表，20×1年度的利润表、现金流量表、股东权益变动表以及相关财务报表附注。我们认为，除“形成保留意见的基础”部分所述事项产生的影响外，后附的财务报表在所有重大方面按照企业会计准则的规定编制，公允反映了ABC公司20×1年12月31日的财务状况以及20×1年度的经营成果和现金流量。

（二）形成保留意见的基础

ABC公司20×1年12月31日资产负债表中存货的列示金额为×元。ABC公司管理层（以下简称管理层）根据成本对存货进行计量，而没有根据成本与可变现净值孰低的原则进行计量，这不符合企业会计准则的规定。ABC公司的会计记录显示，如果管理层以成本与可变现净值孰低来计量存货，存货列示金额将减少×元。相应地，资产减值损失将增加×元，所得税、净利润和股东权益将分别减少×元、×元和×元。我们按照审计准则的规定执行了审计工作。审计报告的“注册会计师对财务报表审计的责任”部分进一步阐述了我们在这些准则下的责任。按照职业道德守则，我们独立于ABC公司，并履行了职业道德方面的其他责任。我们相信，我们获取的审计证据是充分、适当的，为发表保留意见提供了基础。

（三）其他信息

[按照审计准则——注册会计师对其他信息的责任的规定报告，见应用指南参考格式6。该参考格式中其他信息部分的最后一段需要进行改写，以描述导致审计人员对财务报表发表保留意见并且也影响其他信息的事项。]

（四）关键审计事项

关键审计事项是我们根据职业判断，认为对本期财务报表审计最为重要的事项。这些事项的应对以对财务报表整体进行审计并形成审计意见为背景，我们不对这些事项单独发表意见。除“形成保留意见的基础”部分所述事项外，我们确定下列事项是需要在审计报告中沟通的关键审计事项。

[按照审计准则——在审计报告中沟通关键审计事项的规定描述每一关键审计事项。]

（五）管理层和治理层对财务报表的责任（略）

（六）注册会计师对财务报表审计的责任（略）

二、按照相关法律法规的要求报告的事项（下略）

【范例5】 因无法获取充分、适当的审计证据而发表保留意见的审计报告。

背景信息：

1. 对上市实体整套合并财务报表进行审计。该审计属于集团审计，被审计单位拥有多个子公司（即适用审计准则——对集团财务报表审计的特殊考虑）。

2. 管理层按照××财务报告编制基础编制合并财务报表，该编制基础允许被审计单位只列报合并财务报表。

3. 审计业务约定条款体现了审计准则——就审计业务约定条款达成一致意见中关于管理层对合并财务报表责任的描述。

4. 对一家境外联营公司，审计人员无法获取充分、适当的审计证据，这一事项对合并财务报表可能产生的影响重大，但不具有广泛性（即保留意见是恰当的）。

5. 适用的相关职业道德要求为职业道德守则。

6. 基于获取的审计证据，根据审计准则——持续经营，审计人员认为可能导致对被审计单位持续经营能力产生重大疑虑的事项或情况不存在重大不确定性。

7. 已按照审计准则——在审计报告中沟通关键审计事项的规定沟通了关键审计事项。

8. 审计人员在审计报告日前已获取所有其他信息，且导致对合并财务报表发表保留意见的事项也影响了其他信息。

9. 负责监督合并财务报表的人员与负责编制合并财务报表的人员不同。

10. 除合并财务报表审计外，审计人员还承担法律法规要求的其他报告责任，且审计人员决定在审计报告中履行其他报告责任。

审计报告

ABC股份有限公司全体股东：

一、对合并财务报表出具的审计报告

（一）保留意见

我们审计了ABC股份有限公司及其子公司（以下简称ABC集团）合并财务报表，包括20×1年12月31日的合并资产负债表，20×1年度的合并利润表、合并现金流量表、合并股东权益变动表以及相关合并财务报表附注。

我们认为，除“形成保留意见的基础”部分所述事项可能产生的影响外，后附的合并财务报表在所有重大方面按照××财务报告编制基础的规定编制，公允反映了ABC集团20×1年12月31日的合并财务状况以及20×1年度的合并经营成果和合并现金流量。

（二）形成保留意见的基础

如财务报表附注×所述，ABC集团于20×1年取得了境外XYZ公司30%的股权，因能够对XYZ公司施加重大影响，故采用权益法核算该项股权投资，于20×1年度确认对XYZ公司的投资收益×元，该项股权投资于20×1年12月31日合并资产负债表上反映的账面价值为×元。由于我们未被允许接触XYZ公司的财务信息、管理层和执行XYZ公司审计的注册会计师，我们无法就该项股权投资的账面价值以及ABC集团确认的20×1年度对XYZ公司的投资收益获取充分、适当的审计证据，也无法确定是否有必要对这些金额进行调整。

我们按照审计准则的规定执行了审计工作。审计报告的“注册会计师对合并财务报表审计的责任”部分进一步阐述了我们在这些准则下的责任。按照中国注册会计师职业道德守则，我们独立于ABC集团，并履行了职业道德方面的其他责任。我们相信，我们获取的审计证据是充分、适当的，为发表保留意见提供了基础。

（三）其他信息（略）

（四）关键审计事项（略）

（五）管理层和治理层对合并财务报表的责任（略）

（六）注册会计师对合并财务报表审计的责任（略）

二、按照相关法律法规的要求报告的事项（下略）

【范例6】 因合并财务报表存在重大错报而发表否定意见的审计报告。

背景信息：

1. 对上市实体整套合并财务报表进行审计。该审计属于集团审计，被审计单位拥有多个子公司（即适用审计准则——对集团财务报表审计的特殊考虑）。

2. 管理层按照××财务报告编制基础编制合并财务报表，该编制基础允许被审计单位只列报合并财务报表。

3. 审计业务约定条款体现了审计准则——就审计业务约定条款达成一致意见中关于管理层对合并财务报表责任的描述。

4. 合并财务报表因未合并某一子公司而存在重大错报，该错报对合并财务报表影响重大且具有广泛性（即否定意见是恰当的），但量化该错报对合并财务报表的影响是不切实际的。

5. 适用的相关职业道德要求为职业道德守则。

6. 基于获取的审计证据，根据审计准则——持续经营，审计人员认为可能导致对被审计单位持续经营能力产生重大疑虑的事项或情况不存在重大不确定性。

7. 适用审计准则——在审计报告中沟通关键审计事项。然而，审计人员认为，除形成否定意见的基础部分所述事项外，无其他关键审计事项。

8. 审计人员在审计报告日前已获取所有其他信息，且导致对合并财务报表发表否定意见的事项也影响了其他信息。

9. 负责监督合并财务报表的人员与负责编制合并财务报表的人员不同。

10. 除合并财务报表审计外，审计人员还承担法律法规要求的其他报告责任，且审计人员决定在审计报告中履行其他报告责任。

审计报告

ABC 股份有限公司全体股东：

一、对合并财务报表出具的审计报告

（一）否定意见

我们审计了 ABC 股份有限公司及其子公司（以下简称 ABC 集团）的合并财务报表，包括 20×1 年 12 月 31 日的合并资产负债表，20×1 年度的合并利润表、合并现金流量表、合并股东权益变动表以及相关合并财务报表附注。

我们认为，由于“形成否定意见的基础”部分所述事项的重要性，后附的合并财务报表没有在所有重大方面按照××财务报告编制基础的规定编制，未能公允反映 ABC 集团 20×1 年 12 月 31 日的合并财务状况以及 20×1 年度的合并经营成果和合并现金流量。

（二）形成否定意见的基础

如财务报表附注×所述，20×1 年 ABC 集团通过非同一控制下的企业合并获得对 XYZ 公司的控制权，因未能取得购买日 XYZ 公司某些重要资产和负债的公允价值，故未将 XYZ 公司纳入合并财务报表的范围。按照××财务报告编制基础的规定，该集团应将这一子公司纳入合并范围，并以暂估金额为基础核算该项收购。如果将 XYZ 公司纳入合并财务报表的范围，后附的 ABC 集团合并财务报表的多个报表项目将受到重大影响。但我们无法确定未将 XYZ 公司纳入合并范围对合并财务报表产生的影响。

我们按照审计准则的规定执行了审计工作。审计报告的“注册会计师对合并财务报表审计的责任”部分进一步阐述了我们在这些准则下的责任。按照中国注册会计师职业道德守则，我们独立于 ABC 集团，并履行了职业道德方面的其他责任。我们相信，我们获取的审计证据是充分、适当的，为发表否定意见提供了基础。

（三）其他信息（略）

（四）关键审计事项（略）

（五）管理层和治理层对合并财务报表的责任（略）

（六）注册会计师对合并财务报表审计的责任（略）

二、按照相关法律法规的要求报告的事项（下略）

【范例7】 因无法获取充分、适当的审计证据而发表无法表示意见的审计报告。

背景信息：

1. 对非上市实体整套合并财务报表进行审计。该审计属于集团审计，被审计单位拥有多个子公司（即适用审计准则——对集团财务报表审计的特殊考虑）。

2. 管理层按照××财务报告编制基础编制合并财务报表，该编制基础允许被审计单位只列报合并财务报表。

3. 审计业务约定条款体现了审计准则——就审计业务约定条款达成一致意见中关于管理层对合并财务报表责任的描述。

4. 对合并财务报表的某个要素，审计人员无法获取充分、适当的审计证据。对一家共同经营享有的利益份额占该被审计单位净资产的比例超过90%，但审计人员无法获取该共同经营财务信息的审计证据。这一事项对合并财务报表可能产生的影响被认为是重大的且具有广泛性（即无法表示意见是恰当的）。

5. 适用的相关职业道德要求为职业道德守则。

6. 负责监督合并财务报表的人员与负责编制合并财务报表的人员不同。

7. 按照审计准则要求在审计人员的责任部分作出有限的表述。

8. 除合并财务报表审计外，审计人员还承担法律法规要求的其他报告责任，且审计人员决定在审计报告中履行其他报告责任。

审计报告

ABC股份有限公司全体股东：

一、对合并财务报表出具的审计报告

（一）无法表示意见

我们接受委托，审计ABC股份有限公司及其子公司（以下简称ABC集团）合并财务报表，包括20×1年12月31日的合并资产负债表，20×1年度的合并利润表、合并现金流量表、合并股东权益变动表以及相关合并财务报表附注。

我们不对后附的ABC集团合并财务报表发表审计意见。由于“形成无法表示意见的基础”部分所述事项的重要性，我们无法获取充分、适当的审计证据以作为对合并财务报表发表审计意见的基础。

（二）形成无法表示意见的基础

ABC集团对共同经营XYZ公司享有的利益份额在该集团的合并资产负债表中的金额（资产扣除负债后的净影响）为×元，占该集团20×1年12月31日净资产的90%以上。我们未被允许接触XYZ公司的管理层和注册会计师，包括XYZ公司注册会计师的审计工作底稿。因此，我们无法确定是否有必要对XYZ公司资产中ABC集团共同控制的比例份额、XYZ公司负债中ABC集团共同承担的比例份额、XYZ公司收入和费用中ABC集团的比例份额，以及合并现金流量表和合并股东权益变动表中的要素作出调整。

（三）管理层和治理层对合并财务报表的责任（略）

（四）注册会计师对合并财务报表审计的责任

我们的责任是按照审计准则的规定，对 ABC 集团的合并财务报表执行审计工作，以出具审计报告。但由于“形成无法表示意见的基础”部分所述的事项，我们无法获取充分、适当的审计证据以作为发表审计意见的基础。

按照职业道德守则，我们独立于 ABC 集团，并履行了职业道德方面的其他责任。

二、按照相关法律法规的要求报告的事项（下略）

【范例 8】 因无法获取充分、适当的审计证据而发表无法表示意见的审计报告。

背景信息：

1. 对非上市实体整套财务报表进行审计。该审计不属于集团审计（即不适用审计准则——对集团财务报表审计的特殊考虑）。

2. 管理层按照企业会计准则编制财务报表。

3. 审计业务约定条款体现了审计准则——就审计业务约定条款达成一致意见中关于管理层对财务报表责任的描述。

4. 对财务报表的多个要素，审计人员无法获取充分、适当的审计证据。例如，对被审计单位的存货和应收账款，审计人员无法获取审计证据，这一事项对财务报表可能产生的影响重大且具有广泛性。

5. 适用的相关职业道德要求为职业道德守则。

6. 负责监督财务报表的人员与负责编制财务报表的人员不同。

7. 按照审计准则要求在审计人员的责任部分作出有限的表述。

8. 除财务报表审计外，审计人员还承担法律法规要求的其他报告责任，且审计人员决定在审计报告中履行其他报告责任。

审 计 报 告

ABC 股份有限公司全体股东：

一、对财务报表出具的审计报告

（一）无法表示意见

我们接受委托，审计 ABC 股份有限公司（以下简称 ABC 公司）财务报表，包括 20×1 年 12 月 31 日的资产负债表，20×1 年度的利润表、现金流量表、股东权益变动表以及相关财务报表附注。我们不对后附的 ABC 公司财务报表发表审计意见。由于“形成无法表示意见的基础”部分所述事项的重要性，我们无法获取充分、适当的审计证据以作为对财务报表发表审计意见的基础。

（二）形成无法表示意见的基础

我们于 20×2 年 1 月接受委托审计 ABC 公司财务报表，因而未能对 ABC 公司 20×1年初金额为×元的存货和年末金额为×元的存货实施监盘程序。此外，我们也无法实施替代审计程序获取充分、适当的审计证据。并且，ABC 公司于 20×1 年 9 月采用新的应收账款电算化系统，由于存在系统缺陷导致应收账款出现大量错误。截至报告日，ABC 公司管理层（以下简称管理层）仍在纠正系统缺陷并更正错误，我们也无法实施替代审计程序，以对截至20×1年12月31日的应收账款总额×元获取充分、适当的审计证据。因此，我们无法确定是否有必要对存货、应收账款以及财务报表其他项目作出调整，也无法确定应调整的金额。

（三）管理层和治理层对财务报表的责任（略）

（四）注册会计师对财务报表审计的责任

我们的责任是按照中国注册会计师审计准则的规定，对ABC公司的财务报表执行审计工作，以出具审计报告。但由于“形成无法表示意见的基础”部分所述的事项，我们无法获取充分、适当的审计证据以作为发表审计意见的基础。按照中国注册会计师职业道德守则，我们独立于ABC公司，并履行了职业道德方面的其他责任。

二、按照相关法律法规的要求报告的事项（下略）

15.4.3 在审计报告中增加强调事项段和其他事项段

在对财务报表形成审计意见后，如果根据职业判断认为有必要，审计人员可以通过明确提供补充信息的方式，即在审计报告中增加强调事项段或其他事项段，提醒财务报表使用者关注以下两个事项：其一，尽管已在财务报表中恰当列报或披露，但对财务报表使用者理解财务报表至关重要的事项；其二，未在财务报表中列报或披露，但与财务报表使用者理解审计工作、审计人员的责任或审计报告相关的事项。由于审计报告后附已审计财务报表，通常认为审计报告使用者与财务报表预期使用者相同。

第一，审计报告中的强调事项段。强调事项段是审计报告中含有的一个段落，该段落提及已在财务报表中恰当列报或披露的事项，且根据审计人员的职业判断，该事项对财务报表使用者理解财务报表至关重要。

如果认为有必要提醒财务报表使用者关注已在财务报表中列报或披露，且根据职业判断认为对财务报表使用者理解财务报表至关重要的事项，在同时满足以下条件时，审计人员应当在审计报告中增加强调事项段：1）按照审计准则——在审计报告中发表非无保留意见的规定，该事项不会导致审计人员发表非无保留意见；2）审计准则——在审计报告中沟通关键审计事项适用时，该事项未被确定为在审计报告中沟通的关键审计事项。

（1）需要增加强调事项段的情形。

其他相关的审计准则，对审计人员在特定情况下在审计报告中增加强调事项段提出具体要求。这些情形包括：1）法律法规规定的财务报告编制基础是不可接受的，但其是基于法律法规作出的规定；2）提醒财务报表使用者关注财务报表按照特殊目的编制基础编制；3）审计人员在审计报告日后知悉了某些事实（期后事项），并出具了新的或经修改的审计报告。

审计人员可能认为需要增加强调事项段的情形，例如：1）异常诉讼或监管行动的未来结果存在不确定性；2）在财务报表日至审计报告日之间发生的重大期后事项；3）在允许的情况下，提前应用对财务报表有重大影响的新会计准则；4）存在已经或持续对被审计单位财务状况产生重大影响的特大灾难。

需要指出，过于广泛使用强调事项段，可能会降低审计人员对强调事项所作沟通的有效性。

（2）在审计报告中包含强调事项段。

在审计报告中包含强调事项段不影响审计意见。包含强调事项段不能代替下列情形：1）根据审计业务的具体情况，按照审计准则——在审计报告中发表非无保留意见的规定发表非无保留意见；2）适用的财务报告编制基础要求管理层在财务报表中作出的披露，或为实现公允列报所需的其他披露；3）按照审计准则——持续经营的规定，当可能导致对被审计单位持续经营能力产生重大疑虑的事项或情况存在重大不确定性时作出的报告。

如果在审计报告中包含强调事项段，审计人员应当采取以下措施：1）将强调事项段作为单独的一部分置于审计报告中，并使用包含“强调事项”这一术语的适当标题；2）明确提及被强调事项以及相关披露的位置，以便能够在财务报表中找到对该事项的详细描述，强调事项段应当仅提及已在财务报表中列报或披露的信息；3）指出审计意见没有因该强调事项而改变。

第二，审计报告中的其他事项段。其他事项段也是审计报告中含有的一个段落，该段落提及未在财务报表中列报或披露的事项，且根据审计人员的职业判断，该事项与财务报表使用者理解审计工作、审计人员的责任或审计报告相关。

如果认为有必要沟通虽然未在财务报表中列报或披露，但根据职业判断认为与财务报表使用者理解审计工作、审计人员的责任或审计报告相关的事项，在同时满足以下条件时，审计人员应当在审计报告中增加其他事项段：1）未被法律法规禁止；2）审计准则——在审计报告中沟通关键审计事项适用时，该事项未被确定为在审计报告中沟通的关键审计事项。

（1）可能需要增加其他事项段的情形。

首先，与使用者理解审计工作相关。根据有关审计准则的要求，审计人员应当就计划的审计范围和时间安排与治理层进行沟通（包括沟通其识别的特别风险）。尽管与特别风险相关的事项可能被确定为关键审计事项，而其他与计划及范围相关的事项（如计划的审计范围或审计中对重要性的运用），不太可能构成关键审计事项。但是，法律法规可能要求审计人员在审计报告中沟通与计划及范围相关的事项，或者审计人员可能认为有必要在其他事项段中沟通这些事项。在少数情况下，即使由于管理层对审计范围施加的限制导致无法获取充分、适当的审计证据可能产生的影响具有广泛性，审计人员也不能解除业务约定。在这种情况下，审计人员可能认为有必要在审计报告中包含其他事项段，以解释为何不能解除业务约定。

其次，与使用者理解审计人员的责任或审计报告相关。法律法规或得到广泛认可的惯例可能要求或允许审计人员详细说明某些事项，以进一步解释其在财务报表审计中的责任或审计报告。当其他事项部分包含多个事项，且根据职业判断，这些事项与财务报表使用者理解审计工作、审计人员的责任或审计报告相关时，对每个事项使用不同的子标题可能是有帮助的。增加其他事项段不涉及以下两种情形：1）除审计准则规定的责任外，审计人员还有其他报告责任；2）审计人员可能被要求实施额外的规定程序并予以报告，或对特定事项发表意见。

再次，与对两套或两套以上财务报表出具审计报告相关。被审计单位可能按照通用目的编制基础编制一套财务报表，且按照另一个通用目的编制基础编制另一套财务报表，并委托审计人员同时对两套财务报表出具审计报告。如果审计人员已确定两个财务报告编制基础在各自情形下是可接受的，则可以在审计报告中增加其他事项段，说明该被审计单位根据另一个通用目的编制基础编制了另一套财务报表以及审计人员对这些财务报表出具了审计报告。

最后，与限制审计报告分发和使用相关。为特定目的编制的财务报表可能按照通用目的编制基础编制，因为财务报表预期使用者已确定这种通用目的财务报表能够满足其对财务信息的需求。由于审计报告旨在提供给特定使用者，审计人员可能认为在这种情况下需要增加其他事项段，说明审计报告只是提供给财务报表预期使用者，不应被分发给其他机构或人员或者被其他机构或人员使用。

（2）在审计报告中增加其他事项段。

其他事项段的内容明确反映了未被要求在财务报表中列报或披露的其他事项，但不包括法律法规或其他职业准则（如审计人员职业道德守则中与信息保密相关的规定）禁止审计人员提供的信息，也不包括要求管理层提供的信息。

如果在审计报告中包含其他事项段，审计人员应当将该段落作为单独的一部分，并使用“其他事项”或其他适当标题。

第三，强调事项段和其他事项段在审计报告中的位置。

强调事项段或其他事项段在审计报告中的位置，取决于拟沟通信息的性质，以及与按照审计准则——对财务报表形成审计意见和出具审计报告的规定需要报告的其他要素相比较，审计人员针对该信息对财务报表预期使用者的相对重要程度的判断。

（1）强调事项段。当强调事项段与适用的财务报告编制基础相关时，包括审计人员确定法律法规规定的财务报告编制基础不可接受时，审计人员可能认为有必要将强调事项段紧接在“形成审计意见的基础”部分之后，以为审计意见提供合适的背景信息；当审计报告中包含关键审计事项部分时，基于审计人员对强调事项段中信息的相对重要程度的判断，强调事项段可以紧接在关键审计事项部分之前或之后。审计人员可以在“强调事项”标题中增加进一步的背景信息（如“强调事项——期后事项”），以将强调事项段和关键审计事项部分描述的每个事项予以区分。

（2）其他事项段。当审计报告中包含关键审计事项部分，且其他事项段也被认为必要时，审计人员可以在“其他事项”标题中增加进一步的背景信息（如“其他事项——审计范围”），以将其他事项段和关键审计事项部分描述的每个事项予以区分；当增加其他事项段旨在提醒使用者关注与审计报告中提及的其他报告责任相关的事项时，该段落可以置于“按照相关法律法规的要求报告的事项”部分内；当其他事项段与审计人员的责任或使用者理解审计报告相关时，可以单独作为一部分，置于“对财务报表出具的审计报告”和“按照相关法律法规的要求报告的事项”之后。

需要指出，如果拟在审计报告中包含强调事项段或其他事项段，审计人员应当就该事项和拟使用的措辞与治理层沟通。与治理层的沟通能使治理层了解审计人员拟在审计报告中所强调的特定事项的性质，并在必要时为治理层提供向审计人员作出进一步澄清的机会。而对于连续审计业务，当某一特定事项在每期审计报告的其他事项段中重复出现时，审计人员可能认为没有必要在每次审计业务中重复沟通，除非法律法规另有规定。

此外，需理解和把握审计报告中强调事项段和关键审计事项之间的关系。当审计准则——在审计报告中沟通关键审计事项适用时，强调事项段的使用不能代替对某项关键审计事项的描述；某个被确定为关键审计事项的事项，根据职业判断，也可能对财务报表使用者理解财务报表至关重要，审计人员在沟通时可能希望突出或提请进一步关注其相对重要程度，因而在关键审计事项部分，审计人员可以使其列报较其他事项更为突出，或在关键审计事项的描述中增加额外的信息，以指出其对财务报表使用者理解财务报表的重要程度；某一事项（如期后事项）因未被重点关注过，可能未被确定为关键审计事项，但根据职业判断，其对财务报表使用者理解财务报表至关重要，如果认为有必要提请财务报表使用者予以关注，审计人员应当将该事项包含在审计报告的强调事项段中。

包含强调事项段和其他事项段的审计报告的规范格式与措辞，如范例 9～10 所示。

【范例 9】 包含关键审计事项部分、强调事项段及其他事项段的审计报告。

背景信息：

1. 对上市实体整套财务报表进行审计。该审计不属于集团审计（即不适用审计准则——对集团财务报表审计的特殊考虑）。

2. 管理层按照企业会计准则编制财务报表。

3. 审计业务约定条款体现了审计准则——就审计业务约定条款达成一致意见中关于管理层对财务报表责任的描述。

4. 基于获取的审计证据，审计人员认为发表无保留意见是恰当的。

5. 适用的相关职业道德要求为职业道德守则。

6. 基于获取的审计证据，根据审计准则——持续经营，审计人员认为可能导致对被审计单位持续经营能力产生重大疑虑的事项或情况不存在重大不确定性。

7. 在财务报表日至审计报告日之间，被审计单位的生产设备发生了火灾，被审计单位已将其作为期后事项披露。根据审计人员的判断，该事项对财务报表使用者理解财务报表至关重要，但在本期财务报表审计中不是重点关注过的事项。

8. 已按照审计准则——在审计报告中沟通关键审计事项的规定沟通了关键审计事项。

9. 审计人员在审计报告日前已获取所有其他信息，且未识别出信息存在重大错报。

10. 已列报对应数据，且上期财务报表已由前任审计人员审计。法律法规不禁止审计人员提及前任审计人员对对应数据出具的审计报告，并且审计人员已决定提及。

11. 负责监督财务报表的人员与负责编制财务报表的人员不同。

12. 除财务报表审计外，审计人员还承担法律法规要求的其他报告责任，且审计人员决定在审计报告中履行其他报告责任。

审 计 报 告

ABC 股份有限公司全体股东：

一、对财务报表出具的审计报告

（一）审计意见（略）

（二）形成审计意见的基础（略）

（三）强调事项

我们提醒财务报表使用者关注，财务报表附注×描述了火灾对ABC公司的生产设备造成的影响。本段内容不影响已发表的审计意见。

（四）关键审计事项

关键审计事项是我们根据职业判断，认为对本期财务报表审计最为重要的事项。这些事项的应对以对财务报表整体进行审计并形成审计意见为背景，我们不对这些事项单独发表意见。

[按照审计准则——在审计报告中沟通关键审计事项的规定描述每一关键审计事项。]

（五）其他事项

20×0年12月31日的资产负债表，20×0年度的利润表、现金流量表、股东权益变动表以及相关财务报表附注由其他会计师事务所审计，并于20×1年3月31日发表了无保留意见。

（六）其他信息（略）

（七）管理层和治理层对财务报表的责任（略）

（八）注册会计师对财务报表审计的责任（略）

二、按照相关法律法规的要求报告的事项（下略）

【范例10】 因偏离适用的财务报告编制基础的规定导致的带强调事项段的保留意见审计报告。

背景信息：

1. 对非上市实体整套财务报表进行审计。该审计不属于集团审计（即不适用审计准则——对集团财务报表审计的特殊考虑）。

2. 管理层按照企业会计准则编制财务报表。

3. 审计业务约定条款体现了审计准则——就审计业务约定条款达成一致意见中关于管理层对财务报表责任的描述。

4. 由于偏离企业会计准则的规定导致发表保留意见。

5. 适用的相关职业道德要求为职业道德守则。

6. 基于获取的审计证据，根据审计准则——持续经营，审计人员认为可能导致对被审计单位持续经营能力产生重大疑虑的事项或情况不存在重大不确定性。

7. 在财务报表日至审计报告日之间，被审计单位的生产设备发生了火灾，被审计单位已将其作为期后事项披露。根据审计人员的判断，该事项对财务报表使用者理解财务报表至关重要，但在本期财务报表审计中不是重点关注过的事项。

8. 审计人员未被要求，并且也决定不沟通关键审计事项。

9. 审计人员在审计报告日前未获取任何其他信息。

10. 负责监督财务报表的人员与负责编制财务报表的人员不同。

11. 除财务报表审计外，审计人员还承担法律法规要求的其他报告责任，且审计人员决定在审计报告中履行其他报告责任。

审计报告

ABC 股份有限公司全体股东：

一、对财务报表出具的审计报告

（一）保留意见

我们审计了 ABC 股份有限公司（以下简称 ABC 公司）财务报表，包括 20×1 年 12 月 31 日的资产负债表，20×1 年度的利润表、现金流量表、股东权益变动表以及相关财务报表附注。

我们认为，除"形成保留意见的基础"部分所述事项产生的影响外，后附的财务报表在所有重大方面按照企业会计准则的规定编制，公允反映了 ABC 公司 20×1 年 12 月 31 日的财务状况以及 20×1 年度的经营成果和现金流量。

（二）形成保留意见的基础

ABC 公司 20×1 年 12 月 31 日资产负债表中以公允价值计量且其变动计入当期损益的金融资产的列示金额为×元。ABC 公司管理层（以下简称管理层）根据成本对以公允价值计量且其变动计入当期损益的金融资产进行计量，而没有根据公允价值进行计量，这不符合企业会计准则的规定。ABC 公司的会计记录显示，如果管理层以公允价值来计量以公允价值计量且其变动计入当期损益的金融资产，ABC 公司 20×1 年度利润表中公允价值变动损益将减少×元，20×1 年 12 月 31 日资产负债表中以公允价值计量且其变动计入当期损益的金融资产列示金额将减少×元。相应地，所得税、净利润和股东权益将分别减少×元、×元和×元。

我们按照中国注册会计师审计准则的规定执行了审计工作。审计报告的"注册会计师对财务报表审计的责任"部分进一步阐述了我们在这些准则下的责任。按照中国注册会计师职业道德守则，我们独立于 ABC 公司，并履行了职业道德方面的其他责任。我们相信，我们获取的审计证据是充分、适当的，为发表保留意见提供了基础。

（三）强调事项——火灾的影响

我们提醒财务报表使用者关注，财务报表附注×描述了火灾对 ABC 公司的生产设备造成的影响。本段内容不影响已发表的审计意见。

（四）管理层和治理层对财务报表的责任（略）

（五）注册会计师对财务报表审计的责任（略）

二、按照相关法律法规的要求报告的事项（下略）

15.4.4 在审计报告中沟通关键审计事项

审计人员（如注册会计师）需确定关键审计事项，并在对财务报表形成审计意见后，以在审计报告中描述关键审计事项的方式沟通这些事项。确定和沟通关键审计事项的目的在于识别出审计项目特有的事项，并就这些事项相对于审计中其他事项的重要程度作出判断。所谓关键审计事项，是指审计人员根据职业判断认为对本期财务报表审计最为重要的、从与治理层沟通过的事项中选取的事项。

（1）确定关键审计事项。审计人员应当从与治理层沟通过的事项中确定在执行审计工作时重点关注过的事项。在确定关键审计事项时，审计人员应当考虑：1）按照相关审计准则的规定，评估的重大错报风险较高的领域或识别出的特别风险；2）与财务报表中涉及重大管理层判断（包括被认为具有高度估计不确定性的会计估计）的领域相关的重大审计判断；3）本期重大交易或事项对审计的影响。审计人员应当从根据相关准则的规定确定的事项中，确定哪些事项对本期财务报表审计最为重要，从而构成关键审计事项。

即使已审计财务报表包含比较财务报表，即审计意见涉及财务报表列报的每个期间，审计人员确定的关键审计事项也仅限于对本期财务报表审计最为重要的事项。虽然确定关键审计事项是为了本期财务报表审计，并且相关准则并不要求更新上期审计报告中的关键审计事项，但审计人员考虑上期财务报表审计的关键审计事项对本期财务报表审计而言是否仍为关键审计事项可能是有用的。

首先，重点关注过的事项。重点关注的概念基于这样的认知，即风险导向的审计，注重识别和评估财务报表重大错报风险，设计和实施应对这些风险的审计程序，获取充分、适当的审计证据，以作为形成审计意见的基础。因此，对获取充分、适当的审计证据或对财务报表形成审计意见构成挑战的事项可能与审计人员确定关键审计事项尤其相关。

通常，重点关注过的领域与财务报表中复杂、重大的管理层判断领域相关，因而往往涉及困难或复杂的审计人员职业判断；相应地，重点关注过的事项通常影响审计人员的总体审计策略以及与这些事项相关的审计资源分配和审计工作力度。此外，多项审计准则要求审计人员与治理层以及其他可能与重点关注过的领域相关的人员进行特定的沟通。例如，要求审计人员与治理层沟通审计工作中遇到的重大困难（如有）。又如，要求项目合伙人就疑难问题或争议事项进行适当咨询，还要求项目合伙人与项目质量控制复核人员讨论在审计过程中遇到的重大事项。

其次，确定重点关注过的事项时的考虑。在计划审计工作时，审计人员可以先就哪些事项很可能属于在审计中重点关注的领域因而可能构成关键审计事项形成初步的看法，后在与治理层讨论计划的审计范围和时间安排时沟通此看法。然而，审计人员对关键审计事项的确定需要基于执行审计程序的结果或整个审计过程中获取的审计证据。

审计人员在确定重点关注过的事项时应当进行特定的考虑，即着眼于与治理层沟通过的事项的性质，这些事项通常与财务报表中披露的事项相关联，并且旨在反映预期使用者对于财务报表审计可能特别感兴趣的领域。当然，这并不意味着与之相关的事项必然构成关键审计事项，只有被认为对审计工作最为重要的相关事项才构成关键审计事项。此外，还可能存在其他与治理层沟通过、需要重点关注的事项，有可能构成关键审计事项，包括与已执行审计工作相关但可能不被要求在财务报表中披露的事项等。例如，根据审计准则的规定评估的重大错报风险较高的领域或识别出的特别风险、与财务报表中包含重大管理层判断（包括被认为具有高度估计不确定性的会计估计）的领域相关的重大审计判断，以及本期重大交易或事项对审计的影响。

最后，最为重要的事项。审计人员就需要重点关注的事项与治理层进行沟通的性质和范围，通常能够表明哪些事项对审计而言最为重要。审计人员运用最为重要的事项这一概念，需要以被审计单位和已执行的审计工作为背景，并就识别出的特有事项的重要程度作出判断。重要程度是指某一事项在具体情形下的相对重要性，这是由审计人员结合具体情形（定量因素和定性因素）判断的，判断时需要对事实和情况作出客观分析，包括分析与治理层沟通的性质和范围。

在确定某一与治理层沟通过的事项的相对重要程度以及该事项是否构成关键审计事项时，下列考虑也可能是相关的：1）该事项对预期使用者理解财务报表整体的重要程度，尤其是对财务报表的重要性。2）与该事项相关的会计政策的性质或者与同行业其他实体相比，管理层在选择适当的会计政策时涉及的复杂程度或主观程度。3）从定性和定量方面考虑，与该事项相关的由于舞弊或错误导致的已更正错报和累积未更正错报（如有）的性质和重要程度。4）为应对该事项所需要付出的审计努力的性质和程度，包括为应对该事项而实施审计程序或评价这些审计程序的结果（如有）在多大程度上需要特殊的知识或技能，以及就该事项在项目组之外进行咨询的性质。5）在实施审计程序、评价实施审计程序的结果、获取相关和可靠的审计证据以作为发表审计意见的基础时，遇到的困难的性质和严重程度，尤其是当审计人员的判断变得更加主观时。6）识别出的与该事项相关的控制缺陷的严重程度。7）该事项是否涉及多项可区分但又相互关联的审计考虑。例如，长期合同可能在收入确认、诉讼或其他或有事项等方面需要重点关注，并且可能影响其他会计估计。

从需要重点关注的事项中，确定哪些事项以及多少事项对本期财务报表审计最为重要属于职业判断。需要在审计报告中包含的关键审计事项的数量可能受被审计单位规模和复杂程度、业务和经营环境的性质，以及审计业务具体事实和情况的影响。一般而言，最初确定为关键审计事项的事项越多，审计人员越需要重新考虑每一事项是否符合关键审计事项的定义。

（2）沟通关键审计事项。沟通关键审计事项，旨在通过提高已执行审计工作的透明度增加审计报告的沟通价值。沟通关键审计事项能够为财务报表预期使用者提供额外的信息，以帮助其了解审计人员根据职业判断认为对本期财务报表审计最为重要的事项，也能够帮助财务报表预期使用者了解被审计单位，以及已审计财务报表中涉及重大管理层判断的领域，还能够为财务报表预期使用者就与被审计单位、已审计财务报表或已执行审计工作相关的事项进一步与管理层和治理层沟通提供基础。

首先，单设关键审计事项部分。除准则规定的某些具体情形外，审计人员应当在审计报告中单设一部分，以“关键审计事项”为标题，并在该部分使用恰当的子标题，以便进一步区分这些事项并逐项进行描述。关键审计事项部分的引言应当同时说明：1）关键审计事项是审计人员根据职业判断，认为对本期财务报表审计最为重要的事项；2）关键审计事项的应对以对财务报表整体进行审计并形成审计意见为背景，审计人员不对关键审计事项单独发表意见。

将单设的关键审计事项部分置于接近审计意见的位置，能够突出这些信息，同时向财务报表预期使用者展示项目特定信息的价值。在关键审计事项部分列示每一事项的顺序属于职业判断，这些信息可能基于审计人员对其相对重要程度的判断进行列示，也可能与事项在财务报表中的披露方式相对应。如果列报了比较财务信息，关键审计事项部分的引言需要作相应调整，以提醒所描述的关键审计事项仅与本期财务报表审计相关这一事实，还可以指明这些财务报表涵盖的具体期间。

其次，逐项描述关键审计事项。审计人员在描述某一关键审计事项时，应当分别索引至财务报表的相关披露（如有），并同时说明该事项被认定为审计中最为重要的事项之一因而被确定为关键审计事项的原因，以及该事项在审计中是如何应对的。对某项关键审计事项的描述是否充分则属于职业判断，审计人员应当以一种简明且可理解的形式提供有用的信息，但避免不恰当地提供有关被审计单位的原始信息（即与被审计单位相关、尚未由被审计单位公布的信息，而对关键审计事项的描述本身通常不构成此类原始信息）。尽管对财务报表发表的审计意见并不涵盖其他信息，审计人员在对某项关键审计事项进行描述时，也可以考虑这些其他信息，以及从被审计单位或其他可靠渠道获取的公开信息。例如，编制的审计工作底稿也能帮助其形成对某项关键审计事项的描述，并在描述中解释该事项的重要程度，还有助于审计人员遵守审计准则的有关要求。

在描述某一事项是审计中最为重要的事项之一的原因时，审计人员可以提及其根据审计的具体情况作出的主要考虑。在描述一项关键审计事项在审计中如何应对时，审计人员可以描述以下要素：1）审计应对措施或审计方案中，与该事项最为相关或对评估的重大错报风险最有针对性的方面；2）对已实施审计程序的简要概述；3）实施审计程序的结果；4）对该事项的主要看法。在确定对关键审计事项的描述需要包含的信息时，审计人员需考虑相关的描述是否有助于预期使用者更好地了解审计工作和审计人员的判断，将某事项直接联系到被审计单位的特定情况，可能有助于最大程度上降低这种描述随着时间的推移而变得过于标准化和有用性降低的可能性。

最后，不在审计报告中沟通关键审计事项的情形。当存在下列情形之一时，不在审计报告中沟通关键审计事项：1）法律法规禁止公开披露某事项；2）在极少数情形下，如果合理预期在审计报告中沟通某事项造成的负面后果超过在公众利益方面产生的益处，审计人员确定不应在审计报告中沟通该事项。如果被审计单位已公开披露与该事项有关的信息，则另当别论。

导致非无保留意见的事项或者可能导致对被审计单位持续经营能力产生重大疑虑的事项或情况存在重大不确定性，就其性质而言都属于关键审计事项，但这些事项不得在审计报告的关键审计事项部分进行描述，并且审计准则的有些要求不适用于这些情况。审计人员应当按照适用的审计准则的规定报告这些事项，并在关键审计事项部分提及形成保留（否定）意见的基础部分或与持续经营相关的重大不确定性部分。

如果审计人员根据被审计单位和审计业务的具体事实及情况，确定不存在需要沟通的关键审计事项，或者仅有的需要沟通的关键审计事项是上述事项，审计人员应当在审计报告中单设的关键审计事项部分对此予以说明。对此，可在审计报告中作如下表述："我们确定不存在需要在审计报告中沟通的关键审计事项"或者"除形成保留（否定）意见的基础部分或与持续经营相关的重大不确定性部分所描述的事项外，我们确定不存在其他需要在审计报告中沟通的关键审计事项。"

需要指出，在审计报告中沟通关键审计事项不能代替以下事项：1）管理层按照适用的财务报告编制基础在财务报表中作出的披露，或为使财务报表实现公允反映而作出的披露；2）审计人员按照相关审计准则的规定，根据审计业务的具体情况发表非无保留意见；3）当可能导致对被审计单位持续经营能力产生重大疑虑的事项或情况存在重大不确定性时，审计人员按照相关审计准则的规定进行报告。另外，如果某事项被确定为关键审计事项，则不能以强调事项段或其他事项段代替对该关键审计事项的描述。在审计报告中，关键审计事项部分与强调事项段或其他事项段需要分开列示。

（3）与治理层的沟通。审计人员应当就以下事项与治理层沟通：1）审计人员确定的关键审计事项；2）根据被审计单位和审计业务的具体事实和情况，审计人员确定不存在需要在审计报告中沟通的关键审计事项。

（4）记录于审计工作底稿。审计人员应当在审计工作底稿中记录以下事项：1）审计人员根据准则的有关规定确定的在执行审计工作时重点关注过的事项，以及针对每一事项，根据准则的有关规定是否将其确定为关键审计事项及理由；2）审计人员确定不存在需要在审计报告中沟通的关键审计事项的理由，或者仅有的需要沟通的关键审计事项是前已述及的事项，即可能导致对被审计单位持续经营能力产生重大疑虑的事项或情况存在重大不确定性，或者导致非无保留意见的事项；3）审计人员确定不在审计报告中沟通某项关键审计事项的理由。

以上按审计意见类型的不同，阐述了几种主要的审计报告。在委托人没有特定要求的情况下，审计人员一般出具标准审计报告。但不同的委托人，可能有其不同的要求，审计人员出具的审计报告也会有所不同。因此，在有些情况下，审计人员按委托书的约定也可能出具较详细的详式审计报告。当审计人员接受委托执行前已提及的特殊目的的审计业务时，应根据具体情况出具相应的特殊目的的审计业务的审计报告。可见，审计报告只要符合审计报告规范，形式上可以适当灵活，不应拘泥于某种形式，也不宜强求绝对一致。

需要指出的是，政府审计报告以前一般不对外公布。近些年来，包括政府审计报告在内的政府审计信息逐渐公开透明，依法向社会公布审计结果业已成为政府审计通行的国际惯例。

15.5　特殊目的审计业务的审计报告

审计机构及其审计人员有时可能接受委托，执行特殊目的的审计业务，对某些财务信息进行审计并出具审计报告。这些财务信息包括：按照企业会计准则和相关会计制度以外的其他基础，即特殊基础编制的财务报表；财务报表的组成部分，包括财务报表特定项目、特定账户或特定账户的特定内容；合同的遵守情况；简要财务报表。审计人员应当对其在执行特殊目的审计业务过程中获取的审计证据和由此得出的结论加以复核与评价，以此作为发表审计意见的基础。审计人员的审计意见应当以书面报告的形式予以清晰的表达。

在执行特殊目的的审计业务时，审计人员实施的审计程序的性质、时间和范围因业务具体情况的不同而存在差异。在承接特殊目的的审计业务前，审计人员应当与委托人就业务性质、审计报告的格式和内容等达成一致意见。在计划审计工作时，审计人员应当清楚地了解所审计信息的用途及可能的使用者。审计人员可以在审计报告中说明出具审计报告的目的，以及在分发和使用上的限制，以避免审计报告被用于非预定目的。

15.5.1　特殊目的审计业务审计报告的内容

除对简要财务报表出具的审计报告外，对其他特殊目的的审计业务出具的审计报告应当包括下列要素：

（1）标题。对特殊目的审计业务出具的审计报告，其标题统一规范为“审计报告”。

（2）收件人。收件人是指特殊目的审计业务的委托人，审计报告应当载明其全称。

（3）引言段。引言段应当说明：所审计的财务信息；被审计单位管理层的责任和审计人员的责任。

（4）范围段。范围段应当说明：执行特殊目的审计业务依据的审计准则；审计人员已实施的工作。

（5）审计意见段。意见段应当清楚地说明对财务信息发表的审计意见。

（6）审计人员的签名和盖章，审计机构的名称、地址与盖章，以及审计报告的日期。

当委托人要求按照指定格式出具审计报告时，审计人员应当考虑指定格式报告的实质要求及措辞。在必要的情况下，审计人员还应当修改指定格式报告的措辞，或另附一份报告。如果所审计的信息是基于某项合同的条款，审计人员就应当考虑管理层在编制信息时是否已对所依据的合同作出重要解释，以及对合同作出的重要解释是否已在财务信息中得到清晰的披露，并考虑是否有必要在审计报告中提醒信息使用者注意财务信息附注中对这些解释的描述。

15.5.2 对按照特殊基础编制的财务报表出具的审计报告

对按照特殊基础编制的财务报表，审计人员应当在出具的审计报告中指明财务报表编制的基础，或提醒财务报表使用者注意财务信息附注中对编制基础作出的说明。审计意见应当说明财务报表是否按照指定的特殊基础编制。特殊基础通常包括计税基础、收付实现制基础以及监管机构的报告要求。

审计人员应当考虑财务报表的标题或附注是否清楚地表明了该财务报表并非按照企业会计准则和相关会计制度的规定编制。如果按照特殊基础编制的财务报表未能冠以适当的标题，或特殊基础未能得到充分披露，审计人员应当出具恰当的非无保留意见的审计报告。

15.5.3 对财务报表组成部分出具的审计报告

审计人员有时可能应委托人的要求对财务报表的一个或多个组成部分发表审计意见。通常，这种类型的业务可以作为一项独立的业务予以承接，也可以连同财务报表审计业务一起承接。

在确定财务报表组成部分的审计范围时，审计人员应当考虑与所审计的财务报表组成部分相互关联且可能对其具有重大影响的其他财务报表项目。审计人员应当从对财务报表组成部分出具审计报告的角度考虑重要性概念，并且应当提请委托人不应将整套财务报表附于审计报告后，以避免信息使用者误认为对财务报表组成部分出具的审计报告与整套财务报表相关。对财务报表组成部分出具审计报告时，审计人员应当在审计报告中指明财务报表组成部分的编制基础，或提及规定编制基础的协议。审计意见应当说明财务报表组成部分是否按照指定的编制基础编制。

需要指出的是，如果已对整套财务报表出具否定意见或无法表示意见的审计报告，只有在组成部分并不构成财务报表的主要部分时，审计人员才可以对组成部分出具审计报告。

15.5.4　对合同的遵守情况出具的审计报告

审计人员有时可能应委托人的要求对合同的遵守情况出具审计报告。只有当合同遵守情况的总体方面与会计和财务事项相关，且在审计人员专业胜任能力范围内时，审计人员才能承接该项业务。如果该业务的某些方面超过了审计人员的专业胜任能力，审计人员应当考虑利用专家的工作。审计意见应当说明被审计单位是否遵守了合同的特定条款。

15.5.5　对简要财务报表出具的审计报告

为了满足某些财务报表使用者对被审计单位财务状况和经营成果主要情况的了解，被审计单位可能依据年度已审计财务报表编制一份简要财务报表。只有对简要财务报表所依据的财务报表发表了审计意见，审计人员才可对简要财务报表出具审计报告。

简要财务报表应当冠以适当的标题，以指明其所依据的已审计财务报表。简要财务报表并未包含年度已审计财务报表中的所有信息，因此审计人员在对简要财务报表发表审计意见时，不应使用“在所有重大方面”“公允反映”等术语。

对简要财务报表出具的审计报告应当包括下列要素：（1）标题；（2）收件人；（3）指出简要财务报表所依据的已审计财务报表；（4）提及对已审计财务报表出具的审计报告的日期和意见类型；（5）审计意见段；（6）强调事项段；（7）审计人员的签名和盖章，审计机构的名称、地址与盖章，以及审计报告的日期。

需要指出的是，审计报告的审计意见段应当说明，简要财务报表中的信息是否在所有重大方面与其依据的已审计财务报表一致。如果对已审计财务报表出具了非无保留意见的审计报告，即使对简要财务报表的编制表示满意，审计人员仍应在对简要财务报表出具的审计报告中指出，简要财务报表依据的已审计财务报表已被审计人员出具非无保留意见的审计报告。审计报告的强调事项段应当指出，为了更好地理解被审计单位的财务状况、经营成果以及审计人员实施审计工作的范围，简要财务报表应当与已审计财务报表以及审计报告一并阅读，或提醒财务报表使用者注意财务信息附注中对上述事项的说明。

15.6　审计决定书与审计结果公告

15.6.1　审计决定书

审计决定书是审计机关对被审计单位或者被调查单位违反国家规定的财政收支、财务收支行为依法作出处理处罚决定的书面文件。审计决定书系国家审计特有的一种书面文件，社会（民间）审计和内部审计无审计决定书。它既是审计机关向被审计单位传达处理、处罚决定的法律文书，也是要求被审计单位强制执行的依据。

审计决定书的内容主要包括：（1）审计的依据、内容和时间；（2）被审计单位违反国家规定的财政收支、财务收支行为的事实、定性、处理处罚决定以及法律法规依据；（3）处理处罚决定执行的期限和被审计单位书面报告审计决定执行结果等要求；（4）依法提请政府裁决或者申请行政复议、提起行政诉讼的途径和期限。

如果被审计单位对审计机关作出的有关财务收支的审计决定不服，可以依法申请行政复议或者提起行政诉讼。如果被审计单位对审计机关作出的有关财政收支的审计决定不服，可以提请审计机关的本级政府裁决，本级政府的裁决为最终决定。

15.6.2 审计结果公告

审计结果公告是指审计机关依法向社会公布审计和审计调查结果的专门文书。审计结果公告系国家审计特有的一种专门文书，实行审计结果公告制度是国际上的通行做法。

根据《审计法》的规定，审计机关可以向政府有关部门通报或者向社会公布审计结果。2002年，经国务院领导同意，审计署逐步推行审计结果公告制度。2003年，审计署将全国审计机关对防治“非典”专项资金的审计结果向社会公告，标志着我国审计结果公告制度正式启动。近年来，审计机关审计结果公告力度进一步加大，审计结果公告的内容、形式进一步完善。实践证明，实行审计结果公告制度，是坚持依法治国、依法行政，增强政府工作公开、公平、公正的必然要求，是充分发挥审计监督职能作用，促进审计发现问题的纠正和整改的重要手段，对于推进民主法制的进程具有极其重要的意义。

国家审计依法具有独立性、自主性及权威性，审计机关依法公布审计结果，不受其他行政机关、社会团体和个人的干涉。审计结果公告的信息主要包括：（1）被审计（调查）单位基本情况及审计（调查）评价意见；（2）审计（调查）发现的主要问题；（3）处理处罚决定及审计（调查）建议；（4）被审计（调查）单位的整改情况。

需要指出的是，审计机关公布审计（调查）结果，应当保证质量，做到事实清楚，证据确凿，定性准确，评价客观公正；与此同时，审计机关公布审计（调查）结果，还应当依法保守国家秘密和被审计（调查）单位的商业秘密，遵守有关规定。

15.7 编制审计报告的要求与步骤

为了确保审计报告的真实性和合法性，审计人员除了要知悉发表不同审计意见的条件外，还必须明确审计报告的编制要求与编制步骤等。所谓审计报告的真实性，是指审计报告应如实反映审计人员的审计范围、审计依据、已实施的审计程序和应发表的审计意见。而审计报告的合法性则指审计报告的编制和出具必须符合《审计法》、《注册会计师法》和审计准则等有关规范的规定。

15.7.1 审计报告的编制要求

审计报告是审计人员用以表明审计意见、提出审计结论的书面文件，是审计工作的最终成果。它既是一种信息报告，又是一种证明文件。撰写审计报告是一项严肃而细致的工作，为了确保审计报告的质量，也为了便于审计报告使用者判断被审计单位的财务状况、经营成果及现金流量情况，发挥审计报告的作用，审计人员应掌握撰写审计报告的基本要求，并使编制的审计报告符合基本要求。这些基本要求包括以下内容。

1. 语言清晰简练

审计报告是以文字表达审计意见的书面文件。因此，编制审计报告时，文字必须清晰，便于审计报告的使用者理解，避免产生误解，不能似是而非，对于应当肯定或否定的问题，切忌使用模棱两可的文字和夸张的词语来表达，一定要用确切、恰当的文字来说明。对于审计报告的使用者来说，只有文字清晰的审计报告才是有价值的。同时，使用的文字还必须简练、朴实，切忌华丽冗长。应该明确，编制审计报告既不同于浪漫的文学创作，也不同于说理性的论文写作，应力求在审计报告的行文和用语上实现规范化，做到格式规范、内容连贯、逻辑严谨、行文简练、概念准确、措辞适当、用词恰当。

2. 证据确凿充分

审计报告是审计工作的最终成果，具有传达审计信息和证明的作用。因此，编制审计报告时，用以支持审计意见的各种证据必须确凿充分。这也是发挥审计报告作用的关键所在。为此，审计人员一定要从实际出发，实事求是，切忌空泛虚构。一方面，审计报告所列事实或材料必须真实可靠、准确无误；另一方面，审计报告所列事实或材料必须足够充分、支持有力。应该明确，只有确凿充分的证据，才能足以支持审计意见和审计结论，才能使审计报告令人信服，才能做到客观、公正。需要指出的是，审计人员在编制审计报告时，除了关注与财务报表项目有关的证据外，还应注意对审计报告有影响的整体性证据，诸如管理层的声明、其他审计人员的审计报告、关联方关系及交易已作充分披露的证据、期后事项的证据、或有事项的证据、持续经营的证据及期初余额复核的证据等。也就是说，审计报告中所涉及的经济事项，应当事实清楚、证据确凿、充分有力。未经证实的任何资料不得写入审计报告。

3. 态度客观公正

审计报告作为一种信息报告与书面文件，是报告使用人赖以决策的重要依据。因此，编制审计报告时，态度必须客观公正，不能自以为是或先入为主。在进行执业、判断和作出结论时，必须保持客观公正，遵守审计准则。应该明确，只有做到客观公正，审计意见才能准确恰当，审计结论才能正确合理，才能使审计报告具有权威性。尤其是审计报告中所作的审计评价，应当客观公正、实事求是。既要肯定成绩，又要指出不足，对问题的定性要有充分的法律、法规依据和事实依据，切忌带有个人成见或单凭印象草率行事。审计报告中提出的对违反国家规定的财政财务收支行为的定性及处理处罚，应当谨慎恰当、宽严适度，要严格对照有关规定提出恰如其分的审计意见。

4. 内容全面合法

内容全面是指审计报告的基本构成要素必须齐全完备，不可或缺。审计报告的每一个基本要素，都有其特定的定义和特殊的功用。因此，如果缺少某一个基本要素，审计报告所提供信息的质量就会受到影响。应该明确，所谓的内容全面，并非面面俱到。相反，在说明和表达审计意见时，应重点突出，充分揭示被审计单位存在的影响财务报表的重要事项，而对于一些无足轻重的枝节问题可以忽略不写。所谓的内容全面也是指审计报告中所揭示的问题，应当真实完整，有关的叙述既要全面完整、并无疏漏，又要分清主次、突出重点，做到全面与重点的有机结合。内容合法则指审计报告的要素与报告编制必须符合有关法律法规和审计准则的规定。如果内容不合法，审计报告就失去了其应有的价值。以注册会计师审计为例，审计人员执行审计业务出具审计报告时，不得有下列行为：明知委托人对重要事项的财务会计处理与国家有关规定相抵触，而不予指明；明知委托人的财务会计处理会导致报告使用人或者其他利害关系人产生重大误解，而不予指明；明知委托人的财务会计处理会直接损害报告使用人或者其他利害关系人的利益，而予以隐瞒或者作不实的报告；明知委托人的财务报表的重要事项有其他不实的内容，而不予指明。

此外，在编制审计报告时，还必须明确界定前已述及的审计责任与会计责任。其中，审计责任是指审计人员对审计报告的真实性与合法性负责；而会计责任即被审计单位管理层的责任，指被审计单位财务报表的编制应符合企业会计准则和相关会计制度的规定，财务报表在所有重大方面应公允地反映被审计单位的财务状况、经营成果及现金流量情况。

需要指出的是，审计报告是审计人员对被审计单位在特定时日或特定期间内与财务报表反映有关的所有重大方面发表审计意见，而不是对被审计单位的全部经营管理活动提出审计意见。因此，审计报告的使用人必须明确这一点。同时，审计人员应当要求委托人按照审计业务约定书的要求使用审计报告。委托人或其他第三者因使用审计报告不当而造成的后果，与审计人员及其所在单位（审计机构）无关。

15.7.2 社会审计报告的编制步骤

审计报告通常由审计项目负责人编制。编制审计报告时，审计项目负责人应当仔细查阅审计人员在审计过程中形成的审计工作底稿，并认真检查审计人员的审计是否严格遵循了审计准则的要求，被审计单位是否按照企业会计准则的规定编制财务报表，进行相关的会计工作，使审计人员能够在按照审计准则要求进行审计并形成一整套审计工作底稿的基础上，提出客观、公正、实事求是的审计意见。一般来说，审计人员编制审计报告需要经过以下几个步骤。

1. 整理和分析审计工作底稿

在执行审计过程中，审计人员所积累的很多审计工作底稿是分散的、不系统的。在编写审计报告时，首先需要整理这些审计工作底稿。在整理过程中，要对所有审计工作底稿进行分析，把那些有价值的、重要的审计工作底稿挑选出来，形成初步的审计结论，作为编制审计报告的基础。审计小组的每位成员都应整理好自己的审计工作底稿，回顾是否有遗漏的环节，着重列举审计中所发现的问题。审计项目负责人应对全部审计工作底稿中的记录、证据和有关结论，进行检查、复核和分析。通过对审计工作底稿的检查、复核和分析，进行去伪存真、去粗取精、由此及彼、由表及里的思考筛选，按其重要性从中提炼出有价值的资料，并对审计人员在审计过程中是否严格遵循了审计准则要求进行检查，从而全面总结审计工作，作出综合结论。对审计工作底稿进行整理和分析的情况，也应当以书面形式在审计工作底稿中予以记录和说明。

2. 提请被审计单位调整财务报表

审计人员在整理和分析审计工作底稿的基础上，向被审计单位通报审计情况、初步结论和对会计事项、报表项目的调整意见，提请被审计单位予以调整。一般来说，对于被审计单位会计记录或确认与计量上的错误和差错，审计人员应提请被审计单位更正，并相应调整财务报表中的有关项目。对于被审计单位会计处理不当、期后事项和或有事项，审计人员应分别不同情况提请被审计单位调整财务报表，或在财务报表附注中予以披露，有的还需要审计人员在其审计报告中加以说明。

审计报告如用于公布目的，则应附列被审计单位的财务报表。如果确认被审计单位财务报表中的各个项目是真实的，能够公允地反映被审计单位的财务状况、经营成果及现金流量情况，那么被审计单位所提供的财务报表就可以不经调整直接作为审计报告的附列报表；反之，如果发现被审计单位在会计确认、计量、记录及报告中存在问题，如存在账实不符、账证不符、账账不符及账表不符等情况，以至于影响到财务报表的正确性，或者被审计单位有关人员为了牟取私利，有意造假，歪曲或篡改财务报表上的数字，从而影响财务报表的合法性与真实性时，审计人员就应当根据审计工作底稿所查明的情况确定需要调整的事项，编制相应的调整记录。对于需要调整的事项，审计人员应与被审计单位会计机构负责人协商，尽量取得一致的意见，然后由会计机构编制调整记录，对财务报表进行调整，调整后的财务报表可以作为审计报告的附列报表。

3. 确定审计意见的类型和措辞

审计人员在了解被审计单位是否接受提出的调整意见和是否已经作了调整以后，可以确定审计意见的类型和措辞。如果被审计单位财务报表已根据审计人员的调整意见作了调整，其合法性与公允性予以确认后，除专门要求说明者外，审计报告不必将被审计单位已调整的事项再作说明。如果被审计单位不接受调整建议，审计人员应当根据需要调整事项的性质和重要程度，确定审计意见的类型和措辞。对于被审计单位资产负债表日与审计报告日之间发生的期后事项及其影响，除被审计单位已调整报表附注或予以说明者外，审计人员还应根据其性质和重要程度，确定是否在审计报告或其附件中进行说明。对于被审计单位截止报告日仍然存在的未确定事项，审计人员应当根据其性质、重要程度和可预知的结果对财务报表反映的影响程度，确定是否在审计报告或其附件中进行说明。对于委托的审计项目，如果委托人已聘请其他审计机构审计了其中的某一部分或某项内容，审计人员在确定审计意见时应注意划清与其他审计机构及其审计人员之间的责任，不应对委托项目的全部内容发表审计意见，并在审计报告中予以说明。

4. 拟定审计报告提纲，编制和出具审计报告

审计人员在整理、分析审计工作底稿和提请被审计单位调整财务报表，并根据被审计单位财务报表调整情况确定审计意见的类型和措辞后，应拟定审计报告提纲，概括和汇总审计工作底稿所提供的资料。审计报告提纲，必须在占有大量资料并对这些资料进行认真研究与分析的基础上，根据审计的内容和目的进行拟定。拟定的审计报告提纲，应当是全面的、有说服力的。因此，在审计报告提纲中，既要总结和肯定成绩，又要发现并查清问题。对于查清的问题，既要正确定性并按不同的性质加以归纳整理，又要准确量化并进行具体的数量表示。

审计报告提纲没有固定的格式，审计人员应根据审计报告的种类和具体情况确定其结构与内容。标准审计报告可以只拟定简单的提纲，根据提纲进行文字加工即可编制出审计报告。审计报告一般由审计项目负责人编写，如由其他人员编写，则必须经审计项目负责人复核、校对。标准审计报告应按前述规定的审计意见类型、措辞和结构加以表达，以便为审计报告使用人所理解。审计报告完稿后，应经审计机构业务负责人复核，并根据其修改意见修改定稿。如果审计证据不足以发表审计意见，则应要求审计人员追加审计程序，以确保审计证据的充分性与适当性，进而确保审计意见客观、公正和实事求是。审计报告经复核、修改定稿并完成签署后，正本径送委托人，副本归档留存。

15.7.3 国家审计报告的编制、复核及审理程序

根据《审计法》及其实施条例和国家审计准则的相关规定，国家审计报告的编制、复核及审理程序如下：

审计组在起草审计报告前，讨论确定下列事项，并对讨论情况及其结果作出记录：（1）评价审计目标的实现情况；（2）审计实施方案确定的审计事项完成情况；（3）评价审计证据和适当性和充分性；（4）提出审计评价意见；（5）评估审计发现问题的重要性；（6）提出对审计发现问题的处理处罚意见；（7）其他有关事项。审计组组长应确认审计工作底稿和审计证据已经审核，并从总体上评价审计证据的适当性和充分性。审计组根据不同的审计目标，以审计认定的事实为基础，在防范审计风险的情况下，按照重要性原则，从真实性、合法性、效益性方面提出审计评价意见。需要强调的是：审计组只对所审计的事项发表审计评价意见，而对审计过程中未涉及、审计证据不适当或者不充分、评价依据或者标准不明确以及超越审计职责范围的事项，不得发表审计评价意见。

审计组根据审计发现问题的性质、数额及其发生的原因和审计报告的使用对象，评估审计发现问题的重要性，并如实在审计报告中予以反映。审计组对审计发现的问题提出处理处罚意见时，应关注下列因素：（1）法律法规的规定；（2）审计职权范围，即属于审计职权范围的，直接提出处理处罚意见，不属于审计职权范围的，提出移送处理意见；（3）问题的性质、金额、情节、原因和后果；（4）对同类问题处理处罚的一致性；（5）其他因素。如果审计发现被审计单位信息系统存在重大漏洞或者不符合国家规定，则应责成被审计单位在规定期限内整改。针对经济责任审计发现的问题，则要根据被审计人员履行职责情况，界定其应当承担的责任。

审计组实施审计或者专项审计调查后提出的审计报告，在按照审计机关规定的程序审批后，以审计机关的名义征求被审计单位、被调查单位和拟处罚的有关责任人员的意见。经济责任审计报告还应征求被审计人员的意见；必要时，征求有关干部监督管理部门的意见。如果审计报告中涉及及重大经济案件调查等特殊事项，经审计机关主要负责人批准，可以不征求被审计单位或者被审计人员的意见。如果被审计单位、被调查单位、被审计人员或者有关责任人员对征求意见的审计报告有异议，审计组应进一步核实，并根据核实情况对审计报告进行必要的修改。当然，对采纳被审计单位、被调查单位、被审计人员、有关责任人员意见的情况和原因，或者有关单位或人员未在法定时间内提出书面意见的情况，审计组还应予以书面说明。

审计组应将下列材料报送审计机关业务部门复核：（1）审计报告；（2）审计决定书；（3）被审计单位、被调查单位、被审计人员或者有关责任人员对审计报告的书面

意见及审计组采纳情况的书面说明；（4）审计实施方案；（5）调查了解记录、审计工作底稿、重要管理事项记录、审计证据材料；（6）其他有关材料。

审计机关业务部门应当对下列事项进行复核，提出书面复核意见，并将复核修改后的审计报告、审计决定书等审计项目材料连同书面复核意见，报送审理机构审理：（1）审计目标是否实现；（2）审计实施方案确定的审计事项是否完成；（3）审计发现的重要问题是否在审计报告中反映；（4）事实是否清楚、数据是否正确；（5）审计证据是否适当、充分；（6）审计评价、定性、处理处罚和移送处理意见是否恰当，适用法律法规和标准是否适当；（7）被审计单位、被调查单位、被审计人员或者有关责任人员提出的合理意见是否采纳；（8）其他事项。

根据审计法实施条例关于审计机关专门机构对审计报告以及相关审计事项进行审理的规定，审计机关法制工作机构原来对审计结论性文书的复核调整为审理机构对审计项目的审理。审理机构以审计实施方案为基础，重点关注审计实施的过程及结果。审理的主要内容包括：审计实施方案确定的审计事项是否完成，审计发现的重要问题是否在审计报告中反映，主要事实是否清楚，相关证据是否适当、充分，适用法律法规和标准是否适当，审计评价、定性、处理处罚意见是否恰当，以及审计程序是否符合规定。审理中，审理机构应当与审计组及相关业务部门进行沟通（必要时，也可参加审计组与被审计单位交换意见的会议，或向被审计单位和有关人员了解相关情况）；审理后，应出具审理意见书，并根据情况可要求审计组补充重要审计证据，对审计报告、审计决定书进行修改。此外，为了确保审计效果，发挥审计监督作用，审计机关还应建立审计整改检查机制，督促被审计单位和其他有关单位根据审计结果进行整改。

15.7.4 内部审计报告的编制、复核及分发程序

根据《审计法》、内部审计准则及其他相关规定，内部审计报告的编制、复核及分发程序如下：

（1）审计项目负责人应在实施必要的审计程序后，编制审计报告，并向被审计单位征求反馈意见。

（2）审计报告经过必要的修改后，应连同被审计单位的反馈意见及时送内部审计机构负责人复核。内部审计机构应该建立、健全审计报告分级复核制度，明确规定各级复核的要求和责任。

（3）内部审计机构应将审计报告提交被审计单位和组织适当管理层，并要求被审计单位在规定的期限内落实纠正措施。

（4）内部审计机构应当及时地将审计报告归入审计档案，妥善保存。

15.8 管理建议书

15.8.1 管理建议书的意义

（1）管理建议书的含义。管理建议书是审计人员在执行审计过程中或完成审计工

作后，就被审计单位内部控制的评审结果提供建议的一种正式文件。审计人员既可以接受委托，对内部控制进行专门审核，并提出管理建议，也可以在实施财务报表审计中针对所发现的被审计单位内部控制重大缺陷提出改进建议。本节主要阐述后者。因此，管理建议书是指审计人员针对审计过程中注意到的、可能导致被审计单位财务报表产生重大错报或漏报的内部控制重大缺陷提出的书面建议。可见，内部控制评审固然可以成为一项约定，但提交管理建议书大多不作为审计约定项目的内容。

（2）管理建议书的性质。管理建议书既不是审计的委托事项，也不是承接会计咨询业务的报告。编制和出具管理建议书是审计人员的职业责任，是对被审计单位提供的一种极具价值的纯粹服务。它不对外公布，一般只向被审计单位管理层提供。就其性质而言，管理建议书所提出的问题及改进建议不具有公证性和强制性，只是一种有价值的咨询意见。

审计人员在实施审计过程中，可以了解被审计单位内部控制和经营管理中的不足和缺陷。职业责任要求审计人员对审计过程中注意到的内部控制的一般问题，可以口头或其他适当方式向被审计单位有关人员提出，而对审计过程中注意到的内部控制重大缺陷，应当告知被审计单位管理层。必要时，审计人员可根据对被审计单位内部控制的观察、了解，运用其执业经验和职业判断，向被审计单位出具管理建议书，以期通过提出改进建议帮助被审计单位完善内部控制，改进会计工作，提高经营管理水平。无疑，管理建议书的优劣是鉴定审计人员工作态度、责任精神、道德品质以及专业水准的重要依据，是衡量审计人员提供的审计服务质量的重要标志。此外，管理建议书所提改进建议的广度、深度及效果，往往也是委托人决定是否委任或聘任或续聘审计人员担任审计的重要因素。

（3）管理建议书的作用。根据管理建议书的含义和性质，可知管理建议书具有重要的作用，其主要表现为：一方面，由于现代审计是内部控制与风险管理评价基础审计，审计人员在审计过程中按规定需要评审被审计单位的内部控制与风险管理，从而能够了解和注意到被审计单位内部控制及经营管理中的问题、漏洞及其关键所在。通过管理建议书，审计人员可以针对被审计单位内部控制与风险管理的缺陷、弱点及漏洞，提供进一步完善内部控制、改进会计工作、提高经营管理水平的参考意见，从而促使被审计单位注意完善内部控制，改进经营管理，预防错误和弊端的发生。另一方面，通过管理建议书，审计人员事先提出被审计单位内部控制的改进建议，从而有助于把审计人员的法律责任降到最低。可见，管理建议书对于被审计单位及其管理层和审计机构及其审计人员，都具有重要的作用。

15.8.2 管理建议书的内容

一般来说，向被审计单位提交管理建议书，是审计人员基于对被审计单位关心的态度和负责的精神而从事的一项非法定的服务业务，社会公众对此也无明确的统一要求。但是，管理建议书是审计人员针对其在审计过程中注意到的、可能导致被审计单位财务报表产生重大错报或漏报的内部控制的重大缺陷所提出的书面改进建议，因此，它应当说明审计的范围和目的、发现的问题与缺陷，以及对内部控制的改进建议等。具体来说，管理建议书一般应当包括下列基本要素：

（1）标题。标题应当清晰明了，可统一为“管理建议书”。

（2）收件人。收件人是管理建议书应致送的对象。由于审计过程中涉及的内部控制范围广，需进行沟通的人员层次较多，管理建议书的致送对象不是唯一的，其与审计报告的致送对象也不完全一致。因此，审计人员可根据管理建议书应致送的对象，填写具体的收件人，以使那些有权对存在的缺陷采取措施的部门、机构及人员都能了解管理建议书的内容。为了将各种情况包括在内，管理建议书的收件人应包括被审计单位管理部门或董事会、股东会或股东大会、营销部门等能够对存在的缺陷采取措施的机构及人员，通常为被审计单位管理层。

（3）财务报表审计目的及管理建议书的性质。审计人员从事财务报表审计的目的，是对被审计单位财务报表发表客观、公正的审计意见，每个审计委托都应当形成一个审计报告。而管理建议书只是针对与审计相关的内部控制提出的改进建议，不是审计的必然结果。只有当审计过程中注意到的内部控制存在重大缺陷时，审计人员才需编制和出具管理建议书。因此，审计人员在审计过程中并非只形成审计报告，也不是每个审计项目都必须生成管理建议书。正是由于财务报表审计的目的是对财务报表发表审计意见，不是对内部控制进行专门审核，因而内部控制不是审计的对象。虽然通过实施正常的审计程序，审计人员应当能够了解到一些重大的内部控制缺陷，但是审计过程中对内部控制的研究与评价，不可能形成对内部控制整体的了解及意见，只能对与财务报表审计相关的内部控制重大缺陷给予关注，并形成相应的改进建议。换言之，审计人员在审计过程中不可能涉及内部控制的所有方面，对内部控制不能作出全面的评价，也不应对未来不确定事项或内部控制做任何保证，不应作出超出对事实进行客观阐述及评价的限定。因此，管理建议书不同于根据特定的委托、特定的要求对内部控制进行专门审核所出具的报告即内部控制报告（如内部控制鉴证报告），更不能代替内部控制报告。

总之，编制和出具管理建议书，不是一种法定业务，没有法定责任。审计人员在管理建议书中提及的内部控制缺陷及改进建议，只是审计过程中涉及的一部分内部控制内容，仅供被审计单位管理层完善内部控制，强化相关内部管理参考之用，不具有鉴证作用。因此，管理建议书不应被视为对内部控制发表的鉴证意见，所提建议不具有公证性和强制性。尽管管理建议书中的管理建议和财务报表审计中的审计意见，属同一审计委托形成的意见，具有直接的相互作用关系，但是，无论是在对象或责任方面，还是在影响的程度上，管理建议与审计意见都具有明显的区别。因此，审计人员出具管理建议书，不应影响其应当发表的审计意见，也不能减轻发表不当审计意见的责任。

（4）内部控制重大缺陷及其影响和改进建议。管理建议书应当指明审计人员在审计过程中注意到的内部控制设计及运行方面的重大缺陷，既包括前期建议改进但本期仍然存在的重大缺陷，也包括本期审计中发现的重大缺陷，但并非内部控制可能存在的全部缺陷。管理建议书中之所以要包括前期建议改进但本期仍然存在的内部控制重大缺陷，是因为它可能会继续对财务报表的真实性和合法性造成影响。如果本期管理建议书中不列示这些内容，就可能会使管理层认为前期存在的这些重大缺陷不再存在，或这类问题对财务报表的真实性和合法性不存在重大不利影响，管理层由此可能会减小强化该方面管理的力度，而当这些重大缺陷造成实质性影响时，势必会对审计人员的职业声誉形成不利影响。同时，前期管理建议书的有关内容是本期审计中审计人员进行内部控制研究与评价的重要参考，对于被审计单位没有改进的内部控制重大缺陷，审计人员应以应有的职业谨慎予以关注。前期管理建议书指出的内部控制重大缺陷如仍未改进，又未在管理建议书中列示，审计人员在审计中就缺少对该方面缺陷的应有关注，从而不利于减少审计风险。如果因被审计单位对以前年度管理建议书所提出的改进建议未予采纳而扩大了内部控制的缺陷或不足，审计人员应明确地予以指出并作重点分析。

管理建议书不仅应当指明审计人员在审计过程中注意到的内部控制设计及运行方面的重大缺陷，而且应当指明内部控制重大缺陷对财务报表可能产生的影响，以及相应的改进建议。管理建议书所提出的问题，主要是关于被审计单位内部控制设计及运行中存在的重大缺陷，有时也包括被审计单位所编制的财务报表没有完全遵循有关法律、准则等会计规范。审计人员所提出的改进建议，是其表示的内部控制对预防、发现及纠正错误和弊端的判断意见。必要时，管理建议书可说明被审计单位管理层对内部控制重大缺陷和改进建议作出的反应。如果被审计单位管理层对审计过程中提出的问题已进行调整或改进，可只作简要说明；对未进行调整或改进的问题，应将审计人员和被审计单位有关人员的意见一并列示。

前已述及，审计人员在审计过程中，不仅应当对注意到的内部控制缺陷给予充分关注，以便采取适当的措施，降低审计风险，而且应当与被审计单位的有关人员进行沟通，提请其及时予以改进，以减少内部控制缺陷对审计工作的不利影响。不仅如此，审计人员还应当将其在审计过程中注意到的内部控制缺陷以及与被审计单位的沟通情况，记录于审计工作底稿。这样，不仅可以使有关审计人员在一定程度上了解风险区域，合理安排实质性程序，而且有利于提高审计工作效率，避免遗忘或忽略有关事项，并为后期审计提供参考。

（5）使用范围及使用责任。管理建议书应当指明其使用范围，并要求被审计单位合理使用。即应当指明其仅供被审计单位管理层内部参考，如果因使用不当造成后果，则与审计人员及其所在单位（审计机构）无关。此外，由于各种原因，可能存在被审计单位向第三方提供管理建议书的情况，由此可能引起意外的责任。因此，审计人员还应当在管理建议书中明确，未经审计人员同意，被审计单位不得将管理建议书提供给第三方，否则，审计人员对任何其他人不承担责任。由于内部控制固有的限制，审计人员无法对此作出充分保证；况且，审计人员提出的管理建议以控制测试为基础，不可能揭示被审计单位内部控制中现存的全部问题及由此引发的所有错弊。因此，管理建议书不应被视为审计人员对被审计单位内部控制整体发表的意见，也不能减轻或免除被审计单位管理层建立健全、持续改进内部控制的责任。

（6）签章。管理建议书应当由审计人员签章，并加盖审计机构公章，以表明管理建议书是以审计机构的名义向被审计单位管理层提供的。

（7）日期。管理建议书应当注明日期，以表明所进行工作的责任期限。该日期应为完成外勤工作日。

15.8.3 编制和出具管理建议书的要求

管理建议书是审计人员针对其在审计过程中注意到的被审计单位内部控制的缺陷或弱点提出的，多数意见是在审计过程中通过了解、沟通、研究及判断形成的。为了使提出的管理建议具有价值，审计人员在编制和出具管理建议书的过程中必须了解并掌握其有关要求。

编制和出具管理建议书的基本要求：第一，在编制管理建议书之前，审计人员应当对业已记录在审计工作底稿中的内部控制重大缺陷及其改进建议进行复核，并将经过复核的审计工作底稿作为编制管理建议书的依据。第二，仔细分析审计工作底稿中有关内部控制缺陷及其改进建议的详细资料，据以确定管理建议书的基本内容。审计人员应当按照被审计单位内部控制缺陷对财务报表的影响程度，由大到小依次排列并将其反映在管理建议书中。对于审计过程中已向被审计单位提出，而被审计单位未调整或未改进的重要事项应在管理建议书中详细说明。第三，在出具管理建议书之前，审计人员应当与被审计单位有关人员就管理建议书的相关内容进行讨论，以确认所述重大缺陷是否属实，确保管理建议书内容真实，阐述客观，所提管理建议更具有针对性，更切合实际。此外，为了维护管理层的声誉，保护被审计单位的商业秘密，审计人员未征得被审计单位管理层同意，不得将管理建议书的内容泄露给任何第三者。

思考题

1. 什么是审计报告？它包括哪些要素？有哪些作用？
2. 审计报告的引言段和责任段应分别说明哪些内容？
3. 意见段和形成意见的基础段应分别说明哪些内容？
4. 什么是管理层对财务报表的责任与审计人员的责任？
5. 什么是标准审计报告？其出具的条件是什么？
6. 审计意见有哪几种类型？其发表的条件是什么？
7. 审计报告的强调事项段所强调的事项有哪些？
8. 发表非无保留意见审计报告的具体情形有哪些？
9. 为何及如何在审计报告中沟通关键审计事项？
10. 特殊目的审计业务的审计报告包括哪些内容？
11. 编制审计报告的要求与步骤有哪些？
12. 管理建议书的含义、性质及编制要求是什么？
13. 审计报告与管理建议书有何联系及区别？

练习题

1. 审计人员在对 H 公司 2016 年度财务报表进行审计时发现以下情况：

(1) H 公司拥有一项长期股权投资，账面价值 600 万元，持股比例 35%。2016 年 12 月 31 日，H 公司与 J 公司签订投资转让协议，拟以 500 万元的价格转让该项长期股权投资，已收到价款 450 万元，但尚未办理产权过户手续。H 公司以该项长期股权投资正在转让之中为由，不再计提减值准备。

(2) H公司的生产以原油为主要原材料。2016年原油市场价格发生重大变化，该公司2016年生产所用的原油，为原油市场价格变化前通过期货交易购得，基本未受油价变化影响，但2017年后，该公司原材料成本可能会显著提高，直接影响公司的盈利状况，按现有产品销售价格计算，主营业务利润可能由正值变为负值。

(3) H公司2016年年末变更了大股东，并组建了新董事会。继任法定代表人以刚上任不了解以前年度情况为由，拒绝签署2016年度已审计财务报表和提供管理层书面声明；原法定代表人以不再继续履行职责为由，拒绝签署2016年度已审计财务报表，也不提供管理层书面声明。

要求：根据上述资料，分析审计人员针对三种不同情况，应分别出具何种审计意见的审计报告，并简要说明理由。

2. SYJ审计机构接受委托对M股份有限公司2016年度财务报表进行审计。针对M公司内部控制存在的缺陷，审计人员A和B草拟了下列管理建议书。

管理建议书

M股份有限公司全体股东：

我们接受委托，对贵公司2016年度财务报表进行审计。我们的责任是根据我们的审计，对财务报表发表审计意见。我们提供的这份管理建议书不在审计业务约定书项目之内，而是我们基于为贵公司服务的目的，根据审计过程中发现的内部控制问题提出的。由于我们从事的审计工作是建立在内部控制制度评价的基础上的，业已对贵公司的内部控制制度进行了全面的了解和评价，所以，管理建议书所包括的内部控制重大缺陷，是我们对内部控制发表的鉴证意见，所提的建议应由股东大会督促管理层予以采纳。

在审计过程中，我们了解了贵公司内部控制制度中有关会计制度、会计工作机构和人员职责、财务管理制度、内部审计制度等有关方面的情况，并作了分析研究。我们认为，贵公司现有的内部控制总体上还是比较薄弱的，有的方面还存在严重的问题。现将我们发现的内部控制方面的某些问题及改进建议提供给你们，希望引起你们的注意，以便完善内部控制制度。由于我们执行了完整的审计程序，我们已考虑了贵公司内部控制存在的问题对审计意见的影响，本管理建议书是审计报告的必要补充，阅读审计报告时应结合本管理建议书。

关于会计制度方面问题的评价及建议（略）；会计工作机构、人员职责及内部稽核制度（略）；财务管理制度（略）；公司治理方面（略）。

对于上述内部控制问题，我们已经与有关管理部门或人员交换过意见，他们已确认上述问题的真实性。

本管理建议书只提供给贵公司。另外，我们是接受贵公司董事会的委托进行审计工作，根据他们的要求，请将管理建议书内容转达给各财务报表使用人。因使用管理建议书不当造成的后果由贵公司负责。

SYJ审计机构（公章）

2017年2月16日

要求：根据上述资料，分析管理建议书中存在的不当之处，并予以改正。

案例题

某审计机构接受委托对E公司2016年度财务报表进行审计，审计人员C和H在审计过程中发现如下情况：

F公司是E公司的控股子公司，2016年12月31日，F公司的所有者权益为−1 365.34万元，根据持股比例85%计算，E公司对F公司的未确认投资损失为1 160.54万元，同时E公司对F公司1.09亿元的银行借款提供了担保，该担保将于2017年3月29日到期；另外，截至2016年12月31日，F公司对E公司的流动资金欠款本息共计3 081.65万元，该欠款已逾期，E公司对该笔债权按账龄计提了坏账准备，提取金额为92.45万元。

同时，E公司未向审计机构提供公司第二大股东G公司所持有股份的实际控制人及其关联方、关联人，使其无法判断对E公司财务报表具有重大影响的关联方及其交易披露是否完整、会计事项处理是否恰当。

此外，自2016年6月15日董事会没有聘任经理层以来，E公司处于一种非正常的管理状态。

要求：根据上述案情，你认为审计人员C和H对E公司执行2016年度财务报表审计应发表审计意见的类型及理由，请代审计人员常某和华某编制并列示审计报告。

参考文献

1. 王德升，阎金锷主编. 审计学基础. 北京：中国人民大学出版社，1988

2. 文森特·M. 奥赖利等著，刘霄伦，陈关亭译. 蒙哥马利审计学（第12版）. 北京：中信出版社，2007

3. 审计署，人力资源和社会保障部审计专业技术资格考试办公室编. 审计理论与实务. 北京：中国时代经济出版社，2017

4. 中国注册会计师协会编. 审计. 北京：经济科学出版社，2017

5.《中华人民共和国公司法》

6.《中华人民共和国会计法》

7.《中华人民共和国审计法》

8.《中华人民共和国注册会计师法》

9.《企业会计准则》

10.《国际会计准则》

11.《国际审计准则》

12.《中华人民共和国国家审计准则》

13.《中国内部审计准则》

14.《中国注册会计师审计准则》

15.《企业内部控制基本规范》

16.《企业内部控制应用指引》

17.《企业内部控制评价指引》

18.《企业内部控制审计指引》

图书在版编目（CIP）数据

审计学/宋常主编. —8版. —北京：中国人民大学出版社，2018.3
中国人民大学会计系列教材
ISBN 978-7-300-25350-3

Ⅰ.①审… Ⅱ.①宋… Ⅲ.①审计学-高等学校-教材 Ⅳ.①F239.0

中国版本图书馆 CIP 数据核字（2018）第 001674 号

国家级教学成果奖
“十二五”普通高等教育本科国家级规划教材
中国人民大学会计系列教材
审计学（第8版）
主编 宋 常
Shenjixue

出版发行	中国人民大学出版社		
社　　址	北京中关村大街31号	**邮政编码**	100080
电　　话	010－62511242（总编室）		010－62511770（质管部）
	010－82501766（邮购部）		010－62514148（门市部）
	010－62515195（发行公司）		010－62515275（盗版举报）
网　　址	http://www.crup.com.cn		
经　　销	新华书店		
印　　刷	北京七色印务有限公司	**版　　次**	1999年11月第1版
规　　格	185 mm×260 mm　16开本		2018年3月第8版
印　　张	26 插页 1	**印　　次**	2021年8月第9次印刷
字　　数	604 000	**定　　价**	48.00元

教师教学服务说明

中国人民大学出版社工商管理分社以出版经典、高品质的工商管理、财务会计、统计、市场营销、人力资源管理、运营管理、物流管理、旅游管理等领域的各层次教材为宗旨。

为了更好地为一线教师服务，近年来工商管理分社着力建设了一批数字化、立体化的网络教学资源。教师可以通过以下方式获得免费下载教学资源的权限：

在中国人民大学出版社网站 www. crup. com. cn 进行注册，注册后进入“会员中心”，在左侧点击“我的教师认证”，填写相关信息，提交后等待审核。我们将在一个工作日内为您开通相关资源的下载权限。

如您急需教学资源或需要其他帮助，请在工作时间与我们联络：

中国人民大学出版社　工商管理分社

联系电话：010-62515735，82501048，62515782，62515987

电子邮箱：rdcbsjg@crup. com. cn

通讯地址：北京市海淀区中关村大街甲 59 号文化大厦 1501 室（100872）